ANWB • Wereldreisgids

Israël

Palestijnse gebieden ▪ Sinaï

Inhoud

Land, volk en cultuur

Reisinformatie

Onderweg

Jeruzalem en de Dode Zee

Inhoud

Tel Aviv en de kust

Haifa en omgeving

Galilea en de Golan

Negev en Sinaï

Inhoud

Thema's

Alle kaarten in een oogopslag

Inhoud

▶ Dit symbool in het boek verwijst naar de Atlas Israël

Gelovigen uit de hele wereld, behorend tot de vier wereldgodsdiensten, komen als pelgrim naar Israël

Orthodoxe joden zijn direct te herkennen aan hun zwarte hoed, lange zwarte jas en baard

Land, volk en cultuur

De wieg van het Avondland

Tussen de staat Israël en het Arabische Palestina is sprake van een niet-vreedzame coëxistentie. Het nog altijd niet opgeloste conflict gaat terug tot Bijbelse tijden. Wanneer u naar Israël reist, krijgt u niet alleen veel meer begrip voor de achterliggende oorzaken hiervan, maar tevens van de wortels van de beschaving van het Avondland en die van het modernste en meest kosmopolitische land van het Midden-Oosten.

Shalom en *marhaba* – het eerste is de groet van de Hebreeuwssprekende Israëli's, het tweede die van de Palestijnen en Arabieren (ook wanneer zij een Israëlisch paspoort hebben). Zo wordt reeds bij de begroeting duidelijk dat in deze regio de zaken even iets gecompliceerder liggen dan elders. Maar de toerist wordt voor de complicaties ruimschoots schadeloosgesteld met een spannende reis door een land dat niet alleen rijk is aan heiligdommen van drie grote wereldreligies, maar ook gezegend is met veel natuurschoon, nationale parken en natuurreservaten, drie grote meren en een oosterse levensvreugde.

Om Israël 'een land' te noemen is eigenlijk al te veel gezegd – ook hier is de werkelijkheid ingewikkeld. De Palestijnen willen immers niets liever dan hun eigen, van Israël onafhankelijke staat, maar de totstandkoming hiervan is een uiterst moeizaam proces dat maar niet van de grond wil komen.

Palestina – zo heette de Romeinse provincie aan de oostkust van de Middellandse Zee (de Levant), lang voordat er sprake was van Libanon, Jordanië of Syrië. Die staatkundige vormen dateren pas van de 20e eeuw.

'Israël' was volgens het Oude Testament de tweede naam van Jakob, de zoon van Isaak en Rebekka, en broer van Esau. Nadat hij met een list zijn broer het eerstgeboorterecht had ontfutseld, moest hij vluchten. Toen Jakob later, na inmiddels fortuin te hebben gemaakt, terugkeerde om zich met zijn broer te verzoenen, werd hij tijdens een overnachting bij de rivier de Jabbok aangevallen door een geheimzinnige figuur. Het gevecht duurde de hele nacht, waarna de aanvaller het moest opgeven. Jakob eiste echter van zijn tegenstander dat hij hem, alvorens de aftocht te blazen, zou zegenen. Dat deed hij met de volgende woorden: 'Voortaan zal je naam niet Jakob zijn maar Israël, want je hebt met God en mensen gestreden en je hebt gewonnen' (Genesis 32:29). Israël zou 'Strijder met God' betekenen.

Jakobs ofwel Israëls zonen worden als de twaalf aartsvaders van de stammen van Israël beschouwd. Met de naam Israël werd aanvankelijk het hele stammenverband aangeduid dat in de 13e eeuw v.Chr. ten oosten en westen van de Jordaan was neergestreken. Het Hebreeuwse begrip *Eretz Israël*, 'het Land Israël', duidt het hele gebied aan dat onder het Joodse Koninkrijk viel ten tijde van de Eerste Tempel tot de verwoesting van de Tweede Tempel in 70 n.Chr. De Romeinen hadden geen boodschap aan deze namen en noemden de veroverde provincie Palestina. Tegenwoordig wordt met Palestina de autonome Palestijnse Autoriteit bedoeld.

Hoewel Israël en Palestina van het begin af aan op de rand van oorlog balanceren en geweldsuitbarstingen schering en inslag zijn, heeft de regio toch ook een heel ander gezicht. Dit is de bakermat van het christendom en als zodanig tevens van de gehele westerse beschaving en de westerse waarden en normen. Wie ter plaatse is, kijkt ook weer met nieuwe ogen naar de Bijbel en meent de diepere betekenis ervan beter te kunnen doorgronden; de kernboodschap ervan is niet de instelling van een ouderwetse en rigide vorm van georganiseerde religie, maar waarden als vergeving, zelfverloochening, begrip en liefde. De Bijbelse tijden en plaatsnamen als Kanaän, Kapernaüm en Bethlehem spreken tot onze verbeelding en houden ons in hun ban. Het is een wereld waarvan de centra niet New York of Londen heten, maar Saba, Egypte, Bagdad en Perzië.

Ten gevolge van de ligging op een knooppunt van veel handelsroutes, te midden van vele culturen, was men hier openminded, nieuwsgierig en tolerant, en sprak men diverse talen. In het huidige licht van dagelijks racisme, prikkeldraad, de muur en de voortdurende dreiging van aanslagen klinkt het wellicht cynisch, maar dit Heilige Land bestaat nog altijd. Er gaat een fascinatie van uit die ons betovert.

In Jeruzalem, Bethlehem, Nazareth en Hebron kunt u de sporen nalopen van het jodendom, het christendom en de islam met hun talloze kerken, moskeeën, synagogen, kruisridderburchten en archeologische opgravingen. Wanneer u echter alleen hiervoor naar Israël reist, loopt u de kans juist enkele van de interessantste aspecten van de regio mis te lopen: de ontmoeting met Israëli's en Palestijnen, wandeltochten door natuurreservaten, badpret bij de drie meren, trektochten door de Negevwoestijn, verblijf in een kibboets of zwemmen aan de kust van Tel Aviv – een stad die er niet voor terugdeinst om zich de Big Orange te noemen, de tegenhanger van de Big Apple (New York). In ten minste één opzicht is de vergelijking trouwens niet grotesk: met meer dan 140 nationaliteiten is Tel Aviv Israëls meest kosmopolitische metropool, terwijl Jeruzalem meer het religieuze centrum is.

Israël en de Palestijnse gebieden zijn ongeveer half zo groot als Nederland. De Gazastrook in het zuiden en de Westelijke Jordaanoever zien er op de landkaart uit als een lappendeken. Of het de strijdende partijen en botsende culturen ooit zal lukken tot een vreedzaam vergelijk te komen, moet nog blijken. Veelbelovende openingen zijn er vaker geweest.

Een Jiddisch spreekwoord luidt: 'A shlechte sholem is besser vi a guter krig', 'een slechte vrede is beter dan een goede oorlog'. Er zijn veel factoren die de vrede tot dusver in de weg hebben gestaan. Veel Israëli's staan door de bloedige zelfmoordaanslagen van militante Hamasaanhangers diep wantrouwend tegenover de Arabieren en sluiten liever helemaal geen vrede dan een onzekere. Voor de groeiende groep orthodoxe joden, die meer en meer uit het buitenland afkomstig zijn en zich sterk afzonderen van de rest, is vrede met de Arabieren per definitie verraad. Dezelfde compromisloze denktrant, maar dan tegen Israël, vindt men bij de moslimextremisten aan de Arabisch-Palestijnse kant.

De kloof dwars door de Israëlische maatschappij lijkt vaak net zo onoverbrugbaar als die tussen Joden en Arabieren. Sinds de moord op premier Yitzhak Rabin in 1995, naar aanleiding van diens vredesakkoord met Yasser Arafat, lijken haviken en duiven geen boodschap meer aan elkaar te hebben. De gezaghebbende historicus Tom Segev beklaagde zich erover dat de Israëlische maatschappij, die te lang werd bijeengehouden door de Holocaust, nu in een diepe identiteitscrisis is geraakt en uiteen dreigt te vallen. Hij kent hierbij een speciale rol toe aan immigranten uit het voormalige Oostblok, die elke vierkante meter met hand en tand verdedigen en zoveel mogelijk nieuw land willen veroveren.

Een reis naar Israël zal zich afspelen tegen de achtergrond van al deze verwikkelingen. De schilder Marc Chagall (1887–1985) schreef: 'Ik ging naar Palestina om zekere voorstellingen die ik ervan had te toetsen – zonder camera, zonder penselen, zonder toeristische documentatie. Ik ben blij dat ik ben gegaan. Van overal komen de Joden met hun lange baarden, pelsmutsen en gele, rode en blauwe gewaden naar de Klaagmuur. Nergens ziet men zoveel wanhoop en zoveel vreugde; nergens is men tegelijk zo droevig en gelukkig bij de aanblik van deze 1000 jaar oude hoop steen en stof in Jeruzalem, in Sefad, in de bergen, waar ontelbare profeten begraven liggen.'

Israël en Palestina in het kort

Oppervlakte: Israël 20.770 km^2, Palestina 6000 km^2
Hoofdstad Israël: Jeruzalem (Hebreeuws: Yerushalayim, Arabisch: Al Quds)
Regeringszetel van de Palestijnse Autoriteit: Ramallah
Officiële talen: Hebreeuws, Arabisch
Inw.: Israël 8,2 milj., Palest. geb. 4,5 milj.
Bevolkingsgroei: Israël 1,8%, Palestijnse gebieden 3,3%
Levensverwachting: Israël: vrouwen 83,6 jaar, mannen 80 jaar, Palestijnse gebieden: vrouwen 75,4, mannen 71,7 jaar
Valuta: Nieuwe Israëlische sjekel (NIS), NIS1 = €0,22; €1 = NIS4,64 (augustus 2014)
Tijdzone: MET + 1 ('s zomers +2).
Landnummer: +972
Internetextensie: Israël: .il, Palest. geb.: .ps
Israëlische vlag: Blauwe davidsster (symbool jodendom) op witte achtergrond tussen twee blauwe horizontale banden (blauw en wit zijn de kleuren van de talliet, een gebedsmantel).
Palestijnse vlag: Deze komt voort uit de Jordaanse vlag; van de pan-Arabische kleuren staat rood voor de tweede kalief Omar, zwart voor de Abassiden, wit voor de Omajjaden en groen voor de Fatimiden en de islam.

Geografie

Israël ligt in het werelddeel Azië en meet van noord tot zuid ten hoogste 420 km, van oost naar west tussen 20 en 116 km. Het landschap varieert van de Middellandse Zeekust en het groene bergland van Galilea via de droge Jordaanvallei, de 's winters besneeuwde Golanhoogten en de Negevwoestijn tot de Dode Zee.

De Palestijnse Gazastrook ligt in het zuiden van Israël en grenst aan Egypte. De Westbank (Westelijke Jordaanoever) omvat een deel van Jeruzalem en grenst in het oosten aan Jordanië. Een vredesverdrag zou de verbinding tussen beide Palestijnse gebieden moeten regelen.

Geschiedenis

De wortels van het conflict in het moderne Midden-Oosten gaan terug tot de tijden van Abraham en David. Aan wie hoort het Heilige Land, waarop in 1948 de staat Israël werd uitgeroepen, eigenlijk toe? Door de hele geschiedenis loopt de volgende rode draad: het vruchtbare Palestina werd keer op keer veroverd door uiteenlopende mogendheden – Babyloniërs, Perzen, Ptolemaeën, Romeinen, Byzantijnen, Arabieren, kruisridders, Osmanen en Britten – om er slechts enkele te noemen. Het Eerste Zionistische Congres in 1897 was de eerste stap op weg naar de realisatie van Theodor Herzls idee van een eigen staat voor de Joden. Pas na de

Tweede Wereldoorlog en de Holocaust kwam die in 1948 werkelijk tot stand, en daarmee tegelijk de brandhaard, want de Palestijnen werden van huis en haard verdreven. Vier oorlogen heeft Israël tegen de Arabische staten moeten uitvechten; de Onafhankelijkheidsoorlog van 1948, de Suezcrisis van 1956, de Zesdaagse Oorlog in 1967 en de Jom-Kippoeroorlog van 1973. In 1993 begon men met onderhandelingen, waarna stapsgewijs gedeeltelijke autonomie aan de Palestijnen werd overgedragen.

Staat en politiek

Israël is een parlementaire democratie. De 120 afgevaardigden in de Knesset worden voor vier jaar gekozen, de president wordt gekozen voor zeven jaar. Zijn taken zijn voornamelijk ceremoniëel. Sinds 2014 wordt dit ambt bekleed door Reuven Rivlin. De machtigste man van het land is de premier (minister-president), die wordt gekozen door het parlement. Net als in Nederland en België zijn regeringen met steun van een meerderheid in het parlement alleen mogelijk wanneer verscheidene partijen coalities met elkaar vormen. Een procentueel kleine maar onevenredig invloedrijke minderheid vormen de religieuze en ultranationalistische partijen, voor wie vrede met de Arabieren per definitie verraad van het Heilige Land is. Met de onder president Arafat tot stand gekomen Palestijnse autonomie is er toch sprake van een voorzichtige toenadering tussen Arabieren en Israëli's. In Israël wordt echter nog sterk getwijfeld aan de zin van het afstaan van grondgebied in ruil voor vrede. Het heetste hangijzer in dezen is wel de kwestie Jeruzalem. Aan de Palestijnse kant kan de verdeeldheid overigens nauwelijks groter zijn. De gematigde Fatahbeweging ligt overhoop met de militantere Hamas, die de staat Israël weigert te erkennen maar daarentegen bestrijdt met aanslagen.

Economie en toerisme

De inflatie in Israël ligt rond de 1,4%. De belangrijkste exportproducten zijn industriële producten (72,9% van de totale uitvoer) en geslepen diamanten (16,9%). Men probeert het cultureel toerisme aan te zwengelen en het amusementstoerisme uit te breiden. 2013 was voor de toeristische sector een recordjaar: 3,6 miljoen toeristen bezochten het land, 18% meer dan het jaar ervoor. De Israëlische economie wordt verder geïllustreerd door de volgende getallen (2013): werkloosheid 7%, economische groei 3,56%, bbp/hoofd US$34.651, tekort op de handelsbalans US$14,8 miljard, rijksbegroting US$55,09 miljard, staatsschuld 74,4% van het bbp. De belangrijkste handelspartners zijn de EU en de VS. In Palestina ligt de werkloosheid op ongeveer 50%. Naar schatting leeft ruim 60% van de huishoudens daar onder de armoedegrens van US$2 per dag.

Bevolking en religie

Israël is een multiculturele samenleving met zo'n 140 nationaliteiten. Tussen 1948 en 2014 is de bevolking vertienvoudigd van 806.000 tot 8,2 miljoen, niet in de laatste plaats door immigratie. In de in 1967 veroverde en sindsdien bezette gebieden leven ongeveer een half miljoen Joodse kolonisten.

Ca. 75% van de Israëli's is Joods, 20,7% is moslim, 2,3% christelijk, 1,6% druzisch; de overige 0,4% is anders- of niet-gelovig. Zo'n 37% van alle Joden woont in Israël en ca. 75% van de Israëlische Joden is in het land zelf geboren. Van de Palestijnse bevolking is 97% moslim, 2,5% is christen. Steeds meer christenen verlaten het Heilige Land. In Bethlehem is hun aandeel sinds 1948 met zo'n 40% teruggelopen. Velen van hen vluchten voor de Israëlische bezetting en het islamitisch fundamentalisme. In Jeruzalem wonen nog zo'n 10.000 christenen (2% van de totale bevolking).

Natuur en milieu

Zee, woestijnen en bergen – zo klein als Israël is, zo gevarieerd zijn de landschappen. Het landschap bij de Dode Zee, een van de laagstgelegen gebieden op aarde, is ronduit bizar. Het contrast tussen noord en zuid is extreem groot: terwijl skiërs van de berg Hermon naar beneden suizen, liggen de toeristen aan de Rode Zee bij Eilat in de zon te bruinen.

Landschapsmozaïek

De Middellandse Zee, de Rode Zee, het Meer van Tiberias en de Dode Zee bepalen het landschap van Israël. De westkust van het land ligt aan de **Middellandse Zee** en bestaat bijna overal uit smalle stranden met fijn zand. De kust vormt een bijna kaarsrechte lijn van zuid naar noord, slechts doorbroken door de baai van Haifa. Van Haifa naar het noorden verbrokkelt de kust en bij de witte krijtrotsen van Rosh HaNikra, nabij de grens met Libanon, gaat de noordkust van Israël over in steile kliffen, die doorlopen tot in Libanon.

Vanaf de kust tot zo'n 50 km landinwaarts wordt het land intensief agrarisch benut. Deze vruchtbare **kustvlakte** rijst in oostelijke richting op tot een heuvelrug: in het noorden tot het **Hoogland van Galilea**, dat uiteenvalt in Hoog-Galilea (tot 1000 m) en Laag-Galilea (tot 600 m). Naar het zuiden toe verbindt een kalksteengebergte de Bijbelse gebieden **Samaria** en **Judea**; de stad Jeruzalem ligt op 800 m hoogte in de **bergen van Judea**.

In het oosten loopt het hoogland steil af naar de **Jordaanvallei**. Deze maakt deel uit van een uit het tertiair daterende scheur in de aardkorst, die van Turkije via Syrië, de Libanese Bekavallei, het Meer van Tiberias, de Dode Zee en de Golf van Aqaba naar de Zambezi in Oost-Afrika loopt – in totaal ca. 6400 km.

De **Golanhoogten**, een uit vulkanische gesteenten bestaande bergketen met diepe ravijnen, vormen de noordoostgrens van Israël. Het door Israël bezette deel ervan beslaat zo'n 11.300 km². Het hoogste punt van het basaltplateau, dat aan de Syrische kant oprijst tot zo'n 2800 m, is de 1208 m hoge berg **Hermon**, 's winters een drukbezocht skigebied.

Het op een na grootste binnenwater van Israël is het **Meer van Tiberias**, dat ook wel het Meer van Kinneret of (op Engelse kaarten) de Sea of Galilee wordt genoemd (Hebreeuws: Yam Kinneret). De waterspiegel ligt ongeveer 210 m onder zeeniveau.

Het zuiden van Israël tussen Be'er Sheva en Eilat aan de **Rode Zee** bestaat grotendeels uit de 12.500 km² grote **Negevwoestijn**, die meer dan de helft van het grondgebied van Israël uitmaakt. Het noordelijke deel ervan is overwegend vlak met zandduinen, het midden is doorkliefd met ravijnen. Dankzij moderne ecotechnieken kan fossiel water van grote diepte wordt aangewend voor de verbouw van groente en fruit en commerciële visteelt.

Meren

Meer van Tiberias

Het visrijke Meer van Tiberias is met zijn 165 km² ongeveer zo groot als de Haarlemmermeer en wordt hoofdzakelijk gebruikt voor bevloeiing. De watervoorziening in Israël is grotendeels van dit meer afhankelijk. 's Zomers bereikt de temperatuur van het water wel 33 °C. De vorm van het Meer van Tiberias doet sterk denken aan die van een harp (Hebreeuws: *kinnor)* – de Hebreeuwse naam van het meer, Yam Kinneret, gaat op deze oudtestamentische vergelijking terug. Volgens de legende zou God zelf deze naam aan het meer gegeven hebben, omdat de klank van de golfslag Hem aan harpmuziek deed denken. Ondanks deze goddelijke naamgeving hebben alleen al de vier evangelisten de doorgaans in nevelen gehulde plas drie verschillende namen gegeven: Meer van Galilea, Meer van Tiberias en eenvoudig 'het meer'. Flavius Josephus, een Joods historicus uit de 1e eeuw, sprak van het Meer van Genessar, waarop de ook soms gebruikte benaming Meer van Gennesaret teruggaat.

Dode Zee

De 940 km² grote Dode Zee is uniek in zijn soort. Het meer wordt door een eiland in twee bekkens verdeeld, een noordelijk en een zuidelijk. De Jordaans-Israëlische grens loopt er dwars doorheen. De waterspiegel van het (in het Hebreeuws) Yam HaMelah, dat een afgesloten binnenwater zonder verbindingen met andere wateren is, ligt maximaal 420 m onder de zeespiegel. Het meer is maximaal 75 km lang, de breedte meet tussen 6 en 16 km. Lang geleden was het meer vier- of vijf maal zo groot als tegenwoordig. De naam ervan is terug te voeren op het hoge zoutgehalte, dat alle vormen van leven – planten, algen en vissen – onmogelijk maakt. De hoge zoutconcentratie maakt het echter wel mogelijk om terwijl u kalmpjes op uw rug in het water drijft de krant te lezen – een obligate vakantiefoto voor menig toerist. De Dode Zee wordt al in het Bijbelboek Genesis zo genoemd en ligt in de Jordaanvallei; hij wordt in principe gevoed door de Jordaan (zie blz. 18), maar deze wordt zo sterk afgetapt voor bevloeiing dat de waterspiegel van de Dode Zee met de toenemende vraag naar drinkwater van Israël en Jordanië aldoor verder daalt en de oppervlakte gedurig afneemt. Door de warmte van de zon verdampt bovendien zo'n 8 miljoen m³ water per dag. En zo zinkt het peil 1,20 m per jaar – maar alleen in een bepaald opzicht. Terwijl het noorden ontvolkt en de pieren op veel plaatsen een paar meter boven de waterspiegel doelloos in de lucht hangen, stijgt het peil in het zuidelijke bekken (dat van het noordelijke is afgescheiden). Oorzaak: door de roofbouw van de industrie, te weten de verdampingsbekkens van de chemische industrie (de ontginning van asfalt en kalium) blijven jaarlijks miljoenen tonnen zout achter, wat ertoe leidt dat de waterspiegel in het zuiden 20 cm per jaar stijgt. De gevolgen kunnen niet dramatischer zijn: de hotels in toeristische plaatsen als Ein Bokek dreigen de komende jaren onder water te komen staan. Het zout afgravenen afvoeren over transportbanden zou zo'n 1,5 miljard euro kosten.

De Dode Zee ligt voor de helft op Jordaans grondgebied

De Jordaan

Thema

De Jordaan is een van de belangrijkste levensaders voor zowel Israël als buurland Jordanië. De vraag naar water, het 'blauwe goud' van het Midden-Oosten, groeit aan beide zijden van de rivier, maar het aanbod neemt af. De toestand waarin de rivier verkeert, is zorgwekkend.

Aan de oevers van de Jordaan gedijden vroeger allerlei soorten graan, groente en fruit, de berghellingen waren dichtbegroeid met acacia's en mimosa. Het land werd echter op schaamteloze wijze uitgebuit – van de bossen is na de nietsontziende ontbossing in recente tijden niets meer over en wat graan, groente en fruit betreft, kampt men met weer een ander probleem: het tekort aan water. Dat is nijpend, vooral omdat sinds het vredesverdrag met Jordanië Israëls Arabische buurman een grotere aanspraak op water doet gelden.

Drie rivieren uit het Syrische Hermongebergte – de Dan, de Hermon (Arabisch: Banias) en de Snir – stromen in het Huladal in Hoog-Galilea samen, om van daar over een afstand van 353 km door de Jordaanvallei naar de Dode Zee te meanderen. Het Hebreeuwse HaJarden betekent 'Hij die neervalt': het hoogteverschil van de samenstroming tot de monding in zee bedraagt dan ook 916 m. De stroom passeert het Meer van Tiberias en ten zuiden daarvan mondt de uit het oosten komende Jarmuk uit in de Jordaan.

Al was de rivier in Bijbelse tijden, toen Jezus door Johannes de Doper in de Jordaan werd gedoopt, ook al geen kolossale, onneembare grensrivier, voor veel toeristen is de aanblik van het bescheiden stroompje een teleurstelling. Ten oosten van de Jordaan, aan de kant van Jordanië, werd in 1959 het ca. 100 km lange East Ghor Canal geopend, een door de Jarmuk gevoed kanaal dat sindsdien intensieve landbouw mogelijk maakt.

Dat het water van de Jordaan niet meer toereikend is, heeft diverse oorzaken. Door het veranderende klimaat valt er aanzienlijk minder neerslag dan voor een stabiele waterhuishouding vereist is. In zeer slechte winters viel slechts een zevende van de gebruikelijke hoeveelheid. Tegelijkertijd is de behoefte aan water groter dan ooit, door het stijgende bevolkingsaantal en de daarmee samenhangende intensievere landbouw en toenemende industrialisering. Jordaanwater wordt daarom naar de kustgebieden gepompt om daar het tekort aan te vullen.

Het gebrek aan water heeft daarbij ook nog politieke implicaties. Al zo'n twintig jaar geleden waarschuwde de toenmalige secretaris-generaal van de Verenigde Naties, Boutros-Ghali, dat zoetwater wel eens de inzet zou kunnen zijn van toekomstige oorlogen in het Midden-Oosten. Dat het watertekort voor politieke doeleinden wordt benut, is vooral merkbaar voor de Palestijnen op de Westelijke Jordaanoever, die te maken hebben met rigoureuze rantsoenering. Terwijl Joodse kolonisten hun auto's wassen, komen uit de Palestijnse irrigatiesystemen vaak niet meer dan druppels. Veel akkers liggen daardoor soms geheel braak. Volgens een onderzoek van Peace Now kan een Joodse kolonist over dertien keer zoveel bevloeid akkerland beschikken als een Palestijn. Het potentieel voor conflicten is dan ook enorm. Volgens wetenschappers is er nog maar één oplossing: de aanleg van meer waterleidingen en de bouw van meer ontziltingsinstallaties voor zeewater.

Het water van het meer vindt ook een medicinale toepassing: er worden reuma en huidziekten mee behandeld. Bij schijnbaar hopeloze gevallen kan een vier- tot zesweekse kuur soms alsnog wonderen verrichten. De economische betekenis van het meer ligt verder in de winning van kalium, broom en magnesium.

Rode Zee

De **Rode Zee** vormt Israëls toegangspoort tot de Indische Oceaan en maakt dus verbindingen mogelijk met India en het Verre Oosten: Singapore, Japan en Hongkong. Hij strekt zich van de zee-engte Bab al Mandab, die de verbinding vormt met de Golf van Aden (Jemen) noordwaarts uit tot de zuidelijke punt van de Sinaï. Daar verdeelt het water zich in de Golf van Suez in het westen en de Golf van Aqaba in het oosten – die overigens door Israël de Golf van Eilat wordt genoemd.

De Middellandse Zee, die 's zomer vol kwallen zit, trekt met name Israëli's aan en toeristen die Israël bezoeken; de Rode Zee is een belangrijke trekpleister voor het internationale toerisme, met bezoekers uit Israël, Egypte en Jordanië. Een wezenlijk onderscheid met de Middellandse Zee is dat u hier het hele jaar door kunt zwemmen en duiken. De onderwaterwereld van de Rode Zee is vooral bij de Sinaï (Egypte) zonder gelijke.

Flora en fauna

Flora

Het Oude Testament, Romeinse schrijvers en kruisvaarders – alle bejubelden de schoonheid van het landschap en de rijkdom aan graan, groente en fruit. Het boek Genesis maakt melding van tarwe, gerst, wijn, dadelpalmen, vijgen-, olijf- en appelbomen. Het land was dichtbegroeid met wouden. Wat dat betreft was tijdenlang sprake van nietsontziende ontbossing, maar intussen zijn de Bijbelse tijden nagenoeg weergekeerd dankzij de inspanningen van het Joods Nationaal Fonds (Keren Kay'yemet Le'Israël). Dit heeft met de hulp van Israëli's en toeristen, die met een geschenk aan de natuur hun waardering kenden laten blijken, al zo'n 240 miljoen pijnbomen, eucalyptussen, tamarisken, acacia's, eiken, cipressen en dennen aangeplant (zie kader). De oudste bomen van Israël staan in het olijfbos van Gethsemane en zouden meer dan tweeduizend jaar oud zijn.

In het zuiden begint de lente al in januari en februari – dan steekt overal in de Negev de paardenbloem zijn kopje op. Kort daarna, op z'n laatst in maart, komen in de Golanhoogten wilde roos, krokus en het alpenviooltje op, gevolgd door lelies, orchideeën, tulpen, zwarte irissen, hyacinten, oleanders, kamille en narcissen. In totaal groeien in Israël zo'n 2400 verschillende soorten planten.

Fauna

Het lijkt onmogelijk dat ooit leeuwen, hyena's en zelfs olifanten in Palestina inheems waren, maar door klimaatveranderingen en later door ongecontroleerde jacht zijn veel wilde dieren verdwenen. Er leven inmiddels ca. 430 soorten vogels, 80 soorten zoogdieren en bijna 90 soorten reptielen in Israël. Bovendien wordt het land bezocht door trekvogels die onderweg zijn van Europa naar Afrika. Daardoor kan het gebeuren dat u grote zwermen ooievaars en zwaluwen in de lucht voorbij ziet trekken. Voor arenden, valken, struisvogels, gazellen, lynxen, steenbokken en wilde katten zijn speciale natuurreservaten in het leven geroepen (zie blz. 20). De veelvuldigst voorkomende hagedissensoort is de gekko. In de droge gebieden van de Negev leven slangen en spinnen, die – met uitzondering van de cobra, de Palestijnse adder en een bepaald soort schorpioen – voor mensen ongevaarlijk zijn.

Plant een boom – Plant a Tree

Met het oog op het groen maken van onder meer de Negev zamelt het Joods Nationaal Fonds middelen in (tel. 00972 2 563 56 38, www.jnf.org). Eén boom kost US$18, tien bomen kosten US$100; u krijgt tevens een donatiecertificaat. Het is ook mogelijk om in het kader van een plantreis de bomen eigenhandig te planten.

Onderwaterwereld

Kijk in Israël ook eens onder water. De **Rode Zee** is vanwege zijn soortenrijkdom een van de aantrekkelijkste duiklocaties ter wereld – ondanks het feit dat de koraalriffen ernstig lijden onder het wangedrag van menig duiker. In het kustgebied van de Rode Zee leven 150 van de 4800 bekende soorten koralen, die tussen 75.000 en 20 miljoen jaar oud zijn. Een goede indruk van vuur-, hoorn- of lederkoralen kunt u ook krijgen zonder te duiken, bijvoorbeeld in het onderwaterobservatorium van Eilat (zie blz. 341) of een rondvaart op een boot met een glazen bodem. Niet alleen de koraalriffen fascineren, maar ook de vissenwereld. Rond de riffen lijken (ongevaarlijke) haaien, barracuda's, makrelen, trompet- en napoleonvissen, roggen, murenen, engelvissen, zeeschildpadden en zelfs dolfijnen zó voor het grijpen.

Minder spectaculair zijn de onderwaterwerelden van de **Middellandse Zee** en het **Meer van Tiberias**; het laatste is bekend om het voorkomen van de zonnevis en de zilverkarper, die er in groten getale rondzwemmen en gemakkelijk aan de haak kunnen worden geslagen. In de Dode Zee is geen waterleven mogelijk, zoals reeds op het beroemde Palestinamozaïek van Madaba in Jordanië is te zien: met een van zout vertrokken bek wijken de in de Jordaan zwemmende visjes voor de monding terug.

Nationale parken

De National Parks Authority werd in 1963 bij wet in het leven geroepen. Deze instantie beheert nu 43 nationale parken tussen Galilea en de Rode Zee. Jaarlijks worden deze parken aangedaan door zo'n 8 miljoen bezoekers. Het begrip 'nationaal park' is vrij ruim: hieronder vallen niet alleen wat men er gewoonlijk onder verstaat – beschermde gebieden van uitzonderlijk natuurschoon waar u kunt wandelen en recreëren – maar ook archeologische vindplaatsen als Qumran en Masada. Uitzonderlijk fraai zijn **Ein Gedi** (zie blz. 196, een prachtige oase bij de Dode Zee), **Hurshat Tal** (zie blz. 314, waar de Dan door een natuurgebied met eikenbossen, watervallen en een zwemmeer stroomt), **Gan HaShlosha** (zie blz. 302, bossen en natuurlijke meertjes met warmwaterbronnen waar u kunt zwemmen aan de voet van de Giboa, in het dal van de Harod, nabij de kibboets Beit Alfa), het **Yarkon River Park** (idyllisch en bij vissers zeer geliefd) en ten slotte het **Beit Govrin National Park** (zie blz. 236, waar wandelpaden naar onder meer de indrukwekkende grot van Tel Maresha leiden).

Tip: met de 14 dagen geldige Green Card van de Nature and National Parks Authority (verkrijgbaar in de parken) kunt u zes parken naar keuze voor NIS110 bezoeken of 65 parken voor NIS150.

Het Meer van Tiberias, het belangrijkste waterreservoir van Israël, wordt ernstig bedreigd

Milieu

We schrijven het jaar 2067. China, Japan en andere grootmachten controleren de waterhuishouding van de wereld en grote multinationals bepalen waar ter wereld het zal regenen. Wanneer neerslag in Israël uitblijft, breekt de zogenaamde hydromanie uit. Maar gelukkig is daar de Israëlische Maya, echtgenote van een prominente maar verdwenen waterbouwkundig ingenieur. Ze gaat de strijd met de machtige waterconcerns aan. Maya is de ecologische heldin in de utopische roman *Hydromania* van de Israëlische schrijver Assaf Gavron (zie blz. 78). De milieuproblematiek is inmiddels zelfs in de Hebreeuwse literatuur als thema uitgewerkt. Dat is wellicht ook nodig, want tegenwoordig is het milieubewustzijn door economische en politieke problemen naar de achtergrond gedrongen en haast nog minder aanwezig dan vlak na de stichting van de staat in 1948.

Verwaarloosd milieu

De rivier de Kishon in het noorden is verziekt, de verbrandingscentrale Ramat Hovav in het zuiden is een grote bron van vervuiling, Jeruzalem en Haifa hebben last van smog, Tel Aviv kan het huisvuil niet aan – kortom, er zijn beslist milieuproblemen in Israël, maar er wordt geen prioriteit aan gegeven. Zoals Yannit Shannon van Greenpeace Israël in een interview het formuleerde: 'Het milieu wordt hier gezien als een bijkomstigheid.' Volgens hem nemen de zorgen over veiligheid, overleving en het vredesproces alle aandacht in beslag, en gaat dat ten koste van het milieu. Daar komen problemen op economische vlak bij: de buitenlandse investeringen stokten, terwijl de werkloosheid juist is toegenomen. 'Als we met het aanpakken van de milieuproblemen wachten tot het hier eindelijk eens vrede is, dan ziet het er heel slecht uit met het milieu,' meent Shannon.

Watertekort

Het negeren van de problemen is ook een doorn in het oog van Ophir Pines-Pas, voormalig voorzitter van het comité voor binnenlandse aangelegenheden van de Knesset. Toen de watertekorten weer eens nijpend waren en er over een oplossing werd gepraat, verzuchtte hij in de krant *Ha'aretz*: 'We hebben hier een ernstige crisis, maar iedereen doet of er niets aan de hand is.'

Water, het 'blauwe goud' van het Midden-Oosten, wordt steeds schaarser. Zo is sinds 2008 in de ooit zo neerslagrijke winters maar 70% van de gebruikelijke hoeveelheid gevallen. 'Dit is de ergste watercrisis sinds 80 jaar,' waarschuwde de directeur van de Israëlische watervoorziening, Uri Schani. Een sterke bevolkingsgroei, een alsmaar uitdijend landbouwareaal en toenemende droogte zijn de belangrijkste oorzaken. Daar komt bij het achteloos omgaan met drinkwater van een op luxe georiënteerde samenleving, die het gewoon is om er ook de tuin mee te sproeien. Een vrolijk ronddraaiende tuinsproeier is immers een statussymbool. Maar de alarmsignalen zijn steeds duidelijk hoorbaar, vooral omdat de Jordaan steeds minder water aanvoert. De eerste maatregel, omdat deze het snelst werkt, was de beperking van de voor landbouw beschikbare hoeveelheid water. De altijd weer opduikende ideeën voor boringen naar water in de Golanhoogten zijn omstreden, omdat experts vrezen dat de milieuschade daarvan groter zal zijn dan de voordelen die ze opleveren.

De Negev – diepe kloven en zandduinen kenmerken de woestijn in het zuiden

Drinkwaterwinning

Een andere mogelijke oplossing is de aanleg van meer zeewaterontziltingsinstallaties. Een van de grootste ter wereld, met een capaciteit van meer dan 300.000 m^3 per dag, staat in Ashkelon. Dit soort fabrieken vreet echter stroom. Bij thermisch ontzilten wordt de natuur gekopieerd: het zeewater wordt aan de kook gebracht, waarna het verdampte water condenseert in gekoelde spiraalbuizen. Zowel het verhitten als het koelen vraagt veel energie: voor 1000 liter drinkwater wordt 70 kilowattuur stroom verbruikt. Zuiniger met energie zijn de ultrafiltratie-installaties, die het zout door semipermeabele membranen uit het water filteren. Dit proces maakt gebruik van omgekeerde osmose, waarbij de (kleinere) watermoleculen door het filter worden geperst en de (grotere) zoutionen worden tegengehouden. Moderne membranen kunnen op deze wijze wel 99,7% van het zout tegenhouden, en het resultaat kan zonder verdere behandeling als drinkwater worden gebruikt. Ook hiervoor is energie nodig, omdat het zeewater met een druk van 80 bar door het filter moet worden geperst. Door Siemens wordt een elektrochemisch proces ontwikkeld dat tot 90% minder energie verbruikt (de eerste testinstallaties zijn in 2011 in gebruik genomen).

Dalende waterspiegel

Hoe kwetsbaar de watervoorziening is, blijkt wel uit het hoofdwaterreservoir van het land, het Meer van Tiberias. Wanneer de waterspiegel van het meer 208 m onder zeeniveau ligt, dan moet water uit de Jordaan worden betrokken; ligt hij nog zo'n 6 m lager, dan moet elke onttrekking worden gestaakt.

Wat de Dode Zee betreft staan Israël en Jordanië voor weer een heel ander waterprobleem. Hier zakt de waterspiegel met ruim 1 m per jaar. Milieubeschermers vrezen dat de zee in 2050 volledig opgedroogd zal zijn. Israël en Jordanië kondigden in 2002 op de Wereldtop voor Duurzame Ontwikkeling in Johannesburg aan dat zij een US$800 miljoen kostende en 320 km lange pijplijn willen aanleggen, die water uit de Rode Zee over Jordaans grondgebied naar het noorden in de Dode Zee gaat pompen. Het door ecologen heftig bekritiseerde verdrag hierover werd in 2013 in Washington ondertekend. Ook is samenwerking met westerse landen op het gebied van klimaatverandering, duurzame en efficiënte energie, water- en afvalmanagement afgesproken.

Klimaat

Israël heeft een mediterraan klimaat. Aan de Middellandse Zeekust wordt 's zomers de warmte getemperd door een altijd waaiende zeebries; in Jeruzalem staat geen zuchtje wind en blijft de hitte als onder een stolp hangen. Tijdens de heetste maanden, juli en augustus, kan in Eilat aan de Rode Zee – waar het 's winters aangenaam warm is – de temperatuur oplopen tot een ondraaglijke 42°C of zelfs nog hoger. Tijdens een reis van Jeruzalem (800 m) naar de Dode Zee of naar Jericho (−394 m) voelt u met bijna elke kilometer de temperatuur oplopen, tot maar net iets onder de 50°C. Dezelfde waarden worden soms opgetekend bij het Meer van Tiberias, dat 210 m onder de zeespiegel ligt, en waar geen verkoelend briesje te bespeuren valt. Het klimaat in de Golanhoogten, waar de lucht veel meer beweegt, is draaglijker.

De periode dat er regen kan vallen duurt van eind november tot begin maart. Gemiddeld valt er jaarlijks in Jeruzalem 486 mm, in Tel Aviv 539 mm, in Haifa 601 mm en in Eilat 25 mm. In het voorjaar en de herfst kan er een droge, warme wind waaien, de *sharav*. In de bergen van Judea, waar ook Jeruzalem ligt, wordt het 's winters zelden kouder dan 6°C. Wanneer het er een enkele keer sneeuwt, breekt al bij de eerste vlokken de chaos uit: Jeruzalem komt dan knarsend tot stilstand. Voor de weinige skiërs is dat het startschot om naar de berg Hermon te vertrekken, het enige wintersportgebied in het land.

Het klimaat in de Negev wordt – zoals in alle woestijnen – tijdens elk seizoen gekenmerkt door extreme temperatuurverschillen tussen dag en nacht.

Economie, maatschappij en actuele politiek

Israëls economie is zeer conjunctuurgevoelig. Groei en krimp wisselen elkaar af, al naar gelang het conflict met de Palestijnen op oorlog of op vrede afstevent. De binnenlandse politiek van Israël wordt sterk gehinderd door de wildgroei aan partijtjes en de opkomst van rechtse en ultraorthodoxe krachten. Palestina lijdt vooral onder de militante Hamas, die Israël niet erkent en met aanslagen het vredeproces saboteert.

'Wat betreft onze regio, het Midden-Oosten,' schreef Shimon Peres in zijn biografie *Shalom*, 'bestaat Israëls taak eruit mee te bouwen aan een duurzame vrede en een gemeenschappelijke economische ontwikkeling. Het Midden-Oosten moet een regio worden zonder oorlogsfronten en zonder vijanden; een regio waarin ieder vrij is om in zijn eigen taal te bidden – of dat nu Hebreeuws, Arabisch, Latijn of wat dan ook is – zonder daarin gehinderd te worden of ergernis op te wekken; het moet een regio worden waar men wedijvert zonder elkaar te overheersen; een regio waar de mensen elkaar helpen in plaats van bestrijden; waar destructie heeft plaatsgemaakt voor creativiteit en groei; een regio die het verleden in ere houdt en aan zijn geschiedenis nieuwe, roemvolle hoofdstukken toevoegt. Dit boek legt getuigenis af van het recht van elk mens om te dromen van een betere toekomst.' Deze droom, in 1995 door Peres opgetekend, is nog altijd ver van de werkelijkheid verwijderd.

Economie

'Laat de woestijn bloeien' – dit was het motto van de door pioniersgeest bezielde Israëli's na 1948. Het harde werk om het land en de economie van de grond te krijgen wierp vruchten af. Van het einde van de jaren 1950 tot de Jom-Kippoeroorlog in 1973 kwam het land inderdaad tot bloei; de jaarlijkse economische groei lag voortdurend rond 10%. De enorme investeringen werden voornamelijk door de Verenigde Staten gefinancierd of verstrekt in de vorm van leningen.

Met het oorlogsjaar 1973 kwam de klad in deze economische tendens. De olieboycot bezegelde het einde van de groei. De verstarde, in veel opzichten staatsgeleide economie – een erfenis van de socialistisch georiënteerde zionistische pioniers – kwam in een chronische crisis terecht. De verstikkende bureaucratie smoorde bovendien elk particulier initiatief in de kiem, en buitenlandse investeerders meden Israël vanwege de onbuigzaamheid van de overheid en de economie. Pas eind jaren 1980 slaagde premier Shimon Peres met hulp van de Verenigde Staten erin de economie weer vlot te trekken. Sindsdien zijn alarmerende inflatiepercentages als 445% (in 1984) verleden tijd. Enkele grote problemen zijn evenwel nog steeds niet opgelost: de hoge buitenlandse schuld en het immense defensiebudget slokken meer dan de helft van de staatsbegroting op.

Bloeiende hightechindustrie

Eind jaren 1990 maakte de economie van Israël een ingrijpend veranderingsproces door. De landbouw, de sector die tot dan de meeste exportproducten leverde, raakte steeds meer op de achtergrond en is tegenwoordig hekkensluiter. De hightechindustrie geeft sindsdien de toon aan. Tussen Tel Aviv en Haifa is naar het voorbeeld van het Californische Silicon Valley de zogenaamde 'Silicon Wadi' uit de grond gestampt. Israëlische software wordt momenteel over de hele wereld gebruikt door particulieren en bedrijven. Firewalls, voicemail en voice-over-IP-telefonie zijn Israëlische uitvindingen, evenals de USB-stick. Beliep de export van software begin jaren 1990 nog US$90 miljoen, in 2013 brachten hard- en softwareproducten al meer dan al US$26 miljard op. Software vormt nu ruim 25% van de technologie-export en ca. 12% van de totale uitvoer van Israël.

Israël heeft na de VS het grootste aantal op de Nasdaq geregistreerde technologiebedrijven. Geen enkel land investeert zoveel in onderzoek en ontwikkeling: ca. 5% van het bbp. Van alle buitenlandse investeringen vloeit een derde naar de softwaresector. Het vertrouwen in de Israëlische knowhow en vindingrijkheid is blijkbaar groot. Terwijl durfkapitalisten sinds het begin van de financiële crisis van 2008/2009 zich uit Europese startende ondernemingen terugtrokken, stegen de investeringen in de Israëlische tegenhangers fors verder. Van het durfkapitaal van US$1,6 miljard vloeide 86% in de IT-industrie.

Crises remmen de economie

De belangrijkste handelspartners van Israël zijn de VS, China en de EU. 35% van alle geïmporteerde goederen is afkomstig uit Europa; 26,1% van de export gaat naar de EU toe. Nederland neemt een belangrijke plaats in. De export naar Nederland bedroeg in 2013 €1,4 miljard, de import uit Nederland €1,95 miljard. Omdat de eigen afzetmarkt van Israël relatief klein is, is het land bijzonder mondiaal georienteerd. De totale export bedroeg in 2013 US$69,2 miljard, de totale import US$74,7 miljard. Het aandeel van industriële exportproducten bedraagt momenteel meer dan 83% van de totale uitvoer.

Producten die Israël uitvoert zijn onder meer machines, optische en medische apparatuur, meetinstrumenten, chemische producten en kunststoffen, rubberen en metalen halffabrikaten. Landbouwproducten hebben ten opzichte van vroeger tijden sterk aan betekenis ingeboet. De belangrijkste importproducten van de EU naar Israël zijn machines, telecomapparatuur, chemicaliën en voertuigen. De Israëlische diamantindustrie is met een totale export van een kleine US$9,4 miljard (2013; 1% meer dan het jaar daarvoor) de grootste ter wereld..

Kenmerkend voor de Israëlische economie is de razendsnelle en extreme afwisseling tussen groei en krimp, tussen de toppen en de dalen van de conjunctuur. Zo was 2000 een van de beste jaren uit de economische geschiedenis van het land, maar 2001 juist een van de slechtste. Het conflict met de Palestijnen heeft, wanneer het er hard aan toe gaat, direct zijn weerslag op de economie, onder meer door het plotseling wegblijven van toeristen tijdens en na een crisis. De rampzalige Libanonoorlog in de zomer van 2007 kostte Israël naar schatting 2% van het bbp.

De Middellandse Zee is voor Israëls handel en economie essentieel, aangezien het de verbinding vormt met havens in Europa, Zuid-Amerika en de VS. Eilat aan de Golf van Aqaba, met toegang tot de Rode Zee en de Indische Oceaan, is eveneens van het grootste belang.

Toerisme in Israël en de Palestijnse gebieden

Het toeristisch jaar 2013 was voor Israël ondanks instabiliteit en onrust in het naburige Egypte en conflicten rond het atoomprogramma van Iran een uitstekend jaar. Het land werd bezocht door zo'n 3,6 miljoen toeristen die er langer dan 24 uur verbleven en 578.000 dagjesmensen (uit onder andere Cyprus, Egypte en Jordanië). De meeste reizigers kwamen uit de VS (623.000 toeristen), Rusland (603.000), Frankrijk (315.000) en Duitsland (254.000). Ongeveer 68.000 Nederlanders reisden af naar het Heilige Land. De inkomsten uit het toerisme bedroegen ca. €5 miljard. Het hoogste percentage bezette hotelbedden had Tel Aviv (74%), gevolgd door de Dode Zee (70%), Eilat en Jeruzalem (elk 68%). Problematisch voor de toeristische industrie is de afnemende verblijfsduur. Dat komt doordat cruisepassagiers slechts kort aan land gaan en doordat Russische toeristen goedkoop voor een dagje invliegen vanuit het veel voordeliger Kreta of Cyprus.

Ook het toerisme in de Palestijnse gebieden is aan schommelingen onderhevig. In 2013 bezochten 2,8 miljoen toeristen (2011: 2,5 miljoen) de Palestijnse gebieden inclusief Oost-Jeruzalem. Hoe afhankelijk de regio van de toeristische sector is, bleek na het begin van de wereldwijde financiële crisis en de strijd in de Gazastrook in 2008. Het teruglopen van het aantal toeristen met 30% vertaalde zich in de economie met het verdwijnen van 20.000 arbeidsplaatsen en een afname van het bbp met ca. US$3,9 miljard.

Politieke structuur in Israël

Grondwet en overheid

De staat Israël heeft twee nationale symbolen. Op de vlag prijkt de davidsster, sinds de 14e eeuw het religieuze symbool van het jodendom en in 1897 gekozen tot het kenmerk van de zionistische beweging. Daarnaast is er het wapen van Israël, dat getuigt van het geloof in en de hoop op vrede: twee olijftakken, zinnebeeld van hoop, omkransen een menora, de zevenarmige kandelaar, een essentieel attribuut in de joodse eredienst.

Een land voor het volk van Israël, waar het in vrede kan leven – deze droom vormde de inspiratie voor de oprichting en onafhankelijkheidsverklaring in 1948 van de staat Israël. Israël is een parlementaire democratie met een ongeschreven grondwet, dat wil zeggen dat de grondwet niet is vastgelegd in één enkel formeel document. Burgerrechten als de vrijheid van meningsuiting, drukpers, vergadering en geloof worden als vanzelfsprekende grondrechten beschouwd. Hetzelfde geldt voor het verbod op discriminatie op grond van ras, geloof of sekse. Dat deze 'grondwet' voor een belangrijk deel een wassen neus is, vormt sinds begin jaren 1990 aanleiding tot een aanhoudende binnenlandse politieke controverse. De status van tweederangsburger van de ca. 1,5 miljoen Israëlische Arabieren, de ongastvrije opname van Ethiopische Joden en de discriminatie van de Palestijnen worden de politici en legerleiding voor de voeten geworpen, waarbij hen wordt verweten fundamentele grondrechten niet te respecteren.

Centralisme

De Israëlische staat is mede door de geringe grootte van het land sterk centralistisch ingericht. Gemeenten bezitten nauwelijks bestuurlijke en financiële autonomie. Staatshoofd is de president, die elke zeven jaar wordt gekozen door de Knesset, het parlement. Na parlementsverkiezingen of een kabinetscrisis wijst hij de politicus aan (doorgaans de leider van de grootste partij) die een nieuwe regering moet vormen.

De meeste politieke macht in het land ligt bij de minister-president en zijn kabinet. Sinds de kiesrechthervorming van 1992 wordt de premier direct door het volk gekozen. Het kabinet (de regering) legt verantwoording af aan de Knesset (de volksvertegenwoordiging).

Parlement

Het parlement, de **Knesset**, bestaat uit 120 volksvertegenwoordigers die elke vier jaar volgens evenredige vertegenwoordiging in algemene, vrije, geheime en directe verkiezingen worden gekozen. Elke burger van ten minste 18 jaar kan zich verkiesbaar stellen en aldus immuniteit verwerven. In de Knesset gaat het er soms wild aan toe. Er wordt fel gedebatteerd en in het vuur van de strijd komt het soms tot een handgemeen. Toch is het politieke gewicht van de Knesset niet zeer groot. Zijn instemming is bij internationale verdragen noch bij oorlogsverklaringen vereist.

In Israël bestaat geen stemplicht. Ten gevolge van de evenredige vertegenwoordiging en de lage kiesdrempel van 1,5% hebben in de Knesset veel kleine partijen zitting en is geen enkele partij groot genoeg om zonder de vorming van een coalitie te regeren. Bij de stichting van de staat is deze constructie welbe-

Tel Aviv, het New York van het Midden-Oosten, of kortweg: de Big Orange

CROWNE PLAZA
CITY CENTER

wust ingevoerd omdat men zoveel mogelijk groepen aan het democratische proces wilde laten deelnemen. Omdat het in de praktijk echter heeft geleid tot eindeloos gesteggel en zelfs onbestuurbaarheid van het land, worden er de laatste jaren voorstellen ingediend om het kiesrecht te hervormen. Hierbij denkt men dan onder meer aan een combinatie van een meerderheidsstelsel en evenredige vertegenwoordiging.

Partijen en vakbonden

De oudste partijen van Israël zijn ouder dan de staat zelf en stammen nog uit de tijd van het Britse mandaat. Er is sprake van een bonte veelheid aan partijen, waarvan de kleintjes vaak een grotere rol spelen dan hun getalsmatig toekomt.

Na de 19e parlementsverkiezingen in januari 2013 namen 32 partijen zitting. Grote winnaar en op een na sterkste kracht was **Yesh Atid**, de pas opgerichte Toekomstpartij van de voormalige tv-presentator Yair Lapid. De thema's onderwijs, gezondheid en woningbouw brachten hem de stemmen van boze burgers en Lapid werd minister van Financiën. De sociaal-democratische **Arbeiderspartij** (Mifleget HaAvodah HaYisraelit) werd in 1968 gevormd uit drie groeperingen en is voor een zelfstandige Palestijnse staat. Als leider van **Likoed** ('Vereniging'), in 1973 voortgekomen uit het liberale Herut ('Vrijheid') en Laam ('Voor de natie'), vormde Benjamin Netanyahu in 2013 zijn derde kabinet. Likoed had samen met **Jisrael Beiténoe** ('Israël Ons Huis') van Avigdor Liberman, de op twee na grootste partij, één lijst gevoerd. Deze ultrarechtse, racistische partij van vooral Russische immigranten neemt tegenover de Palestijnen een nog onverzoenlijker houding in dan Likoed en kondigde in maart 2014 aan om die reden weer zelfstandig verder te gaan.

Bij de vorming van coalitieregeringen zit de ultraorthodoxe **Shas**, een partij van Sefardische Joden, regelmatig op de wip. Het **Verenigde Thora-jodendom** (Yehudit HaTorah), een amalgaam van de Asjkenazische, ultraorthodoxe partijtjes Agudat Jisrael en Degel HaTorah, staat een politiek voor op basis van de Thora; de partij is tegen een zelfstandige Palestijnse staat en voor ongebreidelde kolonisering, ook van de Palestijnse gebieden.

In de Knesset hebben ook Arabische partijen zitting. De communistische **Chadash** (Democratisch Front voor Vrede en Gelijkheid), de **Arabische Democratische Partij** en de **Progressieve Lijst voor Vrede** zijn voorstander van de erkenning van Israël, maar ook van het recht op terugkeer van de Palestijnse vluchtelingen van 1948 en een soevereine Palestijnse staat met Jeruzalem als hoofdstad. De in 1996 opgerichte **Balad** (Nationale Democratische Groepering) wil bereiken dat Israël zich niet langer als specifiek Joodse staat definieert, maar als een seculiere staat met gelijke rechten voor iedereen, ook Arabische burgers. **Histradrut** is met zijn ca. 650.000 leden de grootste vakvereniging, waarbij werknemers van allerlei bedrijfstakken en politieke kleuren, maar ook kleine zelfstandigen, huisvrouwen, studenten en gepensioneerden zijn aangesloten. De vakbonden sluiten voor hun leden cao's af en bemoeien zich met sociale politiek, volksgezondheid, onderwijs en culturele kwesties. In geval van arbeidsconflicten zijn stakingen en uitsluitingen geoorloofde pressiemiddelen.

Rechtssysteem

Het Israëlische rechtssysteem verenigt invloeden uit de Osmaanse tijd, het Brits mandaat en Brits gewoonterecht met joodse, christelijke en islamitische rechtsregels. Ook zijn er uiteraard sinds 1948 allerlei nieuwe wetten ingevoerd. De onafhankelijkheid van de rechters en de magistratuur wordt gegarandeerd. Rechters van burgelijke rechtbanken op alle drie niveaus worden door een college van rechters voorgedragen en benoemd door de president. Het hooggerechtshof bestaat uit tien rechters. Dit lichaam behandelt ook alle klachten die door burgers tegen de overheid kunnen worden ingediend. Het familierecht is een zaak van onder het ministerie van Godsdienst vallende religieuze rechtbanken, die op basis van de in de betreffende zaak toepasselijke wetten – joods, islamitisch, christelijk of druzisch – hun oordeel vellen.

Leger

Het leger van Israël (IDF, Israel Defence Force) werd tegelijk met de staat in 1948 opgericht. Geüniformeerde mannelijke (drie jaar dienstplicht) en vrouwelijke (twee jaar) soldaten die na hun dienst met machinegeweren in cafés en restaurants zitten of in disco's dansen, zijn een alledaags gezicht. De noodzaak van een effectief optredende defensiemacht in Israël was nooit een issue. Alleen het leger zou in staat zijn de soevereiniteit en veiligheid van de grenzen te garanderen, en het heeft zelfs uitbreiding van het grondgebied van de staat mogelijk gemaakt. De prijs is hoog, want het leger is duur, heel duur. In 2014 werd besloten tot een korting van 5% op de militaire uitgaven van (inclusief de Amerikaanse legerbijdrage) US$18,2 miljard.

Sinds begin jaren 1990 is het leger minder overheersend. Door de toenemende aantallen immigranten is algemene dienstplicht niet meer nodig, soldaten kunnen zelfs voortijdig afzwaaien. Bovendien is het hebben volbracht van de dienstplicht geen voorwaarde meer voor een carrière of een baan.

Een andere, belangrijker reden is de reputatie van het leger. Het mensonwaardige optreden tegenover Palestijnen heeft bij delen van de Israëlische bevolking veel sympathie weggenomen. De operatie Gegoten Lood, codenaam voor het conflict in de Gazastrook in december–januari 2008–2009 werd een ramp. Het overgrote deel van de bevolking was vóór die oorlog, onder wie ook Israëli's die als vredesactivist bekendstonden, zoals de schrijver Amos Oz. Men wilde Hamas, de aanstichter van de dagelijkse raketaanvallen op Israël, eens en voor altijd uitschakelen. De schok kwam maanden na het einde van de oorlog. Waren er in de Gazastrook weerloze vrouwen en kinderen geëxecuteerd? Waren er bevelen tot moordaanslagen gegeven? Daar leek het wel op, toen officiële berichten van Israëlische soldaten ongecensureerd in de media terechtkwamen. 'Elke keer dat wij een huis bestormden, moesten we de deur intrappen en dan op iedereen schieten,' berichtte een soldaat. 'Ik noem dat moord.' Er waren tientallen vergelijkbare verslagen. De Israëlische organisatie Rabbijnen voor de Mensenrechten noemde de gebeurtenissen een 'morele tsunami' en riep op tot nationale rouw en boete. Maar minister van Defensie Ehud Barak hield vol: 'Ik blijf erbij dat wij het meest morele leger ter wereld zijn.'

Een onderzoekscommissie van de VN onder leiding van Richard Goldstone, die weinig medewerking van Israël kreeg, stelde een rapport van 576 bladzijden op, waarin zowel Israël als Hamas oorlogsmisdaden werd verweten. Hamas stelde zoals te verwachten viel geen gerechtelijk onderzoek in, maar in Israël werden 400 processen gevoerd, met slechts enkele veroordelingen als resultaat. Zo kwam een Israëlische soldaat die volgens het VN-rapport een moeder (64) en dochter (37), die met een witte vlag op hem afkwamen, had neergeschoten pas in 2012 voor de rechter. Hij kreeg 45 dagen gevangenisstraf – wegens illegaal gebruik van een vuurwapen.

In de zomer van 2014 kwam het opnieuw tot een gewapend conflict in de Gazastrook, wederom met als doel Hamas definitief uit te schakelen. Ook nu werd dat doel niet bereikt.

Palestijns bestuur

De machtigste man in Palestina is de president van de Palestijnse Autoriteit (PA), die elke vijf jaar direct door het volk wordt gekozen. Sinds 9 januari 2005 bekleedt Arafats opvolger Mahmoud Abbas dit ambt. De volksvertegenwoordiging, waarin 132 afgevaardigden zitting hebben, is de Palestijnse Wetgevende Raad, de PLC (Palestinian Legislative Council, Arabisch: Al-Majlis Al-Tashri'i). De president zelf heeft eveneens zitting in het parlement.

In de Palestijnse volksvertegenwoordiging, die in februari 2006 voor het eerste vergaderde, hadden Hamas met 74 zetels en Fatah met 45 zetels (zie blz. 44) samen een ruime meerderheid. Sinds Abbas in juni 2007 de regering van de Hamaspoliticus Ismail Hanija ontbond, wordt het parlement door Hamas geboycot en kunnen er geen besluiten meer worden genomen. Volgens Oslo II (zie blz. 45) heeft het parlement tijdens de interimperiode tot de definitieve vestiging van de Palestijnse staat geen zeggenschap over militaire zaken en buitenlandse politiek. In 2006 werd parlementsvoorzitter Abdel Aziz Duwaik (Hamas) door Israël gearresteerd, evenals enkele tientallen andere afgevaardigden. In 2009 waren er feitelijk twee regeringen. Op de Westelijke Jordaanoever zwaaide de gematigde **Fatah** de scepter, in de Gazastrook de militante **Hamas**, die ook over de eigen bevolking een schrikbewind voert.

In 2011 vroeg president Abbas ondanks fel verzet van Israël en de VS in New York aan de Verenigde Naties om volwaardig lidmaatschap van de staat Palestina. In zijn rede zei hij: 'Na tientallen jaren van verdrijving en bezetting is de tijd gekomen om in een vrij en soeverein land te wonen.' Hij boekte succes bij de UNESCO, die Palestina een maand later als volwaardig lid erkende, maar de VN kwam niet tot een uitspraak, dat wil zeggen dat de VS in de Veiligheidsraad zijn veto uitsprak.

Actuele politiek

Onverwacht zag de regering-Netanyahu zich binnenlands geconfronteerd met sociale protesten. Het begon in de zomer van 2011 met een demonstratie in Tel Aviv, die honderdduizenden mensen uit het gehele land op de been bracht. Studenten en middenstanders kwamen in opstand tegen de dramatisch gestegen kosten voor levensonderhoud (tot West-Europees prijspeil bij 40% lagere lonen), tegen de woningnood en tegen de desastreuze zorg- en onderwijspolitiek. De oorzaken bleven onbesproken: het geld dat elders dringend nodig was, werd opgeslokt door hoge uitgaven voor het leger, subsidies voor scholen en sociale programma's voor ultra-orthodoxen die weigeren belasting te betalen en de groeiende, deels illegale nederzettingen op de Westelijke Jordaanoever.

Vanaf het begin stond 2012 in het teken van de ultraorthodoxen, die slechts 10% van de bevolking uitmaken, maar een machtige, invloedrijke minderheid vormen. Vooral leden van de radicale groep Sikrikim, genoemd naar anti-Romeinse Joodse rebellen uit de 1e eeuw, eisten luidkeels een absolute scheiding der seksen – in de bus, op school, in restaurants, overal. Op overtreding van hun strenge religieuze normen reageerden de Sikrikim met geweld; ze vielen kinderen lastig die volgens hen zedeloos gekleed waren, ze vielen vrou-

Ook tijdens het poerimfeest zijn soldaten met machinepistolen een gewone verschijning in het straatbeeld

wen aan die in de bus op de voorste, voor mannen gereserveerde plaatsen wilden zitten, ze bespuugden op straat christenen en moslims. Bij een demonstratie tegen naar hun mening vijandige journalistiek droegen ze Jodensterren en concentratiekampkleding. Ze keerden zich tegen de staat. In de zomer van 2012 bekenden drie ultraorthodoxen dat ze het Holocaustmonument Yad Vashem beklad hadden met graffiti ('Hitler, bedankt voor de Holocaust'). Nadat de seculiere bevolking de ultraorthodoxen lange tijd zwijgend hun gang had laten gaan, kwam het protest op. 'We willen geen tweede Teheran worden' was een van de leuzen. Toch gaf busmaatschappij Egged toe aan de protesten van de strenge Joden: in Jeruzalem worden op de reclame-uitingen in en op hun bussen geen mensen meer afgebeeld.

Ook de voorrechten van tienduizenden ultraorthodoxe mannen die waren vrijgesteld van dienstplicht kwamen in beeld. Het hooggerechtshof verklaarde deze regeling ongrondwettelijk en bepaalde dat orthodoxen net als Israëlische Arabieren moesten meedoen – een explosief vonnis. Onmiddellijk verstuurde het ministerie van Defensie duizenden oproepen tot militaire keuring. Pas in 2014 nam de Knesset met een kleine meerderheid en tegen alle protesten in een dienovereenkomstige wet aan, maar wel voorzien van talloze uitzonderingen en verzachtende speciale bepalingen.

Op het gebied van de buitenlandse politiek neemt sinds 2012 het conflict met Iran een prominente plaats in. Het vermeend militair inzetbare nucleair programma van Iran wordt door Netanyahu als bedreiging van het voortbestaan van Israël beschouwd. Samen met minister Ehud Barak van Defensie dreigde Netanyahu met oorlogsgeweld, wat ten aanzien van de mogelijk consequenties bij een deel van het leger en de bevolking grote vragen opriep: waarom zou Iran de atoommacht Israël aanvallen, als het land daarmee bij de tegenaanval zelf verwoestingen riskeerde?

Tot slot roept de Arabische Lente vragen voor de toekomst op. Met name de val van de Egyptische dictator Hosni Mubarak in 2011, die voor Israël tientallen jaren een betrouwbare partner was geweest, heeft het krachtenveld in het Midden-Oosten ernstig verstoord. Daarbij komt dat de militante islam rondom Israël sterker is geworden en Al Qaida en verwante groepen zich konden uitbreiden in de naburige Sinaï. Uit Israëlisch oogpunt was de verdrijving van de een jaar eerder tot president van Egypte gekozen Moslimbroeder Mohammed Mursi door het door Abdel Fattah al-Sisi aangevoerde Egyptische leger een relatief geruststellende ontwikkeling. Maar reken daarbij de burgeroorlog in Syrië, waarbij Israël vurig hoopt op een doorbreken van de as Iran–Syrië–Hezbollah, de sinds 2012 escalerende stammenoorlog in Libanon en de opkomst van de Islamitische Staat in Irak en Syrië in 2014, en er is zeker reden tot zorg. Wat gebeurt er met het afgekoelde, niet-nageleefde vredesverdrag met Egypte? Hoe moet het verder met de Palestijnen?

Volker Perthes, een Duits politicoloog, betwijfelt in zijn boek *Der Aufstand* dat de ingrijpende veranderingen in de Arabische wereld het bestaan van Israël bedreigen. Voor de jongste generatie Arabieren is de staat Israël al lang een feit. Perthes voorziet wel problemen als Israël een serieuze tweestatenoplossing en vrede met de Palestijnen traineert. Dan loopt de ontwikkeling uit op een binationale staat – met Joden in de minderheid. 'Voor Israël als Joods-democratische staat ligt hier het eigenlijke gevaar,' aldus Perthes.

Donaties

Wetenschap en sociale voorzieningen in Israël zijn sterk afhankelijk van donaties. Naar schatting maken buitenlandse donateurs, doorgaans rijke Joodse weldoeners uit de VS, jaarlijks zo'n US$1,5 miljard over voor goede doelen. Zonder deze middelen zouden organisaties als Hazon Yeshaya Humanitarian Network geen dagelijks eten kunnen verstrekken aan 14.000 hulpbehoevenden, zoals zij dat tegenwoordig doen. Sinds de financiële crisis van 2009 liep het bedrag aan binnenkomende schenkingen terug met ongeveer een derde.

Geschiedenis

De geschiedenis van het Jodendom en de geschiedenis van Israël zijn nauw met elkaar verweven. Gebeurtenissen van duizenden jaren geleden spelen nog altijd een rol in de politiek. Het is niet alleen retoriek als er zowel van Arabische als van Israëlische zijde steeds weer naar de geschiedenis wordt verwezen. Het conflict van tegenwoordig heeft zijn wortels in de tijd van Abraham.

Begintijd

Eerste culturen

De eerste sporen die op de aanwezigheid van *Homo erectus* in Palestina duiden zijn gevonden in El Ubeidiya, in de buurt van het Meer van Tiberias, en zijn ongeveer 800.000 jaar oud. In het neolithicum (ca. 14.000–8000 v.Chr.) leefden de bewoners van Palestina als nomadische jager-verzamelaars, die hun bivak opsloegen bij talrijke rivieren en meren. In het land Kanaän, het gebied tussen de Jordaan en de Middellandse Zee, kwamen in de vroege bronstijd (3100–2300 v.Chr.) onder invloed van Egypte welvarende stadstaten op.

Het Beloofde Land

Ten oosten en ten zuidwesten van Palestina bestonden twee beschavingen, die tot ongeveer 2000 v.Chr. nauwelijks weet van elkaar hadden – Mesopotamië tussen de Eufraat en Tigris en Egypte aan de Nijl. Rond 1800 v.Chr. trok een nomadenvolk, onder de patriarch Terah en zijn zoon Abraham met diens vrouw Sarah, langs de Eufraat naar het noordwesten, naar het huidige Zuid-Turkije. God verscheen aan **Abraham** en beloofde hem om zijn nakomelingen tot een uitverkoren volk te maken, als hij hem gehoorzaamde. Als teken van het nieuwe geloof, als 'teken van het eeuwige verbond', verlangde God dat alle mannelijke pasgeborenen op de achtste dag na de geboorte besneden zouden worden. Als tegenprestatie beloofde God Abraham en diens nakomelingen het land Kanaän (Palestina).

Slavernij

Abraham en zijn nakomelingen leefden vier eeuwen lang als nomaden in het land Kanaän. Een periode van droogte dwong hen ertoe naar de oevers van de Nijl te trekken. Uit het Bijbelboek Genesis kennen we het verhaal van **Jozef** en zijn broeders, die hem als slaaf naar Egypte verkochten. Met toestemming van Farao haalde Jozef zijn volk naar Egypte, waar het gastvrij ontvangen werd. Pas onder een latere heerser begon de knechting van het volk. Vier eeuwen na Jozef werd Mozes geboren.

Exodus

Volgens de overlevering voerde **Mozes** de Israëlieten in de 13e eeuw v.Chr. uit Egypte naar het Beloofde Land. De zwerftocht, langs onduidelijke wegen, dwars door de Schelfzee, waarvan de wateren gespleten werden, door de Sinaï en de Negev, zou veertig jaar geduurd hebben. Onderweg ontving Mozes van God op de berg Horeb de Tien Geboden, geschreven op twee platte stenen (de Stenen Tafelen). De Bijbel noemt een aantal van 600.000 personen voor het volk dat met Mozes meetrok. Waarschijnlijk waren het er echter veel minder, 6000, hoogstens 60.000, en dan verdeeld over een aantal decennia. Na Mozes' dood bracht **Jozua** het volk naar het Beloofde Land aan de overzijde van de Jordaan.

Tijd van de rechters, tijd van de koningen

De twaalf stammen van Israël kenden in de tijd van de veroveringen een staatsvorm die iets weg had van een monarchie: de stammen kozen een zogeheten rechter (ook wel vertaald als 'richter'), die als legeraanvoerder optrad. Zo'n constructie, die mogelijk was dankzij een krachtig stammenrecht, was geschikt voor tijden van oorlog. De omschakeling van een halfnomadische naar een sedentaire maatschappij maakte een centrale regering noodzakelijk. De eerste vorst (ofwel militaire leider met koninklijke bevoegdheden), hiertoe uitgeroepen door de profeet Samuel, was **Saul** (ca. 1022–1004 v.Chr.), die na een nederlaag tegen de Filistijnen zelfmoord pleegde. Zijn opvolger, en feitelijk de eerste van de koningen van Israël en Juda, het noordelijke en zuidelijke koninkrijk, was Sauls pleegzoon **David** (ca. 1004–965 v.Chr.), een krijgshaftig vorst die bij zijn dood een rijk achterliet dat zesmaal groter was dan het huidige Israël. David maakte Jeruzalem tot een symbool, tot een heilige plaats van het Joodse volk.

Macht door vrede

Na Davids dood besteeg zijn zoon **Salomo** (965–ca. 928 v.Chr.) de troon. Salomo, wiens wijsheid en rechtvaardigheid spreekwoordelijk waren, werd al tijdens het leven van David tot koning uitgeroepen, omdat David voorzag dat er strijd om de opvolging zou kunnen ontstaan. Salomo bouwde een tempel in Jeruzalem, waarin de Ark des Verbonds met de Stenen Tafelen werd bewaard. Al liet hij tegenstanders uit de weg ruimen om zijn troon zeker te stellen, toch gaf Salomo de voorkeur aan een politiek van vrede om zijn rijk in stand te houden. Tijdens zijn bewind bloeide de economie, met handelsbetrekkingen tot in Jemen, waar de koningin van Sheba regeerde.

Salomo's dood

Salomo stierf tussen 931 en 926 v.Chr. Over zijn opvolging kon men het, ook in verband met een gevraagde belastingvermindering, niet eens worden, waarop het rijk uiteenviel in Israël en Juda. **Rechabeam** werd koning van Juda in het zuiden en **Jerobeam** koning van Israël in het noorden. Vanwege de Tempel, waarin de Ark des Verbonds werd bewaard, was Jeruzalem het religieuze centrum van beide rijken. Het noordelijke koninkrijk Israël zou 210 jaar bestaan. Er regeerden twintig koningen uit negen dynastieën; vrijwel geen enkele stierf een natuurlijke dood.

Ten slotte brak een tienjarige **oorlog tussen Assyrië en Israël** uit, waarin de grootmacht uit het huidige Koerdistan ten strijde trok tegen het kleine Israël. In 722 v.Chr. liet koning Salmanassar de gehele elite van Israël in gevangenschap naar Mesopotamië voeren, in totaal 30.000 personen. Het noordelijke koninkrijk was daarmee weggevaagd en de tien stammen van Israël waren verdwenen. Een vergelijkbaar lot, alleen enige tijd later, trof Juda, waar Salomo's zoon Rechabeam zijn vader was opgevolgd.

Toen het Assyrische rijk, verslagen door de Babyloniërs, in 609 v.Chr. ophield te bestaan, eindigden de relatief vreedzame jaren van de Assyrische vazalstaat Juda. Koning **Jojakim** betaalde aanvankelijk tribuut aan de nieuwe machthebbers in Babylon, maar hield daar in 600 v.Chr. mee op. Zo begon een van de grote tragedies in de Joodse geschiedenis. **Nebukadnessar II** stuurde eerst een leger huurlingen, die de weerstand van Jeruzalem echter niet konden breken. Daarop belegerde hij zelf met zijn troepen de stad en nam de achttienjarige koning gevangen – en met hem ongeveer 8000 mogelijke oproerlingen, die hij allen naar Babylon liet brengen. Nebukadnessar stelde de laatste telg uit het geslacht van David, de 21-jarige **Sedekia**, aan als marionettenkoning. In 589 v.Chr. verklaarde deze zich echter onafhankelijk. Nebukadnessar stuurde nu zijn troepen naar Juda, bezette het land en begon een beleg van Jeruzalem. In 587 v.Chr. viel de stad. Koning Sedekia sloeg op de vlucht, maar hij werd gegrepen en voor Nebukadnessar gebracht. Zijn ogen werden uitgestoken, waarna hij naar Babylon werd afgevoerd. In 586 v.Chr. volgde een plundering van Jeruzalem. De paleizen en de Tempel, de bewaarplaats van de sindsdien verdwenen Ark des Verbonds, werden door de Babyloniërs

Met maquettes wordt de Eerste Tempel aanschouwelijk gemaakt

met de grond gelijkgemaakt. Daarmee was het voorlopige einde van Juda bezegeld.

Tijd van de hogepriesters

In 539 v.Chr. vernietigde **Cyrus**, koning der Perzen (559–530 v.Chr.) het Babylonische rijk. Perzië werd de nieuwe regionale grootmacht. Hij stond de Joden toe naar Jeruzalem terug te keren. **Darius**, de kleinzoon van Cyrus, droeg financieel bij aan de bouw van een nieuwe Tempel in Jeruzalem. In de nieuwe Joodse staat regeerden de hogepriesters; de economie bloeide. **Alexander de Grote** versloeg in 333 v.Chr. bij Issus de Perzische koning Darius III en in 332 v.Chr. trok hij Jeruzalem binnen, waarna hij het hele Perzische rijk veroverde. Na zijn dood vielen Israël en Juda toe aan de Ptolemaeën, die over Egypte heersten, en in 198 v.Chr. aan de Seleucidenvorst **Antiochus**, koning van Mesopotamië, Perzië en Syrië. In 165 v.Chr. slaagde Judas Makkabeus erin de in feite superieure Seleuciden te verslaan en veroverde Jeruzalem, met de Tweede Tempel. Het chanoekafeest herinnert tot op heden aan de herinwijding van de Tempel.

Romeinse heerschappij

In 63 v.Chr. voegde de Romeinse generaal **Gnaeus Pompejus** Palestina toe aan het Imperium Romanum. Als gouverneur benoemde hij Antipater, uit een oud Idumees geslacht (de inwoners van Idumea waren een halve eeuw eerder door de Makkabeeën gedwongen om over te gaan tot het Jodendom). Antipaters zoon **Herodes de Grote** (40–4 v.Chr.) voerde een schrikbewind; hij liet een van zijn tien vrouwen, twee van zijn zonen en iedereen die hij verdacht van een samenzwering ter dood brengen. Toen hem werd voorspeld dat er in Bethlehem een nieuwe koning der Joden geboren zou worden, beval hij alle kinderen in die stad te doden. Hij breidde de tempel in Jeruzalem uit en bouwde een machtige burcht als paleis. Na Herodes' dood braken overal in het land opstanden uit, die door de Romeinen bloedig werden neergeslagen.

Omdat de Joden zich niet wilden neerleggen bij de gedwongen romanisering, begon in 66 de Eerste Joods-Romeinse Oorlog, waarin Jeruzalem al snel door de opstandelingen werd bezet. In 68 veroverde de latere keizer **Vespasianus** Galilea, waarna hij zijn zoon Titus opdroeg om Jeruzalem in te nemen. 70.000 soldaten probeerden tevergeefs om de stad te bestormen. Door de inwoners uit te hongeren viel de stad uiteindelijk in het jaar 70. De Tweede Tempel werd verwoest; alleen de westelijke muur, de huidige Klaagmuur, is bewaard gebleven. De liturgische voorwerpen werden naar Rome gebracht.

Drie jaar later viel de nog door Herodes gebouwde vesting Masada op de westoever van de Dode Zee. Hier hadden de **zeloten**, een radicale, anti-Romeinse Joodse groepering, en de **essenen** (zie blz. 195) een laatste toevlucht gevonden. De Romeinen hielden in Palestina een schrikbewind in stand, verboden de Joden om zich te laten besnijden en ontwijdden de Tempelberg.

Ruim zestig jaar na de verwoesting van de Tempel deed een zekere Simon Ben Kosiba, bijgenaamd **Bar-Kochba** (Zoon van de Ster), van zich spreken. Bar-Kochba claimde de messias te zijn en kondigde aan de Romeinen te vernietigen. Hij werd gesteund door de befaamde Joodse geleerde **rabbi Akiba**. Bar-Kochba begon in 132 een zorgvuldig geplande guerrillaoorlog tegen de Romeinen, waartegen de legioensoldaten niet opgewassen waren. Maar in 135 moesten Bar-Kochba en zijn mannen de strijd opgeven. Zelf viel hij in de strijd; rabbi Akiba werd terechtgesteld. De overlevenden werden als slaaf verkocht. Juda werd hernoemd in Palestina en Jeruzalem mocht drie jaar lang niet meer betreden worden door Joden. Jeruzalem werd opnieuw opgebouwd, maar nu als Romeinse stad, met theaters, paleizen en aquaducten.

Byzantijnse en Arabische tijd

Vanaf 324 regeerde **Constantijn de Grote** als alleenheerser over het Romeinse rijk. Na het Concilie van Nicaea riep hij het christendom, de grootste geloofsgemeenschap in het rijk, uit tot staatsreligie. Constantijn en zijn moeder Helena bouwden overal in Palestina kerken, waar de pelgrims massaal op afkwamen. In de daaropvolgende 200 jaar was het de Joden – net als andere niet-christenen – verboden om te trouwen met een christen en om hoge overheidsfuncties te bekleden. Na de dood van keizer Theodosius in 395 verdeelden zijn zonen Arcadius en Honorius het rijk in een oostelijk deel met Constantinopel (ook wel Byzantium genoemd) als hoofdstad en een westelijk deel, waar Rome hoofdstad was. In het Heilige Land, dat was toegewezen aan Byzantium, bloeide het pelgrimswezen en heersten welvaart en vrede. De Joden vormden met 10% een minderheid in Palestina. In 638 werd Jeruzalem veroverd door de moslims.

De islam werd gesticht in de 7e eeuw. Eerst breidde de nieuwe religie zich uit over het Arabisch schiereiland, vervolgens over Palestina en later ook tot diep in Azië. Onder de **Omajjaden** (kaliefen in Damascus), de **Abbasiden** (kaliefen in Bagdad) en aanvankelijk ook de sjiitische **Fatimiden** (kaliefen in Caïro) bloeide Jeruzalem als voor iedereen toegankelijke pelgrimsstad, druk bezocht door christelijke bedevaartgangers.

In 1071 namen de Turken Jeruzalem in en bezetten Palestina vrijwel zonder strijd. Christelijke pelgrims waren voortaan ongewenst en werden overvallen: een bedevaart naar Jeruzalem was levensgevaarlijk geworden. De Europese christenheid zou zich daarbij echter niet neerleggen.

Kruistochten

Eerste kruistocht

De massale opmars van Europese troepen naar Palestina was beslist niet alleen een kruistocht ter bevrijding van de heilige plaatsen. 'Het heiligste is ontwijd ... te wapen, broeders.' Met deze woorden had **paus Urbanus II** in 1095 in Clermont opgeroepen tot de eerste kruistocht, zinspelend op de verwoesting van de Heilig Grafkerk in Jeruzalem door kalief Hakim – die echter al 86 jaar eerder had plaatsgevonden. 'God wil het,' was overal de strijdkreet in een Europa dat om sociale en politieke redenen bijna 'hongerde' naar een

De kruistochten vanuit moslimperspectief

In de tijd van de kruistochten botsten moslims en christenen op elkaar, niet alleen bij veldslagen, maar ook na afloop daarvan. De strijdende partijen kenden ook adempauzes na het gevecht. Vijand ontmoette vijand. Daarbij kwamen heel verschillende culturen met elkaar in aanraking, maar anders dan velen heden ten dage zouden verwachten.

Het was een vroege *clash of civilizations*, maar tegengesteld aan tegenwoordig. 'Toen de Arabieren de christelijke ridders, die tijdens de kruistochten in de Oriënt waren gekomen, tussen de veldslagen door beter leerden kennen, waren ze ontzet over het geringe niveau van de geneeskunst van de Europeanen en maakten ze zich vrolijk over hun ruwe zeden,' zo schreef de in 2006 overleden islamwetenschapper Fritz Steppat.

Bewijzen daarvoor zijn er genoeg. Getuigenissen over de kruistochten uit Arabisch perspectief zijn verzameld door Francesco Gabrieli. Auteur van de twee volgende passages is Usama Ibn Munqid (1095-1188), Syrisch edelman, ridder, jager en schrijver.

Over Frankische geneeskunde. De heer van Munaitira schreef mijn oom om hem te vragen een arts te sturen die zijn zieke vriend moest genezen. Mijn oom stuurde hem een christelijke arts met de naam Tabit. Al na tien dagen kwam hij weer terug. We zeiden tegen hem: 'Je hebt de zieke snel genezen,' waarop hij vertelde: 'Ze brachten een ridder bij me, die een abces op zijn been had, en een vrouw die aan het wegteren was. Voor de ridder maakte ik een trekpleister, waarna het abces openbarstte en genas; de vrouw schreef ik een dieet voor dat het evenwicht van haar lichaamssappen herstelde door ze vochtiger te maken. Toen kwam er een Frankische arts bij, die zei: "Hij weet helemaal niet hoe hij hen moet behandelen." Daarna wendde hij zich tot de ridder en vroeg hem: "Wat wilt u liever: met één been leven of met beide benen dood zijn?" Het antwoord was: "Liever met één been leven!" Toen zei de Frankische arts: "Haal een sterke ridder en een scherpe bijl!" Ridder en bijl werden gebracht; ik stond erbij. De arts legde het been op een houten blok en zei tegen de zojuist gehaalde ridder: "Geef het been een flinke houw om het aangetaste deel af te hakken." Hij sloeg, onder mijn ogen, eenmaal toe, en omdat het been niet volledig was doorgehakt nog een keer: het merg vloeide eruit en de ridder stierf meteen. Daarop onderzocht hij de vrouw en zei: "Ze heeft een demon in haar hoofd, die op haar verliefd is. Scheer haar het haar af." Ze schoren haar, en ze bleef net als eerder eten, knoflook en mosterd, waardoor het wegteren verergerde. "De duivel zit in haar hoofd," zo oordeelde hij. Hij nam een scheermes en maakte een kruisvormige incisie in haar hoofdhuid, trok de huid vanuit het midden weg, tot de schedel vrij kwam te liggen, en wreef deze in met zout. De vrouw stierf ogenblikkelijk. Toen vroeg ik: "Hebben jullie me nog nodig?" Ze antwoordden ontkennend, waarop ik maar ging. Ik had het een en ander over hun geneeskunde geleerd wat ik nog niet wist.'

Over de Franken en echtelijke jaloezie. De Franken kennen geen eergevoel of jaloezie. Als een Frank met zijn vrouw op straat loopt en een andere Frank ontmoet, kan het gebeuren dat die de vrouw bij haar hand pakt en

Thema

haar apart neemt om met haar te spreken, terwijl haar man ernaast staat en wacht tot ze klaar is met het gesprek. Als het hem te lang duurt, laat hij haar alleen met haar gesprekspartner en gaat weg.

Een eigen ervaring is de volgende: Toen ik in Nablus was, logeerde ik bij een zekere Muizz, wiens huis als herberg voor moslims diende. Zijn vensters keken uit op de straat. Aan de overkant van de straat stond het huis van een Frank, die wijn verkocht voor rekening van de kooplieden. Hij placht een fles wijn te nemen en die als volgt aan te prijzen: 'Koopman die-en-die heeft een vat met deze wijn geopend. Wie er iets van wil kopen moet naar dat-en-dat adres gaan; hij krijgt van mij de eerste wijn uit het vat, die in deze fles zit.' Toen hij op een dag thuiskwam, vond hij een man met zijn vrouw in bed. Hij vroeg hem: 'Wat doe je hier bij mijn vrouw?' 'Ik was moe,' antwoordde de ander, 'en ben naar binnen gegaan om uit te rusten.' 'En waarom ben je in mijn bed gaan liggen?' 'Ik zag dat er een bed gereed was gemaakt en ben erin gaan liggen om te gaan slapen.' 'En waarom slaapt die vrouw naast je?' 'Het is haar bed,' antwoordde de man, 'ik kon haar toch moeilijk verhinderen om in haar eigen bed te gaan liggen?' 'Ik verzeker je, als je dat nog eens doet, sleep ik je voor het gerecht!' zo sloot de eerste man het gesprek af – dat was zijn hele reactie, de heftigste uitdrukking van zijn jaloezie.

Bij de strijd tussen de moslims en de kruisridders botsten niet alleen twee religies, maar ook twee heel verschillende culturen op elkaar

religieus geïnspireerde massabeweging. Europa beleefde een ongekende bevolkingsexplosie. Ridders zochten naar lucratieve buit. De paus leefde van de aalmoezen van arme weduwen. Hongersnoden en oorlogen wisselden elkaar af. Een plundertocht waarvoor bovendien een aflaat (kwijtschelding van zonden) verkregen kon worden was daarom meer dan welkom. De edelen rond **Godfried van Bouillon** en zijn broer **Boudewijn**, die op Kerstmis 1100 tot koning van Jeruzalem werd gekroond, persten Europese Joden hun vermogen af en plunderden en verwoestten tijdens hun opmars Joodse steden. Het kruisvaardersleger, dat uit ridders, boeven, bedelaars, vechtersbazen, marskramers, religieuze fanatici, vrouwen, kinderen en hoeren bestond, rukte op naar Jeruzalem en doodde talloze Joden en moslims. Van de slachtoffers in eigen kring profiteerde de Kerk: de kruisvaarders hadden voor vertrek namelijk hun bezittingen toevertrouwd aan de Kerk.

Tweede kruistocht

Na de dood van de leider van de eerste kruistocht, Godfried van Bouillon, werd zijn broer Boudewijn in 1100 tot koning van de kruisvaardersstaat Jeruzalem uitgeroepen. De strijd met de moslims bleef echter doorgaan. In Jeruzalem werden verschillende geestelijke ridderorden opgericht, zoals de tempelridders of tempeliers, die op de Tempelberg in de El-Aqsamoskee zetelden. Het wapenschild van de tempeliers was een rood kruis; de orde was alleen aan de paus gehoorzaamheid verschuldigd. De aanhoudende druk van de moslims, die belangrijke veldslagen wonnen, leidde in 1144 tot de tweede kruistocht, die voor de christenen in een ramp eindigde. Het 80.000 man sterke leger van de Duitse koning **Koenraad III** en de troepen van de Franse koning **Lodewijk VII** werden voor Damascus vernietigend verslagen door de Turken.

Pas 43 jaar later werd Jeruzalem door de moslims heroverd. De kruisridders moesten hun meerdere erkennen in **Salah el-Din Yusuf Ibn Ayyub (Saladin)**, de stichter van de dynastie der Ajjoebiden, die de Fatimidendynastie opvolgde. Saladin, die door tijdgenoten als vroom moslim werd beschreven en het grootste deel van zijn bezittingen aan de armen schonk, vestigde eerst een machtsbasis, veroverde Egypte en Syrië en zocht daarna steun bij andere moslimvorsten, voordat hij zijn aandacht op Jeruzalem richtte.

In 1185 stierf de aan lepra leidende koning Boudewijn IV van Jeruzalem. Een paar jaar eerder waren de christenen, die bovendien onderling sterk verdeeld waren, door een hongersnood gedwongen om een vierjarige wapenstilstand te sluiten met Saladin, een periode die deze gebruikte om zijn rijk uit te breiden. In juli 1187 vond op de heuvels van Hattin een veldslag plaats tussen de kruisvaarders en Saladin, die het lot van Jeruzalem bezegelde. Saladin nam daarna in slechts één dag Tiberias in. 'De christelijke leeuwen', zo schreef een kroniekschrijver uit de tijd van Saladin, 'zagen eruit als egels, doorpriemd met zwaardklingen.' Gevangengenomen tempeliers en hospitaalridders liet Saladin bij honderden tegelijk onthoofden. Drie maanden later, na de inname van alle steden en vestingen in Palestina, viel Jeruzalem, dat met katapulten en de inzet van burgermilities op de stadsmuren werd verdedigd. Naar verluidt zou Saladin in september 1187 vijf dagen om de stad hebben gereden om een geschikt aanvalspunt te vinden. Ten slotte liet hij de stad vanuit het zuiden, vanaf de berg Sion, met belegeringswerktuigen beschieten. Steeds weer braken christelijke ruiters de stad uit om tot de strijd uit te dagen. Na lange onderhandelingen over een vrije aftocht voor de christenen – anders dan bij de inname van de stad in 1099, toen alle inwoners van de stad werden gedood – werd de stad overgedragen aan Saladin en zijn enorme leger; de christenen kregen een vrijgeleide tegen betaling van een losgeld. Op vrijdag 2 oktober 1187 wapperden weer islamitische banieren op de muren van Jeruzalem.

Derde kruistocht

De val van Jeruzalem leidde tot de derde kruistocht (1189–1192), die onder aanvoering stond van drie vorsten: de Duitse keizer **Frederik Barbarossa** (die in 1190 verdronk), de Franse koning **Filips Augustus** en de Engelse koning **Richard Leeuwenhart**. De havenstad Akko werd ingenomen, maar Jeruzalem werd niet heroverd. De kruistocht eindigde in 1192 met een verdrag tussen Richard Leeuwenhart en Saladin. Een jaar later stierf de moslimvorst. Er zouden in de volgende 99 jaar nog zes (volgens andere tellingen vier) kruistochten volgen. Een droeve faam kreeg de Kinderkruistocht van 1212, waarbij duizenden kinderen omkwamen of als slaaf werden verkocht.

Osmaanse tijd

Onder de Egyptische **Mammelukken** diende Jeruzalem als verbanningsoord voor in ongenade gevallen vorsten en generaals, die de stad met paleizen, moskeeën en mausolea opluisterden. De Osmaanse sultan **Selim I** maakte in 1517 een eind aan de heerschappij van de Mammelukken en veroverde Jeruzalem. Onder sultan **Süleyman de Grote** verrezen de Oude Stad en stadsmuren van Jeruzalem in de vorm die nu nog te zien is.

In de 17e eeuw kwam er een gestage immigratie van Joden op gang, als gevolg van vervolgingen in Europa. In 1799 mislukte een poging van Napoleon om Palestina te veroveren. Vanaf het midden van 19e eeuw begonnen de Europese grootmachten Rusland, Pruisen, Groot-Brittannië en Oostenrijk steeds meer interesse in het Heilige Land te tonen.

Joods nationaal tehuis

In 1878 werd Petach Tikwa gesticht als eerste Joodse landbouwnederzetting in Palestina. Met de toen ingezette ontginning en herbebossing onderstreept Israël nog altijd zijn aanspraken op het land. Als gevolg van toenemende vervolgingen in Europa en pogroms in tsaristisch Rusland, Roemenië en Jemen kwam in 1882 de Eerste Alia (Opstijging) op gang, de eerste grote Joodse immigratiegolf naar het Heilige Land.

In 1903 wees Groot-Brittannië het idee af om een Joodse staat te vestigen in Argentinië, Oeganda, Congo of Cyprus.

Brits mandaat

Tijdens de Eerste Wereldoorlog had Groot-Brittannië zowel de steun van de Arabieren als van de Joden nodig in de strijd tegen het Osmaanse rijk, waarvan de macht gebroken moest worden na de ontdekking van de Arabische olievelden. Groot-Brittannië paste hierbij een vorm van appeasementpolitiek toe, die in zijn dubbelhartigheid zowel de Arabieren als de Joden misleidde en aanzienlijk bijdroeg aan de verscherping van het Arabisch-Joodse conflict. Tussen maart 1915 en mei 1916 correspondeerde de Britse Hoge Commissaris in Egypte, Henry McMahon, met de *sharif* van Mekka, die hij voor de strijd tegen de Osmanen wilde winnen. McMahon verzekerde hierbij dat Groot-Brittannië 'in de gebieden waarin Groot-Brittannië vrij kan handelen zonder afbreuk te doen aan de belangen van zijn bondgenoot Frankrijk ... bereid is om de onafhankelijkheid van de Arabieren te erkennen en te steunen.'

Balfourverklaring

Anderhalf jaar later schreef de Britse minister van Buitenlandse Zaken **Arthur James Balfour** een brief aan de Britse voorman van het zionisme **Lord Rothschild**. Over deze 'Balfour Declaration' merkte Chaim Weizmann jubelend op: 'We horen de voetstappen van de messias.' Balfour bepleitte in naam van de regering de vestiging in Palestina van een nationaal tehuis voor het Joodse volk. Daarbij moest echter duidelijk zijn, zo schreef Balfour, 'dat niets zal worden ondernomen wat de burgerlijke en religieuze rechten van niet-Joodse gemeenschappen in Palestina aantast.'

Terwijl de Arabieren onafhankelijkheid en de Joden een eigen land werd beloofd, spraken Groot-Brittannië, Frankrijk, Rusland en Italië in het geheime Sykes-Picotverdrag af wie welke gebieden toebedeeld zou krijgen bij een geallieerde overwinning. Frankrijk zou Syrië en Libanon krijgen, de Britten Irak en de controle over de havensteden Haifa en Akko. Zo werd dus aan de Arabieren en Joden onafhankelijkheid beloofd, terwijl tegelijk plannen bestonden om de regio te koloniseren of in elk geval onder mandaat te stellen.

Na de geallieerde zege, waarbij de Engelse schrijver en archeoloog T.E. Lawrence (1888-1935) als aanvoerder van een Arabisch leger beroemdheid verwierf, probeerden de Britten op verschillende vredesconferenties voor Palestina een koloniale status door te drijven, maar onder druk van de VS en andere landen moesten ze zich beperken tot de status van mandaatgebied. In 1920 droeg de Volkenbond het mandaat over Palestina op aan Groot-Brittannië. Door de Derde en Vierde Alia verdrievoudigde de Joodse bevolking in Palestina tussen 1919 en 1928. In 1921 werd **Abdullah I**, de tweede zoon van de *sharif* van Mekka, emir van het onder Brits mandaat staande Trans-Jordanië, ten oosten van de Jordaan. In 1946 verleenden de Britten dit koninkrijk de onafhankelijkheid. Zijn achterkleinzoon is de huidige koning van Jordanië, **Abdullah II**. Een jongere broer van Abdullah, Faisal, werd, eveneens met instemming van de Britten, koning van een ander Brits mandaatgebied, het huidige Irak.

El-Husseini en Hitler

Aan een verdere escalatie van het Joods-Arabische conflict in de jaren 1920 droegen de Britten ook bij door **Hadj Amin el-Husseini**, die haat tegen de Joden predikte, aan te stellen als grootmoefti van Jeruzalem. El-Husseini onderhield nauwe contacten met nazi-Duitsland, en schreef in het begin van 1941 aan Adolf Hitler: 'Het Arabisch nationalisme is uwe excellentie dankbaarheid verschuldigd en spreekt zijn erkentelijkheid ervoor uit dat u herhaaldelijk in klinkende toespraken het Palestijnse vraagstuk aan de orde hebt gesteld ... Ik wens uwe excellentie tot slot een lang en gelukkig leven toe, evenals een snelle, glanzende zege en welvaart voor het grote Duitse volk en de Asmogendheden.'

Hoe meer Joden er naar Palestina emigreerden, hoe vaker het tot vijandelijkheden kwam. Joodse immigranten stichtten daarom de **Hagana**, een paramilitaire verdedigingsorganisatie. De Jodenvervolging door de nazi's leidde tot de Vijfde Alia. Tegen het eind van de Tweede Wereldoorlog leefden er zo'n 500.000 Joden in Palestina. Uit angst voor het escalerende Joods-Arabische conflict probeerde Groot-Brittannië te voorkomen dat de Joden die aan de Holocaust ontkomen waren zouden immigreren. Daarmee begon de **Alia Bet** (de codenaam van de illegale Joodse immigratie).

'Het feit dat geen enkele Europese staat bij machte is geweest om de elementaire rechten van het Joodse volk te verdedigen en het tegen het geweld van de fascistische beulen te beschermen, verklaart de wens van de Joden om een eigen staat te stichten. Het zou onrechtvaardig zijn om daar geen rekening mee te

Gedenkplaats voor de slachtoffers van de Holocaust: Yad Vashem in Jeruzalem

houden en het recht van het Joodse volk op de verwezenlijking van deze wens af te wijzen.' Dit zei in 1947 de Russische VN-ambassadeur Andrej Gromyko. De in 1947 door de VN opgelegde, op het Peel Report van 1937 gebaseerde deling van Palestina in een Joodse en een Arabische staat (met Jeruzalem onder internationaal gezag) werd echter niet geaccepteerd door de Arabieren. De invloed van Groot-Brittannië in Palestina nam af. Op 18 februari 1947 verklaarde de Britse regering dat ze in het Joodse verlangen naar een soevereine staat en de even sterke Arabische afwijzing hiervan een 'onverenigbaar conflict van principes' onderkende en daarom een voortijdige aftocht van de Britse troepen voorbereidde, die moest plaatsvinden op 15 augustus 1947.

Stichting van de staat Israël

Met de terugtrekking van Groot-Brittannië was Palestina een probleem van de VN geworden. Ook in het Joodse kamp bestond onenigheid over hoe de toekomst eruit moest zien. **Ben Gurion**, de leider van de defensieafdeling van de Jewish Agency, was apert tegen een deling van Palestina. **Chaim Weizmann** ontwikkelde daarentegen een eigen delingsplan, dat inhield dat de kustvlakte, Galilea en het Joodse deel van Jeruzalem het grondgebied van de staat Israël zouden vormen. Palestina stond nu onder controle van het United Nations Special Committee on Palestine (UNSCOP). Al voor de uitroeping van de staat trokken mensen uit 52 landen naar Palestina. Op 29 november 1947 nam de Algemene Vergadering van de VN **Resolutie 181** aan, die onder meer stelde dat er uiterlijk op 1 oktober 1948 'een onafhankelijke Arabische en een onafhankelijk Joodse staat moeten bestaan, naast een bijzonder internationaal bestuur voor de stad Jeruzalem.'

Onafhankelijkheidsoorlog

De Arabieren wezen elke verdeling van Palestina categorisch af en begonnen met oorlogsvoorbereidingen, waarop de Joden wel moesten reageren. Op 14 mei 1948, om 24.00 uur, zou het Britse mandaat eindigen. Die dag kwamen de Joodse Volksraad en het Volksbestuur, een soort voorlopige regering, onder leiding van Ben Gurion bijeen in het toenmalige Kunstmuseum van Tel Aviv. Er werd een provisorisch parlement gevormd en de Israëlische vlag werd ontvouwd, een blauwe davidster op een witte ondergrond, geflankeerd door twee horizontale blauwe strepen. David Ben Gurion las de onafhankelijkheidsverklaring voor, waarin onder meer staat: 'Het recht van het Joodse volk om een eigen staat te stichten is het natuurlijke recht van het Joodse volk om net als alle andere naties zeggenschap te hebben over het eigen lot in een eigen soevereine staat. Bijgevolg zijn wij ... hier, op de laatste dag van het Britse mandaat over Palestina, bijeengekomen en roepen wij hierbij, op basis van ons natuurlijke en historische recht en op grond van de resolutie van de Algemene Vergadering van de Verenigde Naties, de stichting uit van een Joodse staat in Eretz Israel, die de naam Israël zal dragen.'

Diezelfde nacht, van 14 op 15 mei 1948, verklaarden de Arabische staten Israël de oorlog. De legers van Egypte, Syrië, Trans-Jordanië, Irak en Libanon trokken Palestina binnen. Maar de Arabische legers waren slecht uitgerust en onvoldoende getraind, terwijl Israël een zeer gemotiveerd, in de strijd ervaren en voortreffelijk toegerust leger in het veld kon brengen. Op 24 februari 1949 was de Onafhankelijkheidsoorlog afgelopen. Op die dag sloot Israël een wapenstilstand met Egypte, later gevolgd door wapenstilstanden met de andere Arabische tegenstanders.

Suezcrisis

Verschillende gebeurtenissen leidden in 1956 tot oorlog. Vanuit de door Egypte bezette Gazastrook werden steeds vaker aanvallen op Israël ondernomen. De Egyptische president Nasser nationaliseerde het Suezkanaal en blokkeerde Straat Tiran tussen de Sinaï en Saoedi-Arabië, waardoor Israëls toegang tot de Indische Oceaan werd afgesneden. Groot-Brittannië en Frankrijk, die een 99-jarige pachtovereenkomst voor het kanaal hadden, besloten samen met Israël tot oorlog. Op 29 oktober 1956 begon het conflict. Opperbevelhebber **Moshe Dayan** marcheerde het schiereiland Sinaï binnen. Twee dagen later bombardeerden Frankrijk en Groot-Brittannië Egypte. Toen de VS op 6 november een eind aan de oorlog afdwong, was Egypte feitelijk verslagen.

Zesdaagse Oorlog

Soldaten van de VN in de Sinaï en de Gazastrook zorgden sinds 1957 voor vrede langs de Egyptisch-Israëlische grens. Maar aan de grenzen met Syrië en Jordanië kwam het sinds 1962 steeds vaker tot gevechten, die in juli 1966 tot zware botsingen tussen Syrische en Israëlische pantsereenheden leidden. Toen de VN-vredesmacht zich op aandrang van Egypte uit de Sinaï en Gaza moest terugtrekken en Nasser kort daarop nogmaals Straat Tiran blokkeerde, ging Israël over tot een algehele mobilisatie. De grote mogendheden reageerden verschillend op de situatie: Frankrijk wilde geen oorlog, de VS en Groot-Brittannië kozen de kant van Israël en de Sovjet-Unie verklaarde zich bereid Egypte te steunen.

Op 1 juni 1967 vormde de Israëlische premier **Levi Eshkol** een regering van nationale eenheid. Minister van Defensie was Moshe Dayan, de man met het ooglapje. Op 5 juni 1967 vlogen 183 Israëlische straaljagers in de richting van Egypte, waar ze binnen bijna vijf uur in twee aanvalsgolven 304 Egyptische gevechtsvliegtuigen op de grond vernietigden – driekwart van de Egyptische luchtmacht, die niet voorbereid was. Nu raakten ook Jordanië en Syrië bij de strijd betrokken. Jordanië verloor zijn hele luchtmacht, Syrië ongeveer de helft. Op 6 juni bezette Israël de Gazastrook, op 7 en 8 juni Hebron, Ramallah, Nablus en Jericho, op 10 juni de Sinaï. Maar het belangrijkst was de inname van Jeruzalem. Korte tijd later werd Jeruzalem uitgeroepen tot hoofdstad van Israël, een beslissing die tot op heden niet internationaal is erkend. Op 9 juni voerde Syrië vanaf de Golanhoogten aanvallen uit op Israël. Een dag later was de Golan gevallen en de oorlog voorbij. Negen dagen na het eind van de oorlog bood Israël Syrië en Egypte de teruggave van de Golan en de Sinaï aan 'in ruil voor vrede en demilitarisering'. Deze formulering werd ook gebruikt tijdens de vredesonderhandelingen aan het begin van de jaren 1990.

Jom Kipoeroorlog

De spanningen tussen Israël en de Arabieren liepen na de Zesdaagse Oorlog opnieuw op. In plaats van naar vrede te streven beschoten de Egyptenaren vanaf voorjaar 1969 vanachter het Suezkanaal de door Israël bezette Sinaï. De Palestijnse terreurgolf bereikte een dieptepunt met de aanslag tijdens de Olympische Spelen van 1972 in München. Maar de oorlog die op Jom Kipoer (6 oktober) 1973 uitbrak verraste de Israëli's, wier leger niet gemobiliseerd was, niet minder dan de rest van de wereld. Egypte en Syrië begonnen gelijktijdig met een aanval. De overwinning leek nabij voor de Arabieren. Maar op 16 oktober was het Egyptische leger ingesloten en stonden de Israëli's aan de overkant van het Suezkanaal, 220 km voor Caïro. De achttiendaagse oorlog eindigde doordat de VN aandrongen op onderhandelingen, wat misschien ook wel het doel was geweest van de Egyptische president Sadat toen hij met de aanval begon – gesprekken aan de onderhandelingstafel. Zijn berekening kwam uit toen Egypte in 1979 de Sinaï terugkreeg. In Israël moest premier **Golda Meir** aftreden, omdat het vertrouwen in het onoverwinnelijke Israëlische leger aan het wankelen was gebracht. De Arabische wereld reageerde met een olie-embargo tegen het Westen.

De weg naar de Camp David-akkoorden

Op 21 juni 1977 riep premier **Menachem Begin** de leiders van Jordanië, Syrië en Egypte op om vredesbesprekingen met hem te beginnen. Alleen het Egyptische staatshoofd Sadat ging op deze uitnodiging is en reisde – na lange voorbereidende gesprekken – op 19 juli 1977 naar Jeruzalem, waar hij in Yad Vashem het hoofd boog voor de slachtoffers van de Holocaust en 's middags in de Knesset sprak. 'Vrede is niet meer dan een leeg woord als hij niet is gebaseerd op gerechtigheid, maar op de bezetting van land dat anderen toebehoort ... We staan op de volledige terugtrekking uit deze gebieden, met inbegrip van het Arabische Jeruzalem.'

Op 26 maart 1979 werden in Camp David, het buitenverblijf van de Amerikaanse president Jimmy Carter, raamakkoorden gesloten voor een vredesverdrag tussen Israël en Egypte. De meeste Arabische landen wezen ze af. Egypte werd uit de Arabische Liga gezet en Sadat, die samen met Begin de Nobelprijs voor de Vrede ontving, tekende met het verdrag ook zijn doodvonnis. Op 6 oktober 1981 werd hij 'wegens verraad' door terroristen doodgeschoten. De vrede tussen Egypte en Israël is tot op heden een koude vrede gebleven. Maar Camp David bereidde de weg voor de onderhandelingen van de jaren 1990.

Operatie Vrede voor Galilea

Op 6 juni 1982 trok het Israëlische leger Zuid-Libanon binnen. Zes weken lang werd het door Palestijnse en sjiitische groeperingen beheerste West-Beiroet ondanks internationale protesten systematisch gebombardeerd en uitgehongerd, totdat PLO-leider Arafat toegaf en zich met 13.000 aanhangers over zee liet evacueren. Daarmee had Operatie Vrede voor

Fatah en Hamas

Thema

De vijand van mijn vijand is mijn vriend – Fatah en Hamas, de twee grote Palestijnse facties, voldoen zelden aan deze zegswijze. De ideeën over hoe er moet worden omgegaan met de tegenstander Israël zijn daarvoor te verschillend.

Fatah is een afkorting die staat voor 'Beweging voor de Bevrijding van Palestina'. Fatah is voorstander van een tweestatenoplossing met erkenning van Israël. Hamas ontzegt Israël elk recht van bestaan.

Fatah werd in het jaar 1959 opgericht door Yasser Arafat en anderen. Er werd gestreefd naar een onafhankelijk, democratisch Palestina, te realiseren door een wereldwijde gewapende strijd. In 1968 sloot Fatah zich aan bij de PLO, waarbinnen het de sterkste factie werd. Tot Zwarte September 1970 (aanval op koning Hoessein, kapingen van westerse vliegtuigen) bood Jordanië onderdak aan de PLO, maar daarna zette koning Hoessein de guerrillastrijders zijn land uit. Libanon en Tunesië waren Arafats verblijfplaatsen gedurende zijn tot 1993 durende ballingschap. Het terrorisme had de PLO inmiddels afgezworen en het bestaansrecht van Israël was in het kader van de Osloakkoorden schriftelijk erkend

In 1993–1994 deed een gevaarlijke tegenstander van Arafat in eigen kring al van zich spreken. Onder invloed van de Eerste Intifada (1987–1991) was uit de oorspronkelijk slechts sociaal en charitatief actieve Moslimbroederschap de militante Hamas (Islamitische Verzetsbeweging) voortgekomen. Daarmee was onder sjeik Ahmed Yassin, die bereid was tot het gebruik van geweld, een tegenwicht geschapen voor Fatah. Veel politicologen zijn ervan overtuigd dat Israël Hamas aanvankelijk zelfs heeft gesteund. Maar de Israëlische plannen, als die er al waren, liepen mis. Hamas werd de grootste vijand van Israël.

Gesteund door Syrië en Iran teisterde Hamas samen met de Islamitische Jihad en de Al-Aqsa Brigades Israël, vooral tijdens en na de Tweede Intifada (2000–2005), met tientallen zelfmoordaanslagen en niet aflatende raketbeschietingen. Als Fatah een stap deed in de richting van vrede, dan zorgde Hamas er door terreur voor dat er weer een stap terug werd gezet. Critici werden en worden door Hamas vervolgd en vaak vermoord.

Tot een openlijke broederstrijd tussen Hamas en Fatah (sinds 2005 onder Arafats opvolger Mahmoud Abbas) kwam het met de verkiezingen van 2006. Hamas richtte zich in de verkiezingsstrijd op de in Fatah welig tierende corruptie en kreeg de absolute meerderheid. De VS en EU weigerden de Hamasregering elke steun. In 2007 vormden Hamas en Fatah een regering van nationale eenheid, die geen lang leven beschoren was. Na bloedige gevechten kreeg Hamas in 2007 de controle over Gaza. Abbas en Fatah trokken zich, gesteund door de EU, VS en Arabische Liga, terug op de Westelijke Jordaanoever – een soort intra-Palestijnse tweestatenoplossing. In 2009 kreeg Hamas voor zijn provocaties, die geleid hadden tot Israëls Operatie Gegoten Lood, heftige verwijten uit het Arabische kamp. De versoepeling van de blokkade van Gaza in 2010 werd geboekt als zege. Daaraan vooraf ging Israëls wereldwijd bekritiseerde actie in internationale wateren tegen schepen van pro-Palestijnse blokkadebrekers, onder wie auteur Henning Mankell. Negen activisten werden door Israëlische soldaten doodgeschoten.

Galilea (Shalom HaGalil) kunnen eindigen, maar de Israëli's marcheerden West-Beiroet binnen. In de vluchtelingenkampen Sabra en Shatila werden 3000 mannen, vrouwen en kinderen vermoord door maronitische falangisten, Libanese bondgenoten van Israël. Voor het eerst had de Israëlische publieke opinie kritiek op het leger en op de aanvallen op de burgerbevolking. In Tel Aviv kwam het tot betogingen. In september protesteerden meer dan 400.000 Israëli's, een vijfde van de volwassen bevolking, tegen het barbaarse optreden van het leger. Begin zag zich daarom in 1983 gedwongen om af te treden. De PLO kwam versterkt tevoorschijn uit de gebeurtenissen.

Jongste geschiedenis

Eerste Intifada

Internationale erkenning bleef de PLO ontzegd op grond van haar terroristische activiteiten, maar wel kreeg de organisatie een waarnemersstatus bij de VN en onderhield ze bureaus, een soort ambassades, in veel hoofdsteden. Vanaf 1974 accepteerde de PLO de staat Israël binnen de grenzen van voor de Zesdaagse Oorlog van 1967. Op de bijeenkomst van de Palestijnse Nationale Raad (het parlement in ballingschap) in 1988 werd een onafhankelijke Palestijnse staat geproclameerd, gebaseerd op de grenzen van het VN-delingsplan van 1947. De Jordaanse koning Hoessein deed afstand van alle rechten op de Westelijke Jordaanoever ten gunste van de Palestijnen. Maar daar ging de Eerste Intifada aan vooraf. Op 8 en 9 december 1987 begon op de Westbank en in Gaza de opstand van de Palestijnen. Met stenen, flessen, knuppels en molotovcocktails belaagden vooral jongeren Israëlische soldaten en provoceerden daarmee harde tegenmaatregelen, waardoor de wereldopinie attent werd gemaakt op de Palestijnse tragedie.

De Israëlische regering reageerde hard, grendelde de Palestijnse gebieden af, sloot scholen en beschoot stenengooiers met plastic kogels. Zelfs op kinderen en jongeren werd het vuur geopend. De intifada beïnvloedde ook Israëls binnenlandse politiek. Jonge Israëli's weigerden dienst in de intifadagebieden. Een breed gedragen publieke opinie erkende het recht van de Palestijnen op een zelfstandige staat.

Palestijnse autonomie

Tussen 20 en 22 januari 1993 spraken Israëlische en Arabische onderhandelaars af om in het geheim bij elkaar te komen in Oslo, Noorwegen. Deze samenkomsten leidden tot de Declaration of Principles, kortweg **Oslo I**, die op 13 september 1993 in Washington werd getekend door premier **Yitzhak Rabin**, minister van Buitenlandse Zaken **Shimon Peres**, PLO-leider **Yasser Arafat** en de Amerikaanse president **Bill Clinton**. In artikel XIV wordt beknopt gesteld: 'Israël zal zich uit de Gazastrook en het gebied rond Jericho terugtrekken.' Al eerder had Arafat 'het recht van de staat Israël erkend om in vrede en veiligheid te bestaan.' Nog niet ingevuld was de allesbepalende kwestie-Jeruzalem (zie blz. 150).

Het in Washington ondertekende **raamakkoord met de Palestijnen**, in mei 1994 in Caïro in detail uitgewerkt, werd gevolgd door **vrede met Jordanië**, op 26 oktober 1994 plechtig ondertekend in Wadi Arab, op de grens tussen Jordanië en Israël. Sinds 1999 toont Israël zich bereid om ook met Syrië te onderhandelen. Syrië eist echter eerst de onvoorwaardelijke teruggave van de Golanhoogten; daarna kan pas over vrede onderhandeld worden. Israëls positie is: 'land in ruil voor vrede'. Er zijn vorderingen gemaakt met de verwezenlijking van de Palestijnse autonomie. In september 1995 ondertekenden premier Rabin en Arafat in Washington de Interim Agreement, **Oslo II**, een nader uitgewerkt autonomieakkoord, dat de Israëlische terugtrekking regelt uit zeven steden (onder andere Bethlehem, Nablus en Ramallah) en 450 dorpen op de Westelijke Jordaanoever.

Moord op Yitzhak Rabin

Op 4 november 1995 waren er 100.000 Israëli's in Tel Aviv bij elkaar gekomen voor een vredesdemonstratie. In de zijstraten verzamelden zich rechts-radicale Joden, die de Amerikaanse vlag verbrandden en een pop in brand staken die premier Yitzhak Rabin voorstelde.

Bij de demonstratie sprak ook Rabin. Kort na zijn toespraak stormde een 27-jarige student, aanhanger van de Joods-extremistische organisatie Kach, af op de winnaar van de Nobelprijs voor de Vrede en doodde hem met drie pistoolschoten. Hoe ver het vredesproces op dit moment al was gevorderd, bleek bij de begrafenis van Rabin: tot de aanwezigen behoorden naast koning Hoessein van Jordanië, de Egyptische president Hosni Moebarak en belangrijke regeringsleden van de Palestijnse Autoriteit, ook ministers uit Oman, Qatar, Mauritanië en Marokko, die voor het eerst voet op Israëlische bodem zetten.

In januari 1996 werd Yasser Arafat met een overweldigende meerderheid verkozen tot president van de Palestijnse Autoriteit. Zijn verkiezing was een duidelijke afwijzing van **Hamas** (zie blz. 44), dat uit protest tegen de Israëlisch-Palestijnse vrede de verkiezingen had geboycot en in de weken erna bij spectaculaire bomaanslagen in onder meer Jeruzalem en Tel Aviv uim zestig burgers doodde om daarmee het vredesproces tot stilstand te brengen. Zo kort voor de Knessetverkiezingen in mei 1996 kwam de regering-Peres, die zich al zeker waande van de overwinning, door deze aanslagen onder politieke druk te staan, want het Likoedblok onder Benjamin Netanyahu bleek in enquêtes steeds meer de sympathie van de kiezers te krijgen.

Bommen op Beiroet

In april 1996 reageerde de regering-Peres met militair geweld op de terreurgolf van Hamas en de steeds frequenter wordende aanvallen met Katjoesjaraketten door de pro-Iraanse Hezbollah in het zuiden van Libanon. Bij Operation Grapes of Wrath (waarbij 104 burgerslachtoffers vielen die hun toevlucht hadden gezocht in een VN-basis bij het dorp Qana) bombardeerden Israëlische gevechtsvliegtuigen en artillerie voor het eerst sinds veertien jaar weer Beiroet. Maar de verkiezingen werden gewonnen door **Benjamin Netanyahu**, die in de drie jaar van zijn regering het vredesproces systematisch ontmantelde, akkoorden brak en de bouw van Joodse nederzettingen versnelde. De straf van de kiezers kwam in mei 1999, toen **Ehud Barak** met een verrassende meerderheid tot premier werd verkozen en een brede coalitie vormde.

Tweede Intifada

Op 28 september 2000 bracht Likoedleider en latere premier Ariel Sharon in gezelschap van honderden journalisten, soldaten en veiligheidsagenten een bezoek aan de Tempelberg. De boodschap was duidelijk: de Tempelberg, waarop de Rotskoepel en de El-Aqsamoskee staan, was, is en blijft Joods. Het bezoek leidde tot gewelddadige botsingen met Palestijnen, op wie met scherp werd geschoten door Israëlische veiligheidstroepen, met vele gewonden en enkele doden als gevolg. In de door een reeks zelfmoordaanslagen in Israël oververhit geraakte politieke situatie leidde het bezoek van Sharon tot een tweede intifada – of op zijn minst werd het uitbreken ervan bespoedigd door Sharons provocerende actie. De Palestijnen spreken over de El-Aqsa-intifada, een opstand die aanzienlijke bloediger uitviel dan de Eerste Intifada. Israël antwoordde met de bezetting van delen van de Westelijke Jordaanoever en de Gazastrook en met regelmatige zware beschietingen.

Sharon wordt premier

In februari 2001 werd Ariel Sharon verkozen tot premier van Israël; in 2003 volgde zijn herverkiezing. Hij won de verkiezingen met de belofte dat hij de binnenlandse veiligheid van Israël, die door de vele Palestijnse zelfmoordaanslagen ontredderd was, zou herstellen. Als brein achter de terreur tegen Israël zag Sharon zijn aartsvijand Yasser Arafat, die hij als gesprekspartner van begin af aan afwees.

In 2003 begon Israël met de bouw van een ruim 750 km lange barrière van muren, hekken en greppels tussen de Westelijke Jordaanoever en Israël, die internationaal kritische associaties heeft opgeroepen met de Berlijnse Muur. Door de barrière raakte de Palestijnse Westelijke Jordaanoever een deel van zijn grondgebied kwijt; de onwettigheid hiervan is later door het Israëlische hooggerechtshof bevestigd. Op 11 november 2004 stierf Arafat in een ziekenhuis in de buurt van Parijs.

Gazaplan

In december 2003 verraste Sharon vriend en vijand met het Gazaplan, dat voorzag in de eenzijdige terugtrekking van Israël uit Gaza en delen van de Westelijke Jordaanoever, omdat een militaire bezetting op den duur niet te betalen was. De uitvoering van het plan leidde tot een regeringscrisis, waarbij Sharon de Arbeiderspartij als nieuwe coalitiepartner kreeg. De kolonisten en rechts verweten Sharon dat hij zijn eigen politiek verraadde. Als reactie op de tegenstand in zijn eigen Likoedpartij verliet Sharon in november 2005 de partij en richtte een nieuwe op, Kadima (Voorwaarts), waarmee hij aan de verkiezingen van 28 maart 2006 wilde deelnemen. Het leek uit te draaien op een verkiezingsoverwinning. In januari 2006 kreeg Sharon echter een hersenbloeding gevolgd door een coma. In april 2006 werd Sharon door de regering onbekwaam verklaard om zijn ambt uit te oefenen; zijn plaatsvervanger tot dan toe, **Ehud Olmert**, werd aangesteld als premier.

Olmert, inmiddels ook lijsttrekker van Kadima, won de verkiezingen van 28 maart. Naar eigen zeggen was hij van plan illegale Joodse nederzettingen te ontruimen en eenzijdig de grenzen van Israël vast te stellen. Een gesprekspartner aan Palestijnse zijde had Olmert niet, omdat Hamas, dat Israëls bestaansrecht niet erkent, bij de Palestijnse verkiezingen in 2006 de absolute meerderheid had verkregen en de gematigde **Mahmoud Abbas**, Arafats opvolger, nauwelijks politieke speelruimte had voor bindende afspraken.

Israëlisch-Libanese Oorlog van 2006

'Voor Israël is de op 12 juli 2006 begonnen Operation Just Reward (Operatie Juiste Beloning) een daad van zelfverdediging.' Zo rechtvaardigde premier Olmert in september 2006 een tegen Libanon gerichte militaire operatie, waarvan het doel was om Hezbollah in Zuid-Libanon te ontwapenen, nadat Hezbollahstrijders een Israëlische soldaat hadden ontvoerd, en om eens en voor altijd een eind te maken aan de onophoudelijke beschietingen van Noord-Israël met Katjoesjaraketten. In de loop van deze korte oorlog, die internationaal

Ariel Sharons bezoek aan de Tempelberg leidde in 2000 tot de Tweede Intifada

Door een muur omgeven: het autonome Palestina

heftig werd bekritiseerd, maar door de VS werd getolereerd, legde de Israëlische luchtmacht delen van Beiroet en Libanon in de as, bombardeerde woonwijken (en willens en wetens ook een VN-post) en doodde onschuldigen – maar zonder succes. Aan het eind moest Israël een zo pijnlijke wapenstilstand accepteren als het land nog nooit had meegemaakt. De campagne leidde tot gezichtsverlies van de regering-Olmert, en van een ontwapening van Hezbollah was geen sprake.

Eind 2006 kwam Olmert vanwege het Libanondebacle binnenslands steeds meer onder politieke druk te staan. De Palestijnen stelde hij weliswaar in ruil voor vrede een onafhankelijke staat in het vooruitzicht, maar zijn politieke tegenstanders, zoals de journalist en historicus Tom Segev, menen dat Olmert in deze periode in werkelijkheid naar zijn ware zelf terugkeerde. Er werden geen Joodse nederzettingen, zelfs geen illegale, ontruimd; eerder werden ze uitgebreid. Volgens Segev had hij ook niet het gezag om met tot overleg bereide Syriërs en Palestijnen vredesgesprekken te beginnen. Het was overigens niet eenvoudig om gesprekspartners te vinden. Hamas, dat weigert Israëls bestaansrecht te erkennen, had immers de verkiezingen van 2006 gewonnen.

Conferentie van Annapolis

Bij de top van Annapolis in november 2007, de eerste vredesconferentie voor het Midden-Oosten sinds 2000, deden Israël en Palestina, vertegenwoordigd door Olmert en Abbas, een nieuwe poging om tot vrede te komen op basis van de tweestatenoplossing. Olmert liet de bereidheid doorschemeren om al decennialang bezette gebieden op te geven en heikele onderwerpen als de kwestie-Jeruzalem, de grenzen van de Palestijnse staat en het vluchtelingenvraagstuk aan te pakken. In eigen kring was de Palestijnse president Abbas echter een heerser zonder werkelijke macht. In juni had hij de in maart 2007 gevormde eenheidsregering van Fatah en Hamas afgezet, want de broederstrijd tussen de twee partijen had niet alleen meer dan 100 doden aan beide zijden geëist, maar ook geleid tot de volledige machtsovername in de Gazastrook door het radicale Hamas. De Hamasheerschappij bleek bloedig te zijn: andersdenkenden worden vervolgd, collaborateurs gefolterd en gelyncht – een verdenking is genoeg.

Zestig jaar Israël

Het jaar 2008 stond voor Israël in het teken van de viering van het 60-jarig bestaan van de staat. De internationale gemeenschap ondernam in juni 2008 een nieuw vredesinitiatief met de Palestinaconferentie in Berlijn. Meer dan veertig staten zegden de Palestijnse Autoriteit 156 miljoen euro toe voor de opbouw van politie, justitie en een strafstelsel op de Westelijke Jordaanoever. De door de militante Hamas beheerste Gazastrook werd uitdrukkelijk buiten de subsidies gehouden.

Over vrede nadenken maar tegelijk de onvrede in beton vastleggen – dat was in juli 2008 de gebruikelijke politiek van het Jeruzalemse stadsbestuur. De Joodse kolonisten in het oostelijke stadsdeel Har Homa kregen in die maand toestemming van het stadsbestuur voor de bouw van 920 woningen. De nieuwbouw in Har Homa had al in 1997 tot protesten van Palestijnen en een tweejarig uitstel van de Joodse vestiging geleid. In Akko kwam het na provocaties door Arabische jongeren (ze reden op Jom Kipoer door een Joodse wijk) tot bloedige onlusten tussen Joodse en Arabische Israëli's. In de ogen van radicaal-rechts vormen de Israëlische Arabieren een vijandige vijfde colonne. Zij eisen hun deportatie naar de Palestijnse gebieden.

Operatie Gegoten Lood

Tussen Kerstmis 2008 en Nieuwjaar 2009 begon het Israëlische leger als reactie op de aanhoudende raketbeschietingen een groot offensief tegen de militaire infrastructuur en leiding van Hamas in de Gazastrook. Volgens officiële cijfers waren er sinds herfst 2001 meer dan 10.000 raketten neergekomen in Israëlische grenssteden, waarbij 32 Israëli's waren gedood en meer dan 600 gewond. Na bemiddeling van vooral Egypte, dat Hamas een grote medeverantwoordelijkheid voor de oorlog toeschreef, kwam het tot een bestand.

Antivredescoalities

In 2008 werd Olmert beschuldigd van corruptie en besloot hij af te treden Na de verkiezingen van februari 2009 werd Likoedleider Benjamin 'Bibi' Netanyahu premier. Dit was mogelijk dankzij een coalitie met Ehud Baraks Arbeiderspartij en de ultraconservatieve partij Jisrael Beiténoe (Israël is Ons Thuis) van Avigdor Lieberman. Netanyahu en Lieberman wijzen beiden een onafhankelijke staat Palestina af. Lieberman, na zijn immigratie in 1978 uit Moldavië aanvankelijk werkzaam als uitsmijter van een nachtclub, is een man van krachtige uitspraken. In het verleden heeft hij de executie als collaborateur geëist van Arabische parlementsleden die contacten onderhouden met Hamas. In de verkiezingsstrijd eiste hij van Arabische Israëli's een eed van trouw aan de staat Israël. Zijn tegenstanders noemden hem hierom racist en fascist. Sinds hij in 1999 in de Knesset kwam, zijn Liebermans aanhangers de ruim 1 miljoen immigranten uit de voormalige Sovjet-Unie.

Bij de vervroegde verkiezingen in januari 2013 werd Netanyahu wederom premier. Het blok van Likoed en Beitenu is met 31 zetels oppermachtig, alhoewel het ten opzichte van 2009 11 zetels verloor.

Sinds 2009 probeert de VS het vredesproces weer op gang te brengen met de stopzetting van de bouw van nederzettingen en het betrekken van Hamas bij de besprekingen, met als doel de tweestatenoplossing. De regering-Netanyahu werkte dit tegen. Minister Lieberman van Buitenlandse Zaken weigerde vredesbesprekingen met de Palestijnen en voelde zich niet gebonden aan Annapolis. De verhouding met de VS bereikte een dieptepunt. De VS was het niet eens met de illegale bouw van nederzettingen maar ook niet met de aanpak van het atoomconflict met Iran. De Amerikaanse president Obama sloot deelname aan een aanval op Iran uit. In 2014 verscherpte het conflict met de EU, die als reactie op de illegale nederzettingen een etikettering van goederen uit de bezette gebieden eiste. Deze waren kennen namelijk – anders dan echte Israëlische producten – geen douanevoordelen.

Operatie Beschermende Rand

In juli 2014 brak in de Gazastrook opnieuw een gewapend conflict tussen Israël en Hamas uit, met als gevolg 2100 Palestijnse en 73 Israelische doden.

Jaartallen

ca. 14.000 v.Chr.	Nomadische jager-verzamelaars in Palestina.
ca. 3100–13e eeuw v.Chr.	Eerste stadstaten in Kanaän. Abrahams nakomelingen trekken naar Egypte. Mozes voert de Israëlieten naar het Beloofde Land.
11e/10e eeuw v.Chr.	Koning Salomo bouwt in Jeruzalem de Eerste Tempel.
586 v.Chr.	De Eerste Tempel in Jeruzalem wordt verwoest. Begin Babylonische ballingschap van de Joden.
529 v.Chr.	De Perzische koning Cyrus staat de Joden toe terug te keren naar Jeruzalem. Bouw van de Tweede Tempel begint.
332 v.Chr.	Alexander de Grote verovert Palestina en Jeruzalem.
1e eeuw v.Chr.	Palestina wordt een Romeinse provincie.
3–39 n.Chr.	Onder stadhouder Pontius Pilatus wordt Jezus gekruisigd.
66–73	Opstand tegen de Romeinen. In 70 veroveren de Romeinen Jeruzalem en verwoesten de Tweede Tempel.
135–350	De Bar-Kochbaopstand mislukt. Joden wordt de toegang tot Jeruzalem ontzegd.
638–1009	Opmars van de islam. Jeruzalem blijft toegankelijk voor alle religies.
1095–1291	Paus Urbanus II roept op tot de kruistochten. Jeruzalem wordt een kruisvaardersstaat. Sultan Saladin herovert Palestina in 1187.
1516–1917	De Osmaanse sultan Selim I neemt Jeruzalem in. Zijn zoon Süleyman bouwt Jeruzalems Oude Stad.
1897	Theodor Herzl presenteert zijn ideeën over een Joodse staat.
1937–1947	Britten stellen deling van Palestina voor in een Joodse en een Arabische staat.
1948	Britse aftocht. Op 14 mei roept Israël de onafhankelijkheid uit.
1956	Suezcrisis: Israël verovert Sinaï en verlaat hem op aandringen van VN.
1967	
1973	

Zesdaagse Oorlog: Israël verovert Oost-Jeruzalem, de Westelijke Jordaanoever, de Golanhoogten en de Sinaï.

Jom Kipoeroorlog: Egypte wint een deel van de Sinaï terug.

De Egyptische president Sadat onderhandelt in Jeruzalem over vrede.

Bij de Camp Davidakkoorden geeft Israël de Sinaï terug aan Egypte.

Begin Eerste Intifada. Jordanië draagt in 1988 zijn aanspraken op de Westelijke Jordaanoever over aan de PLO.

In 1993 worden Israël en de PLO het eens over de Oslo-akkoorden. Jordanië en Israël sluiten vrede in 1994. Bij een vredesdemonstratie in 1995 in Tel Aviv schiet een Joodse extremist premier Rabin dood. Arafat wordt in 1996 de eerste Palestijnse president.

Likoedleider Ariel Sharon, vanaf 2001 premier, lokt met zijn bezoek aan de Tempelberg onlusten uit. Begin Tweede Intifada.

Muur langs de Westelijke Jordaanoever. Plan van Midden-Oostenkwartet (VS, EU, VN en Rusland) voor tweestatenoplossing.

Broederstrijd in Gaza. Hamas verjaagt en doodt aanhangers van Fatah. Om Hamas te bestrijden trekt Israël de Gazastrook binnen.

Premier Benjamin Netanyahu vormt een coalitie met onder anderen de ultranationalistische Avigdor Lieberman. Beiden wijzen een tweestatenoplossing en nederzettingenstop af.

Het Israëlische leger valt in de Middellandse Zee Gazahulpvloot aan.

Sociale protesten tegen stijgende kosten voor levensonderhoud. Geweld van orthodoxe tegen seculiere Joden en het atoomconflict met Iran overheersen de politiek.

Netanyahu wint verkiezingen; nieuwe politieke machtsfactor is Yesh Atid, de Toekomstpartij van 'boze burgers'.

Knesset neemt na jarenlang debat een wet aan die ook ultraorthodoxen dienstplicht oplegt. Gewapend conflict in Gazastrook.

1977

1979–1985

1987–1988

1993–1996

2000–2001

2002–2003

2007–2008

2009

2010

2011/2012

2013

2014

Er leven ongeveer 1,7 miljoen Israëlische Arabieren in Israël, zo'n 20% van hen is christen

Maatschappij en dagelijks leven

Israël was al een multiculturele samenleving toen dat begrip nog niet bestond. Het land is een smeltkroes van mensen uit de hele wereld en een kruispunt van de drie monotheïstische wereldgodsdiensten.

Bevolking

Wanneer u de vele verschillende gezichten en mensentypen in Israël beschouwt, maakt u in een paar ogenblikken een kleine wereldreis. Israël is een uitgesproken immigratieland, met bewoners afkomstig uit meer dan 140 staten. Een Israëlisch paspoort kan worden verkregen door wie kind is van een Joodse moeder of wie tot het joodse geloof is overgegaan en geen andere religie heeft – dus onafhankelijk van de nationaliteit. Israël houdt zijn deuren demonstratief wijd open, wellicht ook omdat men na de Holocaust had moeten ervaren hoe Groot-Brittannië als mandaatmacht de immigratie van Joden naar Palestina meedogenloos tegenhield en hoe de VS had geweigerd om de eigen immigratiequota voor Joodse vluchtelingen te verhogen.

Israël telde halverwege 2014 ca. 8,2 miljoen inwoners. In vergelijking met 1960 (2,15 miljoen inwoners) is de bevolking in ruim vijftig jaar bijna verviervoudigd. Ruim een derde van alle Joden ter wereld leeft in Israël – en de tendens is stijgend. De bevolkingsdichtheid lag in 2013 bij 377 personen per km², tegenover 106,2 in 1960. Ruim 20% van de bevolking leeft in de agglomeratie van Tel Aviv, en meer dan 10% in Jeruzalem. 3,3% van de Israëli's woont in een kibboets. De levensverwachting in Israël is een van de hoogste ter wereld: voor vrouwen 83,6 en voor mannen 80 jaar. Het geboortecijfer van 3 is het hoogste van alle geïndustrialiseerde landen.

Een bijzonder probleem in verband met huisvesting en integratie in de maatschappij werd de afgelopen jaren gevormd door de immigranten. Tussen 1989 en 1999 arriveerden er meer dan 800.000, vooral uit de voormalige Sovjet-Unie, maar ook uit Ethiopië. Onder de immigranten, van wie de helft 15 jaar of ouder was, bevonden zich relatief veel academici. Tot op heden heeft een groot aantal van hen geen baan gevonden die aansluit bij hun opleiding. Israëls economische groei stimuleerde Joden uit Europa en de VS om naar Israël te emigreren.

Sefardim

Ruim de helft van de bevolking is uit het Midden-Oosten afkomstig. Ze worden aangeduid als Joden van Sefardische herkomst. Het woord Sefardisch is afgeleid van 'Sefarad', een oude Joodse naam van het Iberisch schiereiland. Tegenwoordig verstaat men onder Sefardim de Joden uit de Arabische wereld en Noord-Afrika, wier voorouders tot hun verdrijving in de 15e en 16e eeuw in Spanje en Portugal leefden.

Asjkenazim

Als Asjkenazim ('van Duitse herkomst') worden Joden aangeduid uit Europa, de VS, Australië en Nieuw-Zeeland. In de 19e eeuw vormden de Sefardim de Joodse elite in Palestina. Maar de Asjkenazische Joden, doorgaans afkomstig uit welvarende gemeenschappen, hadden een veel grotere invloed op de ontwikkeling van Israël en de moderne Israëlische maatschappij.

Andere Joodse groeperingen

Naast de Sefardim en Asjkenazim zijn er nog andere Joodse groeperingen, zoals **Koerdische**

Joden uit Irak, **Indiase Joden** en **Buchara-Joden** uit Centraal-Azië. De 26.000 in de jaren 1980 en 1990 uit Ethiopië geëvacueerde Joden heten Falasha's. Hun komst ging gepaard met heftige meningsverschillen, omdat ze riten uit de tijd van de Eerste Tempel beoefenen en niet koosjer leven. Het Opperrabbinaat wilde als hoogste joodse autoriteit deze immigranten uit Ethiopië het lidmaatschap van de joodse geloofsgemeenschap ontzeggen. Onder druk van de publieke opinie gaven de opperrabbijnen uiteindelijk echter toe.

Arabieren

Er zijn ongeveer 1,7 miljoen Arabische Israëli's, van wie 20% bij een christelijke geloofsrichting hoort: koptisch, katholiek, maronitisch of Grieks-orthodox. 80% is moslim, doorgaans soennitisch. Arabieren met een Israëlisch paspoort zijn de afgelopen jaren steeds meer van hun staat vervreemd geraakt. Ze hebben het idee dat ze als mede-Arabieren verantwoordelijk worden gehouden voor Israëls conflict met de Palestijnen. Sommigen noemen zich tegenwoordig demonstratief Palestijn en stellen dat Israël hun staat niet is, temeer daar ze noch in het volkslied noch onder de symbolen op de vlag voorkomen.

Druzen

In veel dorpen in Galilea wonen druzen, die Arabische kleding dragen en Arabisch spreken, maar zich in de 11e eeuw met een eigen interpretatie van de Koran hebben afgewend van de islam. De stichter, Nashtakin el Darazi, werd gedood, maar in het begin van de 12e eeuw bleek de geloofsgemeenschap vaste voet gekregen te hebben in Libanon. De druzen vereren de Fatimidenkalief Hakim als hoogste heilige, geloven in zielsverhuizing (uitsluitend onder mensen, niet tussen mensen en dieren) en reïncarnatie en wijzen polygamie af. Volgens hun geloof is alles tussen geboorte en dood voorbestemd. Het bedrijven van zending onder andersgezinden is verboden uit respect voor andere religies en profeten – zich bekeren tot het druzische geloof is niet mogelijk, net zomin als het opgeven ervan.

Talloze culturen kleuren immigratieland Israël

Op de Golanhoogten liggen enkele druzendorpen waarvan de inwoners niets met Israël te maken willen hebben; ze hebben een Syrisch paspoort en laten hun kinderen in Damascus studeren. Als open en vriendelijk gelden de druzen in de dorpen Isfiya en Daliyat el Karmel (zie blz. 249). Ze voelen zich thuis in de staat Israël en dienen in het leger.

Bedoeïenen en Samaritanen

Onder de bedoeïenen, die in de Negev leven, komt zowel het traditionele nomadisme met veehouderij en handel voor als ook een halfnomadische en zelfs sedentaire levenswijze. Een vrijwel verdwenen minderheid wordt gevormd door de Samaritanen (zie blz. 67). Ze erkennen alleen de vijf Bijbelboeken van Mozes en aanvaarden alleen hem als profeet.

Talen

Hebreeuws is de taal van de Joodse Bijbel (het Oude Testament). Vanaf de 2e eeuw n.Chr. tot eind 19e eeuw was het Hebreeuws een dode taal die alleen voor religieuze zaken werd gebruikt. Theodor Herzl (zie blz. 184) had voor de nieuwe natie aan Duits gedacht als een van de hoofdtalen. Maar het liep anders: de immigrant Eliezer Ben Jehuda (1858–1922) sprak – als eerste – in het dagelijks leven een door hem gemoderniseerde vorm van Hebreeuws en voedde zijn kinderen in die taal op, want elke natie, zo bleef hij tekens benadrukken, heeft een eigen taal nodig. Door zijn landgenoten werd hij eerst niet serieus genomen, maar dat veranderde. Al in 1911 waren er betogingen die eisten dat het Hebreeuws de taal van de overheid zou worden.

De Academie voor de Hebreeuwse Taal (www.hebrew-academy.huji.ac.il) heeft onder meer als taak om voor alle zaken die na de tijd van Bijbel zijn ontdekt of bedacht, nieuwe woorden te creëren. Meer dan 100.000 begrippen zijn op die manier aan de taal toegevoegd. Maar in de praktijk verloopt de modernisering van het hedendaagse Hebreeuws *(Iwrit)* anders. Zo heeft de academie geprobeerd om een woord te munten voor telefoon, met de Hebreeuwse termen voor ‘ver’ en ‘spreken’, maar deze nieuwvorming is niet geslaagd. Bijna iedereen zegt ‘tilifoon’.

De taal zit vol anglicismen, en immigranten brachten uit het Jiddisch, Spaans, Russisch, Frans en Duits een eigen woordenschat mee, die vaak versmolten is met het Hebreeuws. Ook Arabische woorden zijn in de omgangstaal terechtgekomen; zo wordt *yalla* (‘vooruit, laten we gaan’) veel gebruikt. Immigranten leren de taal in *ulpanim*, verplichte cursussen Hebreeuws.

Naast het Hebreeuws is het **Arabisch** de officiële landstaal. Veel Israëli’s spreken daarnaast vloeiend Engels, Frans en Duits. Door de massa-immigratie uit de voormalige Sovjet-Unie wordt er ook veel Russisch gesproken. Ook het **Jiddisch**, een mengeling van Middelhoogduits en Hebreeuws, is soms nog te horen. In zijn moderne vorm is het Jiddisch door Joden uit Midden- en Oost-Europa uitgebreid met Slavische elementen; zelfs zijn er invloeden uit de Romaanse talen in te horen.

Religies

Israël is de enige staat ter wereld waarin joden de meerderheid van de bevolking vormen. Theodor Herzl, de vader van het zionisme, stond echter op absolute vrijheid van godsdienst. Ook Ben Gurion, vanaf 1948 de eerste premier van Israël, maakte zich sterk voor de bescherming van alle religies, ook al had hij periodes gehad, zoals in zijn memoires valt te lezen, dat hij de voorkeur gaf aan een joodse theocratie. De Israëlische Onafhankelijkheidsverklaring garandeert vrijheid van godsdienst en verzekert de bescherming van de heilige plaatsen van alle religies. De proef op de som voor deze toezegging kwam tijdens de Zesdaagse Oorlog, toen Israël het oostelijke deel van Jeruzalem veroverde. Voor die tijd was het joden verboden om in het Jordaanse Oost-Jeruzalem bij de Klaagmuur te bidden, en Israëlische Arabieren hadden geen toegang tot de Rotskoepel en de El-Aqsamoskee. Sinds 1967 hebben alle gelovigen de mogelijkheid om te bidden bij de heilige plaatsen van *hun* religie.

Jodendom

Onbevooroordeelde theologen maken een verschil tussen Jodendom als etnisch en jodendom als religieus begrip en vatten het begrip deels op als religie, deels als nationaliteit, niet speciaal onscheidbaar met elkaar verbonden. Het jodendom is de oudste bestaande monotheïstische godsdienst en de moederreligie van het christendom en de islam.

Volgens het Bijbelboek Genesis beval God Abraham om zijn huis in Mesopotamië te verlaten en naar het land te trekken dat Hij hem en zijn nakomelingen als eeuwig erfdeel beloofde. Zo vestigden de Israëlitische stammen zich in het land **Kanaän**, het latere Palestina. Later trokken ze naar Egypte, waar ze in slavernij geraakten. Rond 1200 v.Chr. voerde Mozes hen uit gevangenschap naar de vrijheid. Op de berg Horeb in de Sinaï verscheen God aan Mozes, waar hij hem zijn wet, de Tien Geboden, openbaarde.

Gods wet

De wet van God staat beschreven in de Bijbel, in het Oude Testament, zoals de christenen zeggen, of in de **Thora**, zoals de Joden de vijf aan Mozes toegeschreven Bijbelboeken noemen, ook wel aangeduid als Pentateuch, het Griekse woord voor 'Vijf Boekrollen'. Gezaghebbend voor de joodse gelovigen zijn de voorschriften van de **Halacha**, die de Thora en de interpretatie daarvan omvat. In de **Talmoed** zijn uitleggingen van de wet verzameld.

Het belangrijkste principe is de erkenning van één ware God, de schepper van de wereld – **Jahwe**, die zich aan het Joodse volk geopenbaard heeft. Volgens de Joodse traditie werd met Abraham het volk Israël uitverkoren om het geloof aan Jahwe te belijden. Centraal staat niet zozeer het persoonlijke geluk als wel de vervulling van de collectieve heilsopdracht, die gepaard gaat met de inachtneming van een groot aantal strenge voorschriften. Religieuze joden beijveren zich om 613 op de Thora gebaseerde geboden na te komen, die het hele leven regelen, van kleding en gedrag tot voorschriften over hoe religieuze feesten gevierd moeten worden. Gerechten worden nog altijd volgens de regels van het Oude Testament bereid – ze moeten koosjer, ritueel rein zijn.

Rabbinaat

Een institutie die te vergelijken is met de paus en het Vaticaan kent men niet in het jodendom. Alleen in de oudheid bestonden supraregionaal erkende autoriteiten. Tot in de 20e eeuw waren de joodse gemeenten traditioneel van elkaar onafhankelijk. De plaatselijke rabbijn, de wetsgeleerde, deed bindende uitspraken.

Tegenwoordig maakt het Opperrabbinaat in Jeruzalem aanspraak op het hoogste gezag in religieuze kwesties. Het bestaat uit een Asjkenazische en een Sefardische rabbijn, bijgestaan door de Hoogste Rabbijnse Raad. Deze Raad doet uitspraken over kwesties van het joodse recht en controleert de religieuze gerechtshoven, die belast zijn met zaken rond personen- en familierecht, zoals huwelijk en echtscheiding. In het leven van alledag leiden de uitspraken van de opperrabbijnen vaak tot controverses, omdat hun ideeën over hoe de moderne maatschappelijke ontwikkelingen zich verdragen met het woord van de Bijbel niet stroken met die van andere rabbijnen en gelovigen. De opperrabbijnen botsen vaak met de regering, zoals in juli 1995, toen ze in een religieus decreet de soldaten feitelijk opriepen tot insubordinatie, als ze de Westelijke Jordaanoever, door hen Judea en Samaria genoemd, aan de Palestijnen zouden moeten overgeven en zich zouden terugtrekken.

Bovendien hebben lokale rabbijnen inspraakrecht, waardoor ze bijvoorbeeld, eveneens in juli 1995, in Bnei Brak, een kleine stad bij Tel Aviv, konden afdwingen dat mannen en vrouwen in het openbaar vervoer voortaan gescheiden van elkaar moesten zitten. Vrouwelijke rabbijnen, zoals die in de VS en sinds 2005 ook in Nederland en België te vinden zijn, worden in Israël niet aangesteld.

Eerste en Tweede Tempel

Een centrale rol in het joodse geloof wordt gespeeld door de Tempel in Jeruzalem, focus voor vele gebeurtenissen in de Bijbel en tot

Sabbat – de rust op de zevende dag

Thema

De zevende dag van de week is de sabbat, de dag waarop men moet rusten. De Joodse 'zondag' begint op vrijdagavond met zonsondergang en eindigt op zaterdagavond. Israëli's onderhouden de sabbat heel verschillend; door velen wordt hij gewoon genegeerd.

In de grote hotels zult u een bordje zien dat de weg wijst naar de Shabbat Elevator, de sabbatlift, die u elke sabbat vanaf vrijdagavond moet nemen. Het bijzondere aan deze lift is dat hij automatisch op elke verdieping stopt en dat de deur vanzelf open- en dichtgaat, zonder dat er een knop ingedrukt hoeft te worden. Voor orthodoxe joden is het op een knop drukken en het bedienen van de lift op sabbat een verboden handeling, net als schrijven en het bedienen van apparaten van wat voor soort ook, inclusief radio, tv en auto.

De sabbat is de zevende dag van de week, een dag van vreugde, waarop de mens naar voorbeeld van de Schepper moet rusten en zich bezinnen, en wel van vrijdag met zonsondergang tot een paar uur na zonsondergang op zaterdag. Alleen absoluut noodzakelijke handelingen mogen worden verricht.

In veel gezinnen, niet alleen in traditionele, is het sabbatavondmaal het belangrijkste bijeenzijn van de week en een vast gebruik. Als u daarvoor als gast wordt uitgenodigd, is dat een teken van grote waardering. Na een grondige reiniging van het huis bereiden de vrouwen een koosjere maaltijd. Intussen gaan de vaders met hun zoons naar de synagoge. Weer thuis leest de vader vóór de gemeenschappelijke maaltijd voor uit de Hebreeuwse Bijbel, zegent de kinderen en begroet, zo is voorgeschreven, de sabbat met een glas wijn. Op de door kaarsen verlichte tafel moet ook zout staan, in de Bijbel het symbool van het eeuwige verbond. Daarmee wordt de tafel tot altaar gewijd.

De vader plaatst het tot de rand gevulde wijnglas op zijn rechterhandpalm en citeert Genesis 2:1–3: 'Zo werden de hemel en de aarde in al hun rijkdom voltooid. Op de zevende dag had God zijn werk voltooid, op die dag rustte hij van het werk dat hij gedaan had. God zegende de zevende dag en verklaarde die heilig, want op die dag rustte hij van heel zijn scheppingswerk.' 'Zodra de vader de laatste woorden van de Bijbelpassage over de schepping heeft gesproken,' zo staat in de Talmoed te lezen, 'leggen twee engelen hun hand op zijn hoofd en zeggen: "Uw schuld is van u genomen en uw zonden zijn verzoend."' Daarna drinkt de vader een slok wijn en geeft het glas door aan de gezinsleden. Na het drinken van de wijn worden de onder een doek klaargelegde ongezouten sabbatsbroden, de zogeheten challes, gebroken, in zout gedoopt en gegeten.

De sabbat, dag van rust en bezinning, eindigt op zaterdag bij het begin van de nacht met gebeden als het volgende: 'Wees ons uit de volheid van Uw genade genadig met erkenning, inzicht en verstand. Lof zij U, God, U die de mensen begenadigt door ze U te doen kennen.'

Zo strikt wordt de sabbat echter niet overal gehouden – in Jeruzalem meer dan in Tel Aviv en Haifa. Een van de strengste voorbeelden van het naleven van de sabbatsgeboden is te vinden in de door orthodoxe joden bewoonde wijk Mea She'arim in Jeruzalem. Daar is op sabbat geen licht te zien en rijden geen auto's, zelfs geldautomaten worden uitgeschakeld.

zijn definitieve verwoesting hét religieuze centrum. Rond 950 v.Chr. liet koning Salomo de **Eerste Tempel** bouwen, die in 586 v.Chr. werd verwoest door de Babylonische koning Nebukadnessar II. In 538 v.Chr., na terugkeer uit de Babylonische ballingschap, bouwden de Joden op dezelfde locatie de **Tweede Tempel**, die in 70 n.Chr. werd verwoest door de Romeinen. Van deze tempel is alleen de westelijke muur behouden gebleven, de huidige **Klaagmuur**. Sinds de verwoesting van de Tweede Tempel wordt de eredienst uitsluitend in synagogen (zie blz. 61) gehouden.

Thora en Thorarollen

De vijf boeken van Mozes vormen de **Thora**, waarin de wet is neergelegd. De taal van de Thora is het Hebreeuws. De Hebreeuwse Bijbel, het christelijke Oude Testament, is onderverdeeld in de Wet (de Thora), de Profeten en de Geschriften. Enkele delen van de Geschriften, met name passages in de boeken Ezra en Daniël, zijn in het Aramees geschreven.

De **vijf boeken van Mozes** beschrijven de schepping, het paradijsverhaal, de zondeval, de verdrijving uit het paradijs, de zondvloed, de geschiedenis van de stamvaders van Israël, de uittocht van Mozes en de Israëlieten uit Egypte en de verschijning van God en de openbaring van zijn wet op de Sinaï. Bovendien behelst de Thora wettelijke en rituele voorschriften. Terwijl joden en christenen het Oude Testament opvatten als verbond van God met het Joodse volk, interpreteert het christendom het Nieuwe Testament als verbond van God met alle mensen.

Volgens de joodse traditie worden de boeken Jozua, Rechters en Samuel als één enkel boek beschouwd en samen met 1 en 2 Koningen tot de vroege Profetenboeken gerekend. Dit zijn in feite historische geschriften. Ze vertellen over het door God bestierde lot van het volk Israël, te beginnen bij de inbezitneming van Kanaän door Jozua en eindigend bij de ondergang van het noordelijke en zuidelijke koninkrijk. De eigenlijke **Profetenboeken** bekritiseren de zondige Israëlieten en beloven de komst van de messias, de redder van de wereld. Er zijn drie zogeheten grote profeten – Jesaja, Jeremia en Ezechiël – en twaalf kleine: Amos, Habakuk, Haggai, Hosea, Joël, Jona, Maleachi, Micha, Nahum, Obadja, Sefanja en Zacharia.

De **Geschriften** omvatten de Psalmen, Job, Daniël, Ruth, Hooglied, Prediker, Klaagliederen en Ester. De Thora, die in zijn definitieve vorm in de 1e eeuw n.Chr. werd neergelegd, is vermoedelijk gebaseerd op vier bronnen uit de 10e tot 5e eeuw v.Chr.

De Thora wordt niet in een boek opgeschreven, maar op **rollen**, die in de synagoge in de loop van een jaar van begin tot eind worden voorgelezen. Er gelden strenge regels voor de vervaardiging van deze rollen, zoals beschreven in de instructie van een rabbijn: 'Echter is niet elk willekeurig stuk perkament dat in een winkel te koop is het waard om het woord "God" te dragen. Er mag alleen perkament worden gebruikt van dieren die ook volgens de voedselvoorschriften als rein gelden. Verder moeten het verven van de huid en alle overige toebereidselen zó worden verricht dat de ambachtsman steeds het heilige doel van het perkament voor ogen heeft. Evenzo moet de inkt voldoen aan een groot aantal rituele en technische voorschriften. Hij moet pikzwart zijn en vooral ook duurzaam, zodat hij dik opgebracht kan worden en bij het afrollen van de schriftrollen niet vervaagt of afbladdert.' De meeste schrijvers bereiden eigenhandig hun inkt, volgens streng geheim gehouden recepten.

De tekst van de Thora wordt opgeschreven in kolommen, elk van 40 tot 60 regels. Op een vel perkament passen vijf kolommen. Een hele rol bestaat uit ongeveer 200 kolommen, of 40 vellen perkament, die met de pezen van koosjere dieren aan elkaar worden genaaid. Na de maanden durende vervaardiging wordt de strook perkament aan beide uiteinden op twee rijkversierde houten cilinders met handgrepen opgerold, zodat het zware perkament te hanteren is. Het eerder genoemde voorlezen van de Thora is zo ingedeeld dat de passage over Mozes' zegen en zijn dood (het eind van de Thora) op de laatste dag van het Loofhuttenfeest valt. Op dezelfde dag begint men van voren af aan te lezen: 'In het begin schiep

De Thora staat centraal in het jodendom

God de hemel en de aarde. De aarde was nog woest en doods, en duisternis lag over de oervloed, maar Gods geest zweefde over het water. God zei: "Er moet licht komen," en er was licht' (Genesis 1:1).

Talmoed

De schriftgeleerden spreken vaak niet simpelweg over Talmoed ('Onderrichting'), maar over de 'Zee van de Talmoed'. De **Talmoed** is niet het werk van een enkele auteur, maar ontstond in de loop van vele eeuwen. Hij dient als ondersteuning bij de toepassing van de Thora en het begrijpen van het joodse geloof en zijn voorschriften. Meer dan 2000 geleerden hebben eraan bijgedragen. Zoals de in een concentratiekamp vermoorde Nederlandse rabbijn S. Ph. de Vries schreef, belicht de Talmoed 'onder andere materiële, geestelijke, ethische, religieuze, mystieke, rationele, sociale, politieke en wetenschappelijke kwesties. Hij bestrijkt de hele Joodse cultuur na de Babylonische ballingschap, dus vanaf de tijd van Ezra tot ongeveer de 6e eeuw van onze jaartelling'.

De Talmoed bestaat uit twee onderdelen: de **Misjna** en de **Gemara**. De Misjna telt zes

hoofdafdelingen, die samen 63 traktaten omvatten, elk onderverdeeld in hoofdstukken en paragrafen die de Thora becommentariëren en aanvullen. Misjna betekent 'leren door herhalen'. Verschillende rabbijnen legden verzamelingen aan van meningen van geleerden – en legden zo nieuwe religieuze ontwikkelingen vast – om die meningen te allen tijde aan hun leerlingen als studiemateriaal ter hand te kunnen stellen. Rond het jaar 200 n.Chr. vatte rabbi Juda Hanasi al het bekende materiaal samen – dat was de Misjna. In de daaropvolgende eeuwen werd deze oer-Misjna in de scholen als leermiddel gebruikt, maar ook uitgebreid met nieuwe verklaringen. Dit latere rabbijnse commentaar vormt de Gemara, de 'Aanvulling' op de Misjna.

Overigens: er zijn eigenlijk twee verschillende Talmoeds, met twee verschillende Gemara's rond dezelfde Misjna – samengesteld in twee centra van joodse geleerdheid: de kleine Jeruzalemse Talmoed, in de 5e eeuw n.Chr. in Palestina ontstaan, en de latere, veel uitgebreidere en tegenwoordig voornamelijk gebruikte en geciteerde Babylonische Talmoed uit de 7e eeuw. De taal van de Misjna is niet meer het Hebreeuws van de Bijbel. Het is een latere variant, met hier en daar Latijnse en Griekse uitdrukkingen. De taal van de Gemara is het Aramees. De Gemara van de Jeruzalemse Talmoed is geschreven in West-Aramees, de Babylonische Talmoed in een dialect dat verwant is aan het Syrische Aramees.

Synagoge

De synagogen vormen het centrum van de joodse gemeenten. In het Hebreeuws heet een synagoge *beit ha-knesset*, 'huis van samenkomst'. In het Jiddisch wordt de synagoge *sjoel*, 'school', genoemd, wat meteen het onderscheid met een kerk duidelijk maakt. Mannen en vrouwen, die gescheiden zitten en altijd hun hoofd bedekt houden, bidden hier niet alleen driemaal per dag, en op feestdagen nog vaker, maar komen hier ook om te studeren en te lezen. Men praat met elkaar, voert discussies, kinderen spelen. Synagogen zijn in Israël overal te vinden, zelfs op luchthavens en in grote busstations.

Afhankelijk van de grootte en de financiële draagkracht van de synagoge en de bijbehorende school liggen er exemplaren van de Thora en de Talmoed klaar in speciale boekenrekken. Nabij de **ark**, de kast waarin de Thorarollen bewaard worden, brandt dag en nacht een lamp, het **eeuwige licht**. Dit herinnert aan het licht van de altijd brandende gouden kandelaar die in de tabernakel en in de Eerste en Tweede Tempel stond. Het helpen bij het uitnemen, dragen, vasthouden bij het lezen en terugleggen van de Thorarol is een onderdeel van de eredienst.

Het middelpunt van de synagoge wordt gevormd door de **bima**, een podium waarop de voorganger tijdens de gebedsdienst voorleest uit de Thora. Aan het eind houdt hij de Thorarol omhoog en zegt: 'Dit is de wet, die Mozes aan de kinderen Israëls voorlegde.' In veel synagogen zijn kopieën te vinden van de stenen tafelen met de Tien Geboden. Tekeningen van de Klaagmuur sieren vaak de muren.

De gebedsdienst wordt geleid door de voorganger, de **chazan**, die niet speciaal een rabbijn hoeft te zijn. Dit ereambt kan door iedere man worden uitgeoefend die ouder is dan dertien. Centraal staat het lezen uit de Thora, of het nu in de synagoge is of thuis. De Godsnaam wordt door orthodoxe joden op grond van een oud verbod nooit uitgesproken of volledig geschreven, hoewel meer dan 7000 keer naar God wordt verwezen in de Bijbel, en wel op drie verschillende manieren: **Elohim** (God), **JHWH** (Heer) en **JHWH Elohim** (God de Heer). De naam JHWH wordt eigenlijk uitgesproken als Jahwe, maar omdat het noemen van de Godsnaam verboden is, worden er andere klinkers gebruikt, resulterend in de naam Jehova. Ook hoort men vaak het woord **Adonai**, 'mijn Heer'. In het Nederlands en Engels wordt ook wel **G–d** geschreven. Volgens de orthodoxe traditie moeten er voor een gebedsdienst minimaal tien volwassen mannen aanwezig zijn, een minjan, zoals dit minimale aantal in het Hebreeuws heet. Een spreekwoord zegt: 'Negen rabbijnen kunnen geen minjan maken, maar tien schoenlappers wel.'

Menora, mezoeza en tefilin

De **menora**, de zevenarmige kandelaar, is een van de belangrijkste motieven van de Joodse kunst. In de tabernakel en de Eerste en Tweede Tempel stond een gouden menora, die in 70, toen de Tweede Tempel werd verwoest, naar Rome werd gebracht. Een menora siert de ingang van de Knesset en is afgebeeld op het Israëlische muntgeld. In bijna elk huis staat een kandelaar, die vooral bij Chanoeka wordt gebruikt als de hernieuwde inwijding van de Tweede Tempel wordt herdacht.

De **mezoeza** is een tekstkokertje dat gewoonlijk op de deurpost van de buitendeur en soms ook op deurposten binnenshuis wordt aangebracht. De betekenis is: heilig uw huis, het is uw tempel! De betreffende Bijbelpassage wordt, op perkament geschreven, in een kokertje uit hout, glas of metaal geschoven en op ooghoogte op de rechterdeurpost bevestigd, zodat het bij het betreden te zien is. Velen beroeren of kussen de mezoeza, die ze als een talisman van het huis beschouwen.

De **tefilin**, over het voorhoofd en rond de arm gebonden gebedsriemen, zijn symbolische attributen die altijd bij het ochtendgebed en soms bij het middaggebed worden gedragen. Bij een bezoek aan de Klaagmuur zult u ze zeker gebruikt zien worden. Maar hoe zien tefilin eruit? Op twee koosjere stukken perkament worden de verzen uit de Thora geschreven die het gebruik van mezoeza en tefilin voorschrijven. De stukken perkament worden opgerold en in kleine, kubusvormige leren of perkamenten doosjes geplaatst, waarna de doosjes worden dichtgenaaid. Met een riem worden de tefilin bevestigd aan de arm en op het voorhoofd. De tefilin op het voorhoofd moet precies tussen de ogen en de haarinplant zitten. De tefilin zijn een vermaning om lichaam en geest, door God geschonken, alleen voor goede zaken te benutten.

Islam

Stichter van de islam is de in 571 n.Chr. geboren profeet Mohammed, die in 622 met zijn eerste volgelingen van Mekka naar Medina trok. Met deze zogeheten *hidjra* begint de islamitische tijdrekening, die op het maanjaar gebaseerd is. 2016 is volgens de islamitische kalender het jaar 1437–1438 n.h. (na hidjra). In Mekka en Medina, in het huidige Saoedi-Arabië, openbaarde God de Koran, in de Arabische taal, aan Mohammed. Deze ondervond eerst grote weerstand, omdat de Mekkaanse kooplieden vooral leefden van pelgrims, die een veelheid aan goden vereerden. Maar binnen twee decennia was bijna het hele Arabische schiereiland geïslamiseerd, aanvankelijk geweldloos, later in toenemende mate onder lichte druk, zoals speciale belastingen voor

Joodse kledinggewoonten

Thema

Hoe religieus iemand is, kan in Israël vaak uit de kleding worden opgemaakt. Religieuze joden zijn het gemakkelijkst te herkennen aan hun keppeltje. Maar dat is niet het enige bijzondere kledingstuk.

U ziet ze overal, deze kleine, soms kleurige, maar vaker zwarte mutsjes van stof of leer, die soms met een klemmetje aan het hoofdhaar worden bevestigd: keppeltjes. Het bedekken van het hoofd wordt als teken van bescheidenheid en deemoed tegenover God geduid en is verplicht tijdens het gebed. Niet-joden moeten hieraan denken in synagogen, bij de Klaagmuur, op Joodse begraafplaatsen en in de herdenkingshal Yad Vashem. Daar wordt het dragen van een keppeltje verwacht, al is het alleen maar een gebruik en geen religieus gebod. Een hoed voldoet ook, maar een honkbalpet niet, omdat dat niet van respect getuigt.

Terwijl het in de vroege middeleeuwen – net als in het katholicisme – een teken van eerbied was om met onbedekt hoofd te bidden, is het tegenwoordig omgekeerd, tenminste bij mannen. Bij gehuwde vrouwen was het altijd al gebruikelijk om het hoofd met een pruik te bedekken. Als dat niet gebeurde werd dat als aanstootgevend beschouwd. In orthodoxe gemeenten wordt verwacht dat vrouwen een pruik of hoed dragen.

Orthodoxe en ultraorthodoxe joden, zoals de chassidim, dragen een zwarte hoed, een lange zwarte mantel en een wit hemd; ze hebben een baard, scheren hun hoofdhaar kort en laten hun bakkebaarden groeien. Bij plechtige gelegenheden wordt een bontmuts gedragen, ook in de zomer. Deze dracht berust op de Talmoed en is volgens sommigen afgeleid van de manier waarop de Poolse aristocratie zich in de middeleeuwen placht te kleden. 's Winters en 's zomers wordt hetzelfde gedragen om te onderstrepen dat de enkeling tegenover God klein en onbeduidend is en zich niet aan ijdelheid schuldig mag maken. De kleur zwart drukt de droefheid en de rouw uit over de verwoeste Tempel in Jeruzalem, die herbouwd zal worden als de messias komt.

Orthodoxe mannen dragen bij bepaalde gebeden een gebedskleed (talliet of talles) met 'schouwdraden' (tsitses) aan de vier hoekpunten. De betekenis hiervan blijkt uit Numeri 15:38-40: 'Zeg tegen de Israëlieten dat zij en al hun nakomelingen aan de zoom van hun kleren kwastjes moeten bevestigen waarin een blauwpurperen draad verwerkt is. Bij het zien van die kwastjes zullen jullie herinnerd worden aan alle geboden van de Heer, zodat jullie die naleven en mij niet ontrouw worden door de begeerten van je hart en je ogen te volgen. Ze zullen jullie helpen om aan al mijn geboden te denken en die na te leven en jullie God toegewijd te blijven.'

Er is ook nog een kleinere talliet voor dagelijks gebruik. De vier kwastjes zijn tegenwoordig meestal wit, hoewel het blauw een symbolische brug vormt met het blauw van de hemel. De verandering wordt verklaard uit het feit dat de juiste dierlijke verfstof niet meer verkrijgbaar is. Volgens een andere verklaring is het recept voor de juiste kleur in de loop van de tijd verloren gegaan.

Dan is er nog de vraag: wat doet een niet-joodse bezoeker als hij aanwezig is op een plaats waar gebeden wordt? Vooraf vragen of nagaan wat gebruikelijk is – een keppeltje bij u dragen kan nooit kwaad. Bij synagogen zijn ze meestal te leen bij de ingang.

ongelovigen. De moslims belijden: 'Er is geen god dan God en Mohammed is zijn profeet'.

Het woord 'islam' betekent ongeveer 'je overgeven aan God, berusten in zijn wil'. Vijf zuilen dragen de islam: het gebed (vijfmaal daags te verrichten en voorafgegaan door een rituele wassing), het vasten in de maand ramadan, het geven van aalmoezen, de pelgrimstocht naar Mekka voor wie het zich kan veroorloven en – als belangrijkste zuil – het belijden dat God één is. De officiële, schriftuurlijke islam kent anders dan de volksislam geen heiligencultus, wat niet betekent dat er niet toch een aantal heiligen wordt vereerd en dat hun geboortedag, net als die van de profeet Mohammed, groots wordt gevierd.

Koran

De Koran wordt in het Arabisch vaak kort en bondig 'El Kitab' ('Het Boek') genoemd. 'Koran' betekent 'Oplezing'. 114 soera's (Koranhoofdstukken) en duizenden overgeleverde berichten over wat Mohammed deed en zei vormen de **soenna**, Mohammeds na te volgen

In gelovige islamitische gezinnen worden ook de kinderen al aangespoord om de Koran te bestuderen

voorbeeld. Naar dit voorbeeld leven de **soennieten**. Een minderheid wordt gevormd door de **sjiieten**, in wier opvattingen ook religieuze geleerden een bron vormen voor de uitleg van Gods wil, zoals bijvoorbeeld in Iran het geval is. Als hoogste instantie inzake geloofsvragen wordt de universiteit/moskee Al-Azhar in Caïro beschouwd, waarvan de uitspraken als gevolg van een dubbele gezagsstructuur vaak tegenstrijdig zijn.

De Koran vormt een meesterwerk van Arabisch proza, waarvoor Johann Wolfgang von Goethe in zijn *West-östlicher divan* (1819) zijn kritische bewondering betuigde: 'En zo herhaalt de Koran zichzelf soera na soera (...) Gebods- en verbodsbepalingen en fabelachtige verhalen uit de joodse en christelijke religieuze traditie (...) vormen het hoofdbestanddeel van dit boek, dat ons telkens als wij het lezen opnieuw tegen de borst stuit, maar ook aantrekt, verbaasd doet staan en uiteindelijk verering afdwingt.'

De islam beleeft al sinds jaren een renaissance, die in de Palestijnse gebieden evenzeer kan worden waargenomen als in de meeste Arabische landen. Een andere kwestie is het militante fundamentalisme, dat vaak ter mobilisering van de massa's en motivering van de strijders oproept tot de **jihad**, een woord dat met 'heilige oorlog' ontoereikend wordt vertaald. In principe wordt ermee bedoeld: ernaar streven om Gods woord te volgen en een goed mens te zijn. De militante component staat in elk geval niet voorop. Hier wordt de Koran echter zonder terughouding gebruikt voor twijfelachtige politieke doeleinden, iets waar ook het middeleeuwse christendom zich aan schuldig maakte.

De Nachtreis van Mohammed

Jeruzalem is na Mekka, met de Kaäba, en Medina, met de moskee van Mohammed, het belangrijkste islamitische pelgrimsoord – in de begintijd van de islam werd er nog in de richting van Jeruzalem gebeden. Het volgende, zeer poëtische verhaal maakt duidelijk hoe nauw verbonden Jeruzalem is met de islam: 'Lof zij hem, die zijn dienaar bij nacht uit de Masdjid Al-Haram [de heilige moskee in Mekka] bracht naar de Masdjid Al-Aqsa [de zeer verre moskee], waarvan wij de omgeving hebben gezegend, om hem iets van onze tekenen te laten zien'. Dit bericht de Koran, soera 17, vers 1, over de Nachtreis van Mohammed, die in Mekka begon. Daar lag Mohammed wakker, bezorgd over mogelijke overvallen door zijn tegenstanders en verstoten door zijn verwanten, toen een man in een gewaad met goudborduursel zijn kamer betrad: de engel Gabriël, die Mohammed ook de openbaringen van God had overgebracht. De engel werd gevolgd door Al Buraq (Bliksemflits), een wezen met het hoofd van een mens, de romp van een paard, een glanzende pauwenstaart en witte vleugels.

Met Al Buraq vloog Mohammed over woestijnen en gebergten en landde ten slotte bij de grote muur van de (allang verwoeste) Tempel in Jeruzalem. Essad Bey, pseudoniem van de in 1943 gestorven Joodse schrijver Lev Noussimbaum, vertelt in zijn Mohammedbiografie wat hierover is overgeleverd in de islamitische traditie: 'In deze nacht konden de tempeldienaren de poort niet sluiten. Deze moest open blijven voor de gezant van God. Hij werd opengehouden door een hemelse macht. Mohammed betrad de Tempel. De geesten van Abraham, Mozes en Christus kwamen hem tegemoet en begroetten hem. Samen met hen verrichtte Mohammed het gebed. Plotseling zag hij een lichtstraal, die uit de hemel kwam en de Steen van Jakob verlichtte. Mohammed naderde de lichtstraal en zag in het midden ervan een trap, die hij met Gabriël besteeg. Ze liepen omhoog en klopten op de zilveren deur van de eerste hemel. Adam opende hem en begroette de grootste onder de profeten. Vele wonderen zag de Profeet in de eerste hemel, onder andere een haan waarvan de kam tot de poort van de tweede hemel reikte. De afstand van hemel tot hemel bedraagt echter, zoals iedereen weet, vijfhonderd jaar.'

Mohammed bezocht alle zeven hemelen, ontmoette Noach en begroette Aäron. In de zevende hemel, waar een engel met 70.000 hoofden, monden en tongen in 70.000 talen zong, zag Mohammed 70 sluiers, die de troon van de Heer der werelden bedekten. God legde zijn rechterhand op de schouder en zijn linkerhand op de borst van de Profeet en sprak met hem 99.000 woorden. En de Heer der werelden toonde Mohammed de straffen in de hel voor ontuchtig levende en verdorven handelende mensen. Daarna besteeg Mohammed Al Buraq en vloog terug naar Mekka. Hoe lang had deze reis geduurd? Toen Mohammed van zijn bed was opgestaan, had hij in de haast een beker omvergestoten – toen hij terugkeerde had de rand van de beker de grond nog niet bereikt.

Moskee

Moskee (Arabisch: *masdjid*) betekent gebedshuis. Hier komen de gelovigen bij elkaar om te bidden, hier kan men op elk moment van de dag uitrusten, ontspannen, mediteren en Korandeskundigen om raad en uitleg van het heilige boek vragen. Hier wordt ook het geld dat moslims hebben geschonken onder de armen verdeeld. Voor het belangrijkste gebed, het wekelijkse middaggebed op vrijdag, komen de gelovigen bij elkaar in de plaatselijke vrijdagmoskee. Omdat figuratieve voorstellingen in de islam verboden zijn, is de moskee niet gesierd met afbeeldingen, maar wel met kunstig gekalligrafeerde Korankeksten. De vloer van de gebedsruimte is altijd met tapijten bedekt. Stoelen of banken zijn er niet. Mannen bidden gescheiden van vrouwen.

Het grondplan van een moskee is sinds de begintijd nauwelijks veranderd, het valt bij kleinere moskeeën alleen bescheidener uit: arcaden rond een grote binnenplaats. De architectuur is ondergeschikt aan het praktische doel en de religieuze voorschriften: de **mihrab** (nis) in de **qibla** (de naar Mekka gerichte muur) wijst de gelovigen de richting waarin gebeden moet worden. Andere vaste elementen zijn de **minbar** (het preekgestoelte) en de **rituele wasplaats** op de binnenplaats. De **muezzin**, die de gelovigen oproept tot het gebed, doet dat vanaf een hoge, slanke minaret.

Niet-gelovigen mogen de meeste moskeeën op elk moment van de dag betreden – maar wel zonder schoenen. Tijdens het gebed, dat naar het zuiden, naar Mekka, is gericht, moet u de moskee verlaten.

Bahaïsme

Haifa en Akko zijn de belangrijkste spirituele centra van het bahaigeloof, dat wereldwijd door ongeveer 7 miljoen mensen wordt beleden; in Israël zelf leven echter maar een paar honderd aanhangers. De leer behelst onder meer dat het geloof onderhevig is aan permanente verandering en niet definitief door God is vastgelegd. Het bahaïsme, in 1863 in Bagdad gesticht, is een openbaringsgodsdienst. De profeten Mozes, Zarathoestra, Boeddha, Jezus en Mohammed zijn door God gezonden om de mensen de voor hun tijd geldende leer te openbaren. De vooralsnog laatste van deze profeten, met wie een nieuwe tijd begon, was Baha Ullah, stichter van het bahaigeloof. Hij is bijgezet in Akko, waar hij in 1892 stierf. In de bahaitempel in Haifa, op de berg Karmel, ligt de grondvester en martelaar van de beweging, Ali Mohammed, ook bekend als Bab (Poort), begraven. Vanwege zijn leer werd hij in 1844 in het Noord-Perzische Tabriz geëxecuteerd door een Perzisch vuurpeloton. In 1910 werden zijn stoffelijke resten naar Haifa overgebracht en daar begraven. In Iran worden bahai-aanhangers in toenemende mate vervolgd.

Samaritanen

De Samaritanen beschouwen zich als directe nakomelingen van Jozef en hebben zich afgescheiden van het joodse geloof. Ze erkennen uitsluitend de vijf Bijbelboeken van Mozes als heilige schrift. Hun religieuze leven wordt bepaald door priesters, die als enigen bepalen hoe de heilige schrift uitgelegd moet worden. De Tien Geboden uit de Hebreeuwse Bijbel hebben ze gereduceerd tot negen; hun tiende gebod geldt een speciale verering van de berg Gerizim bij Nablus (Shechem). Er zijn nog maar een paar honderd families die tot deze gemeenschap behoren.

Feestdagen

Het is in Israël absoluut noodzakelijk om te weten wanneer de feestdagen vallen. Want op de wekelijkse sabbat en op de talrijke andere feestdagen staat een groot deel van het openbare leven stil, zijn musea gesloten en rijdt er in het land nauwelijks openbaar vervoer, behalve dure taxi's.

Hoewel in het dagelijks leven de westerse kalender wordt gebruikt, geldt ook de joodse tijdrekening, die de jaren telt vanaf de schepping van de wereld volgens de Bijbel: het westerse jaar 2016 begint in het joodse jaar 5776 en eindigt in 5777. De grondslag van de joodse tijdrekening is het maanjaar, dat korter is dan het zonnejaar. Om het verschil tussen maan- en zonnejaar recht te trekken, worden in de loop van negentien jaar zeven maanden ingevoegd. Nieuwjaar valt steeds in september of oktober. Dit rechttrekken is nodig omdat anders bijvoorbeeld Soekot, het dankfeest voor de oogst, in januari zou kunnen vallen.

Ook voor moslims geldt het maanjaar, met 354 dagen. De islamitische kalender begint met de *hidjra* in het jaar 622, toen Mohammed uit Mekka naar Medina trok. Deze kalender kent geen schrikkeljaren en -maanden, dus verschuiven de data van de islamitische feesten ten opzichte van de westerse kalender elk jaar ongeveer elf dagen naar voren.

Awil sanaa hijreya
Begin van het islamitische jaar ...
... 1437 op 14 okt. 2015
... 1438 op 3 okt. 2016
... 1439 op 22 sept. 2017

Joodse feestdagen

De **sabbat** begint op vrijdagavond bij zonsondergang en eindigt op zaterdag enige tijd na zonsondergang. Winkels, musea en andere openbare instellingen sluiten op vrijdag aan het begin van de middag.

Poerim (februari/maart) is een van de vrolijkste feesten op de religieuze kalender. In het hele land viert men met verkleedpartijen in de trant van carnaval dat het volk werd gered van uitroeiing door de Perzen.

Bij **Pesach** (maart/april) gedenkt men een week lang in familiekring de uittocht uit Egypte. Er wordt ongezuurd brood gegeten als herinnering aan de tijd van de slavernij in Egypte.

Sinds 1951 worden op **Holocaust Day** (Jom HaShoah, april/mei) de slachtoffers van de Holocaust herdacht. Als de sirenes in het hele land loeien, is dat het begin van een minuut stilte, waarvoor men het werk neerlegt: auto's en bussen stoppen, passagiers stappen uit – en gedenken, vaak huilend, de slachtoffers.

Officiële feestdagen

Joodse feestdagen:

Poerim: 5 mrt. 2015, 24 mrt. 2016, 12 mrt. 2017

Pesach (1e dag): 4 apr. 2015, 23 apr. 2016, 11 apr. 2017

Jom HaShoah: 16 apr. 2015, 5 mei 2016, 24 apr. 2017

Jom HaAtzmaoet: 23 apr. 2015, 12 mei 2016, 1 mei 2017

Sjavoeot (1e dag): 24 mei 2015, 12 juni 2016, 21 mei 2017

Rosj Hasjana (1e dag): 14 sept. 2015, 3 okt. 2016, 21 sept. 2017

Jom Kipoer: 23 sept. 2025, 12 okt. 2016, 30 sept. 2017

Soekot (1e dag): 28 sept. 2015, 17 okt. 2016, 5 okt. 2017

Simchat Thora: 6 okt. 2015, 25 okt. 2016, 13 okt. 2017

Chanoeka (1e dag): 7 dec. 2015, 25 dec. 2016, 13 dec. 2017

Islamitische feestdagen:

Ramadan (1e dag): 17 juni 2015, 6 juni 2016, 27 mei 2017

Eid el Adha (1e dag): 23 sept. 2015, 11 sept. 2016, 1 sep. 2017

Mulid el Nabi: 3 jan. én 23 dec. 2015, 12 dec. 2016, 1 dec. 2017

Op **Jom HaAtzmaoet** (april/mei) herdenkt men de op 14 mei 1948 door Ben Gurion in Tel Aviv uitgeroepen onafhankelijkheid van Israël. De meeste Israëli's maken op deze dag een uitstapje.

Op **Sjavoeot** (mei/juni), het Wekenfeest, herdenkt men de verschijning van God op de Sinaï en eindigt de zeven weken durende periode van rouw en vasten na Pesach.

Het Joods Nieuwjaar, **Rosj Hasjana** (september/oktober), herinnert aan de dag waarop God begon met de schepping van de wereld.

Op geen andere dag staat het openbare leven zozeer stil als op **Jom Kipoer** (Grote Verzoendag, september/oktober), ook radio en tv werken niet. De gelovigen bidden in de synagoge om vergeving van hun zonden. Het land rust, de wegen zijn zo leeg dat skaters en wandelende gezinnen zonder gevaar midden op de snelweg onderweg kunnen zijn.

Bij het Bijbelse dankfeest voor de oogst, **Soekot** (Loofhuttenfeest, september/oktober), bouwen de gelovigen eenvoudige hutten, waarin ze tijdens het zeven dagen durende feest moeten wonen. Het feest gedenkt de veertigjarige zwerftocht van Egypte naar het Beloofde Land. De afsluiting is **Simchat Thora**: met muziek, dans en veel alcohol wordt gevierd dat de Thora, de wet van God, is geopenbaard.

De chanoekia, de negenarmige kandelaar, is overal te zien bij **Chanoeka** (november/december). Dit feest gedenkt de reiniging en herinwijding van de Tweede Tempel in Jeruzalem door Judas Makkabeus, die in 166–164 v.Chr. de Joodse opstand tegen de Seleuciden leidde. Op de eerste dag van het feest wordt met de 'dienaarkaars' het eerste vlammetje op de chanoekia ontstoken, op de tweede dag het tweede – tot en met het achtste.

Islamitische feestdagen

De data van de islamitische feestdagen verschuiven ten opzichte van de westerse kalender elk jaar ongeveer elf dagen naar voren. Ze bewegen zich dus in de loop van de tijd door alle maanden van het westerse jaar.

Tijdens **ramadan** moet iedere moslim die er wat gezondheid betreft toe in staat is een maand lang van zonsopkomst tot zonsondergang vasten. Met **Eid el Fitr** (Suikerfeest) wordt drie, op sommige plaatsen vier dagen lang het eind van de vastenmaand gevierd. In de maand van de pelgrimstocht naar Mekka valt het vijfdaagse Offerfeest, **Eid el Adha**, ook wel Schapenfeest genoemd. Het herinnert aan Abraham, die bereid was zijn zoon te offeren. **Asjoera** is een vastendag, in navolging van Mozes die op deze dag vastte als teken van dankbaarheid omdat God de Israëlieten bevrijd had uit Egypte.

Op **Mulid el Nabi** wordt de geboortedag van Mohammed gevierd.

Poerim wordt, ook door orthodoxe joden, net zo uitgelaten gevierd als carnaval

Architectuur, kunst en cultuur

Het Israëlische culturele leven is fascinerend, veelzijdig en heel populair onder de bevolking. Of het nu klassiek, traditioneel, modern of experimenteel is – voorstellingen worden altijd goed bezocht. Een verkenningstocht door muziek, dans, literatuur, film en architectuur.

Muziek

Hava nagila (Laten we gelukkig zijn) is in het Westen al sinds vele decennia een van de allerbekendste Joodse liedjes. Generaties jongeren leerden het op school, en Hollywoodregisseurs laten dit onofficiële Joodse volkslied graag horen als achtergrond van Joodse feesten.

De wortels van de Joodse muziek reiken terug tot in Bijbelse tijden. Uit de tijd van de Babylonische ballingschap is overgeleverd dat Joodse zangers aan de oevers van de Eufraat het droeve lot van het Joodse volk bezongen. In de Eerste en Tweede Tempel had muziek een liturgische functie tijdens de eredienst. Het Oude Testament bericht steeds weer van muziek. David speelde zoals bekend op de harp, en naast trompetten worden talrijke snaar- en blaasinstrumenten genoemd. 'Voorop zangers, daarachter snarenspelers, omstuwd door meisjes met tamboerijnen', zo staat te lezen in Psalm 68, vers 26. Met de verwoesting van de Tweede Tempel in Jeruzalem door de Romeinen in 70 n.Chr. eindigde deze fase. Muziekinstrumenten zijn sindsdien in synagogen verboden, ook al zijn er af en toe pogingen gedaan dit te veranderen, maar die liepen stuk op bezwaren van orthodoxe zijde.

De hedendaagse Joodse muziek vindt zijn oorsprong in de diaspora, waarin de meest uiteenlopende muziekstijlen werden overgenomen: Noord-Afrikaans en Arabisch, Spaans en Oost-Europees. Met de komst van immigranten uit alle delen van de wereld mengden zich in Israël muziektradities die elkaar onder andere omstandigheden waarschijnlijk nooit ontmoet zouden hebben. Net zo gevarieerd als de melodieën waren ook de teksten, die van kinderlied tot patriottisme, socialisme en liefde geen thema onbezongen lieten. Als officieel nationaal volkslied werd in 2004 het lied *Hatikvah* (Hoop) aangewezen, dat al in 1897 op het Eerste Zionistische Congres gezongen werd.

Klezmer

De muziek van de Oost-Europese Joden is klezmer, die de klarinet 'laat lachen met tranen'. Na een herleving in de VS is klezmer ook in West-Europa populair geworden, onder andere door vertolkers als **Giora Feidmann** en het **Ensemble Colalaila**. De klezmorim (klezmerspelers) waren vanaf de 15e eeuw in Oost-Europa door het land trekkende muzikanten, die speelden bij danspartijen en feesten, meestal bij huwelijken, van Asjkenazische Joden. De instrumentatie bestond oorspronkelijk uit strijkinstrumenten, cimbaal *(zimbl)*, fluit *(schtolper)* en trommel *(tschekal)*. De leidende viool *(verfli)* wordt tegenwoordig vervangen door een klarinet *(foyal)* en al sinds een eeuw ook wel aangevuld door een piano en een accordeon.

In Israël werd klezmer lange tijd alleen bij bruiloften en familiefeesten gespeeld. Dat is aan het veranderen, want steeds meer artiesten krijgen belangstelling voor deze muziekstijl en nemen elementen ervan over in hun muziek. In popmuziek zijn dat bijvoorbeeld de band **Balkan Beat Box** (www.balkanbeatbox.com), die de sound van klezmer combineert met flamenco en ska, en **Oy Division**, met de briljante klarinettist Eyal Talmudi.

Duizenden fans trekken elk jaar naar Safed voor het grootste klezmerfestival van Israël (zie blz. 313).

Pop en rock

Israëlische sterren zetten in Israël de toon. Ze dragen Russisch, Afrikaans en Duits klinkende namen en verlenen hun muziek een etnisch tintje. Puur westerse pop is zelden te horen. Als promotor van talent fungeert in Israël het leger, waarin talentvolle mannen en vrouwen hun militaire dienst spelend op hun instrument kunnen vervullen. Veel artiesten zijn hun carrière begonnen in het leger, dat met de legerradio ook een van de beste zenders voor rock en pop heeft (zie blz. 128).

David Broza (www.broza.com) speelt folkpop met Spaanse invloeden. Even populair is **Idan Raichel Project** (www.idanraichelproject.com), die Ethiopische volksmuziek mengt met pop, afrobeat, reggae, oriëntaalse en Aziatische muziek. **Yehudit Ravitz**, een van Israëls succesvolste rockzangeressen, begon haar carrière in een legerband. Zangeres **Yael Naim**, geboren in Frankrijk, zingt in het Hebreeuws en Frans, terwijl andere zangers steeds vaker Engelse teksten gebruiken.

Als een van dé stemmen van Israël gold lange tijd de transseksuele **Dana International**, die in 1998 het Eurovisie Songfestival won, evenals de in 2000 gestorven Israëlisch-Jemenitische zangeres **Ofra Haza**, die in 1988 met *Im nin'alu* een verrassende hit had. Een andere succesrijke Israëlische zangeres van Jemenitische oorsprong is de in New York opgegroeide **Noa**, die al vroeg optrad met Santana, Quincy Jones en Stevie Wonder. Ze verbindt Amerikaanse pop met folkloristische elementen uit het Midden-Oosten en zingt in het Engels, Hebreeuws en Jemenitisch. Noa's teksten roepen op tot een betere verstandhouding tussen Israëli's en Palestijnen.

Hiphop en Goatrance

Israëlische hiphop kenmerkt zich door sociaalkritische teksten, die ook over het Midden-Oostenconflict gaan. **Mooke E**, een van de oprichters van **Shaback Samech**, de eerste hiphopgroep van Israël, was een van de pioniers van deze muziekstijl en creëerde met zijn song *Medabrim al shalom* (Sprekend over vrede) een soort volkslied. Heel invloedrijk zijn Israëlische muzikanten bij de elektronische Goatrance, de hedendaagse voortzetting van de hippiesounds uit Goa.

Klassiek

De Israëlische opera is niet al te opzienbarend, maar wel altijd van goede kwaliteit. Van topklasse is het **Israëlisch Philharmonisch Orkest** (www.ipo.co.il), dat in 1936 onder de naam Palestine Symphony Orchestra werd opgericht. **Daniel Barenboim** en **Zubin Mehta** zijn slechts twee van de beroemdheden die de dirigeerstok hanteerden.

Een politieke rel werd de eerste opvoering in Jeruzalem van muziek van Richard Wagner, die in Israël als antisemiet en hofcomponist van de nazi's geldt. Daniel Barenboim en de Berliner Staatskapelle doorbraken in 2001 een taboe toen ze op het Israël Festival delen uit Wagners opera *Tristan und Isolde* speelden, waaraan een maandenlang touwtrekken was voorafgegaan. Later dat jaar zei Barenboim in een interview: 'Muziek is niet ideologisch. Wagner was antisemitisch, maar zijn muziek niet. Hitler heeft hem als profeet uitverkoren. Godzijdank niet Brahms of Bruckner.' Maar in 2012 moest een Wagnerconcert in Tel Aviv na protesten worden geannuleerd.

Als vrijwel geen ander ziet Barenboim in muziek een brug die alle kloven dicht. In 1999 richtte hij samen met de Palestijnse literatuurwetenschapper en denker Edward Said het jeugdorkest **West-Eastern Divan** op, waarin Israëlische en Arabische musici uit Palestina, Beiroet en Caïro samenspelen. In de microkosmos van dit orkest is Barenboim geslaagd in wat hij in het reële leven nog als utopie beschouwt.

Palestijnse en Arabische muziek

De muzieksmaak van de Israëlische Arabieren en de Palestijnen is sterk georiënteerd op de algemene Arabische muziekmarkt, die wordt gedomineerd door Libanese en Egyptische sterren. Beroemdheden als de Libanese

Rudi Weissenstein – fotograaf van een eeuw

Vanaf zijn emigratie naar Palestina in 1936 begeleidde Rudi Weissenstein met zijn camera geschiedenis en lotgevallen van zijn nieuwe vaderland. De opbouw, de vestiging van de staat, het dagelijks leven. Hij liet een miljoen opnamen na, het grootste particuliere beeldarchief van Israël. Weissensteins Pri-Or Photo House staat in Tel Aviv.

Links een drukbezocht restaurant, aan de overkant goedkope winkeltjes en snackbars. Pri-Or Photo House loopt u zo voorbij, tot u een blik in de etalage werpt. Met uw neus op het glas herkent u portretten en historische stadsopnamen. Onvermijdelijk gaat u naarbinnen, snuffelt tussen honderden reproducties en ontdekt bijvoorbeeld deze boeiende zwart-witfoto van een jonge vrouw met krullen, die op het strand in de lucht springt en lijkt te zweven – een toonbeeld van levenslust en energie, personificatie van Tel Aviv.

Zo begint voor de bezoeker van de kleine fotowinkel vlak bij de Carmelmarkt in Tel Aviv een reis in beelden door de geschiedenis van Israël. Sinds 1936 nam Weissenstein ongeveer 1 miljoen deels unieke historische foto's. Hij was erbij toen Ben Gurion in 1948 de onafhankelijkheidsverklaring voorlas. Van Golda Me'ir en Marc Chagall tot Moshe Dayan – Weissenstein had ze allemaal voor zijn camera.

Waar kwam deze man vandaan? Shimon Rudolph Weissenstein, geboren in 1910 in Iglau/Jihlava (in het huidige Tsjechië), bezocht van 1929 tot 1931 de Graphische Lehr- und Versuchsanstalt in Wenen en vertrok in 1936 onder de naam Rudi Weissenstein naar Palestina. Volgens overlevering bezat hij op dat moment alleen zijn fototoestel, een perskaart en een beetje contant geld. Voortaan zou hij als vrije fotoverslaggever werken voor lokale bladen en voor de van 1902 tot het verschijningsverbod in 1938 in Berlijn uitgegeven *Jüdische Rundschau.*

'Mijn beeldarchief groeide dagelijks, want ik fotografeerde veel,' schreef Weissenstein eens. Hij was inderdaad zijn leven lang op pad. Toen vluchtelingen voor en overlevenden van de Holocaust per schip in Haifa aankwamen, toen pioniers nieuwe nederzettingen veroverden en de Negev lieten opbloeien, toen de eerste kibboetsen ontstonden – Weissenstein was erbij.

Na zijn dood in 1992 zette Weissensteins weduwe Miriam het Photo House voort. En sinds haar dood (2011) bekommert kleinzoon Ben Peter zich om winkel en archief. In de ogen van historici is de collectie een schat van grote kwaliteit.

In het Photo House zijn veel beroemde beelden te zien en kunt u reproducties kopen: Café Manna aan de Middellandse Zee (1938), mensen in zwembad Gordon (1957), het eerste busstation van Egged aan Rothschild Boulevard (1936) – en natuurlijk de fascinerende foto van de springende vrouw met de krullen. Dit is Miriam Weissenstein in 1941. Op het graf van Rudi liet ze zijn lievelingsregels uit de *Faust* van Goethe graveren: 'Ihr glücklichen Augen, was je ihr gesehn, es sei wie es wolle, es war doch so schön!'

Pri-Or Photo House, 5 Tchernichovski St., Tel Aviv, www.pri-or.com, tel. 03 517 79 16, zo.-do. 10–18, vr. 10–13 uur.

De foto *Springend meisje* uit 1940 weerspiegelt de tijdgeest

Thema

zangeres Fairuz (geb. 1935) en de Syrische zanger Farid El Atrache (1915–1974) brachten evergreens ten gehore. De Egyptische zangeres Umm Kulthum (1908–1975) is een pan-Arabisch idool. De teksten van deze wereldsterren gelden als toonbeelden van Arabische poëzie.

Traditionele instrumenten zijn onder meer de **oud**, de Arabische luit, de **rebab**, een mandolinevormig strijkinstrument, en de **tabla** een met de vlakke hand geslagen (dubbele) trommel. De **kanun**, een citer, wordt al in de verhalen uit Duizend-en-een-nacht vermeld.

Als revolutionaire virtuozen op de *oud* heeft het **Trio Joubran** (www.letriojoubran.com) uit Nazareth veel succes, ook in Europa en vooral in Frankrijk. De drie broers, zoons van een luitbouwer, breken met de Arabische traditie en schrijven stukken die niet meer bedoeld zijn voor één enkele stemvoerende *oud* met begeleiding, maar voor drie gelijkwaardige *ouds*. Er wordt bewust afgezien van teksten. Voorbeeld voor het trio is het unieke live album *Friday night in San Francisco* van de gitaristen Al Di Meola, John McLaughlin en Paco de Lucía.

Arabische **pop** *(shaabi)* is vaak een menging van Arabische muziek met westerse stijlelementen. Het resultaat is een simpele, met

Aan de Israëlische stranden gaan 's zomers alle remmen los

synthesizerklanken overladen sound. Voor de popcarrière van zangeressen is het vaak belangrijker om sexy en brutaal op te treden dan om echt te kunnen zingen. Satellietkanalen halen deze muziek naar Palestina.

De in Europa wonende Palestijns-Libanese rapper **Massiv** treedt af en toe in Palestina op met **hiphop**. **Tamer Nafar**, idool van de Palestijnse jeugd, rapt in het Arabisch en Hebreeuws, afhankelijk van wie hij wil aanspreken. Met zijn broer Suhell en zijn neef Mahmoud Jrerei vormt hij de hiphopgroep **DAM** (www.damrap.com). De naam is een afkorting van Da Arabic MC's en betekent in het Hebreeuws 'Bloed' en in het Arabisch 'Voor altijd'.

De teksten van de Palestijnse **volksmuziek** zijn eenvoudig, want het was ooit de muziek van boeren. Tegenwoordig draaien de thema's om verdrijving, ballingschap, heimwee naar het vaderland, bezetting en verzet.

Dans

Israëlische dans

Israëls nationale dans is de onstuimige **hora**, een kringdans die uit de Balkan stamt en daar nog altijd wijdverbreid is – net als bij de Griekse sirtaki liggen de armen als teken van saamhorigheid op de schouder van de buurdanser. De naam van de dans is voortgekomen uit het Oudgriekse woord voor 'kring'. De *hora* wordt gedanst bij vreugdevolle gebeurtenissen, en in discotheken in vakantieoorden ook wel als opwarmer of juist als uitsmijter. De muziek daarbij is bijvoorbeeld die van **Hava nagila**.

De verbroederende *hora* symboliseert een bepaalde fase in de geschiedenis van Israël. Daarna kwam de **Ausdruckstanz**, die een tijdlang zelfs het ballet verdrong. De Amerikaanse Postmodern Dance uit de jaren 1960 en 1970, het Duitse expressionisme en de conceptuele dans hebben eveneens de Israëlische dansscene beïnvloed.

De wieg van de **moderne Israëlische dans**, die internationaal veel successen boekt, is het in 1989 opgerichte **Suzanne Dellal Centre for Dance and Theatre** in Tel Aviv (zie blz. 228). Daar wijdt men zich al dansend aan de Israëlische identiteit en probeert men de sfeer, de gevoelens, de conflicten die in het land leven uit te drukken. Danstradities uit Ethiopië, Noord-Afrika en Jemen wisselen af met buikdans en flamenco.

Op internationale podia zijn vaak de gezelschappen **Inbal Dance Company** (www.inbalpinto.com), **Bat-Dor**, **Kibbutz Contemporary Dance Company** (www.kcdc.co.il) en **Batsheva Dance Company** (www.bats heva.co.il) te gast. Dit laatste gezelschap werd in 1964 opgericht met financiële steun van barones Batsheva de Rothschild, naar wie het is

Joodse humor – lachen ten koste van jezelf

Thema

De Joodse humor is bekend om zijn wijze doordenkertjes, maar ook om de genadeloze manier waarop Israëli's en Joden zichzelf op de hak nemen. Moderne comedians schrikken tegenwoordig zelfs niet meer terug voor de Holocaust.

Natuurlijk worden er ook nog moppen verteld over overbezorgde Jiddische mamma's of over Jeckes, de in de jaren 1930 naar Israël geëmigreerde Duitse Joden. 'Wordt een Jecke gevraagd: schaam je je niet dat je na zoveel jaar in Israël nog geen Hebreeuws spreekt? – Zegtie: ja, ik schaam me, maar dat is altijd nog minder erg dan die taal te moeten leren.' Dat zijn klassiekers onder de moppen.

De humor van de hedendaagse comedians is venijniger. Geen taboe, geen thema is heilig. De Sefardische comedian Jacki Levi beweert dat de Joden in hun religieuze liederen als principe hebben: 'vreselijke teksten en vrolijke muziek – en omgekeerd'. Levi: 'Op Jom Kipoer hebben de vrolijkste liederen de tekst "we hebben gestenigd, verbrand, gedood en verstikt". Er is geen andere cultuur in de wereld die executies op muziek heeft gezet.' En stand-up comedian Lenny Ravitz heeft in een tv-documentaire gezegd: 'Bijna alle joodse feestdagen zijn gebaseerd op drie dingen. Zij hebben geprobeerd ons te vernietigen. Wij hebben gezegevierd. Vooruit, laten we eten!'

Zelfspot is de opvallendste eigenschap van de in de sjtetl geboren Joodse humor. In de loop van hun wisselvallige geschiedenis konden de Joden zich nooit ongestraft vrolijk maken over anderen. Daarom, zo luidt een vaak gehoorde verklaring, is Joodse humor zelden tegen anderen gericht.

Taboes doorbreken werkt altijd heel goed in humor. Inmiddels is ook de Holocaust een thema geworden. Naar voorbeeld van grote Amerikaanse comedians als de niets en niemand ontziende Sarah Silverman kent nu ook Israël een aantal comedians die geen belang hechten aan politieke correctheid. De vaak provocerende Gil Kopatsh liet in zijn tv-show Anne Frank en Hitler *I got you babe* in duet zingen. Kopatsh wil dat de Joden ook kunnen lachen over de Holocaust.

Maar is dit lachen eigenlijk wel gepast, ook al heeft het een therapeutische bedoeling, of ligt het gelijk nog altijd bij de in 2005 gestorven bestsellerauteur Ephraim Kishon, die ooit heeft gezegd: 'Humor is een zeer serieuze zaak, na Sigmund Freud het grootste geschenk dat de mens van de Almachtige heeft ontvangen. (...) Joodse humor is humor van het getto. Joodse humor is niet Hebreeuws, maar Jiddisch. Met het getto is ook de Joodse humor verdwenen. Joodse humor is humor vol zelfkritiek, geschapen door vervolgde mensen, die geslagen en vernederd werden en zich ellendig voelden. Ze vonden troost in het feit dat ze in elk geval nog konden lachen. En dan is er nog iets – over de Holocaust kunnen geen grappen worden gemaakt.' Of heeft Woody Allen inmiddels gelijk? In zijn film *Crimes and misdemeanors* uit 1989 laat hij de tv-producent Lester zeggen: 'Komedie is tragedie plus tijd.'

Hedendaagse Joodse humor is ook te volgen door mensen die geen Hebreeuws spreken. Op het toneel van Off the Wall in Jeruzalem (zie blz. 191) geeft David Kilimnick (www.davidkilimnick.com), de geïmmigreerde zoon van een rabbijn, ook stand-upcomedieshows in het Engels.

genoemd. Martha Graham, een van de belangrijkste choreografen van de 20e eeuw, zette haar blijvende stempel op dit gezelschap en eigenlijk op de hele Israëlische dans. Het bracht een hele reeks gerenommeerde choreografen voort. Tot de sterren van de jonge dansscene behoren Emanuel Gat (www.gatgat.com) en Maya Levi.

Palestijnse en Arabische dans

De bekendste Palestijnse dans is de **dabke**, die net als de *hora* aan de sirtaki doet denken. Bij feestelijke gebeurtenissen als bruiloften staan mannen en vrouwen op de dansvloer, het publiek zingt en klapt. Afhankelijk van de regio dansen mannen en vrouwen samen of in afzonderlijke kringen. Bij de **sahja** staan de dansers in rijen tegenover elkaar. Als eb en vloed bewegen de dansers in de handen klappend op de maat van het ritme.

Overal in Israël zijn workshops te vinden voor oriëntaalse **buikdans**, een van de weinige zaken die het land deelt met zijn Arabische buren. Deze *raqs sharqi* is een echte kunst. Om de soepel draaiende heupen is een met stras bezette zijden doek gedrapeerd. Het lichaam draait in een strakke, met lovertjes versierde rok in het rond, de armen kronkelen ritmisch op de maat van de muziek rond het lichaam. Buik en navel zijn bloot, de blikken zijn wulps. Wat u in Israël meemaakt onderscheidt zich meestal aanzienlijk van wat in eigen land wordt gepresenteerd. De buikdans in het Midden-Oosten is technisch misschien minder perfect, maar wel heel wat uitdagender. 'Europese vrouwen willen niet zo sexy dansen als eigenlijk moet,' klagen oriëntaalse buikdanseressen vaak. 'Ze hebben de buikdans vervreemd, zoeken er een vervulling en harmonie met hun lichaam in. Dat is jammer. Dat hoort niet bij de ziel van de dans.'

Literatuur

Israël is een jonge staat met een ver terugreikende literatuurgeschiedenis. Afhankelijk van de definitie begint die met de Bijbel, het boek der boeken, of in de diaspora. Veel bekende auteurs van Joodse afkomst, zoals Heinrich Heine en Franz Kafka, hadden nog niet de beschikking over het moderne Hebreeuws, dat zich pas door Theodor Herzl als omgangstaal kon ontwikkelen.

Volgens Amos Oz, de belangrijkste hedendaagse Israëlische schrijver, is de grondslag van het moderne Hebreeuws in de 18e eeuw in Duitsland gelegd en is de moderne Hebreeuwse literatuur in Berlijn geboren. Inderdaad waren er in de loop van de 18e en 19e eeuw tijdschriften in het Hebreeuws die in Berlijn werden uitgegeven. In het begin van de 20e eeuw leefden enkele van de belangrijkste vertegenwoordigers van de Hebreeuwse literatuur in Berlijn en Leipzig, onder wie Shmuel Agnon, Chaim Bialik en Martin Buber. Pas met de Jodenvervolging, zo zegt Oz, verplaatste dit centrum zich van Duitsland naar Tel Aviv en nog altijd manifesteert deze relatie met Duitsland zich in de moderne Hebreeuwse literatuur. Ook belangrijk zijn de invloeden van het Oost-Europese Jodendom.

Klassieke Israëlische literatuur

Shmuel J. Agnon (1888–1970), een van de grote vertellers van de 20e eeuw en vaak met Kafka vergeleken, kreeg in 1966 – samen met de Duits-Joodse schrijfster Nelly Sachs – als eerste in het Hebreeuws schrijvende auteur de Nobelprijs voor Literatuur. Het ging hierbij niet om één bepaald werk, maar om Agnons karakteristieke vertelkunst en zijn voorliefde voor motieven uit het Joodse leven. Agnon werd als Shmuel Josef Czaczkes geboren in een streng gelovige joodse gemeenschap in het toentertijd Oostenrijkse Galicië, de achtergrond voor veel van zijn werken. In 1908 vestigde hij zich in Palestina, maar in 1913 ging hij naar Duitsland, waar hij tot 1921 in Berlijn woonde en later in Bad Homburg, waar hij bevriend raakte met de godsdienstfilosoof Martin Buber. Toen Agnons woning inclusief bibliotheek en zeldzame handschriften in 1924 door brand werd verwoest, keerde hij naar Palestina terug. Tot Agnons bekendste romans behoren *Een eenvoudig verhaal* en *Shira*. In het eerste werk wordt de hoofdfiguur, Hirschel Hurwitz, in een eind-19e-eeuwse sjtetl verliefd op het arme meisje Blume Nacht, die in zijn ouderlijk huis als dienstmeisje werkt. Zijn ouders beletten echter een huwelijk. De schildering van Hirschels liefdesverdriet en een gemeenschap in verandering heeft nog nauwelijks aan bekoring verloren

Taboes kent de Israëlische literatuur tegenwoordig vrijwel niet meer. Dat was anders in de tijd van de 'Generatie van de Staat', de **Dor HaMedina**. Dat is de aanduiding in de Israëlische literatuurgeschiedenis van de schrijvers die bij de stichting van de staat in 1948 al in het land leefden. Toen **Yoram Kaniuk** in 1968 *Adam Hondenzoon* publiceerde, een groteske over de Holocaust, werden werk en auteur door de kritiek vernietigend besproken. De hoofdpersoon Adam woont in een concentratiekampachtige psychiatrische inrichting in de Negev, waarin alle patiënten overlevenden van de Holocaust zijn. Hun held is Adam, in het vooroorlogse Berlijn werkzaam als circusclown, die in het concentratiekamp voor de kampcommandant als een hond op handen en voeten moest rondlopen – wat hem het leven redde. Het boek geldt tegenwoordig als een meesterwerk.

Moderne Israëlische literatuur

Israëlische literatuur ontroert. De interesse ervoor is wereldwijd gestegen. In 1980 waren er vertalingen naar 25 talen, ruim 20 jaar later was het al naar 70 talen. Het leeuwendeel van deze toename komt voor rekening van Israëlische kinderboeken. Tot de meest vertaalde en belangrijkste schrijvers van Israël behoren **Amos Oz** (geb. 1939, *Volmaakte rust*), **Ephraim Kishon** (1924–2005, *Ark van Noach, toeristenklasse*) en de kinderboekenschrijver **Uri Orlev** (geb. 1931, *Het eiland in de Vogelstraat*). Internationale bekendheid is ook verworven door **A.B. Yehoshua** (geb. 1936, *De minnaar*), **Etgar Keret** (geb. 1967, *Gaza Blues*), **Samuel J. Agnon** (1888–1970, *Gisteren, eergisteren*), **David Grossman** (geb. 1954, *Berichten van een oorlog die niemand winnen kan*) en **Yoram Kaniuk** (1930–2013, *Adam Hondenzoon*).

De gevoelens van de jonge generaties komen aan de orde in de werken van auteurs als Ron Leshem, Assaf Gavron en Eshkol Nevo. Ze schilderen hoe de voortdurende bedreiging van buitenaf het privéleven beïnvloedt en de maatschappij verandert. Vaak wordt het leven van de hoofdpersonen door anderen bepaald. Zo laat **Assaf Gavron** in zijn tragikomische roman *Krokodil van de aanslagen* zijn hoofdpersoon Eitan drie zelfmoordaanslagen overleven. Ongewild wordt Eitan een beroemdheid, wat zijn hele leven ruïneert. De andere hoofdpersoon is de Palestijn Fahmi, die de nationale held, het nieuwe symbool van de overlevingskracht van Israël, definitief moet uitschakelen. Niet minder boeiend is Gavrons politieke roman *De nederzetting*, die zich in een kleine illegale Joodse nederzetting op de Westelijke Jordaanoever afspeelt en op ironische wijze de absurditeit van het onrechtmatige landjepik beschrijft.

Ron Leshems antioorlogsroman *Als er een paradijs bestaat* schildert de wereld van jonge Israëli's. Op het ene moment vieren ze nog feest in de clubs van Tel Aviv, en het volgende moment worden ze door het leger naar de Libanese grens gestuurd om daar te vechten en te sterven. De verfilming, onder de titel *Beaufort*, werd in 2007 bekroond met een Zilveren Beer en in 2008 genomineerd voor een Oscar voor de beste niet-Engelstalige film.

Een moderne zedenschets biedt **Eshkol Nevo** in zijn roman *Heimwee*. Hier gaat het om de betrekkingen tussen man en vrouw, tussen orthodoxe en niet-orthodoxe joden, tussen Israëli's en Arabieren, en om nabuurschap, wantrouwen en verlangen.

Palestijnse literatuur

Pas vanaf 1948 kwam er een Palestijnse literatuur op, met thema's en toonzetting die een echo vormden van de Israëlische bezetting. Als gevolg van publicatieverboden waren de auteurs gedwongen ondergronds te werken. Het recht op vrijheid van meningsuiting in boekvorm bestond tot het begin van de vredesonderhandelingen in de jaren 1990 onder Israëlische heerschappij noch op de Westelijke Jordaanoever noch in de Gazastrook. Wie

Dagelijkse zorgen, bureaucratie en politiek zijn de thema's van Kishons satires

wilde publiceren moest dit meestal doen onder een pseudoniem en via een buitenlandse uitgeverij. Palestijnse literatuur was altijd ook literatuur in ballingschap.

In het buitenland verschenen boeken van **Emil Habibi**, **Ghassan Kanafani**, **Jabra Ibrahim Jabra** en **Sahar Khalifa**. Hun werken over verdrijving, vervreemding en verlangen, die decennialang het idee van een Palestijnse staat levend hielden, vertellen over de strijd om te overleven in de autonome gebieden, over de intifida, de waanzin van de zelfmoordaanslagen, de spiraal van het geweld.

Als er een stem van Palestina was, dan behoorde die toe aan de dichter **Mahmoud Darwish** (1941–2008). Als boerenzoon geboren in Galilea vluchtte hij in 1948 met zijn familie naar Libanon. Later keerde hij terug, bezocht de middelbare school in Nazareth, werd lid van de Israëlische Communistische Partij en ging na ettelijke arrestaties in ballingschap, onder andere in Beiroet, Tunis en Caïro, waar hij voor Al Ahram schreef. Aanvankelijk bezong hij in zijn werk de lof van gewapend verzet en martelaarschap, een radicale houding die hij later opgaf. In 1996 mocht Darwish terugkeren naar Israël, waar hij in 2007 zelfs optrad. Darwish was niet alleen cultureel actief, als uitgever van het literaire tijdschrift *Al-Karmal* (De Karmel), maar was ook lid van de Palestijnse Nationale Raad en begeleidde de Palestijns-Israëlische vredesonderhandelingen met een kritische blik. In 1998 verraste Darwish met een heel andere toon: *Sareer el ghariba* (Het bed van een vreemde) bevatte voor het eerst liefdesgedichten. In 2004 ontving Darwish voor zijn werk de Prins Clausprijs.

Film

Israëlische films

De Israëlische film bestond lange tijd, in elk geval in internationale ogen, uit de meerdelige tienerkomedie **Eskimo Limon**. Daarvoor waren er Kishons **Salah Shabati** en **Het Blaumilchkanaal**. Dat is fundamenteel veranderd. Israëlische films ondervinden een groeiende internationale interesse. De belangrijkste thema's zijn naast de gebruikelijke filmonderwerpen: het smeulende Midden-Oostenconflict, de verandering van Israël door de immigratiegolf uit de voormalige Sovjet-Unie en de groeiende invloed van de orthodoxe joden op het maatschappelijk leven.

Op indrukwekkende wijze tekent Amos Gitai het leven van de haredim, de ultraorthodoxen. **Kadosh** (*Heilig*, 1999) speelt in de Jeruzalemse wijk Mea She'arim, waar de hoofdpersoon Meir zijn ochtend begint met het gebed: 'Dank, God, die ons leven bestiert, dat u mij niet als vrouw hebt gemaakt.' Meir is gelukkig getrouwd, maar moet het huwelijk onder druk van zijn fundamentalistische vader opofferen aan de religie – zijn vrouw blijft namelijk kinderloos en geldt daarom als zondig.

Israëlische filmmakers houden van de taal van de ironie. De film **Mivtsa Savta** (*Operatie grootmoeder*, 1999) van Dror Shaul, waarin het Israëlische dagelijks leven op de hak wordt genomen, was al vanaf de première een cultfilm. Nu eens melancholiek, dan weer vrolijk beschrijft Eran Kolirins komedie **The band's visit** (2007) de Israëlisch-Egyptische nabuurschap. Het politieorkest van Alexandrië zal spelen bij de opening van een Arabisch cultureel centrum in Israël, maar door een misverstand komen de musici op de verkeerde plaats terecht. Daarmee begint een fascinerende ontmoeting tussen Israëli's en Egyptenaren, die zo dicht bij elkaar wonen en elkaar toch zo vreemd zijn. In Egypte werd de film verboden.

De documentaire **Promises** (B.Z. Goldberg, 2002) benadert het Midden-Oostenconflict vanuit het oogpunt van een vaak vergeten groep. Vijf jaar lang werden zeven Israëlische en Palestijnse kinderen uit Jeruzalem en de Westelijke Jordaanoever gevolgd. De toeschouwer leert de angsten, gedachten, gevoelens en verwachtingen kennen waarmee ze opgroeien. De film is overladen met prijzen.

Eytan Fox pakt het met taboes beladen thema homoseksualiteit op in **Walk on water**. De plot van de film, die zijn internationale première beleefde op de Berlinale van 2004, is ongewoon: Mossadagent Eyal moet een nazimisdadiger opsporen en doden en wordt daarom afgestuurd op Pia en Axel, de volwassen kleinkinderen van de man. In de persoon van Axel wordt Eyal geconfronteerd met de natuurlijkheid van homoseksualiteit, wat uiteindelijk invloed heeft op zijn opdracht.

Ari Folmans **Waltz with Bashir** (2008), een geanimeerde documentaire, werd in 2008 genomineerd voor de Gouden Palm in Cannes. De titel verwijst naar de met Israël samenwerkende christelijk-maronitische militieleider en Libanese president Bashir Gemayel. Toen deze in 1982 werd vermoord, werd dit door zijn aanhangers gewroken met – door Israël gesteunde – bloedbaden in de Palestijnse kampen Sabra en Shatila. Folman, die in 1982 in Libanon was gestationeerd, is de dragende en vragende hoofdfiguur van de film. Alleen met behulp van ooggetuigen komen zijn verdrongen herinneringen boven aan de oorlog en de bloedbaden, die de film – in originele opnames – toont. Indrukwekkend is ook de in 2009 voor een Oscar genomineerde film **Ajami** van Scandar Copti en Yaron Shani over geweld in de Israëlische samenleving.

De Israëlisch-Duitse coproductie **The flat** van Arnon Goldfinger, een documentaire over een familiegeschiedenis, zorgde in 2012 voor opschudding. Wanneer Goldfinger de woning van zijn overleden grootmoeder opruimt, ontdekt hij in fotoalbums en brieven een relatie tussen zijn grootouders en een Duits naziechtpaar. Hij volgt het spoor terug en verbreekt daarmee als vertegenwoordiger van de derde generatie na de Holocaust het stilzwijgen over het verleden.

Palestijnse films

Interessant zijn ook de producties van Palestijnse filmmakers, die het vaak ontbreekt aan vergelijkbare financiële middelen en verkoopkanalen. De Nederlands-Palestijnse regisseur Hany Abu Assad kreeg in 2005 twee Gouden Kalveren en in 2006 een Oscarnominatie en een Golden Globe voor beste buitenlandse film voor **Paradise now**. De film vertelt zonder sympathie, maar wel met respect, hoe de Palestijnse vrienden Khaled en Said door een radicaal-religieuze organisatie worden uitgekozen om een zelfmoordaanslag te plegen in Tel Aviv door zichzelf op te blazen. De twee mannen brengen een laatste nacht door bij hun nietsvermoedende familie en gaan dan op pad. Maar aan de grens met Israël raken Said en Khaled gescheiden. Nu moet elk voor zich besluiten of hij een massamoordenaar wil worden.

Een bijzondere vermelding verdient **The heart of Jenin**. Leon Geller en Marcus Vetter ontvingen hiervoor in 2010 de Deutscher Filmpreis voor beste documentaire. Het waargebeurde verhaal gaat over Ismael Khatib, wiens twaalfjarige zoon in het vluchtelingenkamp Jenin door Israëlische soldaten werd neergeschoten. De vader staat de organen van zijn zonen ter donatie af – en Israëlische kinderen ontvangen ze! Twee jaar later bezoekt hij de kinderen in Israël, in onder meer een orthodox gezin, een droeve reis. In 2012 ging Vetters documentaire over Cinema Jenin (www.cinemajenin.org) in première in Jenin.

Kunst

Joodse kunst – alleen al het begrip is moeilijk te vatten. Omdat de Joodse kunst door de diaspora net als de literatuur lange tijd noch aan een bepaald land noch aan een bepaalde cultuur of periode was gebonden, gaat het vaak om religieuze kunst en ook, in de moderne context, om een onderzoek van de relatie met de Joodse identiteit en de cultuur van Israël. Het werk van een Joodse schilder, zo wordt graag benadrukt, hoeft geen Joodse kunst te zijn. De circusmotieven van bijvoorbeeld Marc Chagall, zoon van orthodoxe joden, worden er niet toe gerekend, maar de door hem vervaardigde vensters van de synagoge van het Hadassa Medical Center in Jeruzalem wel.

Religieuze kunst

Het verbod van de ene God om afbeeldingen van Hem te maken is lange tijd geïnterpreteerd als gebod om ook geen mensen en dieren uit te beelden. Terwijl christelijke kunstenaars hun fantasie de vrije loop konden laten – denk aan uitbeeldingen van God als oude man met een baard en een langharige Jezus in een golvend gewaad – was deze uitdrukkingsvorm doorgaans niet toegestaan aan joodse religieuze kunstenaars. Iets vergelijkbaars geldt voor de islam, waar sacrale motieven worden uitgedrukt in kalligrafie.

Toch kent de Joodse kunst een rijkdom aan bontgekleurde afbeeldingen. In de catacomben van Beth She'arim (zie blz. 288) zijn voorstellingen te vinden van heidense goden, dieren en ornamentele plantenmotieven. De Beth Alphasynagoge bij het Meer van Tiberias (zie blz. 301) bergt een groot mozaïek, dat Abraham met een mes in zijn hand uitbeeldt, klaar om zijn zoon Isaak te offeren. Ernaast zijn de twaalf dierenriemtekens te zien.

Het argument tegen een al te strikt verbod op afbeeldingen was vaak dat voorstellingen in synagogen, meestal fresco's, niet aanbeden werden, wat in strijd zou zijn met het Bijbelse verbod, maar alleen dienden als versiering, en dus niet verboden waren. Andere kunstenaars voerden aan dat het alleen verboden was om de mens in zijn geheel af te beelden. Daarom toonden ze bijvoorbeeld niet het gezicht, door het hoofd van achteren te schilderen, of ze voorzagen het menselijk lichaam van een dierenkop. Pas in de boekversieringskunst vanaf het midden van de 14e eeuw werd de mens als zodanig getoond: met lichaam en herkenbaar gezicht, van voren. Gebedenboeken – toegestane literatuur voor thuisgebruik – vertelden in woord en beeld het Bijbelverhaal, de bron van alle kunst.

Kunst tijdens en na de Holocaust

Wat voor kunst kon er nog bestaan na de Holocaust? Vereiste de Shoah een afbeeldingsverbod, zoals filosoof Theodor Adorno poëzie na Auschwitz categorisch voor barbaars had gehouden? Later nuanceerde hij zijn oordeel: 'Het lijden dat niet verdwijnt heeft net zoveel recht zich uit te drukken als de gemartelde om te schreeuwen; daarom was het onjuist te zeggen dat er na Auschwitz geen gedichten meer geschreven konden worden.'

De grootste verzameling Shoahkunst, ongeveer 10.000 stukken, is te vinden in het kunst-

Met haar foto's van Palestijnse vluchtelingenkampen maakte de Israëlische kunstenares Ahlam Shibli veel indruk op de Documenta 2007 in Kassel

museum van Yad Vashem (zie blz. 183). Daar zijn enerzijds schilderijen, schetsen en tekeningen te zien die met levensgevaar en in het aangezicht van de dood zijn vervaardigd in getto's en concentratiekampen. Anderzijds ziet u hier werken die tot stand kwamen vóór de deportatie, zoals van de in 1939 naar Frankrijk geëmigreerde Berlijnse schilderes **Charlotte Salomon** (geb. 1917), die in 1943 door het Vichyregime aan de Gestapo werd overgeleverd en in Auschwitz werd vermoord. In 1940 had haar grootmoeder in Frankrijk zelfmoord gepleegd – om te overleven vluchtte de kunstenares in het schilderen. In een paar maanden ontstonden ruim 1300 kleurrijke gouaches, met stripboekachtige elementen, over het leven van een jonge vrouw in het Berlijn van de jaren 1920 en 1930 als indringende documentatie van het toenemende antisemitisme.

In Yad Vashem zijn ook drie muurschilderingen te zien van de Pools-Joodse auteur en schilder **Bruno Schulz** (1892–1942), die in 2001 onder mysterieuze omstandigheden uit Oekraïne verdwenen en later in Jeruzalem opdoken, waar ze twintig jaar als bruikleen geëxposeeerd mogen worden. Na de Duitse aanval op de Sovjet-Unie in 1941 werd Schulz in het getto van Drohobycz door de SS-officier Felix Landau uitverkoren om de kamers van

zijn kinderen met sprookjesscènes te versieren. Hij schilderde Sneeuwwitje en de Zeven Dwergen, een mooie prinses en een koets met een koetsier. De figuren hebben de gelaatstrekken van leden van de familie van Schulz; zijn eigen gezicht leende hij aan de koetsier. Schulz werd in 1942 na een schietpartij in het getto, waarmee hij niets te maken had, door een SS'er gedood.

Moderne kunst

Al lang voor de stichting van de staat Israël waren er de vroege immigranten, wier activiteiten zijn vastgelegd in foto's en tal van schilderijen. Geweer en spade op de schouder, de laarzen diep in de nieuwe grond – puur pioniersrealisme, getekende en geschilderde trots in houtskool, olieverf en aquarel.

In 1905 besloot het Zevende Zionistische Congres tot de oprichting van de Bezalel School of Art in Jeruzalem, tegenwoordig de **Bezalel Academy of Arts and Design** (www.bezalel.ac.il). Deze spil van de moderne Israëlische kunst diende in zijn beginjaren ook als aanloophaven voor naar Palestina geëmigreerde kunstenaars, die bijvoorbeeld in de jaren 1930 het expressionisme uit Duitsland meebrachten. Bijna alle bekende Israëlische kunstenaars hebben gestudeerd aan Bezalel.

Een eigen beweging belichaamde de in 1895 in Roemenië geboren **Marcel Janco** (1895–1984), medeoprichter van het **dadaïsme**, een stroming die in 1916 door jonge kunstenaars in het Zürichse Cabaret Voltaire werd bedacht als antiburgerlijk tegenwicht tegen de gevestigde kunst. Janco verhuisde in 1941 naar Palestina, organiseerde daar met anderen de **New Horizons Group** en vestigde zich in 1953 in het verlaten Arabische dorp Ein Hod, dat zich tot bloeiende kunstenaarskolonie ontwikkelde (zie blz. 247).

Israëls actuele kunst- en designscene krijgt steeds meer internationale aandacht. In Tel Aviv zijn tientallen galeries te vinden. Het plaatselijke toeristenbureau (zie blz. 223) kan u een *Art Galleries Map* verschaffen. **Fresh Paint** (www.freshpaint.co.il) is de naam van de eerste, sinds 2007 bestaande beurs van de jonge kunstscene in Tel Aviv. Het Herzliya Museum en het Tel Aviv Art Museum (met nieuwe aanbouw) zijn goede adressen voor hedendaagse Israëlische kunst; het Louvre van het Midden-Oosten is het Israel Museum in Jeruzalem.

Een van de gevestigde namen in het moderne kunstleven is **Sigalit Landau** (geb. 1969), die voor haar installaties vaak papier-maché en brons gebruikt. Met installaties in de openbare ruimte, die voor bezoekers ook toegankelijk moet zijn, heeft beeldhouwer en omgevingskunstenaar **Dani Karavan** (geb. 1930, www.danikaravan.com) internationaal naam gemaakt. Een pionier van de Israëlische videokunst is **Guy Ben Ner** (geb. 1969), die de tegenspraken van het dagelijks leven in grappige zelfportretten uitdrukt, bijvoorbeeld door met zijn gezin bij Ikea naarbinnen te gaan en op film vast te leggen hoe men het zich daar onder de douche en in bed gemakkelijk kan maken. Een onpolitieke kunstenares is **Talja Keinan**. Haar aquarellen, tekeningen, collages en video's tonen vredige droomwerelden. **Yehudit Sasportas** combineert in haar ruimtelijke installaties tekeningen, sculpturen en schilderwerk.

De kunstenares **Ahlam Shibli**, in 2007 deelneemster aan de Documenta XII in Kassel, houdt zich in haar fotoseries bezig met het lot van de Palestijnen, ook aan de hand van de vlucht en ballingschap van haar eigen familie. Ze beschouwt zichzelf niet als Israëlische, maar als Palestijnse kunstenares. Zij is niet de enige bij wie het Israëlisch-Palestijnse conflict grenzen stelt de integrerende kracht van kunst. In de Bezalel Academy in Jeruzalem zitten Palestijnse studenten naast studenten uit families van Joodse kolonisten. Een Palestijnse docente spreekt tijdens haar onderwijs demonstratief geen Hebreeuws, alleen Engels. Haar kunst mag niet naast Israëlische werken hangen. Voor Palestijnen is het contact met de kunstscene van de bezetter beladen.

Een belangrijk ontmoetingspunt voor kunstenaars in Palestina is de **Ramallah Riwaq Biennale** (www.riwaqbiennale.org).

Architectuur

De Israëlische architectuur wordt vooral geassocieerd met **Bauhaus**. In Tel Aviv staat een aantal prachtige Bauhausgebouwen, die in 2003 op de Werelderfgoedlijst van de UNESCO zijn gezet (zie blz. 211 en 216). De eerste Bauhausarchitect in het toenmalige Britse mandaatgebied was de Berlijnse **Lotte Cohn**, die in 1921 naar Palestina emigreerde en in 1930 in Tel Aviv een architectenbureau opende. Ze ontwierp de eerste Joodse tuinwijken, bouwde in 1925 de eerste landbouwschool voor meisjes in Nahalal en was betrokken bij de ontwikkeling van de sociale woningbouw, waaraan na 1948 behoefte ontstond.

Na de stichting van Israël, waarbij een complete staat op het tekenbord werd ontworpen, speelde Bauhaus kwantitatief geen grote rol meer. Het credo van de nieuwe start luidde: de huizen moeten licht, luchtig en functioneel zijn. Aan de andere kant moesten gebouwen als de Knesset en het Israël Museum in Jeruzalem de nieuwe nationale identiteit weerspiegelen, wat tot uiting komt in een tegenwoordig nogal overdreven overkomende monumentaliteit. Dat er onder de enorme tijdsdruk niet veel aandacht besteed kon worden aan stedenbouwkundige overwegingen toont een blik op de plattegrond van Tel Aviv, met zijn kriskras lopende straten en straatjes. De stad, nog altijd een architectonisch allegaartje, viel na 1960 ten prooi aan massale hoogbouw, in overeenstemming met de ideeën die men toen had over cityvorming. Het

eerste voorbeeld hiervan was de 140 m hoge Shalom Tower (zie blz. 211).

Béton brut was het lot van de nieuwbouw in de jaren 1950 en 1960. Ongepleisterde gebouwen en geheel onversierd gelaten gevels zijn in veel plaatsen te vinden, zoals in Be'er Sheva, dat ook om andere redenen opmerkenswaard is. Daar werden al in het begin van de jaren 1960 woonwijken gebouwd die aan het woestijnklimaat zijn aangepast, wijken die bij de beschouwer gemengde indrukken achterlaten. Ter bescherming tegen de verzengende zon zijn de trottoirs overhuifd en werden de huizenrijen zo dicht bij elkaar gebouwd dat schaduwrijke straatjes ontstonden. Tegelijk is deze stad in de Negev met zijn brede boulevards en grote, aan de woestijn ontrukte groengebieden een bloeiende tuinstad, die als vrijwel geen andere stad in Israël de pioniersgeest van de jonge natie weerspiegelt. 'Be'er Sheva dient de fundamentele behoefte om door het tonen van Joodse aanwezigheid het recht op het territorium vast te leggen,' analyseerde architectuurhistorica Anna Minta in haar boek *Israel bauen*. Deze uitspraak kan ook worden toegepast op de moderne, deels illegale Joodse nederzettingen op Palestijns grondgebied. Geconfronteerd met de politiek-symbolische functie van de architectuur raakt de esthetiek op de achtergrond.

Tijdens de nieuwbouwwoede van de jaren 1970 en 1980 liet men de oude wijken voor wat zij waren, wat men tegenwoordig bijvoorbeeld in Jaffa met grootschalige renovatie- en restauratieprojecten weer tracht te herstellen. Dat dit voortreffelijk lukt, tonen de oude haven en de nabijgelegen kunstenaarsbuurt.

Gottgold House (rechts) aan Rothschild Boulevard in Tel Aviv – een meesterwerk van Bauhausarchitectuur

Eten en drinken

De Israëlische keuken is rijk aan groentegerechten en vormt dankzij de vele immigranten een internationale mix van smaken. Er zijn specialiteiten te vinden uit Zuid- en Oost-Europa, Azië, Amerika en Noord-Afrika. Daartegenover staat de Arabische keuken, met lekkere voorgerechten en veel gegrilde spijzen.

Het Bijbelse hemelbrood vormde het voedsel van de Israëlieten na de uittocht uit Egypte. 'Het volk van Israël noemde het voedsel manna. Het leek op korianderzaad, maar dan wit, en het smaakte als honingkoek,' zo staat te lezen in Exodus 16:31. Het woord 'brood' moet niet letterlijk worden genomen. Vermoedelijk ging het om honingdauw, de witte, zoete afscheiding van schildluizen ('zodra de zon begon te branden, smolt het weg.' Ex. 16:21).

Multiculturele invloeden

Een oorspronkelijk Israëlische keuken bestaat niet. De Israëlische gastronomie, de veelzijdigste van het hele Midden-Oosten, richt zich evenzeer op nouvelle cuisine en Californian New Wave als op de keukens van Bangkok, Mexico of Rio de Janeiro. Fusion is het modewoord dat koks graag gebruiken als ze heel verschillende culinaire tradities met elkaar combineren.

Heel overvloedig is het Israëlische **ontbijt**, dat vaak in hotels wordt geserveerd. Het ontbijtbuffet biedt eieren, kaas, yoghurt, (vis)salades, olijven, ingelegde en gerookte vis, en verder hummus (kikkererwtenpuree) en jam, maar vanwege de joodse voedselvoorschriften geen vlees- en worstwaren.

Het **middag- en avondeten** biedt alle ruimte aan de kosmopolitische keuken van Israël, van couscous, moussaka, kebab (lamsvleesspiesjes) en gefilte fisj (snoek- of karperballetjes) tot Ethiopische *wat*, een brandend scherpe kipragout. Op elke hoek van de straat is shoarma te krijgen, een soort döner kebab van lamsvlees, kip of kalkoen in een pitabroodje (een plat, hol broodje); er staan schalen met koolsalade, hummus, paprika, ui en dergelijke, die u zelf in het broodje bij het vlees kunt scheppen. Falafel, smakelijke, in olie gefrituurde kikkererwtenballetjes, zijn eveneens op bijna elk straathoek te koop. Koosjer bereide desserts vragen vaak eerst wat gewenning om ze te kunnen waarderen – gebak met namaakslagroom is niet speciaal iets waar u naar hoeft uit te kijken!

In veel opzichten lijken de Joodse en Arabische keuken op elkaar – hummus en falafel zijn slechts twee voorbeelden. Bij de Arabieren vormt het avondeten de belangrijkste en uitgebreidste maaltijd van de dag. Als voorgerecht zijn er smeuïge sauzen om brood in te dippen. Het populairst is *tehina*, een smakelijke, zeer vullende sesampasta. Aubergines worden in olie gebakken of gepureerd *(babaganug)* geserveerd, en *labnah* is een kruidige yoghurtsalade. Naast linzensoep is er *maluk*, een – voor velen ongenietbare – specialiteit die wordt bereid uit een groene, slijmerige groentesoort. De hoofdgerechten zijn minder gevarieerd: kip, lamsvlees, rundvlees en vis worden doorgaans gegrild geserveerd; als bijgerecht zijn er bijvoorbeeld rijst met rozijnen en noten of de heel lekkere saffraanrijst.

Bijna altijd vegetarisch en heel vullend: mezze, typisch Arabische voorgerechten

Koosjere keuken

Thema

Vlees en melk gaan niet samen, schaaldieren zijn compleet verboden – de joodse spijswetten regelen gedetailleerd wat op welke wijze en met welke ingrediënten bereid mag worden. Koosjer koken is een soort wetenschap.

Op veel restaurants, of het nu om Jiddische of Chinese gaat, staat aangegeven dat het eten er koosjer is, of dat de keuken onder controle van het Opperrabbinaat staat. Daaruit blijkt dat de gerechten op ritueel correcte wijze zijn samengesteld en bereid, iets waarmee steeds meer restaurants proberen religieus bewuste klanten te trekken. De regels voor de koosjere keuken lijken in veel opzichten op de islamitische voedselvoorschriften.

Volgens de vijf boeken van Mozes begon de mens zich pas na de zondvloed niet meer uitsluitend vegetarisch te voeden; in Genesis 9:3 staat: 'Alles wat leeft en beweegt zal jullie tot voedsel dienen; dit alles geef ik je, zoals ik je ook de planten heb gegeven.' Er moet echter een hele reeks voorschriften (de kasjroet) in acht worden genomen. In principe maakt men verschil tussen natuurproducten die geen behandeling nodig hebben (vruchten, groenten, koffie enzovoort), vlees, dat onder bepaalde voorwaarden gebruikt mag worden, en onreine producten, die helemaal niet bereid mogen worden. Koosjer is alleen vlees van ritueel geslachte dieren dat geen bloed meer bevat. Tegen bloed, dat als deel van de ziel wordt gezien, waarschuwt de Thora tienmaal, evenals tegen vet. Wie bloed of vet eet, 'zal uit de gemeenschap worden gestoten,' staat dreigend te lezen in Leviticus 7:25. Vlees wordt in water gelegd, gezouten en gereinigd voor het verder toebereid mag worden.

Koosjere zoogdieren zijn herkauwers met gespleten hoeven, zoals runderen, schapen en geiten, maar niet bijvoorbeeld varkens of kamelen. Onder de vogelsoorten zijn er 24 onrein; koosjer daarentegen is pluimvee als kip, eend, gans, duif, fazant en kalkoen. Koosjere waterdieren moeten schubben en vinnen hebben, dus bijvoorbeeld geen schaaldieren of paling. Melkproducten moeten van koosjere dieren afkomstig zijn.

Vlees en melk gaan niet samen. Dit wordt meermaals aangegeven in de Thora, bijvoorbeeld in Exodus 23:19: 'Je mag een geitenbokje niet koken in de melk van zijn moeder.' Dit voorschrift houdt in dat vleesgerechten niet in boter worden gebakken, en ook niet met melk of room worden gestoofd; ook krijgt u ter afsluiting van de maaltijd geen ijs geserveerd en ook geen melk bij de koffie aangeboden. Na het eten van vlees moet minimaal vijf uur worden gewacht tot er weer melkproducten gegeten mogen worden. Omgekeerd (vlees na melk) geldt een periode van twee uur. Dit betekent in de praktijk dat een huishouden over een dubbele voorraad pannen, serviesgoed en bestek moet beschikken – een set voor vlees en een set voor melk. Pluimvee geldt als vlees. Vis mag met melkproducten worden toebereid.

Als u Joden te eten uitnodigt, kunt u zonder schroom vragen of het nodig is om koosjer te koken. Wees niet bang: er zijn genoeg mensen die u een groot plezier doet met bijvoorbeeld kreeft, of een steak met kruidenboter en een koffie verkeerd toe. In de hotels wordt gewoonlijk koosjer gekookt, veel toprestaurants houden zich echter niet aan de spijswetten.

Ware caloriebommen zijn de **desserts**, bijvoorbeeld honingzoete baklava of *konafa*, gebak met kaas en honing, *halva*, sesamkoek, of het lichtere *mutabak*, met siroop overgoten bladerdeeg met een kaasvulling. Ter afsluiting drinkt u thee – het lekkerst smaakt die met munt – of Turkse kofie. Daarbij kunt u een waterpijp roken; er is tabak met appel-, aardbeien-, munt- of vruchtensmaak.

Bier en wijn

De twee populairste lokale biermerken zijn Goldstar en Maccabee. Importbieren worden bijna overal geserveerd, maar zijn aanzienlijk duurder. Het dorp Taybeh heeft zijn naam gegeven aan de eerste en enige Palestijnse brouwerij, die sinds 1996 in de buurt van Ramallah drie soorten bier (Light, Golden en Dark) brouwt volgens het Duitse reinheidsgebod. Heel trendy zijn de zogenaamde 'boetiekbrouwerijen'. Met een kleine productie van zelden meer dan 50 hectoliter per jaar bedienen ze in de eerste plaats hun eigen restaurants en dan een paar geselecteerde cafés. Er is een tiental van dergelijke microbrouwerijen in het land. Zo is er in Tel Aviv de Dancing Camel (www.dancingcamel.com) en in het kunstenaarsdorp Ein Hod de Art Bar (www.ein-hod.info/rest/artbar, zie blz. 248).

De Israëli's zijn geen grote wijndrinkers. De jaarlijkse consumptie per hoofd van de bevolking ligt rond 6 l (Frankrijk: ruim 60 l). Al 4000 jaar geleden kende de regio wijnbouw, maar de wijn van toen zou tegenwoordig ondrinkbaar worden gevonden. Toen er nog wijn uit Palestina naar het Egypte van de farao's werd geëxporteerd, moest de drank met suikersiroop worden aangelengd om drinkbaar te zijn. In 1870 werd de wijnbouw met financiële steun van baron Edmond de Rothschild opnieuw ter hand genomen – met veel aanloopproblemen. Toen de Britse premier Benjamin Disraeli in 1875 een glas koosjere wijn proefde, zei hij: 'Dit smaakt niet zozeer als wijn, maar eerder als het drankje dat ik door mijn dokter krijg voorgeschreven als ik moet hoesten.' Van de smaak van een hoestdrank is tegenwoordig geen sprake meer bij Israëlische wijn. De wijnhuizen Carmel en Montfort produceren de populairste wijnen van het land. Sommige daarvan hebben al een hele reeks prijzen op internationale wijnbeurzen in de wacht gesleept, zoals de rode Cabernet Sauvignon Rothschild en de witte Emerald Riesling. Volgens de méthode champenoise worden de mousserende Blanc de Blanc en Brut geproduceerd.

Een uitstekende kwaliteit hebben ook de Golanwijnen. In het plaatsje Katsrin produceert de Golan Heights Winery (zie blz. 320) de wijnen Golan, Gamla en Yarden. Als uitstekend gelden de rode Cabernet Sauvignon en de fruitige Merlots.

Actuele informatie en aanbevelingen door de invloedrijkste wijn- en restaurantcriticus van Israël zijn te vinden in de *Guide to Israeli wines* van Daniel Rogov. Dit boek, een bijbel voor liefhebbers van Israëlische wijnen, wordt elk jaar bijgewerkt (www.danielrogov.com).

Uit eten gaan

Er is voor elke reiziger, met een ruim budget of juist een krappe portemonnee, een grote keus aan restaurants in het land. In het goedkopere segment zijn dat – naast de bekende fastfoodketens – de alomtegenwoordige eetstalletjes. Van de ochtend tot laat in de avond worden hier falafel en shoarma verkocht – wat hummus erbij en u bent verzadigd. Voor een afspraak kunt u beter een van de talloze cafés uitkiezen, waar ook sandwiches en lichte maaltijden te krijgen zijn.

Restaurants zijn gewoonlijk rond de lunch geopend, sluiten daarna en gaan aan het begin van de avond weer open. Voor een maaltijd tijdens de sabbat, als veel restaurants gesloten zijn, is het aan te raden om tijdig te reserveren bij degene die wél open zijn. Twee tips voor (dure) trendy restaurants: ruim van tevoren reserveren en informeren of er een *business lunch* is. Voor een fractie van wat u 's avonds zou moeten betalen, krijgt u op werkdagen rond lunchtijd vaak een complete maaltijd op een koopje.

Culinair lexicon

In het restaurant

Ik heb honger.	Ana r'ev/re'ava.
Ik heb dorst.	Ana zame/zme'a.
Is er hier een restaurant?	Jesch po bassviva missada?
menukaart	tafrit
eten	ochel
ontbijt	aruchat boker
lunch	aruchat zoharajim
diner	aruchat erev
bestek	sakum
mes/vork	sakin/masleg
lepel/theelepel	kaff/kapit
glas/kop	koss/sefel
bord	zalachat
servet	mapit
scherp	schatta
zoet/zuur	matock/chamutz
zout/peper	melach/pilpel
suiker	sukar
olie/azijn	sjemen/chsomets
Smakelijk eten.	Bete'awon.
Kan ik betalen?	Efschar leschalem?
De rekening, alstublieft.	Awakesch-leschalem.
Dat is goed zo (fooi).	Se bischwilcha.

Snacks, soep en voorafjes

amba	ingelegde mango
babaganug	auberginepasta
bourekas	pasteitjes met kaas, aardappels, spinazie of champignons
chavitah	omelet
falafel	gefrituurde kikkererwtenballetjes
gilderne joch	kippensoep (op sabbat)
hummus	kikkererwtenpasta
kibbeh	balletjes van gehakt met rijst of bulgur
kneidlach	kippensoep met diverse ingrediënten
labnah	yoghurtsalade
lewanim	pompoenpitten
mana rischona	voorgerecht
marak	soep
mezze	schotel gemengde voorgechten
sajit	olijven
shakshouka	kruidige omelet met tomaten
tehina	sesampasta

Vis en zeevruchten

amnun, mosusht	Sint-Petrusvis (tilapia)
bakala	heek
barbunia	zeebarbeel
buri, sultan ibrahim	harder
dag	vis
dag chadkan	steur
dag cherev	zwaardvis
dag malu'ach	zoute haring
forel	forel
gefillte fisch	koude of warme visballetjes met uien, eieren, amandelen etc.
karpion	karper
lavrak, sargus	witte brasem
lochs	zalm
lucus	witte zaagbaars
perot jam	zeevruchten
sakombira	makreel
sfanmun	meerval
sofach	paling
sole, moshe rabbainu	zeetong
zirbida	gewone zeebrasem

Vlees en gevogelte

backar	rundvlees
bassar	vlees
barvas	eend
of	kip, gevogelte
ejgel	kalfsvlees
gedl	geitenvlees
holischkes	gevulde koolbladeren

kebab	gehaktballetjes (van lam of rund)
knisches	pasteitjes met vlees, aardappels en uien
kreplech	gevulde deegkussentjes
of sumsum	gepaneerde kip met sesam
shashlik	lams- of rundvlees met *tehina*
steyk	steak
tale	lamsvlees
tschulent	sabbatstoofschotel (bonen, vlees aardappels)

Groenten en bijgerechten

agvaniot	tomaten
bassal	uien
beyza	ei
challa	sabbatsbrood
chassa	kropsla
chazilim	aubergine
chema	boter
chips	patat
gesar	wortel
gwina	kaas
gwina lewana	kwark
itriot	noedels
jerakot	groenten
kischuin	courgette
lachmanja	broodje
lechem	brood
margarina	margarine
melafon	komkommer
naknik	worst
ores	rijst
pilpil	paprika
pita	plat broodje
ptitim afujim	rijstkorrelgrote tarwepasta
riba	jam
sche'u'it	bonen
tapuchey adama	aardappels

Desserts en fruit

afarseck	perzik
awatiach	watermeloen
baklava	bladerdeeggebak van honing en noten
banana	banaan
bejgl	bagel
blinzes	pannenkoeken met zoete kwark
challa	sabbatsbrood
hamantaschen	maanzaadkoekjes gevuld met pruimenmoes
konafa	gebak met siroop, amandelen en pistache
latkes	aardappelpannenkoekjes met suiker, appelmoes en zure room
mahallebi	rijstepap met rozenolie
melon	meloen
mischmesch	abrikoos
pa'al	druiven
sufganjot	oliebollen met jam
tapu'ach	appel
tapuss	sinaasappel
tut sade	aardbei
uga	gebak
ugia	koekje

Dranken

arak	anijsbrandewijn
birra	bier
chalaw	melk
ja'in (lawan/adom)	wijn (wit/rood)
kaffe	koffie
kaffe hafuch	koffie verkeerd
mits	sap
majim	water
majim minerahlim, soda	mineraalwater
mahshke	drank
mahschkekal	softdrink
te	thee

Pelgrims kussen de Steen van de Balseming in de Heilig Grafkerk in Jeruzalem, waarop het lichaam van Christus zou zijn gebalsemd voor de begrafenis

Reisinformatie

Informatiebronnen

Informatie op internet

Websites in het Nederlands

www.goisrael.nl: Officiële website van het Israëlisch verkeersbureau.

www.cidi.nl: Het Centrum Informatie en Documentatie Israël (CIDI) brengt op zijn webpagina het laatste nieuws over Israël en verschaft veel informatie over de Israëlische buitenlandse politiek.

www.israel-palestina.info: Op deze website komt u meer te weten over het Midden-Oostenconflict.

Websites in het Engels

www.inisrael.com: Reiswebsite met reserveringsmogelijkheden voor hotels, huurauto's enzovoort.

www.virtualjerusalem.com: Webpagina met aandacht voor Jeruzalem en bijvoorbeeld webcambeelden van de Klaagmuur.

www.jewishvirtuallibrary.org/jsource/archaeology/archtoc.html: Veelzijdige informatie over acheologie in Israël.

www.btselem.org: Informatie van prominente Israëlische mensenrechtenactivisten over de positie van de Palestijnen.

www.peacenow.org.il: De Israëlische vredesbeweging Peace Now houdt u op deze site op de hoogte van de actualiteit, activiteiten enzovoort.

www.thisweekinpalestine.com: Actuele informatie en nieuws over de Westelijke Jordaanoever en de Gazastrook.

www.jmcc.org: Het laatste nieuws over bijvoorbeeld evenementen en tentoonstellingen in Palestina.

www.sakakini.org: Blog over kunst en cultuur in Palestina.

www.pngo.net: Informatieve website van het regeringsonafhankelijke Non-Governmental Organizations Network in Palestina.

www.israelweather.co.il/english, **www.ims.gov.il/imseng/all_tahazit:** Het weerbericht.

Verkeersbureaus

... in Nederland

Israëlisch Bureau voor Toerisme
Postbus 3240
1001 AA Amsterdam
Tel. 020 612 88 50
Fax 020 689 42 88
www.goisrael.nl, info@goisrael.nl
Het Israëlisch Bureau voor Toerisme heeft geen bezoekadres, maar is telefonisch en online bereikbaar voor allerlei inlichtingen. De organisatie verschaft zowel mondeling als schriftelijk informatie over Israël als toeristenbestemming.

... in Israël

De plaatselijke toeristenbureaus in Israël verstrekken reisgidsen en brochures met informatie die echter niet altijd even up-to-date is. Dit informatiemateriaal ligt vaak ook ter inzage bij hotelrecepties.

... in de Palestijnse gebieden

Palestijns ministerie van Toerisme
Bethlehem, Manger St.
P. O. Box 534
Tel. 02 274 15 81, fax 02 274 37 53
Ramallah: tel. 02 240 25 33, fax 02 240 25 31
Nablus: tel. 09 238 50 42, fax 09 238 50 43
Hebron: tel. 02 222 96 33
Jericho: tel./fax 02 232 12 29, 02 232 29 35
Gaza: tel. 07 282 48 66, fax 07 282 48 56
www.travelpalestine.ps

Diplomatieke vertegenwoordigingen

... in Nederland

Ambassade van de Staat Israël
Buitenhof 47
2513 AH Den Haag
Tel. 070 376 05 00

Fax 070 376 05 55
http://embassies.gov.il/hague
http://thehague.mfa.gov.il
Consulaat van de Staat Israël
Postbus 604
2040 AN Wassenaar
Tel. 070 511 94 98
consular@hague.mfa.gov.il
Palestijnse Delegatie
Nieuwe Parklaan 23
2597 LA Den Haag
Tel. 070 360 48 64
Fax 070 365 78 47
www.palestine-delegation.nl
consular@palestinian.nl

... in België

Ambassade van de Staat Israël
Sterrewachtlaan 40
1180 Brussel
Tel. 02 3735500
Fax 02 3735617
www.ambisrael.be

... in Israël en Palestina

Nederlandse Ambassade in Tel Aviv
Beit Oz, 13de verdieping
14 Abba Hillel Street
Ramat Gan 52506
Tel. +972 375 40 777
Fax. +972 375 40 748
http://israel.nlambassade.org
Nederlands Consulaat in Eilat
Desert House 14, Los Angeles Ave. 11
88000 Eilat
Mobiel +972 (0)52-4519128 of
+972 (0)50-3600400
uprigal@gmail.com of
uri@ein-gedi.co.il
Nederlands Consulaat in Haifa
Ma'abarot Str. 6
34461 Haifa
Tel. +972 48 11 17 07
Fax +972 48 11 17 79
coholaw@netvision.net.il

Nederlandse vertegenwoordiging bij de Palestijnse Autoriteit (PA) in Ramallah
Bezoekadres:
12 Holanda Street
(bij Nablus Road)
El-Bireh, Ramallah
Postadressen:
P.O. Box 1899 Ramallah
P.O. Box 54706 Jeruzalem
Tel. +970(of +972) 2 240 66 39/240 97 97
Fax +970(of +972) 2 240 96 38
ram@minbuza.nl

Belgische Ambassade in Tel Aviv
Abba Hillel Silver Street 12, 15e verdieping
52506 Ramat Gan
Tel. +972 (3) 613 81 30
Fax +972 (3) 613 81 60
www.diplomatie.belgium.be/israel
telaviv@diplobel.fed.be

Kaarten

Kaarten van Israël zijn in Nederland en België in velerlei soorten en maten verkrijgbaar. In Israël zijn ze in alle boekhandels en vaak bij de krantenkiosken van de grotere hotels te koop. Praktisch zijn de *tourist maps*, waarop ook belangrijke gebouwen en monumenten in vogelperspectief staan afgebeeld. Deze zijn te krijgen in alle belangrijke toeristenoorden.

Aanbevolen landkaarten en stadsplattegronden: Freytag & Berndt Autokarten Israël, Sinaï (1:400.000–1:1.000.000), World Mapping Project Israël (1:250.000) en Freytag & Berndt Jerusalem (1:10.000).

Een goede internetkaart van Israël vindt u op www.eyeonisrael.com. En op de site www.worldofmaps.net/en/middle-east/map-israel.htm staan politieke kaarten, reliëfkaarten en kaarten van de nederzettingen op de Westelijke Jordaanoever.

Leestips

Schrijvers uit Israël en de Palestijnse gebieden

Ashrawi, Hanan: *Deze kant van de vrede*, Forum, Amsterdam 1985. De schrijfster, die in 1998 uit protest tegen de corruptie onder Arafat terugtrad als minister van Hoger Onderwijs, is misschien wel de bekendste Palestijnse politica. Ze schrijft zeer persoonlijk over het leven in Palestina en het onderhandelingsproces in het Midden-Oosten. Tevens beschrijft ze haar strijd voor de tweestatenoplossing en haar gevoelens op het moment dat ze onschuldige mensen ziet sterven. Bovendien verschaft ze aan de hand van haar tegenstrijdige opinies inzicht in de werkwijze van de PLO.

Avnery, Uri: *Israël zonder zionisten. Een pleidooi voor vrede in het Midden-Oosten*, Elsevier, Amsterdam 1970. De in Duitsland geboren Avnery strijdt al sinds 1948 voor de vrede tussen Israël en Palestina en werd in 2006 het slachtoffer van een oproep tot moord door een rechts-extremistische Joodse politicus. Avnery laat in dit boek met veel verstand van zaken zien waarom zich telkens weer problemen voordoen bij de totstandkoming van de vrede en houdt een vurig pleidooi voor een politieke dialoog en de vrede in het Midden-Oosten.

Bellow, Saul: *Naar Jeruzalem en terug, een persoonlijk reisverslag*, Uitgeverij L.J. Veen, Amsterdam 2007. De Joods-Amerikaanse winnaar van de Nobelprijs voor Literatuur (1976) bezocht Jeruzalem in het jaar 1975, in de tijd van Kissinger, Nixon, Rabin en de PLO. In zijn klassieke reisboek over Israël, met tal van rake observaties, geeft hij een bemoedigend beeld van het land. Hij verschaft ook inzicht in de verdeeldheid van het land en de voortdurende dreiging van buitenaf. Daarbij laat hij de lezer kennismaken met de meest uiteenlopende culturen. Maar hij laat vooral de levenskracht en hoffelijkheid zien van een land dat ondanks alle tegenslagen zijn bekoring heeft behouden.

Darwish, Mahmoud: *Staat van beleg*, De Geus, Breda 2008. Darwish schreef dit beklemmende gedicht naar aanleiding van de tweede intifada.

Gavron, Assaf: *Krokodil van de aanslagen*, Aliantus, Amsterdam 2009. Een Israëli overleeft drie Palestijnse aanslagen, wordt tegen zijn wil beroemd en verliest zijn hele bestaan. Van dezelfde auteur verscheen onlangs *De nederzetting* (Nieuw Amsterdam, Amsterdam 2014). Roman over de wilde Westelijke Jordaanoever.

Grinberg, Itamar: *Luchtfoto's Israël*, Veltman Uitgevers, Utrecht 2008. Fotoboek met schitterende opnamen van landschappen, steden, bergen en overweldigende vergezichten in Israël.

Gur, Batya: *Moord in de kibboets*, Arena, Amsterdam 1999. De in 2005 overleden Batya Gur werd bekend als schrijfster van geweldige misdaadromans. Een goed voorbeeld is deze spannende Israëlische detective, die zich afspeelt in de beslotenheid van een kibboets. Een betere locatie voor een whodunnit is nauwelijks voor te stellen.

Habibi, Emil: *The Secret Life of Saeed the Pessoptimist*, Arris World Fiction 1974. Deze klassieker in de moderne Arabische literatuur gaat over de Palestijn Saeed, die zijn ziel uit nood aan de Israëli's verkoopt en in tragikomische situaties terechtkomt.

Hass, Amira: *Drinkend uit de zee van Gaza: dagen en nachten in een belegerd land*, De Balie, Amsterdam 2005. De schrijfster, correspondent voor de Israëlische krant *Ha'aretz*, woont al jaren als eerste en enige journaliste in de Gazastrook en op de Westelijke Jordaanoever en kreeg voor haar werk een aantal belangrijke literaire prijzen. Dit boek is een journalistiek verslag van het dagelijks leven van de Palestijnen in de Gazastrook.

Khalifa, Sahar: *De cactus. Een Palestijnse roman*, Het Wereldvenster, Bussum 1982. Beklemmende roman over het leven op de Westelijke Jordaanoever.

Leshem, Ron: *Als er een paradijs bestaat*, Meulenhoff, Amsterdam 2008. Antioorlogsroman over jonge Israëli's die door het leger de dood in worden gejaagd.

Ofer, Eyal Dor: *The wall – Israel/Palestine*, Melzer Verlag 2004. In dit fotoboek met tekstbijdragen heeft fotograaf Eyal Dor Ofer de bouw van de scheidsmuur prachtig gedocumenteerd, voor zover dat van dit droevige en vernederende monument gezegd kan worden. Maar gelukkig klinkt er optimisme in het voorwoord van Uri Avnery, die 'op een zeker moment in de toekomst' het afbreken van dit 'verschrikkelijke bouwwerk' voorspelt.

Nevo, Eshkol: *Homesick*, Hebrew Literature Series 2008. Nevo's eerste roman speelt zich af in het heuveldorp Castel, tussen Jeruzalem en Tel Aviv, ten tijde van de moord op Rabin.

Oz, Amos: *Mijn Michael*, De Bezige Bij, Amsterdam 2008. Briljante roman uit 1968 over een mislukt huwelijk als metafoor voor de Israëlische maatschappij. Oz' autobiografie *Een verhaal van liefde en duisternis*, De Bezige Bij, Amsterdam 2005, geeft een beklemmende indruk van de Israëlische geschiedenis in intellectuele milieus.

Raheb, Mitri/Strickert, Fred: *Bethlehem 2000: Past and Present*, Interlink Pub Group Inc. 1999. Mitri Raheb is de dominee van Bethlehem – en dat is nu precies wat dit boek zo lezenswaard maakt. Raheb beschrijft geen verheerlijkt, maar een inzichtelijk Bethlehem en vertelt op basis van zijn eigen dagelijkse ervaringen over de manier waarop moslims en christenen samenleven. Zijn boek is geïllustreerd met historische en actuele foto's.

Segev, Tom: *One Palestine, Complete: Jews and Arabs Under the British Mandate*, Metropolitan Books, New York 2000. Dit boek is tijdloos goed. Het beschrijft analytisch hoe in een tijdsbestek van drie decennia onder de Britse heerschappij over Palestina de (verkeerde) koers voor het huidige Israëlisch-Palestijnse conflict werd bepaald. Om verder te lezen over

In 2005 gelauwerd met de prestigieuze Goetheprijs: Amos Oz

de zoektocht naar de Israëlische identiteit en de amerikanisering van de moderne Israëlische maatschappij verdient Segevs *Elvis in Jerusalem, post-zionism and the Americanization of Israel* (Picador 2003) aanbeveling. Een ander lezenswaard boek van zijn hand is *The seventh million: the Israelis and the Holocaust* (Picador 2000), dat de kern van de Israëlische maatschappij en onder de Israëli's levende gevoelens blootlegt. Over de Holocaust zijn de overlevenden het niet altijd eens. Hij leidde in Israël vaak tot de volgende verwijtende vraag: Waarom hebben zij het overleefd en werden anderen als makke schapen door de nazi's afgeslacht? Segev beschrijft de moeilijke verhouding van de Joden tot hun staat.

Schrijvers uit andere landen

Broder, Henryk M.: *Die Irren von Zion*, Deutscher Taschenbuch Verlag, München 1999. Israël en Palestina op weg naar de vrede en weer terug. Broder, in Duitsland bij een breed publiek bekend als cynische en spitsvondige talkshowgast, beschrijft in reportages, interviews, anekdotes en essays de bloedige spiraal van het geweld, het fanatisme en het verzet, kortom: de dagelijkse waanzin in het Midden-Oosten.

Finkelstein, Norman G.: *De Holocaust-industrie: bespiegelingen over de exploitatie van het joodse lijden*, Mets en Schilt, Amsterdam 2000. Dit boek van de Amerikaanse politicoloog Norman Finkelstein zorgde voor een schandaal. De Jewish Claims Conference en andere Joodse organisaties verweten de schrijver dat hij de Holocaust voor economische, politieke en ideologische doeleinden misbruikte. 'Finkelstein is tegelijkertijd *agent provocateur*, goochelaar en rationalist. Zijn boek is beledigend. Hij is zelf beledigend. Het zou verkeerd zijn om zijn kritiek af te doen als destructief en polemisch. Zijn kritiek is suggestief, maar even noodzakelijk als een schoonmaakmiddel,' oordeelde een Joodse publicist.

Goldhagen, Daniel Jonah: *Hitlers gewillige beulen*, Manteau 1996. Dit boek van de Amerikaanse socioloog Goldhagen baarde wereldwijd opzien. De vraag die hij zich stelde, luidde eenvoudig: hoe kon Hitler een heel volk meeslepen in zijn moordzucht? Goldhagen geeft in zijn boek een uiterst complex antwoord.

Sacco, Joe: *Palestine*, Fantagraphics 2001. Overweldigd door de vele indrukken kwam de Amerikaanse schrijver en tekenaar Sacco terug van zijn reis naar Israël. Hij maakte geen reisverslag in woorden, maar goot zijn indrukken en belevenissen in een prachtig leerzaam stripverhaal.

Overige non-fictie

Barber, Nicola: *Jeruzalem*. Corona, Harmelen 2001.

Bar-Zohar, Michael: *Sjimon Peres: de biografie*. Het Spectrum, Utrecht 2007.

Gietelink, Ab: *Het beloofde land, of Sharon, Jezus en wij*, Nomade Producties, Amsterdam 2004.

Herzl, Theodor: *De jodenstaat: poging tot een moderne oplossing van het joodse vraagstuk*. Mets en Schilt, Amsterdam 2004. Met een nawoord van politicoloog en historicus Isaac Lipschits.

Hoff, Ruud: *Jasser Arafat*. De biografie van de beroemde Palestijnse leider, Aspekt, Soesterberg 2005.

Kortenhoeven, Wim: *Hamas: portret en achtergronden*, Aspekt, Soesterberg 2007.

Lucas, Catherine: *Palestina*. Geschiedenis van Palestina en het zionisme, vanuit antizionistisch perspectief, EPO, Berchem 2002.

Rabin, Leah: *Rabin, ons leven*, De Kern, Baarn 1997.

Rees, Matt Beynon *Een graf in Gaza*, Anthos, Amsterdam 2009.

Snoek, Johan M.: *Joodse en Palestijnse tranen, kerkelijk verzet tegen Auschwitz, het Israëlisch-Palestijnse conflict*, Skandalon, Vught 2007.

Israël als reisbestemming

Israël is een compact land en de afstanden zijn te overzien. Maar wie alleen in Eilat aan de Rode Zee in de zon gaat liggen bakken, krijgt alleen Israëli's en buitenlanders in vakantiestemming te zien, en aan de horizon de grillige kust van Saoedi-Arabië.

De eerste reisplannen kunnen worden gemaakt na aankomst op de luchthaven Ben Gurion. De keuzes die zich aandienen zijn vertier, spiritualiteit, stijlvolle bestemmingen of een zo groot mogelijk aantal attracties in een kort tijdsbestek. Als u oostwaarts reist, komt u in het historisch, religieus en politiek zeer interessante **Jeruzalem**. In het westen lokt **Tel Aviv** met moderne cultuur, stranden, chique winkels en een bruisend nachtleven.

Ten noorden en zuiden van Tel Aviv strekt zich de **Middellandse Zeekust** uit, die in het zuiden overgaat in de Palestijnse, voor toeristen ontoegankelijke **Gazastrook**. Ten noorden van Tel Aviv wordt het landschap fraaier. Via de kustplaatsen **Caesarea**, **Haifa**, **Akko** en veel badplaatsen bereikt u **Rosh Haniqra** – waarna u geen meter verder komt. De reis eindigt bij de prikkeldraadversperringen en wachttorens op de grens met Libanon.

Wie belangstelling heeft voor de wereldreligies kan het best van Jeruzalem naar **Qumran** en de vesting **Masada** aan de **Dode Zee** reizen of op de Palestijnse **Westelijke Jordaanoever** de steden **Jericho**, **Bethlehem** en **Ramallah** bezoeken. De meeste toeristen trekken daarna verder naar het in Noord-Israël gelegen **Galilea**, het geboorteland van Christus. Ook **Nazareth**, **Kapernaüm**, **Kana** en **Tiberias** aan het **Meer van Tiberias** zijn een bezoek waard. Deze regio met de **Golanhoogten**, de **berg Hermon**, natuurreservaten, wijnbouwgebieden en hier en daar een kruisriddervesting is zo prachtig dat u direct begrijpt waarom er maar weinig Israëli's zijn die delen ervan, en met name de op Syrië veroverde Golanhoogten, willen afstaan – als dit op zeker moment voor de vrede in het Midden Oosten noodzakelijk zou zijn.

Israëli's hebben de goede eigenschap dat ze iedere vierkante meter van hun land op waarde weten te schatten, zelfs een gebied dat veel toeristen op weg naar Eilat links laten liggen: de **Negevwoestijn**. Het is alleen al interessant hoe men in deze woestijn ruimte heeft geschapen voor groen, akkers, weiden, fraaie parken en, in de *middle of nowhere*, de universiteitsstad **Be'er Sheva**. De overweldigende woestijn met zijn kraters, een verkenning van het territorium van de bedoeïenen en excursies per kameel of jeep maken de Negev op zichzelf al een reis naar Israël waard. **Eilat** aan de **Rode Zee** is een goed begin- of eindpunt. Van deze stad is het niet ver naar de door een lange geschiedenis gekenmerkte **Sinaï** (Egypte), waar u uw avontuur aan zee, in de woestijn of in de bergen kunt voortzetten.

Voorstellen voor rondreizen

De volgende rondreizen zijn zo georganiseerd dat u in korte tijd zoveel mogelijk van Israël en Palestina te zien krijgt. Uiteraard kunt u zelf aan de voorgestelde reisprogramma's elementen toevoegen: veel van de genoemde bestemmingen nodigen uit tot een langer verblijf.

Klassieke rondreis (8 dagen)

Dag 1: Vlucht naar Tel Aviv, vervoer naar uw hotel in Jeruzalem. **Dag 2:** Bezichtiging van de Oude Stad; beginpunt Jaffapoort. Rondwandeling door de Joodse wijk met de Klaagmuur, het Tempelplein en de Via Dolorosa. Bezoek aan de Heilig Grafkerk, de Olijfberg en de Tuin van Getsemane. Autorit naar Bethlehem en bezoek aan de Geboortekerk en de Geboortegrot van Christus. **Dag 3:** Excursie naar de berg Scopus en de berg Sion, met het graf van David. Bezoek aan het Israël Museum en de Qumranschrijn. Autorit naar het monu-

Talrijke lokale reisagenten verzorgen jeepexcursies door de Negevwoestijn

ment Yad Vashem op de berg Herzl. **Dag 4:** Autorit door de woestijn van Judea en het Jordaandal naar Tiberias, aan het Meer van Tiberias. Langs het meer naar Kapernaüm met de synagoge en woonplaats van Petrus. **Dag 5:** Excursie per auto naar de Golanhoogten, bezichtiging van de voormalige Syrische vestingwerken en druzendorpen, via Banias met de Jordaanbronnen en Hula National Park naar de kabbalastad Safed, waar u de oude synagogen en de kunstenaarswijk bezoekt. Autorit naar Nazareth en bezichtiging van de Verkondigingskerk. **Dag 6:** Excursie naar de kruisridderstad Akko en bezichtiging van de Oude Stad, de gebouwen van de kruisridders, de citadel, tunnel en karavanserais. Verder naar Haifa voor een rondrit door de stad, een bezoek aan de Baha'i Shrine en het bijbehorende park en uitzicht over Haifa op de berg Karmel. Dan naar het Romeinse Caesarea. Bezichtiging van opgravingen, amfitheater en aquaduct. Per auto langs de Middellandse Zee via Netanya naar Tel Aviv. Rondrit door de stad met een bezoek aan de Oude Stad van Jaffa. **Dag 7:** Excursie naar de Dode Zee en per kabelbaan naar de vesting Masada; de dag wordt afgesloten met een duik in de Dode Zee en de terugtocht naar Tel Aviv. **Dag 8:** Terugreis of een verlenging van uw bezoek aan Israël met een week, in Tel Aviv, de Negev of aan de Rode Zee in Eilat.

Rondreis met wandelexcursies en jeepsafari (12 dagen)

Dag 1: Aankomst in Jeruzalem. **Dag 2:** Bezichtiging van de stad. **Dag 3:** Bezoek aan het Dal van de Terebinten, waar David het volgens de overlevering opnam tegen Goliath, verkenning van het grottenstelsel van de Bar-Kochba-rebellen in de buurt van Beit Guvrin. Via Akko naar het Meer van Tiberias. **Dag 4:** Kapernaüm, Berg van de Zaligsprekingen, Tabgha, Jordanië. **Dag 5:** Wandeling door Yehudiya National Park, autorit naar de Dode Zee. **Dag 6:** Wandeling naar de vesting Masada, terugweg over het Slangenpad (ca. 5 km) of de Ben Yair (ca. 9 km), zwemmen in de Dode Zee. **Dag 7:** Excursie naar de ruïnestad Avdat van de Nabateeën, wandeling door de woestijn, duik in de bron Ein Akev, picknick, wandeling met uitzicht op het dal van de Zin, bezoek aan het graf van Ben Gurion in de kibboets Sde Boker, overnachting in een gastenverblijf van de Har-Hanegev Field School. **Dag 8:** Begin van een driedaagse jeepsafari door de Negev, inclusief wandelingen met prachtige vergezichten rond de Ramonkrater, door Nachal (Wadi) Gavanim Saharonim naar de oase Ein Saharonim. Per jeep in het spoor van de karavanen van de Nabateeën over de Wierookroute. Tentenkamp nabij de Nekarotvesting. **Dag 9:** Jeepexcursie over de Nabateeënroute naar de vesting Kazra en de oase Moa (antieke karavanserai, cisterne). Rit naar de Barakkloof en via touwladders te voet verder over de watergaten van de Barak naar de berg Kippa. Overnachting in het tentenkamp. **Dag 10:** Per jeep naar de kloof Nachal Eteq in Eilat. **Dag 11:** Stranddag in Eilat. **Dag 12:** Terugvlucht of langer verblijf in Eilat.

Pelgrimstocht (8 dagen)

Dag 1: Heenreis, van Tel Aviv via Haifa naar het Meer van Tiberias (3 overnachtingen). **Dag 2:** Boottocht op het Meer van Tiberias, verder naar Kapernaüm met synagoge uit de 2e eeuw en Tabgha, waar zich het wonder van de broodvermenigvuldiging voltrok. 's Middags excursies naar Kana en Nazareth, met bezoek aan de Verkondigingskerk. **Dag 3:** Excursie naar de Berg van de Zaligsprekingen en voortzetting van de tocht via het Huladal naar de Jordaanbron Banias, het Bijbelse Caesarea Philippi. Vervolgens bezichtiging van de vesting Nimrod. **Dag 4:** Excursie naar de berg Tabor, de plaats van de Verheerlijking van Christus. Bezoek aan de basiliek en de ruïne van het middeleeuwse benedictijnenklooster. Door het Jordaandal via Jericho naar de Dode Zee en Qumran, de vindplaats van de Dode Zeerollen. 's Avonds aankomst in Jeruzalem of Bethlehem (4 overnachtingen). **Dag 5:** Bezoek aan de heilige plaatsen in Jeruzalem, waaronder de Olijfberg, de Hemelvaartkapel, de Paternosterkerk, Dominus Flevit en de Tuin van Getsemane. 's Middags bezichtiging van het Klooster van de Geseling, Lithostrotos en de Ecce Homo- en St.-Annakerk bij het Bad van Bethesda. **Dag 6:** Rondwandeling door de Oude Stad van Bethlehem met bezoek aan de Geboortekerk en het Herdersveld. 's Middags excursie naar Ain Karem, de geboorteplaats van Johannes de Doper, en bezoek aan de Magnificatkerk. Excursie naar Jeruzalem, met bezoek aan het Israël Museum, waar de Qumranschrijn en een maquette van het oude Jeruzalem zijn te zien. **Dag 7:** Bezichtiging van Jeruzalem en de Oude Stad, met bijvoorbeeld de abdijkerk Dormitio op de berg Sion, Cenakel (de zaal waarin het Laatste Avondmaal plaatsvond), Huis van Caiphas (Gallicantu), Tempelplein, Klaagmuur, Rotskoepel, Al-Aqsamoskee, Via Dolorosa, Heilig Grafkerk en Golgotha. **Dag 8:** Terugreis.

Tips voor de organisatie van uw reis

All-in of individueel?

Het is natuurlijk het gemakkelijkst om een all-invakantie te boeken en u van de ene naar de andere bezienswaardigheid te laten rijden. Het avontuur is echter veel groter voor de individuele reiziger, voor wie Israël en Palestina ideale bestemmingen zijn. De af te leggen afstanden zijn te overzien, de mensen zijn over het algemeen open en vriendelijk (behalve in de orthodoxe wijk Mea Shearim in Jeruzalem) en het bus- en treinverkeer voordelig en – behalve op de sabbat – uiterst goed georganiseerd. De prijs voor een huurauto (alles inbegrepen) begint bij US$300 per week (zie blz. 108). Een navigatiesysteem moet u apart boeken. De apparaten hebben het helaas moeilijk met adressen die niet in het Hebreeuws worden ingevoerd. Laat bij de huur de adressen van zaken als hotels al invoeren, bijvoorbeeld door GPS 4 Rent, tel. 00972 (03) 975 45 00, www.gps4rent.co.il op luchthaven Ben Gurion. Balie bij de centrale post voor autoverhuurders, Airport City.

Reisorganisaties

In Israël beconcurreren honderden grote en kleine reisorganisaties elkaar. Naast individuele, groeps- en rondreizen behoren pelgrimstochten, studiereizen, stedentrips, kibboets-, spa- en strandvakanties en woestijnexcursies tot het aanbod.

Organisaties in Nederland die zich richten op Israël zijn onder andere:

Djoser: Breestraat 125, 2311 CM Leiden, tel. 071 512 64 00, fax 071-512 07 75, www.djoser.nl.

New Isropa: Eeuwigelaan 3, 1861 CL Bergen (NH), tel.: 088 19 00 133, fax: 072 567 20 41, www.isropa.nl.

Isstadirect: Prof. Bavincklaan 5, 1183 AT Amstelveen, tel. 020 589 30 00, www.isstadirect.nl

Kras: Bernseweg 22a, 5324 JW Ammerzoden, tel. 0900 96 97, fax 073 599 99 01, www.kras.nl.

Nisim Travel: Graan Voor Visch 15116, 2132 EH Hoofddorp, tel. 023 561 10 51/06 53 26 30 11, fax 087 874 60 40, www.nisimtravel.com.

Oppenheim Travel: Cronenburg 154, 1081 GN Amsterdam, tel. 020 404 20 40, fax 020 404 40 55, www.oppenheim.nl.

Promised Lands: tel. 010 282 72 42, fax 010 282 72 44, www.promisedlands.nl.

SRC Cultuurvakanties: Oude Boteringestraat 37-39, Postbus 1657, 9701 BR Groningen, tel. 050 312 31 23, fax 050 312 64 08, www.src-reizen.nl.

Werk- en studievakanties

In een **kibboets** werken – dat is voor veel (jonge) mensen de ideale manier om het land en zijn inwoners te leren kennen. Daarbij gaat het meer om de ervaring dan om de verdiensten. Kost en inwoning zijn gratis; bovendien krijgt u een beetje zakgeld. Deelnemers moeten tussen de 18 en 32 jaar oud zijn en minstens vier weken van zes werkdagen blijven. Reserveren: www.kba.org.il/eng/welcome.htm of in Tel Aviv bij **United Kibbuz Movement**, 124 HaYarkon St., tel. 03 522 13 25, fax 523 99 66; **Moshav Movement**, 19 Leonardo da Vinci St., tel. 03 695 84 73.

Wie als vrijwilliger bij **archeologische opgravingen** wil worden betrokken, moet in de regel registratiekosten betalen. U krijgt geen loon en moet zelf uw verblijf regelen. Bovendien moet u zelf voor een verzekering en eten en drinken zorgen. Toch is het aantal aanmeldingen van toeristen die onder leiding van deskundigen in de Israëlische bodem willen graven bijzonder groot. De archeologen organiseren gratis lezingen en vaak ook excursies naar andere boeiende opgravingsterreinen. De minimumleeftijd voor deelname is achttien jaar. Informatie: www.mfa.gov.il, links MFA/Israel Experience/History of zoek op Archaeological Excavations in Israel; **The Center for Archaeology in the Galilee**, Israel Antiquities Authority, P.O. Box 35, 10600 Nahalal, tel./fax. 06 641 56 07; **The Center For Archaeology in Jerusalem**, P.O. Box 586, 91004 Jeruzalem, tel. 02 560 26 21, fax 02 560 26 28, 02 628 50 54; **The Center for Archaeology in the Negev**, Israel Antiquities Authority, 1 Hatzav St., P.O. Box 271, 84965 Omer, tel./fax 07 646 99 40.

Acht universiteiten en vijftig *colleges* in Israël werven buitenlandse **studenten**. Naast de studie wordt vaak een snelcursus Hebreeuws aangeboden. Info over aanmeldingsvoorwaarden, studiefinanciering enzovoorts vindt u onder andere op **www.student.uva.nl/fgw-buitenland/bestemmingen.cfm**. Wie aan de Palestijnse universiteit Bir Zeit wil studeren, kan zich aanmelden op www.birzeit.edu.

Reizen met kinderen

In veel hotels, vooral in belangrijke toeristische bestemmingen als Tel Aviv en Eilat, vindt u speciale voorzieningen voor gezinnen met kinderen, bijvoorbeeld een babysitservice. Het aanbod aan activiteiten voor kinderen is bovendien groot. Adressen van (attractie)parken, kinderboerderijen, dierentuinen en musea voor kinderen tot 10 jaar vindt u op de website **www.tooty.co.il**. Speciale aandacht verdient **Mini-Israël** in de buurt van Latrun, een themapark waar u alle topattracties van het land te zien krijgt (tel. 08 913 00 00 of 1 700 559 559, www.minisrael.co.il, sept.-juni dag. 10-18, juli-aug. 17-22 uur, NIS69, studenten NIS59, kinderen 2-5 jaar NIS24).

De Dode Zee is vanwege zijn hoge zoutgehalte gevaarlijk voor kinderen. Voor een strandvakantie met het gezin zijn de Rode Zee en het Meer van Tiberias de beste bestemmingen.

Gehandicapten

Speciale voorzieningen voor gehandicapten, zoals hellingbanen, zijn te vinden in veel openbare gebouwen en hotels – wat echter niet wil zeggen dat de omstandigheden voor reizigers met een lichamelijke beperking ideaal zijn. De Palestijnse gebieden zijn voor gehandicapten zeer moeilijk te bereizen. Dit geldt ook voor de oude steden van Jeruzalem, Akko en Jaffa.

Gehandicapte reizigers kunnen met al hun vragen terecht bij het **Milbat** (Advisory Center for the Disabled) in het Sheba Medical Center in Tel Aviv, tel. 03 530 37 39. De organisatie **Yad Sarah**, tel. 02 644 44 44, fax 02 644 45 08, www.yadsarah.org, met vestigingen in heel Israël, stelt gratis (maar tegen een klein onderpand) rolstoelen, krukken en andere medische voorzieningen ter beschikking. Zeer hulpvaardig is **Access Israel**, tel. 09 745 11 26, fax 09 745 11 27, www.aisrael.org. Op deze site kunt u bijvoorbeeld na opgave van geografische criteria informatie krijgen over reizen zonder hindernissen. U vindt er ook hotels, pensions en taximaatschappijen die geschikt zijn voor gehandicapten.

Speciale reizen voor gehandicapten worden aangeboden door **Israël 4 All**, tel. 077 503 54 55, www.israel4all.com, maar wel voor steeds wisselende afstanden.

Bezoekers worden met een nieuwsgierige glimlach verwelkomd

Heenreis en vervoer

Heenreis en douane

Douanebepalingen

Ingezetenen van de EU (ook kinderen) hebben voor de reis naar Israël een geldig paspoort nodig, een ID-kaart is niet geldig. Er is geen visumplicht.

Wie van plan is naar een Arabisch land te reizen (behalve Egypte, Jordanië en de Verenigde Arabische Emiraten) en een Israëlisch stempel in het paspoort heeft staan, heeft voor die reizen een tweede paspoort nodig. Voor deze reizigers scheelt het dat Israël op luchthaven Ben Gurion, op de Allenby Bridge (Jordanië) en in Eilat-Taba (Egypte) afziet van een visumstempel. In plaats daarvan ontvangt u daar bij de in- en uitreis een blauw resp. roze *entry* of *exit permit* ter grootte van een visitekaartje, dat u altijd bij u moet dragen. Bij de grensovergang Yitzhak Rabin bij Eilat-Arava-Aqaba stempelt men gewoon in de pas en slechts op uitdrukkelijk verzoek op een separaat papier.

Wie langer dan drie maanden in het land wil verblijven, heeft – gemakkelijk verkrijgbare – toestemming van het ministerie van Binnenlandse Zaken nodig. Doorreisvisa zijn vijf dagen geldig, maar kunnen met tien dagen worden verlengd. Bij overschrijding van deze periode knijpen de douanebeambten echter meestal een oogje dicht. De visumbureaus zijn dagelijks geopend van 8 tot 12 uur, behalve op vrijdag en zaterdag. De belangrijkste vestigingen zijn: Jeruzalem 1 Shlomzion St., tel. 02 629 92 22, Tel Aviv-Jaffa, Shalom Tower, tel. 03 736 25, 03 565 19 41 en Eilat, Municipality Building, tel. 08 637 63 32.

Veiligheid

Voor vluchten van en naar Israël kunt u zich het best minimaal drie uur voor vertrek bij de incheckbalie melden. Er gelden zeer strenge veiligheidsmaatregelen. Om te beginnen moet u op de meeste luchthavens op afgezonderde of afgeschermde plaatsen inchecken. Tot de standaardprocedure behoort met name voor de terugreis een ondervraging over waarom, waarheen en met wie u reist, waar in Israël uw verblijfplaats was, hoe vaak u al eerder in het land was, wie u hebt ontmoet, wat de aard van uw contact met Arabieren of Palestijnen is enzovoorts. Vaak wordt u achtereenvolgens door twee verschillende veiligheidsbeambten ondervraagd en bij de beantwoording van de vragen, die als zeer opdringerig kunnen worden ervaren, wordt uw geduld tot het uiterste op de proef gesteld. U wordt nog strenger ondervraagd als er een stempel uit een Arabisch land in uw paspoort staat of wanneer u koppig reageert. Elektronische apparatuur, of het nu gaat om een smartphone of een laptop, kan door de douanebeambten (in elk geval in Israël) worden ingenomen, gecontroleerd (waarbij het apparaat wordt geopend) en naar uw huisadres worden teruggestuurd. Niet minder grondig, maar wel veel sneller gaat het met de Laufer Royal Service (tel. 00972 8 914 51 27, airport royalservices@lauferghi.com), die passagiers van El Al en Up een expresbehandeling van de veiligheidsprocedures aanbiedt (US$90 voor maximaal 4 passagiers).

Douane

De volgende producten mogen naar Israël belastingvrij worden ingevoerd: 1 l sterkedrank, met een alcoholpercentage van boven de 22% of 2 l wijn/2 l bier (reizigers boven de 17 jaar); 200 sigaretten of 100 cigarillo's/50 sigaren of 250 g tabak, 500 g koffie, 100 g thee (reizigers boven de 15 jaar); 50 g parfum, 0,25 l eau de toilette en geneesmiddelen voor persoonlijk gebruik tijdens de reis. Videocamera's en laptops, die in Israël nog altijd tamelijk duur zijn, moet u aangeven. Benodigdheden om foto's te kunnen maken leveren bij de douane geen problemen op. Levensmiddelen met een gewicht tot 3 kg mag u invoeren, behalve vers fruit en vers vlees. Eveneens verboden is de invoer van drugs en messen met een lemmet van meer dan 10 cm. Als u meer dan NIS80.000 wilt invoeren, moet u de geldbedragen zowel op de heen- als de terugreis aangeven.

Bij de terugreis (per vliegtuig of boot) mag u in EU-landen producten met een waarde tot €430 invoeren (reizigers onder de 15 jaar tot €175). Reizigers vanaf 17 jaar mogen bovendien het volgende in de EU invoeren: tabaksartikelen (200 sigaretten of 100 cigarillo's of 50 sigaren of 250 g rooktabak of een evenredige hoeveelheid van deze artikelen), alcohol en alcoholhoudende dranken (1 l sterkedrank met een alcoholpercentage van meer dan 22% of gedenatureerde alcohol met een percentage van 80% of meer of 2 l alcohol en alcoholhoudende dranken met een percentage tot 22% (of een evenredige hoeveelheid van deze artikelen), 4 l niet-mousserende wijn en 16 l bier). Kijk voor overige informatie over douanebepalingen op de volgende website: **www.douane.nl**.

Heenreis

... met het vliegtuig

Alle grote luchtvaartmaatschappijen verzorgen dagelijks vluchten naar Israël. De belangrijkste luchthaven is Ben Gurion International Airport, tel. 03 975 55 55, www.iaa.gov.il. Deze ligt 25 km ten oosten van Tel Aviv en 45 km ten westen van Jeruzalem. Op de luchthaven zijn alle grote autoverhuurbedrijven gevestigd, met 24 uur per dag geopende kantoren (zie blz. 108). Hier wachten ook *sherut*-taxi's (deeltaxi's), normale taxi's en bussen op passagiers. Chartermaatschappijen verzorgen vaak directe vluchten naar Eilat aan de Rode Zee, waar u het zeldzame genoegen hebt midden in de stad te landen.

De ticketprijzen voor een rechtstreekse retourvlucht naar Tel Aviv (met **KLM** of **El Al**) beginnen bij ca. €340. Voordelig (vanaf €250) zijn de vluchten van **Malev**, **Alitalia** en **Turkish Airlines**, maar als u met een van deze maatschappijen vliegt, moet u altijd één of meer keren overstappen. Of u uw terugvlucht moet bevestigen, is afhankelijk van de maatschappij. Voordelige Israëlische maatschappijen voor binnenlandse vluchten zijn **Israir** (tel. 00972 (03) 795 40 38, fax 972 (03) 795 40 51, www.israirairlines.com) en **Arkia**, www.arkia.co.il. Zeer voordelige vluchten worden aangeboden door prijsvechters als **TuiFly**, www.tuifly.com en **Air Berlin**, www.airberlin.com. **Transavia**, www.transavia.com, verzorgt een voordelige directe vlucht van Schiphol naar Taba (zie blz. 353), aan de grens tussen Egypte en Israël. Andere voordelige vluchten naar Israël zijn te vinden op internet, bijvoorbeeld op websites als www.expedia.nl, www.traveloverland.com en www.vliegtickets.nl.

Andere luchtvaartmaatschappijen die vluchten naar Israël aanbieden zijn: **Lufthansa**, Ben Gurion International Airport, terminal 3, niveau G, Tel Aviv, tel. 03 975 40 50, 18 09 37 19 37 (gratis nummer, ticketverkoop), fax 03 975 40 51, www.lufthansa.com, **Swiss**, tel. 03 513 90 00, 17 00 70 02 57 (buiten Tel Aviv gratis), fax 03 513 90 01, www.swiss.com, ticketbalie van QAS (Quality Airport Services Israel), tel. 03 975 43 08, fax 03 975 43 09 en **Czech Airlines**, 2 Pr. Yekhezkel Koifman St., Textile House, 6e verdieping, Tel Aviv, tel. 03 516 51 15, fax 03 516 51 06, www.czechairlines.nl; Ben Gurion Airport, terminal 3, verdieping G, tel. 03 975 40 64, 03 975 40 65.

De nationale luchtvaartmaatschappij **El Al** (www.elal.co.il) en haar sinds 2014 met bodemprijzen concurrerende dochtermaatschappij Up (geen vluchten naar Nederland of België, www.flyop.com) vliegen niet op sabbat. Na een groot aantal vluchten dat wegens noodgevallen aan boord toch werd uitgevoerd en na een boycot door orthodoxe joden zag de maatschappij zich in 2007 genoodzaakt een rabbijn in dienst te nemen die beslist of een vlucht op de sabbat een noodgeval is of niet. Contactgegevens voor El Al: Nederland: Bavinckstaete, Prof. J.H. Bavincklaan 5, 1183 AT

Amstelveen, tel. 020 644 01 01, België: Wetstraat 28, 1040 Brussel, tel. 02 231 01 03, Israël: 27 Rothschild Boulevard, Tel Aviv, tel. 03 977 11 11 (in het hele land), www.elal.co.il.

... met de boot

Als u het prima zonder disco, restaurant of luxueuze hut kunt stellen, is de reis per vrachtschip naar Israël een goed alternatief. De enige bootverbinding vaart tussen Monfalcone (Noord-Italië) en Ashdod/Haifa. Zeven dagen duurt de overtocht met de Fides of de Spes, die afwisselend op Haifa en Ashod varen, en ook de havens van Piraeus, Limassol, Izmir en soms ook Alexandrië aandoen. Voor een tweepersoonshut inclusief volpension betaalt u ca. €500 (€990 retour). Kinderen betalen normaal gesproken de helft. Voor een auto op de boot betaalt u ca. €410, voor een camper €610 en voor een motor €150. Op de boot is plaats voor maximaal twaalf passagiers.

De schepen van de Italiaanse rederij Grimaldi zijn roll-on-roll-offveren, met op het negende dek zes tweepersoonshutten met vrij uitzicht. Passagiers kunnen dineren in de officiersmess. Andere aanlegplaatsen van deze veerboten zijn Alexandrië en Port Said in Egypte en Piraeus in Griekenland. Overtochten per veerboot kunnen worden geboekt bij **Grimaldi Lines**, Via Marchese Campodisola 13, 80133 Napels, tel. +39 081 496 444 fax +39 081 496 551, www.grimaldi-freightercruises.com. Reizen per vrachtschip van Antwerpen naar het zuidelijke Middellandse Zeegebied en terug naar Rotterdam (aanlegplaatsen in Israël Haifa en Ashdod) worden bijvoorbeeld aangeboden door **Sea Travel Holidays**, Geul 24, 8032 GJ Zwolle, tel. 038 422 26 60, fax 038 851 95 62, www.seatravel.nl. Ook varen er geregeld cruiseschepen naar de Israëlische havensteden Tel Aviv, Haifa en Netanya.

... met de eigen auto

In bijna alle landen op het traject West-Europa–Israël hebt u voor het besturen van een auto de volgende papieren nodig: een inter-

Bij de grensovergangen naar de Westelijke Jordaanoever staan taxi's gereed

nationaal rijbewijs, een internationaal kentekenbewijs, de groene verzekeringskaart (eventueel een aparte aansprakelijkheidsverzekering) en het internationale douanedocument carnet de passage (kijk voor meer informatie op http://www.anwb.nl/vakantie/reisvoorbereiding/reisdocumenten-en-vignetten). Omdat vaak om een visumstempel wordt gevraagd, moet u ervoor zorgen dat dit in uw paspoort staat. Het is bekend dat de kwaliteit van de wegen vanaf Turkije aanzienlijk verslechtert. Probeer te voorkomen dat u 's nachts moet rijden en houd rekening met voetgangers, spelende kinderen en ezelskarren op de weg.

Als u niet langer dan een jaar in Israël verblijft, volstaan een geldig rijbewijs en een kentekenbewijs uit het land waarin de auto staat geregistreerd. De groene verzekeringskaart is in Israël geldig en een aansprakelijkheidsverzekering is verplicht. Uw achterbumper moet voorzien zijn van een reflectorstrip.

Vervoer in Israël

... met het vliegtuig

Arkia vliegt op Tel Aviv, Eilat en Haifa en verzorgt ook internationale chartervluchten. Arkia biedt voor Eilat ook arrangementen met vlucht en hotel aan. Informatie bij het Reservation Center, tel. 09 864 44 44, www.arkia.co.il. **Israir**, tel. 03 510 95 89, www.israirairlines.com, pendelt tussen Eilat en Tel Aviv, net als **El Al**, tel. 03 977 11 11, www.elal.co.il. Let wel: vanuit Tel Aviv hebt u de keuze tussen Ben Gurion Airport en de kleine Sde Dov Airport ten noorden van de stad.

... met de trein

Reizen per trein kent geen lange traditie in Israël. Daarom liggen spoorwegstations soms een flink eind van de stadscentra. Het mooie landschap maakt een treinreis interessant – als u er voldoende tijd voor uittrekt. Vooral het traject Tel Aviv–Jeruzalem is bijzonder fraai. Het spoorwegnet verbindt de zuidkust van Israël (Gazastrook) via Tel Aviv met het noorden (Haifa, Akko). Bovendien rijden er treinen van Tel Aviv en Jeruzalem naar Be'er Sheva en de Dode Zee. Aankomst- en vertrektijden kunt u opvragen via tel. 03 611 70 00, *5700 (snelkeuze), www.rail.co.il.

... met de bus

Het busverkeer in Israël is nagenoeg perfect georganiseerd. Tussen de grote steden rijden veelal om het kwartier bussen. Boeiend is de geschiedenis van de in 1933 opgerichte **busmaatschappij Egged**, tel. 03 694 88 88, www.egged.co.il, een coöperatie met tegenwoordig bijna 7000 leden en 3000 medewerkers. Oorspronkelijk werden de bussen van Egged ingezet om de centra met afgelegen gebieden te verbinden en naast passagiers vooral goederen en levensmiddelen te vervoeren. Omdat de bussen van deze maatschappij er in samenwerking met het ministerie van Defensie nog altijd voor zorgen dat soldaten en dienstplichtigen uit de meest afgelegen streken na het weekend tijdig terug zijn in de kazerne, is Egged eerder een nationaal instituut dan een gewone busmaatschappij.

Om het instappen bij busreizen naar Eilat sneller te laten verlopen, kunt u telefonisch of online buskaartjes bestellen, die u bij kaartautomaten op de busstations kunt uitprinten. Voor meer informatie over bustijden, prijzen van kaartjes enzovoort kunt u het landelijke telefoonnummer *2800 (snelkeuze) bellen.

... met de taxi

Overal in het Midden-Oosten is het een goed gebruik om een taxi te delen met passagiers die naar dezelfde bestemming willen. De zogenoemde deeltaxi heet in Israël de **sherut**. Sheruttaxi's rijden tussen de steden en vertrekken pas als ze vol zitten, wat vanwege de grote populariteit van deze vervoermiddelen zelden lang duurt. De taxi's stoppen meestal op centrale punten en elke Israëli weet waar ze vertrekken. De vaste routes en prijzen staan in brochures, waarin ook tamelijk nauwkeurig de voorrijkosten worden vermeld, die voor vertrek te zien moeten zijn op de taximeter.

Wees op uw hoede bij ritten door het binnenland met chauffeurs uit de stad, die vaak weigeren de verplichte taximeter aan te zetten: u wordt beslist opgelicht. Vraag bij de receptie van uw hotel de gebruikelijke ritprijs. Ritten van en naar Ben Gurion Airport kennen een vaste prijs. Wees ook gewaarschuwd voor het onbeschofte gedrag van Israëlische taxichauffeurs (er zijn natuurlijk uitzonderingen, en sommige chauffeurs hebben zelfs een navigatiesysteem of werpen zich op als deskundige gids). Logisch gevolg is dat ze geen fooi verwachten.

Taxi's in de Palestijnse gebieden zijn te vinden op www.palestinehotels.ps, *useful links*.

... met de huurauto

Alle internationale autoverhuurmaatschappijen zijn in Israël vertegenwoordigd. Bovendien zijn er talrijke lokale aanbieders. Het loont de moeite om de prijzen te vergelijken. Internationale verhuurders vragen meestal een dagprijs van ca. NIS20, exclusief verzekering en benzine. De weekprijs voor een kleine auto begint bij ca. US$230, inclusief een onbeperkt aantal kilometers *(free milage)*. Niet inbegrepen zijn verzekering en btw, de laatste komt te vervallen bij betaling in buitenlandse valuta. Voor het huren van een auto moet u minimaal 21 jaar oud zijn en een nationaal rijbewijs hebben. Als u een creditcard afgeeft, hoeft u geen borg te betalen. Bij online boekingen kan de korting oplopen tot 30% van het standaardtarief. Autoverhuurbedrijven in de Palestijnse gebieden vindt u op www.palestinehotels.ps, klik op *useful links*.

Op Ben Gurion International Airport vindt u de volgende autoverhuurders: **Eldan**, tel. 03 977 34 00, www.eldan.co.il, **Hertz**, tel. 03 975 4505, 17 00 50 75 55 (landelijk nummer), www.hertz.co.il en **Shlomo Sixt**, tel. 15 99 59 85 99 (landelijk nummer), www.sixt.co.il

Afstandentabel
Tel Aviv–Jeruzalem: 69 km
Tel Aviv–Eilat: 346 km
Tel Aviv–Haifa: 95 km
Tel Aviv–Be'er Sheva: 105 km
Tel Aviv–Tiberias: 134 km
Tel Aviv–Akko: 117 km
Tel Aviv–Rosh Haniqa: 137 km
Tel Aviv–Nazareth: 102 km

... met de duim

Liften is gebruikelijk in Israël. De kans dat u wordt meegenomen, is relatief groot. Voor alleenreizende vrouwen is liften af te raden.

Verkeersregels

De wegen in Israël zijn zeer goed en zelfs de uithoeken van het land zijn prima bereikbaar. In principe gelden dezelfde verkeersregels als in Europa. In de praktijk wordt echter rechts ingehaald en hard gereden, ook al staan daar hoge boetes op. Het komt automobilisten ook duur te staan als ze worden aangehouden omdat ze tijdens het rijden mobiel aan het bellen waren; handsfree bellen is verplicht. De maximumsnelheden zijn in de stad 50 km/u, op nationale wegen 80 km/u en op de snelweg 90 km/u. Er worden geregeld radarcontroles gehouden en de boetes zijn hoog. Fout parkeren kost bijvoorbeeld NIS80. Het dragen van veiligheidsgordels is verplicht. Alcohol in het bloed is absoluut verboden (promillage 0,0). Rijden met dimlichten is gebruikelijk en in de periode 1 november–1 april zelfs verplicht. Auto's met een Israëlisch nummerbord mogen niet in de Palestijnse gebieden rijden.

Bij pech onderweg kunt u terecht bij de **Automobile and Touring Club of Israel (MEMSI)**, MEMSI House, 20 Harakevet St.,

65117 Tel Aviv, tel. 03 564 11 22, tax 03 564 11 67, www.memsi.co.il.

Verder reizen

... naar de Palestijnse gebieden

In 2014 was de Gazastrook gesloten voor toeristen. In rustige tijden kunt u wel naar de Westelijke Jordaanoever reizen, maar niet in een auto met Israëlisch kenteken.

... naar Egypte

De legendarische busverbinding tussen Jeruzalem en Caïro bestaat niet meer. U kunt wel eerst naar Eilat gaan, te voet de grens oversteken en verder reizen vanuit Taba, waar meermaals per dag bussen van het Egyptische Superjet vertrekken. De grensovergang Eilat-Taba, tel. 08 673 40 80, is 24 uur per dag geopend. De douanecontrole van voetgangers zonder bagage duurt ongeveer een halfuur, met bagage ongeveer een uur. Op Israëlische feestdagen nemen de controles meer tijd in beslag. Per huurauto naar Egypte reizen is niet toegestaan.

Het bij de grensovergang uitgegeven inreisdocument is zeven dagen geldig, alleen voor de Sinaï. Het is niet geldig voor de doortocht naar het Egyptische vasteland aan de overzijde van het Suezkanaal. Reizigers met een auto moeten een reeks papieren kunnen laten zien die u voor vertrek moet aanvragen – en u krijgt pas toestemming voor een langer verblijf als alle papieren zijn gecontroleerd en uw auto van carrosserie tot dashboardkastje is doorzocht. Voor meer informatie kunt u terecht bij de ANWB of op de website www.iaa.gov.il.

... naar Jordanië

De grensovergangen Yitzhak Rabin Border/Arava tussen Eilat en Aqaba, tel. 08 630 05 55, en Jordan River Crossing, tel. 04 609 34 03, zijn op de volgende tijden geopend: zo.-do. 6.30-22 en vr./za. 8-20 uur. Israël en Jordanië heffen beide in- en uitreiskosten, die tezamen oplopen tot een kleine €30 p.p. De overgang Allenby Bridge/King Hussein Bridge, tel. 02 548 26 00, nabij Jericho, is zo.-do. 8-20, vr.-za. 8-13 uur geopend, gesloten Jom Kipoer en Eid al Adha; het visum (ca. €20) wordt in uw (nog minstens zes maanden geldige) paspoort gestempeld; het is twee weken geldig en is bij ieder Jordaans politiebureau voor ca. €60 te verlengen en uit te breiden naar meermaals inreizen. Kinderpaspoorten worden bij de visumkantoren aan de grens erkend.

Een eigen of huurauto mag uitsluitend onder overleggen van een hele reeks vooraf te regelen documenten de grens over (inlichtingen bij de ANWB). Er zijn ook pendelbussen en toeristentaxi's. Voor het oversteken van de grens moet u ongeveer een uur uittrekken. Naast de kosten voor uw visum moet u een Israëlische doorgangsbelasting van ca. €20 betalen. De bepalingen over grensovergang, openingstijden en heffingen veranderen voortdurend. Actuele informatie vindt u op www.iaa.gov.il en www.visitjordan.com.

Openbaar vervoer

Het vervoer per **stadsbus** is over het algemeen goed georganiseerd. In de agglomeratie Tel Aviv rijden bussen van de maatschappij Dan, waaronder panoramabussen die bij 28 haltes stoppen. U kunt in- en uitstappen waar u wilt. Informatie: tel. 03 639 44 44, www.dan.co.il (tevens onlinekaartjes).

Jeruzalem is na lange voorbereiding en veel protesten in 2011 begonnen met de **Jerusalem Light Rail**. De eerste lijn (13,8 km, 23 haltes, totale duur 4 min.) verbindt grofweg het oosten van de stad met het westen en rijdt langzamer door de binnenstad. Het traject voert over een door de Spaanse architect Santiago Calatrava ontworpen, 118 m hoge hangbrug met de bijnaam Witte Harp.

Accommodatie

Bij de Israel Hotel Association (www.iha.org.il) zijn ruim 350 hotels aangesloten. Het succes van de hotellerie valt en staat met de politieke situatie. Het verlammende effect van het Midden-Oostenconflict is groot: het aantal hotelbedden is de laatste jaren nauwelijks toegenomen. Maar over de kamerprijzen valt ook in crisistijd moeilijk te onderhandelen; veel hoteliers laten hun kamers liever onbezet dan ze voor een lager tarief aan te bieden.

Hotels

In Israël vindt u hotels in alle prijsklassen, maar zonder officiële classificatie. Boetiekhotels zijn behoorlijk in de mode. De kamerprijzen zijn het hoogst in Tel Aviv, Jeruzalem en Eilat. Hotels in de hoogste prijsklasse komen overeen met vergelijkbare hotels in Europa. Als u het gevoel krijgt dat kamergrootte en -inrichting niet in verhouding zijn met de prijs, dan klopt dat. Vooral in de midden- en laagste klasse gaapt een groot gat tussen de prijzen en het geboden comfort (en soms ook de hygiëne en de service). Wie zonder reservering in Israël aankomt, kan op de luchthaven Ben Gurion een hotel boeken – en daarbij vaak zelfs ook nog korting krijgen. Op hotelaanbevelingen van taxichauffeurs kunt u beter niet vertrouwen. Kijk voor meer informatie op de websites van de **Israel Hotel Association**, www.iha.org.il. Organisaties met eigen websites zijn de **Tel Aviv Hotel Association**, www.telavivhotels.org.il, en de **Eilat Hotel Association**, www.eilathotels.org.il

In Palestina vallen de hotels onder de **Arab Hotel Association**, 10 Nur Eddin St., Jeruzalem, tel. 02 628 31 40, fax 02 628 31 18, www.palestinehotels.ps. Op de homepage vindt u hotels en andere reisinformatie, zoals adressen van taxibedrijven en gidsen.

Voordelige hotels staan op **www.expedia.nl**, **www.tui.com** en **www.booking.com**. Als u al in Israël bent en een hotel wilt boeken, kan een bezoek aan een van de grote reisbureaus de moeite waard zijn. U bent dan vaak voordeliger uit dan wanneer u direct in een hotel een kamer boekt.

Pensions (B&B)

Pensions met logies en ontbijt (B&B's) en soms contact met het gezin zijn overal in Israël te vinden en redelijk georganiseerd. Op de website van **Bed & Breakfast**, www.b-and-b.co.il, wordt u een groot aantal zoekmogelijkheden geboden. Zo is er een kaart van Israël waar u op de adressen van B&B's kunt klikken, maar u kunt ook zoeken op stad, regio of de nabijheid van religieuze en andere bezienswaardigheden. Ook zeer informatief is de website **www.zimmeril.com**.

Kibboets-hoppen

Er zijn ca. 280 *kibbuzim* in Israël. Om de geringe inkomsten op te krikken, zijn veel kibboetsen begonnen met een pension of hotel, hebben ze bestaande onderkomens opgeknapt en een omlijstend programma van avontuurlijke en natuurvakanties ontwikkeld.

Een van de beste is het programma van de **Kibbutz Hotels Chain** onder de misleidende naam Fly & Drive. U boekt minimaal zeven kibboetsovernachtingen, waarvan u er maximaal vier in dezelfde kibboets doorbrengt. Voor het hoogseizoen moet u vastleggen in welke kibboetsen u wilt verblijven, in het laagseizoen is een open boeking *(open voucher)* mogelijk. 2pk vanaf ca. US$900, incl. ontbijt. U kunt er halfpension bijboeken, evenals een huurauto (vanaf US$33 per dag).

Er wordt een **modulesysteem met vier pakketten** aangeboden. Het duurste pakket is het Superior Program van US$560 p.p. in een 2pk, incl. ontbijt. Gasten verblijven twee nachten in de buurt van Jeruzalem (kibboets

Ramat Rachel of Maale Hachamish), twee nachten aan de Dode Zee (kibboets Kalia of Almoq), twee nachten in Galila en op de Golanhoogten (kibboets Nof Ginosar, Maagan, Ein Gev, Lavi of Kfar Giladi), de laatste nacht ten noorden van Herliya aan de Middellandse Zee (kibboets Shefayim).

Adressen: **Kibbutz Hotels Chain**, Reservation Center Israël, 1 Smolanskin St., 61031 Tel Aviv, tel. 03 560 81 18, www.kibbutz.co.il; **Kibbutz Program Center**, Department of the Kibbutz Volunteer Movement, 6 Frishman St., Tel-Aviv, tel. 972 3 524 61 56, fax: 972 323 99 66, www.kibbutz.org.il.

Christelijke gastenhuizen

Talrijke religies hebben in Israël hun eigen gastenhuizen, waarbij u zich geen luxehotels moet voorstellen. De kamerprijzen liggen zeer laag. Op belangrijke christelijke feestdagen zijn de gastenhuizen vaak lang van tevoren volgeboekt; reserveer daarom tijdig. Voor adressen kunt u zich wenden tot de Israëlische verkeersbureaus (zie blz. 94).

Field schools

De Israëlische natuurbeschermingsorganisatie SPNI, inmiddels opgegaan in de **American Society for the Protection of Nature in Israel** (www.teva.org.il), organiseert in ongeveer dertig *field schools* in heel Israël meerdaagse excursies om bezoekers vertrouwd te maken met de natuur in de omgeving. In bijna alle scholen wordt eenvoudige accommodatie aangeboden.

Vakantiewoningen

Wanneer u van plan bent minimaal twee weken in Israël te verblijven, is het beslist het overwegen waard om een vakantiewoning of zelfs een heel huis te huren. Verschillende reisagenten in het hele land kunnen u helpen bij uw zoektocht naar een geschikt vakantieadres, bijvoorbeeld **Jerusalem Lodges Ltd.**, www.jerusalemlodges.com, tel. 02 561 17 45, fax 02 563 75 66 of **Ben Yehuda Apartments**, Tel Aviv, tel. 03 522 93 93, www.tel-aviv-rental.co.il. Kijk voor het aanbod aan vakantiewoningen bijvoorbeeld ook op de website **www.iha.co.nl**.

Jeugdherbergen

De in 1937 opgerichte Israël Youth Hostel Association beheert 33 jeugdherbergen en verkoopt lidmaatschapskaarten (NIS50, geen pasfoto nodig). Daarmee of met een internationale jeugdherbergkaart krijgt u op bijna alle locaties 10% korting. De organisatie verwelkomt in Israël jaarlijks ca. 500.000 gasten. Het is aan te raden om voor vertrek telefonisch te boeken of online te reserveren.

Adressen: **Israeli Youth Hostel Organization**, International Convention Center (Binyanei HaUmah), 1 Zalman Shazar St., Jeruzalem, tel. 02 655 84 00, 01 599 51 05 11 (reserveringen), www.iyha.org.il, zo.-do. 8-16 uur.

Kamperen

Kamperen is hernieuwd populair in Israël; campings vindt u overal in het land, bijvoorbeeld aan de Jordaan, rond het Meer van Tiberias, aan de Dode Zee, in Eilat aan de Rode Zee en in natuurparken. Maar een kampeerplaats is vaak wel duurder dan een verblijf in een jeugdherberg. Wildkamperen, bijvoorbeeld aan de stranden, is om veiligheidsredenen af te raden. Lijsten met de adressen van de campings zijn verkrijgbaar bij **Camping Union Israel**, tel. 04 992 33 66, Nahariya.

Sport en activiteiten

Vissen

Vissen mag overal, zolang u een normale hengel gebruikt. Alle andere vismethoden, bijvoorbeeld met netten of fuiken, zijn verboden.

Schaatsen

Het verlangen van Russische immigranten naar bevroren water onder hun voeten leidde ertoe dat schaatsen in Israël een zekere populariteit kreeg. De Israëli's schaatsen niet alleen 's winters, maar ook 's zomers op de **Ice Rink Bat-Yam**, Tel Aviv, tel. 03 552 66 55, of de **Ramat Gan Ice Rink**, Tel Aviv, tel. 03 752 03 45. Een olympische ijsbaan is te vinden in het **Canada Center** in Metualla. In het **attractiepark Ma'ayan Baruch**, kibboets Ma'ayan, tel. 04 695 48 88, fax 04 690 20 06, kunt u in de winter de ijsvloer op en in Eilat is schaatsen mogelijk op de ijsbaan van het **Concorde El Salam Hotel**, tel. 069 360 14 60, dag. 10-23 uur.

Parachutespringen en paragliden

Voor tandemparachutesprongen in de Negevwoestijn kunt u zich aanmelden bij **Skykef**, Sde-Tieman Airport, Be'er sheva, tel. 17 00 70 58 67, www.skykef.co.il. Hier kunt u ook leren parachutespringen, en als u veel haast hebt, kunt u een dagcursus volgen. In Tel Aviv neemt u contact op met de **Aero Club of Israel**, 67 HaYarkon St., tel. 03 517 50 38, www.aeroclub.org.il.

Paragliders kunnen in Israël om militaire veiligheidsredenen niet zomaar op de plaats van hun voorkeur het luchtruim kiezen. Beginners, gegadigden voor tandemvluchten en professionals wenden zich daarom tot de **Sitvanit Paragliding School**, Tel Aviv, tel. 03 518 96 18, 050 559 08 94, www.sitvanit.com, of **Dvir Paragliding**, 17/4 Ussishkin St., Netanya, tel. 09 899 02 77, 054 655 44 66, www.dvirparagliding.co.il. Paragliden is mogelijk op diverse locaties in Israël, bijvoorbeeld bij Netanya, van de berg Tabor, Beit Rimon in de buurt van Tiberias en bij Mukhraka, ten zuiden van Haifa. Een bewoner van de Dvirkibboets haalde het *Guinness Book of Records* met een duurvlucht boven water. Algemene informatie: **Israel Paragliding Association**, 120 Eliyahu Saadon St., Tel Aviv, tel. 054 483 11 33, www.paragliding.co.il.

Golfen

U hoeft in Israël geen lid van een golfclub te zijn om een green te betreden. De **Caesarea Golf & Country Club**, tel. 04 610 96 02, fax 04 636 11 73, www.caesarea.org.il, is sinds 1961 de trotse bezitter van de enige 18 holesbaan van Israël, die in 2007 van de bekende ontwerper Pete Dye een compleet nieuw aanzien kreeg. Voor een dag golfen bij deze club betaalt u ma.-vr. NIS160 en za.-zo. NIS190. De huurprijs voor een golfuitrusting begint bij NIS140. Aanmelden is verstandig.

Een 9 holesbaan is te vinden bij de **Gaash Golf Club**, kibboets Gaash, tel. 09 951 15 11, fax 09 951 15 50, www.gaashgolfclub.co.il, 20 minuten rijden van Tel Aviv, tussen Gaash Nature Reserve en Sharon National Park. Daar ligt de dagprijs ma.-vr. rond de NIS200-275 en za.-zo. rond de NIS275-350.

Fietsen

Fietsen wordt ook in Israël steeds populairder. In Tel Aviv kunt u bij tientallen **Tel-O-Fun Rental Stations** na registratie met een creditcard een van de ruim 2000 fietsen lenen om de stad per fiets te verkennen. Mountainbikers vinden trails en toeristische informatie op onder andere www.israelbiketrails.com.

Wie sportief of op zijn gemak door het land wil fietsen, vindt aanbiedingen op www.ibike.co.il of kan in eigen land een fietsvakantie boeken op bijvoorbeeld www.easy-israel.nl.

Groopy, www.groopy.co.il, heeft een ledenbestand van ongeveer 10.000 fanatieke wielrenners. De organisatie biedt verschillende tochten aan in heel Israël, onder meer door de heuvels rond Jeruzalem, in Galilea, op de Golanhoogten, door de Negev en over de kustvlakte. In trek zijn bovendien de nachtelijke fietstochten door Tel Aviv en andere steden. Belangstellenden kunnen per e-mail (geen telefoon!) contact opnemen met Groopy. Begeleide fietstochten door Israël worden ook georganiseerd door **EcoBike Active Vacations**, tel. +972 77 450 16 50, www.ecobike.co.il.

Als u uw eigen fiets wilt meenemen naar Israël, informeer dan bij uw luchtvaartmaatschappij naar de zeer uiteenlopende voorwaarden en tarieven. Zo wordt een fiets tot 20 kg bij El Al en Up meegeteld bij de gewone bagage. Ook bij Israir worden fietsen als normale bagage beschouwd, maar boven de 20 kg wordt €9 per kg berekend. Bij de KLM betaalt u voor een enkele reis €55 voor een fiets van

Zwemmen met dolfijnen: rond het Dolphin Reef voor de Rode Zeekust bij Eilat kunt u deze droom ook zonder duikbrevet in vervulling laten gaan

maximaal 23 kg. Bij de boeking van uw ticket moet u altijd aangeven of u een of meer fietsen wilt meenemen.

Raften en kajakken

De Jordaan voert in Galilea voldoende water voor rafting- en kajaktochten door het Jordan River Park. Aanbieders van een dergelijk avontuur zijn **Abukayak**, in het Jordan River Park, tel. 04 692 10 78, 04 690 26 22, fax 04 692 11 04, www.abukayak.co.il, **Kfar Blum & Beit Hillel Kayaks**, Kfar Blum, tel. 17 oc 50 66 11, 04 690 26 16, www.kayaks.co.il en **Jordan River Rafting**, Rosh Pina, tel. 055 61 26 30, 04 693 46 22, fax 04 693 89 77.

Paardrijden

Op tal van plaatsen in Israël zijn maneges te vinden waar buitenritten worden aangeboden. Een populaire bestemming voor ruiters is Galilea. Voor algemene informatie kunt u contact opnemen met de **Israel Equestrian Federation**, The Wingate Institute. Netanya, tel. 09 885 09 38, fax 09 885 09 39, www.ief.org.il.

Enkele paardrijscholen zijn: **Vered HaGalil Guest**, in de buurt van Tiberias, tel. 04 693 57 85, fax 04 693 49 64, www.veredhagalil.com, **Dubi's Ranch**, kibboets Ramot Menashe, Ramot Menashe, tel. 04 989 57 43, 054 227 47 37, fax 04 989 59 65, havat.dubi@gmail.com, **Havatzelet Hasharon**, Moshav Havatzelet HaSharon aan de Middellandse Zee, ten noorden van Netanya, tel. 09 866 35 25, 055 459 21 80, fax 09 866 42 82, halfond@netvision.net.il, www.the-ranch.co.il, **Golan Riders**, kibboets Ortal, Ortal, noordelijke Golanhoogten, tel. 04 696 08 08, fax 04 696 07 84, www.ortal.net en **Cactus Ranch**, ten noorden van Netanya, Tel Gador, tel. 050 699 90 00, www.cactus4u.biz.

Zeilen

Zeiltochten zijn te maken langs de Israëlische Middellandse Zeekust, op de Dode Zee, de Rode Zee en het Meer van Tiberias. Algemene informatie verschaft de **Israel Yachting Federation**, Nautical Club, Shitrit St., 69482 Tel Aviv, tel. 03 648 28 60, fax 03 648 28 54, iya@netvision.net.il.

In Tel Aviv komen zeilers samen in het **Tel Aviv Sea Center**, Marina Atarim, bij het Hiltonhotel, tel. 03 524 21 39, dag. 9–17 uur. Boothuur ca. NIS350 per uur.

Skiën

Om Israël met Zwitserland te vergelijken gaat wat ver, maar op de berg Hermon kunt u over een 1600 m lange helling naar beneden suizen. De piste is geschikt voor ervaren skiërs. Een uitrusting kost ca. NIS80 per dag en een kaart voor de skilift ca. NIS90 per dag. Meer informatie, zoals het sneeuwbericht en inlichtingen over accommodatie krijgt u via tel. 04 698 13 33, 03 606 06 40, www.skihermon.co.il.

Surfen

De bebaarde rabbijn Nachum Shifren is als orthodoxe jood wel de bekendste surfer van Israël. In Tel Aviv vindt u uitstekende surflocaties bij Dolfinarium Beach, Hilton Beach en Tel Baruch Beach aan de noordkant van de stad. Andere surfbestemmingen aan de Middellandse Zee zijn Bat Yam, Ashdod, Ashkelon, Herzliya, Netanya en Beit Yanai. De beste surflocatie bij Haifa is Bat Galim. Fraaie surfstranden zijn natuurlijk ook te vinden aan de Rode Zee in Eilat en in de Sinaï, bijvoorbeeld in Dahab.

In Eilat duurt het surfseizoen van februari tot november. Januari en februari zijn door de ongunstige wind geen geschikte surfmaanden. De wind bereikt een gemiddelde snelheid van 18 en een maximumsnelheid van 25 knopen. Een goed adres in Eilat is de **Kiteboarding School & Surf Center** naast het Orchid Reef Hotel, tel. 08 637 16 02, www.surfcenter.co.il (ca. NIS360 per uur). Veel scholen bieden vroegboek- en internetkortingen aan.

Duiken

Aan de Rode Zee liggen de mooiste duiklocaties van Israël. Minder bont en betoverend is de onderwaterwereld aan de Middellandse Zee, maar daar biedt Caesarea de mogelijkheid om te duiken op historische locaties (zie blz. 246): **Caesarea Diving Centers**, tel. 04 636 17 87, www.caesarea-diving.com.

Vogels kijken

In Israël vinden vogelaars een aantal van de opwindendste locaties ter wereld. Vogels kijken kan op diverse plaatsen: in het Hula Nature Reserve (Galilea), Gamla Nature Reserve (Golan), Maagan Mikhael aan de kust ten noorden van Caesarea, Ein Gedi (Wadi David) aan de Dode Zee en de Aravavallei in de Negevwoestijn. Neem tijdig contact op met een van de volgende organisaties: **International Birding and Research Centre**, Eilat, www.eilatbirds.org (zie blz. 344), **Israel Raptor Information Center** (IRCE), Har Gilo, Doar NaZafon Jehuda, tel. 02 693 23 83, gespecialiseerd in roofvogelobservatie, **Israel Ornithology Center**, 155 Herzl St., Tel Aviv, tel. 03 638 86 88; 13 Queen Helena St., Jeruzalem, tel. 02 625 23 57, fax 02 624 46 05, onderdeel van de natuurbeschermingsorganisatie SPNI; **Kibbutz Lotan**, in de zuidelijke Negev, tel. 08 635 69 35, www.kibbutzlotan.com (zie blz. 349). In Jeruzalem ligt in het Sacherpark een observatorium (zie blz. 191).

Wandelen en trekken

De Israëlische natuurbeschermingsorganisatie **Society for the Protection of Nature in Israel** (SPNI, www.natureisrael.org) organiseert een- of meerdaagse wandelingen op bijzondere routes door Galilea, over de Golanhoogten, in de Negevwoestijn en in de Sinaï (Egypte). Voor inlichtingen en aanmelding kunt u terecht bij: **ASPNI**, 155 Herzl St., Tel Aviv, tel. 03 638 86 88, 03 639 06 44, fax 03 638 39 40; 13 Queen Helena St., Jeruzalem, tel. 02 25 23 57, fax 02 24 46 05.

Een prachtige wandelroute is de **Israel National Trail** (INT), www.israelnationaltrail.com, die over 965 km van de Syrisch-Libanese grens in het noorden naar Eilat loopt. De route is geschikt voor wandelaars met een goede conditie en vereist in de Negevwoestijn enige klimervaring (zie blz. 317).

Jacob Saar schreef een Engelse wandelgids waarin ook dagtochten zijn opgenomen: *Hike the land of Israel – A Complete Guide to the Israel National Trail* (ISBN 978 96 591 2490 9). Het boek is verkrijgbaar bij de Israëlische boekhandel of op internet.

Woestijntochten

Jeepsafari's, kameelexcursies, wandel-, klim- en mountainbiketochten – alles wat de Negevwoestijn aan activiteiten toelaat, wordt door tal van reisorganisaties aangeboden. Veel van deze tochten vertrekken bij Mitzpe Ramon vanwege de nabijheid van de krater. Een selectie: **Desert Shade**, 10 Dov Fridman St., Ramat Gan, Tel Aviv, tel. 03 575 68 85, fax 03 613 0161; Mitzpe Ramon, tel. 08 658 62 29, 054 627 74 13, www.desert-shade.com, **Alpaca Farm**, ten zuiden van Mitzpe Ramon, tel. 08 658 80 47, 08 658 81 04, www.alpaca.co.il (zie blz. 336) en **Negev Camels Ranch**, Mamshit, tel. 08 655 28 29, fax 08 655 11 49, www.cameland.co.il.

Winkelen

Souvenirs

De wereld is klein geworden en de globalisering lijkt ook tot de winkelgewoonten te zijn doorgedrongen. Zo zijn in Israël bijna overal grote *shopping malls* te vinden, met nagenoeg hetzelfde aanbod. Wat H&M in Nederland en België is, is bijvoorbeeld de modeketen Castro in Israël. Deze is met zo'n negentig filialen marktleider en vaste leverancier van de Israëlische olympische ploeg.

Maar wat neemt u mee uit Israël dat u thuis nergens kunt vinden? Populaire souvenirs zijn **keramiek**, **houtsnijwerk** (olijfhout, parelmoer), **producten van bont en leer**, **koper- en zilverwerk**, **mode- en diamantaccessoires**, **T-shirts** met grappige opdrukken als Guns N' Moses (denk aan de Amerikaanse hardrockband Guns N' Roses), **geborduurde omslagdoeken** en **kelims**. Ook geliefd zijn **cosmeticaproducten uit de Dode Zee**. In Palestina, waar het begrip *shopping mall* nog niet wijdverbreid is, worden het vaakst kunstnijverheid, houtsnijwerk en **waterpijpen** als souvenirs verkocht en struint men graag rond op de soek.

De markten bieden een breed scala aan souvenirs. Enorm is het assortiment religieuze voorwerpen (zoals crucifixen en Mariabeeldjes) in de oude steden van Jeruzalem, Bethlehem en Nazareth. Russische militaire onderscheidingen, snuisterijen en illegale kopieën van cd's en dvd's zijn de kenmerkende artikelen op de Carmel Market in Tel Aviv. De markt van de kunstenaarskolonie Ein Hod is vooral bekend om zijn kunstnijverheid (keramiek, schilderijen, sieraden en kleding).

Handelen en afdingen

Koop nooit iets op een Arabische bazaar zonder af te dingen. Probeer 30 tot 40% van de vraagprijs af te halen. Als u uiteindelijk 50 tot 60% van de prijs betaalt, hebt u goed onderhandeld. Een goede tactiek is laten blijken dat u niet verder wilt gaan met de onderhandeling en doen alsof u wegloopt. Maar als u het eenmaal eens bent geworden over de prijs, moet u ook betalen. Winkels buiten de bazaars hanteren meestal vaste prijzen.

Btw

Toeristen hoeven doorgaans geen btw te betalen als ze een bedrag in buitenlandse valuta voldoen. Dit geldt voor de kosten van accommodatie, georganiseerde busreizen, huurauto's, binnenlandse vluchten enzovoort. Als u iets koopt in een winkel waar staat aangegeven dat u de btw *(VAT, value added tax)* kunt terugkrijgen *(refund)* en u met dollars, euro's of een andere sterke, gemakkelijk te wisselen munt betaalt, krijgt u op aanschaffen vanaf US$50 een korting van 5%. Bovendien krijgt u bij het verlaten van het land op vertoon van uw aankoopbewijs en het groene btw-formulier de btw terug van artikelen met een waarde van minimaal US$100. Dit geldt echter niet voor tabaksartikelen, elektrische apparaten, camera's, films en fotomateriaal. Op de luchthaven Ben Gurion en in de haven van Haifa kunt u zich voor het inchecken in de vertrekhal melden bij de VAT Desk of het loket voor Tax Refund. Daar krijgt u op vertoon van de gekochte artikelen en bijbehorende aankoopbewijzen tegen een kleine vergoeding de btw terug (in dollars).

Openingstijden

De meeste winkels zijn geopend zo.-do. 9-13, 16-19 uur. Op vrijdag en belangrijke joodse feestdagen sluiten ze vroeg in de middag. Islamitische winkels zijn op vrijdag en christelijke op zondag gesloten. Grote postkantoren zijn 8-18 uur geopend en kleinere ma.-do. 8-12.30, vr. 8-12 uur.

Uitgaan

Het mediterrane klimaat bepaalt het levensritme in Israël. In Tel Aviv en andere steden aan zee betekent dit dat wie de tijd heeft de ochtend en middag aan het strand doorbrengt, rond het middaguur een lange siësta houdt en zich laat op de avond in het nachtleven stort.

Eilat staat terecht bekend om zijn bruisende strandfeesten, maar ook Tel Aviv heeft veel te bieden voor feestbeesten. Modern en klassiek theater, ballet, opera, operette, pop- en jazzconcerten – voor de Israëli's is een bezoek aan de uitvoerende kunsten even vanzelfsprekend als elders ter wereld een avondje naar de bioscoop. Als het doek is gevallen, begint in de Old Port van Tel Aviv en in het ten zuiden daarvan gelegen Jaffa het échte nachtleven. In populaire clubs en disco's bent u om 4 uur nog op tijd om het beste deel van de nacht mee te maken. Daar wordt doorgefeest tot laat in de ochtend; van sluitingstijden is geen sprake. Geheel anders gaat het eraan toe in Jeruzalem en op het platteland, waar de laatste kroeg – als er überhaupt een is te vinden – ruimschoots voor middernacht zijn deuren sluit. Het is overigens zo dat vooral in Eilat, Tel Aviv, Haifa en Tiberias de sabbatsrust wordt genegeerd; elders in Israël is het vieren van de sabbat eerder regel dan uitzondering. Een vrijdagavond op de verkeerde plaats en zonder uitnodiging voor een sabbatmaaltijd kan dodelijk saai zijn – of lekker rustig.

Het Palestijnse Ramallah is op de juiste momenten een toplocatie voor nachtvlinders, iets wat van de Gazastrook met zijn ene chique restaurant-club en waar Hamas het voor het zeggen heeft, bepaald niet gezegd kan worden.

Bioscoop

Buitenlandse speelfilms worden in Israël in de oorspronkelijke versie vertoond, meestal met ondertiteling. Amerikaanse films, die het grootste deel van het aanbod vormen, zijn hier eerder te zien dan bij ons. Nieuwe films worden overal in Israël vertoond. Filmhuizen vindt u in de grote steden, zoals de Cinematheque in Jeruzalem (www.jer-cin.org.il) en de gelijknamige bioscoop in Tel Aviv (www.cinema.co.il). Een heel bijzonder bioscoop is Cinema Jenin (www.cinemajenin.com) in het Palestijnse Jenin, die tijdens de eerste intifada moest sluiten. De bioscoop is met Duitse steun gerestaureerd door een Palestijns team en organiseert nu ook politieke en op vrede gerichte workshops (zie blz. 384).

Wat betreft het uitgaansleven zijn Tel Aviv en Eilat onverslaanbaar

Goed om te weten

Alleenreizende vrouwen

Het is een oud, maar tijdloos verhaal: onder Golda Meir vaardigde de minister van een extreem religieuze partij een uitgaansverbod voor vrouwen uit vanaf het invallen van de duisternis. Hij deed dit omdat vrouwen 's avonds in Tel Aviv steeds vaker werden lastiggevallen. Golda Meir bracht hier tegen in dat er juist voor mannen een uitgaansverbod moest komen, omdat zij de moeilijkheden veroorzaken. Dat vrouwen in Israël worden lastiggevallen, is een blijvend probleem, waarmee de bevolking dagelijks te kampen heeft. De veroordeling in 2011 van voormalig president Moshe Katzav tot zeven jaar gevangenisstraf wegens verkrachting wekte veel opschudding. In de Arabische gebieden komt het misschien vaker voor dan in de rest van het land, maar vrouwen in Tel Aviv, Eilat en Jeruzalem krijgen nog altijd vaak te maken met een groot machismo. Vrouwen met veel reiservaring raden aan alles te negeren, hoe zenuwslopend dat ook kan zijn. Wie ten prooi valt aan opdringerigheid, kan het best hard schreeuwen. Vrouwen moeten zich rekenschap geven van de manier waarop ze zich kleden. Wat in Tel Aviv alledaags is, geldt in de Arabische gebieden en joods-orthodoxe wijken als provocerend. Het kan zelfs gebeuren dat vrouwen met weinig verhullende kleding met stenen worden bekogeld. Ook komt het steeds vaker voor dat extreem religieuze joden beledigend en zelf handtastelijk worden, omdat ze de kleding of het gedrag van vrouwen ongepast vinden. Met het oog op de sociale scheiding van bevolkingsgroepen werd door uiterst religieuze inwoners van Jeruzalem een gratis busdienst naar de Klaagmuur ingesteld: vrouwen moeten achter instappen en een zitplaats zoeken; mannen moeten voorin zitten. Busmaatschappij Egged verzette zich tegen deze scheiding van geslachten, maar onderhoudt een groot aantal lijndiensten naar speciale vrouwenbestemmingen.

In Arabische gebieden kan weinig verhullende kleding gemakkelijk als bewijs van seksuele beschikbaarheid worden opgevat. Deze misvatting kan met opgestoken haar, bedekte schouders, knieën en kuiten uit de wereld worden geholpen. Tijdens een gesprek met Arabische mannen moeten vrouwen oog- en lichaamscontact vermijden. Ook alleen (of met een vriendin) liften is ten sterkste af te raden.

Drinkwater

Overal in Israël kunt u leidingwater drinken. Alleen mensen met een zeer gevoelige maag kunnen zich beter tot mineraalwater beperken. Een deel van het zeer zachte en uitstekende drinkwater wordt gewonnen met ontziltingsinstallaties voor zeewater.

Drugs

Waar het om drugsdelicten gaat, dreigen politie en justitie met hoge geldboetes en lange gevangenisstraffen. Toeristen worden in het gunstigste geval alleen het land uitgezet.

Fotograferen

Israël en Palestina zijn droombestemmingen voor fotografen. U kunt alleen in de problemen raken als u op sabbat bij de Klaagmuur of in de orthodoxe wijk Mea She'arim in Jeruzalem uw camera in stelling brengt. Orthodoxe joden vinden het over het algemeen niet prettig om gefotografeerd te worden. Ook in synagogen bent u met uw camera niet welkom. In de Palestijnse gebieden, waar mensen zich door het fotografeerverbod in de islam niet graag op de gevoelige plaat laten vastleggen, kunt u beter eerst vragen of u een foto mag maken.

Gidsen

Een deskundige gids komt vaak van pas, zoals in de Oude Stad van Jeruzalem. Ook brengt een gids u vaak in contact met de bevolking, zodat u veel over het dagelijks leven te weten komt. Erkende gidsen zijn aangesloten bij de **Israel Tour Guide Association**, www.itga.org.il, **Tour Guides Israël**, 12 Smolenskin St., 63415 Tel Aviv, tel. 052 437 63 33, fax 03 618 13 89, www.tour-guides.co.il en **Gateway To Israël**, tel. 054 465 37 62, www.israel-guides.net. Gidsen voor de Palestijnse gebieden vindt u op www.palestinehotels.ps, klik op *useful links*.

Homo's en lesbiennes

Zowel orthodoxe joden als moslims beschouwen homoseksualiteit als een ziekte, een verboden afwijking. Ook in het nadrukkelijk liberale Tel Aviv staat de homo-emancipatie nog in de kinderschoenen. Bij de jaarlijkse Gay Pride Parade in Jeruzalem (2007) braken rellen uit: de schade, veroorzaakt door opstandige strenggelovigen liep op tot US$10.000. Uit een enquête bleek dat twee derde van de bevolking de vriendschap zou opzeggen als bleek dat een vriend of vriendin homoseksueel was. Toch staat Tel Aviv bekend als Gay Capital van het Midden-Oosten. Bekende homoverenigingen zijn **The Agudah**, tel. 03 516 72 34, www.agudah.israel-live.de/english, de Israëlische organisatie voor gltb's, en **Aswat**, tel. 03 620 55 91, www.aswatgroup.org, de Palestijnse lesbovereniging. Toeristeninformatie voor homo's is te vinden op www.glbt.org.il. Een gespecialiseerd reisbureau is **The Gay Way**, tel. 1 700 70 88 70, www.gayway.co.il.

Maten en gewichten

In Israël en de Palestijnse gebieden wordt net als bij ons het metrieke stelsel gebruikt.

Nudisme

Over dit onderwerp vindt u informatie op verschillende websites. De Israeli Naturist Society, www.naturism.org.il, organiseert niet alleen bijeenkomsten aan zwembaden en aan zee, maar ook evenementen als barbecues. De Israel Naturists verschaffen informatie via tel. 054 41 36 68 en op www.hameyyasdim.co.il. Naturism in Israel, www.naturism.co.il, geeft een overzicht van stranden en hotels en bediscussieert onder het motto *naturism and Judaism* het thema naaktheid in het openbaar, beginnend met het Oude Testament.

Omgangsvormen

Israëli's begroeten u met *sjalom* (vrede), Palestijnen en Arabieren, ook die met een Israëlisch paspoort, met *marhaba* (welkom). Dat klinkt ongedwongen en dat is het ook. Elkaar een hand geven is alleen gebruikelijk bij contact met buitenlanders. Mannen die elkaar goed kennen, omhelzen elkaar en bij een nog vertrouwdere omgang kussen Arabieren elkaar op de wang. Bij ontmoetingen met vrouwen kunt u beter afzien van een handdruk, want de meeste orthodoxe jodinnen en strenggelovige moslima's schuwen dergelijke aanrakingen. Dat is niet vijandig bedoeld, maar alleen een ander begrip van respect en het bewaren van de noodzakelijke afstand tot een onbekende vrouw.

Tijdens een gesprek spreekt men elkaar met de voornaam aan, wat niet als grote vriendschappelijkheid moet worden beschouwd. Tutoyeren moet u niet zien als gebrek aan respect; Israëli's weten gewoon niet wat vousvoyeren is. Aanspreektitels worden zelden gebruikt.

Israëli's en Palestijnen zijn zeer communicatief. Op zeker moment komt een gesprek vrijwel altijd uit op de politiek, waarbij de gemoederen in het Midden-Oosten zeer verhit

In Arabische cafés in Israël wordt het rookverbod in de wind geslagen

kunnen raken, vooral omdat – zo zegt men – drie Israëli's vijf meningen hebben. Het is af te raden om Israëli's en Palestijnen in politieke discussies bijval te verlenen. Dit werkt eerder negatief dan positief bij de totstandkoming van een goed gesprek, maar normaal gesproken is een zakelijke uitwisseling van meningen in Israël altijd mogelijk. Totaal anders is de situatie op de Westelijke Jordaanoever en in de Gazastrook – u moet beslist nooit begrip tonen voor de Israëlische Palestina- of Jeruzalempolitiek. Arabieren noemen Jeruzalem El Quds (De Heilige) en zijn blij als iemand die naam kent of in een gesprek met Arabieren gebruikt.

Het thema religie ligt zowel bij joden als moslims gevoelig. Bij kritische geluiden moet u zich subtiel opstellen of helemaal uw mond houden. In discussies over religie kunt u zich beter niet voor atheïst uitgeven – geloven in een andere god wordt nog wel geaccepteerd, ongelovigheid niet. Voorzichtigheid is ook geboden als de Holocaust het gespreksonderwerp is. U kunt beter ook geen Jodenmoppen vertellen. Ook grappen over minderheden en vrouwen worden vaak als pijnlijk opgevat.

Als u ergens wordt uitgenodigd, is het een goed gebaar om een kleinigheid mee te nemen, zoals een goede wijn of een boek. Dure cadeaus brengen de ontvangende partij in verlegenheid. Als u bij moslims op bezoek gaat, neem dan geen alcohol mee, tenzij u weet dat er in de familie wordt gedronken. Altijd geschikt om mee te nemen is zoetigheid voor het dessert. Wie Israëli's voor het eten uitnodigt, doet er goed aan te vragen of er koosjer gekookt moet worden. Maar geen angst: er zijn genoeg mensen die schelpdieren en kreeft heerlijk vinden en het eten graag afsluiten met een cappuccino.

Regels voor het bezoek aan godshuizen

Ook wanneer warm weer tot het dragen van luchtige kleding verleidt, dient u zich bij een bezoek aan een godshuis correct te kleden.

De regels voor het bezoek aan een synagoge zijn niet heel ingewikkeld. Het is aan te bevelen om eerst te vragen of u welkom bent. Orthodoxe synagogen zijn herkenbaar aan de afzonderlijke gebedsruimten voor mannen en vrouwen. U mag alleen naar binnen met een bedekt hoofd. Bij het betreden van een synagoge die vaak door toeristen wordt bezocht, krijgt u meestal een keppeltje. U kunt ook een meegebrachte hoed of muts opzetten, maar in geen geval een honkbalpet! Vrouwen kunnen beter geen broek dragen. Zet uw mobiel uit. U behoort de rust te bewaren en dat geldt ook voor kleine kinderen. Video- en fotocamera's zijn even onwenselijk als het Nieuwe Testament. Het duidelijk zichtbaar dragen van religieuze sieraden is af te raden – voor veel joden staat het kruis symbool voor de vervolging van hun voorouders. Ten slotte mag u boeken nooit op de grond leggen. Meer informatie vindt u bijvoorbeeld in de Duitse Synagogen-Survival-Guide op de site www.berlin-judentum.de/synagogen/synagoge.htm.

Moskeeën zijn in principe te bezoeken, met uitzondering van de Al Aqsamoskee en de Rotskoepel op de Tempelberg (om de bekende politieke redenen). Vraag bij twijfel bij alle andere moskeeën of u naarbinnen mag. Blijf tijdens het gebed buiten. Trek voor het betreden van een moskee uw schoenen uit.

Roken en drinken

Op de sabbat wordt wijn gezegend, wat onderstreept dat deze drank op religieuze gronden niet verboden is. Wijn, bier en gedistilleerde dranken zijn overal verkrijgbaar, ook in de Palestijnse gebieden, waar de islam alcoholgebruik verbiedt – dit geldt alleen voor moslims, niet voor de christenen. Tijdens de vastenmaand ramadan wordt overal in de Palestijnse gebieden verwacht dat men afziet van het drinken van alcohol, in elk geval in het openbaar.

De antirookwetgeving in Israël staat bekend als zeer streng. In openbare gebouwen is roken verboden. In cafés en restaurants zijn vaak rookruimten te vinden, en dat zijn niet de beste plaatsen in een gelegenheid. Gastronomen pleiten vaak ook voor naleving van het rookverbod op terrassen. Op het platteland gaat het er minder streng aan toe, net als in de Arabische cafés (in Israël en Palestina), waar het naar waterpijp ruikt en de hele dag wordt gerookt dat het een lieve lust is.

Shabbat elevator

De sabbat is de rustdag, waarop u niet te veel mag doen. Zelfs het indrukken van een liftknop is voor strenggelovigen dan te veel werk. Daarom worden op sabbat in veel hotels *shabbat elevators* gebruikt, liften die automatisch op elke verdieping stoppen. Ook andersgelovigen mogen instappen.

Tijd

In Israël geldt de Israel Standard Time (IST) en 's zomers Israel Daylight Time (IDT). Eind maart en eind oktober gaat de klok een uur vooruit respectievelijk een uur terug. Het tijdverschil met de Midden-Europese Tijd is +1 uur.

Wc's

In Palestina moet u op het ergste zijn voorbereid. De problemen worden niet alleen in de Palestijnse gebieden zelf veroorzaakt, want de VN zag zich genoodzaakt om officieel protest aan te tekenen tegen de Israëlische regering omdat het land een boycot had uitgevaardigd op de invoer van wc-papier en zeep in de Gazastrook. In Israël zijn de wc's meestal schoon; aan openbare stranden moet u betalen voor het gebruik van de wc.

Geld en reisbudget

Geld

Valuta en wisselkoers

De **Israëlische valuta** is de New Israeli Sheqel (NIS), die is onderverdeeld in 100 agorot. In omloop zijn bankbiljetten van NIS20, 50, 100 en 200. Munten zijn er van 5, 10 en 50 agorot en NIS1, 5 en 10. Geld kunt u het best pas in Israël wisselen, omdat de koers daar gunstiger is. Bij grote bedragen is de wisselkoers vaak beter. In september 2014 was de koers: NIS1 = €0,22 / €1 = NIS4,65.

De valuta in de **Sinaï** is het Egyptische pond (LE). 1 LE is onderverdeeld in 100 piasters (PT). Er zijn biljetten van LE1, 5, 10, 20, 50 100 en piasterbiljetten van PT25 en 50. De munten hebben de volgende waarden: PT5, 10, 20, 25 en LE1. In september 2014 was de koers: LE1 = €0,11 / €1 = LE9,25. Geld wisselen is het gunstigst in Egypte.

Betaalmiddelen

Contant geld kunt u wisselen bij alle banken en officiële wisselkantoren. Geldautomaten waar u met een bankpas met het EC/Maestrologo of een **creditcard** van een van de grote maatschappijen (Visa, MasterCard, American Express) kunt pinnen, vindt u overal in Israël en de Sinaï. Hoeveel geld u per dag kunt opnemen is afhankelijk van de kaartsoort en de bank waar u geld opneemt. Soms worden er aanzienlijke transactiekosten in rekening gebracht; informeer hiernaar voor vertrek.

Creditcards en bankpassen blokkeren

Bij verlies of diefstal van een bankpas kunt u het volgende centrale **telefoonnummer** bellen om de pas te blokkeren:

+31 30 283 5372

Blokkeernummers creditcards:
- MasterCard: +31 20 660 06 11
- VISA: +031 20 660 06 11
- American Express: +31 20 504 85 00
- ING: +031 58 212 60 00

Zorg dat u uw creditcardnummer, bankpasnummer en rekeningnummer bij de hand hebt.

Openingstijden van banken

De banken in Israël zijn over het algemeen op de volgende tijden geopend: zo., di., do. 8.30–12.30, 16–17.30, ma. 8.30–13.30, wo. 8.30–12.30 en vr. 8.30–12 uur. Op zaterdag zijn de banken gesloten.

Prijzen

Israël is niet goedkoop voor toeristen en de prijzen liggen in bijna alle gevallen even hoog of zelfs hoger dan in Europa.

Accommodatie: Rugzaktoeristen moeten bij een overnachting in eenvoudige accommodatie rekening houden met extra kosten van €30–60 per dag voor zelf koken of eventuele maaltijden van een snackbar en de uitgaven voor rondleidingen of uitgaan. Voor een verblijf in gastenhuizen, die vaak snel volgeboekt zijn, moet u minimaal €20 per dag rekenen. De kamerprijs in een middenklassenhotel bedraagt gemiddeld €50–90 p.p.

Toegangsprijzen: Voor een museumbezoek bent u minimaal NIS10 kwijt, maar gemiddeld NIS30–40. Voor kinderen, studenten en gepensioneerden zijn er bijna altijd flinke kortingen. Het kan de moeite waard zijn om de prijslijsten goed te bestuderen, want daarop staan vaak ook voordelige combikaarten voor verschillende bezienswaardigheden/musea.

Eten en drinken: Een maaltijd in een middenklassenrestaurant kost ongeveer €8–20. Voor een fles wijn in de supermarkt betaalt u €9–20, voor een glas bier in het café ca. €4 en voor een kop koffie in een koffiebar ongeveer €2,70.

Ook in Israël en de Palestijnse gebieden is op straat geld wisselen een slecht idee

Media: Een krant kost ca. €1,50.

Vervoer: Reizen met de bussen van de landelijke busmaatschappij Egged is voordelig: Jeruzalem–Tel Aviv NIS19, Jeruzalem–Jericho NIS21, Jeruzalem–Ein Gedi NIS38, Tel Aviv–Haifa NIS25, Tel Aviv–Tiberias NIS45, Tel Aviv–Be'er Sheva NIS17, Tel Aviv–Eilat NIS78.

Benzine en diesel kostten in 2014 ongeveer €1,60/l. In de Palestijnse gebieden liggen de brandstofprijzen op hetzelfde niveau.

Fooi

Voor een goede of zelfs uitstekende service kunt u een fooi geven aan kamermeisjes (ca. NIS10 per dag) en kruiers (ca. NIS4 per stuk bagage). De inkomsten van obers bestaan voor een groot deel uit fooi. Vooral in cafés en restaurants buiten de hotels wordt u vaak bediend op basis van een vastgesteld minimumbedrag. Maar als de service niet naar behoren was, hoeft u natuurlijk geen fooi te geven. In normale gevallen geldt: ca. 10–12% van het te betalen bedrag, bij hoge bedragen iets minder.

In een groot aantal restaurants krijgen vooral toeristen vaak een rekening met een duidelijk aangegeven ruimte waar het fooibedrag kan worden ingevuld of met een al bij het eindbedrag opgetelde fooi van 10–15% (soms meer). Deze gedwongen fooi hoeft u uiteraard niet te betalen als u ontevreden was over de bediening. In Israël is het overigens niet gebruikelijk om per persoon te betalen; u krijgt een gemeenschappelijke rekening. Als u de kosten wilt delen, kunt u de bediening daar beter niet mee lastigvallen. Taxichauffeurs verwachten geen fooi.

Reisperiode en -benodigdheden

Klimaat en beste reistijd

De winter is geen geschikt jaargetijde voor een reis naar Israël, tenzij u alleen in Eilat aan de Rode Zee wilt luieren. Daar lopen zelfs in december de temperaturen nog hoog op, terwijl het in die maand elders in het land vaak regent en bitter koud kan zijn. Als u niet goed tegen de hitte kunt, kunt u uw reis door Israël beter niet in de maanden juli en augustus plannen. Bijzonder aangenaam is daarentegen een verblijf in de lente of de herfst, van begin maart tot eind juni of van begin september tot half/eind oktober.

Wat neemt u mee?

Wat u beslist niet mag vergeten mee te nemen, is afhankelijk van uw reisplan en hoeveel tijd u hebt. Van maart tot oktober kunt u overal in het land lichte zomerkleding dragen, alleen voor de koelere avonden in de lente en de herfst kunt u het best een trui of een jas meenemen. Als u Israël in de wintermaanden bezoekt, moet u – behalve in Eilat – ook op regen en kou zijn voorbereid.

In Tel Aviv, waar u gerust met een korte broek of een topje de stad of het strand kunt bezoeken, zijn de kledingvoorschriften soepel, maar voor de bezichtiging van religieuze bezienswaardigheden gelden strengere regels (zie blz. 120). Voor dagelijks gebruik is lichte kleding aan te raden. Stropdassen ziet u zelden. Om de waardigheid van het parlement te waarborgen verbood de Knesset aldaar T-shirts voor mannen, naveltruitjes voor vrouwen en korte broeken voor beide geslachten.

Aan het strand kunt u een zwembroek of bikini dragen, zolang u niet op een religieus strand bent, waar badgasten – mannen en vrouwen vaak gescheiden – hun lichaam zo goed mogelijk moeten bedekken.

Elektriciteit

In Israël zijn de stopcontacten driepolig (220V), maar kunt u gewoon Europese stekkers gebruiken.

Het klimaat in Jeruzalem

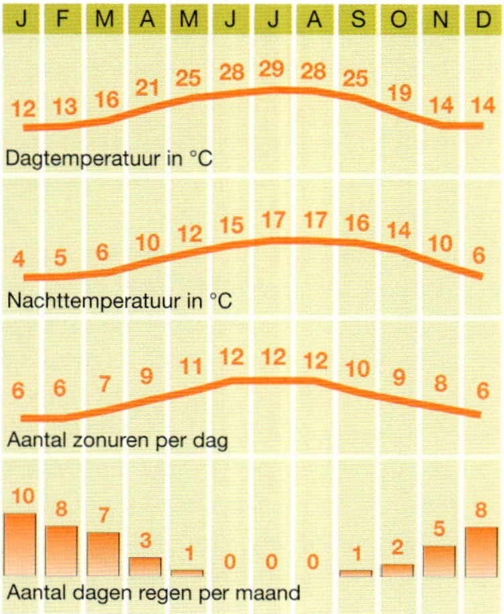

Het klimaat in Eilat

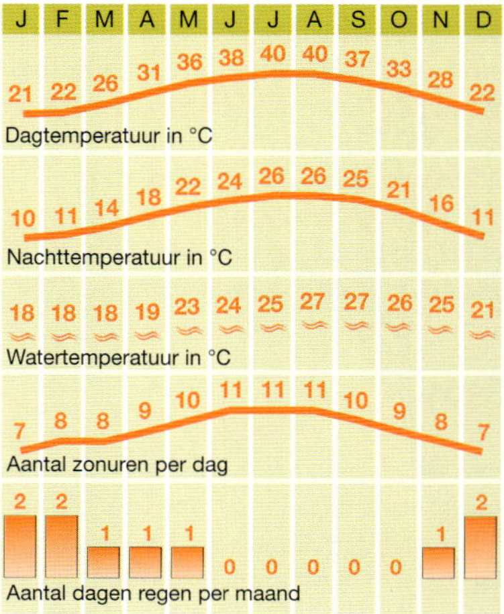

Gezondheid en veiligheid

Gezondheid

Voorzorgsmaatregelen en reisapotheek

Inentingen zijn bij een bezoek aan Israël niet vereist. Gebruik voor het zonnen een zonnebrandcrème met een hoge beschermingsfactor en voor uw neus een sunblock. Bij lange bezichtigingen in de brandende zon moet u uw hoofd bedekken ter voorkoming van een zonnesteek. De symptomen zijn: misselijkheid, hoofdpijn en koorts, zonder zweten. Bij zware gevallen, die in het ziekenhuis moeten worden behandeld, kunnen coördinatiestoornissen ontstaan.

Vroeg of laat krijgt u in Israël een lichte verkoudheid te pakken, want hotels, restaurants en zelfs taxi's zijn vaak volledig airconditioned. Ook door het ongebruikelijke eten kunnen problemen ontstaan. Neem daarom koolstoftabletten (Norit) of medicijnen tegen diarree mee. Als u een excursie naar de naburige Sinaï maakt, kunt u diarree voorkomen met de volgende oude Britse volkswijsheid: *If you can cook it, peal it or boil it, you can eat it, otherwise forget it!* Sneeën en schaafwonden leiden in het warme klimaat algauw tot ontstekingen. Verwondingen die u bij het koraalrif hebt opgelopen, helen langzamer dan normaal. Bij een beet van een schorpioen of slang moet u zich direct door een arts laten behandelen. Voor excursies in de woestijn is het raadzaam een eerstehulpsetje mee te nemen, waarmee u zich voor vertrek vertrouwd hebt gemaakt.

Medische hulp

Welke ziekenhuizen, artsen en apotheken in het weekend bereikbaar zijn, kunt u vinden in de Engelstalige krant *Jerusalem Post.* Het niveau van Israëlische artsen en ziekenhuizen is even hoog als in Europa. Veel artsen spreken Engels.

Apotheken

Het aantal en de kwaliteit van de apotheken is even hoog als u thuis gewend bent. Ook het assortiment is vergelijkbaar, maar het is mogelijk dat de medicijnen in Israël een andere naam hebben dan in Europa. Als u een bepaald medicijn dagelijks nodig hebt, kunt u daar het best voldoende van meenemen of de in Israël gebruikelijke naam proberen te achterhalen.

De – tweetalige – medische zorg in Israël voldoet aan de Europese standaard

Zorgverzekering

De Nederlandse basisverzekering dekt wereldwijd eventuele zorgkosten, dus ook in Israël, maar wel uitgaande van wat de behandeling hier kost. Onverwachte medische kosten vermijdt u door een reisverzekering met dekking voor geneeskundige kosten of een aanvullende zorgverzekering af te sluiten, die ook transport naar huis dekt als die 'medisch zinvol' is, niet pas bij 'medisch noodzakelijk'.

Kuren aan de Dode Zee

Aan de Dode Zee vindt u hotels met kuurcentra waar veel mensen zich laten behandelen voor psoriasis, eczeem, pigmentafwijkingen, oogontsteking en taaislijmziekte. In het **Hod Hamidbar Hotel** in Ein Bokek aan de Dode Zee kunt u allerlei behandelingen ondergaan in de prachtige spa. Het solarium op het dak is heilzaam voor psoriasispatiënten. Contact: Hod Hotel – Dead Sea, Ein Bokek 86930, tel: 972 8 668 82 22, fax: 972 8 658 46 06, www.hodhotel.co.il/english/deadsea.htm

Veiligheid

Criminaliteit

Diefstal vormt in Israël een even groot probleem als in de rest van de wereld. Zakkenrollers proberen vooral in de bekende toeristenoorden hun slag te slaan. In de grote steden komt daar de criminaliteit van drugsverslaafden bij. Rugzaktoeristen doen er net als elders goed aan op andere reizigers te letten en niets in het hotel achter te laten, vooral omdat daar de ruimten voor bagageopslag vaak voor iedereen toegankelijk zijn. Overnachten op de stranden van Eilat, Tel Aviv en andere plaatsen is af te raden, omdat het aantal roofovervallen in de afgelopen jaren is toegenomen. Bovendien wordt u er door de politie vandaan gehaald.

Alarmnummers

Politie: 100
Noodarts: 101 en 911
Brandweer: 102
De **medische hulplijn** voor toeristen is te bereiken via het landelijke telefoonnummer 177 022 91 10. Bij **vergiftiging** kunt u 24 uur terecht bij het National Poison Control Center in Haifa, tel. 04 852 92 95. Voor **slachtoffers van verkrachting** is er de Rape Crisis Hotline: 1202 (voor vrouwen), 1203 (voor mannen).

Terreuraanslagen

Het Israëlisch-Arabische conflict ontlaadt zich telkens weer in terreuraanslagen, ook op burgers. Daar is niets tegen te doen; u mag alleen hopen op een beschermengel. Voor een autorit naar Hebron, Nablus en andere terreurgevaarlijke gebieden kunt u het best eerst naar de laatste stand van zaken informeren en de veiligheidsbepalingen in acht nemen, die bijvoorbeeld zijn te vinden op de website van de ambassade van Israël in Den Haag (http://thehague.mfa.gov.il). Grote voorzichtigheid is vooral in de Oude Stad van Jeruzalem geboden. In de omgeving van de Tempelberg kunnen rond joodse en islamitische feestdagen of in een gevaarlijke politieke situatie spanningen en soms zelfs schermutselingen ontstaan – ook hier geldt dat u het best voor uw bezoek kunt informeren of er gevaar dreigt.

Uitvoerig zijn de controles van bijvoorbeeld tassen bij de ingang van winkelcentra, bioscopen, musea en concertzalen. Deze zijn storend, maar worden wel voor uw eigen veiligheid uitgevoerd. Wees niet verrast bij de vraag: *Do you have a gun?* Onbeheerde bagage wordt in Israël direct verwijderd.

De Nederlandse overheid (www.rijksoverheid.nl/onderwerpen/reisadviezen/israel) adviseert reizigers zich te registreren bij het ministerie van Buitenlandse Zaken en houdt u op bovenvermelde website op de hoogte van de laatste stand van zaken.

Post

'Van iedereen, voor iedereen, iedere dag en voor iedereen voor dezelfde prijs' luidt het motto van de **Israel Postal Company Ltd.**, www.israelpost.co.il, die minder dan 48 uur na de stichting van de staat Israël in het leven werd geroepen. Een ansichtkaart naar Europa kost NIS3,90, een brief NIS4,20, beide per luchtpost (Air Mail).

Naast een bestel- en koeriersdienst beheert het bedrijf ook de Postbank. De Israel Philatelic Services geven een bonte verzameling postzegels uit (137 Hahagana Street, Tel Aviv, fax 076-8873281). Algemene informatie over postdiensten: tel. 117).

Internet

Bijna overal in Israël kunt u probleemloos het internet op. Op veel plaatsen vindt u internetcafés en in alle grote hotels wordt de mogelijkheid geboden om, meestal tegen betaling, op uw kamer te internetten via een kabel of wifi. In cafés en restaurants is het volstrekt normaal geworden om de gasten gratis wifi ter beschikking te stellen. Vraag bij het bestellen om het password als het een beveiligd netwerk betreft.

Telefoneren

Vaste lijnen

Het duurst is telefoneren vanuit internationale hotels – per belminuut naar Europa betaalt u ca. US$5. Het voordeligst is bellen met een telefoonkaart (Telecard, verkrijgbaar bij alle postkantoren en veel kiosken) bij een van de openbare telefoons die overal in het land zijn te vinden. Als u vanuit de grote steden belt, is de verbinding altijd uitstekend, maar in afgelegen plaatsjes kan de verbinding te wensen over laten.

Een dienst waar veel gebruik van wordt gemaakt is VoIP (Voice over IP, bellen via internet). Wijdverbreid zijn ook de gratis en goedkope speciale nummers. Telefoonnummers die met 1800, 1801 of 1809 beginnen, zijn voor de beller gratis *(toll free)*, voor nummers beginnend met 1700 betaalt u een laag tarief. De landelijke snelkeuzenummers beginnen altijd met een asterisk (*), die wordt gevolgd door vier cijfers.

De informatiedienst is te bereiken via tel. 144; als u 188 kiest, kunt u een verbinding met het buitenland tot stand brengen. Met een beetje geluk krijgt u een Engelssprekende operator aan de lijn.

Mobiele telefoon en tablets

Wie de relatie tussen de Israëli's en hun mobiele telefoon als erotisch bestempelt, beweert niets vreemds. Iedereen heeft zijn mobieltje altijd en overal bij zich en geeft met een lange, harde beltoon graag zijn akoestische visitekaartje af. Maar er is ook aan toeristen gedacht: als op uw mobiele telefoon roaming is ingeschakeld, kunt u in Israël direct een lokaal netwerk kiezen. Informeer bij uw eigen telefoonaanbieder welke maatschappij de gunstigste tarieven heeft.

Zinniger, want veel goedkoper, is het om een prepaidcard voor mobiel internet aan te schaffen. Zo'n kaart hanteert vaste tarieven voor het dataverkeer van smartphones en tablets, bijvoorbeeld 5 GB voor NIS200 (30 dagen geldig). Voordelig is de prepaidkaart van **Orange**, www.orange.co.il.

Kengetallen

Landnummers: Israël 00972, Palestina 00972 en 00970, Nederland 0031, België 0032, zonder de eerste 0 voor het kengetal.

Kengetallen in Israël: Akko 04, Arad 07, Be'er Sheva 08, Bethlehem 02, Eilat 08, Haifa 04, Jericho 02, Jeruzalem 02, Nazareth 04, Negevwoestijn 08, Ramallah 02, Tel Aviv 03, Tiberias 04, Dode Zee 08.

Radio en televisie

Israël kent vier publieks- en een groot aantal particuliere televisie- en betaalzenders. Op de eerste commerciële zender, **Channel 2**, www.rashut2.org.il, opgericht in 1993, zijn veel Amerikaanse en andere buitenlandse films en series in de oorspronkelijke versie te zien. In 2002 kwam **Channel 10** erbij als tweede commerciële zender. Op het eerste kanaal van de Israëlische televisie wordt dagelijks om 17.30 uur het nieuws (in het Engels) uitgezonden. Via internet is het nieuws continu te volgen op de homepage van de met sluiting bedreigde **Israel Broadcast Authority** (IBA): www.iba.org.il. In veel hotelkamers met een televisie zijn de gebruikelijke satellietzenders te ontvangen. In het Engels, Frans en Arabisch (en bewust niet in het Hebreeuws) bericht de nieuwe nieuwszender **¡24News**, www.i24news.tv.

Jongeren luisteren graag naar **Galatz**, www.glz.msn.co.il, de Israëlische legerzender, waarop voor het eerst ongedwongen gesprekken en radioshows waren te horen. De klassieke radiozender heet **Kol Israel** (De stem van Israël) en werd in 1938 als Palestinian Broadcasting Service (PBS) opgericht. Kort voor de stichting van Israël in 1948 riep Ben Gurion via Kol Israel vanuit het belegerde Israël de nieuwe staat uit. Maar zestig jaar later staakte de Israel Broadcast Authority om financiële redenen bijna alle internationale uitzendingen via de korte golf. Alleen richting Iran konden nog radio-uitzendingen in het Farsi worden ontvangen. De andere internationale uitzendingen zijn nu zowel live als *on demand* via het internetarchief te beluisteren op de websites www.iba.org.il/reka en www.intkolisrael.com. In Israël zendt **REKA Network** dagelijks om 6.30, 12.30 en 20.30 uur het Engelse nieuws uit. Deze radiozender is te ontvangen in het midden en het zuiden van Israël via AM 954 kHz, in het noorden via AM 1575 kHz en via ultrakorte golf/FM in Jeruzalem (101,3), Tel Aviv (101,2), Be'er Sheva (107,3), Haifa (93,7) en het noordelijke Galilea (94,4). Daarnaast zijn er talrijke particuliere regionale radiostations.

Palestijnse radiozenders zijn op internet te beluisteren vanuit Ramallah, www.radioangham.com en www.radioajyal.com, vanuit de Gazastrook, www.gazafm.net en vanuit Bethlehem, www.mawwal.ps.

Kranten en tijdschriften

Bij de toekenning van de Vredesprijs van de Duitse boekhandel aan Amos Oz in 1992 zei Siegfried Lenz in zijn lofrede het volgende: 'Geen schrijver in de moderne literatuur – daar ben ik zeker van – laat zijn personages zo vaak naar het nieuws luisteren als Amos Oz.' En daarmee sloeg hij de spijker op zijn kop. Israëli's zijn bijna verslaafd aan nieuws. De eerste twee kranten, die in 1863 in het gebied van het huidige Israël in het Hebreeuws werden gepubliceerd, heetten *Halevanon* en *Havatzelet*, en verschenen slechts een jaar.

De moderne persgeschiedenis begint in 1919 met de nog altijd bestaande krant **Haaretz** (De natie). Tegenwoordig verschijnen er ruim twintig landelijke dagbladen, waarvan achttien tevens in vertaling. De goed verkochte krant **Yediot Achronot** (Het Laatste Nieuws) verschijnt met een bijlage in het Russisch. Een aantal politieke partijen geeft eigen kranten uit. De mondiale economische crisis ging niet voorbij aan de Israëlische krantenconcerns. Dat effect is nog versterkt door de komst van de Likoedgetrouwe gratis krant **Israel Hayom** (Israël vandaag) van de Joods-Amerikaanse casinomiljardair Sheldon Adelson. Met een aandeel van een kleine 40% domineerde *Israel Hayom* in 2014 de markt en maakte het de concurrentie met bodemprijzen voor advertenties knap lastig.

Goede nieuwsbronnen voor reizigers zijn de Engelse **Jerusalem Post**, www.jpost.com,

Israëli's staan bekend als nieuwsverslaafd en nemen zelfs op straat de laatste wetenswaardigheden gretig tot zich

die als conservatief te boek staat, en de liberale **Haaretz**, www.haaretz.com. De **International New York Times** (vroeger de Herald Tribune) verschijnt in Israël met een Engelstalige bijlage van de *Haaretz*. Kranten en tijdschriften uit Europa zijn meestal twee dagen na de verschijningsdatum bij alle grote boekhandels verkrijgbaar.

Palestijnse kranten en tijdschriften komen uit in het Arabisch. De enige uitzondering is **This Week in Palestine** (www.thisweekinpalestine.com), eeen maandblad met artikelen over politiek, cultuur en samenleving dat in het Engels verschijnt. Het tijdschrift is niet alleen gedrukt verkrijgbaar, maar ook als pdf te downloaden.

Woordenlijst

Hebreeuws is de belangrijkste officiële ambtelijke taal in Israël. Het Hebreeuwse schrift, met 22 medeklinkers, wordt van rechts naar links geschreven. Ontbrekende klinkers worden met vocaaltekens aangegeven. Getallen worden echter vaak in de vertrouwde Arabische cijfers geschreven. Bij het telwoord wordt onderscheid gemaakt tussen een mannelijke en een vrouwelijke vorm.

Arabisch, de tweede ambtelijke taal in Israël en een van de officiële talen van de Verenigde Naties, wordt net als het Hebreeuws van rechts naar links geschreven, maar de notatie van getallen is van links naar rechts. Net als in het Hebreeuws wordt in het Arabisch bij weglating van klinkers gebruikgemaakt van vocaaltekens. Arabische letters worden verschillend geschreven als ze aan het begin, in het midden of aan het eind van een woord of los staan. Als u gaat winkelen in een Arabisch gebied kan het handig zijn om op zijn minst de cijfers uit het hoofd te kennen.

Algemeen

	Hebreeuws	Arabisch
goedemorgen	boqer tov	sabah il cheir
goedenavond	erev tov	massa il cheir
goedenacht	laila tov	tisbah il cheir
hallo	shalom (vrede)	ahlan
tot ziens	lehitraot	maasalama
dag	jalla bai	salam, bai
alstublieft	bevakasha	menfadlak
dank u	toda	shuqran
graag gedaan	einbe'adma	afuan
sorry	slicha	ana assif
hopelijk	ani mekaveh	inshallah ('als God het wil')
ja/nee	ken/lo	naam/la

Onderweg

links/rechts	smol/jamminna	shimal/jemir
rechtdoor	jaschar	dughi
noord/zuid	tsafon/daron	shamal/ganub
oost/west	maarav/mizraks	shark/gharb
station, halte	tachana	mahatet
bus	autobus	autobis
plein	kikar	midan
vervoerbewijs	kartiss	tazkara
luchthaven	sedetufah	matar
meer	agam	bohera
zee	jam	bahr
huis	beit	dar, beit
dorp	kfar	kafr
kerk	knessija	kinesa
moskee	missgad	masdschid, dschama
rivier	nahal	nahr
straat	rehov	sharea
dichtbij/ver	karov/aksok	karib/baid

Tijd

Tijd	Hebreeuws	Arabisch
zondag	jom rishon	jom el het
maandag	jom sheni	jom el itnin
dinsdag	jom shlishi	jom el talat
woensdag	jom revi'i	jom el arba
donderdag	jom chamishi	jom el chamis
vrijdag	jom shishi	jom el gomaa
zaterdag	shabat	jom el sebt
nu	achschaw	el'an
vandaag	hajom	enaharda
gisteren	etmol	belbareh
morgen	machar	buqra
vroeg/laat	mukdam/me'uchar	baker/met'achar
ochtend	boker	sabah
middag	zoharajim	dohr
uur	scha'a	sa'aa
dag	jom	jom
week	shavua	esbua
maand	chodesh	shahr
jaar	shana	sana
avond	erev	mesaa
nacht	laila	leil

Noodgeval/gezondheid

Help!	Ezrah!/Hatsylu!	El nagda!
politie	mischtara	bolis
ongeval	te'una	hadessa
pech onderweg	pantscher	otl
pijn	ke'evim	alam
arts	roffe	tabib
tandarts	roffe sanajim	tabib esnan, dontist
apotheek	beit merkahchat	saydalia

Overnachten

hotel	malon	funduq, lokanda
een-/tweepersoonskamer	cheder jachid/sugi	hogra lefard/lefarden
met bad	im ambatja	be hamam
met douche	im miklachat	be dosch
met ontbijt	im aruchat boker	be iftar
met balkon	im mirpesset	be terrass
wc	sherutim	hammam, toilette
airconditioning	misug avir	mokayef
halfpension	chatzi pension	be iftar we asha
volpension	pension maleh	be iftar we ghada we asha
warm water	majim chamim	maja dafye

Winkelen

	Hebreeuws	Arabisch
winkel	chanut	mehall
winkelcentrum	kanjon	mall
supermarkt	supermarket	ba'al supermarket
markt	shuq	suq
boekhandel	chanot sefarim	maktaba
bakkerij	ma'afija	fom
levensmiddelen	ma'achal	mauad gheza'e
postkantoor	doar	maslahet el barid
ansichtkaart	gluya	kart bostal
brief	michtav	gauab
postzegel	bulim	tabea
rekening	cheshbon	hesab
bank	bank	bank
geld	kessef	filus
creditcard	kartis aschrai	kart e'taman
geldautomaat	kaspomat	makinet
goedkoop	sol	rachis
juist	nachon	tamam, sah
duur	jakar	ghali, ketir

Getallen (v/m)

1	achat, echad	wahid
2	shtayim, shnayim	itnin
3	shalosh, shlosha	talata
4	arba, arba'a	arbaa
5	chamesh, chamisha	chamsa
6	shesh, shisha	sitta
7	sheva, shiva	saba
8	shmone, shmona	tamanya
9	tesha, tish'a	tissa
10	eser, asara	ashra
11	achat-esre, echad-asar	ehdashr
12	shtem-esre, shnem-asar	etnashr
20	essrim	ashrin
30	shloshim	talatin
40	arbaim	arbain
50	chamishim	chamsin
60	shishim	sittin
70	shivim	sabain
80	shmonim	tamanin
90	tishim	tissain
100	mea	meyah
1000	elef	alef
10.000	asseret alafim	ashret alef

De belangrijkste zinnen

Algemeen	Hebreeuws	Arabisch
Wanneer ...?	Mahtie ...?	Meta ...?
Hoe gaat het?	Ma shlomech/shlomcha?	Kif...?
Dank u, goed!	Beseder!	Becheir shokran!
Hoe laat is het?	Ma hasha'a?	Kam el sa'a?
Het is ...	Hasha'a ...	Heya...
Ik heet ...	Shmi ...	Ismi ...
Hoe zeg ik dat in het Hebreeuws/Arabisch?	Eich amrim/ bi ivrit?	Ismu eh da/ shu ismu bil arabi?

Noodgevallen		
Kunt u mij alstublieft helpen?	Ha'im ata jaksol (m)/at jexola (w) lazor li bewakascha?	Barguk tesa'edni menfadlak?
Ik heb een arts nodig.	Ani zakuk(m)/zekuka (w) l ehamlits al rofe.	Mehtag tabib.
Hier doet het pijn.	Koev li po.	Huna al alam.

Onderweg		
Waar is ...?	Ajfo ...?	Wen ...?
Wanneer gaat de eerste/ laatste bus?	Matal joze ha'otobus hstishon/ha'acharon?	Meta beyerhal elautobis elaual/elachir?
Ik wil graag een auto huren.	Ani ani rotse (m)/rotsa (w) liskor rexev.	Berid aagar sijara.
Waar vind ik een benzinestation?	Efo tachanat hadalek hakrova?	Wen mahatet benzin?
Hoe ver is het?	Ma hamerksak?	El mesafa kebira?
Ik heb autopech.	Jesh il pantsher.	Endi agla najme.
Waar is de wc?	Efo jesh sherutim?	Wen el hammam/toilett?

Overnachten		
Waar vind ik een hotel?	Efo jesh malon?	Wen hotil huna?
Is hier een kamer vrij?	Jesh po cheder panuj?	Fi hogra khalje?
Wat kost een kamer per nacht?	Kama se ole le laila echad?	El laila betetkalef kam?

Winkelen		
Ik wil graag geld wisselen.	Ani rotse/rotsa lehamir kessef.	Berid aghayer felus.
Waar kan ik ... kopen?	Efo efschar ilknot ...?	Men wen bashteri ...?
Ik wil graag ...	Ani roze/roza ...	Berid ... men fadlek.
Hoeveel kost dat?	Kama se ole?	Bikam hasa?

Vervoermiddelen als in Bijbelse tijden zijn tegenwoordig alleen nog te vinden in de woestijn of in toeristencentra – natuurlijk of kunstig nagemaakt

Onderweg

In Jeruzalem leeft de godsdienst
– ook op openbare plaatsen

Jeruzalem en de Dode Zee

Er wonen ruim 800.000 mensen in de door de internationale gemeenschap niet erkende hoofdstad van Israël, gelegen op 800 m hoogte in de heuvels van Judea, aan de rand van de woestijn. Yerushalayim, Stad van de Vrede, is de Hebreeuwse naam; in het Arabisch heet de stad El Quds, De Heilige. Het is een stad vol maatschappelijke tegenstellingen en een brandpunt van internationale politieke conflicten. Meer dan 30% van de bewoners leeft van een uitkering en de door de drie grote openbaringsgodsdiensten uitgeoefende controle over de heilige stad wordt ook opgeëist door de Arabieren.

U moet drie tot vier dagen uittrekken voor een bezoek aan Jeruzalem. Vergeet niet dat er op sabbat vrijwel niets te doen is en dat u in orthodoxe wijken als Mea She'arim met een vijandige bejegening rekening moet houden. Jeruzalem is overvol rond joodse en christelijke feestdagen, en het Arabische deel in het bijzonder rond islamitische feestdagen. Met Pasen zijn de hotels en gastenhuizen meestal snel volgeboekt.

Wie weinig tijd heeft, moet over de stadsmuur rond de Oude Stad en van de Citadel naar de Klaagmuur lopen en de Tempelberg, de Via Dolorosa en de Islamitische en Christelijke Wijk bezichtigen.

Ontspanning vindt u aan – of liever in – de Dode Zee. Hier vindt u nog een grandioze bezienswaardigheid: de vesting Masada. Onderweg kunt u bij Qumran de vindplaats van de Dode Zeerollen bezichtigen. En bij Ein Gedi geniet u van de natuur in een prachtig natuurreservaat met uitgezette wandelroutes en een waterval.

In een oogopslag Jeruzalem en de Dode Zee

Hoogtepunten

1 Oude Stad van Jeruzalem: Na een bezoek aan de Klaagmuur en de Tempelberg en een wandeling over de Via Dolorosa is er nog een lange lijst bezienswaardigheden over (zie blz. 140).

2 Yad Vashem: Deze gedenkplaats even buiten Jeruzalem eert de nagedachtenis van de slachtoffers van de Holocaust. Een bezoek is niet alleen aangrijpend, maar ook een onvergetelijke geschiedenisles (zie blz. 177).

3 Dode Zee: Drijvend in het water je krantje lezen – bijna iedereen maakt hier deze herinneringsfoto. Bezienswaardig is de vesting Masada, waar de zeloten tot de dood toe weerstand boden aan Romeinse belegeraars (zie blz. 194).

Fraaie routes

Door de Islamitische Wijk naar de Tempelberg: De route voert door de Islamitische Wijk naar de Klaagmuur. Daarboven liggen op de Tempelberg de Rotskoepel en de El-Aqsamoskee, naast de Stallen van Salomo (zie blz. 155).

Via Dolorosa: De veertien kruiswegstaties langs de Via Dolorosa herinneren aan de lijdensweg van Christus, te beginnen met het doodvonnis van Pilatus en eindigend bij de Heilig Grafkerk. Op vrijdagmiddag kan het heel druk worden, als op het uur van de Kruisdood pelgrimsgroepen uit de hele wereld zich door de straatjes persen. De Via Dolorosa is echter ook een belevenis als u er in alle rust doorheen loopt (zie blz. 161).

Van Jeruzalem naar de Dode Zee: Het traject is grandioos – eerst loopt de weg steil omlaag naar de Dode Zee, dan voert hij langs de grillige kust van het meer. Met de auto vanuit Jeruzalem bent u er in ruim anderhalf uur (zie blz. 194).

Tips

Wohl Archaeological Museum: Op 3 m onder straatniveau stuitte men bij opgravingen op Joodse baden en cisternen. De opgravingen vormen de kern van het archeologische museum (zie blz. 153).

Israel Museum: Beroemd is de Schrijn van het Boek met de Dode Zeerollen; verder zijn er beeldende kunst en een beeldentuin te zien (zie blz. 180).

Restaurant Darna: In een twee eeuwen oud gebouw niet ver van de Jaffa Road serveert restaurant Darna specialiteiten uit Marokko. Met name 's middags kunt u hier voordelig eten (zie blz. 186).

Circle Line 99: Interessant is een rondrit in een dubbeldekkerpanoramabus rond de Oude Stad en door het moderne Jeruzalem. Als begin- en eindpunt is de Jaffapoort aan te raden (zie blz. 191).

actief

Over de stadsmuur rond de Oude Stad wandelen: Een fantastisch overzicht van de doolhof van straatjes in de Oude Stad krijgt u tijdens een wandeling over de stadsmuur. Bovendien kijkt u uit over het oostelijke en westelijke nieuwe deel van Jeruzalem en geniet u bij helder weer van een uitzicht tot de heuvels van Judea. De route is goed beloopbaar en maakt u vertrouwd met de acht stadspoorten, die voor uw verdere oriëntatie belangrijk zijn (zie blz. 142).

Archaeological Park Ophel & Davidson Center: Het Archaeological Park Ophel omvat 5000 jaar geschiedenis. Een inleiding krijgt u in het bijbehorende Davidson Center, waar met behulp van de modernste technieken de tijd van de Eerste en Tweede Tempel multimediaal tot leven wordt gebracht (zie blz. 157).

1 Oude Stad van Jeruzalem ▸ 8, F 3

Elke steen, elke voeg in Jeruzalem ademt geschiedenis. Geen andere stad in Israël draagt zozeer het stempel van de religies die hier gevestigd zijn – en om geen andere stad werd en wordt meer gestreden dan om deze, waar de antieke navel van de wereld ligt.

Kaart: blz. 144–145

'Ik verlaat Jeruzalem bijvoorbeeld bij de Jaffapoort, een van de drukste verkeersknooppunten van de stad. Bij de poort staat een lange rij koetsjes. Ik bekijk de koetsiers. Op het eerste koetsje zit een Sefardische Jood, die druk gebarend iets in het Ladino roept. Achter hem troont een oude, grijsbaardige Asjkenazische Jood op de bok, net bezig in een Galicisch dialect met passagiers over de prijs te onderhandelen; (...) daarachter zie ik een lange, zwartbaardige Arabier, die er op zijn oriëntaals loom bijzit, met een uitdrukking van onverschilligheid op zijn gezicht – om het onparlementair te zeggen: hij straalt uit dat het hem allemaal geen moer kan schelen (...) En zo gaat het verder: op elke koets zit een koetsier met een andere nationaliteit en een ander geloof. Het is je reinste volkerenshow. En zo is het ook met de voetgangers die het plein vullen. Voor mij lopen twee chassidische Joden in kaftan (...) naast hen komt een Russische priester aanschrijden, met lange, ongekamde haren, een hoge, zwarte muts op zijn hoofd en laarzen die zijn tred de nodige gewichtigheid en de vereiste luidruchtigheid verlenen. Ik word gepasseerd door een groep gezette, weldoorvoede, gladgeschoren Franse jezuïeten, aan wie het is aan te zien dat hun godsdienst hun maag goed bekomt ...'

Nahum Goldmann, oprichter en voorzitter van het Joods Wereldcongres, beschreef op de-

De toren van de Verlosserkerk biedt een fantastisch uitzicht over de Oude Stad

ze manier verbaasd maar ook bijtend zijn bezoek aan Jeruzalem in 1914. De koetsjes, die grotendeels uit het stadsbeeld zijn verdwenen, heten tegenwoordig taxi's, maar verder is de beschrijving tijdloos.

Een eerste bezoek aan Jeruzalem, met name de eerste kennismaking met de Oude Stad, is opwindend en verwarrend tegelijk. De uitstraling van de stad is net zo Europees als oriëntaals. Elke dag mengen de oproepen tot gebed van de muezzins zich met een honderdvoudig klokgebeier tot een bijna kakofonische klankwolk die boven de stad lijkt te zweven. Maar als u op de stadsmuur uitkijkt over de Oude Stad ziet u onderhand meer satellietschotels dan minaretten en kerktorens. In nauwelijks één andere stad in Israël ruikt u zo vaak de geuren van de Oriënt, die melange waarin saffraan en mirre versmelten tot een nu eens lieflijk dan weer penetrant aroma.

Maar er zijn nog veel meer contrasten. Op straat ziet u op een paar passen afstand van elkaar modern geklede vrouwen in minirok, gesluierde Arabische vrouwen, Arabische mannen in kaftan en steeds vaker orthodoxe joden met zwarte hoeden, zwarte mantels en witte hemden. Daartussendoor lopen pelgrims en monniken en nonnen uit de meest uiteenlopende christelijke geloofsrichtingen.

In de menigte lopen ook Jezusfiguren rond, gehuld in een mantel, op sandalen en met lang, golvend haar en een baard. Sommigen van hen dragen een herdersstaf, net als Mozes, David of de apostelen, en preken voor kerken. Ook ziet u in het wit geklede vrouwen, veronderstellend dat ze de moeder Gods zijn of Maria Magdalena. Wat er misschien uitziet als amateurtoneelspelers die een passiespel uitvoeren, meestal glimlachend gadegeslagen door omstanders, is vaak een ernstige psychische ziekte, een waan. Elk jaar beschouwen honderden pelgrims, overweldigd door de spiritualiteit van Jeruzalem en gedreven door de eigen zoektocht naar verlossing en verlichting, zich plotseling als reïncarnatie van oud- en nieuwtestamentische figuren en beginnen zich dienovereenkomstig te kleden Volgens een studie van de Jeruzalemse psychiatrische kliniek Kfar Shaul vormen stigma's geen deel van dit ziektebeeld, dat ook uit andere pelgrimsoorden bekend is. De naam ervan is Jeruzalemsyndroom.

In het gewone leven heerst in Jeruzalem een steeds fellere en gewelddadige strijd tussen ultra-orthodoxe joden, die de hele stad naar hun normen willen omvormen, en seculiere Israëli's, die vrezen voor hun burgerrechten. De ultra-orthodoxen, die men te lang heeft laten begaan, willen een scheiding der seksen op trottoirs en in bussen en verketteren optredens van zangeressen en reclameposters met vrouwen erop. Zelfs schoolmeisjes worden bespuugd als ze in de ogen van de radicalen niet zedig genoeg gekleed zijn. Tegen de openlijk gepredikte homofobie ('Al die perverselingen uit Jeruzalem') hebben de liberalen nu een symbolische daad kunnen stellen: homobar Hamikwe in het centrum is een trefpunt voor homoseksuelen – seculiere én gelovige Joden. Het terrein zal niet zonder verzet aan de ultra's worden prijsgegeven; de signaalwerking voor de rest van het land zou desastreus zijn.

Geschiedenis

Hoofdstad van koning David

Al in het 3e millennium v.Chr. lag hier een nederzetting, op de berg Ofel ten zuiden van de Tempelberg. Rond 1000 v.Chr. veroverde David Jeruzalem, dat hij tot hoofdstad van zijn rijk uitriep. Koning Salomo bouwde de Eerste Tempel (zie blz. 33). De Babylonische koning Nebukadnessar verwoestte deze in 586 v.Chr. en voerde de Joden in ballingschap naar Babylon. Ruim een halve eeuw later keerden de Joden terug en bouwden de Tweede Tempel, die in 70 n.Chr. door de Romeinen werd verwoest – alleen de westelijke muur, de Klaagmuur, bleef behouden (zie blz. 154).

In de 11e en 12e eeuw probeerden de kruisvaarders de Heilige Stad, waarin Jezus gekruisigd werd en uit de dood herrees, uit de handen van de moslims te bevrijden, wat hun voor enige tijd ook gelukte. De Egyptische sultan Salah el Din (Saladin) veroverde de stad, waarin de Hemelreis van Mohammed had

actief

Over de stadsmuur rond de Oude Stad wandelen

Informatie

Begin: Jaffapoort, Damascuspoort.
Lengte: 1,5 km.
Duur: Jaffapoort tot Leeuwenpoort bijna 1,5 uur, Citadel tot Mestpoort ca. 1 uur.
Openingstijden: April–sept. dag. 9–17, okt.–mrt. 9–16, hele jaar vr. en feestdagen 9–14 uur.
Toegang: NIS16.
Kassa: Opgang achter de citadel (zuidelijke route), Jaffa- en Damascuspoort (noordelijke route).
Kaart: blz. 144–145.

Een wandeling over de 12 m hoge stadsmuur is de beste manier om een overzicht te krijgen van de Oude Stad. Aangezien het stuk op de Tempelberg uit veiligheidsoverwegingen is afgesloten, is er nu van de Jaffa- tot de Leeuwenpoort een noordelijke en van de Leeuwenpoort of Citadel tot de Mestpoort een zuidelijke *ramparts walk*. Als u maar één etappe wilt lopen, kunt u beter de noordelijke route kiezen. Boven op de muur hebt u een prachtig uitzicht over het westelijke en oostelijke deel van de nieuwe stad die om het oude Jeruzalem is gegroeid en bij goed zicht kijkt u uit tot de heuvels van Judea. Op de muur zelf zijn kantelen, schietgaten en verborgen opslagruimtes te zien. De route is goed beveiligd en maakt u vertrouwd met de acht stadspoorten, die u kunnen helpen zich te oriënteren.

De Osmaanse sultan Süleyman de Grote, aan wie de Oude Stad zijn huidige aanblik te danken heeft, liet de muur tussen 1532 en 1542 bouwen op fundamenten uit Romeinse en Byzantijnse tijd. De bouw werd vertraagd doordat er na de voltooiing van de noord-, oost- en westzijde onenigheid ontstond over de vraag of de berg Sion binnen of buiten de muren moest liggen. Het stadsbestuur besloot dat de franciscanen als beheerders van de berg de meerkosten moesten betalen. Maar het ontbrak de bedelorde aan geld en daarom bleef de berg Sion buiten de muren.

Bij de **Jaffapoort** 1 (Sha'ar Yafo, Bab el Chalil), het populairste beginpunt van de noordelijke route, begon vroeger de weg naar Jaffa en Hebron, voor pelgrims en handelaars de belangrijkste verbinding met de Middellandse Zeekust. Even ten zuiden van de poort verrijst heel opvallend de Citadel (zie blz. 147). Langs de Christelijke Wijk lopend komt u in het noordwesten van de Oude Stad bij de **Nieuwe Poort** 2 (Sha'ar HaHadash, Bab el Jedid). Hij werd in 1887 opgetrokken in opdracht van de Osmaanse sultan Abdül-Hamid om de christenen in de nederzettingen buiten de noordmuur gemakkelijker toegang te geven tot de Oude Stad. De volgende stopplaats, de indrukwekkende **Damascuspoort** 3, in het Arabisch Bab el Amud (Zuilenpoort), was vroeger het beginpunt van de weg naar Damascus. **Nabluspoort** (Sha'ar Shechem) is de Hebreeuwse naam van deze poort, de grootste van de acht, voorzien van kantelen en kleine torens en in de Romeinse tijd het beginpunt van de Cardo Maximus, de chique winkelstraat. Maar van het bouwwerk uit de Romeinse tijd is niets bewaard gebleven. Het huidige gebouw is in 1538 opgetrokken door sultan Süleyman. Het uitzicht vanaf de transen van de Damascuspoort over Jeruzalem is overweldigend. Bij de poort begint de Suq Khan el Zeit. Langs de Islamitische Wijk lopend komt u bij de eenvoudige **Herodespoort** 4 (Sha'ar HaPerachim, Bab el Zahra). Zijn wei-

plaatsgevonden, in 1187 terug voor de islam en stond de door de christenen verdreven Joden toe om terug te keren. De stad telde meer dan 5000 synagogen, moskeeën en kerken en in sommige jaren werd hij door een miljoen pelgrims bezocht. Later werd de stad nog beheerst door Mammelukse en Osmaanse sultans (vanaf 1249 resp. 1517). Süleyman de Gronig toepasselijke naam dankt de poort aan pelgrims die meenden dat hier het huis stond van Herodes Antipas, waarheen Pontius Pilatus Christus had gestuurd. Als u voor de muur het Rockefeller Museum Links laat liggen, bereikt u in de noordoosthoek de Zwanentoren (die in het Engels abusievelijk Stork Tower heet). De toren is vernoemd naar het wapendier van legerleider Gottfried van Bouillon, wiens kruisridders bij het beleg van Jeruzalem in 1099 hier door de muur braken.

Vlak na de St.-Annakerk – met schitterend uitzicht op de Olijfberg – komt u bij de **Leeuwenpoort** 5 (Sha'ar Ha'Arayot, Bab el Ghor). Volgens een overlevering zou Süleyman in een droom twee leeuwen hebben gezien die hem aanspoorden om de stadsmuur verder te bouwen, anders zou hij door leeuwen worden verscheurd. Hij volgde de raad op en versierde de poort met twee stenen leeuwen. Onder christenen is de naam **Stefanuspoort** ingeburgerd, want in de nabijheid werd Stefanus gestenigd als eerste martelaar van de christenheid. In de Zesdaagse Oorlog van 1967 drongen Israëlische troepen via deze poort voor het eerst door tot in de Oude Stad. Loop over de muur tot het einde van het pad en daal bij de Leeuwenpoort af naar de Via Dolorosa. U ziet de Tempelberg, Al Aqsamoskee en Rotskoepel liggen. Met gebedstijden is de roep van de muezzins een onvergetelijke geluid. Na het vrijdaggebed stromen de gelovigen door de Al Asbatpoort terug de Oude Stad in.

Niet bereikbaar is de **Gouden Poort** 6 (Sha'ar HaRachamim, Bab el Rameh), die waarschijnlijk in de 7e eeuw door de moslims werd dichtgemetseld. Hij verving vanaf de 5e eeuw een eerdere toegangspoort tot de Tempelberg. Over het waarom van de afsluiting bestaan verschillende overleveringen. Volgens een bekend verhaal vreesden de moslims dat de Joodse messias bij zijn komst via de poort de Tempelberg zou betreden. Waarschijnlijker is echter dat ze ongelovigen de toegang tot de Rotskoepel wilden verhinderen.

De zuidelijke route gaat van de Citadel naar de Mestpoort. De toegang tot deze zuidelijke *ramparts walk* ligt enigszins verscholen aan de achterkant van de Citadel. Het muurpad, dat aan de rechterhand uitzicht op hotel **King David** 2 biedt, voert langs de Armeense Wijk naar de **Sionspoort** 8 (Sha'ar Ziyyon, Bab el Nabi Daud). Deze werd opgetrokken onder de Mammelukken, gerestaureerd onder de Osmanen en leidt naar de berg Sion. Sinds de Onafhankelijkheidsoorlog van 1948 toont de poort sporen van hevige beschietingen. De klokkentoren van de Dormitiokerk is niet te missen.

Bij de Joodse Wijk voert het pad naar de **Mestpoort** 7 (Sha'ar HaAshpot). Sinds de 2e eeuw voerden de bewoners van de Oude Stad hier hun afval af. Het werd op de nabijgelegen hellingen geworpen of bleef bij de poort liggen. Verder kunt u niet over de muur. Niet ver hier vandaan liggen de Stad van David en het Archaeological Park Ophel, een archeologisch opgravingsterrein met vondsten uit twaalf tijdperken uit de geschiedenis van Jeruzalem (zie blz. 157). Bij de Klaagmuur is de houten opgang te zien die de enige toegang tot de Tempelberg voor niet-moslims is (zie blz. 156). De Arabische naam voor de Mestpoort, Bab el Maghreb (Morenpoort), heeft betrekking op de immigranten uit Noord-Afrika die hier vanaf de 16e eeuw een plekje vonden.

De Arabische wijk aan de overkant heet **Silwan**.

te schonk de Oude Stad de muur (in 1538) en gaf hem zijn huidige aanblik.

In 1917 bezette Groot-Brittannië Jeruzalem, dat in 1947 volgens het delingsplan van de VN een internationale status had moeten krijgen. Met het uitroepen van de onafhankelijkheid schiepen de stichters van de staat Israël in 1948 een voldongen feit.

Jeruzalem/ Oude Stad

Bezienswaardigheden

1 Jaffapoort
2 Nieuwe Poort
3 Damascus(Nablus-)poort
4 Herodespoort
5 Leeuwen(Stefanus-)poort
6 Gouden Poort
7 Mestpoort
8 Sionspoort
9 Citadel
10 Jakobuskerk
11 Mardigian Museum of Armenian Art and History
12 Marcuskapel
13 Graf van Oskar Schindler
14 Dormitiokerk
15 Graf van David
16 Holocaust Museum
17 Petrus in Gallicantukerk
18 Jochanan Ben Zakkai-synagoge
19 Hurva en Ramban-synagogen
20 Broad Wall
21 Cardo Maximus
22 Isaac Kaplan Old Yishuv Court Museum
23 Wohl Archaeological Museum
24 Siebenberg House Museum
25 Klaagmuur/Wilsonboog
26 Western Wall Tunnel
27 Aqabat el Taqiya Street
28 Turba Tashtamuriyya
29 Khalidibibliotheek
30 Turba Turkan Khatun
31 Madrasa Tankiziyya
32 Archaeological Park Ophel & Davidson Center
33 Islamitisch Museum
34 Stallen van Salomo
35 El-Aqsamoskee
36 Rotskoepel
37 St.-Annaklooster

Vervolg op blz. 146

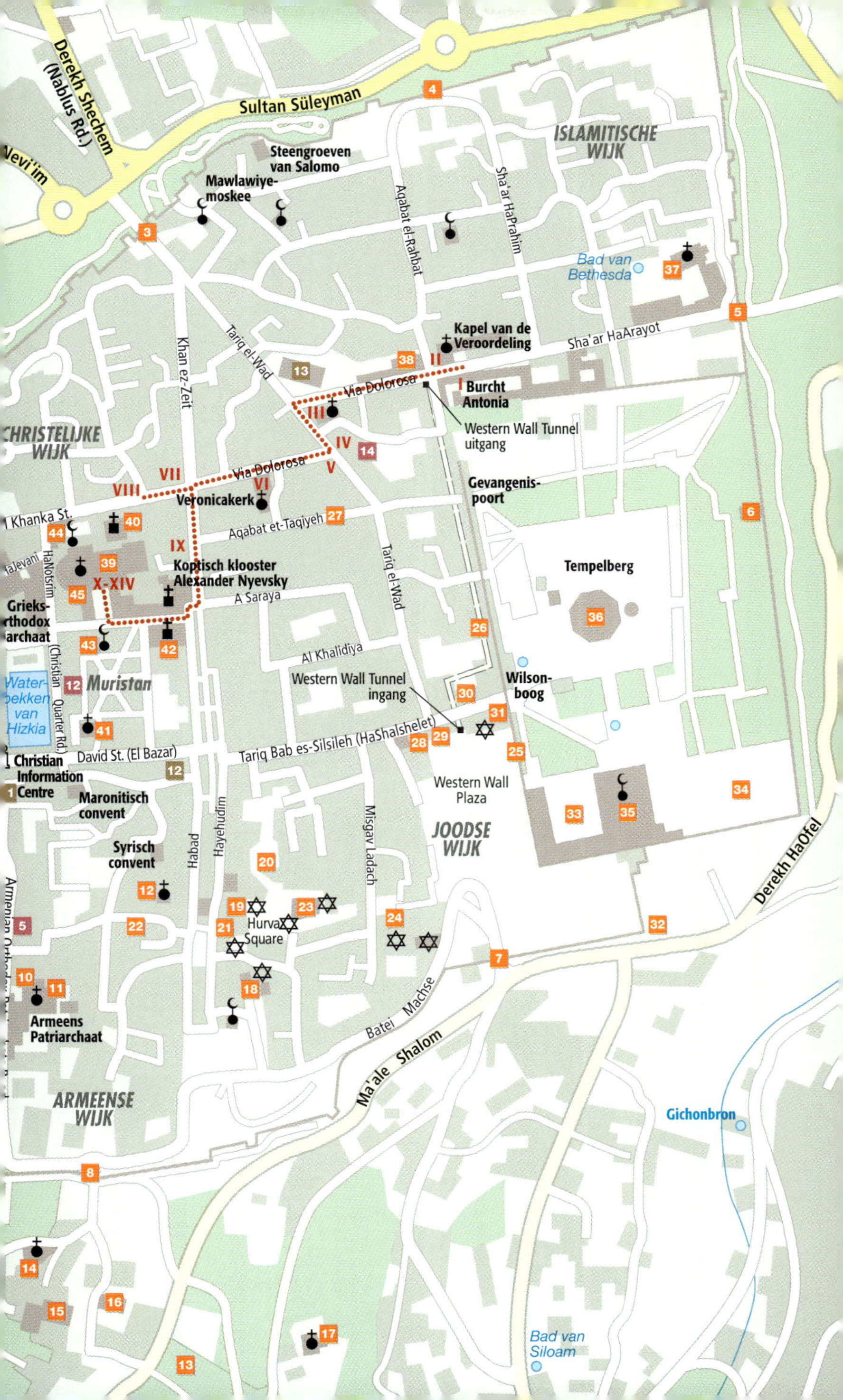

Derekh Shechem
(Nablus Rd.)
Sultan Süleyman
Nevi'im
Steengroeven
van Salomo
Mawlawiye-
moskee
ISLAMITISCHE
WIJK
Aqabat el-Rahbat
Sha'ar HaPrahim
Bad van
Bethesda
Kapel van de
Veroordeling
Sha'ar HaArayot
Khan ez-Zeit
Tariq el-Wad
Via Dolorosa
Burcht
Antonia
Western Wall Tunnel
uitgang
CHRISTELIJKE
WIJK
Gevangenis-
poort
Veronicakerk
Khanka St.
Aqabat et-Taqiyeh
HaNotsrim
Tempelberg
Koptisch klooster
Alexander Nyevsky
A Saraya
Grieks-
orthodox
patriarchaat
Al Khalidiya
Western Wall Tunnel
ingang
Wilson-
boog
Muristan
(Christian Quarter Rd.)
Water-
bekken
van
Hizkia
Tariq Bab es-Silsileh (HaShalshelet)
Christian
Information
Centre
David St. (El Bazar)
Western Wall
Plaza
Maronitisch
convent
JOODSE
WIJK
Syrisch
convent
Habad
Hayehudim
Misgav Ladach
Derekh HaOfel
Armenian Orthodox Patriarchate Rd.
Hurva
Square
Batei Machse
Armeens
Patriarchaat
Ma'ale Shalom
ARMEENSE
WIJK
Gichonbron
Bad van
Siloam

Jeruzalem/Oude Stad

Bezienswaardigheden
38 Ecce Homobasiliek
39 Heilig Grafkerk
40 Salvatorklooster
41 Johannes de Doperkerk
42 Verlosserkerk
43 Al Omaria
44 Al Khanka
45 Kloosterdorp Deir el Sultan
46 – 80 zie kaarten blz. 168 en 174–175

Accommodatie
1 – 7 zie kaart blz. 174–175
8 East New Imperial
9 Petra Hostel
10 zie kaart blz. 174–175
11 Christ Church Guest House
12 Lutheran Guesthouse
13 Austrian Hospice
14 Casa Nova Hospice

Eten en drinken
1 – 4 zie kaart blz. 174–175
5 Armenian Tavern
6 – 7 zie kaart blz. 174–175
8 Eucalyptus
9 – 11 zie kaart blz. 174–175
12 Panorama Golden City
13 Nafoura
14 Abu Shukri

Winkelen
1 Hutzot Hayotzer
2 zie kaart blz. 174–175
3 Sandrouni
3 zie kaart blz. 174–175

Uitgaan
1 – 17 zie kaart blz. 174–175

In de Zesdaagse Oorlog van 1967 bezette Israël ook het Arabische deel van Jeruzalem – misschien niet de oorzaak maar wel de aanleiding van de tot op heden aanhoudende onrust in en rond de stad. Joodse kolonisten vestigden zich ook in het oostelijke deel van de stad. In 1995 begon het stadsbestuur met het in beslag nemen van Arabische grond voor kolonisten, kennelijk om op korte termijn de vredesgesprekken te saboteren en op lange termijn, zoals nu duidelijk wordt, de nederzettingen als een beschermende ring om Jeruzalem te leggen. Zo is een agglomeratie ontstaan met meer dan een miljoen inwoners – en nog meer aanleidingen tot conflicten.

Chique wijk Mamilla

In 2007 was Israëls langst voortslepende stedenbouwkundige project eindelijk voltooid. De nieuw gecreëerde stadswijk Mamilla-Alrov (www.alrov.co.il) ligt ten westen van en onder de Jaffapoort, in de buurt van het David Citadel Hotel, en verbindt de Oude Stad met het moderne Jeruzalem en was al in de 19e eeuw gepland als Joods-Arabische winkelbuurt, maar daar was het nooit van gekomen. Na de bezetting van Oost-Jeruzalem in 1967 kwam de Israëlische regering met een nieuw concept, dat bijna twee decennia lang heftig bediscussieerd, verworpen, opnieuw ter tafel gebracht en weer verworpen werd. Na vele jaren en investeringen van alles bij elkaar wel US$400 miljoen loopt het even populaire als chique winkelcentrum nu heel goed. De huizen in het woondeel en de caféterrassen bieden een adembenemend uitzicht op de Oude Stad en behoren tot de duurste locaties van Jeruzalem. Ook de hier gevestigde winkels worden gekenmerkt door hoge prijzen (zo.-do. 's zomers 10–22, 's winters 10–21.30, vr. 's zomers 9.30–15.30, 's winters 9–14 uur, za. van een uur na het eind van de sabbat tot 23 uur).

De geschiedenis van Jeruzalem wordt elke dag herschreven. Archeologen doen voortdurend nieuwe vondsten en alleen als het om heel spectaculaire gaat, wordt er in de publiciteit aandacht aan gegeven. In Khirer Qeiyafa, zo'n 30 km ten westen van Jeruzalem, waar David met Goliat zou hebben gestreden, stuitte men in 2008 door toeval op een potscherf met de oudste tot op heden bekende Hebreeuwse tekst. Ten zuiden van de Klaagmuur werd in 2010 een 3400 jaar oude potscherf gevonden met Akkadisch spijkerschrift, indertijd de taal van diplomatieke correspondentie. Dit is het oudst bekende inschrift van Jeruzalem.

Aan de weg naar het Bad van Siloam, in de Stad van David (zie blz. 169), vonden archeologen bij een ingestorte muur een ca. 3000 jaar oude tunnel, een irrigatiekanaal uit de tijd van David dat 7 m onder het huidige straatniveau loopt en in Romeinse tijden dienstdeed als vluchtweg voor de inwoners van Jeruzalem, zoals de geschiedschrijver Flavius Josephus bericht. Archeologische vondsten zijn in Jeruzalem aan de orde van de dag. Wie ergens bij een opgraving komt, meestal afgedekt met dekzeilen, kan de opgravers rustig aanspreken; de meesten vertellen graag over hun werk, dat hier vaak ook een politieke lading heeft. Wetenschappelijk ongefundeerde verwijzingen naar de Bijbel in opgravingen worden vaak ingezet om steeds meer Joodse aanspraken op Palestijnse grond te rechtvaardigen, zeggen critici.

Oriëntatie

Het is gemakkelijker u te oriënteren als u zich bewust bent van de belangrijkste stadsdelen. De door de stadsmuur omringde **Oude Stad**, waar op slechts 1 km² meer dan 20.000 mensen wonen, vormt met zijn Joodse, Islamitische, Christelijke en Armeense Wijk het toeristisch centrum van Jeruzalem, met de topbezienswaardigheden van de stad. Ten noorden en noordoosten van de Oude Stad ligt **Oost-Jeruzalem**, het door Arabieren gedomineerde deel van de stad. Het vaak gebruikte begrip **West-Jeruzalem** is vanwege het in alle richtingen uitdijen van de moderne stad eigenlijk niet meer geschikt als naam, tenminste niet meer in de zin van het niet-Arabische deel van Jeruzalem. Ten oosten en zuiden van de muur liggen de **Olijfberg** en de **berg Sion**, evenals het **Kidron-** en **Hinnomdal**. In het moderne Jeruzalem zijn onder andere de buurt rond **Jaffa Road** – sinds de komst van de tram in 2011 voetgangersgebied – en de mooie woon- en uitgaanswijk **German Colony** ook van toeristisch belang.

Citadel 9

Kaart: blz. 144-145

Aan de westrand van de Oude Stad verrijst vlak bij de Jaffapoort de imposante **Citadel**, vaak ten onrechte als Citadel van David aangeduid, omdat pelgrims vroeger dachten dat alleen een man als koning David zoiets indrukwekkends gebouwd kon hebben. De Citadel is tegenwoordig een archeologisch opgravingsterrein met een voortreffelijk museum over de geschiedenis van de stad, dat u eigenlijk bij het begin van uw bezoek zou moet bekijken.

Geschiedenis

De fundamenten van het **Paleis van Herodes**, zoals de vesting vroeger ook werd genoemd, stammen uit de tijd van de Makkabeeënopstanden. Hij werd in 23 v.Chr. herbouwd door Herodes de Grote, die de verdedigingswerken aanvulde met drie bijna 40 m hoge torens, vernoemd naar zijn vriend Hippicus, zijn broer Fasaël en zijn door hemzelf terechtgestelde vrouw Mariamme. De Romeinse gouverneurs gebruikten de vesting als luxueuze residentie tot Titus, de zoon van keizer Vespasianus, hem in 70 n.Chr. verwoestte. Alleen de drie torens liet hij staan, als teken van de moed van zijn leger.

In de 14e eeuw breidden de Mammelukken een twee eeuwen eerder gebouwde kruisridderburcht uit. Dit Mammelukkenkasteel werd in de 16e eeuw door de Osmaanse sultan Süleyman de Grote bij de Citadel gevoegd en in de stadsmuur opgenomen. De opvallende minaret, vaak als Davidstoren aangeduid, werd pas in 1635 door de Osmanen opgetrokken. In 1917 proclameerde de Britse generaal Allenby hier Jeruzalems bevrijding van het Osmaanse oppergezag.

Tower of David Museum

De ingang van het **Tower of David Museum** (het Citadelmuseum) ligt tegenover het Government Tourist Office. Het brengt met moderne multimediatechnieken de ruim 3000-jarige geschiedenis van de stad tot leven. Bij de kassa zijn draadloze audioguides te leen, die na het invoeren van de bij de bezienswaardigheden horende nummers via een hoofdtelefoon informatie laten horen.

Computergraphics, video's, diapresentaties en hologrammen die de Eerste en Tweede Tempel van alle kanten zichtbaar maken, geven inzicht in de verschillende perioden van de geschiedenis van Jeruzalem. De complexe

Gebouwd door Herodes de Grote: de Citadel bij de Jaffapoort

geschiedenis van de Citadel wordt ook weerspiegeld door opgravingen op de binnenplaats. Deze brachten niet alleen de fundamenten van Mammelukse bouwwerken aan het licht, maar ook katapultstenen met het inschrift LXF (Legio X Fretensis), die door het Romeinse Tiende Legioen werden gebruikt bij de beschieting van Jeruzalem. Met veel liefde voor detail is een uitgebreide verzameling poppen aangekleed die de traditionele dracht toont van bijvoorbeeld Jemenitische Joden, Sefardische bruiden, druzen, franciscaner monniken en Arabische boeren. 's Zomers illustreert na het invallen van de duisternis een gemakkelijk toegankelijk klank-en-lichtspel (Night Spectacular) de geschiedenis van Israel. Twintig computergestuurde projectors toveren een musicerende koning David op de muren en laten gevels groeien. De moderne geschiedenis van politieke conflicten blijft onvermeld. Het toch zeer boeiende schouwspel is bedacht als feest voor de zintuigen, niet van de feiten (tel. 02 626 53 33, internettickets www.towerofdavid.org.il, sept.-juni zo.-do. 10-16 uur, vr. alleen voor groepen na afspraak via tel. 02 626 53 27, za. en de dag voor feestdagen 10-14 uur, juli-aug. za.-do. 10-17, vr. 10-14 uur; NIS40, inclusief Night Spectacular NIS70).

Armeense Wijk

Kaart: blz. 144-145

Tussen de Jaffapoort en de Sionspoort ligt de **Armeense Wijk**, een soort stad in de Oude Stad, met woonhuizen, bibliotheken en scholen. Van de Jaffapoort loopt u langs de Citadel, het toeristenbureau en de politiepost naar de **Armenian Patriarchate Road**, een smalle straat met hoge muren aan weerszijden. Kleine portalen voeren naar het hart van de wijk, waarin zo'n 1300 Armeense families leven, nakomelingen van Armeniërs die de Turkse moordpartijen van 1915–1916 konden ontvluchten. Armenië heeft een zeer conflictueuze geschiedenis gekend en was aan het begin van de 4e eeuw het eerste land waar het christendom staatsgodsdienst werd.

Jakobuskerk en Mardigian Museum

Het Armeens-apostolisch klooster midden in de wijk grenst aan het Armeense Patriarchaat en de imposante **Jakobuskerk** 10 uit de 11e–12e eeuw, zowel genoemd naar de apostel Jakobus de Meerdere als naar Jakobus de Mindere, de eerste bisschop van Jeruzalem. Diens gebeente, gevonden in het Benei Hezirgraf in het Kidrondal (zie blz. 170), zou onder het altaar van deze door kruisvaarders gebouwde kerk liggen (bezichtiging alleen tijdens de eredienst: ma.–vr. 6.30–7.30, 15–15.30, za. 8, zo. 6.15 en 8 uur).

Een kapel links van de ingang bergt het hoofd van Jakobus de Meerdere, de in 44 terechtgestelde broer van de evangelist Johannes. Zijn lichaam rust volgens de overlevering in het Spaanse Santiago de Compostela. De kapellen van Jakobus en de Egyptische heilige Menas zijn niet toegankelijk. Na een schenking van een rijke Armeniër dienen ze sinds 1929 als opslagruimte voor eeuwenoude handschriften en boeken. De zijaltaren zijn gewijd aan Maria en Johannes de Doper.

Lonend is zeker ook een bezoek aan het **Mardigian Museum for Armenian Art and History** 11 naast de Jakobuskerk (tel. 02 628 23 31, ma.-za. 9–16.30 uur, NIS5; lang tijd wegens renovatie gesloten).

Marcuskapel 12

Bij het Syrisch-orthodoxe (jacobitische) Marcusklooster aan de rand van de Armeense Wijk hoort de **Marcuskapel**, de hoofdkerk van de Syrisch-orthodoxe gemeenschap. Deze zou gebouwd zijn op de plaats waar Maria, de moeder van de evangelist Marcus, haar huis ter beschikking van de christelijke gemeente stelde voor samenkomsten en gebedsdiensten (ma.-za. 7–12, 14–17 uur).

Berg Sion

Kaart: blz. 144–145
Door de Sionspoort verlaat u de Oude Stad. Tot de verwoesting van de Tweede Tempel lag de **berg Sion** (Har Ziyyon), een van de mooiste buurten van het huidige Jeruzalem, binnen de stadsmuren. Volgens de overlevering vond hier het Laatste Avondmaal plaats, waarbij Jezus de voeten van de discipelen waste en voorspelde dat Petrus hem zou verloochenen en Judas hem zou verraden.

Graf van Oskar Schindler 13

Op het **rooms-katholieke kerkhof** ligt een graf dat bekend is geworden door de film *Schindler's list* (1993) van Steven Spielberg. Spielberg vertelt in deze film het waargebeurde verhaal van Oskar Schindler, die in de tijd van het Derde Rijk in zijn Krakause fabriek voor militair eetgerei en later ook munitie Joodse arbeiders beschermde tegen de nazi's en zo het leven redde. In 1962 plantte Schindler, die zijn laatste levensjaren deels in Israël woonde, in Yad Vashem (zie blz. 177) een johannesbroodboom in de Laan der Rechtvaardigen van de Volkeren en in 1965 ontving hij in Duitsland het Kruis van Verdienste. Zijn Hollywoodfaam beleefde hij echter niet meer. Schindler stierf in oktober 1974 en werd op eigen verzoek begraven op het rooms-katholieke kerkhof op de berg Sion. Een kruis siert zijn graf, dat nog altijd wordt bezocht door nakomelingen van personen die Schindler gered heeft en mensen die zijn moed bewonderen. Het graf ligt op het laagste terras, rechts van het brede middenpad. Het is het enige graf dat naar Joods gebruik met stenen is bedekt, en daardoor gemakkelijk herkenbaar. In het Duits staat op de grafsteen te lezen: 'De onvergetelijke redder van de levens van 1200 vervolgde Joden' (ma.-do. 8–17, vr. 8–13 uur).

Dormitiokerk 14

Heel opvallend is de klokkentoren van de **Dormitiokerk**, die herinnert aan het sterven van Maria en het kenteken van de berg Sion is. Van de Byzantijnse basiliek die ooit op deze plek stond is niets bewaard gebleven. De huidige

De kwestie-Jeruzalem – de sleutel tot vrede

Thema

Aan wie behoort Jeruzalem? Geen vraag in het Midden-Oostenconflict is explosiever dan deze. Zowel Israëli's als Palestijnen zien Jeruzalem als hun hoofdstad. Beide zijden hebben goede historische redenen waarom dat zo is. Zeker is: zonder een door alle partijen geaccepteerde oplossing van de kwestie-Jeruzalem is er geen vrede mogelijk.

Nadat Israël in 1967 het Jordaanse oostelijke deel van Jeruzalem had veroverd en het Israëlische parlement in 1980 de hele stad inclusief het oostelijke deel tot hoofdstad had uitgeroepen, spitste het oude conflict over aan wie het Heilige Land toebehoorde zich toe op de moeilijke kwestie-Jeruzalem.

Het conflict om deze heilige stad, die voor joden, christenen en moslims een even grote historische en religieuze betekenis heeft, is nauwelijks op te lossen. Terwijl de Knesset en alle belangrijke ministeries en gerechtelijke instellingen in Jeruzalem zijn gevestigd, liggen alle ambassades nog altijd in Tel Aviv. In 1947 had de VN een internationale status voor Jeruzalem voorgesteld, iets wat tegenwoordig beslist wordt afgewezen door zowel Israëli's als Palestijnen. Indertijd waren de Joden voor en de Arabieren tegen.

Christenen gedenken in Jeruzalem het lijden en de opstanding van Jezus en andere gebeurtenissen. Ze verlangen vrije toegang tot hun heilige plaatsen. Voor moslims is Jeruzalem na Mekka en Medina het belangrijkste pelgrimsoord. Waar de El-Aqsamoskee staat, begon volgens de overlevering de nachtelijke klim naar de hemel van de profeet Mohammed (zie blz. 65). Op hetzelfde plateau waar tegenwoordig de grootste moskee van het land en de Rotskoepel schitteren, stond vroeger echter ook de Joodse Tempel, waaruit Israël zijn onomstotelijke, want historisch oudere aanspraken op de stad afleidt. Volgens velen is het enige compromis de oplossing die de VS al vroeg in de onderhandelingen heeft voorgesteld: de Palestijnen krijgen de soevereiniteit over delen van Oost-Jeruzalem en over een aantal heilige plaatsen in de historische Oude Stad, en Israël krijgt de volle soevereiniteit over het Joodse West-Jeruzalem, enkele Joodse nederzettingen op de Westelijke Jordaanoever dicht bij Jeruzalem en een deel van Oost-Jeruzalem.

Terwijl twee derde van de bevolking zich in opiniepeilingen een voorstander van een dergelijk compromis betoont, is deze oplossing vooral voor politici van rechts onacceptabel. Sommigen willen überhaupt geen soevereine Palestijnse staat. Anderen wijzen een deling van Jeruzalem af, onder wie Ronald S. Lauder, voorzitter van het Joods Wereldcongres, die in een interview zei: 'In Berlijn leven veel Turken, maar niemand zou op het idee komen om Berlijn daarom onder internationale controle te stellen of te delen. Jeruzalem is een Joodse stad, waarin christenen en moslims leven en zullen blijven leven. Een oplossing zal moeilijk te vinden zijn, maar de stad mag niet gedeeld worden. Hij is het centrum van het jodendom.' De oplossing van de kwestie-Jeruzalem zal een toets zijn voor de vreedzame coëxistentie van islam en jodendom, voor het samenleven van alle bevolkingsgroepen. 'Beide volken,' zo schreef de Israëlische politicus en journalist Uri Avnery, 'zijn ertoe veroordeeld om óf samen te leven óf samen te sterven.' Want één ding was het Heilige Land nooit: in het bezit van slechts één volk.

kerk en het klooster zijn sinds 1906 in gebruik bij de benedictijner orde. In 1898, toen de Duitse keizer Wilhelm II Jeruzalem bezocht, schonk de Turkse sultan Abdül-Hamid hem een stuk grond, waarop de keizer er een centraalbouw naar voorbeeld van de Paltskapel in Aken liet bouwen. Een mozaïek – Maria met Kind – siert de koepel van de apsis. Op de muren zijn de profeten afgebeeld en de vloer is versierd met de tekens van de dierenriem, drie ringen als symbool van de Drie-eenheid en een Latijns citaat uit de Spreuken van Salomo. Het plafondmozaïek in de crypte toont Jezus die zijn moeder liefkoost; daaronder ligt Maria op haar sterfbed (www.dormitio.net, ma.-za. 9-17.30, zo. 10.30-17.30 uur).

Graf van David 15

In de joodse geloofstraditie wordt het **Graf van David** zeer vereerd. Davids graf, dat ook voor christenen en moslims een heilige plaats is, wordt in de Bijbel verder oostwaarts gesitueerd, zodat archeologen er zeker van zijn dat het niet hier ligt. De ruimte is in de 16e eeuw verbouwd tot moskee. De toegangshal dient als synagoge, de eerste verdieping is een door franciscanen geschapen avondmaalzaal (Coenaculum; zo.-do. 8-18, vr. 8-14 uur).

Holocaust Museum 16

Tegenover het Graf van David ligt het **Holocaust Museum** (Martef HaShoa), dat al voor Yad Vashem (zie blz. 177) werd gebouwd. Er worden reproducties van nationaalsocialistische propaganda tentoongesteld; verder documenteert het museum anti-Joodse publicaties die na het einde van de Tweede Wereldoorlog zijn verschenen. Bezoek dit museum voordat u naar Yad Vashem gaat (tel. 02 671 68 41, zo.-do. 9-16, vr. 9-13.30 uur, toegang gratis).

Petrus in Gallicantukerk 17

Ten oosten van de berg Sion, op de helling van de Ofel, ligt weggestopt achter bomen de in 1930 gebouwde **Petrus in Gallicantukerk**. De naam verwijst naar het kraaien van de haan, toen Petrus Jezus hier driemaal geloochend had (dag. 8-11.45, 14-17 uur).

Joodse Wijk

Kaart: blz. 144-145

Het zuidoostelijke deel van de Oude Stad vormt de **Joodse Wijk**. Tot de Romeinse verovering van Jeruzalem in 70 n.Chr. lagen hier luxueuze woningen. In de 6e eeuw begonnen Joden nabij de Klaagmuur een nederzetting te bouwen. In de 15e eeuw trokken er Sefardische Joden uit Spanje heen en vanaf de 18e eeuw ook Asjkenazische Joden uit Midden- en Oost-Europa. Na de Onafhankelijkheidsoorlog in 1948 kwam de wijk in Jordaanse handen en raakte in verval. In de Zesdaagse Oorlog veroverde Israël de Oude Stad terug, waarna direct begonnen werd met de wederopbouw of, waar mogelijk, renovatie van de wijk.

Er wonen tegenwoordig ongeveer 1000 gezinnen in de Joodse Wijk, die een schoolvoorbeeld vormt van een doordachte, met gevoel uitgevoerde restauratie van een historische buurt. In het doolhof van straatjes is vanaf de vroege avond niets meer te merken van toeristische drukte. Plotseling hoort u een krachtige stem ergens vandaan komen, die iets reciteert. U volgt het geluid en ziet door een open raam een Talmoedschool, waarin jongeren en volwassenen, alle gekleed in traditioneel zwart, de Talmoed bestuderen. Op dat soort momenten voelt u zich teruggeplaatst in een andere tijd.

Jochanan Ben Zakkai-synagoge 18

Een van de beroemdste gebedshuizen van Jeruzalem is de **Jochanan Ben Zakkaisynagoge**, onderdeel van een complex van vier oorspronkelijk Sefardische synagogen, dicht bij de Hurvasynagoge (zie blz. 152), aan de andere kant van het gelijknamige plein. Jochanan Ben Zakkai had de Romeinse veldheer Vespasianus voorspeld dat hij keizer zou worden en kreeg daarom, toen de voorspelling uitkwam, het recht om in Yavne een Joodse academie te stichten. Na de verwoesting van Jeruzalem in 70 n.Chr. droeg deze academie bij aan de overleving van het jodendom. Joden uit Spanje en Portugal bouwden hier, waar Ben Zakkai in Jeruzalem zou hebben gedoceerd, in de 16e

In de Oude Stad worden veel religieuze voorwerpen als souvenir verkocht

eeuw een complex van synagogen, dat tijdens de Jordaanse bezetting als stal werd gebruikt en na omvangrijke herstelwerkzaamheden in 1972 zijn deuren weer opende (zo.-do. 9.30-16, vr. 9.30-11.45 uur).

De nog altijd Sefardische **Ben Zakkaisynagoge**, de grootste van de vier synagogen van het complex, is gebouwd in de stijl van een moskee, om hem te beschermen tegen vernieling door moslims. In de **Eliahu Hanavisynagoge**, de oudste van de vier, stond ooit de stoel – inmiddels vervangen door een replica – waarop de profeet Elia (9e eeuw v.Chr.) in de 18e eeuw plaatsgenomen zou hebben om voor het vereiste quorum gelovigen in de synagoge te zorgen. De in hout gesneden Thorakast van de tegenwoordig Asjkenazische synagoge is in Italië gemaakt. Naast de kleinste van de vier synagogen, de **Emtzaisynagoge**, staat de Istanbulisynagoge, een gebedshuis van Turks-Joodse pelgrims en in Jeruzalem wonende Joden van Turkse herkomst.

Hurva- en Rambansynagogen 19

Vlak bij deze vier synagogen liggen de **Hurva-** en de **Rambansynagoge**. 'Hurva' betekent ruïne, en het was het lot van dit gebedshuis, waarvan de bouw in 1700 van start ging, om de langste tijd van zijn bestaan onbruikbaar te zijn. Na de dood van de initiator, de Asjkenazische rabbijn Jehuda HeHasid, werd de bouw pas anderhalve eeuw later voltooid. Bij de Onafhankelijkheidsoorlog van 1948 maakten Jordaanse soldaten dit centrum van het Asjkenazisch jodendom met de grond gelijk. Na de herovering van de Oude Stad in 1967 werd de ruïne lang gelaten zoals ze was, maar in 2005-2010 is de synagoge in stijl herbouwd.

De naam van de Rambansynagoge verwijst naar rabbi Moshe Ben Nahman, afgekort tot Ramban, die ook wel Nachmanides wordt genoemd. In 1263 werd hij gedwongen uit zijn geboorteland Spanje te vertrekken en in 1267 arriveerde hij in Jeruzalem. In een brief die in de synagoge te zien is, beklaagt hij zich bij zijn familie over de desolate toestand van de Joodse gemeente in Jeruzalem. De synagoge, waar gelovigen komen bidden, is de oudste in de Joodse Wijk. In de 15e eeuw was hij tijdelijk in gebruik als moskee en werd hij van een minaret voorzien.

Hurva Square en Broad Wall

Hurva Square is een plein voor gezinnen: kinderen spelen er, buren eten er een hapje. De Tiferet Israel Street leidt naar de **Broad Wall** 20, een 2600 jaar oud muurfragment, dat over een lengte van 65 m is uitgegraven. De opgraving is opvallend omdat zij aantoont hoe ongegeneerd archeologen uit Jeruzalem af en toe oudtestamentische verbanden fabriceren. Een informatiebord hier wijst op Jesaja 22:10. 'Jullie bekeken welke huizen in Jeruzalem afgebroken konden worden om de stadsmuur te versterken.' Misschien, staat er, dat dit de muur uit Jesaja is...

Cardo Maximus 21

Even ten westen van de Rambansynagoge liggen de overblijfselen van de **Cardo Maximus**, de Romeins-Byzantijnse hoofdstraat, die door de hedendaagse drukte op straat gemakkelijk over het hoofd zijn te zien. Een even bedrijvige winkelstraat, maar misschien wat exclusiever, was de antieke, door zuilen omzoomde Cardo, waar archeologen een compleet bewaard gebleven Romeinse winkel vonden. Bij dit deel van de onder straatniveau liggende Cardo zijn enkele van de 62 gedeeltelijk bewaard gebleven zuilen, met een gewelfde ingang, te zien.

Isaac Kaplan Old Yishuv Court Museum 22

Dit museum ligt in het uiterste westen van de Joodse Wijk. 'Yishuv' is Hebreeuws voor 'nederzetting' en staat hier voor de Joodse bevolking in Palestina voor 1880. U krijgt een kijkje in het dagelijks leven van die gemeenschap, voordat de eerste zionistische kolonisten naar Palestina kwamen. Het was in die tijd gebruikelijk om woningen rond een binnenplaats te bouwen, die door een aantal families of generaties gedeeld werd.

Hoe verschillend Sefardische en Asjkenazische Joden leefden, is vooral goed te zien in twee vertrekken. De Sefardim richtten hun woonvertrek in met lage sofa's, spreidden kleden uit op de vloer en legden kussens op de banken. De Asjkenazim gaven daarentegen de voorkeur aan degelijk meubilair uit Europa. Dit museum, dat ook kleding en huishoudelijke objecten toont, moet u beslist niet overslaan. Het museum omvat ook twee synago-

Tip: Wohl Archaeological Museum

Van het Hurvaplein voert de kleine Hakaraim Street naar het **Wohl Archaeological Museum** 23, waar overblijfselen zijn te zien van het antieke Jeruzalem uit de tijd van Herodes de Grote. U staat hier, 3 m onder het huidige straatniveau, oog in oog met de opwindendste opgravingen van de Joodse Wijk, die een indruk geven van het door luxe omringde leven van rijke Joden uit de tijd van de Tweede Tempel. De bewaard gebleven fundamenten vormen de plattegrond van baden, cisternen met reservoirs voor 750 l water, bassins voor rituele baden, binnenplaatsen en ontvangstzalen, met fresco's op de muren en plafonds. Van niveau naar niveau daalt u verder naar beneden af. Het wooncomplex van een hogepriester bezit prachtige mozaïeken. Het zijn de oudste in Jeruzalem. Vanwege het Bijbelse verbod om levende wezens af te beelden tonen ze alleen geometrische en plantaardige motieven.

Het museum boven de opgravingen vertoont films over de archeologische activiteiten, maar exposeert ook vondsten, waaronder een goed bewaarde zonnewijzer. Het grandioze uitzicht dat de bewoners van de tegenwoordig dicht bebouwde wijk hadden, ziet u bij het verlaten van het in niveaus opgetrokken museum (tel. 02 628 34 48, www.jewish-quarter.org.il, zo.-do. 9.30-16.30, vr. 9.30-12.30 uur, NIS18, combikaartje met **Burnt House**, de indrukwekkende resten van een huis uit de tijd van de Tweede Tempel, NIS32).

gen. De ene is ingericht in het vertrek waarin rabbi Itzhak Ben Shlomo Luria Ashkenazi in 1543 werd geboren. Hij was een bekend vertegenwoordiger van de kabbala, de Joodse mystiek, waarvan het hoofdwerk, de *Zohar* (13e eeuw), de Thora en andere Bijbelboeken in mystieke zin duidt. De andere synagoge, Or HaChajim (Licht van het Leven), werd gesticht door de beroemde rabbi Chaim Ben Moses Attar, auteur van zeer hooggeschatte Bijbelcommentaren, die in 1742 uit Marokko was gekomen (6 Or Hahayim St.,tel. 02 628 46 36, zo.-do. 10-17, vr. 10-13 uur, NIS10).

Siebenberg House Museum 24

Loop op weg naar de Klaagmuur eens langs het **Siebenberg House Museum**, op Beit HaShoeva Alley 5. Na de Zesdaagse Oorlog kochten de Belgen Theo en Miriam Siebenberg een huis in de Joodse Wijk. Toen hij hoorde over de archeologische vondsten in de buurt, begon ook Siebenberg op zijn grond systematisch te graven naar antieke overblijfselen. En hij deed een groot aantal vondsten. In het museum ziet u niet alleen bronzen sleutelringen, een schitterende glazen beker en antieke keukenattributen, maar ook, onder het huis, de resten van een mikwe (een joods bad voor rituele doeleinden) uit voorchristelijke tijd en een Byzantijnse cisterne. Het museum is alleen toegankelijk op afspraak (tel. 02 628 23 41, zo.-do. 9-18, vr. 9-13 uur, NIS3).

Klaagmuur en Wilsonboog 25

Het is hiervandaan maar even lopen naar het plein voor de **Klaagmuur** (www.thekotel.org, met webcam). Van de Tweede Tempel is alleen de westelijke muur bewaard gebleven, de Klaagmuur, die uit kalksteenblokken uit verschillende perioden bestaat. Grote kans dat u hier hoornblazers hoort of ziet. De sjofar, een instrument dat gemaakt wordt van de hoorn van een koosjer dier, in principe een ram, herinnert aan Abraham, die in plaats van Isaak een ram offerde. De ram geldt als teken van gehoorzaamheid.

De Klaagmuur loopt in noordelijke richting door tot de **Wilsonboog**, waar rekken met Thora- en Talmoeduitgaven in tal van talen staan, waaronder prachtige boeken en perkamenten. Het terrein mag alleen met een hoofdbedekking (keppeltje of hoofddoek) betreden worden. De Wilsonboog, genoemd naar zijn Britse ontdekker, was tot de 1e eeuw v.Chr. onderdeel van een brug. In opdracht van het Opperrabinaat bidden mannen en vrouwen sinds 1970 op gescheiden stukken voor de Klaagmuur. Gelovigen steken briefjes tussen de stenen van de muur, *kvittelchen*, die alleen God mag lezen, om te danken of om hulp te vragen. Maar wat maakt de Klaagmuur zo heilig? Van de berg Moria, zoals de joden de Tempelberg traditioneel noemen, is de aarde afkomstig waarmee God Adam heeft geschapen. De verhalen van Isaak en Jakobus speelden zich hier af. De Talmud zegt over de Klaagmuur (slechts 57 m van de totale lengte van 488 m is zichtbaar): 'En de Tempel ligt in het midden van Jeruzalem, en het Heilige der Heiligen is het midden van de Tempel, en het Altaar staat in het midden van het Heilige der Heiligen, en de steen waaruit de wereld is geschapen ligt voor het Heilige der Heiligen.'

Western Wall Tunnel 26

Een bijzondere ervaring is een wandeling door de **Klaagmuurtunnel** (Western Wall Tunnel). De ingang is even links van de Wilsonboog. De na de Zesdaagse Oorlog begonnen opgravingen duurden ruim twintig jaar en brachten kennis aan het licht over de eeuwenlang slechts geschatte ware afmetingen van de Klaagmuur, die maar over een lengte van 57 m blootligt. Nooit komt u zo dicht bij de steen waaruit God volgens Joodse opvattingen dagelijks opnieuw de wereld schept als tijdens deze excursie. Zonder zich te storen aan langswandelende groepen toeristen bidden er gelovigen in de smalle gang en betasten eerbiedig de heilige muur. Aan het begin van de tunnel maakt een hydraulisch aangedreven maquette de nauwelijks voorstelbare ontwikkeling van de Tempelberg door de millennia heen zichtbaar. De Klaagmuur ligt nu over een lengte van 431 m onder de grond en niet meer zoals in de tijd van de Tweede Tempel in de openlucht. Vanaf de 13e-14e eeuw

Bij de Klaagmuur liggen Thora- en Talmoeduitgaven in vele talen klaar

bouwden de Mammelukken er huizen en straten overheen. Zodoende wandelt u in de tunnel – na de geheime passage en de Hal van de Eeuwigheid – onder de Islamitische Wijk van de Oude Stad. De tot 60 ton wegende steenbrokken in de muur zijn zo glad gehouwen dat tussen de stenen letterlijk geen blaadje papier past. Van de uitgang aan de Via Dolorosa wordt u desgewenst door veiligheidsbeambten teruggebracht naar de Western Wall Plaza. Officieel wordt aangeraden om twee maanden van tevoren te reserveren op www.kotel.org of info@thekotel.org of via tel. 02 627 13 33 (houdt uw creditcardnummer bij de hand; toegang NIS30, rondleiding verplicht). Kaartjes zijn echter meestal ook op het laatste ogenblik verkrijgbaar (zo.-do. 7 uur tot 's avonds, afhankelijk van de drukte, vr. en de dag voor een feestdag 7-12 uur, sabbat en feestdagen gesloten).

Islamitische Wijk

Kaart: blz. 144-145
In het noordoosten van de Oude Stad ligt de **Islamitische Wijk**, het dichtstbevolkte en met 30 ha grootste deel van de Oude Stad. U betreedt de wijk via de Damascuspoort of via de Leeuwenpoort en de Via Dolorosa. In het oosten en noorden vormt de stadsmuur de grens, in het westen de straat Khan el Zeit en in het zuiden de Wilsonboog. Tot de tijd van de kruisvaarders werd de wijk door Joden bewoond. Pas vanaf de 12e eeuw kwamen hier Arabieren wonen. In bijna alle straatjes rijgen de winkels zich aaneen. Alles wat maar verkocht kan worden is hier te koop: schoenen, T-shirts, koffers, lederwaren, ansichtkaarten en naast elkaar christelijke heiligenprenten en Jezusbeelden, Joodse kandelaars en keppeltjes, islamitische bidsnoeren en in hout gesneden Korankalligrafieën – handel kent geen geloofsgrenzen.

Aqabat el Taqiya Street 27

Het verschil met de Joodse Wijk is onmiskenbaar. De straten zijn verwaarloosd, veel huizen maken een vervallen indruk en lijken elk moment te kunnen instorten. Het stadsbestuur van Jeruzalem investeert slechts met mondjesmaat in de Arabische wijk. Een van de weinige straten die nog iets bewaard hebben van de glans uit vervlogen tijden van de barokke Mammelukkenbouwstijl is de **Aqabat el Taqiya Street** met het stadspaleis **Serai el Sitt Tunshuq** (1385), tegenwoordig een islamitisch weeshuis, en de **Turbet el Sitt Tunshuq**, het mausoleum van prinses Sitt Tun-shuq, die in het paleis ertegenover woonde. Op de hoek met Al Wad Street vindt u het jongste voorbeeld van Mammelukkenarchitectuur, het in 1540 gebouwde pelgrimshospitium **Ribat Bairam Jawish**.

Tariq Bab es Silsila

De **Tariq Bab es Silsila** (*tariq* betekent straat), het verlengde van David Street in de Christelijke Wijk, voert naar het plateau van de Tempelberg, die momenteel voor toeristen alleen via een opgang ten zuiden van de Klaagmuur toegankelijk is (zie blz. 143). Hier liggen de **Turba Tashtamuriyya** 28, het mausoleum van een regeringsbeambte uit de 14e eeuw, en de Turba Barakat Khan, nu de **Khalidibibliotheek** 29, waarin meer dan 10.000 handschriften en boeken zijn ondergebracht (niet toegankelijk). Verder in de richting van de Tempelberg volgt de **Turba Turkan Khatun** 30, in 1352 gebouwd ter nagedachtenis aan een tijdens haar pelgrimage gestorven prinses. Vlak voor de poort, die vroeger toegang gaf tot de Tempelberg, staat de **Madrasa Tankiziyya** 31, opmerkelijk vanwege het Mammelukkenblazoen met bekers, dat boven het portaal staat afgebeeld (1329).

Om bij het plein voor de Klaagmuur te komen, moet u een even omlopen: ga terug door de Tariq Bab el Silsila (HaShalshelet) naar HaKotel Street, dan linksaf en loop de trap af naar het plein. Aan de rechterkant van het plein begint de opgang naar de Tempelberg.

Tempelberg

Kaart: blz. 144–145

Toen God de wereld schiep, scheen het licht volgens de overlevering allereerst boven de **Tempelberg** (Har HaMoriyya, Haram el Sharif, za.–do. 7.30–10.30 uur, tijden variëren, vraag de avond van tevoren in uw hotel, www.templemount.org en www.noblesanctuary.com). Dat hangt vermoedelijk samen met de opvatting dat God niet alleen de mooiste, maar ook de hoogste plaatsen uitkiest om te worden vereerd – de mens beneden, God boven. Nergens komen joden, moslims en christenen dichter bij elkaar dan op de Tempelberg. Uit angst voor aanslagen worden bezoekers meestal scherp gecontroleerd.

Voor niet-moslims is de toegang tot de Arabisch-Palestijnse Tempelberg momenteel alleen mogelijk via de al van verre zichtbare opgang die bij het Archaeological Park Ophel (zie kader rechts) bij de Mestpoort begint en in de richting van de Klaagmuur loopt. Op vrijdagen, op islamitische feestdagen, tijdens ramadan en rond gebedstijden kan het gebeuren dat de toegang door Israëlische veiligheidsdiensten tijdelijk wordt verboden, soms zelfs onaangekondigd helemaal gesloten. Voor niet-moslims zijn de islamitische bezienswaardigheden momenteel niet toegankelijk. Dit is een gevoelig oord.

In 2007 leidden bouwactiviteiten die als doel hadden de toegang te beveiligen tegen zware regen of een aardbeving tot geruchten dat Israël de Rotskoepel wilde laten instorten, wat aanleiding gaf tot ongeregeldheden.

Het plateau is met zijn schaduwrijke park een oase van stilte in de Oude Stad. U wandelt er door de colonnade langs de westelijke muur en blikt door een van tralies voorzien raam; daarboven zijn in steen de Palestijnse en de Jordaanse vlag en een kroon vereeuwigd – het graf van de in 1951 in de El Aqsamoskee vermoorde Jordaanse koning Abdullah I. De noordelijke arcaden zijn nu dichtgemetseld. Zoals onder schooltijd te horen is, worden hier leerlingen van de in 1958 gestichte El Aqsa Koranschool onderricht.

U kunt de Tempelberg verlaten door elk van de – bewaakte – poorten naar de Oude Stad. Zo leidt de Bab al Qatanin (Gate of the Cotton Merchants) in de westelijke colonnade direct naar de Souq el Qatanin in de Islamitische Wijk van de Oude Stad en de Bab al Asbat (Gate of the Tribes) in de noordoosthoek naar de Leeuwenpoort en de Via Dolorosa.

Geschiedenis

Op de Tempelberg, de berg Moria, bouwde Salomo vanaf ca. 960 v.Chr. de Eerste Tempel, waarvoor 160.000 arbeiders nodig waren. Het tempelterrein, waar ook het paleis en de harem lagen, was omringd met een muur. De wanden van de 50 m hoge tempel, die bestond

actief

Archaeological Park Ophel & Davidson Center

Informatie

Duur: 1–2 uur.
Ligging: Ten zuiden van de Klaagmuur.
Plattegrond: Bij de kassa is een plattegrond met gedetailleerde informatie verkrijgbaar.
Rondleidingen: Bij de kassa zijn draagbare audiogidsen te leen; rondleidingen door vakmensen kosten NIS180 en moeten tijdig telefonisch besproken worden, tel. 02 627 75 50, 02 627 79 62, www.archpark.org.il
Openingstijden: Zo.-do. 8–17, vr. 8–14 uur.
Toegang: NIS30.
Kaart: blz. 144.

Vijfduizend jaar geschiedenis wordt belicht in het **Archaeological Park Ophel & Davidson Center** 32, dat uitnodigt tot een wandeling door het verleden – van de Kanaänitische tijd via de perioden van de Eerste en Tweede Tempel tot de christelijke en islamitische tijd.

Begin uw bezoek met een rondgang door het drie verdiepingen tellende Davidson Center, dat is ondergebracht in een opgegraven Omajjadenpaleis uit de 8e eeuw (de Omajjaden waren destijds kalief over de islamitische wereld). Net als bij veel andere gebouwen gaat men er bij dit paleis van uit dat er stenen afkomstig van ruïnes op de Tempelberg bij de bouw zijn gebruikt. De expositie toont vondsten uit de opgravingen en biedt een inhoudelijke voorbereiding voor het archeologisch park zelf.

Met de modernste technische hulpmiddelen, zoals 360°-panorama's en computeranimaties, wordt de bezoeker door het verleden geleid. De grandioze digitale voorstelling in de Theater Gallery neemt u virtueel mee naar de Tweede Tempel en laat u deelnemen aan een pelgrimsreis zoals die toentertijd plaatsgevonden zou kunnen hebben.

Meteen na het betreden van het terrein – u loopt langs een oude trap omlaag – ziet u de overblijfselen van de zogeheten Robinsonboog, genoemd naar de Bijbelgeleerde Edward Robinson, die de boog in 1838 voor het eerst beschreef. De schamele resten bij de muur doen nauwelijks vermoeden dat hier ooit een enorme boogbrug lag, waarover de gelovigen in grote scharen de Tempelberg konden bereiken en weer verlaten.

Verspreid over het terrein, waar meer dan twintig archeologische lagen zijn blootgelegd, ziet u vondsten afkomstig van de Tempelberg, enorme stukken muur, baden voor rituele wassingen, Byzantijnse woonhuizen, paleizen uit de islamitische periode en ruïnes van torens uit de kruisvaarderstijd, die door de heersers over Jeruzalem werden uitgebreid en vernieuwd. Heel vaak kunt u hier de plechtigheden rond een bar mitswaviering bekijken – op gepaste afstand.

uit een voorhal, een hoofdhal en het Heilige der Heiligen met de Ark des Verbonds, waren bekleed met cederhout. De ingang van de tempel werd geflankeerd door twee 9 m hoge bronzen zuilen, Boaz (Kracht) en Jachin (Bevestiging). In de voorhof stonden het brandofferaltaar, een door twaalf bronzen runderen gedragen lotusvormig waterbekken en tien verrijdbare spoelbekkens, bestemd voor het rituele wassen van het vlees. In 586 v.Chr. plunderde Nebukadnessar II de tempel, verwoestte hem en voerde de Joden als gevangenen mee naar Babylon.

Rond 500 v.Chr. verrees op de Tempelberg de Tweede Tempel, door Herodes de Grote verbouwd om nog indrukwekkender te zijn dan de Tempel van Salomo. 'De tempel was bedekt met dikke gouden platen. En als de zon opkwam, lichtte hij op als een vuur,' schreef de geschiedschrijver Flavius Josephus, een priester met toegang tot de tempel (zijn beschrijving wordt met een hologram in het Citadelmuseum aanschouwelijk gemaakt, zie blz. 147). Een 1,5 km lange muur, die aan de binnenzijde als colonnade was uitgevoerd, omringde het tempelterrein, waartoe niet-Joden op straffe des doods geen toegang hadden. Het trapeziumvormige areaal mat 14.000 m². De voorhof was voorzien van mozaïeken. De 50 m hoge tempel troonde op een platform van twaalf treden hoog. In de voorhal stonden de 43,6 kg zware zevenarmige kandelaar en de tafel met de twaalf toonbroden, het symbool van het eeuwige verbond tussen de Joden en God.

In 70 n.Chr. verwoestten Romeinse soldaten in hun zegeroes de Tempel. Alleen de westelijke muur bleef behouden – de Klaagmuur. Keizer Hadrianus bouwde in 130 een Jupitertempel op de berg, de aanleiding tot de Joodse Opstand tegen Rome (132–135), die eindigde met de verdrijving van alle Joden uit Jeruzalem (tot 363). De zevenarmige kandelaar werd naar Rome gebracht. In 638 veroverde kalief Omar I Jeruzalem. En op de rots waar Abraham zijn offer gebracht zou hebben, liet hij de Qubbet el Sachra, de Rotskoepel, bouwen. De architectuur hiervan is beïnvloed door de Heilig Grafkerk.

Islamitisch Museum en Stallen van Salomo

In de zuidwesthoek van het Tempelplein ligt het in 1923 geopende **Islamitisch Museum** 33, dat Koranmanuscripten en munten toont, maar ook voorwerpen uit de El-Aqsamoskee en de Rotskoepel, zoals het koperen hek dat in de kruisvaarderstijd rond de rots stond (tel. 02 628 33 13, momenteel gesloten).

De **Stallen van Salomo** 34 in de zuidoosthoek zijn wegens instortingsgevaar niet toegankelijk. Een trap voert naar een ondergronds, door 88 zuilen gedragen gewelf, dat echter niets te maken heeft met koning Salomo, want het waren de tempeliers die hier hun paarden stalden. Naar verluidt heeft het islamitisch bestuur hier een enorme, geheime ondergrondse moskee gebouwd.

El-Aqsamoskee 35

'Lof zij hem, die zijn dienaar bij nacht van de Heilige Moskee [in Mekka] bracht naar de Verre Moskee.' Zo begint soera 17 van de Koran, verwijzend naar de Nachtreis van Mohammed (zie blz. 65). De Verre Moskee is de **El-Aqsamoskee** met haar zilveren koepel. U betreedt de moskee, als ze überhaupt open is, via het hoofdportaal (schoenen uittrekken!).

In 715 liet kalief Walid een moskee bouwen ter vervanging van het gebedshuis van kalief Omar uit 638. Na enkele aardbevingen werd de moskee vanaf 780 opnieuw opgetrokken. Het was een prachtig gebouw, met vijftien beuken en een koepel boven het middenschip. In de kruisvaarderstijd fungeerde het gebouw eerst als paleis en daarna als zetel van de Tempeliers. In 1187 gaf Saladin het zijn oude functie terug. Tegenwoordig bestaat de 90 m lange en 60 m brede moskee uit een middenschip met arcaden en zuilen uit carraramarmer, aan beide zijden geflankeerd door drie zijbeuken. De 18 m hoge koepel rust op acht pilaren. Bij de oostmuur, vanaf de ingang linksachter, ligt de Mihrab van Zacharias, in feite een kapel van de kerk die door de kruisvaarders in de moskee werd ingericht.

Heel mooi is de met mozaïeken versierde boog aan het eind van het middenschip, met gestileerde palmbladeren als symbool voor het paradijs. In het 'Graf van Aäron' ligt misschien het gebeente van de moordenaars van Thomas Becket, die in de 12e eeuw als pelgrims naar Jeruzalem waren gestuurd. Op 20 juli 1951 viel de Jordaanse koning Abdullah I, behoeder van de heilige plaatsen in Jeruzalem, in de moskee ten offer aan een moordaanslag. Sporen van de schietpartij zijn op een van de zuilen te zien. Buiten de moskee liggen, bij de zuidwesthoek, de voor bezoekers gesloten vrouwenmoskee (Witte Moskee) en het Islamitisch Museum (zie linkerkolom).

Rotskoepel 36

Van de El-Aqsa komend bereikt u via een brede trap de schitterende **Rotskoepel** (Qubbet el Sachra). Vanwege de al lang gespannen veiligheidssituatie zijn er hier nauwelijks nog Joden te zien. Strenggelovige joden betreden de Tempelberg in het geheel niet, omdat hier ergens het Heilige der Heiligen lag, waar alleen de hogepriester mocht komen. 54 m is de

De Rotskoepel: de gouden koepel markeert het centrum van de wereld

doorsnede van het gebouw met zijn vergulde, dubbelschalige koepel met koperen dak (diameter binnen: 20,3 m), die op een achthoekige onderbouw rust, bekleed met marmer en blauwe, witte en groene tegels. Door zestien kleurige, door Saladin geschonken glazen vensters dringt gedempt licht door naar binnen.

Omajjadenkalief Abdel Malik bouwde de koepel in 688-691 als herinnering aan de Hemelreis van Mohammed. Een opschrift bewijst dat hij de opdrachtgever was, hoewel kalief Mamoen, zoon van Haroen al-Rasjid, aan het begin van de 9e eeuw probeerde te doen alsof hij de opdracht had gegeven door zijn eigen naam te vermelden, maar men vergat de datum te veranderen. De vier portalen zijn georiënteerd op de windrichtingen. Goudkleurige arabesken, mozaïeken met bloemmotieven en kunstig gekalligrafeerde Korancitaten sieren het interieur. De rode koepel is voorzien van vergulde stucornamenten. De 13 x 18 m metende Rots waar Abraham zijn zoon moest offeren verrijst tot 2 m boven de grond. De gouden keten die van de koepel omlaaghangt markeert het centrum van de wereld. De kruisvaarders lieten op de Rots een marmeren altaar oprichten. De posities van de zuilen werden meetkundig berekend door de bouwmeesters. Men tekende om de Rots een cirkel ter grootte van de later gebouwde koepel, waarin een vierkant werd getekend met de zijden gericht naar de vier windstreken. Op de vier hoekpunten van het vierkant plaatste men de pilaren die de onderbouw van de koepel dragen. In de cirkel tekende men vervolgens nog een vierkant, 45° verschoven ten opzichte van het eerste, resulterend in een achtpuntige ster. Op de hoekpunten van dit tweede vierkant plaatste men nog eens vier pilaren. Daarna werden de zijden van de twee vierkanten verlengd, waardoor acht snijpunten ontstonden, waarop de steunpilaren van de onderbouw werden geplaatst. Zo groeide uit de cirkel en het vierkant de geometrische ordening van de pilaren.

Volgens de overlevering valt in de hoek links van de ingang een voetafdruk van Mohammed te zien, daar achtergelaten bij zijn Nachtreis, de reliekschrijn daarnaast zou baardharen van Mohammed bevatten en bij de Rots zou een vingerafdruk te zien zijn van de engel Gabriël, die Mohammed op het rijdier Al Buraq uit Mekka hierheen had gebracht voor zijn bezoek aan de hemel. Om deze plekken te vinden moet u een bewaker om hulp vragen, met de kans dat deze mopperend zal reageren.

Onder de Rots ligt een natuurlijke grot, met de 'Bron der Zielen', waarin volgens het islamitische volksgeloof de zielen der gestorvenen elk donderdag en vrijdag bij elkaar komen voor het gebed. Hier vereren de moslims Abraham, David, Salomo en Elia.

Via Dolorosa, Heilig Grafkerk en Christelijke Wijk

Kaart: blz. 144-145

St.-Annaklooster 37

Vlak bij de Leeuwenpoort liggen aan het begin van de Via Dolorosa het **St.-Annaklooster** en de gelijknamige kerk (1140), een prachtig voorbeeld van kruisvaardersarchitectuur. Volgens de christelijke en islamitische overlevering zou boven de crypte het huis van de ouders van Maria hebben gestaan. Koningin Arda, de weduwe van Boudewijn I, de eerste koning van de kruisvaardersstaat Jeruzalem, liet de kerk bouwen op de plaats van een basiliek. Saladin liet de kerk tot moskee verbouwen, maar de Turken schonken hem aan Napoleon III uit dank voor de Franse steun tijdens de Krimoorlog (1853-1856). In 1877 ging de kerk over in het bezit van de Pères Blancs (Witte Paters), een in 1868 in Algerije gestichte missiecongregatie. De driebeukige kerk is zeer eenvoudig gehouden. Het hoogaltaar is pas in 1954 vervaardigd; het toont de Annunciatie, de Geboorte van Christus en de Kruisafneming, en aan weerszijden Maria in de Tempel en Maria met haar moeder Anna. De kerk is ook bekend om zijn akoestiek. Ernaast liggen de opgravingen van het **Bad van Bethesda** (*Bet Hesda*, Huis van Barmhartigheid), die de Byzantijnse basiliek en een Hasmonese badinrichting aan het licht hebben gebracht. Volgens het Nieuwe Testament genas Jezus hier op sabbat een verlamde. Maar al eerder, in de tijd van Herodes de Grote, die het dubbele bassin bij de bouw van de Tweede Tempel liet vergroten, gold het water als geneeskrachtig. De Romeinen breidden het complex uit met een stoombad en wijdden dit aan de god Serapis. In de middeleeuwen verloor het bad aan betekenis en raakte in vergetelheid, tot men het bij graafwerkzaamheden tussen 1873 en 1914 herontdekte (apr.-sept. ma.-za. 8-12, 14-18, okt.-mrt. 8-12, 14-17 uur, NIS10).

Elke vrijdagmiddag trekken er processies door de Via Dolorosa

Via Dolorosa

Elke vrijdag om 15 ('s winters) of 16 ('s zomers) uur verzamelen zich bij Statie I groepen pelgrims – jonge en oude mensen uit de hele wereld, nonnen en monniken, toeristen in korte broek, zelfs Egyptische kopten, aan wie het bezoek aan Jeruzalem in 1995 op straffe van excommunicatie eigenlijk verboden werd door hun paus. Klokslag drie uur, het moment van Christus' dood aan het Kruis, schuifelt dan een in vele talen zingende en biddende menigte door de straatjes. Vooraan loopt een franciscaner monnik, die – vanwege de herrie – een luidspreker gebruikt om de kruiswegstaties toe te lichten. Sommigen slepen in de broeierige hitte een zwaar kruis met zich mee door de doolhof van straatjes. De Arabische handelaars wachten hier al op de pelgrims. Ze verkopen niet alleen drankjes, ansichtkaarten, tapijten en allerlei profane en religieuze snuisterijen (afbeeldingen van de Kaäba naast Christus- en Mariabeelden), maar in sommige winkels ook voor een paar sjekel doornenkronen, die door enkele pelgrims direct op het hoofd worden gedrukt. Veel deelnemers aan de processie lijken in vervoering te zijn, sommigen hebben tranen in de ogen.

De **Via Dolorosa**, de Kruisweg van Jezus van de burcht Antonia tot de berg Golgota, met onderweg veertien kruiswegstaties, verbindt de Islamitische met de Christelijke Wijk. De route die de pelgrims nemen is historisch gezien vermoedelijk niet de juiste. Byzantijnse pelgrims trokken op Witte Donderdag van de Hof van Getsemane naar de berg Golgota. Pas in de 8e eeuw werden halteplaatsen vastgelegd. Men liep toen van Getsemane naar de berg Sion en dan langs het Tempelplateau naar de Heilig Grafkerk.

In de middeleeuwen bestonden er twee Kruiswegen, een met acht staties, die gelopen werd door de plaatselijke bewoners, en een met veertien staties, waaraan de Europese pelgrims de voorkeur gaven. De staties I, IV, V en VIII werden pas in de 19e eeuw vastgelegd.

Statie I – Jezus wordt ter dood veroordeeld

Om organisatorische redenen begint de Kruisweg op de binnenplaats van de **Omariyya-school**, waar de door kruisvaarders gebouwde, voor bezoekers niet toegankelijke Doornenkroningkapel is gelegen.

Statie II – Jezus neemt het kruis op

De **Kapel van de Geseling** en de **Kapel van de Veroordeling** liggen aan de overkant in een franciscaner klooster. Ze zijn begin 20e eeuw gebouwd op de fundamenten van oudere kapellen. Let op de glas-in-loodramen van de Kapel van de Geseling. Ze tonen de geseling, het handen wassen door Pilatus en de vreugde van Barabbas over zijn vrijlating. De wandschilderingen in de Kapel van de Veroordeling lopen vooruit op de vierde statie en tonen Jezus met zijn moeder (dag. 8–18, 's winters 8–17, opgravingen ma.–za. 9–11 uur).

Even verderop overspant de Ecce Homoboog (136 n.Chr.) de straat. Hier staat de **Ecce Homobasiliek** 38, in 1857 door de tot het katholicisme bekeerde Jood Alphonse Ratisbonne gebouwd op de plek waarvan hij veronderstelde dat Pontius Pilatus er de woorden 'ecce homo', 'zie de mens', had gesproken, terwijl hij de geduldig lijdende Christus toonde aan het Joodse volk. Ratisbonne bouwde hier ook het Klooster van de Zusters van Sion voor de gelijknamige missiecongregatie.

In de crypte ziet u het stenen plaveisel van de – in feite pas uit de 2e eeuw daterende – binnenplaats waar Pilatus Jezus veroordeeld zou hebben. Duidelijk herkenbaar zijn de ingesleten sporen van paardenkarren. Boeiend is hier een kort bezoek aan de belendende kloostervleugel, waar het Studium Biblicum Franciscanum is gehuisvest. Men toont er een verzameling liturgische voorwerpen uit de kruisvaarderstijd, afkomstig uit diverse Bijbelse plaatsen (dag. 8.30–17 uur, NIS8).

Statie III – Jezus valt voor de eerste maal

Deze statie ligt bij het hospitium van de Armeens-katholieke patriarch en de Poolse Katholieke Kapel, tegenover het **Oostenrijks Hospitium** 13 (1863), waarvan de kapel is gewijd aan de Heilige Familie en de heiligen van de dubbelmonarchie Oostenrijk-Hongarije. Even verderop buigt de Via Dolorosa links af naar Al Wad Street.

Statie IV – Jezus ontmoet Zijn moeder

In de **Armeens-katholieke kerk** van de Bezwijming van Maria beeldt een bas-reliëf boven de ingang de ontmoeting van Jezus met Zijn moeder uit. Bij de hoek buigt de Via Dolorosa rechtsaf naar Al Khanka Street.

Statie V – Simon van Cyrene draagt het kruis

De toevallig tussen de toeschouwers staande Simon van Cyrene ('die net de stad binnenkwam,' Lucas 23:26) werd door Romeinse soldaten gedwongen het kruis te dragen, toen Jezus daartoe geen kracht meer had.

Statie VI – Veronica droogt het gezicht van Jezus af

Deze statie aan de linkerkant van de straat, waar Veronica met een doek het bloed en zweet afveegde van het gezicht van Jezus, is gemakkelijk over het hoofd te zien. Een kloosterkapel van de Kleine Zusters van Jezus, gebouwd op de plaats van het huis van Veronica, herinnert aan de legende.

Statie VII – Jezus valt voor de tweede maal

In de 1e eeuw was men hier aan de rand van de stad. Een rood gemarkeerde zuil in de franciscaner kapel (1875) geeft de plaats van de val aan.

Statie VIII – Jezus troost de wenende vrouwen

Deze plek lag al buiten de stadsmuur, dicht bij de plaats waar de Kruisiging voltrokken zou worden. Op de muur van het Charalambosklooster ziet u een kruis en de letters 'ICXC NIKA', Grieks voor 'Jezus Christus overwint'. Hiervandaan moet u een eind teruglopen tot de eerstvolgende kruising en, van Al Khanka Street komend, rechts afslaan naar Khan el Zeit Street. Na ongeveer 100 m loopt een trap omhoog naar het koptische klooster. Loop deze kant op; de weg maakt eerst een bocht naar rechts en dan naar links.

Statie IX – Jezus valt voor de derde maal

De resten van een zuil bij het koptische klooster markeren deze statie aan de voet van de heuvel Golgota. De staties X–XIV liggen in de Heilig Grafkerk (zie hieronder).

Heilig Grafkerk 39

Een eerste bezoek aan de **Heilig Grafkerk** ('s zomers 5–21, 's winters 4–20 uur) kan verwarrend en teleurstellend zijn. Verwarrend, omdat u hier niet in één kerk blijkt te zijn, maar in een complex van dertig over twee verdiepingen verdeelde kerken. En teleurstellend, omdat de Heilig Grafkerk aan alle kanten volgebouwd is – elke christelijke geloofsgemeenschap wilde met zijn gebouwen zo dichtbij mogelijk komen. De ingetogen sfeer die men zou verwachten van het belangrijkste christelijke heiligdom wordt niet verstoord door vrome pelgrims en toeristen, maar door horden priesters en monniken die zich ruw een weg banen, niet passend geklede toeristen wegsturen en zich gedragen alsof de Heilig Grafkerk hun door leken ontwijde privébezit is. In de kerk wordt in de waarste zin des woords om elke centimeter gestreden. Welke christelijke gezindte mag waar onderhoud plegen en daarvoor waar welke ladders plaatsen? Er is een voortdurend conflict aan de gang, dat zich op palmzondag 2008 niet voor de eerste keer ontlaadde in een vechtpartij – de rivaliserende priesters moesten door de politie van elkaar gescheiden worden.

De strijd om de kerk is al eeuwenoud. Al in de middeleeuwen vertrouwden de Osmanen het ambt van kerkbewaarder en het beheer over de sleutels toe aan twee moslimfamilies, opdat de verschillende confessies elkaars relikwieën en liturgische voorwerpen niet 's nachts zouden gaan stelen. Deze families bewaken, openen en sluiten het complex tot op heden nog elke dag.

De Heilig Grafkerk werd in 331 door Helena, moeder van de Romeinse keizer Constantijn, gesticht op de puinhopen van een Romeinse Venustempel. Hadrianus, die Jeruzalem in 136, na de Bar-Kochbaopstand, had verwoest, had het graf van Jezus onder een terras laten verdwijnen om het in de vergetelheid te doen geraken. In 614 ging de Heilig Grafkerk onder de Perzen in vlammen op, maar werd na hun verdrijving weer herbouwd. Kalief Omar ontzag de kerk in 638, maar in 1009 werd hij door Hakim volledig verwoest. In 1042 kreeg de christelijke gemeenschap toestemming om, met Byzantijnse steun, een deel van de kerk te herbouwen. De voltooiing en uitbreiding van de kerk in zijn huidige vorm zijn grotendeels het werk van de kruisvaarders, die hem op 15 juli 1149, de 50e verjaardag van de inname van Jeruzalem, wijdden.

Net als kalief Omar in de 7e eeuw spaarde ook Saladin bij zijn herovering van Palestina in 1187 de Heilig Grafkerk en zag – net als kalief Omar – ervan af om in de kerk te bidden, opdat er geen moskee van gemaakt zou hoeven worden. In 1808 viel de goed bewaard gebleven kerk deels ten prooi aan de vlammen en in 1927 raakte hij bij een aardbeving zwaar beschadigd. Maar de herstelwerkzaamheden begonnen pas in 1959, omdat de verschillende geloofsgemeenschappen het 32 jaar lang niet eens konden worden. De Heilig Grafkerk wordt beheerd door de Grieks-orthodoxe, Armeens-apostolische en rooms-katholieke Kerk, in deze volgorde. De kopten en andere confessies bezitten slechts eigen kapellen binnen het complex.

Op het betegelde voorplein (12e eeuw) staat u voor de zuidelijke gevel, gesierd met schitterend steenhouwerswerk uit de kruisvaarderstijd. U betreedt de kerk door een portaal met twee spitsbogen, waarachter u een roodachtige, op de grond liggende kalksteenplaat ziet waarvoor tal van gelovigen knielen en die voor en na het gebed gekust wordt. Dit is de **Steen van de Balseming**, waarop het lichaam van Christus zou zijn gebalsemd. Het is boeiend om hier een tijdje als toeschouwer te blijven staan. Nonnen en vrome pelgrims uit de hele wereld bidden in stilte en spreiden op de steen bijbels en rozenkransen en allerlei andere souvenirs uit, die ze met dit stille ritueel wijden.

Direct achter de Steen van de Balseming voert een trap omhoog naar de in 1810 gebouwde tweeschepige **Golgotakapel**, die door drie altaren gedomineerd wordt: rechts het Altaar van de Kruisnageling (1588), in het midden het Stabat Mater('De moeder stond ...'-)altaar en links het Kruisigingsaltaar. Onder een zilveren plaat kunt u hier, op de grond knielend, de holte voelen waarin het Kruis van Jezus stond. Daarnaast ziet u de rotsspleet die zich opende bij de dood van Jezus.

In de kapel zet de **Kruisweg** zich voort: 'Op het middaguur viel er een duisternis over het hele land, die drie uur aanhield. Aan het einde daarvan, in het negende uur, riep Jezus met luide stem: "*Eloï, Eloï, lema sabachtani?*", wat in onze taal betekent: "Mijn God, mijn God, waarom hebt u mij verlaten?" ... Jezus slaakte een luide kreet en blies de laatste adem uit. En het voorhangsel van de tempel scheurde van boven tot onder in tweeën. Toen de centurio, die recht tegenover hem stond, hem zo zijn laatste adem zag uitblazen, zei hij: "Werkelijk, deze mens was Gods zoon"' (Marcus 15:33–39).

Statie X markeert de plek waar Jezus van zijn kleren werd beroofd en **Statie XI** de plaats waar hij aan het kruis werd genageld. Bij **Statie XII** is Jezus gestorven. **Statie XIII** gedenkt de Kruisafneming en het in de armen van zijn moeder leggen van lichaam van Jezus. Deze statie hier wordt alleen erkend door de katholieken, terwijl de Grieks-orthodoxe gelovigen de Steen van de Balseming als voorlaatste statie vereren.

Via de trap keert u terug naar de begane grond, waarna u naar de **Grafrotonde** loopt, een rond bouwwerk met een 50 m hoge koepel, die gesteund wordt door een in 1863 gebouwde en in 1959 gerestaureerde ijzeren constructie. Hier ligt Jezus' graf, en daarmee **Statie XIV**. Een marmeren plaat, waarboven drie iconen de Opstanding uitbeelden, bedekt de rots waarop het lichaam van Jezus tot Pasen lag. Lange rijen gelovigen staan voor de smalle ingang van de onverlichte grafkapel, waarin niet meer dan vier tot zes mensen passen. De meeste bezoekers betreden de kapel met offerkaarsen en fakkels. Hij werd in 1810 in Turkse rococostijl opgetrokken. In het westelijke deel van de Grafrotonde ziet u onder meer het graf van Jezus' leerling Jozef van Arimatea, die Jezus in zijn eigen graf had gelegd. Ten noorden van het graf liggen het Altaar van Maria Magdalena (die als eerste de opgestane Christus zag) en de Kapel van de Verschijning aan Maria; bij de zuilvoet in het midden, die vereerd wordt als zuil waar Jezus gegeseld zou zijn, verscheen de opgestane Christus aan zijn moeder.

Ten oosten van de Rotonde, van de ingang van de kerk komend rechts, vindt u de **Navel van de Wereld**, vroeger een open tuin met een markante stenen zuil, een van de vele religieuze centra van de wereld die in de oudheid en de middeleeuwen door verschillende culturen zijn vastgelegd. Nog verder naar het oosten liggen de **Helenakapel** en de **Crypte van de Kruisvinding**, waar de keizerlijke stichteres van de kerk het Kruis van Christus gevonden zou hebben (dag. 4.30–20 uur).

Rond de Heilig Grafkerk

In het noordwesten van de Oude Stad ligt de 19 ha metende **Christelijke Wijk** (in de 4e eeuw ontstaan om zo dicht mogelijk bij de Heilig Grafkerk te wonen), waar ongeveer 1200 gezinnen zijn gehuisvest. Hij strekt zich uit van de Jaffapoort tot vlak bij de Damascuspoort en wordt begrensd door de stadsmuur en de bedrijvige David Street.

Het **Salvatorklooster** 40 (tot 1559 Armeens) aan St. Francis Street is in gebruik bij de franciscaner orde, die sinds de 14e eeuw toezicht houdt op de katholieke heilige plaatsen in Palestina. In de buurt liggen ook de patriarchaatsgebouwen van de Grieks-orthodoxe, Grieks-katholieke, oosters-orthodoxe en Ethiopische kerkgenootschappen.

Niet ver van de Christian Quarter Road (Ha-Notsrim), die St. Francis Street en David Street met elkaar verbindt, ligt op de plaats van het vroegere Romeinse forum de **Muristan**, een schitterende bazaarwijk. Direct ten zuiden ervan staat de **Johannes de Doperkerk** 41, de oudste kerk van Jeruzalem, in de 11e eeuw door vrome kooplieden uit de Italiaanse havenstad Amalfi opgetrokken op de resten van een kerk uit de Byzantijnse tijd. Er liggen hier veel kruisridders begraven (onregelmatige openingstijden, gewoon langslopen en naar een priester vragen).

Een hoge, witte klokkentoren, die het silhouet van de Oude Stad bepaalt, is het opvallendste kenmerk van de lutherse **Verlosserkerk** 42, die in 1898 op de plaats van een kerk uit de 11e eeuw werd gebouwd. Keizer Wilhelm II – het bouwterrein was een geschenk van de Osmaanse sultan aan Duitsland – wijdde de basiliek bij zijn bezoek aan Jeruzalem. Bezienswaardig zijn de met dierenriemtekens en maandsymbolen versierde, nog uit de middeleeuwen stammende poort van de gesloten noordelijke ingang en de 12e-eeuwse kruisgang aan de zuidzijde. Vanaf de klokkentoren hebt u een schitterend uitzicht (ma.-za. 9–13, 14–17 uur).

Eind 2012 is onder de Verlosserskerk het archeologisch park **Durch die Zeiten** geopend, een reis door de tijd (2000 jaar geschiedenis van Jeruzalem) met lichteffecten en 3D-animaties door een steengroeve, tuinen en marktpleinen (tel. 02 628 47 92, www.durch-die-zeiten.info, ma.-vr. 9–12, 13–15.30 uur).

De door Saladin gestichte moskeeën **Al Omaria** 43 en **Al Khanka** 44 (nu een soefi-klooster) liggen ten zuiden en ten noorden van de Heilig Grafkerk en herinneren aan het gebed van kalief Omar op het voorplein van de kerk na zijn verovering van Jeruzalem. De minaretten van beide gebouwen dateren uit de 15e eeuw.

Een curiosum is het Ethiopische **kloosterdorp Deir el Sultan** 45 (Klooster van de Sultan). Vanaf het voorplein van de Heilig Grafkerk ziet u de toegang tot de Michaëlkapel. Hier staan slechts zes kerkbanken en hij is van zeer eenvoudige schilderingen voorzien. Links voert een trap omhoog naar een tweede kapel, waarin een schildering te zien is van de koningin van Sheba die Salomo bezoekt (Ethiopische christenen geloven dat Salomo de stamvader van hun koningshuis is).

Door deze kapel bereikt u het dak, met de lichtkoepel van de daaronder gelegen Helenakapel. Nadat de kopten in de eeuwige strijd om de Heilig Grafkerk hun Ethiopische broeders en zusters met succes hadden verdreven, vestigden de Ethiopische monniken, nonnen en priesters zich op het dak van de Heilig Grafkerk.

De ongewone kloostergemeenschap is ook bereikbaar vanaf Statie IX op de Via Dolorosa. Als u het bord 'Coptic Orthodox Patriarchat' volgt, komt u al snel op het dak van de Heilig Grafkerk terecht.

Joodse begrafenisrituelen – geen bloemen, maar stenen

Thema

Bij uw bezoek aan de Olijfberg in Jeruzalem zult u zeker opmerken hoeveel Joodse graven hier liggen. In het joodse geloof zijn dood en begrafenis verbonden met allerlei rituelen.

Op de jongste dag zullen alle mensen verzameld worden op de Olijfberg, en ertegenover, op het Tempelplateau, zal Gods rechterszetel staan. Twee bruggen overspannen het dal – één uit papier en één uit ijzer. Volgens het geloof zal de ijzeren brug met daarop alle zondaren instorten, terwijl de papieren brug alle goede mensen naar de eeuwigheid zal dragen. Om zich ervan te verzekeren dat ze op de jongste dag ter plekke zijn, laten veel Joden zich begraven op de Olijfberg, waar de grootste Joodse begraafplaats ter wereld ligt.

Volgens het joodse geloof is de dood slechts een onderbreking van het leven, dat bij God wordt voortgezet. 'Maar jij,' staat te lezen in Daniel 12:13, 'ga het einde tegemoet. Je zult te ruste gaan en aan het einde van de dagen opstaan om je bestemming te bereiken.' Het lichaam wordt na een rituele reiniging binnen 24 uur begraven. Langer wachten is een vernedering van de dode. Het lichaam wordt niet in een kist gelegd, maar in een linnen doek gewikkeld (in landen waar een begrafenis zonder kist verboden is, wordt deze met doeken bekleed en wordt er een zakje aarde uit Eretz Israel in gelegd). Het graf wordt pas vlak voor de begrafenis gedolven. Het moet fris zijn, als een net opgemaakt bed. In het rouwvertrek voeren de naaste verwanten het ritueel van de *keriah* uit, het scheuren van de kleding, tegenwoordig meestal alleen het symbolisch lostrekken van een revers. De Bijbel noemt deze handeling meermalen, bijvoorbeeld als Jakob denkt dat de door zijn broers verkochte Jozef door een roofdier is verslonden. Uit verdriet scheurt Jakob zijn kleren en doet een rouwkleed om. Verwanten en vrienden – uitsluitend mannen – dragen de lijkbaar naar het graf, waarna iedereen, te beginnen met de naaste verwanten, aarde in het graf schept tot de dode begraven is. Dan volgt het woord uit Prediker 12:7: 'Wanneer het stof terugkeert naar de aarde, weer wordt zoals het was, wanneer de adem van het leven weer naar God gaat, die het leven heeft gegeven.' Tot slot wordt de kaddisj uitgesproken, een lofgebed tot God uit de vroege joodse liturgie, waarvan de herkomst niet duidelijk is: 'Zijn grote naam zij verheven en geheiligd in de wereld die hij geschapen heeft naar zijn wil, en zijn koninkrijk kome in uw leven en in uw dagen en in het leven van het gehele huis van Israël, weldra en spoedig. Zegt nu: Amen!'

Cremeren wordt in het jodendom afgewezen, hoewel noch Thora noch de Talmoed het uitdrukkelijk verbiedt. De rouwperiode tussen het overlijden en de begrafenis heet *aninoet.* Na de begrafenis begint de rouwweek, de sjivve, waarin de rouwende verwanten (vader, moeder, zoon en dochter, broer en zuster en echtgenoot) in het huis van de overledene blijven. zelfs niet naar de gebedsdienst in de synagoge gaan. Hierna begint een nieuwe rouwperiode: een jaar voor een overleden vader of moeder en dertig dagen (de sjelosjiem) voor andere verwanten. Gewoonlijk worden grafstenen geplaatst; de tekst wordt opgesteld door naaste verwanten. Eenmaal per jaar, op de sterfdatum volgens de Joodse kalender, wordt de dode herdacht. Op het graf legt men bij een bezoek geen bloemen maar stenen, als blijvend teken van een verbond.

Buiten de Oude Stad ▸8, F 3

De fascinerende geschiedenis van Jeruzalem en vooral de sporen van Jezus houden niet op bij de muren van de Oude Stad. De Olijfberg met de Hof van Getsemane is een van de Bijbelse plaatsen die met het verraad en de laatste levensuren van Jezus verbonden zijn. Niet ver daarvan ligt het Josafatdal, dat volgens het Joodse geloof de plaats van het Laatste Oordeel zou zijn.

Olijfberg en berg Scopus

Kaart: blz. 168

Moderne tijden: hotel Seven Arches met zijn mooie uitzicht op Jeruzalem bekroont nu boven de Graven van de Profeten de **Olijfberg** (Har HaZetim) 46. Het hotel is zwaar omstreden, omdat het op een oude Joodse begraafplaats werd gebouwd. Op de parkeerplaats en het uitkijkpunt ervoor wemelt het bij zonsondergang van de met camera's bewapende toeristen, en sportverenigingen en schoolklassen poseren voor een groepsfoto met Jeruzalem op de achtergrond. Daarbij vergeet men bijna dat de 740 m hoge berg, die zijn naam dankt aan dichte olijfbossen, de grootste Joodse begraafplaats ter wereld is en het voornaamste joodse en christelijke heiligdom. Hier bracht Jezus zijn laatste avond door met zijn discipelen. Hier werd Jezus na het verraad van Judas in hechtenis genomen. En van deze berg werd Jezus 'in de hemel opgenomen en nam hij plaats aan de rechterhand van God' (Marcus 16:19).

Stefanuskerk en Graf van Maria

U kunt de Oude Stad het best verlaten via de Leeuwenpoort. De weg voert langs de Grieksorthodoxe, in 1968 voltooide Byzantijnse **Stefanuskerk** 47 met ongewone vloermozaieken. Op deze plaats zou Stefanus als eerste christelijke martelaar gestenigd zijn (dag. 8–12, 14–17 uur).

Loop naar het **Graf van Maria** 48. Een door kruisvaarders gerestaureerde crypte wordt beschouwd als laatste rustplaats van de Moeder Gods, hoewel die feitelijk onbekend is. Ook interessant is het vroeggotische portaal (5–12, 14–17, 's winters vanaf 6 uur, toegang gratis).

Grot van Getsemane en de Basiliek van de Doodsangst

Komend vanuit de Stefanuskerk gaat u tweemaal naar links, via een gang komt u in de **Grot van Getsemane** 49, de plaats van het verraad van Judas (dag. 8–12, 14–18 uur).

Na enkele meters op Jericho Street (Derech Jericho) valt al de voorgevel van de grandioze **Basiliek van de Doodsangst** 50 in het oog (ma.-wo. 8–12, 14.30–17, do.-zo. 14.30–15.30 uur). Deze ligt in de **Hof van Getsemane**, een door hoge muren afgeschermd olijfbosje, waar Jezus met zijn discipelen bijeen placht te komen. Enkele olijfbomen zouden nog uit die tijd stammen. De kerk zelf werd tussen 1919 en 1925 gebouwd met schenkingen uit vele landen.

Het gevelmozaïek is schitterend. Vooral 's avonds straalt het in de glans van de ondergaande zon. Het toont Jezus die in het midden tussen God (met alfa en omega) en de mens staat. Onder het mozaïek stellen de beelden op de vier zuilen de evangelisten voor. De herten rond de gevelspits verzinnebeelden Psalm 42:2: 'Zoals een hinde smacht naar stromend water, zo smacht mijn ziel naar u, o God.'

De moderne Basiliek van de Doodsangst had op deze plaats als voorlopers zowel een kleiner Byzantijns gebouw (ook Basiliek van de Doodsangst) als een bijna net zo grote kruisvaarderskerk, die al in de 14de eeuw nog maar een ruïne was. Binnen in de kerk dompelen donkerblauwe albasten vensters de ruimte in een welhaast mystiek licht. Bezienswaardig zijn ook de mozaïeken die de doodsangst van Jezus als thema hebben (dag. 8–12, 14–18, 's winters 14–17 uur, de toegang tot de Hof ligt achter de kerk aan de weg tegen de Olijfberg op).

Maria Magdalenakerk 51

Kort na het verlaten van de Basiliek van de Doodsangst vertakt de weg zich. Alle drie de paden gaan de Olijfberg op, maar de aftakking naar rechts, naar de **Maria Magdalenakerk** is aan te bevelen. Zeven barokke torens met vergulde uivormige koepels en kruisen fonkelen al van verre in het zonlicht. Tsaar Alexander III droeg de kerk, die nu onder toezicht van Russisch-orthodoxe nonnen staat, in 1885 op aan zijn moeder. In de crypte zijn verschillende leden van de tsarenfamilie bijgezet (di., do. 10–12 uur).

Dominus Flevitkapel 52

Boven de Maria Magdalenakerk staat de **Dominus Flevitkapel** ('De heer huilde'). Jezus reed op Palmzondag de Olijfberg af en 'Toen hij Jeruzalem voor zich zag liggen, begon hij te huilen over het lot van de stad. Hij zei: "Had ook jij op deze dag maar geweten wat vrede kan brengen! Maar dat blijft voor je verborgen, ook nu. Want er zal een tijd komen dat je vijanden belegeringswerken tegen je oprichten, je omsingelen en je van alle kanten insluiten. Ze zullen je met de grond gelijk maken en je kinderen verdelgen, en ze zullen geen steen op de andere laten,"' zo bericht Lucas 19:41–44. Bij deze beschreven plaats richtten de franciscanen in 1881 deze kapel op. Al in de 5e eeuw stond hier een gebouw ter ere van St.-Anna, waarvan de fundamenten in 1955 zijn ontdekt. Het door een Italiaan ontworpen gebouw is niet onomstreden: het ranke godshuis in de vorm van een traan deed sommige critici ondanks de sacrale boogvensters denken aan een slechte kopie van de opera van Sydney (dag. 8–12, 14.30–17 uur).

Paternosterkerk 53

Langs een benedictijnenklooster voert de weg naar de deels boven een oude kerk gebouwde **Paternosterkerk**. Op de plaats van de in 1875 gewijde kerk zou Jezus de discipelen het Onzevader hebben geleerd – 'Hij zei tegen hen: "Wanneer jullie bidden, zeg dan: Vader, laat uw naam geheiligd worden en laat uw koninkrijk komen ..."' (Lucas 11:2). De muren van de kerk zijn verfraaid met het Onzevader in 44 talen. In de 4e eeuw had Helena hier de Eleonorakerk laten bouwen, waarvan nu alleen nog fundamenten over zijn. Deze stond boven een grot waarin Jezus zijn discipelen waarschuwde voor 'valse messiassen en valse profeten'. In 614 werd de kerk verwoest door de Perzen (dag. 8.30–11.45, 14.30–16.30 uur).

Kapel en Moskee van de Hemelvaart 54

Op het hoogste punt van de Olijfberg staan, behalve het al vermelde hotel, de **Kapel en Moskee van de Hemelvaart**. Het complex getuigt van islamitisch-christelijke overeenstemming in de persoon van Jezus – in ieder geval wat betreft zijn status als profeet en de hemelvaart, waarvan op deze plaats een steen met zijn voetafdruk overgebleven zou zijn (de islam erkent niet dat Jezus de zoon van God zou zijn, noch de Kruisdood). Om de versteende voetafdruk heen hebben kruisvaarders de Kapel van de Hemelvaart gebouwd. Deze werd omsloten door een augustijnenklooster, tot Saladin in de 12e eeuw het klooster liet slopen en het christelijke heiligdom uitriep tot moskee. Christenen mogen hier Pasen vieren (onregelmatig geopend, vraag eventueel om toegang, NIS5).

Berg Scopus en Hebrew University

Een wandeling met mooi uitzicht voert van de Olijfberg naar het noorden door het dorp El Tur naar de **berg Scopus** 55 (HaTsofim). Onderweg passeert u – links enigszins lager – de

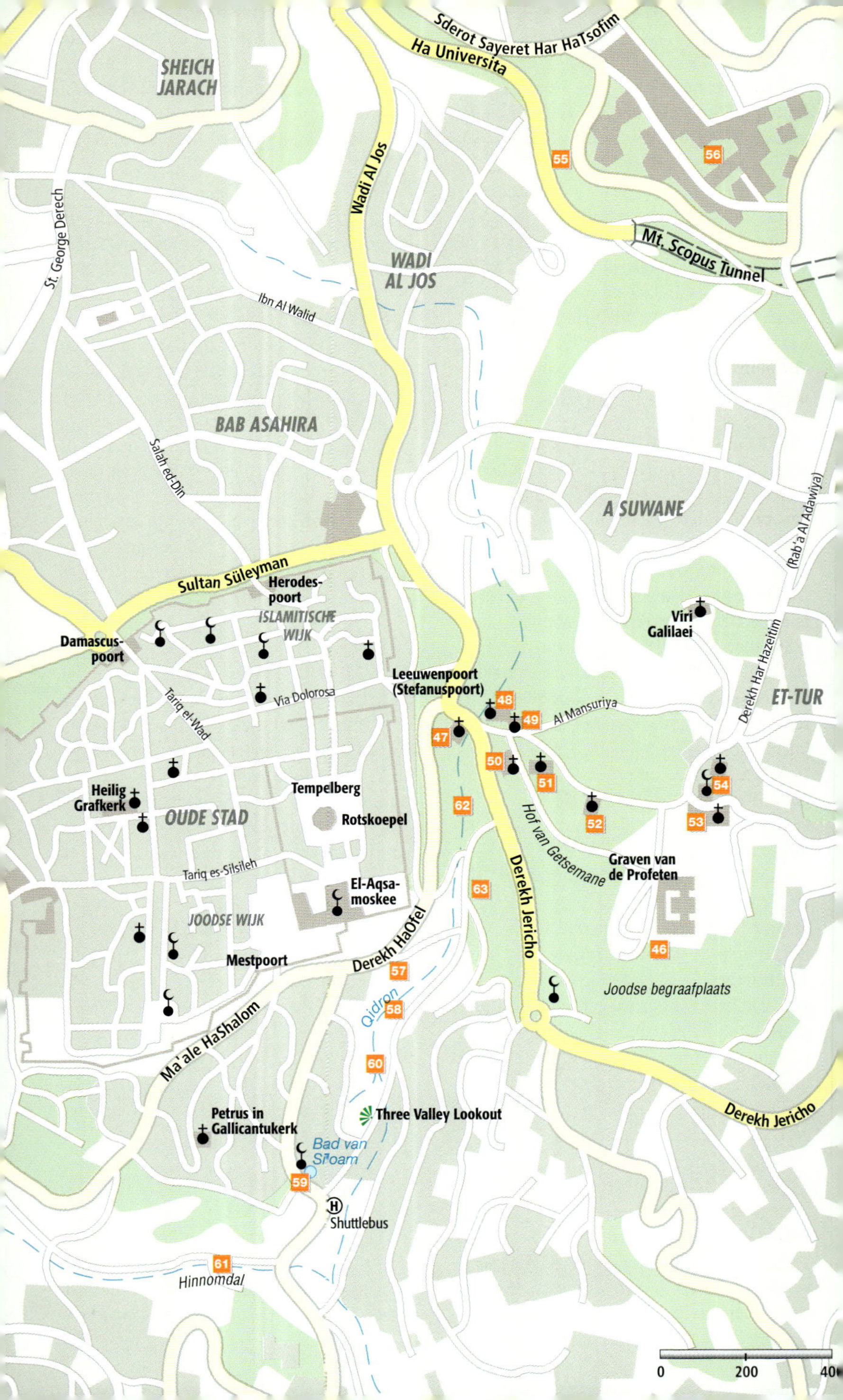

Sderot Sayeret Har HaTsofim
Ha Universita
SHEICH JARACH
Wadi Al Jos
55
56
Mt. Scopus Tunnel
St. George Derech
WADI AL JOS
Ibn Al Walid
BAB ASAHIRA
Salah ed-Din
A SUWANE
(Rab'a Al Adawiya)
Sultan Süleyman
Herodes-poort
ISLAMITISCHE WIJK
Damascus-poort
Viri Galilaei
Leeuwenpoort (Stefanuspoort)
48
49
Al Mansuriya
Derekh Har Hazeitim
ET-TUR
Via Dolorosa
Tariq el-Wad
47
50
51
52
53
54
Heilig Grafkerk
OUDE STAD
Tempelberg
Rotskoepel
62
Hof van Getsemane
Graven van de Profeten
Tariq es-Silsileh
El-Aqsa-moskee
63
Derekh Jericho
JOODSE WIJK
46
Mestpoort
Derekh HaOfel
57
Joodse begraafplaats
Qidron
58
Ma'ale HaShalom
60
Three Valley Lookout
Derekh Jericho
Petrus in Gallicantukerk
Bad van Siloam
59
Shuttlebus
61
Hinnomdal
0
200
40

Bezienswaardigheden
1 - 45 zie kaart blz. 144-145
46 Olijfberg
47 Stefanuskerk
48 Graf van Maria
49 Grot van Getsemane
50 Basiliek van de Doodsangst
51 Maria Magdalenakerk
52 Dominus Flevitkapel
53 Paternosterkerk
54 Kapel en Moskee van de Hemelvaart
55 Berg Scopus
56 Hebrew University
57 Stad van David (City of David)
58 Gichonbron
59 Bad van Siloam
60 Kidrondal
61 Hinnomdal
62 Josafatdal
63 Graven van Absalom, Josafat en Benei Hezir
64 - 80 zie kaart blz. 174-175

Viri Galilaeikerk, het Grieks-orthodoxe patriarchaat en het **Augusta Victoria Hospital**, dat in 1898 door keizer Wilhelm II gesticht.

HaTsofim is Hebreeuws voor 'mooi uitzicht' en Scopus is de gelatiniseerde Griekse pendant. Op 819 m hoog ligt de **Hebrew University** 56, in 1925 gesticht als eerste wereldlijke Joodse universiteit. Tussen de Onafhankelijkheidsoorlog van 1948 en de Zesdaagse Oorlog van 1967 was de berg een Israëlische enclave. De universiteit lag stil en in de Nieuwe Stad moest de New Hebrew University (Givat Ram) worden geopend. Na 1967 werd de oorspronkelijke universiteit uitgebreid. Er horen tegenwoordig een instituut voor vredesonderzoek bij en een fantastische **Botanische Tuin** (Yehuda Burla St., tel. 02 679 40 12, www.botanic.co.il, za.-do. 7 uur-zonsondergang, vr./feestdagen 7-15 uur, NIS30).

Van de Stad van David naar het Josafatdal

Kaart: links
Voor de volgende excursie voor de zuidelijke stadsmuur moet u ongeveer een halve dag te voet uittrekken. U kunt de Oude Stad het best verlaten via de Mestpoort.

Stad van David (City of David) 57

De geschiedenis van de oudste wijk van Jeruzalem, de **Stad van David**, gaat tot meer dan 3000 jaar terug. Vanhier nam koning David de stad in en breidde hem naar eigen smaak uit. De hele wijk is nu een archeologische opgravingsplaats en kan worden bezichtigd (tel. 02 626 87 00, www.cityofdavid.org.il, zo.-do. 8-17, vr. 8-12 uur, NIS29, met rondleiding NIS60).

Bij het bezoekerscentrum beginnen drie routes (plattegrond verkrijgbaar bij de kassa): een korte en twee wat langere door tunnels. De City of David, ooit de bovenstad van Jeruzalem, was een chique woonwijk op de heuvel, die in 586 v.Chr. door de Babyloniërs werd verwoest. De wandeling gaat over trappen, plankiers en verharde straten langs velden met potscherven en archeologisch interessante stenen over het terrein, te beginnen bij het grote stenen gebouw dat mogelijkerwijs een restant van het paleis van koning David en het 'verbrande huis' bevat (de vondsten zijn te zien in het Burnt House Museum in de Joodse Wijk).

De 'City of David', waarachter de rechtse organisatie Elad schuilgaat, die erg pro-kolonisten is, is een politiek zeer omstreden opgraving. Want of er werkelijk een verband bestaat tussen deze plek en koning David staat allesbehalve vast. De Arabische bevolking van de naburige wijk Silwan vreest dat de Bijbelarcheologie en de het ontvouwen van een wetenschappelijk onbewezen Davidmythe wordt ingezet voor de sluipende onteigening waarmee Israël land wil bezetten. De Jeruzalemse oudheidkundige Josef Garfinkel houdt dat zelfs voor waarschijnlijk. Volgens hem komt het in de Stad van David absoluut tot zulke 'datamanipulatie'.

Gichonbron en Bad van Siloam

Voor de **Gichonbron** 58 en het **Bad van Siloam** 59 in het zuidelijke deel van de Stad van David moet u absoluut sandalen en een korte broek aantrekken en een zaklantaarn meenemen. Want als u niet voor het pad de heuvel af kiest, daalt u af door het onderaardse tunnelnetwerk. Er zijn twee opties: voor de 120 m lange en smalle Canaanite Tunnel hebt u zo'n tien minuten nodig, waarbij u droge voeten houdt. De tocht door de 533 m lange Shiloah of Hezekhia's Tunnel, die vol bronwater staat, duurt ruim drie kwartier. De bronnen zorgden vroeger voor de watervoorziening van de Jebusieten – en later maakten ze het David mogelijk de stad te veroveren.

'Gichon' betekent 'borrelen' en inderdaad borrelt er twintig minuten of langer water uit de aarde voor de bron plotseling opdroogt, om na korte tijd opnieuw te borrelen. U komt via een trap beneden bij de bron, waarvandaan de Jebusieten een tunnel tot in de stad groeven, om ook in geval van oorlog niet van de buiten de stadsmuur gelegen bron afgesneden te zijn. In 1000 v.Chr. konden Davids mannen door deze tunnel tot de stad doordringen en de poorten openen voor de stormaanval. Deze vergissing met verstrekkende gevolgen zou zich niet herhalen.

Koning Hizkia liet 300 jaar later een tussen 1,60 en 5,10 m hoge ondergrondse watertoevoer naar de stad aanleggen die het water direct naar het Bad van Siloam, een reusachtig waterreservoir, transporteerde. De wisselende hoogte van het kanaal, dat vele kronkelingen vertoont, is eenvoudig te verklaren: met de bouw werd aan twee kanten begonnen, maar op verschillende diepte. Dit verschil moest door de plafondhoogte worden goedgemaakt. De wandeling door het kanaal duurt ongeveer 30 minuten en eindigt bij het Bad van Siloam. Hier genas Jezus een blindgeborene door hem een brij van vochtige aarde op de ogen te smeren en hem vervolgens naar het Bad van Siloam te sturen om zich te wassen – vandaar de naam: 'siloam' betekent 'gestuurd'.

Voor u de opgravingen van de Stad van David verlaat, zou u even moeten doorlopen naar het Driedalenpunt (Three Valley Lookout) dat uitkijkt over het Kidron-, Hinnom- en het middelste dal. Men is van plan om in de dalkom onder andere een Bible Park in te richten, waarvoor Arabische huizen zullen moeten wijken. Joodse kolonisten hebben al huizen in Silwan bezet en leven nu, bewaakt door militairen, tussen 40.000 Palestijnen.

Een pendelbus brengt u van de uitgang van het Bad van Siloam voor NIS5 terug naar de ingang van de City of David.

Kidron- en Hinnomdal

Aan het noordoosten van de Stad van David grenst het **Kidrondal** 60, dat alleen al om het uitzicht het uitstapje waard is. Hooguit in de winter en het voorjaar voert de in de Dode Zee uitmondende Kidron (Arabisch: Wadi el Nar, 'Vuurrivier') water. De rivier krijgt geen water van een bron, maar van regenwaterbassins op de hellingen van de Olijfberg en de Scopus.

Tussen de berg Sion en het Kidrondal strekt zich het **Hinnomdal** 61 uit, waar in de 7e eeuw v.Chr. de afgod Moloch werd vereerd en ter ere van hem – volgens Jeremia – zonen en dochters als offer werden verbrand. Een deel van het dal is de bloedakker uit het evangelie van Matteüs. Met het bloedgeld van 30 zilverlingen, dat Judas na de dood van Jezus naar de hogepriesters in de tempel had geworpen, kochten zij deze bloedakker voor begrafenissen van vreemdelingen.

Josafatdal

Van het tempelplateau tot aan de Olijfberg strekt zich het **Josafatdal** 62 uit, dat volgens het joodse geloof ooit het toneel van het Laatste Oordeel zal zijn. Bezienswaardig zijn de **graven van Absalom, Josafat en Benei Hezir** 63 (altijd toegankelijk). Absalom, zoon van David, rebelleerde tegen zijn vader en werd uiteindelijk door het volk Israëls levend in een graf geworpen en met stenen bedekt. Daarachter vindt u de in de rots gehouwen grafkamers van Josafat ('God zal rechtspreken', 1e/2e eeuw v.Chr.).

Ten noorden van de Oude Stad

Kaart: blz. 174–175

Deze wijk is op het eerste gezicht niet zo glanzend als de klassieke Oude Stad, maar met het archeologische Rockefeller Museum en

Joodse begraafplaats op de Olijfberg met zonsondergang boven de Oude Stad

het schitterende American Colony Hotel komt de Arabische geschiedenis van Jeruzalem tot leven.

Grot van Sedekia/ Steengroeve van Salomo 64

Het uitgangspunt voor een wandeling door het noorden van Jeruzalem is de Damascuspoort. Na ongeveer 150 m in oostelijke richting langs de buitenkant van de stadsmuur hebt u al de eerste bezienswaardigheid bereikt. Rond de **Steengroeve van koning Salomo** of de **Grot van Sedekia**, toevallig ontdekt in 1854, doen twee verhalen de ronde. Het ene zegt dat koning Salomo hier de stenen voor de bouw van de Eerste Tempel heeft gewonnen; het andere zegt dat Sedekia, de laatste koning van Juda, zich hier op de vlucht naar Jericho heeft verstopt, alvorens hij toch door de Babyloniërs gevangengenomen werd (dag. 9–16 uur, NIS10).

Rockefeller Museum 65

Wie de Oude Stad via de Herodespoort verlaat, stuit ongeveer 300 m verder, tegenover de noordoosthoek van de stadsmuur, op de plek waar de Amerikaan John D. Rockefeller II in 1927 met het toentertijd haast ongelooflijke bedrag van US$2 miljoen de basis legde voor het **Rockefeller Museum** aan de huidige Sulaiman Street, dat inmiddels een van de beste archeologische collecties in het Midden-Oosten huisvest.

Het in 1938 als Archeologisch Museum van Palestina geopende gebouw ligt heel toepasselijk op een terrein van historisch belang: hier begon de kruisridder Godfried van Bouillon in 1099 zijn zegenrijke aanval op Jeruzalem. In het begin van de 18e eeuw raakte de plaats bekend onder de naam Karm el Sheikh, want in die tijd liet Sheikh Mohamed al Halili, moefti van Jeruzalem, er zijn zomerresidentie bouwen. Zijn huis, met de naam Qar el Sheikh, staat nu ten westen van het archeologisch museum.

De collectie strekt zich uit van stenen werktuigen, schedels en menselijke botsplinters uit de steentijd tot vondsten uit de Bijbelse steden Megiddo, Lachis en Beth Shean (fragmenten van sarcofagen).

Zeer bezienswaardig zijn de volgende afdelingen: de **zuidzaal** met houtsnijwerk uit de El-Aqsamoskee, de **westgalerij** met stucwerk uit het Paleis van Hishamin in Jericho, waaronder afbeeldingen van vogels, paarden en mensen met soms tot een grimas getrokken gezicht, en de **noordzaal** met beeldhouwwerk uit de kruisvaarderstijd en friezen van het hoofdportaal van de Heilig Grafkerk. De collectie van het museum wordt aangevuld met actuele wisselende tentoonstellingen (tel. 02 628 22 51, www.imj.org.il/rockefeller, zo.-ma. en wo.-do. 10-15, za. 10-14 uur, NIS50).

Tuingraf en Armeens vloermozaïek

De weg gaat terug naar de Damascuspoort. Vandaar volgt u Nablus Road (Derech Shechem) in noordelijke richting en slaat dan na de St. Paul's Church de Conrad Schick Street in naar het **Tuingraf** 66. Na de ontdekking (1883) van dit graf werd het door velen als de ware plaats van de teraardebestelling van Jezus beschouwd. De Britse generaal Charles Gordon formuleerde in 1883 het vermoeden dat de Calvarieberg niet op de plaats van de huidige Heilig Grafkerk, maar hier lag. Dat het graf, dat zich tot onder de Oude Stad uitstrekt, echter pas uit de 4de eeuw dateert, is intussen met zekerheid vastgesteld. Desondanks wordt het door veel protestanten vereerd als hún Calvarieberg. Achter de groene ijzeren poort (links de receptie waar u uw donatie kunt doen) ligt een heerlijk park met bankjes en paviljoens. Aan de rand kijkt u van een uitkijkterras over een busstation naar de **Schedelplaats** (Skull Hill, Golgota). In de vorm van de rots is een schedel met ogen en een neusgat te herkennen (tel. 02 627 27 45, www.gardentomb.com, ma.-za. 9-12, 14-17.30 uur, toegang gratis, maar een donatie van NIS10-20 is welkom).

Ongeveer vijf minuten lopen verder kunt u bij Prophet's Street (HaNevim St.) het **Armeense vloermozaïek** 67 bezichtigen. Dit Byzantijnse mozaïek, dat bij de St.-Polyeuctoskapel behoort, dateert van de 5de eeuw. Dit is een van de schitterendste mozaïeken van Israël: een fijn bewerkte wijnstok, waarin adelaars, eenden, duiven en pauwen vredig naast elkaar hebben plaatsgenomen (dag. 7-17 uur, toegang gratis).

Graven van de Koningen

Volg Nablus Road verder naar het noorden tot waar van rechts de Salah ed-Din Street erop uitkomt. Bij het **American Colony Hotel** 3 (zie blz. 185), dat bezienswaardig is om zijn binnenplaats, waar kan worden gegeten, liggen hier de **Graven van de Koningen** 68, die vroeger abusievelijk met de koningen van Judea in verband werden gebracht. De graven dateren echter pas van de 1e eeuw. Koningin Helena van Adiabene in Mesopotamië, die zich in Jeruzalem tot het jodendom bekeerde, liet de dertig graven voor haar familie uit de rots hakken. Een rolsteen sloot de grafkamer af, waarvan de sarcofagen zich tegenwoordig in het Parijse Louvre bevinden. Bij bezichtiging hebt u een zaklantaarn nodig (ma.-za. 8-12.30, 14-17.30 uur, NIS15).

Een moderne uitbreiding wordt gevormd door het **Museum on the Seam** ('Museum op de Naad') met als thema 'dialoog, begrip en coëxistentie' tussen verschillende religies, culturen en maatschappijvormen. Onder leiding van een gids maakt u een ongeveer 1,5 uur durende interactieve rondgang door dit sociaal-politieke 'museum voor hedendaagse kunst', zoals het als ondertitel heeft. In het kader van de tentoonstelling Heartquake ('Hartbeving') behandelen 35 kunstenaars uit de hele wereld het thema 'angst en trauma's'. U ziet onder meer werk van Samuel Beckett, Bruce Nauman en Anselm Kiefer. Bezoek is alleen mogelijk na aanmelding van tevoren (tel. 02 628 12 78, www.mots.org.il, zo.-do. 9-17, vr. 9-14 uur, NIS30).

Sanhedringraven 69

Verder weg in het noorden, in het stadsdeel Sanhedria, liggen de **Sanhedringraven**. De catacomben aan Shmu'el HaNavi Street waren bestemd voor de leden van het Sanhedrin, de Hoge Raad van de Israëlieten, die tot aan de verwoesting van de Tweede Tempel in 70 n.Chr. rechtsprak (dag. 9 uur tot zonsondergang, toegang gratis).

Ten westen van de Oude Stad

Kaart: blz. 174–175
Het leven van het moderne Jeruzalem concentreert zich op de buurt rondom **Zion Square** 70 (Kikkar Ziyyon) met een voetgangerszone, terrassen, restaurants, bistro's en souvenirwinkels. Het oude Jeruzalem lijkt heel ver weg – afgezien van de orthodoxe, in het zwart geklede joden uit de noordelijk gelegen wijk **Mea Shearim** (zie blz. 178). Het is onderdeel van de droevige moderne geschiedenis van deze buurt dat Palestijnse plegers van zelfmoordaanslagen hier vaak hebben toegeslagen en onschuldigen met zich meesleepten in de dood.

Machane Jehudamarkt en Bezalel School of Art

Ongeveer 1 km ten westen van Zion Square is aan Jaffa Street de pittoreske **Machane Jehudamarkt** 71 te vinden, die op werkdagen heel levendig is.

Ten zuiden daarvan is in 1906 aan 12 Ha-Nagid Street de eerste Israëlische kunstacademie geopend, de **Bezalel School of Art** 72. Als gevolg van een internationale competitie wordt in de Russian Compound gewerkt aan nieuwbouw, naar een ontwerp van SANAA en Nir-Kutz, een Japans-Israëlische architectencoöperatie. Voorlopig bevindt de campus van dit gerenommeerde instituut zich nog op het terrein van de Hebrew University op de berg Scopus. Bij het instituut hoort een goede kunstverzameling (tel. 02 625 36 53, zo.–vr. 10–13, 16–19, za. 10–13 uur, toegang gratis).

Russian Compound 73

Ten oosten van Zion Square en ten noorden van Jaffa Road ligt de zogeheten **Russian Compound** (Russische Wijk), een van de eerste grote complexen buiten de Oude Stad. De wijk, gebouwd rond 1860, omvatte rond de nog altijd schitterende Russisch-orthodoxe Drievuldigheidskathedraal (Trinity Church; do.–vr. 9–13, za.–zo 9–12 uur) herbergen en hospitia voor Russische pelgrims. Tegenwoordig staat hier onder andere het **Museum of the Underground Prisoners**, dat tijdens het Britse mandaat als gevangenis diende. Het 'museum van gevangen ondergrondse strijders' is met zijn Hall of Heroism, Heldenzaal, een ontroerend monument voor de voormalige geïnterneerde verzetsstrijders uit Hagana, Etzel en Lechi tijdens het Britse mandaat (1917–1948). U loopt – niet zonder huiveren – door de gangen en neemt een kijkje in de cellen (nr. 23 heeft een vluchttunnel), de kledinguitgifte, met matrassen ingerichte slaapzalen, een dodencel (nr. 52) en een ruimte met dodencellen en galg (nr. 50 en 51), plus op de binnenplaats de bakkerij, keuken en wasserij (zo.–do. 9–17 uur; vr. alleen na aanmelding, tel. 02 623 33 16, NIS20).

King David Hotel en YMCA Three Arches

Na tien minuten lopen, eerst in oostelijke, daarna in zuidelijke richting, komt u van Zion Square in de beroemdste straat van het nieuwe Jeruzalem, **King David Street** (David Ha-Melech). Een wezenlijk aandeel in die faam wordt geleverd door het **King David Hotel** 1, niet alleen het beste hotel van Israël, maar ook een van de bekendste luxehotels van de wereld. In 1946, toen hier een deel van het Britse bestuur was ingekwartierd, pleegde de radicale terroristische organisatie Irgun, die onder leiding stond van de latere premier Menachem Begin, een bomaanslag waarbij meer dan honderd burgers omkwamen. De Britten, van wie niemand was gedood, bouwden het hotel weer op als een vesting. Tegenwoordig overnachten er staatsgasten en regelmatig staan de auto van de president en de motorescortes van de politie voor de ingang. Ga er niet logeren, maar een kopje thee in de middag – onder begeleiding van klassieke muziek – kunt u zich wel gunnen.

Aan de overkant overnacht u veel eenvoudiger in de **YMCA Three Arches** 7, die geldt als de mooiste YMCA's van de wereld. Het gebouw, een mengeling uit 1933 van een kruisvaardersvesting en een domkerk, wordt overheerst door een 51 m hoge toren met het enige carillon in het Midden-Oosten (mooi uitzicht, toegang via de receptie). Het pronkstuk

Jeruzalem

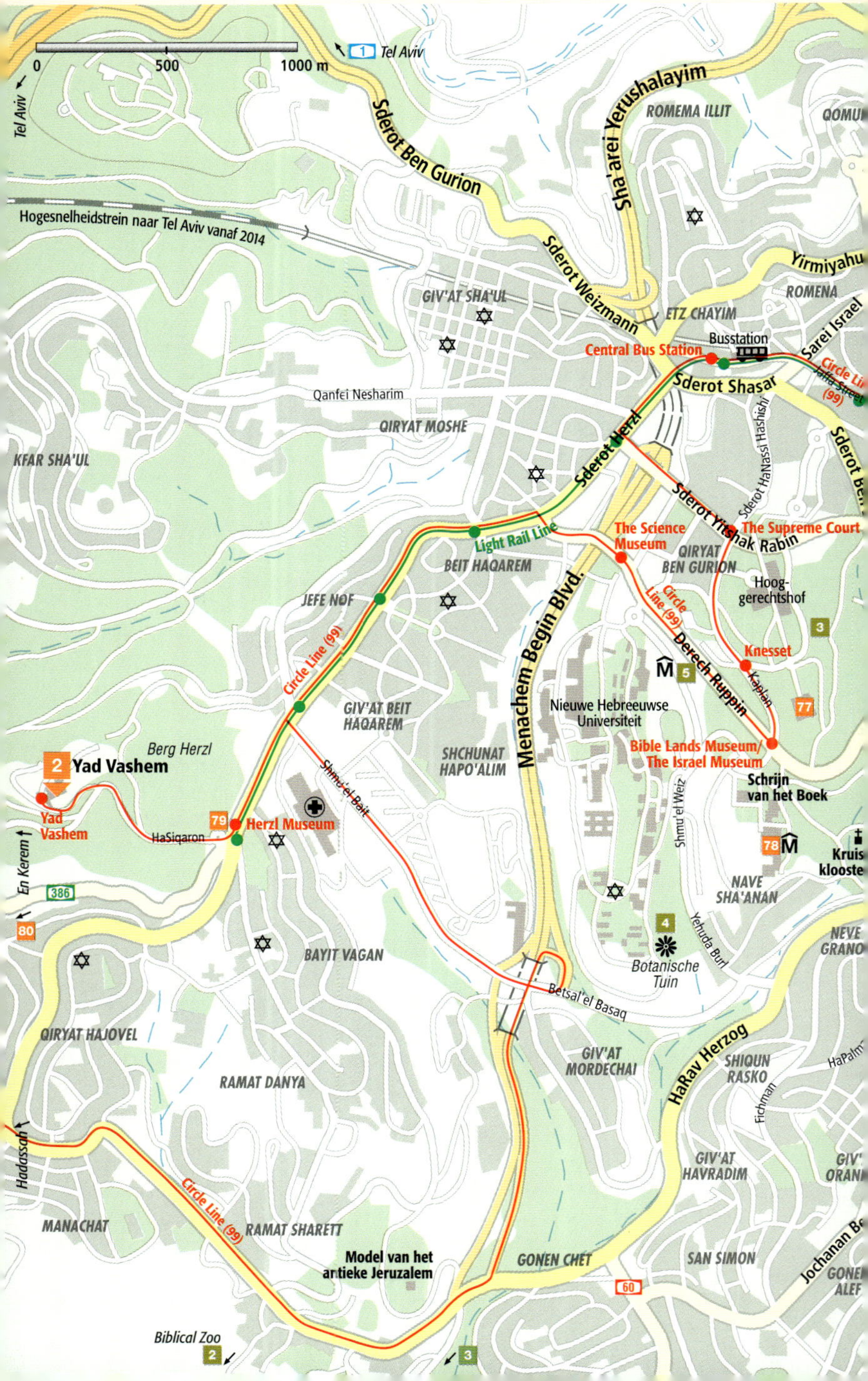

0
500
1000 m
Tel Aviv
1 Tel Aviv
Sderot Ben Gurion
Sha'arei Yerushalayim
ROMEMA ILLIT
Yirmiyahu
ROMENA
Hogesnelheidstrein naar Tel Aviv vanaf 2014
GIV'AT SHA'UL
Sderot Weizmann
ETZ CHAYIM
Busstation
Central Bus Station
Sarei Israel
Sderot Shasar
Circle Line (99)
Jaffa Street
Qanfei Nesharim
QIRYAT MOSHE
KFAR SHA'UL
Sderot Herzl
Sderot HaNassi Hashishi
Sderot ben
Sderot Yitshak Rabin
The Supreme Court
Light Rail Line
The Science Museum
BEIT HAQAREM
QIRYAT BEN GURION
Hoog-gerechtshof
JEFE NOF
Circle Line (99)
Menachem Begin Blvd.
Derech Ruppin
Knesset
Kaplan
5
3
77
GIV'AT BEIT HAQAREM
Nieuwe Hebreeuwse Universiteit
Bible Lands Museum/
The Israel Museum
Schrijn van het Boek
Berg Herzl
2 Yad Vashem
SHCHUNAT HAPO'ALIM
Shmu'el Bait
Yad Vashem
79
Herzl Museum
HaSiqaron
Shmu'el Weiz
78
Kruis klooster
En Kerem
386
80
NAVE SHA'ANAN
4
Yehuda Burl
Botanische Tuin
NEVE GRANOT
BAYIT VAGAN
Betsal'el Basaq
QIRYAT HAJOVEL
GIV'AT MORDECHAI
HaRav Herzog
SHIQUN RASKO
HaPalm
RAMAT DANYA
Fichman
Hadassah
GIV'AT HAVRADIM
GIV ORAN
Circle Line (99)
RAMAT SHARETT
MANACHAT
Model van het antieke Jeruzalem
GONEN CHET
SAN SIMON
Jochanan Be
GONEN ALEF
60
Biblical Zoo
2
3

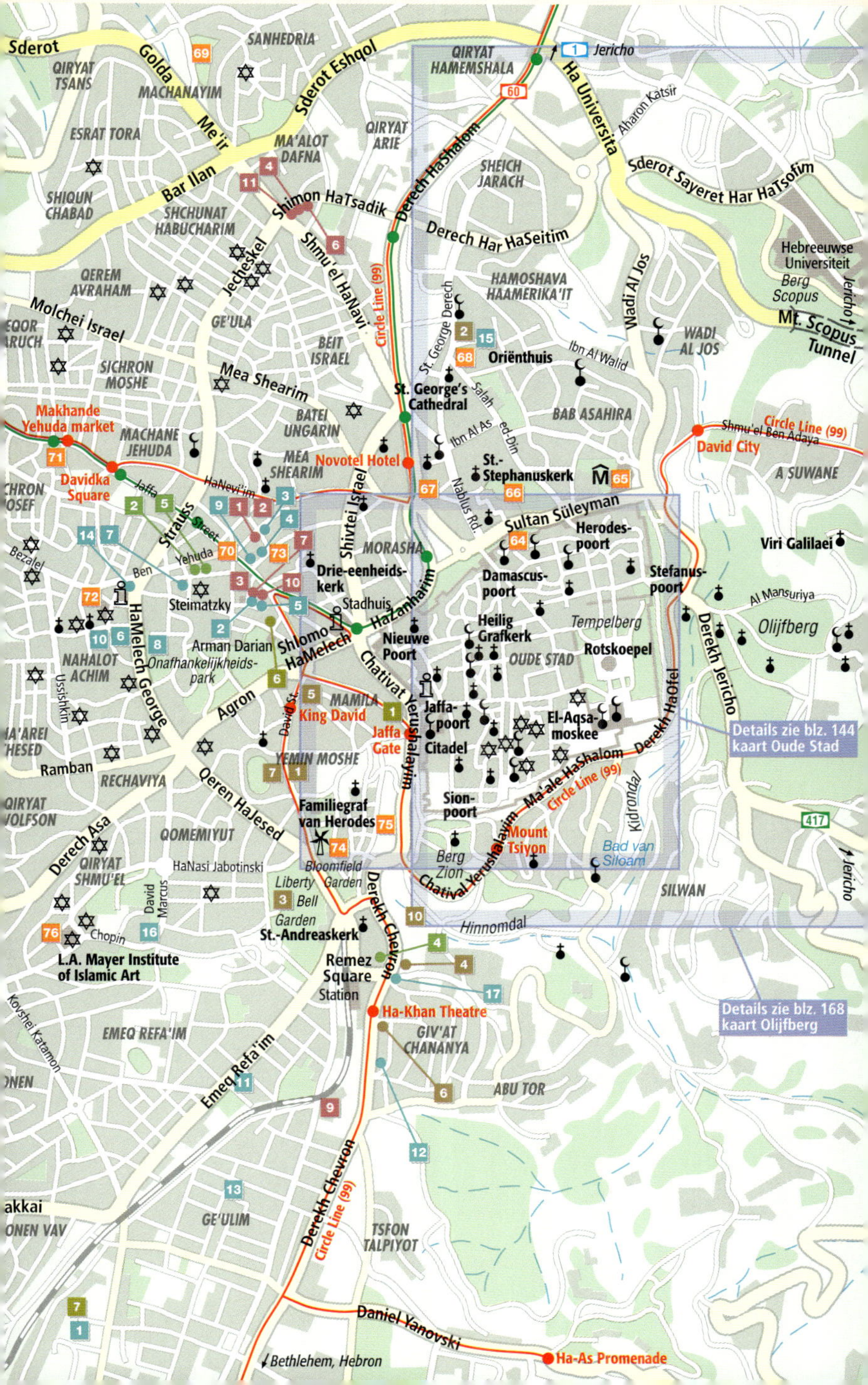

Sderot Golda Me'ir
Bar Ilan
Sderot Eshqol
SANHEDRIA
QIRYAT TSANS
MACHANAYIM
ESRAT TORA
MA'ALOT DAFNA
QIRYAT ARIE
QIRYAT HAMEMSHALA
Jericho
Ha Universita
Aharon Katsir
SHEICH JARACH
Sderot Sayeret Har HaTsofim
SHIQUN CHABAD
SHCHUNAT HABUCHARIM
Shimon HaTsadik
Derech HaShalom
Derech Har HaSeitim
Hebreeuwse Universiteit
Berg Scopus
Mt. Scopus Tunnel
Jecheskel
Shmu'el HaNavi
Circle Line (99)
HAMOSHAVA HAAMERIKA'IT
Wadi Al Jos
WADI AL JOS
QEREM AVRAHAM
Molchei Israel
GE'ULA
BEIT ISRAEL
St. George Derech
Oriënthuis
Ibn Al Walid
SICHRON MOSHE
Mea Shearim
St. George's Cathedral
Salah ed-Din
BAB ASAHIRA
Makhande Yehuda market
MACHANE JEHUDA
BATEI UNGARIN
Ibn Al As
David City
Shmu'el Ben Adaya
MEA SHEARIM
Novotel Hotel
St.-Stephanuskerk
A SUWANE
Davidka Square
Jaffa Street
HaNevi'im
Nablus Rd.
Sultan Süleyman
Herodes-poort
Viri Galilaei
Strauss
Shivtei Israel
MORASHA
Yehuda Ben
Drie-eenheids-kerk
Damascus-poort
Stefanus-poort
Bezalel
Steimatzky
Stadhuis
HaZanharim
Al Mansuriya
Heilig Grafkerk
Tempelberg
Olijfberg
HaMelech George
Shlomo HaMelech
Nieuwe Poort
Rotskoepel
Arman Darian
Onafhankelijkheids-park
OUDE STAD
NAHALOT ACHIM
Derekh Jericho
Ussishkin
Agron
Chativat Yerushalayim
Derekh HaOfel
MAMILA
King David
David St.
Jaffa-poort
El-Aqsa-moskee
Details zie blz. 144 kaart Oude Stad
Jaffa Gate
Citadel
Ramban
RECHAVIYA
YEMIN MOSHE
Ma'ale HaShalom
Circle Line (99)
QIRYAT WOLFSON
Qeren HaJesed
Familiegraf van Herodes
Sion-poort
Kidrondal
Derech Asa
QOMEMIYUT
Mount Tsiyon
Bad van Siloam
QIRYAT SHMU'EL
HaNasi Jabotinski
Berg Zion
Bloomfield Garden
Liberty Bell Garden
David Marcus
Derekh Chevron
SILWAN
Chativat Yerushalayim
Hinnomdal
Chopin
St.-Andreaskerk
L.A. Mayer Institute of Islamic Art
Remez Square Station
Ha-Khan Theatre
Details zie blz. 168 kaart Olijfberg
Kovshei Katamon
EMEQ REFA'IM
GIV'AT CHANANYA
Emeq Refa'im
ABU TOR
GE'ULIM
Derekh Chevron
Circle Line (99)
TSFON TALPIYOT
Daniel Yanovski
Bethlehem, Hebron
Ha-As Promenade

Jeruzalem

Bezienswaardigheden
1 – 63 zie kaarten blz. 144–145 en 168
64 Grot van Sedekia/ Steengroeve van Salomo
65 Rockefeller Museum
66 Tuingraf
67 Armeens vloermozaïek
68 Graven van de Koningen
69 Sanhedringraven
70 Zion Square
71 Machane Jehudamarkt
72 Bezalel School of Art
73 Russian Compound
74 Montefiores-windmolen
75 Sultan's Pool
76 L.A. Mayer Museum for Islamic Art
77 Knesset
78 Israel Museum
79 Herzl Museum
80 Hadassa Medical Center

Accommodatie
1 King David
2 American Colony
3 Inbal Jerusalem
4 Mount Zion Boutique Hotel
5 The David Citadel
6 Dan Boutique Hotel
7 YMCA Three Arches
8 – 9 zie kaart blz. 144–145
10 St. Andrew's Scottish Guesthouse
11 – 14 zie kaart blz. 144–145

Eten en drinken
1 Darna
2 Little Jerusalem/ Anna Ticho House
3 Jerusalem Court/ Feingold House
4 Pasha's
5 zie kaart blz. 144–145
6 Borderline
7 Tmol Shilshom
8 zie kaart blz. 144–145
9 Colony
10 Village Green
11 Askadinya
12 – 14 zie kaart blz. 144–145

Winkelen
1 zie kaart blz. 144–145
2 Steimatzky
3 zie kaart blz. 144–145
4 Jerusalem House of Quality
5 The Eigth Note

Uitgaan
1 Haoman 17
2 Mike's Place
3 Uganda Bar
4 HaTzaatzua (Toy Bar)
5 Bell Wood
6 Link Restaurant
7 Dublin
8 Focaccia Bar
9 Hataklit
10 Mona
11 Caffit
12 Zappa in the Lab
13 Yellow Submarine
14 Off the Wall
15 Palestinian National Theatre
16 Jerusalem Center for the Performing Art
17 Khan Theatre

Actief
1 Circle Line 99
2 Biblical Zoo
3 Jerusalem Bird Observatory
4 Botanical Garen
5 Bloomfield Science Museum
6 Time Elevator
7 Go-Karting

van de lobby is een getrouwe kopie van een detail van het beroemde Palestinamozaïek uit Madaba (Jordanië), namelijk de plattegrond van Jeruzalem. In de bijbehorende kerk worden regelmatig gospeldiensten gehouden, vaak met krachtig zingende koren.

Montefiores windmolen en Liberty Bell Garden 74

King David Street voert naar het zuiden naar de twee eerste Joodse wijken die halverwege de 19e eeuw buiten de Oude Stad zijn gebouwd: **Mishqenot Shaannanim** en **Yemin Moshe**. De stichting werd gefinancierd door de Britse bankier Moshe Montefiore. De nog overgebleven huizen zijn zorgvuldig gerestaureerd en herbergen een kunstenaarskolonie met veel galeries. De **Montefiores-windmolen** aan het **Bloomfield Park** tegenover de berg Sion herinnert aan de mecenas. Het hier gevestigde museum (met een oude koets in een stoffig glazen paviljoen) is gewijd aan zijn levenswerk. Van 1948 tot 1967 stond de windmolen precies op de frontlinie tussen Jordanië en Israel (zo.–do. 9–16, vr. 9–13 uur, toegang gratis). Zuidelijk ligt de **Leeuwenfontein** (1989) die bij kinderen bijzonder geliefd is om met water te spelen.

Bij de aan de overkant van de straat gelegen **Liberty Bell Garden**, geopend in 1983 ter gelegenheid van de 200e verjaardag van de Amerikaanse onafhankelijkheid, hoort een kopie van de klok van Philadelphia. In de tuin wordt graag gewandeld en gepicknickt.

Nog verder zuidelijk ligt de kruising met de oprijlaan naar het fraaie **St. Andrews Scottish Guesthouse** (een korte omweg die zeker de moeite waard is). Wie de Emek Refa'im Street zuidwaarts neemt, komt bij de Armeense kerk uit in het hart van de **German Colony** (HaMoshava HaGermanit). Duitse tempeliers onder leiding van Matthäus Frank kochten dit dal in 1873 van de Arabieren, stichtten de destijds al tamelijk chique nederzetting en versmolten op charmante wijze de Duitse bouwwijze met die van Jeruzalem. Er groeien veel bomen. Aan de idyllische zijstraten van de Emek Refa'im liggen mooie woningen. Boetieks, galeries, cafés en restaurants omzomen de straten aan uw linkerhand, verstopt achter muren en groene deuren ligt het oude **tempelierskerkhof** (op nr. 39) en daarnaast het **kerkhof van de Alliance Church**. Het laatste is slecht onderhouden, maar valt op door de forse, kleurige Bijbelse taferelen op de binnenkant van de muur. Hier eindigt de rondwandeling door dit deel van de stad – ga lekker winkelen of strijk neer op een terrasje onder de bomen.

Sultan's Pool 75

U hebt een schitterend uitzicht over Jeruzalem vanaf de **Sultan's Pool** (Vijver van de Sultan), vroeger een van de drie grote waterreservoirs van de stad. De fontein werd in de 16e eeuw aangelegd door sultan Süleyman. Er worden hier vaak klassieke en moderne concerten gegeven – met op de achtergrond de prachtige Oude Stad van Jeruzalem.

L.A. Mayer Museum for Islamic Art 76

In HaPalmach Street, ca. 1 km ten zuidwesten van het waterreservoir, herinnert het **L.A. Mayer Museum for Islamic Art** aan de oriëntalist Leo Ary Mayer (1895–1959). Het museum werd in 1973 gesticht door de Engelse Joodse erfgename Vera Bryce Salomons, die het begrip voor de Arabische kunst wilde bevorderen. Meer dan 5000 stukken uit Egypte, Syrië, Turkije, Irak, Iran en India illustreren de islamitische kunsthistorie. U ziet onder andere bidkleden, miniaturen, manuscripten, keramiek en glazen vazen. Vooral zeer indrukwekkend zijn de collectie Koranbladzijden uit de hele wereld, een grandioos kalligrafisch manuscript in het Koefisch uit het 12e-eeuwse Iran en ivoren schaakstukken en -borden uit het land waar het schaakspel werd uitgevonden: Perzië, het huidige Iran (tel. 02 566 12 91, www.islamicart.co.il, zo., ma. en wo. 10–15, di. en do. 10–19, vr. en de dag voor een feestdag 10–14, za./feestdagen 10–16 uur, NIS40).

Knesset 77

Voor de hoofdingang van het in 1966 geopende Israëlische parlement, de **Knesset** ('vergadering'), staan een 5 m hoge, met taferelen uit de Joodse geschiedenis versierde bronzen menora, die werd geschonken door het Britse parlement. De toegangspoort is een werk van de Jeruzalemse kunstenaar David Palombo, de wandtapijten en het vloermozaïek zijn van de in 1985 gestorven kunstenaar Marc Chagall.

Om deel te nemen aan een van de gratis rondleidingen door de Knesset moet u om veiligheidsredenen uw paspoort laten zien. Ook het bijwonen van een vergadering is mogelijk (tel. 02 675 33 33, www.knesset.gov.il, zo., do. 8.30–14.30 uur).

2 Yad Vashem

Op de berg Herzl (Har Herzl, Mount Herzl), waar de politici Golda Meir en Yitzhak Rabin zijn bijgezet, ligt het beroemde Holocaustmonument **Yad Vashem** ('een monument en een naam', dat wil zeggen 'in blijvende gedachtenis'). Deze aanduiding gaat terug op Jesaja 56:5, waarin God spreekt: 'hem geef ik iets beters dan zonen en dochters: een gedenkteken en een naam in mijn tempel en binnen de muren van mijn stad. Ik geef hem een eeuwige naam, een naam die onvergankelijk is.'

Op bezoek in Mea Shearim

Mea Shearim, de wijk van de ultraorthodoxe joden van Jeruzalem, heeft vanwege de vijandigheid jegens vreemden een dubieuze reputatie. Die klopt maar ten dele: bezoekers die niet in toeristengroepen verschijnen en zich aan de regels houden, worden in ieder geval geduld.

Ten noorden van de Oude Stad ligt de wijk van de ultraorthodoxe joden. 'Isaak zaaide in dat land en hij oogstte nog hetzelfde jaar honderdvoudig, want de Heer zegende hem.' De naam Mea Shearim ('Honderd Poorten') is gebaseerd op Genesis 26:12. In de wijk wonen zo'n duizend joodse gezinnen in een levensvorm die de Holocaust in Europa heeft doen verdwijnen: de Oost-Europese sjtetl, het geïsoleerde leven van een religieuze gemeenschap. De omgangstaal is Jiddisch. Het is niet toegestaan om in het dagelijks leven Hebreeuws te spreken. De heilige taal is voorbehouden aan het gebed en het religieuze leren, maar juist op dit punt zijn er binnen de gemeenschap enkele dissidenten.

In 1874 stichtten orthodoxe joden deze wijk, die sindsdien weinig van aanzien is veranderd. Nu is de wijk eerder een monument van het anachronisme, maar ook van de pluralistische Israëlische maatschappij, die plaatsbiedt aan dit bewoonde museum. Enkele sekten hijsen op Israëlische feestdagen een zwarte vlag. Toen Mea Shearim tijdens de Onafhankelijkheidsoorlog van 1948 op nog geen 100 m van het Jordaans-Israëlische front lag, werd er serieus overlegd om van zijde te wisselen en liever in een islamitische staat te leven dan onder een goddeloos Joods bewind.

De hoofdstraat, een paar minuten lopen van de Damascuspoort, is een steeg met donkere gevels en kleine balkons. Er zijn geen cafés, geen bioscopen, niets wat hoort bij de moderne amusementsmaatschappij. Aan de 21e eeuw herinneren alleen een geldautomaat en een computerwinkel – gespecialiseerd in Thora- en Talmoedsoftware.

Boven het voorplein van een synagoge waarschuwt een bord: 'Vrouwen en mannen mogen dit plein niet als paar betreden!', een paar huizen verder is op een muur gespoten: 'Dochters van Israël! Kleed u zedig.' De bewo-

Thema

ners van Mea Shearim reageren agressief wanneer ze een stel hand in hand zien lopen of een vrouw in een broek zien, en ze roepen haar na met 'hoer'. Men wil niet gefotografeerd worden, want ook de Bijbel verbiedt dat men een beeltenis van elkaar maakt. Het woord Gods wordt hier streng geïnterpreteerd. De mannen gaan gekleed in het zwart, dragen een hoed en hebben lokken langs hun slapen; de vrouwen bedekken hun haar met een hoofddoek. In een rij stellen mannen en vrouwen zich apart op. Mea Shearim is een kleine theocratie, die geen tolerantie jegens andere manieren van leven kent. Op de sabbat worden alle elektrische apparaten uitgezet en wordt elke vreemde als een indringer gezien.

Voor elke tien mensen is er een synagoge. De meeste inwoners betalen geen belasting, aanvaarden het Israëlische Pasen niet, stemmen niet en de Israëlische politie heeft hier maar één bevoegdheid: op de sabbat het verkeer omleiden. Wie toch doorrijdt, moet op stenen rekenen. Mea Shearim kent zijn eigen recht. De Thora is de wet en God, zo meent men hier, zal de bewoners van Mea Shearim ooit net zo belonen voor hun trouw aan de messias als hij Isaak beloonde: honderdvoudig.

In het stadsdeel Mea Shearim in Jeruzalem wonen uitsluitend ultraorthodoxe joden

Tip: Israel Museum

Een van de absolute hoogtepunten van het land is het **Israel Museum** 78 aan Boulevard Rupin. Alleen al het gebouw, een ontwerp van Alfred Mansfield en Dora Gad, is een hele belevenis. Het complex bestaat uit verscheidene glazen en stenen paviljoens, die zich terrasvormig over een zachtglooiende helling uitstrekken. Het museum, met daarbij een restaurant en een café, biedt aandacht aan archeologie, etnografie, judaïca en klassieke en moderne kunst. U hebt minstens een hele dag nodig om het te bezichtigen. Na een ingrijpende verbouwing bij gelegenheid van het 45-jarig bestaan zijn wisselende delen van de expositie nieuw geopend. Behalve negen nieuwe ingangen en bezichtigingsroutes is er nu ook een extra tentoonstellingsoppervlak van ongeveer 27.000 m². Wees ruim een kwartier voor het museum opengaat bij de kassa of de kaartjesautomaat en ga eerst naar de Dode Zeerollen. Met alle groepen die later arriveren wordt het daar snel vol en lawaaierig.

De **Schrijn van het Boek** bevindt zich onder een opvallende, met wit porselein bedekte koepel. De vorm komt overeen met die van de dop van de terracotta kruiken die in 1947 in een grot in Qumran aan de Dode Zee zijn gevonden en die door het museum op internet zijn gezet (http://dss.collections.imj.org.il). Het witte dak contrasteert met de zwarte muur, een zinspeling op de Kinderen van het Licht en de Kinderen van de Duisternis, waarin de Essenen – schrijvers van de Dode Zeerollen – de wereld volgens hun apocalyptische inzichten hadden verdeeld (zie blz. 195). De tunnel waardoor u zich naar de Schrijn begeeft, bevat brieven van Bar Kochba, de leider van de opstand tegen de Romeinen (132–135 n.Chr.), en documenten die inzicht geven in het rechtswezen, de economie en de landbouw van die tijd. Er zijn 26 brieven in het Grieks, zes in het Nabatees en drie in het Aramees geschreven. In het midden van het eerste souterrain wordt het boek Jesaja getoond, een van de zeven Bijbelperkamenten die, naast munten, in de kruiken van Qumran werden bewaard. Het perkament dat rondom een kolossale thorarollenstok is gewikkeld, is het best bewaarde, grootste en enige volledig overgeleverde Bijbelboek. De 66 onderdelen zijn geschreven in 55 kolommen, maar zonder de ons nu vertrouwde verdeling in paragrafen. Sinds 1947 zijn in Qumran grotendeels fragmentarische rollen gevonden, waarvan er 200 oudtestamentische teksten weergeven – alle boeken, vaak in verscheidene kopieën, alleen het boek Ester ontbreekt. De binnenmuur van het koepelgebouw dient als tentoonstellingsruimte voor een geschreven versie van de zeer goed bewaard gebleven apocriefe Psalm 151, een perkament met letters die maar tussen 0,5 en 0,7 mm groot zijn, en het *Handboek van de leer*. Dat bevat toelatings- en gedragsregels en mogelijke straffen van de Joodse Qumrangemeenschap, die als in een klooster 'gemeenschappelijk leefde, gemeenschappelijk dronk, gemeenschappelijk bad', zoals het manuscript zegt. Op de verdieping daaronder zijn textiel, sandalen, aarden potten en cultusvoorwerpen uit de grot-

Yad Vashem, de beklemmende gedenk- en documentatieplaats voor de 6 miljoen slachtoffers van de Jodenvernietiging, is een verplicht agendapunt voor elke staatsgast die Israël bezoekt, en ook voor de meeste toeristen. Met lichte bochten gaat de weg de berg Herzl op. U kijkt over een diep groen dal tot in het moderne Jeruzalem, waar witte flatgebouwen aan de hellingen van de heuvel kleven. De bebossing bij het parkeerterrein is dicht, en in het midden verrijst een zuil, als een schoorsteen. Pas later, al u er vlak voor staat, zijn er nummers op te herkennen, het ene naast het ander. Het zijn de nummers van mensen die in Auschwitz hebben gezeten. De beeldhouwster Elsa Pollak maakte het **Monument ter Blijvende Gedachtenis**, dat doet denken aan de gruwel van een perfecte moordmachine.

Het idee voor Yad Vashem is oorspronkelijk afkomstig uit de kringen van de kibboetsen, ten te zien, waaronder een bronzen beker met nauwelijks nog te onderscheiden gezichten. Joodse gelovigen hadden ze verwijderd, omdat het in die tijd nog verboden was mensen af te beelden.

Tot de bezienswaardige stukken op de **archeologische afdeling** behoren prehistorische werktuigen van vuursteen, gedecoreerde schedels, het 5500 jaar oude ivoren beeldje van een zwangere vrouw zonder hoofd en uit de tijd van de Tweede Tempel het vloermozaïek van een Romeinse villa in Nablus en kleurige Romeins-Byzantijnse glazen vazen.

De **islamitische kunst** is vertegenwoordigd met beelden uit de 16e eeuw; uit Egypte scarabeeën van siersteen en een senetspel, de voorloper van backgammon.

Ook onder de **judaïca** zijn enkele belangrijke stukken te vinden. Uit de 4e en 5e eeuw stamt een bij Hebron ontdekte en deels gerestaureerde marmeren menora, waarvan de middelste armen door zes leeuwen in hun klauwen worden gehouden. Fantastisch is ook het 994 bladzijden tellende Rothschildboek uit de 15e eeuw, dat niet alleen een schitterend verzorgd Bijbelperkament is, maar ook een gebedenboek, joodse wetten, historische geschriften en privébrieven bevat.

Tot de **kunstcollectie** behoren onder andere tekeningen van Lucas Cranach en werken uit de 20e eeuw, bijvoorbeeld van Paul Klee, Max Ernst, René Magritte, Francis Bacon, Pablo Picasso, Paul Gauguin en Marc Chagall. Op de afdelingen video en fotografie vindt u naast Man Ray en Salvador Dalí onder de noemer Israeli Art bijvoorbeeld de 7 minuten durende video *Chic Point – Fashion for Israel Checkpoints* van Sharif Waked, een bittere afrekening met de praktijk dat Palestijnen zich bij checkpoints ter controle soms tot op de onderbroek moeten uitkleden – in het zicht van iedereen. De modellen tonen passende mode (kleding die de buik vrijlaat, van achteren open hemden). Aan het Laatste Avondmaal van Da Vinci herinnert Adi Nes' tot in de puntjes geënsceneerde beeld van soldaten aan een lange tafel – rokend, drinkend, de inslaggaten in de muur: de verloren ogende mannen als apostelen van een ideologie en offer van de geopolitieke positie van Israël.

Opmerkelijk zijn ook de tentoonstellingen van Israëlische kunstenaars op het gebied van design en Oost-Aziatische kunst, evenals – zeer geslaagd – de **Ruth Youthvleugel** van het museum, een amusante verkenning van pop art, trash- en videokunst met behulp van Lego, speelgoedtreinen en Mickey Mouse.

In de **beeldentuin**, die door de Amerikaanse impresario Billy Rose werd gefinancierd, staan ruim vijftig werken van onder anderen Henry Moore, Auguste Rodin en Pablo Picasso. Direct daarnaast staat in een schaal van 1:50 een gedetailleerde maquette van Jeruzalem ten tijde van de Tweede Tempel in 66 n.Chr., toen de Joodse opstand tegen de Romeinen begon. De maquette is gemaakt op basis van de Bijbel, Misjna, Talmud en inzichten uit de moderne archeologie.

Israel Museum: Tel. 02 670 88 11, www.imjnet.org.il, za.–ma. en wo.–do. 10–17, di. 16–21, vr. en de dag voor een feestdag 10–14 uur, toegang NIS5.

die zich hiervoor al direct na de Tweede Wereldoorlog sterk maakten. Pas na de stichting van de staat Israël echter werd in 1953 door de Knesset de wet-Yad Vashem aangenomen en werd daarmee in 1957 het publiekrechtelijk lichaam in memoriam alle Holocaustslachtoffers gesticht.

Yad Vashem bestaat uit de Herinneringszaal met een eeuwige vlam, het nieuwe Historisch Museum, een kunstverzameling met werken die tijdens en na de Holocaust zijn gemaakt, en een Kindermonument. Verder behoren tot het uitgestrekte complex op de 'Berg der Herinnering' (Har HaZikkaron) een synagoge, een archief met meer dan 60 miljoen documenten en 263.000 foto's alsmede een documentatie- en onderzoekscentrum, met voor de ingang een zesarmige menora – elke arm staat voor 1 miljoen vermoorde Joden. Andere sculpturen die de Holocaust als thema hebben, zijn verspreid over het hele terrein. In 1981 namen de deelnemers aan een mondiale bijeenkomst van Holocaustoverlevenden honderden gedenkstenen mee, met daarop de namen van hun vermoorde familieleden. Die stenen vormen nu samen de **Herdenkingsgrot**. Hier in de buurt loopt de door johannesbroodbomen omzoomde **Avenue of the Righteous Among Nations** – elke boom staat voor een niet-Jood die, zoals Miep Gies en Oskar Schindler, zijn leven riskeerde om Joden te redden. In totaal zijn het ongeveer 19.000 bomen.

Schoolklassen uit Jeruzalem, Tel Aviv en Be'er Sheva stromen dagelijks toe naar de **Herinneringszaal**, waar staatsgasten van Israël altijd kransen neerleggen. Midden in de donkere zaal brandt in een gebroken bronzen kelk de eeuwige vlam; op de bodem zijn namen te lezen: Mauthausen, Sobibór, Theresienstadt, Babi-Yar, Buchenwald, Dachau, Bergen-Belsen – in totaal 22 van de grotere concentratiekampen en de namen van andere vernietigingsoorden.

Wat in de Herinneringszaal nog min of meer abstract blijft, wordt in het chronologisch geordende, in 2005 geopende **Holocaust Museum** heel concreet. U betreedt een 180 m lange, door de berg gedreven betonnen buis, die u in een zigzagpatroon doorloopt. Het Joodse leven voor de Holocaust, het opkomende nationaalsocialisme, video-installaties, concentratiekampmeubilair, nazivlaggen, dagboeken, kasseien uit het Warschause getto, veewagons en nog veel meer versperren de directe weg, leiden naar zijvertrekken – en overal spreken de slachtoffers via documenten en hun toenmalige have en goed tot de bezoeker. Daar liggen bevolkingsregisters die sterfteregisters zouden worden. 'Goldberg, Ida, 27.5.1932, Schülerin, ausg. 25.2.42 TR4/2' staat er te lezen. 'Ausg.' staat voor 'gedeporteerd'. Behalve een gereconstrueerde naaikamer met machines van Singer, scharen, stoffen en knippatronen, is een origineel plakkaat geplakt, Bekendmaking 426: 'Joden van het getto! Bezint u!!! Meldt u vrijwillig voor de transporten! Daarmee vergemakkelijkt u ook

De Herinneringszaal gedenkt concentratiekampen en vernietigingsoorden

uw heenreis. Alleen wie zich vrijwillig meldt, is ervan verzekerd samen met de familie te reizen en de bagage mee te nemen.' Chaim Rumkovsky, de ondertekenaar van deze oproep en burgemeester van het Joodse getto, werd later verweten te nauw te hebben samengewerkt met de nazi's. Ook dat krijgt de bezoeker te weten. Verder zijn video-opnamen in de tentoonstelling geïntegreerd, waaronder 52.000 interviews met overlevenden, die de Shoa Foundation van de Amerikaanse regisseur Steven Spielberg *(Schindler's list)* in 2008 aan het museum heeft geschonken. De Namenzaal, de laatste ruimte in het Holocaust Museum, is een rond koepelgebouw vol portretten die moet worden gezien als een symbolische begraafplaats. In de rekken liggen boeken opgeslagen met meer dan 2 miljoen biografische herinneringen aan de doden van de Shoah. Aan het einde van de betonnen buis komt u ten slotte bij een terras. Voor het eerst is de hemel te zien, na de benauwenis van het museum opent zich het uitzicht op Jeruzalem.

Het **Dal der Gemeenten**, een 2,5 ha groot, uit de rots gehouwen labyrint, gedenkt de meer dan 5000 Joodse gemeenten die tijdens de Holocaust zijn uitgeroeid. Het **Kunstmuseum** toont tekeningen van mensen die in een concentratiekamp zaten. Het beklemmendste gevoel wordt wel teweeggebracht door twee artistiek vormgegeven monumenten. Ten eerste het **Kindermonument**, een pikdonkere zaal waardoor de bezoeker tastend langs een leuning gaat. Uit de duisternis lichten dan de meer dan levensgrote gezichten van vermoorde kinderen op, daarna wordt de blik getroffen door een zee van lichtjes – één voor ieder kind. Dan spreekt uit het niets een stem namen uit, niets dan namen. Zoals de Thora in de loop van jaren van begin tot eind wordt gelezen, zo hoort men hier de namen van de gedode kinderen. Het andere monument ligt onder het museum, de **Brug naar Nergens**. Onvoltooid rijst hij op in het dal, het spoor en de brug afgesneden. Een veewagon van de Duitse Spoorwegen, die in1995 van Polen naar Israël werd verscheept, staat op het spoor. Op een binnenmuur staat in een kriebelig handschrift te lezen: 'Ik ben Eva met mijn zoon Abel. Als u mijn andere zoon Kaïn, zoon des Mensen, ziet, zeg hem dan ...' (tel. 02 644 37 49, fax 644 38 02, www.yadvashem.org, zo.–wo. 9–17, do. 9–20, vr. 9–14 uur, toegang gratis, geen toegang voor kinderen onder 10 jaar).

Herzl Museum 79

Ook het nabijgelegen **Herzl Museum** is een bezoek waard. Het toont de zeer getrouw aan het origineel gerestaureerde werkkamer van schrijver en politicus Theodor Herzl (zie blz. 184). Tijdens een rondleiding wordt u vertrouwd gemaakt met de persoon Herzl en diens zionistische visioen van een 'Altneuland', het vaderland voor de Joden (reserveren verplicht, tel. 02 643 22 66, www.herzl.org.il, zo.–wo. 8.30–18, do. 8.30–19, vr. 8.30–13 uur, NIS25, audioguides verkrijgbaar).

Hadassa Medical Center 80

In het uiterste zuidwesten van Jeruzalem, 3 km van Yad Vashem, ligt een van de gerenommeerdste klinieken van het Midden-Oosten, het bij de Hebrew University behorende **Hadassa Medical Center**. Het werd in eerste instantie beroemd om zijn synagoge, waarvan de twaalf ramen, tussen 1960 en 1962 ontworpen door de orthodox-joodse kunstenaar Marc Chagall, de twaalf stammen van Israël afbeelden. Na de Zesdaagse Oorlog moesten vier van Chagalls ramen vernieuwd worden, van drie andere ramen liet hij de inslaggaten zitten als herinnering. Het ziekenhuis zelf geniet een bijzondere reputatie. Omdat het zowel Joodse als Arabische patiënten verzorgt, werden de artsen van het ziekenhuis in 2005 zelfs genomineerd voor de Nobelprijs voor de Vrede (www.hadassah.org.il).

Informatie

Municipal Tourist Information: Safra Sq., tel. 02 625 88 44, www.jerusalem.muni.il, zo.–do. 8–18, vr. tot 13.30 uur.

Tourist Information Centre: Jaffa Gate, tel. 02 627 14 24, zo.–do. 8–17, vr. 8–13 uur.

Christian Information Center: Jaffa Gate, tel. 02 627 26 92, www.cicts.org, ma.–vr. 8.30–17.30, za. 8.30–12.30 uur.

Theodor Herzl en het zionistencongres in Basel

Thema

In het begin was het een utopie: een man droomde van een Joodse staat in het Heilige Land. De zionistische beweging gaat terug tot Theodor Herzl. Hij legde de spirituele grondslag voor het huidige Israël.

Parijs 1894. De Joods-Franse officier Alfred Dreyfus werd door een oorlogsrechtbank, die onverholen antisemitisch was ingesteld, wegens hoogverraad tot levenslange gevangenisstraf en verbanning veroordeeld. In de zaal zat als verslaggever de 34-jarige Theodor Herzl (1860–1904), voor wie dit showproces een sleutelervaring zou betekenen. Want door de affaire-Dreyfus raakte hij ervan bewust dat 'de wereld weerklinkt van het geschreeuw tegen de Joden, en dat maakt ingesluimerde gedachten wakker'. De gedachte die sliep, betrof de stichting van een vaderland voor Joden, die in de 19de eeuw over de hele wereld verstrooid leefden.

In 1896 verscheen Herzls boek *Der Judenstaat*, waarmee hij het begin van de zionistische beweging inluidde. Een jaar later kwam in Basel het Eerste Zionistische Congres bijeen en het zette Herzls utopie om in een politiek programma. In zijn geschrift had Herzl een gedetailleerd beeld van de te stichten staat ontworpen en was hij onder andere voorstander van een taalfederalisme zoals in Zwitserland, had hij een theocratie verworpen en de zevenurige werkdag gepropageerd. De vraag was alleen: 'Is Palestina of Argentinië te verkiezen?' Snel was het antwoord gevonden: 'Palestina is ons onvergetelijke historische vaderland. Deze naam alleen al zou een zeer dringend appel doen op ons volk.' In zijn dagboek schreef Herzl: 'Als ik het congres van Basel in één woord moet samenvatten – maar ik hoed me ervoor het openlijk uit te spreken – is het dit: ik heb de Joodse staat gesticht.'

Opdat de utopie werkelijkheid kon worden, riep Herzl in 1899 de Jewish Colonial Trust in het leven, die gelden voor de aankoop van grond in Palestina – dat bij het Osmaanse Rijk hoorde – bijeen moest brengen. Uit een filiaal van deze trust is de huidige Bank Leumi voortgekomen.

In 1902 publiceerde Herzl zijn zionistische roman *Altneuland*, waarvan de eerste schets in het Jeruzalemse Herzl Museum is te zien (zie blz. 183), evenals uittreksels uit Herzls dagboek en zijn briefwisseling met paus Pius X. Hoe briljant en radicaal *Altneuland* ook is, Herzl maakte een ernstige verkeerde inschatting: hij meende dat de in Palestina wonende Arabieren de stichting van een Joodse staat niet alleen zouden dulden, maar ook zouden verwelkomen. Het kwam niet in Herzl op dat de stichting van de staat op de buren zou overkomen als vijandelijke landroof en diep ingrijpende angst om het bestaan zou opwekken.

Het Arabische standpunt is nog steeds niet veranderd: volgens de Arabieren werd bij de koop van stukken grond de stichtingsgedachte van een Joodse staat verzwegen. Hiervoor sloeg Herzl de eerste van vele wegen in die tot het huidige Midden-Oostenconflict hebben geleid. Over de verwerkelijking van zijn idee twijfelde Herzl niet. En inderdaad: zestien jaar na zijn dood (1904) begon een grote immigratiegolf naar Palestina. In 1922 leidde die tot de stichting van de Jewish Agency, die tot op de dag van vandaag behulpzaam is bij de immigratie in Israël en de economie van het land bevordert.

Accommodatie

Jeruzalem is met belangrijke feestdagen grotendeels volgeboekt – reserveer dus tijdig, vooral voor pelgrimshuizen!

Klassieker ▶ King David 1: 23 King David St., tel. 02 620 88 88, www.danhotels.co.il. Jeruzalems nummer één, waar veel staatsgasten van Israël overnachten – voor velen een van de mooiste hotels ter wereld, voor anderen eerder kleinburgerlijk. 2 pk vanaf NIS1800.

Arabisch tophotel ▶ American Colony 2: Nablus Rd., tel. 02 627 97 77, www.americancolony.com. Veel journalisten en politici overnachten in de geheime nummer één van Jeruzalem. In de bar van het voormalige paleis van een pasja kunt u zelfs Palestijnse grootheden tegenkomen bij een drankje. 2 pk vanaf NIS1600.

Met uitzicht op de Oude Stad ▶ Inbal Jerusalem 3: Jabotinsky St. 3, tel. 02 675 66 66, www.inbalhotel.com. Vooral welgestelde Amerikaanse Joden hebben een voorkeur voor het stijlvolle Inbal, waar u uitzicht hebt over het Liberty Bell Park. Verscheidene kamers bieden uitzicht tot aan de Oude Stad. 2 pk vanaf NIS1200.

Kamers met uitzicht ▶ Mount Zion Boutique Hotel 4: 17 Hebron Rd., tel 02 568 95 55, www.mountzion.co.il. Vanaf de Hebron Rd. ziet u het hotel bijna over het hoofd, maar vanuit de lobby kijkt u uit op de schitterende helling, het zwembad dat ook voor kinderen fantastisch is en de terrassen in de tuin. De kamers en suites liggen in de gewelven. 2 pk vanaf NIS1100.

Overnachten in stijl ▶ The David Citadel 5: 7 King David St., tel. 02 621 11 11, www.thedavidcitadel.com. Een van de chicste hotels van de stad, dat een schitterend uitzicht op de Oude Stad, Citadel en stadsmuur biedt. 2 pk vanaf NIS900.

Goed gelegen ▶ Dan Boutique Hotel 6: 31 Hebron Road, tel. 03 520 25 52, www.danhotels.com. Dankzij de sfeer van een boetiekhotel voelt u zich thuis in de kamers, die alle verschillend zijn ingericht. Let erop dat u geen kamer aan de lawaaierige, drukke Hebron Rd. krijgt. Helaas is de architect tekortgeschoten bij de rumoerige ontbijtzaal, die is ingesteld op reisgezelschappen. Het grootste voordeel van dit hotel is de centrale ligging binnen de ring om de Oude Stad. U bent daar per taxi in een paar minuten; lopend gaat u langs de berg Sion naar de Armeense Wijk of de Klaagmuur. 2 pk vanaf NIS800.

Magische sfeer ▶ YMCA Three Arches 7: 26 King David St., tel. 02 625 71 11, 02 625 34 33, www.ymca3arches.com. U hoeft jong noch lid van de YMCA te zijn om hier te mogen overnachten. De kamers zijn niet heel groot, het ontbijt is schamel, maar het gebouw, een soort kruisvaarderskathedraal, ademt een magische sfeer, te beginnen met het grote vloermozaïek in de lobby. U overnacht centraal en met zicht op het tegenovergelegen King David Hotel en bent te voet snel in de Oude Stad en in het nieuwe centrum. 2 pk vanaf NIS600.

Vriendelijke sfeer ▶ East New Imperial 8: Jaffa Gate, tel. 02 628 22 61, www.newimperial.com. Erger u niet aan de ingang – het grootste deel van het hotel is gerenoveerd. Gezellig hotel met wisselende tentoonstellingen rondom lobby, restaurant, bar en internetcafé. Het personeel staat bekend om zijn vriendelijkheid. 2 pk vanaf NIS250.

Bij de toegang tot de Oude Stad ▶ New Petra Hostel 9: Jaffa Gate, aan het begin van David St., tel. 02 628 66 18, www.newpetrahostel.com. Eenvoudig hotel, waar u van het dakterras een grandioos uitzicht hebt op de Oude Stad. Het personeel is zeer hulpvaardig, ook bij de planning van excursies. Men is er trots op dat Mark Twain en generaal Edmund Allenby hier ooit overnachtten. 2 pk vanaf NIS250, matras op het dak NIS70.

Pelgrimshuizen

Als een Schots kasteel ▶ St. Andrew's Scottish Guesthouse 10: 1 David Remez St., tel. 02 673 24 01, www.scotsguesthouse.com. Op de kerktoren wappert de Schotse vlag, binnen treffen de gasten elkaar bij de open haard. Het hospitium doet een beetje denken aan een Schots *castle*. De kamers zijn eenvoudig, maar heel gezellig. De wijk German Colony ligt op loopafstand. 2 pk vanaf NIS650.

Rustig terras ▶ Christ Church Guest House 11: Jaffa Gate, direct bij het postkantoor, tel.

02 627 77 27, christch@netvision.net.il Aangename kamers en voor de kerk van het evangelische pelgrimshuis een rustig terras, waar u onder de pergola kunt zitten. De ligging bij de Citadel is ideaal voor wandelingen naar de Oude Stad. 2 pk vanaf NIS500.

Toplocatie ▶ **Lutheran Guesthouse 12:** 7 Saint Mark Rd., tel. 02 628 21 10, 02 626 68 88, www.luth-guesthouse-jerusalem.com. Het gastenverblijf van de proost ligt in het hart van de Oude Stad. Dit in 1860 door Konrad Schick, de koninklijke bouwmeester in Jeruzalem, op ruïnes uit de kruisvaarderstijd neergezette bouwwerk diende eerst als woonhuis. Na 1948 was het in gebruik als oogkliniek voor de johannieterorde tot het in 1964 door de evangelische Jeruzalemstichting werd aangekocht, die het sindsdien drijft als gastenhuis. Dit hospitium geldt als een van de comfortabelste van Jeruzalem. 2 pk vanaf NIS310.

Aan de Via Dolorosa ▶ **Austrian Hospice 13:** 37 Via Dolorosa, tel. 02 626 58 00, www.austrianhospice.com. Zeer populair pelgrimshuis, dat al in 1857 werd gesticht en tijdelijk heeft dienstgedaan als Oostenrijks consulaat in Palestina. Keizerlijke flair aan de Via Dolorosa, Dakterras met mooi uitzicht. 2 pk vanaf NIS280.

Eenvoudig gasthuis ▶ **Casa Nova Hospice 14:** 10 Casa Nova Rd., tel. 02 628 27 91. Eenvoudig, haast spartaans ingericht, maar dit gebouw in de Oude Stad heeft wel karakter. Na 23 uur heerst hier nachtrust en gaat de deur op slot. 2 pk vanaf NIS100.

Eten en drinken

De keus aan restaurants is niet te vergelijken met Tel Aviv en op de sabbat zijn veel gelegenheden gesloten. De restaurantbuurt met internationale keukens is tegenwoordig **Yoel Solomon Street** en omgeving in het centrum. Voor goed en gevarieerd eten kunt u ook terecht in de **German Colony** in de Emeq Re'faim Street. Veel restaurants bieden tussen de middag een bijzonder voordelige Business Lunch. Korting en gratis drankjes krijgt u met de zogenaamde Jerusalem Coupons, die u vindt in hotels of kunt downloaden van www.jcpns.com en printen.

Populair ontmoetingspunt ▶ **Arabesque:** In het American Colony Hotel 2, tel. 02 627 97 77, dag. 19–23 uur. Bij het eten kent Jeruzalem geen grenzen en zo kunt u hier veel West-Jeruzalemmers aan het buffet treffen en later aan de bar, die een populair trefpunt is voor Arabisch-Palestijnse politici. Vanaf NIS170.

Uit de Maghreb ▶ **Darna 1:** 3 Horkanos St., tel. 02 624 54 06, www.darna.co.il, zo.–do. 12–15, 18.30–24, za. 19–24 uur. In een twee eeuwen oud gebouw in de binnenstad is dit fantastische Marokkaanse restaurant gevestigd, dat naast couscous in allerlei variaties (ook vegetarisch) veel andere specialiteiten uit het Maghrebland bied. Probeer absoluut de *harira marrakshia*, een traditionele soep. Een koopje is het lunchmenu van NIS80 (ma.–vr.). Vanaf NIS140.

Vega en vis ▶ **Little Jerusalem/Anna Ticho House 2:** 9 Harav Kook St., tel. 02 624 41 86, www.go-out.com/ticho, zo.–do. 10–24, vr 10–14, za. 19–24 uur. Dit pand, dat als cultuurcentrum met tekeningen van Anna Ticho bij het Israel Museum hoort (zie blz. 180), werd in 1880 als een van de eerste huizen van de Nieuwe Stad gebouwd en is een oase van rust midden in het centrum. Het café-restaurant met terras gaat prat op een omvangrijke drankkaart; om te eten zijn er vegetarische omeletten, sandwiches en onder andere zeer smakelijke blintses, zoet of gevuld met zalm. Vanaf NIS130.

Uit het Midden- en Verre Oosten ▶ **Jerusalem Court/Feingold House 3:** 31 Yaffa St. Bij de winkel Cigar & Liqueur leidt een passage naar een kleine binnenplaats met verscheidene restaurants, waaronder het Japanse **Sakura**, tel. 02 623 54 64, zo.–vr. 12–23 uur, waarvan de eigenaar actief is als docent stadsplanning en als kookleraar voor de Japanse keuken; **Barud**, tel. 02 625 90 81, dag. 12.30–1 uur, waar heerlijke oosterse specialiteiten als falafel, *labneh* (yoghurtballetjes) en *sutlach* (rijstpudding) worden geserveerd, vaak ook livejazz; en **Pinni's** met zijn Israëlische specialiteiten. Vanaf NIS130.

Oriëntaals ▶ **Pasha's 4:** 12 Shimon Hatsadik St., tel. 02 582 51 62, www.shahwan.org, dag. 12 uur–laat. Het gebouw uit de jaren 1920 belooft al vanbuiten veel origineels. De voorgerechten zijn geweldig. Behalve hummus staan er mezze op tafel, waarvan de kwaliteit geen gelijke kent, zoals de *kubbe*, met vlees of groente gevulde bulgurballetjes, In de 's winters verwarmde tuin zit u heerlijk. Na het eten genieten de gasten graag van een waterpijp. Vanaf NIS120..

Authentiek gastenhuis ▶ Armenian Tavern 5: 79 Armenian Orthodox Patriarchate Rd., tel. 02 627 38 54, di.-zo. 11–22.30 uur. Kruisvaarders bouwden deze kleine kerk ooit in de huidige Armeense Wijk bij de Jaffapoort; bijna een millennium later vestigde zich hier een Armeense kastelein die er een authentieke taveerne van maakte. Aan eenvoudige houten tafels worden op handbeschilderde borden *lahmajun* (Armeense pizza), *basturma* (gedroogd rundvlees), *soujuk* (pikante worstjes) en grillgerechten geserveerd. Vanaf NIS110.

Arabische specialiteiten ▶ Borderline 6: 13 Shimon Hatsidiq St., Sheikh Jarrah, Oost-Jeruzalem, tel. 02 532 84 32, www.shahwan.org. Na het eten wordt het in Borderline, dat naast het wat elegantere Pasha's en het klassieke Askadinya ligt, zo mogelijk nog rumoeriger, hetzij in de koele tuin, hetzij in het restaurant zelf. Net als tijdens het eten gloeien dan de nargilehs, de Turkse waterpijpen, de muziek wordt harder gezet, veel Arabpop, en er heerst meestal een geweldige sfeer. Na 2 uur is het zo'n beetje afgelopen. Het eten: Arabische voorgerechten, kebabs en *mansaf*, een Jordaanse schotel van lamsvlees in yoghurtsaus met rijst. Vanaf NIS100.

Lezen tijdens het eten ▶ Tmol Shilshom 7: 5 Solomon St., tel. 02 623 27 58, dag. 9–1 uur, sabbat gesl., www.tmol-shilshom.co.il. Het enigszins verscholen gelegen Tmol, genoemd naar een boek van Nobelprijswinnaar S.Y. Agnon, is café, restaurant en boekhandel tegelijk. De zaak is het gemakkelijkst te vinden vanaf 11 Yoel Solomon St., na de passage links. Er worden regelmatig literaire evenementen georganiseerd. Op de kaart staan moderne Israëlische gerechten. Wie alleen een drankje neemt, kan ook in alle rust op het internet surfen. Vanaf NIS90.

Bijbelse keuken ▶ Eucalyptus 8: 14 Hativat Yerushalaim St. (Hutzot Hayotzer/The Artists Colony), tel. 02 624 43 31, www.the-eucalyptus.com, zo.-do. 18–23, za. 30 min. na afloop van sabbat–23 uur. Chef Moshe Basson kookt naar richtlijnen van en met ingrediënten uit Bijbelse tijden. Zo komen de ingrediënten voor de aardappelsalade met zeven kruiden uit de bergen van Judea. *Nahaphoch-Hou Maglube* is een pannetje met saffraankip, rijst en groente, dat met een zeer interessante ceremonie wordt opgediend. Op het dakterras met uitzicht op de Oude Stad zit u bijzonder mooi. Vanaf NIS90.

Lekker in de hangar ▶ Colony 9: 7 Beit Lehem Rd., Bakaa, tel. 02 672 99 55, dag. 12–15, 18–1 uur. Op sabbat kunt u hier als een van de weinige plaatsen in de stad brunchen. Verder lunch en diner. Het café-restaurant is gevestigd in een voormalige hangar van de spoorwegen en geniet een grote populariteit. Vanaf NIS80.

Groen en graan ▶ Village Green 10: 33 Jaffa Rd., tel. 02 625 30 65, www.2eat.co.il/eng/village, zo.-do. 9–22, vr. 9–15 uur (filiaal op 5 Rachel Imenu St., German Colony, tel. 02 650 01 06). Het centraal gelegen Village Green serveert het hele spectrum aan vegetarische en veganistische genoegens, van traditionele linzensoep tot biologische rogge. Vanaf NIS80.

Terras met uitzicht ▶ Three Arches Restaurant 7: In het YMCA Three Arches Hotel, tel. 02 624 65 21, dag. 7–22.30 uur. Dit schitterend in het YMCA-gebouw gevestigde restaurant wordt niet zozeer aangeraden vanwege het eten als wel om de ambiance, maar alleen al een cappuccino op het terras maakt het beslist een bezoek waard. Vanaf NIS70.

Oud-Jeruzalemse flair ▶ Askadinya 11: 11 Shimon Hazadik St., tel. 02 532 45 90, dag. 12–24 uur. Niet ver van het American Colony Hotel eet u in een oud-Jeruzalems huis, dat om een boom heen is gebouwd; vis- of vleesgerechten en pasteitjes of neem een drankje aan de bar. Daar speelt een kwartet alles live, van de *Bolero* tot *Take five*. Vanaf NIS55.

Mooi dakterras ▶ Panorama Golden City Restaurant 12: Aftimos Market, Oude Stad, tel. 02 628 44 33, ma.-za. 12–22, zo. 12–17 uur.

Loop van de Jaffapoort het soekstraatje af en sla dan de eerste straat links in naar de Aftimos Market – en u komt bij dit Arabische restaurant met een dakterras dat een fantastisch uitzicht biedt over de Oude Stad en zijn verscholen binnenplaatsen. Vanaf NIS50.

Arabische heerlijkheden ▶ Nafoura 13: Jaffa Gate, 18 Latin Patriarchate Rd., tel. 02 626 00 34, dag. 12.30–23.30 uur. In dit Arabische restaurant met schitterend terras aan de muur rond de Oude Stad ontvlucht u aan het lawaai en de hectiek van de Old City. Vanaf NIS50.

Perfecte hummus ▶ Abu Shukri 14: 63 Al Wad Rd./Via Dolorosa, tel. 02 627 15 38, dag. 8–16 uur. Het meubilair kan maar met één woord worden omschreven: versleten. Daar staat tegenover dat u hier, bij de Damascuspoort, een legendarische hummus krijgt voorgeschoteld, die met ovenwarm brood wordt geserveerd. Ook de vleesgerechten zijn aan te bevelen. Vanaf NIS20.

Winkelen

Het levendigst is de bazaar bij de Damascuspoort, een **Arabische soek** waar groenten, souvenirs en allerlei snuisterijen te koop worden aangeboden. En dat is nog maar het begin, want in de Oude Stad lijkt het of Jeruzalem de grootste markt met religieuze voorwerpen ter wereld is. Het aanbod aan souvenirs is ook zeer groot in de voetgangerszone **Ben Yehuda Street**. In Jeruzalem gaat men om te winkelen naar de winkelcentra buiten het centrum, bijvoorbeeld naar de 120.000 m² grote **Jerusalem Mall** (Kenion Yerushalayim) in Malcha nabij het Teddy Stadium, waar ongeveer 200 winkels, onder andere met kleding van Israëlische designers, acht bioscopen, ruim twintig restaurants en een babysitservice te vinden zijn (zo.–do. 9–21, vr. 9 uur tot 1 uur voor het begin van de sabbat). De **Mamilla Mall** staat via een buitentrap in verbinding met het voorplein van de Jaffapoort, waarmee hij het

Karakteristieke Arabische marktdrukte in de straatjes van de Islamitische Wijk in de Oude Stad

chicste winkelcentrum van Jeruzalem is en een verbinding tussen Oude en Nieuwe Stad vormt. In een paar cafés en restaurants hebt u op het terras een mooi uitzicht. Het voor 150 miljoen dollar gebouwde winkelcentrum lokt klanten met 140 designboetieks, parfumerieën en merkwinkels. Het kan ook overzichtelijker: in de spannende Emeq Refa'im Street in de wijk **German Colony** vindt u kleine winkels met een opvallend aanbod.

Kunstenaarskolonie ▶ Hutzot Hayotzer 1: Zo.–do. 10–17, vr. 10–14 uur. Er is een dertigtal ateliers gevestigd in de kolonie die in 1969 werd gevestigd tussen Jaffapoort en Yemin Moshe. De producten (judaïca, schilderkunst, keramiek, sieraden) zijn van goede kwaliteit en dienovereenkomstig geprijsd. Maar kijken kost ook hier niets.

Veel boeken en judaïca ▶ Steimatzky 2: 7 Ben Yehuda St. Een grote keus aan fictie en non-fictie, ook in het Engels, hebt u in de winkels van de Steimatzkyketen, te vinden in alle winkelcentra en in de buurt van de voetgangerszone.

Fantastische keus ▶ American Colony Bookshop 2: Nablus Rd., American Colony Hotel, tel. 02 627 97 31. Munther Fahmi, de eigenaar van de boekwinkel in het American Colony Hotel, is een levende legende. Veel boeken van Arabische en Palestijnse uitgevers. Het Midden-Oostenconflict, de positie van de vrouw, de geschiedenis van Palestina zijn maar enkele van de thema's die u hier aantreft.

Armeense kunstnijverheid ▶ Sandrouni 3: New Gate, tel. 02 626 37 44, mobiel 050 599 11 21, www.sandrouni.com. Vazen, borden, fruitschalen, karaffen, tegels met motieven van planten en dieren, alles in felle kleuren. Het atelier van George en Dorin Sandrouni ligt binnen de stadsmuren, 120 m van de Nieuwe Poort. De Sandrouni's zijn meesters van het Armeense ambacht en bevoorraden met hun overigens betaalbare werk ook exposities.

Open ateliers ▶ Jerusalem House of Quality 4: 12 Hebron Rd., tel. 02 671 74 30, www.art-jerusalem.com. Galeries en kunstnijverheid in een historisch gebouw met een schilderachtige binnenplaats.

Muziek en film ▶ The Eighth Note 5: 16 Shammai St., tel. 02 624 80 20. Enorme keuze aan Israëlische en internationale muziek. Hulpvaardig personeel.

Zilversmid ▶ Avi Biran 6: 12 Hebron Rd., The Jerusalem House of Quality, tel. 02 672 62 42, www.avi-biran.co.il. De vanwege zijn werk door onder andere het Israel Museum onderscheiden Avi Biran maakt zilversmeedwerk voor voornamelijk rituele doeleinden, maar ook gebruiksvoorwerpen als kandelaars, servetringen en peper- en zoutstelletjes voor de feestelijke gedekte tafel op de sabbat. Hij staat bekend om de ironische, humoristische wijze waarop hij cult- en dagelijkse voorwerpen vervaardigt.

Uitgaan

Het stadsbestuur heeft in het centrum krachtig ingegrepen en verscheidene bars en cafés, onder andere in de Russian Compound, gesloten. Toch is wat betreft het uitgaansleven het licht in Jeruzalem nog niet uitgedaan. Tussen de **Ben Yehuda Street** en **Yoel Salomon Street** in het centrum liggen behalve restaurants ook nog verscheidene cafés. In het zuidoostelijke industriegebied, de **Industrial Zone Talpiot**, zijn veel snel wisselende hippe disco's te vinden met even snel wisselende namen. Verscheidene bars in de stad negeren de sabbat. De vraag bepaalt – nog – het aanbod. In Oost-Jeruzalem is een kleine uitgaanszone ontstaan aan de Shimon Hatsadiq Street. Ook tijdens de sabbat heerst hier tot in de vroege uurtjes drukte op straat.

Topclub ▶ Haoman 17 1: 17 Haoman St., tel. 02 678 16 58, do.–vr. 22–6 uur, vanaf NIS70. Hiphop, acid jazz, techno – in de beste dansclub van de stad treden vaak buitenlandse dj's op en af en toe worden er modeshows gegeven. Het concept is zo aangeslagen dat er een succesvol filiaal in Tel Aviv is geopend.

Partytime ▶ Mike's Place 2: 37 Jaffa St., Zion Sq., mobiel 054 53 13 255, www.mikesplacebars.com, dag. behalve sabbat 11 uur–zeer laat. Vaak livemuziek en altijd sfeervol – leuke zaak met tafeltjes buiten. Minimumconsumptie twee drankjes, wat voor niemand een probleem lijkt te zijn.

Hippe scene ▶ Uganda Bar 3: 4 Aristobulus St., tel. 02 623 6 087, www.ugandajlm.com, zo.–do. 12–3, vr. 12–17, 21–3, za. 20–3 uur. Vaak zegt de kaart al veel over het publiek in een bepaalde bar. In de Uganda staat het in veel cafés verboden Palestijnse Taybehbier op de lijst, waaruit u gerust kunt afleiden dat dit een café is voor hippe, politiek-kritische mensen. Er wordt indie gedraaid, er zijn regelmatig live dj's te horen en soms vinden events van avant-gardistische kunst plaats. Vanaf NID60

Zwart en chic ▶ HaTzaatzua (Toy Bar) 4: 6 Du Nawas St., Mamilla, tel. 02 623 66 66, mobiel 05 79 41 64 02, dag. 21 uur–de laatste gast. Op de verschillende verdiepingen van deze voormalige speelgoedwinkel komt men om te dansen en te feesten. Vanaf NIS40.

Trendy ▶ Bell Wood 5: 5 Rivlin St., dag. 19 uur–de laatste gast. De zaak ziet eruit als een Engelse pub en inderdaad, ondanks de uitstekende longdrinks die gemixt worden, gaat het hart van de barkeeper uit naar het tiental bieren van de tap.

Drukbezocht ▶ Link Restaurant 6: 3 Hamaalot St., tel. 02 625 34 46, zo.–do. 11–24, za. 10–24 uur, www.2eat.co.il/eng/link. Het gebouw in het groen is ruim een eeuw oud. Wie in de Link wil gaan eten, moet absoluut op tijd reserveren. De keuken is buitengewoon goed en biedt voor lunch en diner een rijke keuze aan internationale voorgerechten en hoofdgangen met vis en vlees. Aan de kaart met uitstekende Israëlische wijnen lijkt geen einde te komen. Vanaf NIS110.

Ierse pub ▶ Dublin 7: 4 Shammai St., tel. 02 622 36 12, dag. 17–3 uur. Hier is het bijna elke dag een dolle boel; er wordt gedronken en gedanst met Iers temperament op internationale en Israëlische pop en trance.

Goede drankjes ▶ Focaccia Bar 8: 4 Rabbi Akiva St., tel. 02 625 64 28, dag. 10–1 uur. Bij de bar hoort een restaurant dat zich waagt aan de mediterraan-Italiaanse keuken – niet altijd met succes. De drankjes daarentegen zijn onberispelijk.

Voor vinylfreaks ▶ Hataklit 9: 7 Heleni HaMalka St., tel. 02 624 40 73, www.myspace.com/hataklit. Drie liefhebbers van vinyl hebben de 'Grammofoonplaat' opgericht en een groot publiek gevonden met een zwak voor muziek die krast en ruist. Soms slaat de naald zelfs over – digitaal is er niet bij.

À la Carte ▶ Mona 10: 8 Shmuel HaNaggid St., tel. 02 622 22 83, zo.–do. 12–24, vr.–za. 10–2 uur. In het gebouw van de Old Bezalel Art School is een restaurant gevestigd dat sandwiches, steaks, vis en zeebanket serveert. Na het eten hangen de bezoekers rond bij de bar en de open haard, ook op de sabbat, wan-

Tip: Stadswandelingen met gids

Geautoriseerde gidsen (die onder andere Engels spreken) kunt u contacteren via een van de volgende adressen: **Israel Tour Guide Association**, www.itga.org.il; **Tour Guides Israel**, 12 Smolenskin St., 63415 Tel Aviv, tel. 052 437 63 33, www.tour-guides.co.il; **Gateway To Israel**, tel. 054 465 37 62, www.israel-guides.net. Gratis rondleidingen: de veel geadverteerde organisatie **Free Tours** biedt gratis de Holy City Tour (dag. 11 uur, zo.–do. tevens 14.30 uur, duur 4 uur, www.newjerusalemtours.com), waarbij u onder andere de Tempelberg, Klaagmuur en Via Dolorosa aandoet. Kom gewoon naar de Jaffapoort en let op een gids in een rood T-shirt met de opdruk New Europe. De gidsen werken op basis van 'tips only', dat wil zeggen: na afloop wordt op semi-vrijwillige basis een fooi verwacht.

Gidsen voor uitstapjes naar de **Palestijnse gebieden** zijn onder andere te vinden op www.palestinehotels.ps, klik op *Useful Links*. Rondleidingen door de Palestijnse gebieden (waaronder Bethlehem, Hebron, Jericho, Taybeh) worden ook georganiseerd door **Green Olives Tours** (tel. 03 721 95 40, www.toursinenglish.com). Interessant is de vier uur durende excursie Meet the Settlers (NIS245) door een Joodse nederzetting op de Westbank.

neer de rest van de stad in zijn wekelijkse diepe slaap valt.

Instituut met tuin ▶ Caffit 11: 35 Emek Refaim St., tel. 563 52 84, zo.–do. 6.30–2.30, vr. 6.30–1 uur voor sabbat, za. 1 uur na sabbat–2.30 uur. Het ontbijt tot in de middag en de grote saladebar de hele dag door trekken ook bekende Israeli's. Op het terras in de tuin eet men koffie met gebak, 's avonds een uitgebreid diner.

Nieuwkomer ▶ Zappa in the Lab 12: 28 Hebron Rd., tel. 02 622 23 33, www.zappa-club.co.il, ma.–za. 22–3 uur. Populair podium voor muziek maar ook theater op het terrein van het oude station van Jeruzalem. Er treden voornamelijk jonge zangers en dansers met een hang naar experimenteren op. Diner vanaf 20.30 uur.

Coole klassieker ▶ Yellow Submarine 13: 13 Harechavim St., Talpiot, tel. 02 570 46 46, www.yellowsubmarine.org.il, do.– vr. vanaf 21 uur. Buitengewone dansclub, die zich er niet mee tevredenstelt harde muziek te draaien en dure drankjes te verkopen, maar veelbelovende artiesten een kans geeft om op te treden en een eigen geluidsstudio bezit – een concept dat aanslaat.

Joodse comedy ▶ Off the Wall 14: 34 King George St., tel. 050 875 56 88, www.israelcomedy.com. Stand-upcomedians geven in het eerste comedytheater van Jeruzalem regelmatig shows in het Engels. Dan gaat het om geïmmigreerde Britse en Amerikaanse Joden die zo hun problemen met het Israël van alledag hebben.

Artiesten uit Palestina ▶ Palestinian National Theatre 15: Nuzha St., bij het American Colony Hotel, tel. 02 628 09 57, www.pnt-pal.org. Veel stukken in het Engels.

Podiumkunsten ▶ Jerusalem Center for the Performing Art 16: 20 David Marcus St., tel. 02 561 71 67, www.jerusalem-theatre.co.il, Concert, theater, ballet – het repertoire in dit centrum voor podiumkunsten reikt van klassiek tot avant-garde. Het bijbehorende Sherover Theater biedt ten dele simultaanvertalingen in het Engels (via koptelefoon).

Modern repertoire ▶ Khan Theatre 17: 2 David Remez St., Old Railway Station, tel. 02 630 36 00. Zes eigen stukken per jaar speelt dit offgezelschap. Soms met Engelse 'ondertitels'.

Tip: Panorama Tour/ Circle Line 99

Ideaal voor toeristen is buslijn 99 1, een rondrit in een dubbeldekker die een mooi uitzicht biedt, rond de Oude en door de Nieuwe Stad. Een goed begin- en eindpunt is de Jaffapoort (zo.–do. 10, 11, 12, 13, 14 en 16, vr. 10, 11 en 12 uur). Bij elke van de 29 haltes kunt u met een een- of tweedagenkaart voor NIS80 resp. 110 zo vaak u wilt in- en uitstappen, zolang u niet van rijrichting verandert. Onderweg krijgt u via een koptelefoon informatie over de bezienswaardigheden. De bussen stoppen onder andere op de volgende plaatsen: Central Bus Station, King David Hotel, Liberty Bell Garden, de Berg Herzl, Yad Vashem, het Israël Museum, Knesset, Hebrew University, de Berg Scopus, Tourjeman Post, Damascuspoort, Rockefeller Museum, Hof van Getsemane, Klaagmuur en de Berg Sion.

Actief

Biologie voor oudtestamentici ▶ Biblical Zoo 2: De Tisch Family Zoological Gardens, HaAron Shuluv, bij Malcha Mall, tel. 02 675 01 11, fax 02 643 01 22, www.jerusalemzoo.org.il, zo.–do. 9–17, vr. en de dag voor feestdag 9–14.30, za. en feestdagen 10–17 uur, NIS50). Een dierentuin zoals alleen bijbelvaste biologen die kunnen aanleggen: alles wat hier kruipt en vliegt, wordt al in de eerste vijf boeken van het Oude Testament vermeld en, indien bedreigd met uitsterven, na succesvol kweken weer in zijn oorspronkelijke habitat losgelaten. Door het liefdevol ingerichte complex rijdt een boemeltrein, het bezoekerscentrum is ondergebracht in een nagebouwde ark van Noach. In de zomer zijn de bij kinderen populaire avondtochten door de dierentuin bijzonder mooi.

Vogelkijken ▶ Jerusalem Bird Observatory 3: Sacher Park, westelijk areaal tussen Knesset en Supreme Court, tel. 02 653 73 74, www.jbo.org.il, toegang gratis. Voor vogelaars is Israël een ideaal land en het JBO de beste plaats in Jeruzalem. Van maart tot mei en van september tot november strijken hier trekvogels neer die op weg zijn van Europa naar Afrika of andersom. Zonder ze te verstoren, kunt u ze observeren vanuit een schuilplaats of het ringstation.

Natuurbeleving ▶ Botanical Garden 4: Burla St., Givat Ram Campus van de Hebrew University, tel. 02 679 40 12, www.botanic.co.il, zo.–do. 9–19, vr. 9–17, za. en feestdagen 9–18 uur, NIS30. In de vijver zwemmen zwanen, op het vasteland groeien meer dan 6000 planten, waarvan vele al in de Thora en de Talmud worden genoemd. De Botanische Tuin in het zuidwesten van Jeruzalem is een fantastisch park om te bekijken en er uit te rusten. Vergeet niet de tropen- en de vlinderkas te bekijken! Voor kinderen rijdt er elk uur een miniatuurtreintje rond (10–14 uur).

Interactief ▶ Bloomfield Science Museum 5: Rupin Blvd., Hebrew University, Givat Ram, tel. 02 654 48 88, www.mada.org.il, ma.–do. 10–18, vr. 10–14, za. 10–16 uur, NIS40, gezin NIS145. Wat heeft een achtbaan in een amusementspark te maken met natuurkunde? Hoe functioneert elektriciteit? Hoe kun je de menselijke hersenen misleiden? Maar ook: Wat is het verband tussen oorlog en vrede en stereotypering? Het wetenschapsmuseum laat geen vraag onbeantwoord. Dankzij de vele interactieve opstellingen en demonstraties is het museum een belevenis voor het hele gezin, waar u gemakkelijk een halve dag mee zoet bent.

Reis door de tijd ▶ Time Elevator 6: 37 Hillel St., Agron House, Nahalat Shiva tegenover het Independence Park, reserveren verplicht via tel. 02 624 83 81 of www.time-elevator-jerusalem.co.il, zo.–do. 10–18, vr. 10–14 uur, NIS54. *Edutainment* is de naam die de exploitant gebruikt voor de virtuele reis in de Time Elevator of tijdlift. De reis vindt plaats in een filmzaal zoals in Disneyland. Vooral kinderen beleven hier veel plezier. Vanuit uw luie stoel bent u erbij als de Tempels worden gebouwd en weer verwoest en beleeft u de geboorte van het christendom met bijbehorende geluiden en opspattend water. Tijdens de Babylonische ballingschap hoort u het Slavenkoor uit *Nabucco*, terwijl keizerin Helena de Via Dolorosa afloopt bij het *Requiem* van Mozart. *Anatevka*-vertolker Chaim Topol, de beroemde *Fiddler on the Roof*, is de hoofdrolspeler in de filmische reis door 3000 jaar geschiedenis van Jeruzalem. Tekst (in onder andere Engels, Frans en Duits) en geluid hoort u door een koptelefoon.

Plankgas ▶ Go-Karting 7: Lev Talpiot Mall, 17 Haoman St., tel. 077 503 05 66, www.teamkarting.co.il, zo.–do. 10–2, vr. 10–17, za. na afloop van de sabbat. Men heeft in dit winkelcentrum eenvoudigweg een deel van de ondergrondse parkeergarage (verdieping –4) afgesloten, banden als vangrail neergelegd – en klaar was de kartbaan.

Met een Segway op pad ▶ Green Tour: Tel. 02 561 80 56 of 052 811 99 96, www.segwayz.co.il. Wie ouder dan 17 jaar en niet zwanger is, kan met een zelfbalancerende Segway mee op een excursie, naar keuze over de Hass Promenade, rond de Knesset, door de Botanical Garden, naar de nederzetting Mishkenot Shaanim of door het nachtelijke Jeruzalem. Verschillende opstappunten.

Agenda

Jeruzalem beschikt over een veelomvattend cultureel aanbod. Het actuele overzicht wordt elke dag gepubliceerd in de *Jerusalem Post*. Als podium voor concerten is de **Sultan's Pool** populair. 's Zomers vinden er evenementen in alle soorten en maten plaats in de **Old Train Station Plaza**, David Remez Sq., in de buurt van de German Colony.

Jerusalem Book Fair (febr., om het jaar: 2015, 2017, www.jerusalembookfair.com): Op de boekenbeurs in het Jerusalem International Conference Center, Binyanei Hauma, 1 Zalman Shazar St., tel. 02 531 46 00, presenteren 800 uitgeverijen uit de hele wereld hun producten. Arabische staten boycotten de beurs.

Jerusalem Marathon (mrt., www.jerusalemmarathon.com): Het parcours (42, 21 of 10 km) loopt dwars door oud en nieuw Jeruzalem.

Israel Festival (mei–eind juni/begin juli, www.israel-festival.org.il): Dans, jazz, wereldmuziek, klassiek – het festival biedt zowel jonge talenten als gevestigde artiesten een podium. Er is ook een groot aanbod voor kinderen.

Jerusalem Film Festival (juli, www.jff.org.il): Korte films, avant-garde, retrospectieven, animaties en documentaires zijn te zien op het sinds 1983 gehouden festival in de Sultan's Pool. Filmbijdragen met het thema 'mensenrechten' en 'vrede in het Midden-Oosten' nemen altijd een prominente plaats in.

Festival of Ethnic Culture – Sounds and Flavours (juli/aug., www.jerusalem.muni.il): Twee weken lang draait alles om tradities en culturen uit de hele wereld, inclusief Arabische buikdans.

International Puppet Festival (aug., www.train theater.co.il): Dit festival is gewijd aan een welhaast vergeten kunst, het poppen- en marionettentheater. Poppenspelers uit de hele wereld komen eropaf. Voorstellingen in diverse theaters in Jeruzalem.

Vervoer

Vliegtuig: De internationale Ben Gurion Airport (tel. 03 975 55 55, www.iaa.gov.il) ligt 45 km ten westen van Jeruzalem. Elk halfuur pendelen bussen van de maatschappij Egged tussen de luchthaven en het Central Bus Station. Sheruttaxi's brengen reizigers van de aankomsthallen naar hun hotel in Jeruzalem. Nesher Taxi, tel. 02 625 72 27, haalt gasten na reserveren af. De binnenlandse maatschappij Arkia, 97 Jaffa Rd., Klal Center, tel. 02 623 48 55 en 03 690 37 12 (centrale reservering), www.arkia.co.il, vliegt dag. behalve za. van Jeruzalem op Tel Aviv, Haifa, Rosh Pinna en Eilat. Internationale vluchten worden behalve door de grote internationale luchtvaartmaatschappijen aangeboden door El Al, 12 Hillel St., tel. 02 624 67 27, www.elal.co.il.

Trein: Vanaf het station, Malha, tel. 02 577 40 00, www.rail.co.il, zo.–vr. elk uur een trein naar Tel Aviv. Daar aansluiting op andere delen van het land, bijvoorbeeld Haifa, Akko, Nahariya, Ashkelon en Be'er Sheva.

Bus: Van het Central Bus Station, 224 Jaffa Rd., snelkeuze *2800, tel. 03 694 88 88 (centrale reserveringsplek) worden goede verbindingen met alle delen van het land aangeboden door Egged, www.egged.co.il, bijvoorbeeld met Tel Aviv (om de 10 min.), Haifa (elk uur), Eilat (4 x per dag, kaartjes 24 uur van tevoren kopen), Tiberias (4 x per dag) en naar de Dode Zee en Qumran (2 x per dag). Arabische maatschappijen op de Westoever vertrekken, wanneer de politieke situatie het toestaat, bij de Damascuspoort, bijvoorbeeld naar Hebron (om de 40 min.), Bethlehem/Nazareth (om de 15 min.), Jericho (elk uur).

Sheruttaxi's: Vertrek naar de luchthaven en naar Tel Aviv, Haifa, Ashkelon, Be'er Sheva en Eilat aan Jaffa St., hoek Harva Kook St.

Huurauto: Avis, 22 King David St., tel. 02 624 90 01, 02 624 35 52, www.avis.co.il; Eldan, 24 King David St., tel. 02 625 21 51, www.eldan.co.il; Hertz, 18 King David St., tel. 02 623 13 51, 02 624 72 48, www.hertz.co.il.

Vervoer in de stad

Smalle straten, steeds meer auto's, een gedeeltelijke afsluiting van de Oude Stad sinds de ingebruikname van de tram – afgezien van de sabbat is er in Jeruzalem met de auto geen doorkomen aan. Meestal bent u het snelst uit te voet, of anders met de tram.

Bus: De stadsbussen zijn goedkoop (NIS6,90 enkele reis, NIS55,20 tien kaartjes) en rijden van 6 tot 24 uur, overdag om de paar minuten. 1 uur voor het begin tot aan het eind van de sabbat rijden er geen bussen. Belangrijke lijnen: nr. 1 (Berg Sion–Klaagmuur–Jaffapoort–Mea Shearim), nr. 9 (Berg Herzl–Ruppin–Universiteit–Knesset–Eshkol–Berg Scopus), nr. 17 (En Kerem–Mahane Yehuda–King George–Bezalel–Givat Mordechai), nr. 28 (Rockefeller Museum–Mahane Yehuda–Qiryt Hadassah). Vanwege een betere doorstroming zijn in 2014 verschillende lijnen veranderd en werden routes omgelegd. Informatie en een pdf-folder vindt u op www.egged.co.il.

Tram: In 2011 ging in Jeruzalem de eerste lijn van Israëls eerste tramnet van start, die dagelijks behalve op sabbat van 5.30–24.00 uur tussen de Berg Herzl in het westen via de Oude Stad/Damascuspoort en Oost-Jeruzalem rijdt (NIS6,60). De in totaal zeven geplande lijnen van de tram of Light Rail, www.citypass.co.il, moeten vanaf ca. 2020 de binnenstad met de voorsteden verbinden.

3 Dode Zee

De weg van Jeruzalem naar de Dode Zee, het naburige meer voor de Jeruzalemmers, loopt steil bergaf door een fascinerend landschap. Aan de weg liggen behalve de grotten van Qumran de monumentale vesting Masada en een aantal badplaatsen – terwijl u in de Dode Zee kunt zwemmen of, beter gezegd, drijven.

Snelweg Route 1 voert van Jeruzalem in oostelijke richting en leidt steil bergaf naar het niveau van de Dode Zee. Na zo'n 30 km gaat hij over in Route 90 naar het zuiden, die vlak daarna uitkomt bij de noordoever. Onderweg kan een omweg worden gemaakt naar Jericho op de Palestijnse Westelijke Jordaanoever, die onder andere bekend is vanwege de Berg der Verzoeking (zie blz. 392).

Binnen de kortste keren bent u aangekomen bij de **Dode Zee**, een van de meest bizarre landschappen ter wereld. Op veel plaatsen rijzen zoutpilaren als stalagmieten uit het water op. Op de grote pilaren, met name die vlak bij elkaar staan, vormt zich een zouthuid die wel op een pottenbakkersschijf gemodelleerd lijkt. Dit meer, dat onder de verzengende zon vaak voor het oog vervloeit, is meer dan twee

Vindplaats van de oudst bekende Bijbelhandschriften: de grotten van Qumran

miljoen jaar geleden ontstaan. U kunt zich hier slechts hoog op het water laten drijven; het zoutgehalte van bijna 30% veroorzaakt een bijtende jeuk op de lippen en in de ogen.

Elke vorm van leven is in de Dode Zee onmogelijk. De Nabateeën en Egyptenaren benutten de natuurlijke hulpbronnen en wonnen met speciale schepen bitumen uit het Asfaltmeer, zoals het destijds werd genoemd, om daarmee onder meer hun doden te balsemen. Aristoteles, Strabo en Plinius beschreven de unieke eigenschappen van dit water. Een herbergzaam of uitnodigend landschap was de Dode Zee nooit. Dit behoedde de streek voor bebouwing en rommelige woonwijken. Wie hier beschutting en toevlucht zocht, was enige tijd veilig – zoals de ascetische Essenen, die in Qumran op de Westoever lang onopgemerkt in een kloosterachtige gemeenschap leefden (zie onder). Ook de Zeloten konden op geen enkele andere plaats in Palestina dan in Masada zo lang onaantastbaar blijven en hun lot ontlopen (zie blz. 200).

Tegenwoordig is de Dode Zee een trekpleister voor toeristen, een picknickplaats en vaak de laatste redding voor mensen met reuma, zenuwaandoeningen of rugklachten. In Ein Gedi, Ein Boqeq en bij Hamme Zohar liggen erkende kuurbaden met warmwaterbronnen, die gewaardeerd worden om hun natuurlijke zwavel- en mineraalgehalte, en modderbaden die de bloeddruk verlagen.

Qumran ▶ 10, D 3

De rit van Jeruzalem naar **Qumran** duurt ongeveer een uur. Op de westelijke oever van de Dode Zee vond een bedoeïenjongen in 1947 de naar het meer genoemde boekrollen, die zelfs door de voorzichtigste wetenschappers als de grootste ontdekking van de moderne tijd worden aangeduid. Ze zijn ca. 1000 jaar ouder dan alle bekende Bijbelhandschriften (nog ouder is alleen een in 1987 in het Dal van Hinnom in Jeruzalem gevonden, in zilver gegraveerde Bijbeltekst uit de 7e eeuw v.Chr.).

Achter de naam Qumran gaat niets anders schuil dan een schraal rotsmassief met tal van kloven, waarin de brandende zon geen grasspriet laat overleven. Precies daar zocht de jongen naar een verloren lam en stuitte in een grot op terracotta kruiken met in linnen gewikkelde rollen perkament. De vondst, waarvan nog niemand de betekenis kon inschatten, werd vlak daarna op de bazaar van Bethlehem te koop aangeboden en kwam, deels via omwegen door de VS, verre van compleet in handen van archeologen. Pas in 1949 werd ontdekt dat de handschriften waren vervaardigd door de Essenen. Daarmee ontstond ook een nieuwe tak van Bijbelonderzoek: het Qumranonderzoek. De Dode Zeerollen worden tentoongesteld in het Israel Museum in Jeruzalem (zie blz. 180).

In 2005 werd opnieuw een vondst gedaan – niet in Qumran zelf, maar op een nabijgelegen politiebureau. Een bedoeïen wilde er stukken hertenleer laten schatten, die hij in het rotsmassief had gevonden en waarvoor een particuliere verzamelaar hem tienduizenden dollars had geboden. Uiteindelijk verkocht hij zijn vondst aan de Israëlische archeologische dienst. De stukken bevatten teksten over het Loofhuttenfeest en gaven archeologen voldoende aanleiding om in het gebied verder te graven.

Enkele grotten zijn te bezichtigen. In een klein museum bij de ingang van Qumran vertelt een korte, inleidende film over de geschiedenis en betekenis van de vondsten (tel. 02 994 22 35, apr.–sept. 8–17, okt.–mrt. 8–16 uur, NIS25).

De Essenen

Rondom de Qumranrollen ontbrandde een ware interpretatiegolf, die tot op de dag van vandaag voortduurt en die zich hoofdzakelijk concentreert op de vraag of de Essenen de geestelijke wegbereiders van het christendom zijn geweest. Zo zou Johannes de Doper tot aan zijn ontmoeting met Jezus in Qumran hebben geleefd. Was Jezus misschien een lid van deze gemeenschap? Geen mogelijkheid wordt over het hoofd gezien. Een groep Amerikaanse en Israëlische orthodox-joodse wiskundigen ging er in 1994 zelfs toe over om de gescande teksten via de computer te doorzoeken op versleutelde boodschappen van God.

De Essenen waren sinds de 2e eeuw v.Chr. leden van een joodse orde die geen privé-eigendom kende, maaltijden als sacrament opvatte en die ascetisch en bovendien celibatair leefde. De proeftijd voor novicen duurde lang en er werd met water gedoopt. De bloeitijd van de 4000 mannen tellende groep duurde vanaf het midden van de 2e eeuw v.Chr. tot het jaar 68 n.Chr. Toch was het maar een kleine minderheid, die zich uit de in hun ogen hedonistische metropool Jeruzalem had teruggetrokken om aan het woord van Jesaja 40:3 gevolg te geven: 'Baan voor de Heer een weg door de woestijn, effen in de wildernis een pad voor onze God.'

Het wereldbeeld van de Essenen had een apocalyptische inslag. De wereld was dicht bij zijn ondergang en bestond naar hun idee uit kinderen van het licht en kinderen van de duisternis. De laatsten hadden hun messias gedood, de leraar van de oprechtheid en hun meester, die tussen 65 en 53 v.Chr. was gestorven. Zijn naam is niet bekend. Velen zagen Jezus Christus als diens reïncarnatie. Inderdaad beschrijft een van de Qumranrollen, het 'Handboek der Discipline', lang voor Jezus' geboorte een deel van de heilsleer van het christendom. Toch gaat de wetenschap ervanuit dat Jezus geen Esseen was en ook niet door hun gedachtegoed beïnvloed is.

De Essenen hadden de verovering van Palestina en de bijna-vernietiging van het Jodendom ingecalculeerd met hun apocalyptische denkwijze. Elke gekopieerde rol perkament werd verzegeld, in een stuk linnen gewikkeld en in een amfoor opgeborgen – tot een bepaalde dag in het jaar 68. Op die dag werden de rollen haastig in de grotten van Qumran verstopt. Het is onduidelijk waarom de Essenen Qumran hals over kop moesten verlaten – misschien waren Romeinse troepen in aantocht. Wel is zeker dat zij naar de Zeloten in Masada vluchtten (zie blz. 35).

Opgravingen

Vanaf 1951 werd de 50 m boven het meer gelegen nederzetting van de Essenen – die tot dan toe was aangezien voor een Romeinse nederzetting – systematisch opgegraven en werd het klooster gevonden met zijn keuken, binnenplaats, scriptorium, refter en wat er verder bij een dermate afgezonderde leefruimte hoort. In het ruime scriptorium zaten de Essenen aan smalle bakstenen tafels, waarop de stukken perkament (ongelooide dierenhuid) lagen uitgespreid. De inkt, een mengsel van houtskool en gomhars, werd in vaatjes van klei en brons gebotteld. Een speciale bronzen schaal bevatte ritueel gereinigd water. Telkens wanneer het woord van God overgeschreven moest worden, diende de kopiist eerst zijn handen met dit water te wassen.

In augustus 1995 ontdekten Israëlische archeologen nabij de grot van de eerste vondst uit 1947 nog vier door de Essenen in de rotsen uitgehouwen grotten.

Ein Gedi ▶ 14, E 1

De in 1970 opengestelde autosnelweg naar Ein Gedi volgt over een afstand van 45 km nauwkeurig de kustlijn. Een omweg waard is de kibboets **Mitzpe Shalem**, waar woestijnsafari's, klimtochten en cursussen rotsbeklimmen voor beginners en gevorderden worden aangeboden (zie blz. 199).

Kibboets Ein Gedi

Een korte autorit leidt naar de **kibboets Ein Gedi**, die gespecialiseerd is in therapeutische baden. Ongeveer 80 km van Jeruzalem ligt hier op de oevers van de Dode Zee de mogelijk fraaiste oase van het land met een subtropische vegetatie. Al in de oudheid werden hier druiven, bananen en dadels geoogst, rozen en katoen verbouwd en boden acacia's en hennabomen schaduw om in uit te rusten.

Ein Gedi betekent 'Bron van het Kind' of 'Bron van het Geitje'. De tweede betekenis houdt verband met de dieren die er hun drenkplaats hadden, de eerste met David als kind. Hij had zich in een grot in de Steenbokrots van Ein Gedi verstopt voor zijn achtervolger koning Saul en diens 3000 man sterke leger. Saul vreesde dat David hem naar het leven stond omdat hij uit was op zijn troon. In de grot – waar David zich schuilhield en Saul kwam wateren – slaagde David erin heimelijk een stukje van Saul's jas af te snijden. Toen hij het stuk later aan Saul liet zien, raakte deze overtuigd van Davids onschuld.

Ein Gedi werd voor het eerst bewoond tussen 6000 en 3000 v.Chr. Zijn inwoners leefden van de landbouw en van de verkoop van zeezout en bitumen. De Romeinen gebruikten de oase langs de weg naar Masada om voorraden op te slaan. Ook waardeerden zij de plek als kuuroord, dat tegenwoordig samen met het Ein Gedi Natural Reserve de grootste publiekstrekker van de kibboets vormt. Het strand van Ein Gedi ligt vol stenen en is daarom alleen prettig als u zwemschoenen draagt.

Ein Gedi National Reserve

Het **Ein Gedi National Reserve** bestaat om precies te zijn uit twee natuurparken, **Nahal Arugot** en **Nahal David**. In de bergen leven, net als in de tijd van de Bijbel, gazellen, steenbokken en antilopen. Bovendien ontspringen er vier bronnen.

De weg omhoog naar de **Nahal Davidbron** (40 min., gemakkelijk) in het gelijknamige park leidt langs een 185 m hoge waterval met een bekken waarin een heerlijk bad genomen kan worden. Iets hogerop ligt de **Shulamitbron** met de **Grot der Geliefden**, die is vernoemd naar de mooie dienares Shulamit, die de oude Salomo als zijn geliefde nam. In het Hooglied (1:12) wordt verband gelegd tussen Ein Gedi en deze liefdesgeschiedenis: 'Nu mijn koning op zijn rustbed ligt, geurt mijn nardus zoet. Mijn lief is mij een bundel mirre, hij slaapt tussen mijn borsten. Mijn lief is mij een hennatros in de wijngaarden van Engedi.'

Een bezoek aan het Nahal Davidpark op zon- en feestdagen is vanwege de drukte op vrije dagen af te raden. Rustiger is het in het 200 km² grote Nahal Arugotpark. Een rondwandeling van bijna drie uur, die ook geschikt is voor gezinnen met kinderen, leidt langs de rivier naar de erg fraaie **Verborgen Waterval** *(Hidden Waterfall)*, die wordt gevoed door de soms heftige woestijnregens in de winter. Momenteel is zwemmen hier niet

Ein Gedi is een oase in de woestijn met bronnen, beekjes en watervallen

Onherbergzaam om te leven, maar visueel indrukwekkend is de woestijn aan de rand van de Dode Zee

toegestaan (tel. 08 658 42 85, www.parks.org.il, apr.–sept. 8–17, okt.–mrt. 8–16 uur, toegang NIS25 p.p.).

Accommodatie

Wild kamperen op de stranden van de Dode Zee is tegenwoordig verboden, maar de verschillende oases bieden voldoende alternatieven.

Landelijke accommodatie ▶ Ein Gedi Hotel: tel. 08 659 42 21, 22, www.ein-gedi.co.il. Het aanbod reikt van eenvoudige accommodatie (Country Lodging) tot elegante kamers, met bovendien een warmwaterbad, een botanische tuin, de organisatie van woestijntochten, wandelingen enzovoorts. 2 pk vanaf NIS730.

Sobere kamers ▶ SPNI Field Center: Beit Sarah, tel. 08 658 43 50, www.teva.org.il. Het SPNI werd in 1959 geopend door zijn naamgever de Society for the Protection of Nature in Israel om tentoonstellingen te organiseren over de lokale dieren- en plantenwereld. Tegenwoordig biedt het centrum logies in 49 kamers en slaapzalen en daarnaast afwisselende excursies (zie rechterbladzijde). 2 pk vanaf NIS250.

Eten en drinken

Smakelijk en huiselijk ▶ At Haya's in the Botanical Garden: tel. 08 659 42 21. Maximaal acht gasten onthaalt Haya in haar eigen huis annex restaurant op het terrein van de kib-

boets. Reserveren absoluut noodzakelijk. Vanaf NIS50.

Winkelen

Cosmetica uit de Dode Zee ▶ Ahava fabriekswinkel: Tel. 08 994 51 17, za.-do. 8–18, vr. 9–16 uur. Geneeskrachtige en cosmetische producten (badzout, crèmes, tandpasta) op basis van zout uit de Dode Zee, die hier worden vervaardigd en wereldwijd verkocht.

Actief

Klimsporten ▶ Kibboets Mitzpe Shalem: tel. 02 994 51 11, 052 239 77 71, dalpak@mitzpe-shalem.co.il. Onder de organisatorische hoede van de kibboets biedt 20 km ten noorden van Ein Gedi het Metzokei Deragot Village, tel. 02 994 47 77, www.metzoke.co.il, wandel-, klim- en veeleisende bergtochten aan (overnachting in een tent NIS70 p.p., 2 pk vanaf NIS300). De Wadi Darja met zijn enorme overhangende rotsen is het einddoel van de sportklimmers.

Wellness en excursies ▶ Ein Gedi Hotel: (Zie blz. 198), tel. 08 659 42 21. Uitgebreide Ayurvedabehandelingen, die voor aankomst geboekt moeten zijn. Verder tochtjes van verschillende duur naar Israëlische en Jordaanse woestijnen, trips bij volle maan (3–4 uur), Bijbeltochten naar Mount Karkom in de Negevwoestijn (za./zo), specerijentochten langs de handelsroutes van de Nabateeën (2 dagen) enzovoort. **SPNI Field Center:** (Zie blz. 198), tel. 08 658 43 50, www.aspni.org. Vergelijkbaar aanbod als het Ein Gedi Hotel, daarnaast barbecue-avonden onder de sterrenhemel, reisjes naar Masada enzovoort.

Geneeskrachtige baden ▶ Ein Gedi Spa: Tel. 08 659 48 13, www.ngedi.com, 7–17.30, in de winter 8–17 uur, NIS70, gratis entree voor kibboetsgasten. Geneeskrachtige baden met water van 38 °C en een hoog mineraalgehalte, modderpakkingen, medicinale peeling en massages. Aparte baden voor mannen en vrouwen en bassins voor gezinnen.

Vervoer

Bus: Meermalen per dag naar Jeruzalem en Be'er Sheva, steeds met overstap naar andere delen van het land. 4 x per dag naar Eilat.

Masada ▶ 14, D 2

Zo'n 16 km ten zuiden van Ein Gedi ligt het meest imposante symbool van de vrijheid van Israël: **Masada**, nationaal park en sinds 2001 op de Werelderfgoedlijst van UNESCO. De beroemde vesting ligt in een troosteloze, schrale steenwoestijn op een rotsachtige klif die zich tot bijna aan de Dode Zee uitstrekt. Een kabellift, die vertrekt vanaf de parkeerplaats, brengt bezoekers naar het 440 m hoge plateau. Te voet kan de vesting via de Snake Route in ca. 20 minuten worden beklommen. Masada heeft twee ingangen – een op het oosten bij de Dode Zee en een op het westen bij Arad (zie blz. 329).

Geschiedenis

Toen Herodes de Grote in 40 v.Chr. begon met de uitbreiding van de in de 2e eeuw v.Chr. door de Hasmoneeën en Makkabeeën gebouwde vesting, was het zijn wens om een onneembare burcht te laten bouwen. Zij moest enerzijds bescherming bieden tegen de Joden, die hem van de troon wilden stoten en de oude dynastieën wilden herstellen. Anderzijds moest hij zich beveiligen tegen de Romeinen, want Cleopatra, de laatste ptolemeïsche heerseres van Egypte, drong er bij de Romeinse veldheer Marcus Antonius op aan om Herodes uit te schakelen en de heerschappij over Judea aan haar over te dragen.

Na een bouwtijd van zes jaar was Masada in 30 v.Chr. voltooid. Een dubbele muur, versterkt met 37 torens, omgaf het plateau. Na de dood van Herodes in 4 v.Chr. werd Masada een steunpunt voor Romeinse garnizoenen. In 66 n.Chr. namen de Zeloten, een radicaal anti-Romeinse groep, Masada in en verschansten zich er tot het jaar 70.

Drie jaar na de val van de Tweede Tempel besloten de Romeinen de laatste Joodse vesting in Palestina te bestormen – ook al konden zij de Zeloten, naar wie de Essenen uit Qumran waren gevlucht (zie blz. 35), eigenlijk niet als bedreiging beschouwen. Er woonden 967 mannen, vrouwen en kinderen in Masada toen Flavius Silva met 10.000 man oprukte. Om te voorkomen dat de Zeloten konden vluchten, liet Silva eerst een 3,5 km lange muur met twaalf torens rondom de rots bouwen. Zijn soldaten verspreidde hij over twee hoofdkampementen en zes kleinere veldkampen. Daarna plande hij de bestorming. Er was maar één geschikte plek om een platform op te werpen, dat vanwege zijn lichtgekleurd steen Bianca genoemd werd. Het eindigde ongeveer 150 m onder de muren van Masada. Daar plaatsten de soldaten een ijzeren toren, waaraan katapulten werden bevestigd. Toen de buitenmuur viel, doodden de Zeloten eerst hun eigen gezin en daarna zichzelf. Slechts twee vrouwen en vijf kinderen overleefden de gruwelen. Zij hadden zich in een waterreservoir verstopt en konden de gebeurtenissen navertellen.

Heel indrukwekkend beschrijft de Joodse geschiedschrijver Flavius Josephus hoe de leider van de Zeloten, Eleazer Ben Ja'ir, in een even waanzinnige als trotse redevoering op die beruchte dag na Pasen 73 tot zijn geloofsgenoten sprak: 'Want de vrouwen moeten sterven zonder onteerd te zijn en de kinderen zonder dat zij knechtschap hebben leren kennen. En na hen zullen wij elkaar deze edele dienst onderling bewijzen, waarbij wij de vrijheid zullen behouden als onze mooiste lijkwade. Maar laten wij eerst onze schatten en de vesting verwoesten door ze in brand te steken. Alleen de levensmiddelen zullen wij intact laten, zodat zij er na onze dood van kunnen getuigen dat wij niet werden bedwongen door honger, maar doordat wij – zoals van het begin besloten – de voorkeur geven aan de dood boven de knechtschap.'

Masada werd in 1838 door de Amerikaanse archeoloog Edward Robinson tijdens een tocht over de Dode Zee geïdentificeerd, maar pas tussen 1963 en 1965 opgegraven. Het leger en duizenden vrijwilligers uit 28 landen hielpen de archeologen bij het blootleggen van de ruïnes.

Bezichtiging

Aan te bevelen als thematische inleiding is een bezoek aan het **Masada Museum** in het Visitors Center, dat een interessante inrichting kreeg van het Archeologisch Instituut van de Hebrew University in Jeruzalem. Amfora's, zuilen, gebruiksvoorwerpen, sieraden, schoenen, vloeren, muren en gereconstrueerde huizen illustreren in het gedempte museumlicht het leven in en om Massada met als aandachtspunten Herodes, opstandelingen en Romeinen (tel. 08 658 42 07, dag. 8.30–16 uur, NIS20 incl. audioguide).

De rondgang door de vesting begint gewoonlijk bij de **Snake Routepoort**, het eindpunt van de kabellift en het voetpad. Hier is de dubbele muur (cassettemuur) te zien waartussen de Zeloten extra plafonds voor woonen voorraadkamers hadden aangebracht en waar archeologen heel veel gebruiksgoederen gevonden hebben, waaronder lapjes stof, kruiken, cosmeticapotjes, wijn, olie en dadels.

Links van de entree ligt het **noordelijk paleis** van Herodes, die op het plateau twee schitterende paleizen voor zichzelf had laten bouwen. Het **westelijk paleis** rechts van de entree werd gebruikt bij officiële gelegenheden, terwijl het noordelijke, in de rots ingebouwde paleis van drie verdiepingen als luxe privéverblijf fungeerde. 'In het westelijk paleis,' schreef Flavius Josephus, 'was de inrichting van de woongedeelten, net als die van de zuilenhallen en de badgedeelten, telkens weer anders en overdadig. De alomtegenwoordige zuilen waren stuk voor stuk uit een enkele rots gehouwen, de wanden en vloeren waren voorzien van kunstig plaveisel.' De badgedeelten van het noordelijk paleis omvatten, zoals destijds gebruikelijk, een kleedruimte en bassins met koud, warm en heet water (frigidarium, tepidarium en caldarium).

Een uitgekiend **systeem van ondergrondse waterreservoirs en kanalen** ving de zelden, maar dan wel stevig vallende regen op. De twaalf cisternen hadden ieder een capaciteit van 4000 m^3. Midden in de woestijn was er dus water in overvloed – zoveel dat Herodes ook op het terrein van het westelijk paleis baden liet aanleggen naar hetzelfde ontwerp.

De Zeloten voegden aan dit complex de **synagoge** en het **mikwe** (ritueel reinigingsbad) toe. Het grootste van de drie bassins ving het ritueel reine, want met geen enkele houder in aanraking gekomen regenwater op. In de twee kleinere bassins vloeide het onreine water uit het reservoir, dat volgens de voorschriften uit de Talmoed eveneens rein werd zodra het met een deel rein regenwater vermengd werd. Sporen van uitwerpselen bewijzen dat de synagoge vóór haar religieuze functie als veestal fungeerde. Onder Herodes moet er daarvoor een opslagruimte gestaan hebben. Er zijn gebroken aardewerken kruiken gevonden, die kennelijk Italiaanse wijn bevatten – volgens de inscriptie op een van de scherven bestemd voor 'koning Herodes van Judea' (tel. 08 658 42 07, apr.–sept. 8–17, okt.–mrt. 8–16 uur, vr. en feestdagen een uur eerder gesloten, NIS61/23 met/zonder gebruik van kabellift).

Accommodatie

Uitzicht op het meer ▶ Massada Guest House: Yam Hamelah, tel. 08 995 32 22, www.iyha.org.il. Ten zuiden van de vesting. Geweldig uitzicht op de Dode Zee. Met zwembad en sportvoorzieningen. Eenvoudige, keurige kamers. Jongerengroepen en individuele reizigers worden in aparte vleugels ondergebracht. 2 pk vanaf NIS290.

Ook voor kampeerders ▶ Isaac H. Taylor Hostel: Metzada, tel. 08 658 43 49. Mooi onderkomen met kamers en slaapzalen, ook gelegenheid om te kamperen. 2 pk vanaf NIS 250.

Uitgaan

Geschiedenis horen en zien ▶ Amfitheater: Aan de westkant van Masada, alleen bereikbaar via Arad, tel. 08 995 93 99, 08 995 93 33. Indrukwekkend klank-en-lichtspel over de geschiedenis van Masada (apr.–aug. 21, rest van het jaar 19 uur, audioguide met Engelse vertaling NIS50).

Vervoer

Bus: Dag. diverse lijnen van en naar Jeruzalem en Eilat. Arad ligt op 30 minuten rijden per auto en is bereikbaar per sheruttaxi.

Ein Bokek ▶ 14, D 3

Ongeveer 15 km ten zuiden van Masada ligt het meest vooraanstaande kuuroord van Israel, **Ein Bokek**. Dankzij een warme minerale bron heeft dit stuk strand, want meer is het niet, zich tot dé enclave van het wellnesstoerisme aan de Dode Zee ontwikkeld. *Sanus per aquam* ('gezond door water'), afgekort spa, zo heet het succesvolle concept dat jaarlijks duizenden bezoekers trekt (zie blz. 202). Nieuwe hotels en spa's verrezen 8 km ten zuiden van Ein Bokek in Neve Zohar. Felle concurrentie ondervindt Ein Bokek inmiddels van de Jordaanse zijde van de Dode Zee, waar als doorslaggevende argumenten lage prijzen en vriendelijke service worden geboden.

Moeiteloos dobberen, drijvend op het zout van de Dode Zee

Informatie

Op internet: www.einbokek.com.

New Zin Tours 2000: In het Petra Shopping Center, tel. 08 658 41 53, 08 658 45 50, www.zintours.com. Reisagentschap waar alles geboekt kan worden, van de heenreis tot aromatherapie, en dat ook verder allerlei goede tips geeft.

@mit: In het Petra Shopping Center, tel. 08 658 43 18, 052 91 34 75. Biedt tochten dwars door Israël en dagtrips naar de omliggende wadi's en woestijnen.

Winkelen

Overzichtelijke mall ▶ **Petra Shopping Center:** Internetcafé, cafetaria's, fastfood, supermarkten en allerlei winkels met lokaal geproduceerde geneeskrachtige zalfjes, crèmes, shampoos, zouten en oliën in het assortiment.

Accommodatie

In Ein Bokek liggen uitsluitend grote vijfsterrenhotels van 400 tot 650 kamers.

Groot zwembad, fantastische spa ▶ **David Dead See Resort & Spa:** Tel. 08 659 12 34, www.david-deadsea.com. Een architectonisch juweeltje is de in pasteltinten uitgevoerde Mineralia Spa Club, naar Romeins voorbeeld met zuilen en een rond zwembad – een walhalla voor afgematte lichamen (sauna, jacuzzi, massages, modderbaden, anti-stressbaden, aromatherapieën en nog veel meer). 2 pk met halfpension vanaf NIS1200.

Comfort en wellness ▶ **Hod Hamidbar:** Tel. 08 668 82 22, www.hodhotel.co.il. Comfortabel hotel in Romeinse stijl met veel zuilen, moderne en stijlvolle kamers. Op het strand heeft u de keuze tussen het meer of een reusachtig zwembad. Hierbij aangesloten is de Ma'ayan

Spa, een van de modernste wellnessresorts in de omgeving; het zwembad bevat water uit het meer (verder met ayurvedabehandeling, aromatherapie, reflexzonemassage, bodypeeling enzovoorts). 2 pk vanaf NIS850.

Comfortabel ▶ Crowne Plaza: Tel. 03 539 08 08 (centraal reserveringsnummer), fax 03 760 07 07, www.crowneplaza.com/deadsea. Comfortabele kamers, allemaal met uitzicht op de Dode Zee. 2 pk vanaf NIS600.

Eten en drinken

Het eten in Ein Bokek is precies zoals de hotels zijn, namelijk duur. De enige alternatieven vindt u in het Petra Shopping Center. Op de begane grond zijn snacks en sandwiches te koop, op de eerste verdieping ligt een grillrestaurant, waar pittige shoarma op het menu staat.

Actief

Uitstapjes ▶ Taxi Ali: Tel. 050 529 41 40, ali arad@walla.com, www.deadseatourguide.com. Ritten dwars door Israël, tochtjes naar bezienswaardigheden aan de Dode Zee, onder andere naar het zoutmeer aan de zuidpunt.

Vervoer

Bus: Meermalen per dag naar Jeruzalem, Be'er Sheva en Eilat.

Regio Sodom ▶ 14, D 4

Aan het zuidelijk uiteinde van de Dode Zee ligt de **regio Sodom**. Volgens een verhaal in het Oude Testament liet de Heer zwavel en vuur op de steden Sodom en Gomorra neerdalen om hun bewoners te straffen voor hun zondige gedrag. Alleen Lot, zijn vrouw, en hun beide dochters ontkwamen aan het inferno. Maar Lots vrouw 'keek om en veranderde in een zuil van zout', zoals het in Genesis 19:26 beschreven staat, omdat zij niet, zoals God bevolen had, vluchtte zonder om te kijken en stil te staan.

Een zuil van zout in de bergen van Sodom, 23 km ten zuiden van Ein Bokek, moet Lots vrouw voorstellen (vanaf Route 90 aan de Dode Zee op borden aangegeven als Sodom Cave en Eshed Lod). Toch hebben de huidige zoutgrotten niets met het Bijbelse Sodom en Gomorra te maken – waar de twee verwoeste steden echt gelegen hebben is niet bekend. Het huidige Sodom is een klein stadje voor arbeiders uit de plaatselijke potasindustrie.

Zo'n 33 km² meet het zoutmeer aan de zuidpunt van de Dode Zee. Dit meer valt het best met een gids te bezichtigen (zie Actief). Zeldzame maar heftige regenbuien hebben diepe dalen en kloven in de zoutformaties achtergelaten. Hierdoor is een sprookjesachtig landschap ontstaan.

Verrassend is het dat in de regio Kikar Sodom naar alle regels van de biologische landbouw onder andere meloenen, tomaten, asperges en dadels gedijen. Ecologen bekritiseren dat het kostbaarste water aan groente en fruit wordt verspild.

Tel Aviv is het kloppende hart van het moderne Israël

Tel Aviv en de kust

Tel Aviv-Jaffa, zoals de 400.000 inwoners tellende stad officieel heet, is het New York van het Midden-Oosten. Althans dat beweren de inwoners. De stad wordt bewoond door mensen uit ruim 140 landen, die hun recht op het Israëlische staatsburgerschap aan het joodse geloof te danken hebben. In de agglomeratie wonen tegenwoordig ongeveer 2 miljoen mensen.

Tel Aviv is een kosmopolitische stad, een smeltkroes van culturen en dankzij zijn tolerantie een van de geliefdste homosteden ter wereld. Het is ook een stad van vertier, zorgeloosheid en de jetset, die zich hier vol overgave in het bruisende uitgaansleven stort. Als je Jeruzalem beschouwt als een 3000 jaar oude, eerbiedwaardige, koosjere en religieuze dame, is Tel Aviv haar tienerkleindochter: brutaal en aan geen enkele conventie gebonden. Wat hier in is en wat uit kan binnen een dag veranderen.

Het stadsbeeld wordt bepaald door gebouwen in Bauhausstijl, over het algemeen met witgekalkte muren (vandaar Tel Avivs bijnaam Witte Stad). Als u zich niet aan grote mensenmassa's stoort, kunt u in Tel Aviv genieten van een klassieke strandvakantie, elke dag nieuwe cafés, markten en winkels bezoeken en iedere avond en nacht nieuwe restaurants, cafés en clubs ontdekken.

Als u ter verkenning van de kust ten noorden en zuiden van Tel Aviv minstens twee dagen uittrekt, hebt u genoeg tijd over om aan het strand te vertoeven. Wie haast heeft, kan de excursies als dagtochten maken.

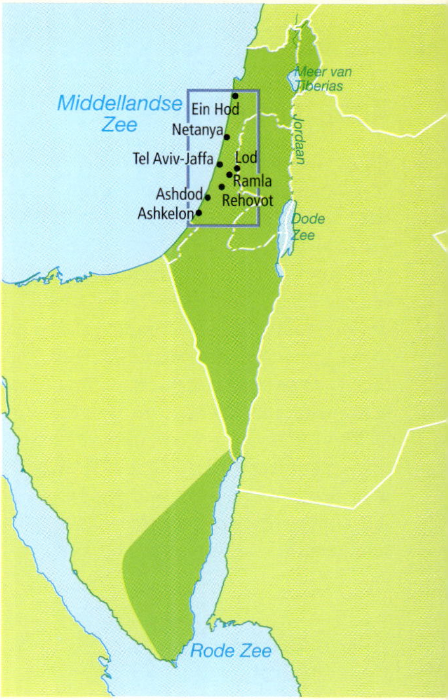

In een oogopslag
Tel Aviv en de kust

Hoogtepunten

4 **Tel Aviv-Jaffa:** De internationale metropool is het tegenovergestelde van Jeruzalem – vertier in plaats van spiritualiteit, stranden in plaats van fraaie historische gebouwen en cultuur in plaats van conflicten. Binnen één dag kunt u hier zonnen op het strand, in een museum of een van de vele galeries genieten van prachtige moderne kunst en dineren in een restaurant met een internationale keuken, om vervolgens uit te gaan tot in de kleine uurtjes. Daarom adverteren de reisbureaus niet meer uitsluitend met Tel Aviv als witte Bauhausstad, maar benadrukken ze de stad als vibrerende partymetropool en dé plek voor homo's en lesbiennes (zie blz. 208).

Fraaie routes

Rondwandeling door het middeleeuwse Jaffa: Van de Clock Tower boven de Grote Moskee wandelt u via het Sarayapaleis en het in een voormalig Turks badhuis ondergebrachte Old Jaffa Antiquities Museum naar de oude haven, waar zich rond Kedumim Square talrijke kunstenaars, ambachtslieden en galeriehouders hebben gevestigd (zie blz. 219).

Van Tel Aviv naar het noorden: Op deze route komen zowel strandgangers als toeristen met een warme belangstelling voor archeologie aan hun trekken, want hij verbindt talrijke fraaie stranden met de beroemdste archeologische vindplaatsen van Israël: Megiddo en Caesarea. Bovendien bezoekt u de bekende kunstenaarskolonie Ein Hod en schilderachtige druzendorpen (zie blz. 238).

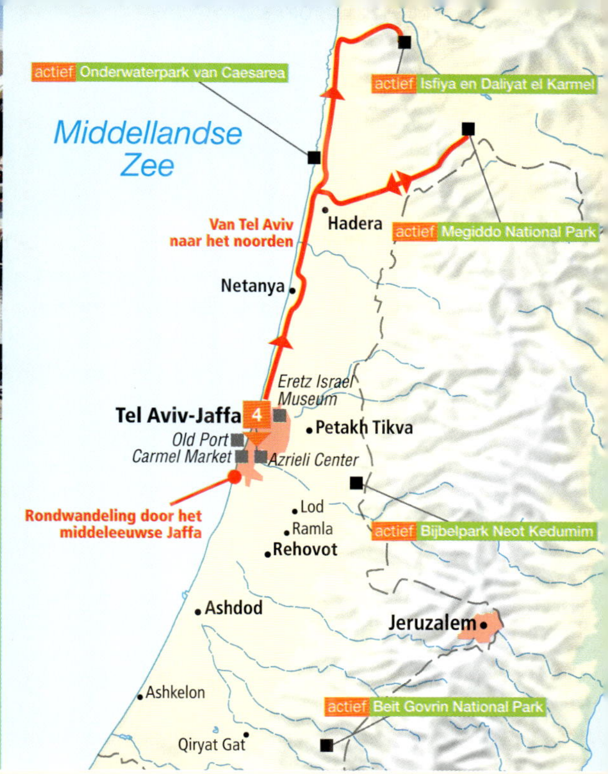

Tips

Carmel Market: Laat u door de mensenmassa's meevoeren, luidt het devies op de ongebruikelijke Carmel Market in Tel Aviv (zie blz. 214).

Azrieli Center: Op de 49e verdieping hebt u fraai uitzicht op Tel Aviv; bij mooi weer kunt u zelfs over half Israël uitkijken (zie blz. 215).

Eretz Israel Museum: Gewijd aan de geschiedenis van het Beloofde Land (zie blz. 218).

Old Port: Het uitgaansleven van Tel Aviv bruist met name in deze oude haven in het noorden van de stad. Op het haventerrein liggen 25 pieren en oude pakhuizen waarin bars en cafés zijn gevestigd (zie blz. 227).

actief

Bijbelpark Neot Kedumim: Koken en eten als in de tijd van Mozes (zie blz. 232).

Beit Govrin National Park: Honderden reusachtige kalksteengrotten en schilderingen uit de hellenistische tijd (zie blz. 236).

Megiddo National Park: Dit archeologisch opgravingsterrein dankt zijn faam aan de paardenstallen van Salomo (zie blz. 240).

Onderwaterpark van Caesarea: Snorkelen naar de velden met amfora's, oude zuilen en scheepswrakken (zie blz. 246).

Isfiya en Daliyat el Karmel: Deze twee pittoreske druzendorpen ademen een traditionele oosterse sfeer (zie blz. 249).

4 Tel Aviv-Jaffa ▶ 7, C 1

Bescheidenheid is niet de eerste deugd van de inwoners van Tel Aviv, die zich graag met de Big Apple New York vergelijken en hun stad met een flinke dosis zelfspot Big Orange noemen. Maar beter zou een vergelijking met de (alweer Amerikaanse) kakelbonte stad Miami zijn.

De schrijver Amos Oz noteerde: 'Over Tel Aviv sprak men bij ons in Jeruzalem met jaloezie, arrogantie, bewondering en geheimzinnigheid.' En wie er na een bezoek aan Jeruzalem een paar dagen doorbrengt, weet waarom. Oz kwam het ook te weten: Tel Aviv wordt beschouwd als een Hebreeuwse stad, die zich tussen sinaasappelgaarden en duinen heeft ontwikkeld. De stad was niet zomaar een plaats waar je simpelweg met de bus naartoe reed, 'maar een ander continent'.

Tel Aviv, dat in 2009 zijn honderdjarig bestaan vierde, vormt samen met het zuidelijker gelegen Jaffa (Yafo) een dubbelstad, die zich over een afstand van 15 km langs de Middellandse Zeekust uitstrekt. In de zomer is heel Tel Aviv ingesteld op de gang naar het strand, bevolkt door tienduizenden badgasten, die van de City maar een paar stappen op de drukke promenade hoeven te zetten om de zee te bereiken.

Scènewisseling: rond de Old Port ontstaan om 1 uur 's nachts files. Men gaat dan op weg naar de tientallen bars, clubs, disco's, restaurants en cafés. Naast Beiroet en Dubai is dit de enige stad in het Midden-Oosten met een even uitbundig nachtleven en levendige sfeer als grote westerse steden. Het behoeft geen uitleg dat veel mensen in Tel Aviv de sabbatrust negeren – voor veel inwoners is hedonisme een belangrijker begrip dan zionisme.

Ten gevolge van een goed uitgepakte renovatie beleeft de eind 19e eeuw gestichte wijk Neve Tzedek momenteel een ongekende renaissance – en daarmee gepaard gaand een onomkeerbare gentrificatie. De ooit zo vervallen wijk met goedkope huurkazernes veranderde in een gevraagde woonwijk voor veelverdieners. Door de Frans-charmant aandoende Sharbazi Street met zijn cafés, restaurants, bars en boetieks stromen dag en nacht bewoners en toeristen.

Wie vanhier naar de kust gaat, stuit op Hatachana (www.hatachana.co.il), het voormalige spoorwegemplacement van de trein Jaffa–Jeruzalem. Origineel gelaten sporen, oude wagons, verbouwde pakhuizen en moderne bars, cafés, restaurants en winkeltjes (met kleding, kunstnijverheid, design en souvenirs) verlenen het uitgestrekte terrein een nostalgische sfeer, die de nachtbrakers buitengewoon bevalt.

Toch bestaat Tel Avivs aantrekkingskracht uit meer dan minirokjes, blote navels en schreeuwerige dragqueens. Na Silicon Valley is Tel Aviv de beste plaats voor startups. Veel vertegenwoordigers van de jonge Israëlische kunstscene voelen zich hier thuis. Ze tonen hun werk op de kunst- en designbeurs Fresh Paint (zie blz. 229). Fijnbesnaarde geesten zullen zich in Tel Aviv bepaald niet op hun gemak voelen: alles is geoorloofd, hoe recalcitranter en provocatiever hoe beter. En ten slotte werd Tel Aviv in een Amerikaans onderzoek met 43% verkozen tot beste *gay city* ter wereld – vóór New York. Het gemor van de ultraorthodoxe gemeenschap over het bandeloze Tel Aviv wordt simpelweg genegeerd.

Toen alweer een tijd geleden de premier en opperrabbijnen deel uitmaakten van het publiek bij een première van een opvoering van de Batsheva Dance Company, beroemd om zijn experimentele danstheater, keerden zich tijdens de voorstelling negen mannen met hun rug naar het publiek. Uit hun elleboogbewegingen viel op te maken dat ze iets onbehoorlijks aan het doen waren. In het theater viel een ijzige stilte. Toen begon een vrouw uit gêne te proesten. Daarna volgde een andere toeschouwer en op zeker moment hield ook de premier het niet meer stil. De negen mannen draaiden zich om – en gingen verder met het poetsen van de loop van hun machinegeweren.

Nu het toch over theater gaat: overhemden, zonder stropdas en colbert, zijn in dit cultuursegment gebruikelijk en zorgen voor een ontspannen sfeer. In Israël gaat men net zo graag naar het theater als elders naar de bioscoop. De inwoners van Tel Aviv zijn cultuurliefhebbers met een ruime keus: klassieke muziek in het Bronfman Auditorium, opera en operette in de New Israeli Opera, Jiddische voorstellingen in het Yiddish Theatre, Israëlisch ballet in het Duhl Auditorium, experimenteel theater in het Suzanne Dellal Center enzovoort.

Immigranten blijven vaak maar tijdelijk in Tel Aviv, tenzij ze een startkapitaal hebben (in de vorm van geld of de juiste vaardigheden), temeer daar anti-buitenlander-aanslagen op Afrikanen voor krantenkoppen zorgden. In Tel Aviv, dat in de top 25 van duurste steden ter wereld staat, zijn de kosten van levensonderhoud de hoogste in Israël, zoals u snel merkt als u van het Dizengoff Center naar het noorden wandelt. Tussen cafés, restaurants en banken liggen talloze fraaie boetieks. Zelfs een wijk als Florentine, vervallen, niet zo chic, is in vergelijking met de rest van het land behoorlijk duur. Maar velen doen hun best om in Tel Aviv het hoofd boven water te houden, ook al kunnen ze elders in Israël gemakkelijker een bestaan opbouwen. Want bepaalde zaken in de havenstad zijn onbetaalbaar: tolerantie, vrijheid en kosmopolitisme.

Het zuidelijke deel van de stad, met een Arabisch karakter, is **Jaffa**, dat al aan het verval ten prooi leek gevallen. Jarenlang haalde de stad de kranten met hoge prostitutie- en criminaliteitscijfers. In de jaren 1960 besloot het stadsbestuur om Jaffa in oude glorie te herstellen. De sinds 1961 voor stadsvernieuwing verantwoordelijke Old Jaffa Development Corporation heeft de spagaat tussen conservatie en vernieuwing met succes gemaakt en ervoor gezorgd dat de bezoekersaantallen zijn gestegen. Overigens is Jaffa ook het alom bekende sinaasappelmerk, hoewel hier nauwelijks een sinaasappelboom is te vinden. De verklaring: de naam Jaffa stond als verschepingshaven op de sinaasappelkisten.

In de Old Port, nu een pittoreske jacht- en vissershaven, flaneert u door middeleeuwse straatjes en bezoekt galeries, ateliers en cafés en restaurants in Osmaanse gewelven.

Tip: Eenvoudige manier om de stad te verkennen

Tel Aviv is uitstekend te verkennen op de vier door het toeristenbureau uitgestippelde **Orange Routes**, die de belangrijkste bezienswaardigheden met elkaar verbinden. Het beginpunt van alle routes is Shalom Aleichem Street 5, aan de voet van de markante ronde Isroteltoren. Volg te voet of per bus (lijn Maslul Hatapuz/The Orange Route) de borden. Voor elke route moet u een apart buskaartje kopen.
Route 1 – geschiedenis van de stad: First Town Hall, Beit Bialik, Beit Reuven, Migdal Shalom, Independence Hall, Hagana Museum, Neve Zedek, Suzanne Dellal Center. Route 2 – City: Habima National Theatre, Charles Bronfman Auditorium, Tel Aviv Performing Arts Center, Tel Aviv Museum of Art, Rabin Square, Tel Aviv City Hall. Route 3 – Jaffa: onder meer Etzel-Museum, Clock Tower, Oud-Jaffa. Route 4 – langs de Yarkonrivier: onder meer Eretz Israel Museum, Beit Hatefuzot, Jarkon Park.

Geschiedenis

Begin 20e eeuw liepen hier uitgestrekte duinen van de kust naar het binnenland en stonden er slechts een paar hutten. Later ontwikkelde Jaffa zich tot de grootste stad van Israël.

Havenstad van de Filistijnen

Jaffa behoort tot de oudste steden ter wereld, aantoonbaar wordt hij al sinds 5000 v.Chr bewoond. Volgens de overlevering is Jaffa gesticht door Jafet, de jongste zoon van Noach. Na de zondvloed vond Jafet in deze baai een heuvel met uitzicht op zee en noemde die, naar zichzelf, *yafo* (mooi). Althans dat is de Joodse geschiedopvatting. Volgens een Griekse mythe zouden Joppa, de dochter van Aeolus, de god van de winden, en Eos, de godin van het morgenrood, Jaffa hebben gesticht. Vast staat dat farao Toetmosis III in de 15e eeuw v.Chr. de haven veroverde. In de 13e eeuw v.Chr. kwam de stad tijdens de Egyptische Ramessidendynastie onder bestuur van de Filistijnen, die sinds het 2e millennium v.Chr. Palestina bewoonden.

Jona in de walvis

Jaffa speelt een belangrijke rol in het oudtestamentische boek van de profeet Jona, die vanhier per schip God wilde ontvluchten. 'Maar de Heer wierp een hevige storm op de zee, en de zee werd zo wild dat het schip dreigde te breken' (Jona 1:4). De storm luwde pas toen de bemanning Jona overboord gooide. 'De Heer liet Jona opslokken door een grote vis. Drie dagen en drie nachten zat Jona in de buik van de vis' (Jona 2:1), tot hij – bij Ashdod – weer werd uitgespuwd.

In de tijd die volgde kwam Jaffa onder Egyptische, Assyrische, Fenicische, Griekse en ptolemaeïsche heerschappij, tot de overslaghaven (graan, hout) in 68 v.Chr. door Pompejus werd veroverd en tot Flavia Joppe werd hernoemd. Onder koning Herodes, die rond 12 v.Chr. de stad Caesarea (zie blz. 243) stichtte en daar de bouw van de grote Romeinse haven liet voltooien, verloor Jaffa zijn belangrijke strategische rol. Jaffa kreeg zijn naam in de 7e eeuw van de Arabieren.

In de 11e en 12e eeuw was Jaffa van strategisch belang voor de kruisridders. Richard Leeuwenhart liet er een vesting verrijzen, verwoest door Saladins broer, die daarbij 20.000 mensen doodde. Pelgrims op weg naar Jeruzalem deden in Jaffa na hun lange zeereis voor het eerst het Heilige Land aan, tot de Mammelukken in 1267 een einde maakten aan het kruisvaarderstijdperk.

De Lenteheuvel van Herzl

Halverwege de 19e eeuw vestigden zich hier de eerste immigranten. In 1910 kreeg de groeiende kolonie Ahuzat Bayit de naam Tel Aviv (Lenteheuvel). Deze aanduiding is afkomstig uit de utopie *Altneuland* (zie blz. 184) van Theodor Herzl en heeft betrekking op de profeet Ezechiël, die door God in een Babylonisch oord met de naam Tel-Abib als wachter van Israël werd aangesteld (Ezechiël 3:15).

De spanningen onder de inheemse Arabische bevolking namen toe in de 20e eeuw en leidden uiteindelijk tot gewelddadige schermutselingen. Overeenkomstig het in 1947 aangenomen VN-verdelingsplan voor Palestina moest Jaffa aan het Arabische deel van Palestina worden toegekend. Maar in 1948 namen Israëlische Haganamilities de stad in en dwongen het grootste deel van de Arabische bevolking op de vlucht.

Ongebreidelde groei

Tel Aviv was is de periode 1909–1926 tamelijk ongepland van een nederzetting met 65 huizen en 550 inwoners uitgegroeid tot een stad met 3000 gebouwen en een inwonertal van 40.000. In de jaren 1930 bepaalden uit Duitsland gevluchte Joden het stadsbeeld door de invoering van de Bauhausstijl (zie blz. 216). De binnen de mediterrane bouwstijl atypische wolkenkrabbers, die tegenwoordig vooral de kustlijn domineren, dateren grotendeels van de bouwexplosie in de jaren 1960 en 1970, die kon ontstaan dankzij economische hulp uit Amerika. In 1994 kwam de Opera Tower gereed, een opvallend winkel- en appartementencomplex met verdiepingen in de vorm van traptreden. In de afgelopen jaren was Tel Aviv opnieuw sprake van een opleving in de hoogbouw.

Hoewel Tel Aviv in de Tweede Wereldoorlog door Italië en de Franse Vichyregering werd gebombardeerd, bleef de schade in de stad beperkt. Na de oorlog belandde de stad in een economische crisis: Tel Aviv had te kampen met een enorme stroom immigran-

Tel Aviv, het economische en culturele centrum van Israël, bruist dag en nacht

ten (1946: 200.000, 1951: 350.000 inwoners) en breidde zich aan de overkant van de Yarkon noordwaarts en via de Ajalon oostwaarts uit.

Tot de Onafhankelijkheidsoorlog was Jaffa Arabisch. In 1950 werd het officieel tot dubbelstad verenigd met Tel Aviv. In Tel Aviv zijn bijna alle ambassades gevestigd. Met uitzondering van die van Costa Rica erkennen zij Jeruzalem niet als officiële hoofdstad. In vergelijking met andere steden in Israël telt Tel Aviv maar weinig attracties, maar er zijn wel enkele mogelijkheden tot sightseeing.

Centrum

Kaart: blz. 212

Shalom Tower 1

Wie in een kamer aan de zuidzijde van een luxehotel aan Hayarkon Street verblijft, kan genieten van een prachtig uitzicht, maar onovertroffen blijft het panorama van wat ooit het hoogste gebouw van Israël was: de in 1959 gebouwde en 37 verdiepingen hoge **Shalom Tower** (Migdal Shalom Meir) aan Echad Ha'am Street. Met een hoogte van 142 m staat hij inmiddels nog maar net in de top 10 van hoogste Israëlische wolkenkrabbers. De Shalom Tower is ruim honderd meter lager dan de Moshe Aviv Tower in Ramat Gan (zo.–do. 10–18, vr. 10–14, toegang gratis).

Rothschild Boulevard

De nabijgelegen **Rothschild Boulevard**, die sinds 2003 op de Werelderfgoedlijst van de UNESCO staat, nodigt uit tot een wandeling. Sinds de jaren 30 hebben buitenlandse architecten in deze wijk de Bauhausstijl in allerlei variaties doorgevoerd (zie blz. 216). Vandaag de dag proberen stedenbouwkundigen deze unieke bouwwerken in harmonie te brengen met de talrijke nieuwe wolkenkrabbers, die deze boulevard inmiddels ook domineren. Men ontmoet elkaar graag in deze laan met bankjes, een trottoir en een fietspad, cafeetjes en snackbars.

Op Rothschild Boulevard 23 kunt u een bezoek brengen aan het **Hagana Museum** 2. In dit huis woonde tot 1945 Eliahu Golomb. Met

0
500
1000 m
Herzlia Airport
Palmach Museum
Yarqon
Sderot Yisrael Rokach
Yehuda HaMakkabi
Ussishkin
Derekh Mordechai Namir
Jaffa Flea Market
Hangar 11
Old Port
Sheraton Beach
HaYarqon St.
Sderot Nordau
Yehoshua Bin Nun
Ibn Gvirol
Pinkas
De Haas
David Remez
Bloch
Weizmann
Independent Park
Ben Yehuda
Sderot
Basel St.
Har Nevo St.
Hebejar
St.
Jabotinsky
Hilton Beach
Arlosoroff St.
The Carlton
Sheraton Moriah
Holiday Inn Crowne Plaza
Gan Ha'ir Mall
Sderot David Ben Gurion
Adam HaCohen
HaMelech
Kikar Yitzhak Rabin
Dizengoff
Shlomo
Reines
Fishman St.
Sderot Hen
Leonardo da Vinci St.
Shaul Hamelech
Derekh Petah Tiqwa
Azrieli
Fisherman Beach
Bograshoff Beach
Bograshoff
Elizer Kapku St.
SARONA (HAQIRYA)
Ayyalon
Middellandse Zee
Historisch Museum
Ben Zion
Tarsat
Pinsker
King George St.
Opera Tower
Yemshabim Beach
HATEMANIM
Sderot Rothschild
Yehuda HaLevi
Carlebach
MONTEFIORE
Miami
Kikar Magen David
Rehov
Magen David Sq.
Sheinkin St.
Ahad Ha'am
Aviv Beach
Allenby Rd.
HaQoveshim
Karmel St.
HARAKKEVET
HaSefira
Dan Panorama
MANSHIYA
NEWE
SEDEQ
Herzl St.
Derekh Yafo
Elat
Levinsky
St.
Yehieh St.
FLORENTIN
Busstation
Ha Hagana
Prof. J. Kaufmann
Sderot Yerushalayim
Sderot HarZion
Details zie blz. 220 kaart Jaffa
Sarayapaleis
Mifratz Shlomo
St.
Beit Eshel
Yefet
Le Zion
Ben Josi
Pasteur
YAFO
HaJamit
Ben Tsvi
Derekh Kibbuz Galujot
SHAPIRA
QIRYAT SHALOM
20

Tel Aviv/Jaffa

Bezienswaardig

1 Shalom Tower
2 Hagana Museum
3 Independance Hall
4 Nachum Gutman Museum of Art
5 Beit HaKnesset Hagadol
6 Carmel Market
7 Bronfman Auditorium (voorheen Mann Auditorium)
8 Habima Theatre
9 Helena Rubinstein Pavilion for Contemporary Art
10 Tel Aviv Museum of Art
11 Azrieli Center
12 Dizengoff Center
13 Fire and Water Fountain
14 Gan Meier Park
15 Simta Almonit/ Simta Plonit
16 Old Port
17 Nahum Goldmann Museum of the Jewish Diaspora
18 Eretz Israel Museum
19 Palmach Museum
20 Yitzak Rabin Center en Israeli Museum
21 Yarkon Park
22 Segregated Beach Nordau
23 Gordon Beach
24 – 35 zie kaart blz. 220

Accommodatie

1 Dan Tel Aviv
2 Hilton Tel Aviv
3 Montefiore
4 Isrotel Tower
5 Gordon Hotel
6 Renaissance
7 Alexander
8 Cinema
9 Nina Café Hotel
10 Metropolitan
11 Beit Immanuel
12 Old Jaffa Hostel, zie ook kaart blz. 220
13 Ritz Carlton Herzliya

Eten en drinken

1 Café Tamar
2 Café Alkalai
3 Catit
4 Manta Ray
5 Bellini
6 Maganda
7 Nana Bar
8 Beybele
9 Mizlala
10 Benedict
11 Orna & Ella
12 Hummus Ashkara
13 Sonja Getzel Shapira
14 – 18 zie kaart blz. 220

Winkelen

1 Ayala Bar
2 Tower Book Store
3 Carmel Market
4 Pri-Or Photohouse

Uitgaan

1 The Block
2 Comfort 13
3 Maxim
4 Haoman 17
5 TLV Club
6 Evita
7 Tel Aviv Brewhouse
8 Shablul Jazz Club
9 Erlich
10 Mish Mish
11 Whisky a Gogo
12 Jah Pan Club
13 M.A.S.H.
14 Habima Theater
15 Suzanne Dellal Centre for Dance and Theatre
16 Israel Ballet
17 Performing Arts Center
18 Wohl Amphitheatre
19 Felicja Blumental Music Center and Library
20 Cameri
21 Cinemathèque
22 Tzavta Theater
23 – 27 zie kaart blz. 220

Actief

1 Bicycle in the Park
2 Spa Mul HaYam

Dov Hoz richtte hij in 1920 de Hagana (Verdediging), de voorloper van het Israëlische leger, op. Tegenwoordig documenteert het als museum de Israëlische oorlogsgeschiedenis (tel. 03 560 86 24, zo.-do. 8-16 uur, NIS10).

Slechts een paar huizen verder ligt op Rothschild Boulevard 16 de historische **Independance Hall** 3. Hier riep Ben Gurion op 14 mei 1948 de staat Israël uit. Het gebouw werd oorspronkelijk bewoond door de eerste burgemeester van Tel Aviv, Meir Dizengoff. Sinds 1986 ziet u in de hal een chronologische tentoonstelling over de gebeurtenissen rond het VN-verdelingsplan van 29 november 1947 tot de Onafhankelijkheidsoorlog tegen de Arabieren. De expositie bij de ingang is gewijd aan de geschiedenis van de menora in het staatswapen en de davidsster op de Israëlische vlag (tel. 03 517 39 42, zo.-vr. 9-14 uur, NIS20).

Op de eerste verdieping huist het Beit HaTanakh, het **Bijbels Museum**. De verzameling omvat niet alleen Bijbeledities inclusief apocriefe boeken, maar ook stukken die aan de Bijbel in de kunst zijn gewijd, munten, postzegels met Bijbelse voorstellingen en allerlei op muziek gezette Bijbelteksten, uiteenlopend van gospels tot smartlappen. Elk jaar biedt een door het museum uitgeschreven wedstrijd veel kunstenaars en kinderen de gelegenheid om hun schilderijen van Bijbelse taferelen aan het publiek te tonen (tel. 03 517 77 60, zo.–do. 9–13 uur, NIS8).

Geschikt als afsluiter is het Nachum Gutman Museum of Art 4, dat u leuk kunt combineren met een bezoek aan een café of restaurant in de trendy wijk Neve Tzedek. Het werk van de grote Israëlische schilder, beeldhouwer en schrijver Nachum Gutman (1898–1980) vertegenwoordigt de vroege fase van de moderne Israëlische kunst. De als kind uit Odessa geëmigreerde Gutman schilderde soms figuratief en soms abstract en illustreerde meestal in felle kleuren, maar donker als hij geraakt werd door het kwaad in de mensen. Het museum toont 200 van zijn werken (21, Shimon Roka St., tel. 03 516 19 70, www.gutmanmuseum.co.il, zo.–do. 10–16, vr. 10–14, za. 10–15 uur, NIS24, vr. toegang gratis).

Allenby Street en Carmel Market

In een zijstraat van Rothschild Boulevard, **Allenby Street**, ligt de **Beit HaKnesset Hagadol** 5, de Grote Synagoge, waar volgens de traditie de Asjkenazische opperrabijn van Tel Aviv wordt gewijd. Allenby Street, ooit een chique winkelstraat, is tegenwoordig een samenraapsel van goedkope textiel-, elektronica- en fotozaken en behoorlijk in het slop geraakt. Langs winkels, eethuisjes en cafés loopt u over de Magen David Square naar de Carmel Street met de **Carmel Market** 6, de bijzonderste markt van Tel Aviv. Nadat u zich een weg langs de textiel- en schoenenverkopers hebt gebaand, verandert het aanbod aan de zuidkant van de markt totaal: hier worden de meest uiteenlopende soorten gevogelte, vlees, worst, groente, fruit en kruiden te koop aangeboden. U kunt de markt het best op vrijdagmiddag bezoeken, want dan wordt ook de rommelmarkt gehouden.

Rond het Bronfman Auditorium (Mann Auditorium)

Loop door de **Sheinkin Street**, waar zich jonge sieraden- en modeontwerpers hebben gevestigd, en de Ahad Ha'Am Street richting noorden. Het **Bronfman Auditorium** 7 is de thuishaven van het Israëlisch Filharmonisch Orkest. Het biedt plaats aan 3000 toehoorders en de akoestiek is weergaloos (zie blz. 228). Ten zuiden daarvan ligt het belangwekkende **Habima Theatre** 8, waar veel stukken worden vertoond met simultaanvertaling in het Engels (zie blz. 228). In het **Helena Rubinstein Pavilion for Contemporary Art** 9 zijn wisselende tentoonstellingen met werk van hedendaagse internationale en Israëlische kunstenaars te bewonderen. De fraaie bijbehorende tuin nodigt uit tot het inlassen van een pauze (6 Tarsat Blvd., tel. 03 528 71 96, ma., wo., za. 10–16, di. en do. 10–22, vr. 10–14 uur, NIS42 incl. Tel Aviv Museum of Art).

Tel Aviv Museum of Art 10

Nog indrukwekkender is het **Tel Aviv Museum of Art** op Shaul Hamelech Boulevard 27 (Shaul HaMelech). Dit in 1931 geopende museum huisvest de omvangrijkste en belangrijkste Israëlische tentoonstelling over de schone kunsten van de afgelopen 500 jaar.

Goed vertegenwoordigd zijn de Duitse expressionisten, onder meer dankzij de inspanningen van de Berlijnse kunstverzamelaar Karl Schwarz, die voor de nazi's vluchtte en zijn collectie wist te redden. Andere Duitse Joden volgden zijn voorbeeld. Tot de topstukken van het museum behoort werk van Marc Chagall, zoals zijn *Solitude* (1933). Ook te zien is werk van Max Ernst, Edvard Munch, Pablo Picasso, Edgar Degas, Auguste Renoir en Henry Moore, van wie een beeld u begroet bij de ingang. Israëlische kunst, onder andere van Nahum Gutman, Menashe Kadishman, Moshe Kupfermann en Reuven Rubin, is te bekijken in het Meyerhoff Pavilion. In 2011 is een bijna 20.000 m² grote aanbouw geopend, eveneens met de nadruk op Israëlische kunst. Over de spectaculaire architectuur wordt verschillend gedacht. De Photo Gallery richt zich onder meer op de ontwikkeling 'Van korrel tot pixel'. Op een oude 35 mm-projector ratelt Ben Hagani's surrealistische hommage aan de predigitale film met pingpongspelers, papegaaien en pianisten. De Deutsche Galerie toont werken van onder anderen Max Beckmann, Ernst Ludwig Kirchner en Oskar Kokoschka, en scènes uit klassiekers als de stomme film *Die Austernprinzessin* (1919) van Ernst Lubitsch (tel. 03 607 70 20, www.tamuseum.com, ma., wo., za. 10–18, di., do. 10–21, vr. 10–14 uur, NIS50 incl. Helena Rubinstein Pavilion).

Azrieli Center en Sarona

Driehoekig, vierkant en rond – dat zijn de vormen van de drie ten zuidoosten van het museum aan Menachem Begin Road verrijzende wolkenkrabbers van het ca. US$350 miljoen kostende **Azrieli Center** 11, genoemd naar de eigenaar. De ronde toren is met 187 m het op één na hoogste gebouw van Israël. Op de bovenste verdieping huist een restaurant met uitkijkplatform voor een mooi uitzicht op Tel Aviv (Azrieli Observation Floor, di.–do., za. 10–20, vr. 10–18 uur, NIS25). Het winkelcentrum trekt dagelijks 40.000 bezoekers (zie blz. 227).

Aan de Eliezer Kaplan Street tegenover het Azrieli Center ligt **Sarona**, een in 1871 door Duitse tempeliers gestichte nederzetting. Na de stichting van de staat Israël werd Sarona onder de naam Haqirya bekend als eerste regeringszetel, waar ook de Mossad was ondergebracht. Op het terrein zijn ruim dertig tempeliersgebouwen bewaard gebleven, die ten dele fraai zijn gerestaureerd. Vanwege de lommerrijke grasvelden zal Sarona een cultuur-, recreatie en shoppingpark worden. In 2014 zijn de eerst restaurants, cafés en boetieks van de Sarona Market geopend.

Dizengoff Center en Old Port

Vanhier kunt u richting de kust naar het **Dizengoff Center** 12 wandelen, een winkelcentrum met talrijke cafés en restaurants. Op het gelijknamige plein staat de **Fire and Water Fountain** 13. Uit het kunstwerk van ringen van edelstaal en oranje en blauwe lamellen kwamen oorspronkelijk op de tonen van muziek watervalletjes en vlammen.

Om de hoek ligt tussen King George Street en Tshernikhovski Street het lieflijke **Gan Meier Park** 14, een schaduwrijke oase van

Ontspanning vindt u in tientallen cafés in de uitgaansbuurt aan de Old Port

Bauhaus in Tel Aviv

Thema

Geruime tijd werd in Tel Aviv slordig omgegaan met het omvangrijke Bauhauserfgoed; verval en ontsierende verbouwingen werden genegeerd. Maar daar is nu verandering in gekomen. De Witte Stad bereidt zich voor op architectuurtoerisme.

In de jaren 1930 brachten voor de nazi's gevluchte Joden de in Duitsland laatdunkend 'loofhuttenarchitectuur' genoemde en verboden Bauhausstijl uit Weimar mee naar Palestina. Sommige van de grote Bauhausarchitecten, onder wie Wilhelm Gropius, Ludwig Mies van der Rohe, Erich Mendelsohn en Le Corbusier, emigreerden naar Palestina. Het Bauhausprincipe is als volgt samen te vatten: functionaliteit en eerlijk materiaalgebruik zijn belangrijker dan schoonheid en stijl (vorm volgt functie).

In totaal waren er zo'n 130 architecten die onder andere aan de Bauhausschool in Weimar en Dessau bij de architecten van het klassieke modernisme hadden gestudeerd en na hun vlucht naar Palestina hun plannen verwezenlijkten. En nergens zo consequent als in Tel Aviv, dat dankzij de immigrantenstroom in de tijd voor de stichting van de staat Israël een ware bouwexplosie beleefde.

In de praktijk betekende dit dat er huizen werden gebouwd met de kenmerkende klare lijn, massieve balkons met onderaan verlengde balustrades, die schaduw genereerden tussen balkon en woonruimte, en de al even karakteristieke relingachtige leuningen. Ramen, deuren en glaswerk werden voor een koelere woonomgeving tot een minimum beperkt. De klare lijn domineert, zonder jugendstiltierelantijnen en functieloze decoraties. De gevels werden witgekalkt om de zonnestralen te reflecteren.

In Tel Aviv staan ongeveer 4000 Bauhausgebouwen. Daarom werd de stad in 2003 door de UNESCO tot Werelderfgoed uitgeroepen. Dizengoff Square wordt omzoomd door panden die in 1934 door Genia Averbouch zijn ontworpen. Met haar ontwerp won ze op 25-jarige leeftijd de wedstrijd die voor de vormgeving van dit centrale plein was uitgeschreven. Een van de bouwwerken, de voormalige bioscoop Cinema Esther, is tegenwoordig als hotel ingericht (zie blz. 224).

Loop van Dizengoff Square door Dizengoff Street, Allenby Street en verder noordwaarts door Frishman Street – overal langs deze route ziet u voorbeelden. Het eerste gebouw dat in Tel Aviv in Bauhausstijl werd opgericht, stamt uit 1933: Beit Engel op Rothschild Boulevard 84 van Zeev Rechter. In de buurt vindt u tal van andere Bauhausvoorbeelden, die helaas ook kenmerkend zijn voor het verval dat geruime tijd niet kon worden voorkomen.

Veel huiseigenaren kunnen de onderhoudskosten niet opbrengen of hebben geen oog voor de aftakeling van hun woning. Steigers, airconditioners tegen buitenmuren en schermen op balkons ontsieren vaak de architectuur. Inmiddels heeft het stadsbestuur een renovatieplan aangenomen en op Bialki Street 21 stichtte Ronald S. Lauder, erfgenaam van een bekend cosmeticabedrijf en voorzitter van het Joods Wereldcongres, het Bauhaus Museum (tel. 03 620 46 64, wo.–vr. 11–17, vr. 10–14 uur; exposities en rondleidingen via het Bauhaus Center, 99 Dizengoff St., tel. 03 522 02 49, zo.–do.10–19.30, vr. 10–14.30, za. 12–19.30 uur, feestdagen na telefonische afspaak, www.bauhaus-center.com).

rust, met dennen, coniferen en een vijvertje. Er spelen kinderen en er worden veel honden uitgelaten.

Een paar minuten lopen ten zuiden van het Gan Meier Park liggen aan de overkant van de King George Street de parallelle straatjes **Simta Almonit** en **Simta Plonit** 15, bekend om hun zonderlinge geschiedenis: een rijke Amerikaanse emigrant vernoemde de slechts 50 m lange stegen lang voor de stichting van de staat eigenmachtig naar zichzelf en zijn vrouw. Burgemeester Meir Dizengoff van Tel Aviv was daar niet van gediend en liet de straten tot er definitieve namen waren gekozen voorlopig omdopen in Simta Almonit en Simta Plonit, wat zoiets betekent als 'Anonieme straat' en 'Naamloze straat'. En zo heten ze nog altijd.

Via **Dizengoff Street**, een van de belangrijkste winkelstraten van Tel Aviv, wandelt u nu verder naar het noorden. Boetieks, souvenirwinkels, boekhandels en cafés met terrassen omzomen de weg naar de **Old Port** 16, het uitgaansgebied. Op het haventerrein is, verdeeld over 25 pieren en een groot aantal voormalige pakhuizen een uitgaanswijk ontstaan met cafés, restaurants, concertpodia, megastores en boetieks. Niet te missen boven de kade is de aanvliegroute van vliegveld Sde Dov, dat alleen voor binnenlandse vluchten wordt gebruikt.

Tel Aviv-Noord

Kaart: blz. 212

Nahum Goldmann Museum of the Jewish Diaspora 17

Ten noorden van de Yarkon liggen op deze route drie attracties, die u het best per taxi kunt bezoeken. Laat u eerst naar het **Nahum Goldmann Museum of the Jewish Diaspora** (Beit HaTefutsoth) aan Klausner Street in de wijk Ramat Aviv rijden. Het museumconcept is ongebruikelijk: er zijn geen originele werken te zien, maar met video's, dia's, replica's, computeranimaties enzovoorts wordt aanschouwelijk gemaakt hoe de Joden, die tijdens de diaspora over alle continenten werden verspreid, in diverse perioden in de afgelopen 2500 jaar leefden en hoe elke gemeenschap zich als minderheid wist te handhaven.

Aan de hand van de moderne museumpedagogiek is een thematische, maar niet chronologisch ingedeelde tentoonstelling ingericht. De belangrijkste thema's zijn familie, gemeenschap, geloof, leven in een niet-Joodse omgeving, rechtspraak en immigratie naar Israël. Te zien zijn schaalmodellen van de synagogen van Kaifeng (China, 1163), Toledo (1200) en Worms, die in 1938 werd verwoest en na de Tweede Wereldoorlog werd herbouwd. Op computerschermen zijn ongeveer 3500 Hebreeuwse en Engelse artikelen over bijna alle Joodse gemeenschappen ter wereld te bekijken, inclusief familiestambomen. Bezoekers kunnen deelnemen aan een rondleiding van twee uur, zowel in het Engels als het Duits (Tel Aviv University Campus, Klausner St., tel. 03 745 78 08, www.bh.org.il, zo.-di. 10–16, wo. en do. 10–19, vr. 9–13 uur, NIS55).

Eretz Israel Museum 18

Zie blz. 218

Palmach Museum 19

Even verderop vindt u het **Palmach Museum**, dat alleen na telefonische aanmelding kan worden bezocht. Het museum – de naam zegt het al – is gewijd aan de in 1941 opgerichte paramilitaire Palmachbrigades, waar onder anderen Yitzhak en Leah Rabin deel van uitmaakten. De ongeveer 2000 leden van de Palmach vochten in de Tweede Wereldoorlog aan de zijde van de geallieerden en behoorden later dankzij hun gedegen militaire training tot de belangrijkste kopstukken die bij de opbouw van het eigen Israëlische leger waren betrokken.

De groepen worden, passend bij het thema, ongeveer anderhalf uur lang door grotendeels onderaardse ruimten rondgeleid. Na een korte herdenking van de gevallenen komt u langs een schaalmodel van Herzl Street in het Tel Aviv van 1941. De rondleiding gaat nu langs allerlei multimedia die een realistisch beeld van de geschiedenis geven: u beleeft de re-

Tip: Eretz Israel Museum

Op een oppervlak van 120.000 m² is in het **Eretz Israel Museum** 18 een tentoonstelling ingericht over de archeologie en geschiedenis van het Beloofde Land. De collectie is verdeeld over elf paviljoens. Alleen al de muntenverzameling in het **Kadman Numismatic Pavilion** telt 80.000 stukken. De expositie in het **Ceramics Pavilion** laat zien hoe aardewerk in de verschillende culturen werd gebruikt. Over de mijnbouw en koperwinning in de klassieke oudheid komt u meer te weten in het **Nehustan Pavilion**. Het **Glass Pavilion** is gewijd aan de vervaardiging van Egyptische vazen in de 14e eeuw v.Chr. en de glasblaaskunst van de Romeinen en Byzantijnen – er worden ook demonstraties gegeven. Een van de meest tot de verbeelding sprekende museumafdelingen is het **Alphabet Pavilion**, waar u inzicht krijgt in de geschiedenis van het alfabet en de ontwikkeling van het schrift.

Voor de museumwinkel en de cafetaria liggen prachtige **mozaïeken**, met daaronder vloeren (6e eeuw) uit Beit Govrin (zie blz. 236) en een synagoge uit Tiberias (zie blz. 291). Voor de kwaliteit van een mozaïek is niet alleen het kleurgebruik bepalend, maar ook hoe vaardig de steentjes aaneen zijn gelegd.

Een kijkje in de praktijk van de bouwkunst krijgt u midden in het museum bij de **opgravingen van Tel Qasile**, een stad van de Filistijnen uit de 12e eeuw v.Chr. De vindplaats geldt als een van de belangwekkendste van Tel Aviv. Vanaf 1948 werden hier twaalf op elkaar gebouwde nederzettingen blootgelegd, met een aantal unieke tempelruïnes. Enkele Filistijnse woonhuizen werden gereconstrueerd en in een paviljoen zijn onder meer kleurige glazen vazen en aardewerk te zien die in de huizen werden aangetroffen.

Bij het museum hoort een **planetarium**, met alleen voorstellingen in het Hebreeuws.

Eretz Israel Museum: 2 Haim Levanon St., Ramat Aviv, tel. 03 641 52 44, 03 745 57 10 (voor reservering van groepsrondleidingen), www.eretzmuseum.org.il, museum: zo.-wo. 10-16, do. 10-20, vr.-za. 10-14 uur, planetarium: zo.-do. 11.30 en 13.30, za. 11 en 12 uur, NIS48 of NIS80 incl. planetarium).

krutering van nieuwe militairen en komt meer te weten over de politieke situatie in het toenmalige Europa. Wie geen Hebreeuws spreekt, kan de rondleiding met een Engelse audioguide volgen (Ramat Aviv, 10 Haim Levanon St., tel. 03 643 63 93, www.palmach.org.il, zo.-do. 8.30-15, vr. 8.30-12.30 uur, NIS30, geen toegang voor kinderen onder 6 jaar).

Yitzhak Rabin Center en Israeli Museum 20

Op een heuvel met fantastisch uitzicht in Ramat Aviv ligt tussen het Palmach- en het Eretz Israel Museum een ontroerend museum. Het **Center** en het **Israeli Museum** zijn gewijd aan de in 1995 vermoorde premier Yitzhak Rabin. Het Center fungeert als plaats voor conferenties en politieke workshops; het Israeli Museum documenteert in een kleine 200 video's en ruim 1500 foto's de weg naar onafhankelijkheid die Israël heeft afgelegd, van de stichting van de staat via opbouw en oorlogen tot onderhandelingen met de Palestijnen. Het emotioneelste deel van de tentoonstelling gaat over de aanslag op Rabin, de mededeling dat hij gestorven was, de huilende mensen en de rouw in het land. Er staan audioguides tot uw beschikking, maar het is wellicht raadzaam van tevoren een – uitstekende – rondleiding in het Engels te boeken (8 Haim Levanon St., Ramat Aviv, tel. 03 745 33 58, www.rabincenter.org.il, zo., ma. en wo. 9-17, di. en do. 9-19, vr. 9-14 uur, NIS50).

Yarkon Park 21

Aan de Israel Rokach Boulevard ligt de ingang van het **Yarkon Park**. De tropische tuin is een uitstekende plaats voor een uitstapje met het gezin. De belangrijkste attracties van het park zijn de enige rotstuin van Israël, met zeldzame cactussoorten, en het informatiecentrum. Een multimediapresentatie van 25 minuten verschaft inzicht in mondiale en plaatselijke milieuproblemen. Belangrijke onderwerpen zijn de bevolkingsgroei in Israël en de gevolgen daarvan voor het waterverbruik, de afvalverwerking en het milieu (apr.-sept. 8-17, okt.-mrt. 8-16 uur, NIS25).

Stranden

's Zomers speelt het stadsleven zich af aan de stranden langs de promenade. Op sabbat is het er meestal stampvol. De drukstbezochte stranden – met cafés en restaurants – strekken zich uit van de luxehotels aan Independent Park tot de Opera Tower. Het favoriete strandspel van de Israëli's is *matkot*, dat is uitgegroeid tot nationale sport: twee houten batjes, één balletje, dat tussen de spelers wordt overgeslagen en een luid klikgeluid produceert. De andere bron van lawaai vormen de *mazilim*, de badmeesters, bruinverbrande spierbundels die à la Baywatch op hun hoge stoelen tronen en zich met schrille fluitjes en dreigende mededelingen per luidspreker laten gelden als iemand het waagt te ver in zee te gaan.

Tussen **Hilton Beach**, het onofficiële homostrand van Tel Aviv, en **Sheraton Beach** ligt een door een muur aan het oog onttrokken religieus strand: **Segregated Beach Nordau** 22. Hier komen mensen die gescheiden en met meer kleding dan een bikini of een tangaslip willen zwemmen. Op zondag, dinsdag en donderdag zijn hier alleen vrouwen welkom, die niet per se Joods hoeven te zijn. Maandag, woensdag en vrijdag zijn de stranddagen voor mannen.

Tot de fraaiste stranden bij het noordelijke deel van Hayarkon Street behoort het al ten tijde van de stichting van de staat legendarische **Gordon Beach** 23. Andere populaire stranden liggen ten zuiden van de stad in **Bat Yam** en ten noorden van Tel Aviv in **Herzliya**, een aardig voorstadje waar veel diplomaten wonen. Voor een bezoek aan de mooiste stranden van Herzlya en aan Sharon Beach, Dabush Beach en Accadia Beach moet u een toegangsprijs betalen. Rustiger en gratis kunt u zwemmen aan het ten noorden van Sharon Beach gelegen Sidney Ali Beach.

Jaffa

Kaart: blz. 220
Het is niet duidelijk waar Tel Aviv eindigt en Jaffa (Yafo) begint, maar ergens op de 4 km lange weg van het centrum van Tel Aviv naar het zuiden wordt de sfeer Arabisch en oosters. Veel gebouwen in Jaffa stammen uit de Osmaanse tijd en zijn te herkennen aan gewelven die door kruisvaarders werden gebouwd. Aan de kinderkopjesstraatjes in de charmante Oude Stad hebben zich ontelbare ambachtslieden gevestigd en in de historische gebouwen huizen restaurants, cafés en clubs. De inwoners van Tel Aviv komen hier bij voorkeur 's avonds om in de middeleeuwse sfeer van Jaffa uit te gaan. Overdag is een verkenning van het nieuwe Jaffa ten oosten van Yefet Street aanbevolen, waar de bedrijvige rommelmarkt wordt gehouden. Anders dan het gehaaste en bruisende Tel Aviv heeft Jaffa meer weg van een sprookjesstad, die even romantisch als geheimzinnig is. Het opleuken van de stad heeft echter zijn prijs – gentrificatie. Als symbool daarvoor staat het uitgestrekte complex Andromeda Hill, een luxe, afgeschermde woonwijk voor gefortuneerd publiek dat enkele jaren geleden nog geen stap in Jaffa wilde zetten. Maar het alternatief was nog erger geweest: nietsdoen zou het verval van Jaffa hebben bezegeld.

Rond de Clock Tower

De markantste bezienswaardigheid in het centrum van Jaffa aan HaHagana Square (hier start op woensdag om 9.30 uur een gratis rondleiding door Jaffa) is de **Clock Tower** 24 uit 1906, een geschenk van sultan Abdul Hamid II ter gelegenheid van zijn dertigste regeringsjubileum. De ornamenten van de ramen, vervaardigd door een kibboetsbewoner, tonen taferelen uit de geschiedenis van Jaffa.

Van HaHagana Square voert Beit Eshel Street naar de **Jaffa Flea Market** 25 (Suq HaPishpeshim), waar sinds de 19e eeuw handel wordt gedreven en afgedongen. Tot het aanbod behoren lederwaren, Perzische tapijten, ivoren kunstvoorwerpen, koper, antiek, lampen, boeken, kaarten en uiteraard de gebrui-

kelijke prullaria. Loop nu van de vlooienmarkt terug naar HaHagana Square en vervolgens via Mifratz Shlomo Street naar de **Grote Moskee** 26 (Mahmudiya) uit 1810. De bij vergissing ondersteboven geplaatste zuilen van dit godshuis – de kapitelen doen nu dienst als basement – komen deels uit ruïnes in Caesarea en Ashkelon (zie blz. 243 en 234).

Old Jaffa Antiquities Museum

Voorbij het nog niet geheel gerenoveerde **Sarayapaleis** 27, de vroegere zetel van de Osmaanse gouverneur, bereikt u het **Old Jaffa Antiquities Museum** 28, gehuisvest in een oud Turks badhuis. Dit documenteert de geschiedenis van de havenstad Jaffa. De tentoongestelde vondsten dateren in enkele gevallen

Jaffa

Bezienswaardig
1 - 23 zie kaart blz. 212
24 Clock Tower
25 Jaffa Flea Market
26 Grote Moskee
27 Sarayapaleis
28 Old Jaffa Antiquities Museum
29 Andromedarotsen
30 Petrusklooster
31 HaPisgahpark
32 Old Port
33 Kedumim Square
34 Ilan Goor Museum
35 Huis van Simon de Leerlooier

Accommodatie
1 - 11 zie kaart blz. 212
12 Old Jaffa Hostel
13 zie kaart blz. 212

Eten en drinken
1 - 13 zie kaart blz. 212
14 Cordelia
15 Abrage
16 Puaa
17 Dr. Shakshuka
18 Said Abu Elafia & Sons

Uitgaan
1 - 22 zie kaart blz. 212
23 Jaffa Bar
24 Yoezar Wine Bar
25 Mayumana
26 The Arab-Hebrew Theatre
27 Amfitheater in het HaPisgahpark

wel van 5000 v.Chr. Hiertoe behoren beeldjes van Astarte, de Kanaänitische vruchtbaarheids- en oorlogsgodin, aardewerk, schalen van basalt en Joodse grafstenen uit de Romeinse en Byzantijnse tijd. Omdat er aan een compleet nieuw concept voor het museum wordt gewerkt, is er geen sprake van reguliere openingstijden. Het museum is echter voor groepen toegankelijk na telefonische reservering (10 Mifratz Shlomo St., tel. 03 682 53 75, voor telefonische reservering van rondleidingen belt u: tel. 03 518 40 15).

Rond de Old Port

Als u Mifratz Shlomo Street naar de haven volgt en uw blik naar het noorden wendt, opent zich een fantastisch panorama op Tel Aviv. Direct voor de kust steken de zwarte **Andromedarotsen** 29 uit het water. Volgens een Griekse mythe werd Andromeda hier door haar vader Cepheus ter verzoening van de goden aan de rotsen geketend en later bevrijd door Perseus, een zoon van Zeus.

Langs cafés en restaurants komt u bij het franciscaner **Petrusklooster** 30, dat in de 17e eeuw op de ruïne van een kruisvaardersvesting werd gebouwd. Vanhier kunt u het **HaPisgahpark** 31 (Gan HaPisgah) opklimmen. In het kleine amfitheater worden vaak concerten gegeven. Midden in het park staat een wit monument dat doet denken aan antieke triomfboog. Dit **Statue of Faith** is versierd met drie Bijbelse taferelen: Jakobs droom, het bijna voltrokken offer van Isaak en de verovering van Jericho. Niet veel verder kunt u bij de **Wishing Bridge** uw geluk afdwingen. Wie op de leuning zijn sterrenbeeld aanraakt en naar zee kijkt, mag een wens doen die volgens een oude legende in vervulling gaat. De weg loopt nu langs de kloosterkerk naar de **Old Port** 32, waar de vissers hun vangst aan wal brengen en hun netten schoonmaken en klaarleggen voor de volgende dag.

Via een trap bereikt u **Kedumim Square** 33 (Kikar Kedumim) en een opgravingsterrein. De geschiedenis van de vondsten op dit terrein gaat terug tot de 2e eeuw v.Chr. (de borden met beschrijvingen worden geregeld bijgewerkt).

De resten van catacomben op deze archeologische vindplaats zijn uit de 3e eeuw v.Chr. (toegang gratis). Kedumim Square zelf wordt omgeven door winkels, ateliers, cafés en nachtclubs. Op het plein komen levendige straatjes uit, genoemd naar tekens van de dierenriem en met een oosterse charme.

Een belangrijke bezienswaardigheid in dit deel van de stad is het **Ilan Goor Museum** 34. De gelijknamige Israëlische beeldhouwster en ontwerpster van meubels, sieraden, stoffen en nog veel meer stelt in het historische museumgebouw haar werk tentoon en neemt bovendien opdrachten aan. Het 18e-eeuwse pand was de vaste verblijfplaats van pelgrims die op weg naar Jeruzalem in Jaffa hun eerste nacht op Palestijnse bodem doorbrachten. Men kan

Israëls diamantindustrie

Thema

U denkt nu misschien direct aan glinsterende sieraden en met fonkelend stenen bezette diademen. Maar die vormen slechts een deel van de traditierijke Israëlische diamantindustrie, de grootste ter wereld.

Israël is vermaard om zijn edelsteenindustrie, die 16,9% van de totale export van het land uitmaakt. Jaarlijks worden er vele producten met een hoog karaatgehalte en een waarde van bijna US$10 miljard geëxporteerd. Wie iets kostbaars wil aanschaffen, doet dat het voordeligst in Israël. De grote juwelierswinkels bieden gratis excursies naar diamantslijperijen aan, bijvoorbeeld in Netanya, Ramat Gan en Tel Aviv. Als u zich daarbij een verkoopuitstapje met koffie en gebak voorstelt, slaat u de plank niet volledig mis. Toch is een bezoek aan een slijperij ook informatief. En als u er wat wilt kopen: de verkoop van diamanten wordt traditioneel met de woorden *mazal wa bracha* (geluk en zegen) beklonken.

De omzetgroei in de diamantindustrie ligt jaarlijks rond de 20% of zelfs hoger. De belangrijkste afnemers zijn van oudsher de Verenigde Staten, Japan, Hongkong, België en Zwitserland. In gewicht uitgedrukt gaat het jaarlijks om ongeveer 10,5 miljoen karaat ruwe en geslepen edelstenen, die ieder jaar worden geëxporteerd. Deze worden wereldwijd verkocht aan juweliers en – edelstenen van lagere kwaliteit – aan bedrijven die boorkoppen voor steenboren produceren. De diamant geldt als het hardste mineraal op aarde en bestaat louter uit koolstof, een onverwoestbare atoomstructuur.

In Ramat Gan bij Tel Aviv vindt u bovendien de grootste diamantbeurs ter wereld, met verschillende gebouwen en rond de 3400 medewerkers. Toch heerst daar rust en orde, zelfs op de beursvloer, waar de hectiek en het geschreeuw van beurshandelaars ontbreken De handelaars bekijken eventuele aankopen onder een loep. Daarbij zijn stilte en zorgvuldigheid vereist.

In Israël zelf wordt geen diamant gedolven. Daarom wordt de grondstof uit India, Zuid-Afrika, Namibië, Tanzania, Congo en Kenia geïmporteerd. De geschiedenis van de diamanthandel gaat terug tot de middeleeuwen. In krantenadvertenties laten juweliers zich er graag op voorstaan dat hun bedrijf al vele generaties bestaat of bijvoorbeeld werd opgericht in een 18e-eeuws Pools stadje.

Twee dingen, aldus Ronnie Bittelman van het ministerie van Handel (het hoogste orgaan met beslissingsbevoegdheid over de diamantindustrie), zijn bepalend geweest voor de huidige Israëlische sieradenhandel. Enerzijds waren dat de Joden, met hun eeuwenlange ervaring in het slijpen van edelstenen, en anderzijds het feit dat veel Israëli's al snel inzagen dat ze tijdens een pogrom gemakkelijker met edelstenen dan met goud konden vluchten. Zo brachten veel welgestelde Joden gedurende de verschillende immigratiegolven naar Palestina en Israël niet alleen hun hele vermogen mee in kleine, op tabakszakjes lijkende buideltjes, maar ook de kennis en vaardigheden die de basis van de tegenwoordige diamantindustrie in Israël vormen.

Delen van de branche kwamen in een schemergebied toen de Russische maffia de diamanthandel begon te gebruiken voor witwaspraktijken. Een ander wereldwijd probleem zijn de bloeddiamanten uit Afrika. Kijk voor meer informatie over de Israëlische diamantindustrie op www.israelidiamond.co.il.

zich afvragen waarom deze voortreffelijke galerie van een levende kunstenares een museum wordt genoemd. Wellicht ter rechtvaardiging van de fikse toegangsprijs (4 Mazal Dagim St., tel. 03 683 76 76, www.ilanagoor.com, zo.-vr. 10-16, za. en feestdagen 10-18 uur, NIS30, rondleiding vanaf NIS56 p.p. bij minstens 20 deelnemers.

De Shimon HaBurski Street leidt van Kedumim Square naar het gebouw op nr. 8, een moskee uit 1730, die tegenwoordig in privébezit is. Volgens de overlevering stond op deze plaats het **Huis van Simon de Leerlooier** 35, dat een tijd door Petrus werd bewoond. De fontein op de binnenplaats is naar verluidt al sinds die tijd in werking.

Informatie

... in Tel Aviv:

Tourist Information: 46 Herbert Samuel St, tel. 03 516 61 88 (ext. 1), zo.-do. 9.30-17.30, vr 9.30-13 uur, www.tel-aviv.gov.il, www.visit-tlv.com; toeristenpolitie: tel. 02 516 53 82, zo.-do. 8-23 uur.

Tourist Office Historic Train Station Hatachana: Tel. 03 516 61 88 (ext. 3), hatachana@013net.net, zo.-do. 10-20, vr. 9-14 uur, za. en feestdagen gesl.

... in Jaffa:

Tourist Office: 2 Marzuk/hoek Azar St., bij de Clock Tower, tel. 03 516 61 88 (ext. 2), zo.-do. 9.30-18.30, vr. 9.30-14, za. 10-16 uur.

Old Jaffa Visitors Center: Kedumin Sq., tel. 03 603 70 00, www.oldjaffa.co.il, za.-do. 9-20 (dec.-feb. 9-17), vr. 9-17 (dec.-feb. 9-15) uur.

Internet:
www.tel-aviv-insider.com en www.white-city.co.il.

Voor homo's: Homoseksuele reizigers vinden alles over *gay life* (hotels, events, cafés, stranden, dating enzovoort) op sites als www.gaytlvguide.com en telavivgayvibe.atraf.com.

Accommodatie

... in Tel Aviv:

Wie gewend is aan vier- en vijfsterrenhotels, moet in Tel Aviv rekening houden met prijzen vanaf US$150. Veel tophotels liggen aan Hayarkon Street, bij het strand.

Prijzig ▶ **Dan Tel Aviv** 1: 99 Hayarkon St., tel. 03 520 25 25, www.danhotels.com. Het beste en duurste hotel van Tel Aviv met moderne, maar enigszins steriele kamers. 2 pk vanaf NIS1700.

Met zeezicht ▶ **Hilton Tel Aviv** 2: Independence Park, tel. 03 520 22 40, www.hilton.com. Een van de tophotels in Tel Aviv; het klassieke Hiltonhotel voor zakenlieden en toeristen. Verfrissend is het zoutwaterzwembad, dat 's winters wordt verwarmd. De sushibar is koosjer. 2 pk vanaf NIS1600.

Boetiekhotel ▶ **Montefiore** 3: 36 Montefiore St., tel. 03 564 61 00, www.hotelmontefiore.co.il. Hotel met een nogal chic en modebewust publiek. Op het kleine terras aan de straatkant kunt u de hele dag ontbijten en anderszins eten. De kamers – donkere vloer, veel zwarte hoogglans – zijn met smaak vormgegeven en ingericht. Het Montefiore, dicht bij Rothschild Boulevard gelegen, noemt zich met recht een authentiek boetiekhotel. Op tijd reserveren. 2 pk vanaf NIS1500.

Suites aan zee ▶ **Isrotel Tower** 4: 78 Hayarkon St., tel. 03 511 36 36, www.isrotel.co.il. Bedoeld voor zakenlieden, maar ook gezinnen weten dit comfortabele hotel in een markant rond gebouw bij de Opera Tower te vinden: de kamerprijs geldt bovendien voor twee volwassenen met twee kinderen. Suite vanaf NIS1400.

Klein maar fijn ▶ **Gordon Hotel** 5: 2 Gordon/Hayarkon St., tel. 03 520 61 00, www.gordontlv.com. Vroeger was het Gordon een backpackersadres met een bar met terras, waarop vaak tot aan de middag werd doorgefeest. Dit is nu verleden tijd. In de schaduw van de hoteltorens aan de Hayarkon Street slepen de gasten in hun gerestylede kamers in plaats van met rugzakken met koffers van Louis Vuitton en ze drinken op het terras en aan de bar een lekkere cocktail. 2 pk vanaf NIS1400.

Centraal en bij het strand ▶ **Renaissance** 6: 121 Hayarkon St., tel. 03 521 55 55, www.marriott.com. Fraaie, maar niet heel grote kamers met balkon; directe toegang tot het openbare strand; veel reisgezelschappen. 2 pk vanaf NIS1250.

Romantisch diner met zeezicht in Jaffa

Voor een lang verblijf ▶ Alexander 7: 3 Habakook St., tel. 03 546 22 22, www.alexander.co.il. Luxueus, modern ingericht hotel met appartementen en suites met eigen keuken. 2 pk vanaf NIS900 .

Voormalige bioscoop ▶ Cinema 8: 1 Zamenhoff St., hoek Dizengoff Sq., tel. 03 520 71 00, www.cinemahotel.com. Dit hotel kreeg zijn naam niet zomaar: in 1939 werd in dit Bauhausgebouw een van de eerste bioscopen van Tel Aviv geopend. Later werd het door de kleinzoon van de eigenaar verbouwd tot hotel waarin het verleden herleeft – bewaard bleven het kaartjesloket, de oude filmprojector en -rollen, vergeelde affiches van Ava Gardner en Humphrey Bogart enzovoort. Op het dakterras kunt u vooral bij zonsondergang van het prachtige panorama op de stad genieten. De kamers zijn niet nostalgisch, maar modern en bovendien stijlvol ingericht. 2 pk vanaf NIS900.

Charmant ▶ Nina Café Hotel 9: 29 Shabazi St., Neve Tzedek, tel. 03 510 52 39, www.ninacafehotel.com. Dit kleine boetiekhotel is wat betreft service niet perfect, maar de studio's en suites zijn zeer aantrekkelijk. Ontbijten doet u in het bijbehorende café op de hoek. Wie voor het Nina kiest, doet dat vooral om midden in de gezellige Shabazi Street in het trendy Neve Tzedek te bivakkeren. Vanaf NIS650.

Gunstige ligging ▶ Metropolitan 10: 11–15 Trumpeldor St., tel. 03 519 27 27, www.hotelmetropolitan.co.il. Het Metropolitan ligt 3 min. lopen van de Opera Tower, 5 min. van het strand, 10 min. van Allenby Street en 15 min. van het Dizengoff Center – goed gelegen dus. Aangename kamers. 2 pk vanaf NIS520.

... in Jaffa:

Overnachten in een historische omgeving ▶ **Beit Immanuel** 11: 8 Auerbach St., tel. 03 682 14 59, www.beitimmanuel.org. Als u liever in Jaffa dan in Tel Aviv verblijft, dan is dit in een historisch pand gehuisveste en gerenoveerde christelijke gastenhuis een goed adres. Het werd in 1884 als Park Hotel geopend door baron Ustinov, de vader van acteur Peter Ustinov, en werd door de Duitse keizer Wilhelm II op diens reis naar de Oriënt bezocht. 2 pk vanaf NIS350.

Voor nostalgische geesten ▶ **Old Jaffa Hostel** 12: 13 Amiad St., tel. 03 682 23 70, www.telaviv-hostel.com. In een zijstraat van de Jaffa Flea Market verblijft u in een historisch Osmaans gebouw dat met veel antiek meubilair is ingericht. Voorkomend personeel; fraaier en voordeliger dan hier kunt u bijna nergens in Israël overnachten. De grootte van de kamers verschilt nogal. 2 pk vanaf NIS350.

Absoluut tophotel ▶ **Ritz Carlton Herzliya** 13: 4 Hashunit St., Herzliya, tel. 09 373 55 55, www.ritzcarlton.com. In de noordelijke voorstad van Tel Aviv Herzliya ligt het eerste Ritz Carlton van Israël aan zee en aan de jachthaven. Het uitzicht van het dakterras met zwembad is prachtig, De prijzen voor de 192 kamers en suites beginnen bij NIS1700.

Eten en drinken

... in Tel Aviv:

Gezien het enorme aantal cafés, restaurants en eetstalletjes met shoarma en falafel zou het merendeel van de inwoners van Tel Aviv overgewicht moet hebben. Maar dat is vreemd genoeg niet het geval. Tientallen eetgelegenheden verdienen het predicaat uitstekend. Drukbezocht zijn al 's ochtends vroeg koffiehuizen als het legendarische **Café Tamar** 1, 57 Shenkin St., tel. 03 685 23 76, zo.-vr. 7-20 uur, en **Café Alkalai** 2, 1 Alkaly/hoek Jashla St. (tegenover het Michael Sobell Hospice), tel. 03 604 12 60, zo.-do. 6.30-1, vr. 8.30-20, za. 8.30-1 uur). Het ligt in de trendy café- en restaurantwijk rond Basel Street. Op houten planken in de gelagkamer staan glazen potten en houten kistjes met bonen van tientallen koffiesoorten.

Alom geprezen ▶ **Mul Yam:** Hangar 24, Tel Aviv Port 15, tel. 03 546 99 20, www.mulyam.com, dag. 12.30-15.30, 19.30-22.30 uur. De wijnkaart is zo mogelijk nog beter dan de voortreffelijke vis en zeevruchten, waarvan de lekkerbekken in Tel Aviv hier graag komen genieten. Het restaurant werd met lof overladen door culinaire critici – en heeft daar tot op heden niet onder geleden. Tot de (niet-koosjere) specialiteiten behoren niet alleen oesters, maar ook diverse kreeftgerechten. U kunt hier ook dineren in vipruimten. Vanaf NIS250.

Sterrenkeuken ▶ **Catit** 3: 57 Nahalat Binyamin, tel. 03 510 70 01, www.catit.co.il, dag. 12-15, 18.30-23 uur. De gerechten van topkok Meir Adonis zijn een feest voor het oog, daarover is iedereen het eens. Maar de geesten scheiden zich over de vraag of zijn gerechten, die Europese, Aziatische en oriëntaalse smaken combineren, tot de beste van Tel Aviv behoren of slechts buitenissige en overgewaardeerde fusionexperimenten op een best hoog niveau zijn. Uitstekende wijnkaart. Vanaf NIDS250.

Lunch en diner van hoge kwaliteit ▶ **Manta Ray** 4: Alma Beach, tel. 03 517 47 73, www.mantaray.co.il, dag. 9-24 uur. De voorgerechten met vis, zoals de tonijn-mangotartaar, smaken hier even goed als de gegrilde scampi en calamari, maar u kunt ook een stevig ontbijt krijgen of 's avonds met een drankje de zon zien ondergaan. Het terras biedt zeezicht in cinemascope. Vanaf NIS140.

Trendy ▶ **Comme il Faut:** Tel Aviv Port 15, tel. 03 544 92 21, zo.-do. 8-23, vr, 8-17, za. 11-23 uur. Op het terras aan zee en in het paviljoen worden mediterrane gerechten geserveerd, uiteenlopend van sandwiches met geitenkaas tot garnalenspiesen. Op de kaart staan ook cocktails met vers fruit en exotische combinaties als wortel-kokos. Het restaurant valt als prêt-à-manger-afdeling onder het gelijknamige label van twee Israëlische ontwerpers, die in deze eetgelegenheid hun mode laten zien. Vanaf NIS140.

Zeer populair ▶ **Bellini** 5: Suzanne Dellal Center, tel. 03 517 84 86, zo.-vr. 12-16, 19-24, za. 12-17, 19.30-24 uur. Als u niet tijdig reserveert, gaan het kalfsvlees met masala en de spaghetti puttanesca aan uw neus voorbij. Vanaf NIS120.

Jemenitisch ▶ Maganda 6: 26 Rabbi Meir St., Yemenite Quarter, tel. 03 517 99 90, zo.-do. 12–24, za. 1 uur na het einde van de sabbat tot 24 uur. Aan de tafels op het dakterras van het oudste restaurant in de Jemenitische Wijk eet u koosjere grillgerechten in Jemenitische stijl. Vanaf NIS100.

Romantisch ▶ Nana Bar 7: 1 Echad Haan St., tel. 03 516 19 15, www.nanabar.co.il, zo.-do. 12–1, vr.-za. 9–1 uur. De onderscheidingen aan de wand maken al duidelijk dat u hier in Neve Tzedek in het meest romantische café van de stad zit. In het gedempte licht kunt u plaatsnemen aan de lange bar of aan tafel om (voornamelijk vlees) te eten en te genieten van de uitgelezen wijnen. Ook de groene binnenplaats is mooi. Vanaf NIS100.

Joodse keuken ▶ Beybele 8: 42 Montefiore St., tel. 03 560 22 28, dag. 12–1 uur. Goede Joodse gerechten. Lekker is bijvoorbeeld de schmaltzharing met uitjes. U eet in een oud woonhuis waar de heerlijk ouderwetse sfeer aanvoelt of u in andere tijden bent beland. Vanaf NIS100.

Hippe bar-bistro ▶ Mizlala 9: 57 Nahalat Binymamin, tel. 03 566 55 05, www.mizlala.co.il, ma.-za. 12–24 uur. Deze chique gelegenheid serveert een slimme Europees-Levantijnse keuken. Hits onder de voorgerechten zijn de artisjokkensalade en de carpaccio van kalfsvlees. Aan de bar mixt men uitstekende cocktails en longdrinks. Businessmenu vanaf NIS70.

Tip: Elafia & Sons

Het Arabisch-Israëlische bedrijf **Said Abu Elafia & Sons** 13, gevestigd op Yefet Street 7 in Jaffa, is een legende. Deze bakkerij, die in 1880 zijn deuren opende, is al sinds jaar en dag een topadres in Tel Aviv, voor pitabroodjes met sesam, pizzabroodjes en *sambusa*, deegkussentjes met paddenstoelen, ei, aardappel en kaas. De zaak is ingesteld op het hongerige uitgaanspubliek van Tel Aviv: hij is 24 uur per dag geopend.

Ontbijten ▶ Benedict 10: 171 Ben Yehuda. St., tel. 03 544 03 45 / 29 Rothschild Blvd., tel. 03 686 86 57, dag, 24 uur geopend. De Israëlische liefde voor het ontbijt kan geen reiziger ontgaan. Benedict geeft een algemeen overzicht: Texaans ontbijt met steak en eieren, Mexicaans boerenontbijt met onder meer chili con carne en guacamole, Engels ontbijt met bacon en eieren – en natuurlijk Israëlisch ontbijt. Vanaf NIS50.

Biologisch en vers ▶ Orna & Ella 11: 33 Shenkin St., tel. 03 525 52 85, zo.-vr. 10–24, za. 11–24 uur. In dit uitstekende vegetarische café-restaurant, dat is ingericht in Bauhausstijl en waar een ongedwongen publiek op afkomt, moet u op zijn minst een keer een kop koffie drinken of een ontbijtje nemen. De klanten staan hier regelmatig tot op straat in de rij voor een van de falafelvariaties, bijvoorbeeld die met koriander, de pastaschotels en de sandwiches. Vanaf NIS40.

Prima voorgerechten ▶ Hummus Ashkara 12: 45 Yerimiyahu St., tel. 03 546 45 47, 24 uur geopend. Ashkara bestaat al ruim dertig jaar en staat bekend als eersteklas adres voor hummus en *foul* (Egyptisch bonengerecht). Vanaf NIS30.

Geliefde zaak ▶ Sonja Getzel Shapira 13: 1 Simta Almonit, tel. 077 526 12 34, zo.-do. 9–1, vr. 8–18, za. 11–1 uur. De tuin achter de gelagkamer is een welig groene oase, helaas met afschuwelijke felgekleurde plastic stoelen, maar schaduwrijk, vanaf 's morgens vroeg een plaats van rust en tot s avonds laat druk bezocht. Op de kaart veel vegetarische gerechten. De naam herinnert aan de vreemde manier waarop het straatje buiten, vertaald Anonieme Straat, aan zijn naam kwam (zie blz. 217). Vanaf NIS20.

... in Jaffa:

Frans ▶ Cordelia 14: 30 Yefet St., tel. 03 518 46 68, dag. 12.30–15.30, 19–24 uur. Chefkok Nir Zook is een beroemdheid: zijn innovatieve kookkunst trekt klandizie naar het nostalgische restaurant in de Oude Stad. Op sommige dagen is dat misschien een tikje te veel eer. Tot het Zookimperium behoren daarnaast de Noa Bistro en de **Jaffa Bar** 23 even verderop. Vanaf NIS150.

Middeleeuwse sfeer ▸ Abrage 15: 6 Kedumim Square, tel. 03 524 44 45, www.abrage.co.il, dag. 9–24 uur. Vooral 's avonds komt de middeleeuwse charme van de rustige ligging van dit restaurant in het pittoreske centrum van Jaffa tot haar recht (maar met het ontbijt en de lunch is de zaak natuurlijk ook al geopend). Tussen historische muren eet u *shakshuka*, pasta, vlees en vis, en drinkt daarbij Aperol of sangria. De bediening is zeer vriendelijk. Vanaf NIS100.

Woonkamersfeer ▸ Puaa 16: 3 Rabi Yohanan, tel. 03 682 38 21, www.puaa.co.il, zo.–vr. 9–1, za. 10–1 uur. Midden op de Jaffa Flea Market kunt u bij Puaa op een sofa uitblazen. Er zijn koffie en kleine gerechten te bestellen. De Puaa Shop aan de overkant, met allerhande snuisterijen, is van dezelfde eigenaar. Vanaf NIS80.

Fantastische Arabische omeletten ▸ Dr. Shakshuka 17: 3 Beit Eshel St., tel. 03 682 28 42, zo.–do. 8–24, vr. 8–14, za. 1 uur na het einde van de sabbat tot 24 uur. Een topattractie in Jaffa – *shakshuka* is de naam van de Arabische omelet met tomaat, peterselie en veel kruiden, die de gasten zich hier aan lange tafels in een Osmaans gebouw goed laten smaken. Tot het aanbod behoren verder ook mezze, couscous, gerechten met lamsvlees, grillgerechten en vele andere lekkernijen. Het drankje van het huis is een heerlijk verfrissende limonade. Vanaf NIS70.

Winkelen

... in Tel Aviv:

De belangrijkste winkelstraten van Tel Aviv zijn **Dizengoff Street**, **Ben Jehuda Street**, met veel winkels van Russische immigranten, **Allenby Street** en **Ibn Gvirol Street**, met de grote **Gan Ha'ir Mall**. Andere grote winkelcentra zijn de **Azrieli Mall**, 132 Menachem Begin St., www.azrieli-malls.co.il, en de **Canyon Mall**, Ramat Aviv, 40 Einstein St. Aan **Mercaz Ba'alei Melacha Street** en **Sheinkin Street** liggen designwinkels en ateliers van zowel jongen nieuwkomers als gevestigde modeontwerpers. Een vergelijkbaar aanbod vindt u in de trendy **Shabazi Street** in de wijk Neveh Tzedek. Bij **Hangar 11**, Tel Aviv Port, tel. 03 602 08 82, wordt iedere zaterdag een bonte **vlooienmarkt** gehouden.

Oosterse sieraden ▸ Ayala Bar 1: 36 Shabazi St., tel. 03 510 00 82, www.ayalabar.com, zo.–do. 10.30–17, vr. 10.30–16 uur. Oorbellen, colliers en kettingen, armbanden en ringen met oriëntaalse vormen en felle kleuren – daarmee vergaarde de Israëlische ontwerpster Ayala Bar wereldfaam. In deze winkels verkoopt ze niet alleen haar bijzondere sieraden van bijvoorbeeld zilver, kristal of parels, maar ook haar stoffen.

Boeken ▸ Tower Book Store 2: Opera Tower Shopping Mall, 1 Allenby St., tel. 03 517 40 44. Modern en goed gesorteerd; ruime keus aan Engelstalige boeken.

Levendige rommelmarkt en meer ▸ Carmel Market (Bezalel Market) 3: Carmel Street. Rommel-, groente-, vis- en vleesmarkt tegelijk (zie blz. 214).

Historische foto's van Tel Aviv ▸ Pri-Or Photohouse 4: 5 Tschernikovski St., tel. 03 35 17 79 16, www.pri-or.com, zo.–do. 9–18, vr. 9–14 uur. Details: zie Thema blz. 72.

... in Jaffa:

In Jaffa hebben zich extreem veel kunstenaars en ambachtslieden gevestigd. Het beste vertrekpunt voor een wandeling langs de galeries is **Kedumim Square**.

Uitgaan

... in Tel Aviv:

Tel Aviv kent een bruisend nachtleven, dat bijna nergens voor 23 uur begint. De belangrijkste uitgaansdagen zijn do., vr. en za. In de **Old Port** (zie blz. 215) wemelt het van de cafés en restaurants.

Clubs ▸ Een van de topclubs is momenteel **The Block 1**, do.–zo. 23 uur–'s morgens, 157 Salame St., tel. 03 537 80 02, www.block-club.com. Uit de hele wereld komen dj's af op deze club. In de wijk Florentine gaat het op twee dansvloeren los in **Comfort 13 2**, 13 Comfort St., tel. 054 773 72 37, dag. 23 uur–'s morgens, met verschillende bars, feesten kan altijd, trance is er op vrijdag. Als undergroundtempel voor techno ligt tegenover het Dizengoff Center de **Maxim 3**, 48 King George St., tel. 052 624 24 54, www.maximclub.co.il, dag.

vanaf 23 uur. Voor alle clubs geldt: strenge portiers! Stel u in op lange rijen voor de ingang.

De populairste nachtclub ▶ Haoman 17 4: 88 Abarbanel St., tel. 03 681 07 86, dag. vanaf 24 uur, NIS 100. Een van de vestigingen van de succesvolle megaclub in Jeruzalem, met vijf bars en dansvloeren voor een 2500-koppig publiek. Met gastoptredens van dj's uit de hele wereld.

Populaire danstempel ▶ TLV Club 5: Old Port, tel. 03 56 10 22, ma., vr. en za. vanaf 24 uur, NIS100. Een van de populairste nachtclubs van de stad heeft de internationale luchthavencode voor Tel Aviv als naam gekozen. Soms livemuziek, vaak speciale avonden voor homo's, lesbo's en swingers. De rijen voor de ingang zijn vaak erg lang.

Alleen de allerbeste dragshows ▶ Evita Barbarim 6: 31 Yavne St., tel. 03 566 95 59, www.evita.co.il, dag. vanaf 22 uur. Deze homobar, de eerste in zijn soort, is een instituut en staat bekend om zijn themaparty's als de Saturday Night Extravaganza met dragqueen Ziona Patriot, grand-prixsongs en karaoke.

Brouwerij ▶ Tel Aviv Brewhouse 7: 11 Rothschild Blvd., tel. 03 516 85 55, dag. vanaf 19 uur. Blondelight, Moonshine, Quantum en Masters zijn de namen van de ter plaatse gebrouwen biersoorten. Als het u zwaar valt om de tijd van de wandklok af te lezen, ligt dat niet aan het alcoholpromillage in uw bloed – het kunstwerk geeft het verstrijken van de tijd aan, maar niet de exacte tijd.

Jazz voor iedereen ▶ Shablul Jazz Club 8: Hangar 13, Tel Aviv Port, tel. 03 546 18 91, www.shabluljazz.com. Bijna dagelijks livejazz op topniveau.

Drinken en dansen ▶ Erlich 9: Tel Aviv Port, tel. 03 546 67 28. In de schemerige Erlich wordt het pas laat druk. Aan de ronde bars en op de dansvloer kunt u op zeer ongedwongen wijze nieuwe mensen leren kennen, dat wil zeggen, als u langs de merkwaardige portiers weet te komen. Voor de kleine trek bestelt u bij een drankje tapas met vlees of garnalen.

Cocktails ▶ Mish Mish 10: 17 Lilenblum St., tel. 03 516 81 78. Deze cocktailbar is prijzig, maar altijd drukbezocht.

Megabar ▶ Whisky a Gogo 11: 3 Hataarucha St., Old Port, tel. 03 544 06 33. Vestiging van de gelijknamige dans- en drinkgelegenheid aan de Sunset Strip in Hollywood. De enorme bar beslaat enkele verdiepingen, met op elke etage andere muziek. De zaak sluit pas als de laatste gast weg is. Toplocatie voor nachtbrakers, maar zeer strenge uitsmijters.

Goede livemuziek ▶ Jah Pan Club 12: 11 Comfort St., Florentine, tel. 03 681 48 27, dag. 22–4 uur. Aangename club met goede dj's en livemuziek: jazz, techno en reggae.

Tot je erbij neervalt ▶ M.A.S.H. 13: 277 Dizengoff St., tel. 03 605 10 07, za.–do. 11 uur–laatste gast, vr. vanaf 20 uur, www.mash.co.il. Al ruim 25 jaar noemt deze pub zich een sportcafé, waarbij met sport wordt bedoeld: zuipen tot je erbij neervalt. De naam is dan ook geen verwijzing naar de bekende tv-serie, maar betekent: *More Alcohol Served Here*. Er staan ook biljarttafels en u kunt er darten.

Musicals, opera en concerten ▶ Bronfman Auditorium (voorheen Mann Auditorium) 7: Huberman St., tel. 03 621 17 77 en 17 00 70 70 30 (gratis), www.hatarbut.co.il. Podium voor opera, musicals en klassieke, pop- en rockconcerten.

Nationaal theater ▶ Habima Theater 14: 2 Tarsat Blvd., tel. 03 629 55 55, www.habima.co.il. Do. voorstellingen met vertaling in het Engels.

Dans ▶ Suzanne Dellal Centre for Dance and Theatre 15: 6 Yehieli St., Neve Tzedekcomplex, tel. 03 510 56 56, www.suzannedellal.org.il. Een opvoering van *Carmen* of een tangofestival – het programma staat altijd garant voor verrassingen en een geslaagde avond. In de herfst wordt hier het internationale Suzanne Dellaldansconcours gehouden.

Ballet ▶ Israel Ballet 16: 4 Har Nevo St., tel. 03 604 66 10, www.iballet.co.il. Klassiek ballet voert hier de boventoon.

Opera ▶ Performing Arts Center 17: 19 Shaul Hamelech St., hoek Leonardo da Vinci St., tel. 03 692 77 33/77, www.israel-opera.co.il. De in 1985 opgerichte New Israeli Opera heeft hier zijn thuishaven.

Openluchttheater ▶ Wohl Amphitheatre 18: Hayarkon Park, Yehoshua Gardens, tel. 03 642

28 28. Theatervoorstellingen en muziek, uiteenlopend van klassiek tot avant-gardistisch, in de openlucht.

Klassieke concerten ▶ Felicja Blumental Music Center and Library 19: 26 Bialik St., tel. 03 620 11 85, www.fbmc.co.il. Regelmatig uitvoeringen van klassieke muziek.

Musicals en nog veel meer ▶ Cameri 20: 30 Leonardo da Vinci St., tel. 03 606 19 00, www.cameri.co.il. Theater, experimentele voorstellingen en musicals in het Hebreeuws, maar met Engelse vertaling.

Bioscoop ▶ Cinemathèque 21: 2 Sprintzak St., tel. 03 606 08 00, www.cinema.co.il. Filmhuis, waar elk jaar een documentairefestival (zie rechterkolom) en thema-avonden voor cinefielen worden georganiseerd.

Pop en folk ▶ Tzavta Theater 22: 30 Ibn Gvirol St., tel. 03 695 01 56, www.tzavta.co.il. Israëlische pop en folk – nu eens conventioneel, dan weer experimenteel.

... in Jaffa:

Cocktails in de kruisvaarderssfeer van een middeleeuwse stad – met dit concept heeft Jaffa een vaste plaats in het verre van beperkte nachtleven van Tel Aviv veroverd. Tijdens een wandeling door de oude straatjes stuit u telkens weer op cafés, bars en kroegen.

Bar met flair ▶ Jaffa Bar 23: 30 Yefet St., tel. 052 550 59 39, dag. vanaf 20 uur. De toog in dit café is werkelijk kolossaal. Wie de muziek te hard vindt om ontspannen een glas te drinken, kan buiten voor de deur onder de oude gewelven wat eten en drinken. Op loopafstand liggen de aanbevolen restaurants Noa Bistro en Cordelia 14. Vanaf NIS90.

Goede wijn ▶ Yoezar Wine Bar 24: Yefet St., tegenover de Clock Tower, tel. 03 683 91 15, dag. 13–1 uur. Goede sortering geïmporteerde en Israëlische wijnen en sterkedranken. In een oud kruisvaardersgewelf komen hier op de Franse keuken geïnspireerde gerechten op tafel (vanaf NIS100).

Performances ▶ Mayumana 25: 15 Louis Pasteur St., tel. 03 681 17 87, www.mayumana.com. Do.–za. vaak bijzondere muziekavonden en spectaculaire optredens in deze zaal aan zee (kaartjes NIS159).

Opmerkelijk ▶ The Arab-Hebrew Theatre 26: 10 Mifratz Shlomo St., tel. 03 681 55 54, www.arab-hebrew-theatre.org.il. Hier spelen een Joodse en een Arabische theatergroep, die de ene keer afzonderlijk en de andere keer samen stukken opvoeren, en vaak werden bejubeld.

Concerten ▶ Amfitheater in het HaPisgahpark 27: Gelegen boven de Kedumim Sq. In juli/aug. regelmatig sfeervolle zomeravondconcerten.

Actief

... in Tel Aviv:

Fietsverhuur ▶ Bicycle in the Park 1: Yarkon Park, tel. 03 642 05 41. Fietsen zijn in Tel Aviv te huur bij de volgende bedrijven: Shuli and Mike Bikes, 280 Dizengoff St., tel. 03 544 33 92; O-Fun, 245 Dizengoff St., hoek Nordau Ave., tel. 03 544 22 92; Cycle in the City, Neve Tzedek, tel. 052 870 87 76.

Wellness ▶ Spa Mul HaYam 2: Suzanne Dellal Center, 7 Yehieli St., tel. 03 510 98 76, www.myspa.co.il. Ayurveda, thalassotherapieën en massages (Zweeds en Thais) met uitzicht op zee (vanaf NIS250).

Agenda

... in Tel Aviv:

Een goed overzicht van alle culturele evenementen in Tel Aviv treft u aan in de Engelstalige dagbladen en het maandelijkse tijdschrift **Go Tel Aviv**, waarin bovendien de adressen van de diverse locaties, restaurants, galeries en winkels worden vermeld.

Fresh Paint (wisselende data, www.freshpaint.co.il): Deze zeer succesvolle commerciële kunst- en designbeurs laat werk zien van hedendaagse Israëlische kunstenaars in wisselende expositieruimtes in de agglomeratie Tel Aviv.

Tel Aviv International Documentary Festival (mrt./apr., www.docaviv.co.il): Het Internationale Documentairefestival van Tel Aviv wordt ieder jaar georganiseerd door de Cinemathèque.

Halve marathon (mrt./apr., www.marathonisrael.co.il): Hardlopers uit de hele wereld rennen om het hardst door Tel Aviv.

Tel Aviv Gay Pride Parade (juni, www.gaytlvguide.com): Tel Aviv is – en laat zich daar officieel op voorstaan – de homohoofdstad van Israël. Sinds eind jaren 1990 wordt deze parade steeds populairder: er komen inmiddels tienduizenden bezoekers uit binnen- en buitenland op af.

Vervoer

Vliegtuig: Ben Gurion International Airport, tel. 03 975 55 55, www.iaa.gov.il/rashat/en-us/airports/bengurion, ligt ca. 25 km ten oosten van het centrum aan de snelweg naar Jeruzalem. De binnenlandse luchtvaartmaatschappij Arkia, Sde Dov Airport, tel. 03 690 37 12, www.arkia.co.il, vliegt dagelijks, behalve op zaterdag, naar Jeruzalem, Haifa, Rosh Pinna en Eilat. De taxirit van de luchthaven naar het centrum duurt ongeveer een halfuur (vaste prijs NIS250), iets langer met de sheruttaxi (ca. NIS60). Voordeliger is de Airport Shuttle Service, die om de 45 min. naar het centrum rijdt (zo.–do. 4–24, vr. 4–18.45, za. 12–24 uur). Bus 222 van United Tours, tel. 03 691 62 56 en 03 616 26 56, www.unitedtours.co.il, stopt bij de hotels aan de promenade, op Allenby Road, bij de jeugdherberg en bij het station.

Trein: Van Tel Aviv Savidor Central Railway Station, tel. 03 577 40 00, 03 693 75 15, www.rail.co.il, rijden ieder uur treinen langs de kust naar het zuiden, het noorden, naar Jeruzalem en de Negevwoestijn (Tel Aviv–Hadera–Netanya–Haifa–Akko–Nahariya, Tel Aviv–Jeruzalem, Tel Aviv–Ashdod–Ashkelon, Tel Aviv–Be'er Sheva).

Bus: Egged Bus, tel. 03 694 88 88, www.egged.co.il, vervoert passagiers van het Central Bus Station, tel. 03 638 41 06, naar alle delen van het land, bijvoorbeeld naar Jeruzalem (om de 10 min.), Haifa, Be'er Sheva (om het uur) en Eilat (4 x per dag). Naar alle andere Israëlische steden rijden diverse keren per dag bussen.

Huurauto: De meeste internationale autoverhuurmaatschappijen zijn gevestigd aan Hayarkon Street, ter hoogte van de grote hotels aan het strand, bijvoorbeeld Avis, 113 Hayarkon St., tel. 03 527 17 52, www.avis.co.il, Eldan, 114 Hayarkon St., tel. 03 527 11 66, www.eldan.co.il, Hertz, 144 Hayarkon St., tel. 03 522 33 32, www.hertz.co.il en Sixt, 28 Hamasger, tel. 03 561 20 50, www.sixt.co.il. Wie langer in Israël blijft en slechts af en toe een auto nodig heeft, kan zich tegen een eenmalige betaling van NIS145 inschrijven bij www.car2go.co.il, tel. 1700 706 700.

Vervoer in de stad

Fiets: Verspreid over Tel Aviv en Jaffa ligt een groot aantal verhuurstations (Tel-O-Fun rental stations) met in totaal meer dan 2000 fietsen, te herkennen aan hun felgroene kleur. U moet zich van tevoren met een creditcard voor NIS14–29 per dag of NIS60 per week registreren op www.tel.-o-fun.co.il. U betaalt verder een huurprijs van bijvoorbeeld NIS150 voor 4,5 uur; waarbij de eerste 30 min. zijn inbegrepen bij de inschrijvingskosten. Bij elk van de 150 fietsstations kunt u dan het u toegekende fietsnummer opgeven.

Scooter: Motògo, tel. 03 681 17 17, 109 Hayarkon St., tussen Frishman Street en Mapu Street, www.motogo.co.il. Vespa's en andere scooters zijn afhankelijk van de gewenste tijdsduur te huur vanaf NIS140 per dag.

Bus: Het busvervoer in Tel Aviv is uitstekend geregeld. Van 5.30–24 uur rijden er bussen van Dan Bus Lines, tel. 03 639 44 44, met tussenpozen van enkele minuten. Op sabbat (van een uur ervoor tot het einde) rijden er geen bussen. Tussen Tel Aviv en Jaffa rijden diverse bussen; alleen 's nachts bent u op een taxi aangewezen.

Taxi: Een taxirit kost NIS30–80, afhankelijk van de gewenste afstand. Bij alle ritten moet u erop staan dat de meter wordt aangezet. Grote taximaatschappijen zijn Kastel, tel. 03 699 33 22, Ichilov, tel. 03 696 70 70, en Hashekem, tel. 03 527 04 04. Rolstoelgebruikers kunnen via tel. 050 638 12 55 en 050 836 82 00 een aangepaste taxi bestellen.

Sheruttaxi: Deeltaxi's rijden van Salomon Street en op za. van Moshavot Square naar de voorsteden van Tel Aviv en naar Jeruzalem en Haifa. Sherutttaxi's naar de Gazastrook hebben hun standplaats in de Yefet Street in Jaffa (vanuit Tel Aviv te bereiken met Dan Bus lijn 10 vanaf Allenby Road).

De kust tussen Tel Aviv en Ashkelon

De bezienswaardigheden in de kustregio ten zuiden van Tel Aviv zijn niet al te spectaculair. Maar reizigers ervaren hier wel het ware Israël: plaatsen met een lange geschiedenis, beeldschone stranden – en in het uiterste zuiden de grenspost Erez, waar u, als de politieke situatie het toestaat, de oversteek naar de Gazastrook kunt maken.

Van Tel Aviv is het nog geen 75 km naar de Gazastrook. U rijdt over een vruchtbare kustvlakte, die zich ongeveer 40 km landinwaarts uitstrekt. Langs de weg staan eucalyptusbomen en tussen de tarwevelden bloeien wilde orchideeën. Dieper in het binnenland, waar de bodem droger en zandiger wordt, groeien cactussen. Dennenbossen bedekken het glooiende heuvellandschap en stranden met fijn zand nodigen uit tot een wandeling. 's Zomers kunt u hier op veel plaatsen zwemmen.

Van Tel Aviv naar Qiryat Gat ▶ 7, C 1–C 4

Lod

Ca. 22 km ten zuidoosten van Tel Aviv, bereikbaar via Route 1 en Route 434, ligt **Lod**. Een groot aantal van de 77.000 inwoners van deze stad komt uit Rusland en werkt op de nabije luchthaven Ben Gurion of het grootste spoorwegknooppunt van Israël.

De plaats die ooit op de huidige locatie van Lod lag, het antieke Lydda, werd bestuurd door de Kanaänieten. Na de Egyptische en Benjaminitische bezetting werd de stad in de 8e eeuw v.Chr. door de Assyriërs verwoest en pas na de Babylonische ballingschap opnieuw opgebouwd. Volgens het Nieuwe Testament werd Lod bezocht door Petrus. De Romeinen deden de plaats tot een economisch centrum uitgroeien. Na de zege van de islam in de 7e eeuw werd Lod Arabisch en bleef dat tot de Onafhankelijkheidsoorlog in 1948.

Twee bezienswaardigheden in de stad zijn een bezoek waard. De **St.-Joriskerk** in het centrum werd gebouwd op het graf van deze heilige, die als christelijk martelaar gold, maar wiens bestaan tot op heden omstreden is. Volgens een legende zou de heilige Joris, officier in het Romeinse leger, hebben geweigerd om na zijn kerstening nieuwe offers te brengen aan keizer Diocletianus, die het christendom in 303 verbood. Reden genoeg voor de Romeinse heerser om Joris op gruwelijke wijze te doden. Kort nadat hij in zijn geboortestad Lod was bijgezet, begonnen er verhalen over hem de ronde te doen, waarin hij als moedige strijder tegen het kwaad werd afgeschilderd, bijvoorbeeld in de legende van de drakendoder. Op deze plaats in Lod werden veel kerken gebouwd en verwoest, waarna de kruisvaarders hier voor hun patroonheilige een drieschepige basiliek oprichtten. Deze was grotendeels in verval geraakt toen de Grieks-orthodoxe gemeenschap in 1874 de huidige kerk liet bouwen, waarvoor delen van een Byzantijns godshuis en de kruisvaarderskerk werden gebruikt. Het portaal is voorzien van een reliëf van de heilige als drakendoder. Een trap leidt naar de crypte met de lege sarcofaag van de heilige. Naast het gebedshuis staat de **El Khadrmoskee**, die opvalt door de witte minaret, die een jaar na de aardbeving van 1927 werd opgericht.

Via het industriegebied van Lod bereikt u de Mammelukse **Baibarsbrug** (1273) over de Ajalon. Op door leeuwen geflankeerde stenen tafelen aan beide oevers is de naam Baibar te lezen: de bouwer van de brug.

actief

Bijbelpark Neot Kedumim

Informatie

Begin: Ingang Bijbelpark Neot Kedumim
Lengte: Wandelroutes van 2,5 tot 5 km
Duur: Minimaal een halve dag
Belangrijk: Reserveren van begeleide wandelingen: tel. 08 977 07 77, www.neot-kedumim.org.il, zo.–do. 8.30–16, vr. 8.30–13 uur, NIS25. De Trails A, B en C gaan over geplaveide paden en zijn begaanbaar met kinderwagens en rolstoelen. Voor Trail D is stevig schoeisel vereist.

Langs Route 443 ligt richting Jeruzalem op ongeveer 25 minuten rijden van Lod het **Bijbelpark Neot Kedumim** (200 ha), dat gewijd is aan de flora en fauna uit Bijbelse tijden. De eigenaar van het park, Nogah Hareuvni, reisde door Israël, Jordanië en Libanon en verzamelde alle planten die hij na intensieve Bijbelstudie kon identificeren.

In het park kunt u tussen de dadelpalmen en amandelbomen over vier natuurleerpaden (Trail A–D) wandelen, waarop u meer te weten kunt komen over de geschiedenis van het Heilige Land en onderweg dieren als schapen, kamelen en runderen te zien krijgt. Palm- en olijfgaarden omzomen een aan de hand van het Bijbelboek Deuteronomium kunstmatig aangelegde rivier. Tijdens de wandeling over de witgemarkeerde Trail A (lengte: 2,5 km, duur: ca. 2,5 uur) komt u langs een oude wijnpers, thermen, cisternen en resten van een Byzantijns dorp.

Trail B, de met blauw aangegeven 2,4 km lange route, is binnen ca. 2,5 uur af te leggen. Op deze wandelroute komt u te weten hoe in het Bijbelse verleden graan, olijven en wijn werden verbouwd en verwerkt, en hoe parfum en wierook werden gewonnen.

De groene Trail C (lengte: 2,4 km, duur: ca. 2,5 uur) is een thematische rondwandeling door het Land van Melk en Honing; op deze route komt u reconstructies van waterraderen en olijfpersen tegen.

De 5 km lange en in ca. 3,5 uur af te leggen gele Trail D voert beslist door het mooiste landschap. De wandeling gaat over heuvels, langs dadelpalmen, wijngaarden en vestingtorens.

Voor de versterking van de inwendige mens worden maaltijden aangeboden, zoals ook Abraham, Isaak en Moses die tot zich namen: plat brood, olijven, dadels, schapenkaas, wijn – alles zelfgemaakt. Belangstellenden wordt bovendien de mogelijkheid geboden om zelf brood te bakken of vijgensap en kaas te maken. In het Bijbelpark is genoeg te doen om er een hele dag door te brengen.

Ramla

Ramla (ca. 64.000 inwoners), de zusterstad van Lod, is de enige nederzetting die door moslims werd gesticht tijdens de islamitische overheersing van Palestina. De stad werd in de 8e eeuw gebouwd door kalief Sulayman ter vervanging van de verwoeste stad Lod, die op een strategische plaats op de route tussen Syrië en Egypte en aan de weg tussen Jaffa en Jeruzalem lag. Na de Onafhankelijkheidsoorlog van 1948–1949 werden de Arabische inwoners verdreven en werd de stad bevolkt door Joodse immigranten. Het symbool van Ramla is de in 1318 voltooide, 30 m hoge **Witte Toren** van de Mamelukse heerser Baibar, die oorspronkelijk niet alleen als minaret, maar ook als wachttoren fungeerde. De inwoners van Ramla noemen hem ook wel de Toren van Veertig, omdat rondom veertig martelaars zouden zijn begraven. Boogvensters, die bij traditionele minaretten ongebruikelijk waren, doorbreken de pompeuze uitstraling van de bijna vierkante toren. Direct ernaast staat de deels verwoeste **Witte Moskee**, met onder de binnenplaats drie cisternen, die te bekijken zijn (Herzl St., hoek Herzog St., zo.–vr. 8–14.30, za.

8–15 uur, NIS7; neem voor de bezichtiging van de cisternen een zaklamp mee). De **Grote Moskee** aan het marktplein werd door de kruisvaarders gebouwd en als kerk aan de Heilige Johannes gewijd. De voormalige kerktoren werd vervangen door een minaret.

Rishon Le Zion

Een paar kilometer noordwestelijker ligt **Rishon Le Zion** (Eerste voor Zion), de op drie na grootste stad van het land. Hij werd door immigranten gebouwd in 1882, het jaar waarin hier ook het Israëlische volkslied werd geschreven. De stad telt 150.000 inwoners en heeft zich met financiële steun van baron Edmond de Rothschild tot een belangrijke producent van Karmelwijnen ontwikkeld. De **Carmel Winery** ligt links aan de naar Ashdod lopende Herzl Street (reserveren via tel. 03 639 17 88, www.carmelwines.co.il).

Het kleine **museum** aan de Ahad Ha'Am Street documenteert de geschiedenis van de kolonisten Zalman Levontin en Joseph Feinberg, die met geleend geld 12 ha land kochten, maar daarvan nauwelijks konden leven – tot baron Rothschild, die de pioniers wilde steunen, in 1883 geld en landbouwdeskundigen stuurde en zo de opmaat gaf voor de welvaart in de stad. In het museum zijn talrijke foto's uit de begintijd en een reconstructie van een handwerkersstraat te zien. Ook kunt u deelnemen aan korte stadsrondleidingen naar nabijgelegen huizen uit de vroegste geschiedenis van de stad en de Grote Synagoge uit 1885, die 'vermomd' als pakhuis werd opgericht omdat het Turkse stadsbestuur de bouw van een godshuis niet toestond. Breng ook een kort bezoek aan het **Rishon Le Zion Museum**, gewijd aan de eerste immigrantengolf eind 19e eeuw. Documenten en foto's geven een beeld van het dagelijks bestaan van de pioniers (Ahad Haam St., tel. 03 959 88 62, zo.-do. 9–14, vt. 9–13 uur, NIS10).

Rehovot

Door een vruchtbaar gebied loopt Route 412 zuidoostwaarts naar **Rehovot**. In deze plaats uit 1890 vindt u het wereldberoemde **Weizmann Institute**, genoemd naar de eerste president van Israël, Chaim Weizmann, die professor in de biochemie was en deze particuliere hogeschool voor natuurwetenschappen in 1934 oprichtte. Het instituut is herkenbaar aan zijn witte toren, met rondom een soort wenteltrap. Midden in de toren staat loodrecht een deeltjesversneller, die op veel foto's van toeristen op de achtergrond is te zien. Het instituut geldt als een van de belangrijkste opleidingen voor jonge natuurwetenschappers in Israël. Er wordt veel belang gehecht aan het onderzoek naar alternatieve energiebronnen. In het Wix Auditorium en het nieuwe Visitors Center wordt de belangrijke rol van Weizmann als zionist gedocumenteerd (Hanasi Harishon St., tel. 08 934 21 11, www.weizmann.ac.il, zo.-do. 9–16 uur, NIS30).

Vanhier loopt u in tien minuten naar Herzl Street, waar Weizmanns huis (architect was de voor de nazi's gevluchte Erich Mendelsohn) en tuin zijn te bezichtigen. Hier ligt de grote staatsman (1874–1952) naast zijn vrouw Vera begraven. De tuin is zeer fraai en nodigt uit tot een rustpauze (NIS20).

Kibboets Givat Brenner en kibboets Hafez Hayyim

Volg nu Route 40 en de borden richting Be'er Sheva. Na een paar kilometer ziet u aan uw rechterhand de **kibboets Givat Brenner**, de grootste van Israël (www.givat-brenner.co.il).

Na het schilderachtige plaatsje **Gedara** komt u bij de religieuze **kibboets Hafez Hayyim**, waar verpakte koosjere levensmiddelen worden geproduceerd, die verkrijgbaar zijn in de supermarkt. Het bijbehorende gastenhuis met zwembad is een aanrader (zie blz. 234) en het waterpark voor kinderen is prachtig. Aan beide kanten van de door eucalyptusbomen omzoomde weg strekken zich velden uit. Via enkele nederzettingen bereikt u de volgende grote plaats, Qiryat Gat.

Qiryat Gat en omgeving

Het industriestadje **Qiryat Gat** dankt zijn naam aan het Bijbelse Gat, een van de belangrijkste steden van de Filistijnen en de geboorteplaats van de reus Goliat, die door David werd gedood. De enige bezienswaardigheid zijn de **Hazangrotten**, door de Joden tijdens de Bar-Kochbaopstand in het kalksteen gegraven tunnels, die dienstdeden als schuilplaats. Om de grotten op het opgravingsterrein Tel Erani te bereiken, volgt u de weg die bij de begraafplaats begint.

Van Qiryat Gat kunt u eerst over Route 35 en later over Route 3415 een prachtig uitstapje naar het gebied ten zuidoosten van de plaats maken. Door een met dennen begroeid heuvellandschap, het zogenoemde **Engelenwoud** (HaMalachim Forest), bereikt u de **kibboets Lakhish**. Deze dankt zijn bekendheid aan de brieven van Lakhish, beschreven potscherven die hier in 1935 op een grote begraafplaats uit de oudheid werden aangetroffen. De tekstfragmenten beschrijven het oprukken van de Babyloniërs in 587 v.Chr. en de onherroepelijke val van de destijds machtige plaats. Qiryat Gat werd verwoest door het leger van Nebukadnessar II, voordat dit Jeruzalem innam en de Eerste Tempel met de grond gelijk maakte. De bezichtiging is weinig opwindend. Het beperkte aantal ruïnes is door gras overwoekerd en van nieuwe opgravingen is hier al geruime tijd geen sprake.

Terug op de Route 35 rijdt u door het Engelenwoud verder naar het oostelijker gelegen Beit Govrin National Park (zie blz. 236).

Accommodatie

Prettige sfeer ▶ Gastenhuis in de kibboets Hafetz Hayim: Tel. 08 859 38 88, 99, www.hafetz-hayim.co.il. Kibboets uit 1937 met zestig airconditioned kamers. 2 pk vanaf NIS260.

Vervoer

Trein: Qiryat Gat ligt op het traject Tel Aviv–Be'er Sheva (er gaat om het uur een trein).

Ashkelon ▶ 7, B 4

Route 35 loopt van Qiryat Gat direct westwaarts naar **Ashkelon**. Deze stad aan de Middellandse Zee met ca. 110.000 inwoners is een snelgroeiend regionaal centrum, waar veel Noord-Afrikaanse immigranten zijn neergestreken. Ashkelon is een belangrijke pijler van de Israëlische economie: hier ligt het noordelijke uiteinde van de Trans Israel Pipeline (kortweg Tipline), die naar Eilat aan de Rode Zee loopt en vandaar ooit Iraanse olie naar Europa transporteerde. Tegenwoordig wordt de pijpleiding in de tegenovergestelde richting gebruikt. Russische tankers vervoeren ruwe olie naar Ashkelon en pompen die naar Eilat, waar de olie weer in tankers stroomt en over de zee naar Azië wordt getransporteerd. Zo wordt de duurdere en langere route door het Suezkanaal vermeden. Zeker zo belangrijk voor de Israëlische economie is de in 2005 in bedrijf genomen zeewaterontziltingsinstallatie, een van de grootste ter wereld, die dagelijks ruim 300.000 m^3 drinkwater produceert. Bovendien behoort Ashkelon tot de populairste Israëlische vakantiebestemmingen. De vakantieganger wordt hier verwend met zandstranden, eindeloos veel watersportmogelijkheden, voortreffelijke restaurants, nachtclubs en een van de grootste jachthavens van Israël, met aanlegplaatsen voor 600 jachten.

Op het eerste gezicht lijkt Ashkelon kleiner dan het is, maar de voorsteden strekken zich uit over een groot gebied langs de kust. Het hart van de stad wordt gevormd door de oude Arabische nederzetting Migdal in de buurt van het centrale busstation.

Geschiedenis

Ashkelon behoort met zijn 6000-jarige geschiedenis tot de oudste bewoonde plaatsen van de wereld. De stad was lang in het bezit van de farao's. Vanaf de 12e eeuw v.Chr. maakte hij deel uit van het rijk van de Filistijnen, als havenstad en centrum van het maatschappelijke en culturele leven. Toen de Filistijnen de Israëlische koning Saul vermoordden, sprak David woedend: '... roep het niet rond in Ashkelon; laat niet de Filistijnse vrouwen zich verheugen, de dochters van die onbesnedenen niet juichen' (2 Samuel 1:20). Na de heerschappij van de Filistijnen ontwikkelde Ashkelon zich in de 4e eeuw v.Chr. onder Alexander de Grote tot een bolwerk van hellenistische cultuur. Dit bleef zo tot de stad tijdens de kruistochten in de 13e eeuw door moslims werd verwoest. De moderne wijk Afridar werd in 1951 door Afrikaanse immigranten aangelegd rond de destijds door het leger ontruimde Arabische plaats Migdal, in de Onafhankelijkheidsoorlog bij Israël ingelijfd.

Bezienswaardigheden

In het centrum ligt bij de klokkentoren het **openluchtmuseum Afridar Quarter**, waar twee Romeinse sarcofagen met voorstellingen uit de Griekse onderwereld zijn te zien: Hermes, de bode van de goden, Cerberus, de driekoppige hond die de onderwereld bewaakten, en Persephone, godin van de onderwereld en echtgenote van Hades, die haar slechts acht maanden per jaar toegang gaf tot de bovenwereld (zo.-vr. 9–14 uur, toegang gratis).

Op een wandeling van vijf minuten ligt ten noordwesten van het centrum de wijk Barnea, met op het terrein van een verwoeste **Byzantijnse kerk** een fraai behouden 6e-eeuws vloermozaïek van 11 x 6 m met geometrische patronen (dag. 8–18 uur, toegang gratis).

In **Ashkelon National Park**, ten zuiden van Afridar Beach, ligt op een bebost picknickterrein de ruïne van de in 1270 verwoeste kruisvaardersburcht van Richard Leeuwenhart. Bij opgravingen is hier een Kanaänitische nederzetting gevonden die volgens archeologen minstens 6000 jaar oud is (tel. 08 673 64 44, apr.-sept. 8–17, okt.-mrt. 8–16 uur, NIS23).

Fraaie en populaire stranden zijn **Delilah Beach**, **Barnea Beach** en **North Beach**, met een naturistengedeelte.

Informatie

Tourist Information: Municipality of Ashkelon, tel. 08 673 24 12, www.ashkelon.muni.il.

Accommodatie

In Ashkelon zijn ca. 12.000 hotelbedden beschikbaar. Aan North Beach en South Beach in Barnea en Marina zijn meer hotels gepland.

Ook voor de kleintjes ▶ Dan Gardens: 56 Rehov Hatayassim, tel. 08 677 17 77, www.danhotels.com. Dit hotel met een grote tuin is zeer geschikt voor gezinnen, want de kamers zijn groot genoeg voor een echtpaar met kinderen. De kleintjes kunnen zich vermaken in Magic World, een 1000 m² grote speeltuin. 2 pk vanaf NIS1200.

Met zeezicht ▶ Holiday Inn: 9 Yekutiel Adam St., tel. 08 674 88 88, 03 539 08 08, www.crowneplaza.com. Comfortabele kamers (alle met zicht op zee), spa, groot zwembad, tuin en mooie restaurants – prima accommodatie in een gebouw met een bijzondere architectuur. 2 pk vanaf NIS1000.

Gezinsaccommodatie ▶ Hamelech Saul: 28 Harakefet St., tel. 07 673 41 24-8. Aardig gezinshotel met soms veel kabaal.

Aan de Middellandse Zeekust rijgen zich beelschone stranden aaneen – dat betekent zonnebrandmiddel, zonnehoed en gebruinde lijven

actief

Beit Govrin National Park

Informatie

Informatie: Beit Govrin National Park, tel. 08 681 10 20, www.parks.org.il
Geopend: Apr.-sept. 8-17, okt.-mrt. 8-16 uur
Toegang: NIS30
Duur: 2-5 uur
Heenreis: Beit Govrin National Park ligt aan Route 35 van Ashkelon naar Hebron, tussen Bet Shemesh en Qiryat Gat, en is het best per auto bereikbaar, die ook bij de bezichtiging van het park goed van pas komt. Met de wegenkaart van het park, verkrijgbaar bij de kassa, kunt u zich beter oriënteren.

In **Beit Govrin National Park** liggen de in de oudheid gestichte plaats **Tel Maresha** en de **kibboets Beit Govrin**, die op de ruïne van een Romeins-Byzantijnse stad werd gebouwd. Voor de stichting van de stad in 1949 lag hier een Arabische nederzetting. De gebouwen in het antieke Beit Govrin stamden uit de tijd van de kruisvaarders en deden tot hun verwoesting door Saladin in 1191 dienst als vestingwerken, waarmee de stad tegen aanvallen van de Egyptenaren werd beschermd. Van de ingang van het park rijdt u eerst naar de nabijgelegen ruïnes van Tel Maresha, en stad die in het jaar 40 n.Chr. met de grond gelijk werd gemaakt.

Van het parkeerterrein wandelt u naar een heuveltop, vanwaar u bij helder weer tot aan de Middellandse Zee kunt kijken. In de heuvels verschuilen zich onder de grond honderden soms wel 20 m hoge kalksteengrotten met een groot aantal cisternen (waterputten) en zichtbare sporen van een beschaving. Op de muren ziet u uit de hellenistische tijd stammende schilderingen met afbeeldingen van de jacht en het leven op het platteland.

Men heeft het vermoeden dat de grotten zijn uitgehouwen door de Feniciërs, die hier in de periode van de 4e tot de 7e eeuw v. Chr. kalksteen wonnen voor de aanleg van de haven in Ashkelon. In de Byzantijnse tijd gebruikten monniken en kluizenaars de grotten als woning, die ze decoreerden met nog altijd zichtbare kruisen die in de kalkwanden werden gekrast. In de honderden kleine nissen werden in de periode van de 3e tot de 1e eeuw

Eten & drinken

De restaurants aan de stranden serveren vaak goede vis; ook veel eethuisjes met fastfood.
Stevige kost ▶ Khan: Khan Migdal, tel. 08 672 22 20. Goede visspecialiteiten als *St. Peter's fish* (tilapia) en klassieke vleesgerechten als boeuf stroganoff.

Winkelen

De voetgangerszone **Migdal** is de aangewezen plaats om te flaneren. Grotere winkels zijn er in de **Lev Ashkelon Mall**, Samson Quarter.

Actief

Waterpark ▶ Ashkeluna Water Park: Delilah Beach, tel. 08 673 99 70, www.ashkeluna.co.il, dag. 9-18 uur. Diverse zwembaden, grote en kleine glijbanen, eigen kinderopvang enz., alleen 's zomers geopend.

Vervoer

Bus/sheruttaxi: Van het Central Bus Station rijden bussen naar Qiryat Gat (om de 45 min.), Tel Aviv (om de 30 min.) en Jeruzalem (om de 30-45 min.).
Huurauto: Eldan, Ben Gurion Blvd. en Herzl St., tel. 08 672 27 24.

Ashdod en kibboets Palmakhim ▶ 7, B 3

Ashdod is niet meer dan een kort verblijf op de terugweg naar Tel Aviv waard. De 210.000

v.Chr. naar men vermoedt cultische handelingen verricht door Fenicische kooplieden.

In 63 v.Chr. deed Judas Makkabeüs een vergeefse poging om de welvarende stad Tel Maresha in te nemen,. Een jaar later hadden de Syriërs meer succes.

In 125 v.Chr. veroverde de Hasmoneeër Johannes Hyrkan de stad en dwong de bewoners zich te bekeren tot het jodendom. Na de verovering door de Romeinen werd Tel Maresha onder toezicht gesteld van de Syrische proconsul, en in 40 v.Chr. werd de stad door de Parthen verwoest. Overigens is het een vermelding waard dat sommige toeristen de grotten mogelijk in de bioscoop hebben gezien: ze vormden het decor in *Rambo III*.

Met de auto kunt u ook verder rijden naar de Santa Anna. Deze kruisvaarderskerk werd gebouwd op de ruïne van een Byzantijnse basiliek, die wordt omringd door een groot aantal voor toeristen ontoegankelijke grafgewelven. In de nabije omgeving van de kerk vindt u de enigszins verscholen, maar bezienswaardige graven van Sidoniërs, met kleurige fresco's in Griekse stijl.

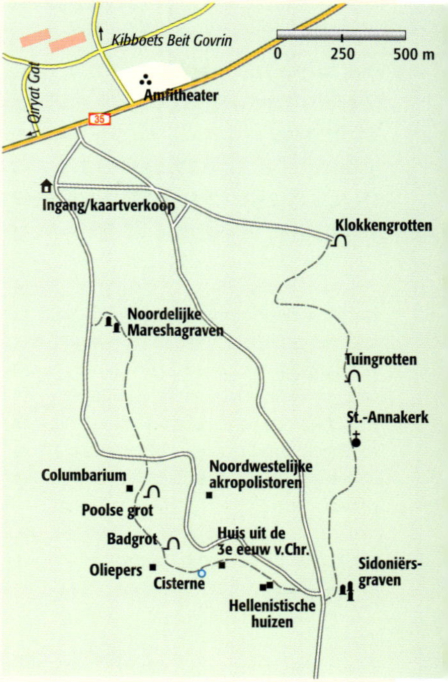

inwoners tellende stad behoort tot de meest vooruitstrevende van het land.

Ashdod vormde samen met Qiryat Gat, Gaza, Ekron en Ashkelon ooit de Filistijnse pentapolis (vijfstedenbond). Toen de stad in 147 v.Chr. door de Makkabeeën werd ingenomen, droeg hij de Griekse naam Azotus . Na de Onafhankelijkheidsoorlog van 1948-1949 werd de nederzetting die op de plaats van de huidige stad ligt bij Israël ingelijfd, waarbij de Arabische inwoners werden verdreven. In 1957 werd begonnen met de opbouw van een nieuw economisch centrum, waarin elektronica, cosmetica, auto's en bussen werden gefabriceerd. De elektriciteitscentrales van Ashdod leveren tegenwoordig bijna de helft van de landelijk verbruikte stroom. Teleurstellend is de enige noemenswaardige attractie: **Jaffa Ben Ami Memorial Hill**. Dit uitkijkpunt zonder voorzieningen ligt op de plaats waar Jona door de walvis werd uitgespuwd. Aangenamer zijn stranden als **Lido Beach** en **Miami Beach**.

Over de parallel aan zee lopende Route 4 kunt u nu verder rijden richting Tel Aviv. Na 19 km loont een omweg naar de aan zee gelegen **kibboets Palmakhim**, met een prachtig strand en het **Beit Miriam Museum**. Hier ziet u vondsten uit prehistorische graven, waaronder de bronzen kop van een godin, aardewerken beeldjes van vogels en andere grafgiften, die teruggaan tot de bronstijd (bezoek op aanvraag, tel. 03 953 82 81, bet_miriam@palmachim.org.il, zo.-do. 9-14 uur, toegang gratis).

De kust tussen Tel Aviv en Haifa

Het bijna 100 km lange kustgebied tussen Tel Aviv en Haifa kent enkele toeristische attracties. Zo stuit u direct aan het begin op de levendige badplaats Netanya, en bij Caesarea en Megiddo liggen twee van de belangrijkste archeologische vindplaatsen van Israël. Het kunstenaarsstadje Ein Hod nodigt uit tot een rondwandeling en in de dorpen Isfiya en Daliyat el Karmel komt u in contact met de druzen.

Er lopen twee wegen van Tel Aviv naar het noorden: snelweg Route 4 en ten westen daarvan, langs de zee, Route 2. De laatste is aan te bevelen wanneer u geen haast hebt en onderweg graag een pauze aan het strand inlast, bijvoorbeeld om te gaan zwemmen in zee, wat op een groot aantal plaatsen langs de kust mogelijk is.

Netanya ▶ 5, B 2

Kaart: blz. 242

Zo'n 29 km ten noorden van Tel Aviv komt u de populaire badplaats **Netanya** 1 (185.000 inwoners) tegen, waarvan de stranden wel met die van de Rivièra worden vergeleken. Maar er wordt ook beweerd dat de stad vooral senioren en gezinnen trekt. Hij werd in 1929 als overslagplaats voor de citrushandel gesticht, maar ontwikkelde zich al snel tot vakantieoord. Netanya vergaarde ook roem met zijn diamantslijperijen (zie blz. 222). Een aardige attractie is het **National Diamond Center**, waar u aan de hand van videobeelden wordt ingewijd in de wereld van de edelstenen en diamantslijpers aan het werk kunt zien (90 Herzl St., tel. 09 862 04 36, zo.-do. 8-16, vr. 8-13 uur, NIS10; bezoek op aanvraag).

In 2012 onthulde de Russische president Vladimir Poetin in het plaatselijke **Memorial Park** twee enorme vleugels die uit een labyrinth oprijzen. Dit monument van drie Russische kunstenaars herinnert aan de overwinning van het Rode Leger op nazi-Duitsland.

Informatie

Tourist Information: 12 Haatzmaut Sq., tel. 09 882 72 86, www.gonetanya. com, zo.-do. 9-22, vr. 9-14 uur. Het toeristenbureau is gevestigd in een kleine kiosk. Uiterst hulpvaardig personeel, veel brochures.

Accommodatie

De meeste van de ruim veertig hotels in Netanya liggen in de buurt van het strand.

Beste hotel van de stad ▶ **King Solomon:** 18 Hamaapilim St., tel. 09 833 84 44, www.inisrael.com/kingsolomon. De kamers, sauna, fitnessruimte, het zwembad, alles is gloednieuw, en daar komen de centrale ligging en het uitzicht op zee bij. Wel even lopen naar het strand. 2 pk vanaf NIS900.

Fantastisch uitzicht ▶ **Island Suites Hotels:** 10 Ben Ami Ave., tel. 077 266 66 66, www.islandsuites.co.il. De ligging aan zee, het eersteklas uitzicht, de nabijheid van de promenade en niet in de laatste plaats het formaat van de modern ingerichte kamers – dat zijn de talenten waarmee dit hotel kan woekeren. Helaas laat de service soms wat te wensen over. 2 pk vanaf NIS700.

Gezinshotel ▶ **Margoa:** 9 Gad Machnes, tel. 09 862 44 34, www.hotelmargoa.co.il. In twee panden gehuisvest gezinshotel aan de nieuwe tuinpromenade, in de buurt van het centrum.

Met een lift kunt u afdalen naar het strand. 2 pk vanaf NIS520.

Klein en aangenaam ▶ Orit Guesthouse: 21 Khen St., tel. 09 861 68 18, www.israelsvan.com/orit. Zeer verzorgd pension in Scandinavische handen, met zeven kamers op de tweede verdieping en een eetzaal op de begane grond. 2 pk vanaf NIS400.

Eten en drinken

In Netanya zijn tientallen restaurants gevestigd met zowel Israëlische als oosterse gerechten. Bovendien vindt u op iedere straathoek shoarmazaken en fastfoodrestaurants.

Van het eerste uur ▶ Lucullus: 8 Nitza Blvd., tel. 09 861 78 31, zo.-do. 12-16, 18-24 uur. Frans-oosterse en andere gerechten (als wienerschnitzel) – niet goedkoop, wel goed. Een van de oudste restaurants hier. Vanaf NIS130.

Marokkaans ▶ Marrakesh: 7 David Hamalech St., tel. 09 833 47 97, zo.-do. 12-24, vr. 12-15 uur, za. vanaf een uur na het einde van de sabbat. Vis- en vleesgerechten in Marokkaanse stijl. Gemoedelijke sfeer. Vanaf NIS100.

Winkelen

Van 13 tot 16 uur zijn bijna alle winkels gesloten. Uitstekende zaken zijn te vinden in de **Kenyon Ir Yamin Mall**, Zalman Shazer, Poleg, de **Hadarim Mall**, 2 Hacadar St., in het winkelcentrum/amusementscomplex **Big Center**, Sapir Park, en in de **Hasharon Mall**, City Center. Het grootste winkelcentrum heet **Sharon Shopping City**, in de buurt van de Poleg Industrial Zone (bereikbaar met bus 48).

Uitgaan

Het uitgaansleven in Netanya is heel behoorlijk. Vooral rond **Liberty Square** wemelt het van de pubs en cafés. Hier komen veel jongeren voor ze een disco of een volgende kroeg opzoeken.

Dansen ▶ Hamakom Club: 11 Haatzmaut Sq., tel. 09 833 16 77. Aardige disco.

Actief

Netanya is een badplaats. Het veelzijdige aanbod van traditionele watersportmogelijkheden voldoet aan al uw verwachtingen.

Vrome joden gaan op de Israëlische nieuwjaarsdag Rosh HaShana naar de badplaats Netanya, om aan zee de Thora te lezen

actief

Megiddo National Park

Informatie

Informatie: Megiddo National Park, tel. 04 659 03 16, www.megiddo.tau.ac.il, megexc@post.tau.ac.il (reserveren)
Openingstijden: Za.-do. 8-17, vr. 8-16 uur
Toegang: NIS30
Duur: 1,5-2,5 uur
Heenreis: Komend van Netanya gaat 11 km ten noorden van deze badplaats buigt in Hadera een zijweg af in oostelijke richting. 28 km ten noordoosten van Hadera, bij de kruising van Route 65 en 66, ligt de antieke vestingstad.
Kaart: rechts en blz. 242

Een omweg door het binnenland naar het opgravingsterrein in **Megiddo National Park** 2 is zeer de moeite waard. In 2005 werd het park door de UNESCO op de Werelderfgoedlijst geplaatst. Megiddo, dat twintig keer werd verwoest en even vaak op een steeds verder groeiende opeenhoping van ruïnes opnieuw werd opgebouwd (dit gebeurde voor het laatst rond 400 v.Chr.), is voor archeologen een van de meest intrigerende vindplaatsen van Israël en de bakermat van de Israëlische geschiedenis. Het terrein begint met een lommerrijk bosje waar u kunt picknicken, maar op de rest van het plateau vindt u geen schaduw meer.

De oudste vondst dateert van 4000 jaar geleden: een Kanaänitische tempel met altaar. In de Nieuwe Bijbelvertaling (Openbaring 16:16) is Megiddo terug te vinden onder de naam Harmagedon, de plaats waar de laatste grote strijd op aarde plaatsvindt, waarbij op de Jongste Dag de kwade tegen de goede machten vechten.

Aan de strategisch belangrijke verbindingsroute tussen Egypte en Mesopotamië ontwikkelde Megiddo zich onder tientallen heersers tot vestingstad. In 1468 v.Chr. veroverde de Egyptische farao Toetmosis III de stad, zoals blijkt uit hiërogliefen in de Amontempel in het tempelcomplex van Karnak in Luxor. Het gaat hier om de oudst bekende gedetailleerde beschrijving van een oorlog. De stad werd maandenlang belegerd door verschillende heersers. De vindplaats, gelegen op twintig afgegraven bodemlagen, is nogal verwarrend, maar de bij de kassa verkrijgbare plattegrond is een goede oriëntatiehulp. Van het parkeerterrein bij het kleine museum met een indrukwekkende reconstructie van Megiddo loopt de weg naar de Poort van Salomo, het beginpunt van de rondwandeling.

Koning Salomo liet Megiddo uitbreiden tot een prachtige districtsstad. Na de 5e eeuw v.Chr. verloor Megiddo aan betekenis en raakte in verval, maar bijna 2400 jaar later kreeg de stad weer een plaats in de geschiedenis: de Britse generaal Allenby versloeg hier in 1917 de Turken. In 1903 begonnen de opgravingswerkzaamheden, hoofdzakelijk geleid door de Duitse Orientgesellschaft en later door de Amerikaanse Rockefeller Foundation.

De rondweg voert links langs ruïnes naar een fraai uitkijkpunt; hier kijkt u uit over de Kanaänitische tempel met een rond altaar uit ca. 2200 v. Chr. Loop vervolgens door naar de naast een graansilo gelegen paleisruïne en de Bijbelse **paardenstallen van Salomo**, waaraan Megiddo zijn faam dankt, maar die pas in de 1e eeuw, na de heerschappij van koning Salomo, onder koning Ahab werden gebouwd. In de stallen was ruimte voor duizend paarden met bijbehorende strijdwagens. In het midden waren de wagens opgesteld en rondom stonden de paarden met hun hoofd naar het midden aan zuilen vastgebonden.

De weg loopt verder naar het al even boeiende **watervoorzieningssysteem**, dat onder koning Salomo werd aangelegd en bij een bron buiten de stadsmuren begon. Maar de installatie werd door de vijand ontdekt en geblokkeerd. Koning Ahab liet daarom op bijna

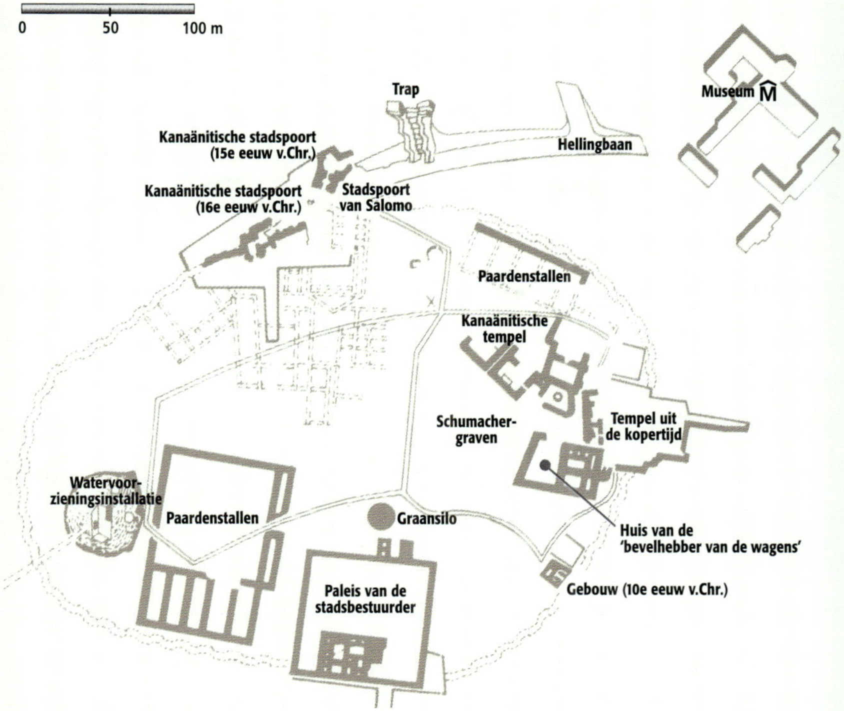

60 m diepte een schacht met een 120 m lange tunnel naar de bron graven. Om de bron voor de vijand onbereikbaar te maken, werd de ingang in de oudheid afgesloten en gecamoufleerd. Schacht en tunnel zijn te bezichtigen. Wie hier het park verlaat, komt na ca. tien minuten op het parkeerterrein bij het museum. Maar u kunt ook in het park blijven, want op de terugweg passeert u ruïnes van paleizen uit de Assyrische bezettingstijd.

Tot de nieuwste ontdekkingen behoort het Joodse dorp **Kefar Otnai** uit de 1e eeuw. Het werd in 2006 gevonden, toen archeologen een aan het nationaal park grenzend gebied onderzochten, waarop een nieuwe gevangenisvleugel was gepland. Kefar Otnai bleek aan een belangrijke handelsroute te liggen, want de archeologen stuitten op de resten van woon- en pakhuizen, dorpspleinen en vuurplaatsen. Bovendien werd een volledig bewaard gebleven mozaïekvloer met Griekse inscripties van 10 x 6 m blootgelegd. Deze verhalen van de mecenas Profilus, die het mozaïek had gefinancierd. Uit twee centrale afbeeldingen van vissen maakten de onderzoekers op dat het mozaïek de vloer van een van de oudste kerken van Israël moet hebben gesierd; vissen waren immers het symbool van de eerste christenen.

In het nationaal park worden om de twee jaar in de zomer opgravingen verricht; de eerstvolgende zijn gepland voor 2016 en 2018. Belangstellenden kunnen zich direct bij het parkbeheer tegen betaling aanmelden als vrijwilliger. Tijdens hun verblijf worden ze ondergebracht in de kibboets Ramat Hashofet.

Van Tel Aviv naar Haifa

Het hele jaar geopend ▸ Sironit Beach: De fraaie stranden van Netanya hebben een totale lengte van 11 km en zijn voorzien van douches, wc's en restaurants. Sironit Beach is het hele jaar geopend, maar veel andere stranden zijn 's winters gesloten.
Paragliden ▸ Dvir Paragliding: 17/4 Ussishkin St., ten zuiden van het centrum, tel. 0050 833 31 03, dvirgliding@walla.com; **Shamaim Paragliding:** Tel. 052 222 32 21.
Paardrijden ▸ The Ranch: Havazelet Hasharon, tel. 09 866 95 55, 052 323 99 33, www.yellowgreenfarm.co.il; **Elik's Cactus Ranch:** Ten noorden van Nueba Beach, tel. 09 865 12 39, 050 531 52 77. Ritten ca. NIS110 per uur.

Agenda

Gan Hamelech Park: 's Zomers zo.-do. openluchtbioscoop en concerten.

Vervoer

Bus: Van het Central Bus Station rijden om de 15 min. bussen naar Tel Aviv en Haifa.
Sheruttaxi: Deeltaxi's staan gereed op Zion Square en rijden net als de bussen om het kwartier.
Huurauto: Avis, 1 Ussishkin St., tel. 09 833 16 19, www.avis.co.il; Eldan, 2 Gad Machnes, tel. 09 882 15 44, www.eldan.co.il; Hertz, 8 Haatzmaut Sq., tel. 09 882 88 90, fax 09 862 21 77, www.hertz.co.il.
Stadsbus: Juni-begin sept. zo.-do. 9-19, vr. 9-14 uur gratis pendelbus; stopt op vaste haltes als Hasharon Mall Bridge, Stampfer St., Dizengoff en Remez.

Caesarea ▸ 1, D 6

Kaart: links
Terug op de kustweg gaat 8 km ten noorden van Hadera een 3 km zijweg naar **Caesarea** 3. Dit stadje is om twee redenen een bezoek waard: de golfbaan en het befaamde opgravingsterrein. De golfbaan met 18 holes in een prachtige en rustige omgeving heeft Caesarea doen uitgroeien tot oord voor de jetset. Neem een kwartiertje de tijd om met de auto door de idyllisch groene straten rond te rijden.

Geschiedenis

Ruim 500 jaar was Caesarea de hoofdstad van het Romeinse Judea. De stad behoort tot de belangrijkste archeologische vindplaatsen van Israël. Herodes de Grote stichtte in 22 v.Chr. op de plaats van de Fenicische nederzetting Migdal Sharshan (Toren van de [Fenicische koning] Sharshan) ter meerdere glorie van keizer (Caesar) Augustus de prachtigste en rijkste havenstad van Palestina. Gedurende de bouwtijd van twaalf jaar werden rotsblokken, sommige tonnen zwaar, naar de 10 m diepe zeebodem afgezonken om een 62 m brede dam op te werpen. Daarop bouwde men een muur met vestingtorens, die de haven van de zee afschermde. De uit het windluwe noorden binnenlopende schepen gingen onder booggewelven aan de pier voor anker. Kolossale standbeelden flankeerden de havenmond. De hele stad was aangelegd rond de haven; de kaden waren overladen met wit marmer. Het is dus niet vreemd dat een deel van de voortdurende archeologische opgravingswerkzaamheden onder water moet plaatsvinden. Als uniek archeologisch onderwaterpark is de haven een grote attractie voor snorkelaars en duikers (zie blz. 246).

Pontius Pilatus verbleef van 26 tot 36 n.Chr. in Caesarea en de apostel Paulus werd hier na zijn veroordeling in 57 n.Chr. door Felix, de stadhouder van Jeruzalem, twee jaar lang opgesloten (Handelingen 23-27:1). Archeologen zijn van mening dat ze bij de laatste opgravingen de gevangenis van Paulus hebben aangetroffen. In 69 n.Chr. werd de stad door Titus Flavius Vespasianus in zijn kroningsjaar tot de keizerstad Caesarea verheven, die de officiële naam Colonia Prima Flavia Augusta Caesarea kreeg. Niet lang daarna begon in Caesarea de opstand van de Joden tegen de Romeinen, die in het jaar 70 met de verwoesting van de Tempel in Jeruzalem eindigde. De ontwijding van de synagoge door de Romeinen leidde tot een nieuwe opstand, waaraan de Romeinen met een massa-executie in het amfitheater een einde maakten. Tot de verovering van de stad door de Arabieren in 640 heerste er in Caesarea geloofsvrijheid, die vanaf de 3e eeuw belangrijke Thorageleerden en grote christelijke theologen voortbracht en een positief effect had op de economie. Kerkvader Origenes richtte hier in 215 zijn theologische academie op en trok theologen uit de hele wereld aan met zijn geannoteerde Hexapla – een meertalige zesdelige Bijbel, waarin verschillende versies van het Oude Testament met elkaar werden vergeleken. Van 314 tot 339 was Eusebius bisschop van de stad. Hij is de kerkvader aan wie wij het grootste deel van onze kennis van de Bijbelse plaatsen te danken hebben.

Onder Arabisch bestuur raakte Caesarea vanaf de 7e eeuw in de vergetelheid en de stad werd in 1101 door kruisridders bestormd. Zij vonden in de Grote Moskee een zeshoekige drinkbeker en dachten dat deze de Heilige Graal was waaruit Jezus tijdens het Laatste Avondmaal dronk. In 1187 verwoestte Saladin de stad, die in 1191 door Richard Leeuwenhart opnieuw werd opgebouwd. In 1256 werd Césarée, zoals de stad onder de Franken heette, door de Mammelukken veroverd. Ten slotte maakte sultan Ashraf Khalil de stad in 1291 met de grond gelijk. Veel later, in 1884, vestigden zich Turkse vluchtelingen uit Bosnië in Caesarea en in 1940 stichtten Joodse immigranten in de omgeving van de stad de kibboets Sdot Yam, waarvan de bewoners bij het bouwrijp maken van de grond talrijke opwindende ontdekkingen deden – het begin van de archeologische opgravingen in Caesarea.

Tip: Multimediaal Caesarea

Met de multimediale tijdmachine **Time Trek** kunt u een reis door de millennia maken. U raast daarbij van het ene naar het andere tijdperk en komt eerst Herodes en de Romeinen tegen en vervolgens de Arabieren, de kruisvaarders en de eerste Joodse immigranten. De filmvertoning is een goede inleiding voor de bezichtiging van het opgravingsterrein. Time Trek is zowel aan de zuidingang als op de pier in het noorden bij de winkels en restaurants te zien. Een blikvanger in de ruimste zin van het woord is de **Time Tower**, een toren die een machtig uitzicht over het terrein biedt. Maar er is meer: met één druk op de knop reconstrueren computers boven de opgravingen de stad tot zijn vroegste ontstaansgeschiedenis (reserveren, tel. 04 626 88 23).

Bezichtiging

Al bij aankomst ziet u delen van de bogen van het ooit onder duinzand bedolven Romeinse **aquaduct**, waardoor water uit 17 km verder gelegen bronnen naar Caesarea werd getransporteerd. 's Zomers strekken badgasten zich uit in de schaduw van de bogen. Een plattegrond van het opgravingsterrein is verkrijgbaar bij de Caesarea National Parks Authority, bij de toegang tot Caesarea (zie rechts). De stad is niet alleen vanwege het strand en de Beach Bar een geliefde bestemming: op de gezellige pier liggen talloze cafés, restaurants, boetieks en souvenirwinkels.

Tot de nieuwe, door geldgebrek slechts deels blootgelegde vondsten behoort een in 631 door de Arabieren verwoeste **villa**, die met zijn omvang van 1500 m² nog het meest op een paleis lijkt. De eigenaar, een christen uit de Byzantijnse tijd, heeft schitterende mozaiekvloeren met fraaie afbeeldingen van vogels laten leggen. De sinds 2005 te bezichtigen mozaïeken tonen fruitbomen, olifanten, stieren en honden, die tot in de kleinste details uitgewerkt zijn. De villa bij de golfbaan werd al in de jaren 1950 ontdekt, maar de archeologen begonnen pas recentelijk met de opgravingswerkzaamheden.

Direct na de zuidelijke toegang van Caesarea ziet u het **Romeinse amfitheater**, waar nu concerten en toneelvoorstellingen worden gegeven, maar waar in het verleden gladiatoren voor hun leven vochten. De arena van kalksteen werd onder Herodes voor 5000 toeschouwers gebouwd, maar biedt nu plaats aan 3500 personen. Op een later bouwdeel, te zien in het Rockefeller Museum in Jeruzalem (zie blz. 171), is een aan keizer Tiberias gerichte inscriptie van Pontius Pilatus te lezen.

Aan zee, ten zuiden van het havenbekken, liggen de **Romeinse thermen**, ca. 500 m ten oosten daarvan vindt u het **hippodroom**. De 288 m lange en 72 m brede paardenrenbaan,

Caesarea was 500 jaar lang de hoofdstad van het Romeinse Judea

vermoedelijk aangelegd onder Herodes, bood ooit plaats aan 20.000 toeschouwers. Ten noordwesten daarvan ligt het voormalige **forum**, gebouwd naar voorbeeld van de markt- en vergaderplaats in Rome. De **kruisvaardersstad** ten noorden van het amfitheater lag ooit veilig achter een 1,2 km lange en 6 m hoge **muur**. Binnen deze wallen lagen de **citadel** en de **Pauluskathedraal**, die al tijdens de bouw door technische gebreken instortte.

Ten oosten van de toegang tot de kruisvaardersstad ligt de door bomen omzoomde **Byzantijnse weg**, met twee standbeelden uit de 2e/3e eeuw n.Chr., beide zonder kop en inscripties. Pas in de 6e eeuw werd de handelsweg verrijkt met het ongedateerde witmarmeren beeld en het rode beeld van porfier (mogelijk van keizer Hadrianus).

Ten noorden van de kruisvaardersstad ontdekten archeologen de **Joodse wijk**, waarin de ruïne van de 3e-eeuwse **synagoge** bewaard bleef (tel. 04 626 70 80, apr.-sept. 9-17, okt.-mrt. 9-16 uur, NIS40). Wie wat anders wil, gaat voor schilderijen van Dalì naar het **Ralli Museum** (Rothschild Blvd. bij de watertoren, tel. 04 628 10 13, mrt.-dec. ma., di., do., vr., za. 10.30-15, jan.-febr. vr.-za. 10-15.30 uur).

Informatie

Caesarea National Parks Authority: Tel. 04 636 10 10, www.parks.org.il, apr.-sept. 8-17, okt.-mrt. 8-16 uur.

Accommodatie

Sportief ▶ Dan Caesarea Golf Hotel: Tel. 04 626 91 11, www.danhotels.com. Zeer charmant, aangenaam hotel uit de jaren 1980 met groot zwembad, fraaie tuin en naast golf tal van andere sporten, zoals paardrijden, vissen, fietsen en kajakken. Van het terras prachtig uitzicht op zee. 2 pk vanaf NIS900.

Kustresort ▶ Kef Yam Resort: Kibbuz Sdot Yam, ca. 4 km ten zuiden van Caesarea, tel. 04 636 44 44, www.kef-yam.co.il. Schitterend resort aan zee, met talrijke activiteiten, waaronder uiteraard (water)sporten en georganiseerde dagtochten. 2 pk vanaf NIS600.

Eten en drinken

Creatief en jong ▶ Helena: Caesarea Park, tel. 04 610 10 18, dag. 12-23.30 uur. De jonge getalenteerde chef-kok houdt van afwisselende gerechten en serveert niet alleen Thaise curry's, maar ook oosterse voorgerechten en maaltijden met vis; op de uitgebreide wijn-

actief

Duiken in het onderwaterpark van Caesarea

Informatie

Begin: Duikersopstappunt op het strand in Caesarea National Park
Duur: Halve dag
Organisatie: Old Caesarea Diving Center, in het Caesarea National Park (kantoor aan het einde van de pier), tel. 04 626 58 98, www.caesarea-diving.com, voor onderwatertochten met gids reserveren noodzakelijk, apr.–nov. zo.–do. 9–17, za. en feestdagen 7–17, dec.–mrt. zo.–do. 10–16, za. en feestdagen 7–16 uur
Kosten: Privéduik: 1e duik *(dive)* NIS320, 2e *dive* NIS135 incl. uitrusting; groepsduiken NIS165 p.p.; snorkelen NIS70 p.p. (vanaf 5 deelnemers)

Gemakkelijker kan duiken niet zijn: in het **Caesarea National Park** stapt u zo van het strand in het bekken van de verzonken haven van Herodes. Al na een paar meter ziet u iets wat normaal gesproken voorbehouden blijft aan archeologen: een spectaculaire onderwateropgraving die zich uitstrekt over zo'n 20 ha. Om die te kunnen bekijken, een duiktrip 2000 jaar terug in de tijd, is de opgraving getransformeerd tot onderwaterpark, waarin u op vier *tracks* kunt onderduiken – prettig genoeg zonder mensenmassa's en zonder hitte, zoals bij bovengrondse bezienswaardigheden wel het geval is. Ter oriëntatie verbinden touwen de met nummers aangegeven objecten. Een deel van Sebastos, het prachtproject van Herodes, dat in de loop der eeuwen in vergetelheid is geraakt, is overigens ook te zien voor snorkelaars, als de zee tenminste rustig en helder is.

Track A: Duur van de duik ca. 40 min.; ook geschikt voor snorkelaars. Op slechts 4 m diepte liggen gigantische zuilen van graniet en marmer en kunt u de geplaveide Herodesweg herkennen. Vanaf een toren die aan de basis vierkant is, strekken zich naar het noorden resten van een muur uit de tijd van Herodes uit. Ook in het zicht ligt een gezonken stoomboot. Vanaf hier wordt het steeds dieper.

Track B: Duur ca. 45 min., duikuitrusting verplicht. In het zonlicht groen glinsterend water en weinig deining – op een diepte van 7 m stuit u midden tussen de resten van muren op de restanten van een gezonken Romeins vrachtschip en op de metalen delen van een stoomboot die in 1950 eveneens is gezonken. Deze duik levert ook vele inzichten

kaart lopen de prijzen uiteen van redelijk tot extreem hoog. U kunt hier de zon fraai zien ondergaan. Tijdig reserveren. Vanaf NIS150.
Ontbijt aan zee ▶ Port Café: Caesarea Park, tel. 04 619 02 21, dag. 9.30–24 uur. Met mooi uitzicht op zee kunt u hier voortreffelijk brunchen. Bovendien worden er de hele dag internationale gerechten geserveerd (pizza, hamburger, steak enz.). Vanaf NIS60.

Actief

Actievelingen zijn in het Dan Caesarea Golf Hotel (zie blz. 245) aan het juiste adres. Ook niet-gasten kunnen hier paardrijden, hengelen, fietsen en kajakken (reserveren).
Golfen ▶ Caesarea Golf & Country Club: Tel. 04 610 96 02, www.caesarea.com. De 18 holesbaan is het centrum van Israëlisch golfen.
Duiken ▶ Old Caesarea Diving Centers: Zie kader Actief hierboven.

Agenda

Caesarea, vooral het amfitheater, is vaak het decor voor modeshows, concerten en andere evenementen. Meer informatie vindt u in de Engelse dagbladen (zie blz. 128).

Vervoer

Caesarea is het best bereikbaar per auto of taxi. Bussen op het traject Tel Aviv–Haifa stopop door de zes chronologisch geplaatste ankers, die de ontwikkeling van het Byzantijnse stenen anker tot het admiraalsanker uit de 14e eeuw tonen.

Track C: Duur ca. 50 min., duikuitrusting verplicht, bereikbaar per rubberboot. Tot 8 m diep dartelen er scholen vissen onder de boeien. Bij het beginpunt strekt zich een stuk van een antieke kade uit, daarna volgt een trapeziumvormige steen van basalt, die ooit als ballast diende voor een bij het havenhoofd gezonken Romeins schip. Na de restanten van een andere kademuur liggen op de bodem van de zee scherven van amfora's (verboden mee te nemen). De track eindigt bij ingestorte fundamenten van Romeins beton met restanten van houten caissons.

Track D: Duur ca. 30 min., duikuitrusting verplicht. Bij een boei daalt u af naar 9 m diepte. Ooit stonden er op deze plek tweelingtorens die de ingang van de haven markeerden. De massieve steenblokken op de zeebodem fungeerden, bijeengehouden door ijzeren klemmen, als golfbrekers die de haven, die immers op de kant een vlak profiel had, moesten beschermen tegen gevaarlijk hoge golven.

pen aan de hoofdweg. Bussen naar de opgravingen rijden op onregelmatige tijden.

Ein Hod ▶ 3, B 2

Kaart: blz. 242
Ongeveer 30 km ten noorden van Caesarea ligt de kunstenaarskolonie **Ein Hod** (Bron van de Pracht) 4. Route 4 voert erheen en heeft een apart afslag ernaartoe. Deze bergweg stijgt een paar kilometer, dan ligt onverwacht links een parkeerterrein en rechts de kolonie (grote overzichtskaart bij de toegang tot Ein Hod).

Ein Hod werd in 1953 gesticht door de schilder Marcel Janco, een dadaïst die samen met Hans Arp onder meer in Zürich het Cabaret Voltaire (1916–1918) leidde en daar provocatieve lawaaiconcerten organiseerde en literaire montages maakte.

In Ein Hod zijn tientallen kunstenaars werkzaam, van wie de ateliers zijn te bezoeken (op sabbat zijn de meeste gesloten). Trap op, trap af, café in, atelier uit baant u zich een weg door Ein Hod. Er worden schilder- en pottenbakkerscursussen gehouden en u ziet er keramiek, houtsnijwerk, olieverfschilderijen, litho's, aquarellen, sculpturen, sieraden, kleding enz. Voor de aanschaf van souvenirs is de

Ein Hod Gallery (tel. 04 984 25 48, zo., di.–do. 10–17, vr. 10–14, za. 11–16 uur) een aanrader. Fraai is ook de **Silver Print Gallery** aan Ein Hod Square, met een unieke verzameling historische foto's (tel. 04 984 10 67). De **Beit Gertrude Gallery**, tegenover het museum, herinnert aan een van de medeoprichtsters van Ein Hod en laat werk van lokale kunstenaars zien (dag. 11–14 uur).

Het **Janco Dada Museum** is gewijd aan de in 1984 gestorven Janco. U kunt hier zeventig jaar surrealistisch werk bekijken (tel. 04 984 23 50, zo.–do. 9.30–17, vr. 9.30–14 uur, NIS20). Het **Nisco Museum of Music Boxes** (dag. 10–17 uur, tel. 052 4 75 53 13, www.ein-hod.info/nisco, rondleiding 45 min., NIS30) heeft een opvallende collectie. Nisan Cohne toont wat hij in veertig jaar aan speelklokken, grammofoons, pianola's en mechanische instrumenten bij elkaar heeft gespaard.

Van Ein Hod is het ca. 15 km over Route 4 naar Haifa (zie blz. 254). Maak echter eerst een omweg over Route 721 en 672 naar de druzendorpen op de berg Karmel (zie onder en blz. 249).

Informatie

Ein Hod Information Center: Tel. 04 984 11 26, 054 481 19 68, www.ein-hod.info (actuele informatie); www.ein-hod.info/article/map/map.htm (handige plattegrond).

Accommodatie

In Ein Hod vindt u geen grote hotels, maar wel vriendelijke kleine gastenverblijven. (www.ein-hod.info/rent/rent.htm)

Betoverend ▶ ArtRest: Artists' Village, tel. 04 984 15 60, 050 631 00 47, arma@netvision.net.il. Klein designhotel in de kunstenaarskolonie, gevestigd in twee vrijstaande huizen van natuursteen met twee betoverende suites. Tijdig reserveren. 2 pk vanaf NIS500.

Eten en drinken

Steaks als bij grootmoeder thuis ▶ Doña Rosa: In de kunstenaarskolonie, tel. 04 954 37 77, www.dona-rosa.israel.net, dag. 12–21 uur, hebben *don* en *doña* Rosa in 2003 hun droom verwezenlijkt – ze verbouwden een oud huis tot restaurant. Het ziet er net zo uit als het huis van hun oma in Argentinië, die in de haciënda op de pampa voor iedereen kookte. Het resultaat mag gezien worden: een uitstekend rustiek steakhouse. Vanaf NIS70.

Arabische keuken ▶ Habait: Vlak bij het Arabische dorp Ain Hod, tel. 04 839 73 50. Als familiehoofd Mubarak niet thuis is, is hij waarschijnlijk ingrediënten aan het verzamelen in het bos. Bij deze familie eet u voortreffelijke Arabische gerechten, De normale trek wordt al gestild met de hummus, gegrilde kippenlever en andere voorgerechten. Maar het hoofdgerecht met malse gegrilde kip is pas werkelijk eersteklas. Vanaf NIS50.

Bier uit eigen brouwerij ▶ Art Bar: In de kunstenaarskolonie, tel. 04 984 00 71, 052 836 24 98, www.ein-hod.info/rest/artbar, dag. 11–15, 21–24 uur. Een van de eigenzinnigste kunstenaars in Ein Hod is Danny. Hij brouwt zijn eigen bier en tapt het in zijn bar, waar u ook wijn, frisdrank en kleine gerechten kunt bestellen. 's Avonds vaak livemuziek en evenementen, za. vanaf 10 uur spelletjes en schilderwedstrijden voor kinderen. Reserveren is aan te raden. Vanaf NIS40.

Uitgaan

Concerten ▶ Romeins theater: Op vrijdagavond worden er vaak concerten gehouden; vraag ter plaatse om een programma..

Naar de druzendorpen op de Karmel

Via Route 4 en Route 721, een zijweg in oostelijke richting met veel haarspeldbochten, bereikt u de druzendorpen Isfiya en Daliyat el Karmel (zie blz. 249). Rijd voor u die bestemming bereikt ook eens langs **Beit Oren** **5**. Bij de kibboets Beit Oren ligt de naar de westerncomedy met Jane Fonda genoemde paardenfarm **Cat Ballou** (tel. 04 824 84 74). Boven de ingang van het restaurant zit een cowboy op een galg. De bediening draagt wildwestkleding en als u uw snacks of prima steaks op het terras opeet, kunt u genieten van het uitzicht op de Karmel.

actief

Isfiya en Daliyat el Karmel

Informatie

Begin: Haifa
Lengte: Ca. 50 km
Duur: Halve tot hele dag
Belangrijk: Voor de heenreis is de auto het geschiktst. Van het Carmel Center in Haifa rijden meermaals per dag bussen naar beide plaatsen (reistijd: ca. 1 uur).
Kaart: blz. 242

De weg voert door een soort Klein Zwitserland, een landschap dat normaal gesproken uitnodigt tot een picknick of rustpauze, maar dat in 2010 door de ergste bosbranden uit de geschiedenis van Israël werd getroffen, wat een jammerlijk aanzien tot gevolg heeft gehad. Herbebossing zal jaren duren. De twee plaatsen hebben uitstekende voorzieningen voor toeristen. Een bijzondere ervaring is een ontmoeting met de Arabischsprekende druzen (zie blz. 55), die bekendstaan om hun vriendelijkheid. Alle mannen dragen een snor en een fezachtige hoofddeksel, de vrouwen een hoofddoek.

Isfiya 6 ligt het dichtst bij het hoogste punt van de bergrug. Net als Daliyat el Karmel kent het dorp een oosters aandoende bedrijvigheid met cafés en restaurants, waar druzische gerechten worden opgediend. Dat beide plaatsen tot de voorsteden van Haifa behoren, is te zien aan de nieuwbouw. U vindt er niet alleen winkels met kruiden en snuisterijen, maar ook zaakjes met kunstnijverheid. Alle winkels zijn gesloten op vrijdag, de wekelijkse rustdag.

Zaterdags wordt in **Daliyat el Karmel** 7 de grote **weekmarkt** gehouden. Langs de hoofdstraat worden allerhande koopwaar en typisch druzische levensmiddelen aangeboden. Handelaars verkopen wijn, olijven en kaas en in de restaurants worden traditioneel brood, gebak en zoetigheid geserveerd, zoals de mierzoete, kleverige baklava. Als de gelegenheid zich voordoet, probeer dan *bhar*, een theedrank met gember, nootmuskaat, kaneel, kruidnagel, veel suiker en noten, die traditioneel wordt geschonken in de maanden na de geboorte van een kind in het dorp. Op veel plaatsen hebt u een fantastisch uitzicht over de kustvlakte.

In het **Druse Heritage House** aan het marktplein van Daliyat (tel. 04 839 32 42, dag. 10–17 uur, toegang gratis) komt u meer te weten over de geschiedenis, tradities en leefwijze van de druzen.

Geheel in traditionele stijl: antiekhandelaars in een druzendorp

Het hoogste heiligdom van het bahaigeloof en het kenteken van Haifa: de Baha'i Shrine

Haifa en omgeving

Haifa, dat zich langs een halvemaanvormige baai uitstrekt op de hellingen van de berg Karmel, kan bogen op een lange geschiedenis. Bijna 3000 jaar geleden zou de profeet Elia hier de heidense Baälpriesters hebben uitgedaagd, die hun offers brachten aan de god Moloch. In het moderne Haifa, de op twee na grootste stad van Israël en het centrum van de IT-industrie, is het heel goed een paar dagen uit te houden, ook op de sabbat, die hier niet erg streng wordt nageleefd. Vermoedelijk is deze plezierige laksheid voor een deel terug te voeren op het feit dat Joodse en Arabische Israëli's hier vreedzaam samenleven.

Haifa heeft ook een aantal bezienswaardigheden te bieden: de German Colony, de Grot van Elia, de Baha'i Shrine en het karmelietenklooster. De schitterende ligging op een berghelling nodigt uit tot het maken van uitgestrekte zwerftochten.

Heel aantrekkelijk is ook de rit van Haifa langs de kust in noordelijke richting, waar weinig bezochte stranden lokken. Het is 22 km naar Akko, dat een middeleeuwse Oude Stad bezit. Het uiterste noorden tot de grens met Libanon is vanuit Akko in het kader van een dagtocht goed te verkennen. Nahariya is een badplaats met beachclubs en een flaneerboulevard voor na het zonnebaden. Een uitstapje voert naar de burcht Montfort bij Rosh HaNikra, waar een klein toeristencentrum inclusief kabelbaan is ontstaan. Rosh HaNikra is de grensplaats met Libanon – zolang de politieke situatie niet wijzigt, kunt u hier niet verder.

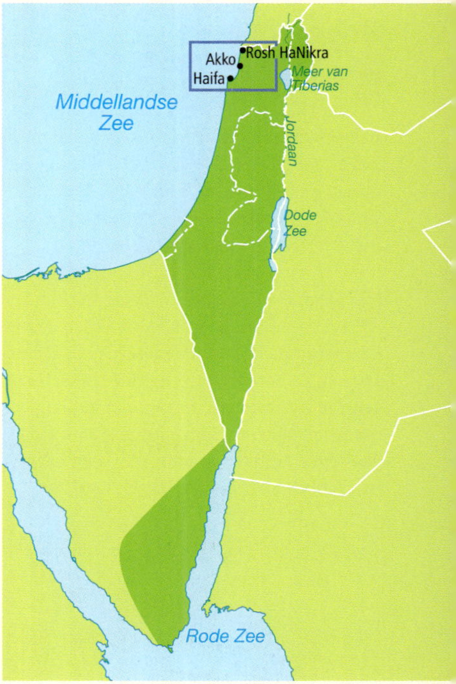

In een oogopslag
Haifa en omgeving

Hoogtepunten

5 **Haifa:** De op twee na grootste stad van Israël ligt prachtig tussen de gelijknamige halvemaanvormige baai aan de Middellandse Zee en de groene berg Karmel en kan bogen op een grootse geschiedenis. Dankzij de voortvarende stadsvernieuwing leeft de oude charme van Haifa zienderogen op (zie blz. 254).

6 **Akko:** De middeleeuwse stad met zijn fascinerende, betoverende kern voert bezoekers terug naar de tijd van de kruisvaarders. Dankzij de heer Uri Buri ligt hier in de buurt een van de beste restaurants van het land en eveneens het sprookjesachtige Efendi Hotel, een reden temeer om (minstens) een nachtje in Akko door te brengen (zie blz. 266).

Fraaie route

Van Akko naar de Libanese grens: Natuurlijk gaat u hier alleen rijden als Hezbollah niet net zijn Katjoesjabeschietingen heeft geïntensiveerd. Na uitstapjes naar de kibboets Lohamei HaGetaot en de badplaats Nahariya bereikt u het noordelijkste puntje van Israël, Rosh HaNikra aan de grens met Libanon, al van verre herkenbaar aan de hel oplichtende kalksteenklippen, die niet alleen interessant zijn vanwege de mooie grotten. Een paar meter boven de zeespiegel kunt u het door de Britten gebouwde historische tunnelnetwerk verkennen (zie blz. 272).

Tips

Stella Mariskabelbaan: Comfortabel en met een groots uitzicht – een tocht met de Stella Mariskabelbaan omhoog langs de berg Karmel is een echte aanrader (zie blz. 259).

Carmel Beach en Dado Beach: Ten zuiden van het centrum van Haifa liggen twee aantrekkelijke stranden, beide voorzien van restaurants, douches en toiletten (zie blz. 264).

Crusader City: Het is net alsof er in Akko een filmdecor is opgebouwd voor een middeleeuwse stad – hier woonden ooit de johannieterridders (zie blz. 268).

Kibboets Lohamei HaGetaot: U zult een aangrijpende herinnering bewaren aan Yad La-Yeled, dat bedoeld is als educatief historisch museum voor kinderen, maar ook volwassenen aanspreekt (zie blz. 273).

actief

Te voet door French Carmel: Deze mooie wandeling door de chicste wijk van Haifa voert onder meer naar de beeldentuin Mitzpor Ha-Shalom, naar de prachtige Baha'i Shrine en naar de verzameling Japanse kunst van Felix Tikotin. Tijdens de wandeling blijft het uitzicht fascineren: u kijkt uit over Haifa, de wijk German Colony, de haven, de kust en de zee (zie blz. 263).

5 Haifa ▶ 3, B 1

Haifa is gewoon betoverend. De mensen zijn hier niet zo opgewonden religieus als in Jeruzalem en jagen niet zo bezeten achter elke nieuwe trend aan als in Tel Aviv. In deze aangename sfeer bezoekt u het karmelietenklooster, de Grot van Elia en de Baha'i Shrine en geniet u van fraaie stranden, alvorens verder te rijden naar het noorden.

Haifa wordt door velen als de mooiste stad van Israël gezien. Zoals de plaats daar ligt, aan de brede Middellandse Zeebaai, met zijn haven, promenaden en stranden, en zoals de avenues en straten in een onoverzichtelijk systeem van bochten en lussen van de kust omhoog de Karmel op voeren – dat is bijna alsof het zo geschilderd is. Om nog maar niet te spreken over het uitzicht vanaf de Karmel over de stad, de baai en de zee.

Haifa is ook bekend om de vreedzame coexistentie van de hier wonende Joden en Arabieren (zowel moslims als christenen), die een kwart van de bevolking uitmaken. In Haifa wonen ze niet in aparte wijken, maar naast elkaar, deur aan deur. Volgens sommigen is de harmonie het gevolg van het feit dat noch Mozes noch Jezus noch Mohammed ooit hier waren. Maar ook in deze stad gaat het er niet altijd idyllisch aan toe, uiterlijke schijn is soms bedrieglijk. Toen de Arabische, uit Haifa afkomstige Rana Raslan in 1999 tot Miss Israel werd verkozen, barstte ook hier een storm van nationalistische kritiek los. Een Arabische, ook al had ze een Israëlisch paspoort, kon het land toch niet vertegenwoordigen. En de Arabieren klaagden boos dat ze zich door Israël voor een propagandakarretje liet spannen.

Joden en Arabieren leven in Haifa min of meer vreedzaam naast elkaar

De universiteit is een soort barometer om de stemming te peilen als het gaat om het Joods-Arabisch conflict. Lang voordat er in de rest van het land verhitte discussies over de rol van de Israëlische Arabieren plaatsvonden, was er hier in 2001 onrust en riepen Joodse studenten de Israëlische Arabieren op om in Palestina te gaan studeren, uit reactie op de eis van hun Arabische medestudenten ook onderwijs in het Arabisch te krijgen. Daarmee begon in het hele land een debat over een nieuwe, niet alleen Joods-dominante cultuur en een gelijkwaardige status voor Arabieren met een Israëlisch paspoort. Velen menen dat Haifa met zijn lange geschiedenis van wederzijdse tolerantie een model voor een modern Israël kan zijn.

Haifa, met 270.000 inwoners na Tel Aviv en Jeruzalem de grootste stad van het land, is door zijn haven Israëls poort naar de wereld. Van de in- en uitvoer wordt hier 90% afgehandeld. Als het ooit tot een stabiele vrede in de regio komt, kan deze haven ook een belangrijke overslagplaats voor Jordanië worden – tenminste, dat zijn de voorlopig in de ijskast gezette plannen. In plaats van de tijdrovende, hoge kosten met zich meebrengende route door het Suezkanaal naar Aqaba (in Jordanië) aan de Rode Zee te nemen, zouden de goederen dan over land naar het buurland vervoerd kunnen worden.

In Haifa staan de hoofdkantoren van de Israëlische marine, de spoorwegen en het nationale elektriciteitsbedrijf. Het Technion, de technische universiteit, wordt als de beste van het land beschouwd. En Haifa is de enige stad in Israël waar al het openbaar vervoer ook op sabbat rijdt.

Oriëntatie

De agglomeratie Haifa strekt zich in het noorden bijna tot Akko uit. Haifa zelf, een aangename stad met ruim opgezette groenvoorzieningen en parken, is onderverdeeld in het stadsdeel **Shiqmon** aan de kust, de voorname wijk **Hadar** en de chique buurt **Carmel Center** op de berg Karmel, waar luxehotels en villa's liggen. Onder aan het Bahai Park ligt de betoverende wijk German Colony, die in de 19e eeuw door de protestantse sekte der tempeliers is opgezet. De Boulevard Ben Gurion aldaar is nu een hotspot in het uitgaansleven.

Geschiedenis

Uit archeologische vondsten blijkt dat er in deze baai al in de bronstijd een haven lag. In de tijd van de Eerste Tempel, rond 1000 v.Chr. door Salomo in Jeruzalem gebouwd, lagen er ten zuiden van het huidige Haifa eenvoudige nederzettingen. Over de herkomst van de naam Haifa circuleren twee verklaringen: sommigen denken dat de naam is afgeleid van *hof jafe*, 'mooi strand', volgens anderen is de stad genoemd naar de hogepriester Kajafas (Kayafa in het Hebreeuws).

In de Bijbel wordt Haifa weliswaar niet genoemd, maar wel de regio rond de berg Karmel. Hier zou de profeet Elia bijna 3000 jaar geleden de heidense Baälpriesters, die de god Moloch aanhingen, hebben uitgedaagd in een offerwedstrijd. Voordat de stad in de 7e eeuw gedeeltelijk werd platgebrand door de Arabieren, had hij Griekse, Romeinse, en Byzantijnse veroveraars en bezetters gezien, die de voordelige ligging van de haven benutten. In het jaar 1100 bestormden kruisvaarders Haifa en vermoordden alle moslims en Joden. In het midden van de 18e eeuw werd Haifa veroverd door een lokale heerser, die de stad verwoestte en vlakbij weer opbouwde om hem beter te kunnen verdedigen tegen de Osmanen – waarmee hij het begin van de huidige stad inluidde.

Haifa's bloeitijd begon in 1904 met de opening van de spoorlijn Damascus–Haifa–Caïro. Bovendien nam het door de haven afgehandelde goederen- en personenverkeer steeds meer toe. Na de Eerste Wereldoorlog breidden Britten de haven uit om als basis voor hun vloot te dienen. Ook naar Israël emigrerende Joden vestigden zich bij voorkeur in Haifa, waarschijnlijk mede onder invloed van Theodor Herzl (zie blz. 184), die Haifa de 'stad van de toekomst' had genoemd.

0 250 50
Middellandse Zee
Haven
Dado Beach
BAT GALIM
Bat Galim Promenade
Bat Galim
HaAliyya
HaSheniyya
Sderot HaHaganah
Derekh Yafo
Hel Hajam
Jo'av
Sahal
QIRYAT ELIEZER
QIRYAT ELIAHU
Tel Aviv
Sderot Rothschild
Sderot HaMeginim
Derekh Stella Maris
Derekh Allenby
Saul
RAMAT SHA'UL
Ha Shmona
Ha'Atzmaut St.
Lohame HaGeta'ot
Sderot Ben Gurion
Tchernichovsky St.
HaGefen
FRENCH CARMEL
OUDE STAD
HaPartisanim
Abbas
Sderot HaZiyyonut
Yefe Nof St.
HaNevim
(ondergronds kabelspoor)
Istiqlalmos
Shabbetai
Herzlia
Levy St.
WESTERN CARMEL
Bahai Park
Bahai-gerechtshof
SPNI Field School
HADAR
Sderot HaNassi
Arlosoroff
Balfour
Nordau Mall
Herzl St.
KABABIR
CARMEL CENTER
Carmelit
CARMELIA
Bikurim
RAMAT HADAR
Leon Blum
Sderot Morija
SHAMBUR
WARDIYA

Haifa

Bezienswaardigheden
1 Paris Square
2 Dagon Silo
3 Haifa City Museum
4 German Colony
5 Wadi Nisnas
6 Haifa Museum of Art
7 Nordau Mall
8 National Museum of Science, Technology and Space
9 Gan Ha'Em
10 Galim Beach
11 Stella Mariskabelbaan
12 Grot van Elia
13 National Maritime Museum
14 Clandestine Immigration and Navy Museum
15 Karmelietenklooster Stella Maris
16 Beeldentuin Mitzpor Ha-Shalom
17 Baha'i Shrine
18 Mané-Katzmuseum
19 Tikotin Museum of Japanese Art

Accommodatie
1 Leonardo Haifa
2 Dan Panorama
3 Templars Boutique Hotel
4 Beth Shalom Carme
5 St. Charles Hospice
6 Port Inn Guest House

Eten en drinken
1 Jacko's Sea Food
2 Douzan
3 Fattoush
4 Abou Youssef

Winkelen
1 Panorama Center
2 Grand Canyon Mall
3 Castra Art

Uitgaan
1 Hachurva
2 City Hall
3 Luna
4 Beat Club
5 Haifa Auditorium
6 Haifa Cinémathèque

Actief
1 Kiteclub Haifa
2 Carmel Field School

Het inwonertal steeg met sprongen. In 1914 woonden er 20.000 mensen, in 1931 al 50.000 en in 1948 ruim 150.000. De voor de nazi's vluchtende Joden zagen de havenstad, waar de meesten voor het eerst voet aan land zetten in Eretz Israel, als hun redding en als poort naar de vrijheid.

Economisch gezien neemt Haifa een vooraanstaande positie binnen Israël in. Petrochemische industrie, computerbedrijven, bouwondernemingen en in de eerste plaats de haven zorgen voor veel welvaart. De hightechbranche staat wereldwijd uitstekend bekend – waarmee de waarheid bewezen lijkt te zijn van het Israëlische gezegde: 'In Jeruzalem wordt gebeden, in Tel Aviv wordt feestgevierd en in Haifa, daar werken ze.'

Paris Square en omgeving

Kaart: links

Een geschikt uitgangspunt voor een stadswandeling is **Paris Square** (Kikar Paris) 1, bij het dalstation van het 1,8 km lange ondergrondse kabelspoor. Deze metro, met zes haltes beslist een van de kortste ter wereld, overwint een hoogteverschil van 275 m en eindigt bij de Gan Ha'Em, de 'Tuin van de Moeder' (dagkaart NIS15; zie blz. 259).

In de richting van de zee bereikt u te voet de kustboulevard, **Ha'Atzmaut Street**, waar zeelieden en passagiers van cruiseschepen de tijd verdrijven. Als u hier bijna 1 km in westelijke richting loopt, komt u bij de hoog oprijzende Dagon Silo.

Dagon Silo en Graanmuseum 2

De in zijn soort unieke **Dagon Silo** aan Plummer Square is de enige graansilo ter wereld met een eigen **graanmuseum**. Aan de voet van de 68 m hoge silo, die aan de skyline niet over het hoofd te zien is, wordt de 4000-jarige geschiedenis van het graan verteld: teelt, oogst, opslag, verwerking. De collectie biedt met talloze voorwerpen – zoals aardewerk, 4000 jaar oud graan, modellen van silo's, munten met afbeeldingen van vruchtbaarheidsgodinnen, beeldjes van molenaars en broodmerken –

een vrijwel compleet beeld van dit essentiële voedingsmiddel. Het museum is alleen in het kader van een rondleiding toegankelijk (tel. 04 866 42 21, onregelmatige openingstijden, toegang gratis).

Haifa City Museum 3

Van de silo loopt u in noordwestelijke richting over Jaffa Road naar het **Haifa City Museum**, dat in 2000 werd geopend in het voormalige gemeenschapshuis van de Duitse Tempelgesellschaft. U ziet er actuele exposities van lokale kunstenaars. Wie zich interesseert voor hedendaagse Israëlische schilderkunst, kan hier zijn hart ophalen (11 Ben Gurion Ave., tel. 04 911 58 88, 01 599 50 22 11, www.hma.org.il, za.-wo. 10-16, do. 10-19, vr. 10-13 uur, NIS30, combikaartje voor musea in Haifa NIS50).

German Colony 4

De **German Colony** (HaMoshava HaGermanit) is een bijzonder fraaie buurt, die zo heet omdat in de 19e eeuw leden van de protestantse Duitse Tempelgesellschaft zich hier vestigden. In 1898 was de Colony de eerste halte op de Palestijnse reis van keizer Wilhelm II. Veel huizen aan de Ben Gurion Boulevard dragen nog altijd een Duitse Bijbelspreuk boven de ingang, zoals op nr. 27: 'Der Geist und die Braut spricht, komm Herr Jesu'. Het gebied onder de Baha'i Shrine en de boulevard is helaas tientallen jaren lang verwaarloosd, maar recentelijk zijn de stadsplanologen van Haifa begonnen met een systematische herwaardering en renovatie van de buurt. Sindsdien hebben tientallen cafés en restaurants er hun deuren geopend en is het een trendy wijk geworden, die ook in trek is om te wonen. Het plein aan het einde van de Ben Gurion Boulevard, onder het Bahai Park, draagt sinds kort de tamelijk omslachtige naam UNESCO for Tolerance and Peace Square.

Wadi Nisnas 5

Ten zuiden van het Haifa City Museum kunt u de wijk **Wadi Nisnas** verkennen, die zich uitstrekt tot de haven en visueel wordt gedomineerd door de spiegelende hoogbouw van Bank Leumi. Joodse en Arabische handelaars leven en werken hier in van oudsher goede nabuurschap. In de straten en steegjes hangt de geur van parfums en kruiden. Dit is een zeer levendig deel van Haifa, dat zich goed leent om zomaar wat rond te slenteren. Wat architectuur betreft hebben zowel de bouwmeesters van de Duitse Tempelgesellschaft als de Osmanen hier hun sporen achtergelaten.

Haifa Museum of Art 6

Even boven de wijk Wadi Nisnas, bijna 1 km ervandaan, ligt het **Haifa Museum of Art**. De collectie omvat meer dan 7500 werken van internationaal bekende kunstenaars als Max Liebermann, Diego Rivera, Marc Chagall, Salvador Dalí, Käthe Kollwitz en Chana Orloff. U ziet onder meer sculpturen, schilderijen, tekeningen, gravures en etsen. Er is daarnaast bijzondere aandacht voor de Israëlische kunst in het algemeen en kunstenaars uit Haifa en het noorden in het bijzonder.

Het museum bezit ook een honderden werken tellende verzameling etsen en lithografieën van de in Berlijn geboren, in 1923 naar Palestina geëmigreerde en in 1944 in Haifa gestorven Joodse kunstenaar Hermann Struck.

Niet alleen het jonge publiek houdt van Videostoria, opgezet door het bij het museum horende New Media Center, dat uitvoerig aandacht besteedt aan videokunst.

Dat men uren kan doorbrengen in dit museum komt ook doordat de conservators met een ongelooflijk elan de vaste collectie verrijken met wisseltentoonstellingen en daarbij actuele thema's oppakken, zoals de geschiedenis van het geweld (26 Shabbetai Levi St., tel. 04 911 59 91, 01 599 50 22 11, www.hma.org.il, za.-wo. 10-16, do. 16-21, vr. 10-13 uur, NIS30, combikaartje voor musea in Haifa NIS50).

Hadarwijk

Kaart: blz. 256

Ten oosten van de metrolijn ligt aan weerskanten van Herzl Street de al wat oudere winkelbuurt **Hadar**, waarin de laatste tijd steeds meer bars en cafés hun deuren openen. Heel

De parken op de Karmel zijn openluchtworkshops voor allerlei activiteiten, bijvoorbeeld voor yoga met klankschalen

aantrekkelijk is de **Nordau Mall** 7. In dit voetgangersgebied valt nog iets te bespeuren van de sfeer uit de tijd dat er nog geen hypermarkten bestonden die de winkeliers proberen weg te concurreren.

Een paar minuten lopen ten noordwesten van de Nordau Mall ligt het **National Museum of Science, Technology and Space** 8, dat in een mooi gebouw van het Technion is ondergebracht. Dit interactieve museum is leuk voor het hele gezin, vooral voor jongeren. Aan de hand van puzzels, spelletjes en experimenten maakt de bezoeker kennis met de wereld van de scheikunde, astronomie en computers (25 Shmariyanhu Levine St./12 Balfour St., Old Technion Campus, tel. 04 861 44 44, www.madatech.org.il, zo.-wo. 10–17, do. en za. 10–19, vr. 10–14 uur, NIS60).

Van het museum neemt u óf de metro óf u volgt Balfour Street bergopwaarts, om ten slotte bij het bergstation van het kabelspoor op de berg Karmel de Tuin van de Moeder, **Gan Ha'Em** 9, te bezoeken. Hier laten 's zomers artiesten zien wat ze kunnen, er spelen straatmuzikanten en zelf kunt u ontspannen op het gras liggen.

Van Bat Galim de Karmel op

Kaart: blz. 256

Ten westen van de haven strekt de wijk **Bat Galim** zich uit. Onder de kustpromenade ligt **Galim Beach** 10, een goede locatie om te kitesurfen. Even ten westen hiervan vindt u het dalstation van de **Stella Mariskabelbaan** 11, die de weg omhoog de Karmel op aanzienlijk vergemakkelijkt. In de kogelvormige cabines met getint glas kunt u genieten van een fantastisch uitzicht over de stad en de zee (dag. 10–19.45 uur, enkele reis NIS19, retour NIS28).

De **Karmel** is een ongeveer 20 km lange, tot 546 m hoge bergrug, die de baai van Haifa in het zuidwesten begrenst. De Karmel (letterlijk vertaald: Gods wijngaard) wordt in de Bijbel genoemd; 125.000 jaar geleden werd hij bewoond door neanderthalers. Sinds mensenheugenis is de Karmel een heilig gebergte, waar tal van goden zijn vereerd.

Bij het bergstation van de metro (het Carmelit-kabelspoor) beginnen vier mooie, goed gemarkeerde wandelingen: een gele route (Baha'i Shrine, German Colony), rode route

(Haifa Museum, Wadi Nisnas), blauwe route (naar Paris Square) en groene route (naar de Nordau Mall).

Grot van Elia 12

Even lopen van het dalstation van de kabelbaan ligt op de helling boven de snelweg de **Grot van Elia**, ook wel School van de Profeet genoemd, omdat de profeet Elia hier zijn leerlingen zou hebben lesgegeven. Het is een natuurlijke grot, die mede door moslims wordt bezocht, omdat ook de islam Elia als profeet erkent. Ook de Griekse filosoof Pythagoras zou zich hier ooit hebben teruggetrokken om te mediteren. De grot is een heilige plaats voor joden, moslims, christenen en druzen. Aan het einde van de voor mannen en vrouwen gescheiden ruimte achter het rode gordijn zijn gelovigen aan het bidden. In een zijgrot van de vrouwenafdeling hangen honderden sjaals en zakdoeken aan het plafond; deze herinneren aan de gebeden en de geloften die de bedevaartgangsters hier hebben afgelegd. Het park voor de grot is een geliefde picknickplek (230 Allenby Rd., tel. 04 852 74 30, zo.-do. 8-18, 's winters zo.-do. 8-17 uur, een donatie wordt op prijs gesteld).

National Maritime Museum 13

Even verderop nodigt het **National Maritime Museum** uit tot een bezoek. De verzameling belicht 5000 jaar maritieme geschiedenis, vooral van het Middellandse Zeegebied, aan de hand van modellen van beroemde schepen, ankers, scheepsinstrumenten, zeekaarten uit de afgelopen 600 jaar en maquettes van boorplatforms. Heel mooi is het 3500 jaar oude Egyptische houten beeldje van een zwemmend meisje. Regelmatig wordt de collectie uitgebreid met vondsten van onderwaterarcheologen die voor de kust van Israël werkzaam zijn en daar af en toe gezonken schepen, munten en beelden vinden. Het museum huisvest ook de vroeger in het Haifa Museum ondergebrachte **archeologische en etnografische verzameling**. Deze omvat grafstenen uit de Egyptische oase Fajoem, koptische bedrukte weefsels, Griekse marmeren beelden en vloermozaïeken (6e eeuw) uit Tel

Shiqmona, even ten zuiden van Haifa. De collectie kunst vanaf de 18e eeuw omvat grafiek, foto's en schilderijen. De kleine muziek- en etnografische afdeling toont replica's van Bijbelse muziekinstrumenten, werktuigen en kleding, gedragen in de Joodse diaspora, maar ook druzische klederdracht (198 Allenby Rd., tel. 04 853 66 22, www.nmm.org.il, za.-do. 10-16, vr. 10-13 uur, NIS30, combikaartje voor musea in Haifa NIS50).

Clandestine Immigration and Naval Museum 14

U moet zeker ook een bezoek brengen aan het nabije **Clandestine Immigration and Naval Museum** even verderop. Dit museum belicht op indrukwekkende wijze de geschiedenis van de Joodse immigratie, maar het met de oude navigatiesystemen en andere scheepstechniek is het wel volgestouwd.

Tussen het begin van de nazitijd in Duitsland en de stichting van de staat Israël bereikten ongeveer 130.000 Joden op illegale wijze Haifa: de Britten hadden elke vorm van immigratie verboden, om het Arabisch-Joodse

Galim Beach – strandvertier midden in de stad

conflict niet verder te laten escaleren. Op een grote kaart staan de routes aangegeven die de Europese Joden namen. Documenten en foto's geven een beeld van de omvang van de vlucht. Wanden vol foto's zijn gewijd aan het schip *Exodus*, dat in 1947 door de Britten in internationale wateren voor Palestina werd beschoten, geënterd en naar de haven van Haifa werd gesleept. Daar werden de 4500 passagiers op andere schepen overgezet, die hen naar Frankrijk terugbrachten. De trots van het museum is het landingsvaartuig Afalpichen ('Desondanks'), dat te bezichtigen is (204 Allenby Rd., tel. 04 853 62 49, www.amutayam.org.il, zo.-do, 8.30-16 uur, NIS15).

Karmelietenklooster Stella Maris 15

Over trappen of per kabelbaan bereikt u het boven de stad gelegen **karmelietenklooster Stella Maris** (Zeester) aan de Stella Maris Road, dat vermoedelijk is opgetrokken op Byzantijnse ruïnes en een kluizenaarsverblijf uit de kruisvaarderstijd. In 1821 gebruikte de Osmaanse pasja Abdullah van Akko het toenmalige kloostergebouw als steengroeve voor een zomerpaleis. Het huidige klooster werd in 1836 ingewijd.

De geschiedenis van de karmelieter orde begon in de 12e eeuw, de tijd van de kruisvaarders, toen kluizenaars zich op de berg vestigden om zich aan ascese en gebed te wijden, in navolging van de profeten Elia en Elisa. Begin 13e eeuw werden de leefregels van de karmelieten opgesteld door de Latijnse patriarch van Jeruzalem, Albertus.

Een prachtige koepel, deels gesierd met voorstellingen uit het leven van de profeten Elia en Elisa, verrijst boven de binnenin overvloedig met marmer beklede Stella Marisbasiliek. Een van de fresco's toont Elia, die op een vurige wagen wordt meegevoerd naar de hemel. Andere schilderingen beelden Ezechiël, David en de Heilige Familie uit. Het hoogaltaar wordt opgeluisterd door een cederhouten beeld van de Madonna met Kind, dat uit twee delen is vervaardigd. Het lichaam komt uit Libanon, het hoofd uit Genua. Onder het koor van de basiliek ligt de Crypte van Elia. Volgens een christelijke overlevering vond de Heilige

Familie hier na terugkeer uit Egypte een toevluchtsoord. Gelovigen versieren het altaar met bloemen en leggen er geloften af – het is een aangrijpende plek. Het uitzicht over Haifa en de baai is hier adembenemend (kerk dag. 6.30–12, 15–18 uur).

Informatie

Haifa Tourist Board: 48 Ben Gurion Ave., German Colony, tel. 04 853 56 06, www.visit-haifa.org, www.haifa.muni.il, zo.–do. 9–19, vr. 8.30–13, za. 10–17 uur.

Accommodatie

Beter strandhotel ▶ Leonardo Haifa 1: 10 David Elazar, tel. 04 850 88 88, 850 11 70, www.fattal-hotels.com. Vermoedelijk zijn het de ligging direct aan zee en het prachtige privéstrand waarvoor u zoveel betaalt, want de kamers rechtvaardigen de prijs niet. 2 pk vanaf NIS1200.

Prachtig uitzicht ▶ Dan Panorama 2: 107 HaNassi Blvd., tel. 04 835 22 22, www.danhotels.com. De twee hotel torens domineren de hele Karmel, maar helaas houden de nogal liefdeloos ingerichte kamers geen gelijke tred met het fantastische uitzicht. 2 pk vanaf NIS1150.

Comfortabel ▶ Templars Boutique Hotel 3: 36 Ben Gurion Blvd., tel. 04 629 77 77, 077 500 31 10, www.templars.co.il. Pal naast restaurant **Fattoush** 3, waar de hotelgast ontbijt, ligt in het hart van de German Colony in een ongeveer 150 jaar oud tempeliershuis dit kleine, stijlvolle hotel. De kamers zijn niet alleen ruim, maar hebben ook een keukenblok voor als u zelf wilt koken. Enige nadeel: het nachtelijke lawaai op de boulevard dringt zeker door als u uw raam open hebt staan. 2 pk vanaf NIS750.

Gezellig ▶ Beth Shalom Carmel 4: 110 HaNassi Blvd., tel. 04 837 74 81, www.beth-shalom.co.il. Eenvoudige, maar zeer keurig ingerichte en schone kamers. U verblijft hier 250 m boven Haifa op de berg Karmel en kunt van een prachtig uitzicht over zee en tot ver landinwaarts genieten. Het hotel werd gesticht door Zwitserse evangelische christenen en wordt tegenwoordig gedreven door het Zwitserse echtpaar Fredi Winkler en Beate Winkler-Malgo, die beiden graag behulpzaam zijn bij de planning van uitstapjes en rondreizen. Het hotel wordt overwegend bezocht door religieus gemotiveerde reisgezelschappen. 2 pk vanaf NIS450.

Sympathiek ▶ St. Charles Hospice 5: 105 Jaffa Rd., tel. 04 855 37 05, www.pat-rosary.com. Door nonnen geleid, goed gastenhuis, dat onder het Latijnse Patriarchaat valt. Heel mooi is de kleine tuin; de kamers zijn eenvoudig ingericht, maar niet ongezellig. 2 pk vanaf NIS370.

Eenvoudig hostel ▶ Port Inn Guest House 6: 34 Jaffa Rd., tel. 04 852 44 01, www.portinn.net. Centraal gelegen in de zakenwijk, vlak bij de haven en Paris Square. Voordelig en met een goede prijs-kwaliteitverhouding. De gerenoveerde kamers en slaapzalen zijn eenvoudig, maar met zorg en een voorkeur voor sprekende kleuren ingericht. U vindt hier altijd wel medereizigers om ervaringen uit te wisselen, kunt er zelf koken en bovendien voor weinig geld internetten. Naar het strand is het een paar haltes met de bus. 2 pk vanaf ongeveer NIS300, slaapzaal vanaf NIS90 p.p..

Eten en drinken

In Haifa kunt u goed eten en drinken. Restaurants met heel diverse keukens vindt u in overvloed van snackbar tot toprestaurant aan de **Ben Gurion Boulevard**, die steeds meer de hotspot van het uitgaansleven is geworden. In de tuin van **Al-Rayan** komen stelletjes en zitten toeristen aan Duitse bierspecialiteiten en trekken aan de waterpijp, bij **Gaudí** smullen zij van tapas.

Verse vis ▶ Jacko's Sea Food 1: 12 Hadekalim St., tel. 04 866 88 13, dag. 12–23 uur. Dit restaurant ligt in de Arabische marktwijk. De garnalen zijn er even lekker als de calamares en de gegrilde verse vis. Vanaf NIS110.

Toprestaurant ▶ Douzan 2: 35 Ben Gurion Blvd., tel. 04 852 54 44, dag. 10–2 uur. Binnen heerst de sfeer van een huiskamer, het terras buiten (opvallend vanwege de paarse kussens) gaat over in de boulevard. De menukaart is een feest, met kebab Halabi met een vleugje kaneel, ravioli gevuld met garnalen, *Drunken*

actief

Te voet door French Carmel

Informatie

Begin: Karmelietenklooster Stella Maris
Duur: Halve tot hele dag
Belangrijk: Voor het bezoek aan de Baha'i Shrine is decente kleding vereist
Kaart: blz. 256

Een mooie wandeling voert van het karmelietenklooster (zie blz. 261) over de Shaul Tchernichovsky Street en de HaZiyyonut Boulevard door de wijk **French Carmel**.

De eerste halteplaats is de **beeldentuin Mitzpor Ha-Shalom** 16 (Peace View Park), waar sinds 1978 29 bronzen sculpturen van beeldhouwster Usula Malbin de grasperken sieren (HaZiyyonut Blvd., tegenover nummer 135, www.malbin-sculpture.com, toegang gratis).

Niet ver hiervandaan verrijst aan de Haum Boulevard de tempel van de Bahai, de **Baha'i Shrine** 17 (hoofdingang: 80 HaZiyyonut Blvd., vlak bij Shifra St.; beste uitzicht op de tuin bij de ingang op 45 Yefe Nof St.; toegang uitsluitend voor rondleidingen door de hoofdingang; tempel en binnentuin dag. 9-12, parken dag. 9-17 uur, tel. 04 831 31 31, raadpleeg altijd eerst de website voor openingstijden en rondleidingen: www.ganbahai.org.il). Omringd door prachtige Perzische tuinen met pijnbomen en cipressen ligt het belangrijkste heiligdom van het bahaigeloof en tegelijk het kenteken van Haifa: het door een gouden koepel bekroonde mausoleum van de Bab, grondlegger en martelaar van het bahaïsme. Sajied Ali Mohammed, bijgenaamd de Bab (Poort), verkondigde in 1844 in het Zuid-Perzische Shiraz de spoedige verschijning van de zo vurig door de mensen verwachte gezant van God en verklaarde zich bovendien bereid om de mensheid daarop voor te bereiden. Daarmee beledigde de Bab volgens zijn tijdgenoten de islam ten diepste. In 1850 werd hij geëxecuteerd. Zijn aanhangers worden tot heden in Iran vervolgd. Maar het babisme was geboren, waarvan het bahaïsme zich later afsplitste. Want een aanhanger van de Bab, Husseini Ali, die de naam Baha Ullah (Roem van God) aannam, riep zichzelf in 1863 in Bagdad uit tot de door de Bab aangekondigde gezant van God. Hij stierf in 1892 bij Akko, waar zijn graf te vinden is. De in 1953 voltooide Baha'i Shrine in Haifa verenigt Europese architectonische elementen met oriëntaalse versieringen. Het mausoleum is opgetrokken in wit marmer en roze graniet. Het is weelderig ingericht met zilveren kandelaars, Perzische tapijten en kristallen kroonluchters. In een afgescheiden ruimte rust de Bab. De twee neoclassicistische nevengebouwen bieden onderdak aan het archief en het opperste gerechtshof van de bahai-organisatie.

Parallel aan de HaZiyyonut Boulevard, even naar het zuidoosten en dicht bij het Dan Carmel Hotel en Dan Panorama Hotel, loopt Yefe Nof Street. Het huis op nummer 89 herbergt het **Mané-Katz Museum** 18. De expressionistische kunstenaar Mané-Katz liet bij zijn dood in 1962 niet alleen honderden schilderijen, tekeningen en beelden van eigen hand na aan de stad Haifa, maar ook een interessante collectie judaïca (89 Yefe Nod St., tel. 04 911 93 72, za.-wo. 10-16, do. 10-19, vr. 10-14 uur, NIS30 met het Tikotin Museum, combikaartje voor musea in Haifa NIS50).

Een parallelstraat verder stichtte de Duits-Nederlandse Joodse antiekhandelaar Felix Tikotin in 1957 het **Tikotin Museum of Japanese Art** 19. Volgens Japanse gewoonte wisselen de tentoonstellingen van aardewerk, houtsnijkunst, zijdeschilderingen, metalen beeldjes en porselein uit verschillende perioden telkens bij het begin van elk nieuwe seizoen (89 Hanassi Ave., tel. 04 838 35 54, www.tmja.org.il, za.-wo. 10-16, do. 10-19, vr. 10-14 uur, NIS30 met het Mané-Katz Museum, combikaartje voor musea in Haifa NIS50).

Pears, stoofpeertjes in rode wijn met warme chocoladesaus, of vijgenparfait met wilde bosvruchten. Maar aan de bar, die in de doorgang naar de keuken ligt, wilt u echt niet zitten. Vanaf NIS100.

Arabische cuisine ▶ Fattoush 3: 38 Ben Gurion Blvd., tel. 04 852 49 30, dag. 8-1 uur. Het restaurant binnen ademt de sfeer van een Arabische taveerne met veel tapijten en snuisterijen, maar wordt uitsluitend gebruikt in de seizoenen dat het wat koeler is. De rest van het jaar kunt u aan de boulevard op het mooie terras smullen van de Arabische keuken, waaronder Libanese voorgerechten en grillschotels. Tevens een uitstekend adres voor het ontbijt. Vanaf NIS70.

Oriëntaals ▶ Abou Youssef 4: 1 HaMeginim St., tel. 04 866 37 23, dag. 12-24 uur. Al lang bestaand oriëntaals restaurant. Aan te raden zijn de voorafjes. En wie daarna nog honger heeft, kan een keus maken uit hart, kip en vlees, allemaal gegrild. Vanaf NIS60.

Winkelen

De buurt rond **Nordau Street** en **Herzl Street** geldt als het klassieke winkeldistrict, maar heeft aan klasse verloren. Ook in Haifa zijn de moderne winkelcentra in opmars.

Designkleding ▶ Panorama Center 1: 109 HaNassi Blvd., tel. 04 837 50 11, zo.-do. 9-20, vr. 9-14 uur. De bekende modeontwerpers van Israël hebben hier winkels, onder anderen Dorin Frankfort.

Reusachtig winkelcentrum ▶ Grand Canyon Mall 2: Simcha Golan Rd., Neve Shaanan, tel. 04 812 11 11, zo.-do. 10-22, vr. 10-15, za. vanaf einde sabbat tot 22.30 uur. Met ruim 150 winkels de grootste shopping mall van Israël.

Kunst en design ▶ Castra Art Centre 3: 8 Moshe Fliman St., in het zuiden van Haifa, tel. 04 859 00 00, zo.-do. 10-22, vr. 10-15, za. vanaf einde sabbat tot 22 uur. Kunstnijverheid, sieraden en design. Opmerkelijk is de grootste muurdecoratie ter wereld van de Oostenrijks-Israëlische Arik Brauer (www.arikbrauer.at). De op glazuur geschilderde en gebrande muurschilderingen met een totale oppervlakte van 507 m² verbeelden motieven uit het Oude Testament. De figuren en koepels van gietbeton zijn bedekt met een mozaïek van keramiek. De kleine details van die figuren zijn geschilderd, gebrand en geglazuurd.

Uitgaan

Haifa kent een beperkt, maar levendig uitgaansleven.

Populair ▶ Hachurva 1: 10 Hanamal St., tel. 867 12 65. Voor middernacht valt hier niets te beleven, maar daar staat tegenover dat er tot na zonsopkomst wordt gedanst.

Goed trefpunt ▶ City Hall 2: 7 Shabtai Levy St., tel. 867 77 72. Twintigers en dertigers feesten van middernacht tot het ochtendgloren.

Na middernacht ▶ Luna 3: HaPalyam Ave., do., vr. vanaf 24 uur, vanaf NIS100. Haifa's clubbers drinken aan vijf bars en dansen op zijn vroegst vanaf middernacht op drie dansvloeren (elk met een eigen dj) in een op een vesting lijkend gebouw.

Dansbar ▶ Beat Club 4: 124 Hanassi Blvd. 124, tel. 04 810 71 07, www.beat.co.il. De deuren gaan zo.-za. open om 19 uur, en ze gaan dicht als de laatste bezoeker vertrekt – en in de tussentijd wordt er gedanst, gedronken en af en toe naar livemuziek geluisterd.

Mooie klassieke concerten ▶ Haifa Auditorium 5: 138 HaNassi Blvd., tel. 04 860 05 00. Grootste en belangrijkste podium in Haifa voor klassieke concerten, dansvoorstellingen, folkloristische optredens en allerlei andere evenementen en tentoonstellingen.

Ook Engelse films ▶ Haifa Cinémathèque 6: 140 HaNassi Blvd., in het James de Rothschild Cultural and Community Center, tel. 04 810 42 99, www.haifacin.co.il. Dag. enkele films, vaak in het Engels of met Engelse ondertitels, variërend van avant-garde en independent tot retrospectieven en de nieuwste films.

Actief

Met Hashaket Beach (Hof Hashaket) beginnen bij de haven de stranden van Haifa. Hoe meer rust u zoekt, hoe verder u naar het zuiden moet rijden. Heel mooi zijn Dado Beach, met restaurants, onberispelijk schone douches en toiletten, en Carmel Beach.

Voor kitesurfers ▶ Kiteclub Haifa 1: Dado Beach, tel. 04 855 01 83, mobiel 050 5 73 18 96,

Haifa's 'tweede etage': van de Karmel hebt u een fantastisch uitzicht over de stad

www.kiteclub.net. Het hele jaar door worden er op Dado Beach kitesurfcursussen en *surf camps* gehouden; 6 uur kost ca. €190.

Wandelen ▶ Carmel Field School 2: 18 Hillel St., tel. 04 866 41 56, www.aspni.org. Tips en kaarten voor wandelingen rond Haifa; tochten met gids in het Karmelgebergte, onder meer naar Kababir (3 uur lopen) en de bron van de Ahuza (2,5 uur lopen).

Agenda

Haifa Film Festival: Sept./okt., www.haifaff.co.il/eng. Rond Soekot ontmoeten filmliefhebbers elkaar hier. Te zien: tientallen films over alle mogelijke onderwerpen en in alle mogelijke genres. Kaartjes vanaf NIS50.

Vervoer

Vliegtuig: Haifa Airport (tel. 04 847 61 00) in het oosten van de stad is alleen geschikt voor binnenlandse vluchten met kleine vliegtuigen. Vluchten kunnen worden geboekt bij Arkia, tel. 03 690 33 11, www.arkia.co.il.

Trein: Van station Khof Hacarmel rijden treinen naar Tel Aviv (elke 20–30 min.), Jeruzalem (minimaal elke 2 uur), Akko (ca. elke 30 min.) en alle andere delen van het land. Informatie: tel *5770 (snelkeuze), www.rail.co.il.

Bus: Van het busstation Khof Hacarmel vertrekken elke 45 min. bussen naar Tel Aviv en elk uur naar Nahariya, Akko en Jeruzalem. Egged: tel. *2800 (snelkeuze), 03 694 88 88.

Sheruttaxi: Deeltaxi's naar Akko, Galilea, de Golanhoogten en Tel Aviv vertrekken van Jaffa Road 157 en Hahalutz Street.

Huurauto: Avis, 2 Pal Aam Blvd., tel. 04 867 21 11, www.avis.co.il; Eldan, 84 Hahistradut Blvd., tel. 04 841 09 10, www.eldan.co.il; Hertz, 104 Hahistradut St., tel. 04 840 21 21, www.hertz.co.il.

Vervoer in de stad

Metro: De Carmelit, tel. 04 837 68 61, verbindt de kust met de wijken op de Karmel. Het dalstation ligt op Paris Square, het bergstation bij de Gan Ha'em (enkele reis NIS6,40, dagkaart NIS15).

Kabelbaan: Van de Hahaganna Boulevard bij het strand naar de Karmel (dag. ca. 10–19.45 uur, enkele reis NIS19, retour NIS28).

Akko en omgeving

Tussen Akko en Rosh HaNikra, op de grens met Libanon, strekt zich de noordkust van Israël uit. Wat begint met een dichte bebouwing en fijne zandstranden, verandert in de richting van Nahariya geleidelijk in een eenzame, indrukwekkend ruwe rotskust.

6 Akko ▶ 1, A 3

Kaart: blz. 270

Van Haifa bereikt u na ongeveer 22 km over de drukke Route 4, langs voortwoekerende industriecomplexen, het fraaie stadje **Akko**. Er wonen zo'n 47.000 mensen in deze plaats, die in 2001 op de Werelderfgoedlijst van de UNESCO werd gezet. In het aantrekkelijke historische centrum krijgt u het zeldzame gevoel dat de tijd heeft stilgestaan. U wandelt hier door een doolhof van straatjes, ontdekt kleine oriëntaalse markten en oude karavanserais, volgt de sporen van de kruisvaarders en Arabieren of snuffelt in de winkels van ambachtslieden en galeriehouders rond de El-Jazzarmoskee naar souvenirs. Afgezien van Jeruzalem hebt u in geen enkele andere plaats in Israël zozeer het gevoel dat u zich op historische bodem bevindt.

Akko dankt zijn status als Werelderfgoed aan zijn goed bewaarde Oude Stad

Geschiedenis

De naam Akko duikt in de vorm 'Aak' voor het eerst op in Egyptische tribuutlijsten uit de 15e eeuw v.Chr., in de tijd dat farao Toetmosis III over Egypte, Syrië en Palestina heerste. Na Assyrische en Perzische heersers volgde Alexander de Grote, die Akko in 332 v.Chr. zonder weerstand te ondervinden veroverde. Zijn opvolgers in Egypte en Syrië, de Ptolemaeën, gaven de stad zijn oude naam Ptolemais. Via de haven importeerden de Ptolemaeën niet alleen goederen, maar ook hellenistisch cultuurgoed. Al snel na de Kruisiging van Christus vestigden zich christenen in de stad, en de Romeinen legden tussen Colonia Claudia Caesarea Ptolemais (=Akko) en Antiochia (tegenwoordig Antakya in Zuid-Turkije) de eerste bestrate weg in Palestina aan.

In 636 namen de Arabieren Ptolemais in en gaven de stad weer de naam Akko. In 1104 werd de stad veroverd door de kruisridders van Boudewijn I. Akko werd de belangrijkste haven en na de val van Jeruzalem ook de hoofdstad van het kruisvaardersrijk. In de daaropvolgende eeuwen losten Mammelukken, Osmanen, Arabische bedoeïenen en uiteindelijk weer Osmanen elkaar af als heersers. Na de uitvinding van het stoomschip verloor de haven en daarmee de stad zijn betekenis.

Ook al doet Akko's middeleeuwse aanblik anders vermoeden: de stad met moderne woonwijken en een dikke gordel van industrieterreinen is in de tegenwoordige tijd aangekomen en heeft als gevolg van zijn bevolkingssamenstelling – een kwart van de bewoners is Arabisch – te lijden onder het Israëlisch-Arabische conflict. Wat lange tijd een Israëlisch-Arabische modelstad leek te zijn, een voorbeeld van vreedzame coëxistentie, geldt tegenwoordig als schoolvoorbeeld van het ontstaan van haat. In 2008 kwam het met Jom Kipoer tot bloedige ongeregeldheden tussen de Joodse en Arabische bewoners. Aangewakkerd door Israëls oorlog tegen Libanon verkeerde Akko vier dagen lang in een staat van beleg. Auto's en huizen gingen in vlammen op, predikers van beide zijden hitsten de mensen tegen elkaar op, riepen op tot het boycotten van winkels of bevalen zelfs aan om de tegenstander te deporteren. Toen de rust was weergekeerd, was het duidelijk dat niets meer zou zijn als voorheen, dat de verdeeldheid tussen Joodse en Arabische Israëli's een nieuw, gevaarlijk stadium had bereikt. Door Akko loopt nu een scheidslijn, onzichtbaar, maar zo dik als een kruisvaardersmuur. Houd bij bezichtigingen rekening met het feit dat bepaalde bezienswaardigheden wegens restauratiewerkzaamheden slechts gedeeltelijk te zien of helemaal gesloten zijn.

El-Jazzarmoskee 1

De Oude Stad van Akko is in zijn huidige vorm zo'n twee à drie eeuwen oud. Zijn dikke muren stammen uit het midden van de 18e eeuw, toen Arabische bedoeïenen er de baas waren.

Een bezichtiging van de Oude Stad kan het best beginnen bij de centraal gelegen **El-Jazzarmoskee**. Als een reusachtig potlood steekt de slanke minaret omhoog naar de hemel, maar de muezzin roept er allang niet meer op tot het gebed: hij is vervangen door een luidspreker. De moskee, die omgeven wordt door een rechthoekige, groene voorhof met een fontein voor de rituele wassing, werd in 1781 gebouwd door de later in de voorhof begraven pasja van Akko en Galilea, Ahmed el Jazzar. Gekleurde tegels en inlegwerk in marmer sieren de gevel. De stenen die zijn gebruikt voor de bouw van het complex zijn afkomstig uit de ruïnes van Caesarea (zie blz. 243). Voor de bouw van de moskee werd een Byzantijnse kerk afgebroken. De crypte van deze kerk werd vergroot en als enorm waterreservoir in gebruik genomen. De toegang tot de cisterne is te vinden onder de arcaden bij de toiletten; om ze te bezichtigen is het aan te raden om een zaklantaarn bij u te hebben (za.–do. 8–17, vr. 8–11, 13–17 uur).

Loop nu naar de belangrijkste bezienswaardigheid van Akko, tegenover de moskee.

Crusader City 2

Het hoogtepunt van Akko is de ondergrondse kruisvaardersstad **Crusader City**. Het complex ligt 8 m onder het huidige straatniveau en diende vanaf de 12e eeuw als hoofdkwartier van de orde der johannieters, ook bekend als hospitaalridders (voluit: de Ridderlijke Orde van St.-Jan van het Hospitaal te Jeruzalem). De Mammelukken verwoestten de erboven gelegen gebouwen om een terugkeer van de kruisridders te voorkomen, maar het ondergrondse complex lieten ze intact. Wel vulden ze de lege ruimte op met puin en aarde, waarop de Osmanen later nieuwe gebouwen neerzetten. De johannieters, die zich aanvankelijk bezighielden met de ziekenverzorging, waren in 1137 overgegaan tot de militaire bescherming van de kruisvaarders.

De mooiste ruimte van het complex is het refectorium (eetzaal), soms ten onrechte aangeduid als crypte of grafkelder. Hier gebruikte ook de Venetiaanse koopman Marco Polo de maaltijd bij zijn verblijf in Akko. Drie dikke, 12 m hoge pilaren steunen het gewelf van de zaal. De in de hoeken van de zaal uitgehouwen leliemotieven – oorspronkelijk het embleem van Saladin – werden in 1148 tijdens een bezoek van Lodewijk VII aangebracht en gelden als eerste uitbeelding van het bekende symbool van de Franse Bourbondynastie.

Wie het ondergrondse complex heeft gezien, kan zich goed voorstellen wat een prachtige aanblik Akko ooit bood – een vestingstad met bijna veertig kerken, waarin ongeveer 50.000 mensen woonden (El Hazzar St., za.-do. 8.30–18, vr. 8.30–17, za. 9–17 uur, NIS46 incl. Hamam el Pasha).

Hamam el-Pasha en Okashi Art Museum

Borden wijzen de weg van Crusader City naar het vlak ten zuiden ervan gelegen **Municipal Museum** (Stedelijk Museum), dat is ondergebracht in het vroegere Turkse badhuis, de **Hamam el-Pasha** 3. Met behulp van landkaarten en multimediapresentaties wordt de betekenis van Akko in de loop van de eeuwen verduidelijkt. U komt ook het een en ander te weten over het functioneren van het badhuis, dat van 1780 tot 1947 in bedrijf was.

In de vorm van een amusant toneelstukje – op het scherm gespeeld door de Hammam el-Bashatheatergroep – wordt de geschiedenis van een badopzichter uit de Osmaanse tijd verteld, die als taak had zijn overwegend welgestelde klanten te masseren en in te zepen. Het gaat om wreedheden in het badhuis en een bedrogen sultan die zich wreekt op zijn vrouwen – anekdote en historie vormen een fantastische belevenis (El Hazzar St., za.-do. 9–17, vr. en feestdagen 9–16 uur, NIS46 incl. Crusader City).

Om de hoek biedt het **Okashi Art Museum** 4 naast wisseltenstoonstellingen werken van de in 1980 gestorven Avshalom Okashi, die na de Onafhankelijkheidsoorlog medeoprichter was van een van de eerste kunstenaarsgroepen van Israël (1 Weizmann St., za.-do. 8.30–16, vr. en feestdagen 8.30–17 uur, NIS10).

Turkse Bazaar en Souk el-Abyad

Ten zuidoosten van het Municipal Museum ligt de **Turkse Bazaar** 5, die een lange geschiedenis kent. Hij werd tegen het eind van de 18e eeuw ingericht om de inheemse Arabische bevolking van alles te voorzien waaraan behoefte bestond. Toen de Israëli's in 1948 de Oude Stad binnenmarcheerden, gaven de Arabieren de markt op. Tegenwoordig vindt u hier een kunstnijverheidsbazaar met kleine winkels, werkplaatsen en ateliers, waar vooral souvenirs worden verkocht (dag. tot 18 uur).

De **Souk el-Abyad** 6 (Witte Markt), die in 1817 verrees op de ruïnes van zijn afgebrande voorganger, dankt zijn naam aan het witte kalksteen waaruit hij is opgetrokken. De overwelfde middenhal en zijgangen met markante tongewelven ligt van noordoost naar zuidwest in de Oude Stad. In de kruisvaarderstijd liep hier de Via Regis (Koningsstraat), die van de Poort van de Hospitaalridders in de noordelijke muur in de richting van de haven liep, en werd hier ook markt gehouden. Tegenwoordig heerst er – na een renovatie van de gevels – een bonte bedrijvigheid. Men verkoopt er Arabische zoetigheden, kruiden, vis en dergelijke (dag. tot 18 uur).

Khan el-Faranj en Khan el-Umdan

Heel mooi is de **Khan el-Faranj** 7 uit de tweede helft van de 16e eeuw, de oudste bewaard gebleven karavanserai van Akko. Karavanse-

Gastenverblijf met geschiedenis: de karavanserai Khan el-Umdan

rais dienden als overslagplaats voor goederen, maar ook als huisvesting van reizigers en hun dieren. De naam – *Faranj* betekent Frank in de zin van buitenlander – verwijst naar de Franse bouwers en handelaars, die in 1791 in ongenade vielen en door Ahmed el Jazzar werden verdreven.

Door hoge, smalle, soms overdekte winkelstraatjes komt u bij de **Khan el-Umdan** 8 (Khan van de Zuilen), de mooiste en best bewaard gebleven karavanserai in de Oude Stad. Hij werd rond 1785 gebouwd door Ahmed el Jazzar en bestaat uit twee verdiepingen, gedragen door zuilen uit de ruïnes van Caesarea. Op de binnenplaats staat een sierlijke klokkentoren, die in 1906 werd toegevoegd.

Naar de Citadel

Een heel mooie wandeling voert terug naar het uitgangspunt en de Citadel. Bij het verlaten van de Khan el-Umdan houdt u rechts aan en loopt parallel aan de havenmuur tot visrestaurant Abu Christo. Vlak daarna beklimt u de trap naar de muur van het kruisvaardershavenhoofd.

Tussen de in 1737 door franciscaner monniken gebouwde **Johanneskerk** 9 en de **vuurtoren** 10 verzamelen zich in de zomer veel kinderen, die van de hoge muur in zee springen. Bij de schilderachtige **oude haven** 11 loopt u over de parkeerplaats naar Hagana Street, die u volgt tot u bij de **Citadel** 12 bent. Dit is het imposantste bouwwerk binnen de muren van Akko en is in de 18e eeuw gebouwd op fundamenten uit de kruisvaarderstijd. De Citadel werd zo gebouwd dat ze in geval van een belegering van de stad zelfvoorzienend was en elke aanval zou kunnen trotseren (deze lakmoesproef bleef de Citadel echter bespaard). Onder de Citadel liggen volgestorte gewelven, die uit overwegingen van stabiliteit lange tijd niet werden leeggeruimd.

Akko

Bezienswaardigheden
1 El-Jazzarmoskee
2 Crusader City
3 Hamam el-Pasha
4 Okashi Art Museum
5 Turkse Bazaar
6 Souk el-Abyad
7 Khan el-Faranj
8 Khan el-Umdan
9 Johanneskerk
10 Vuurtoren
11 Oude Haven
12 Citadel
13 Treasures in the Walls

Accommodatie
1 The Efendi Hotel
2 Palm Beach Club
3 Akkotel
4 Walid's Akko Gate Hostel

Eten en drinken
1 Uri Buri
2 Abu Christo

Actief
1 Argaman Beach

Maar in 2005 legden archeologen hier bijna volledig bewaard gebleven delen van de vesting van de johannieters bloot: een kapel, straten en winkels, een eetzaal. Van het hele complex is naar schatting tot op heden nog geen 10% uitgegraven. Vermoedelijk leefden er ongeveer 10.000 mensen in de vesting.

Het belangrijkste gebouw in de Citadel is de **Schatkamertoren** (Burj el Khazane), het hoogste gebouw van Akko, waar u een schitterend uitzicht hebt. Tijdens het Britse mandaat diende de Citadel als centrale gevangenis, ook voor politieke gevangenen. Zowel Joden als Arabieren werden er gedetineerd door de Britten, die hier ook executies uitvoerden. In 1947 bliezen Joodse verzetsstrijders precies op het tijdstip dat gevangenen gelucht werden een stuk muur op, waardoor 200 gedetineerden konden ontsnappen. Tegenwoordig is er het **Museum of Underground Prisoners** (Museum of Heroism) ondergebracht. U ziet er onder meer de schavotruimte, waar zeven Joodse verzetsstrijders door de Britten zijn opgehangen; er brandt een nooit dovend licht. Ook Ze'ev Jabotinsky, schrijver, zionist en medeoprichter van de Irgoen, een van de Joodse milities, zat hier gevangen (Citadel en museum: tel. 04 991 82 64, za.–do. 9–17, vr. 9–13.30 uur, NIS17).

Treasures in the Walls 13

Enigszins afgelegen in de noordoosthoek van de Oude Stad ligt het etnografische museum **Treasures in the Walls**. Met honderden voorwerpen in de gewelven en zalen van de Burj el Commander (Osmaanse Toren van de Commandant) wijdt het zich aan het dagelijks leven in Akko. U ziet het meubilair van rijke zakenlieden, maar ook werkplaatsen van smeden, meubelmakers en schoenlappers (tel. 04 991 10 04, www.ozarot.net, za.-do. 10–17, vr,- 10–15 uur, NIS15).

Informatie

Visitors Center: 1 Weizmann St., Oude Stad, tel. 01 700 70 80 20 (landelijk nummer), 04 995 67 06/07, www.akko.org.il, 's zomers zo.-do., za. en feestdagen 8.30–18, vr. 8.30–17 uur, 's winters sluiting 1 uur vroeger. Bemiddeling voor hotels en excursies, stadsrondleidingen en meer; expositie van archeologische vondsten; combikaartjes voor verschillende bezienswaardigheden vanaf NIS27.

Tip: Neem de tunnel

Wie met een eigen auto naar Akko komt en de richting van het parkeerterrein bij de vuurtoren op de zuidwestpunt van de landtong aanhoudt, kan het best de **Templar's Tunnel** nemen om in de straten en stegen van de Oude Stad te komen. Deze ondergrondse gang werd in de 12e eeuw gedeeltelijk in de rotsen uitgehouwen en vele jaren later door een gewelf van uitgehouwen stenen overdekt. Een pompinstallatie zorgt ervoor dat de 350 m lange tunnel niet onderloopt met opkomend zeewater.

Accommodatie

Paleisje ► The Efendi Hotel 1: Louis IX. St., tel. 074 729 97 99, www.efendi-hotel.com. Op het terras een fantastisch uitzicht op zee, de lobby goed verlicht, de kamers licht, hoog en goed gemeubileerd: dit boetiekhotel (12 kamers, 3 etages, spa) in twee voormalige Osmaanse stadspaleizen is met afstand het duurste én het beste hotel van Akko. 2 pk vanaf NIS1200.

Keurig ► Palm Beach Club 2: Palm Beach (bij het begin van Oud-Akko), tel. 04 987 77 77, www.palmbeach.co.il. Mooie, ruime kamers, zwembad op het terrein van de Country Club. In de buurt ligt een strand met verschillende toegangstijden voor mannen en vrouwen. De Oude Stad ligt op een kwartier lopen. 2 pk vanaf NIS750.

Als een kruisridder ► Akkotel 3: 1 Salahuddin St., Oude Stad, tel. 04 987 71 00, www.akkotel.com. Boetiekhotel met kruisvaardersambiance en 16 niet even grote kamers. In het restaurant eet u onder gewelven en op het dakterras kunt u van een grandioos uitzicht genieten. Vriendelijk personeel, dat ook behulpzaam is bij het organiseren van tochten en uitstapjes. 2 pk vanaf NIS650.

Hostel in de Oude Stad ► Walid's Akko Gate Hostel 4: Oude Stad, tel. 04 991 04 10, www.akkogate.com. Verzorgd, eenvoudig hostel in de Oude Stad; vraag naar een kamer met uitzicht op de straat. Slaapzaal vanaf NIS50 p.p., 2 pk vanaf NIS250.

Eten en drinken

In de buurt rond de El-Jazzarmoskee liggen veel eethuisjes en kleine restaurants.

Bekroond ► Uri Buri 1: Lighthouse Place, tel. 04 955 22 12, www.uriburi.co.il, wo.-ma. 12–23 uur. Kiwisoep met pastis, viscarpaccio, ansjovisfilet met limoen, olie en peper, rodegrapefruitsorbet – het zijn slechts enkele specialiteiten van het bekroonde restaurant aan het parkeerterrein bij de vuurtoren. Eigenaar Uri Buri (hij heet Uri, *buri* betekent vis), een in heel Israël bekende bebaarde man uit Galilea, kan toveren met vis en uit het hele land komen daar de liefhebbers op af. Hij gaat persoonlijk langs de tafels om te informeren of het gesmaakt heeft. Het is ook mogelijk om de hele kaart af te werken in miniporties. Klein gebrek: weinig keuze aan wijn per glas, daarentegen wel veel flessen. Vanaf NIS150.

Arabisch ► Abu Christo 2: Marina, tel. 04 991 00 65, dag. 10–24 uur. Populair toeristenrestaurant in de buurt van de vuurtoren, dat alleen al vanwege het mooie terras aan zee een bezoek de moeite waard maakt. U krijgt er gegrilde vis- en vleesgerechten; bovendien worden er heerlijke voorafjes geserveerd. Vanaf NIS100.

Uitgaan

Disco ► Palm Beach Club 2: Zie links. 's Zomers dag. tot 3 uur, 's winters alleen op vr., vanaf NIS30. Dansen, dansen en nog eens dansen in deze leuke disco.

De overdekte straatjes beschermen de fruitmarkt tegen zon en regen

Actief

Zwemmen ▶ Argaman Beach 1: Argaman Beach (Purperstrand), een paar honderd meter ten zuiden van de Oude Stad, is een van de mooiste stranden van Israël, met een spectaculair uitzicht op de havenmuur van Akko.

Agenda

Israeli Fringe Theater Festival: Okt., tel. 04 838 47 77, www.accofestival.co.il. Dit alternatieve theaterfestival verandert de hele Oude Stad in een toneelpodium. De artiesten en toneelgezelschappen komen uit binnen- en buitenland; sommige stukken worden in het Engels gespeeld.

Vervoer

Trein: Van het station aan David Remez St., ca. 2 km buiten de Oude Stad, rijden elk uur treinen naar Nahariya en elke 30 min. naar Haifa en Tel Aviv (daar overstappen voor Jeruzalem en bestemmingen in het zuiden). Informatie: tel. *5770 (snelkeuze), www.rail.co.il

Bus: Van het Central Bus Station, David Remez St., tel. 04 954 95 55, rijden elke 10–15 min. bussen naar Nahariya en 1–2 x per uur naar Haifa (daar hebt u aansluiting op bussen naar andere delen van het land). Inlichtingen Egged: tel. *2800 (snelkeuze), 03 694 88 88.

Van Akko naar Nahariya

▶ 1, A 3

Bahaiheiligdom

Verder rijdend naar het noorden bereikt u ongeveer 3 km voorbij Akko het **Bahaiheiligdom** (tuin 9–19, mausoleum vr.–ma. 9–12 uur), dat samen met de Baha'i Shrine in Haifa het belangrijkste heiligdom van de Bahaigeloofsgemeenschap is. In 1892 werd Husseini Ali (zie blz. 66 en 263), naar eigen zeggen de door de Bab aangekondigde gezant van God, hier begraven. Het 18e-eeuwse **Turkse aquaduct** aan de rechterkant van de weg voorzag Akko vroeger van water.

Nahariya

Nahariya (ca. 52.000 inwoners), in de jaren 1930 gesticht door Duitse Joden, is een badplaats met beachclubs en een boulevard waar 's avonds geflaneerd kan worden. Het is een verzamelplaats van pensionado's, maar de toeristische ontwikkeling is door de nabijheid van Libanon altijd beperkt gebleven. Een van de mooiste stranden van Israël is echter, naar algemeen wordt gezegd, het al meermalen om zijn reinheid bekroonde badstrand **Galei-Galil**, dat even ten noorden van de HaGa'aton Boulevard ligt.

Accommodatie

Aan zee ▶ Madison Hotel: 17 Haliya St., tel. 073 200 50 00, www.madison-hotel.co.il. Kamers, studio's en suites met een modern design, een locatie vlak bij het strand; voor hotelgasten vrije toegang tot de naburige Country Club: met dit aanbod heeft het Madison zich na de renovatie opgewerkt tot beste hotel van de stad. 2 pk vanaf NIS900.

Zakenhotel ▶ The New Carlton: 23 HaGa'aton Blvd., Nahariya, tel. 04 900 55 11, www.carlton-nahariya.com. Dit aangename hotel biedt klassiek comfort voor zakenlieden en heeft zwembaden, spavoorzieningen en fraaie kamers. Het is een paar minuten lopen naar zee. Vanaf NIS600.

Verzorgd onderkomen ▶ Frank: 4 Haaliyah St., Nahariya, tel. 04 992 02 78, www.hotel-frank.co.il. Verzorgde kamers met uitzicht op zee. 2 pk vanaf NIS550.

Overnachten in een kibboets ▶ Nes Ammim Guest House: Ca. 8 km ten noordoosten van Akko, tel. 04 995 00 00, www.nesammim.com. Door een fraai landschap omringd kibboetsgastenhuis, tevens een ontmoetingsplaats voor Joden en christenen. Ook zonder te overnachten zijn gasten uit binnen- en buitenland hier van harte welkom (eerst aanmelden). Er zijn kamers, appartementen met keuken, een jeugdherberg, een groot zwembad en een tuin die een botanisch juweeltje is. 2 pk vanaf ongeveer NIS480.

Eten en drinken

Aan de HaGa'aton Boulevard ligt het ene terras naast het andere. Ze vormen zowel overdag als 's avonds een populair trefpunt voor stadsbewoners en toeristen.

Schnitzels en garnalen ▶ Penguin Café and Restaurant: 33 HaGa'aton Blvd., Nahariya, tel. 04 992 88 55, dag. 8–23 uur. De beste keus in de stad. Het restaurant wordt al drie generaties lang gedreven door de familie Oppenheimer. Het grote aanbod loopt uiteen van schnitzels tot Chinese specialiteiten. Vanaf NIS30.

Tip: Kibboets Lohamei HaGetaot

De **kibboets Lohamei HaGetaot**, die gesticht werd door overlevenden van het getto van Warschau, biedt onderdak aan het belangrijkste Holocaustgedenkteken van Israël na Yad Vashem in Jeruzalem. Het hier gevestigde centrum voor humanistische opvoeding, het **Ghetto Fighters' House**, voluit **Itzhak Katzenelson Holocaust and Jewish Resistance Heritage Museum**, omvat het **Museum of the Holocaust and Resistance** en **Yad La-Yeled**, een gedenkplaats voor de 1,5 miljoen bij de Holocaust omgekomen kinderen. Dit laatste is opgezet als educatief historisch museum voor kinderen, maar spreekt ook volwassenen aan. Bij uw bezoek aan het museum loopt u van boven naar beneden door een rond gebouw, waarbij u langs verschillende afdelingen komt. Hier worden door luidsprekers in het Engels en Hebreeuws de originele verhalen verteld van kinderen die de Holocaust meemaakten. Foto's tonen het getto van Warschau, deportaties en concentratiekampen. Ook bijvoorbeeld Anne Frank krijgt aandacht. Na het bezoek kunnen kinderen en jongeren onder pedagogische begeleiding hun indrukken creatief verwerken en uiten. Bij de kibboets hoort een gastenhuis.

Museum: Reserveren verplicht via tel. 04 995 80 80 en 04 993 32 71, www.gfh.org.il, zo.–do. 9–16 uur.

De kruisvaardersburcht Montfort is een populaire locatie om te trouwen

Vervoer

Trein: Van het station, HaGa'aton Blvd., elke 30 min. treinen naar Haifa, elk uur naar Tel Aviv en elke 2–3 uur naar Jeruzalem. Dienstregeling: tel. *5770 (snelkeuze), www.rail.co.il

Bus: Met busmaatschappij Egged enkele malen per uur bussen naar Haifa. Ongeveer elke 30 min. naar Tel Aviv (daar overstappen voor andere delen van het land), meermalen per dag naar Jeruzalem, afhankelijk van het seizoen 4 x per dag naar Rosh HaNikra (bussen om 10, 13, 16 en 18 uur). Inlichtingen Egged: tel. *2800 (snelkeuze), 03 694 88 88.

Sheruttaxi: Deze deeltaxi's rijden van de HaGa'aton Blvd. naar Rosh HaNikra, Akko en Haifa.

Huurauto: Avis, 66 Weizman St., tel. 04 951 18 80, www.avis.co.il

Montfort ▶ 1, B 3

Niet heel gemakkelijk te vinden is het volgende doel, ruim 30 km ten oosten van Nahariya, **Montfort**. De in beboste heuvels gelegen burcht werd in het begin van de 12e eeuw ge-

bouwd door Franse kruisridders, maar in 1220 verkocht aan de Duitse Orde, die het complex met steun van paus Gregorius IX grandioos uitbreidde. In 1271 belegerde de Mammelukkensultan Baibars de burcht, maar wist hem niet stormenderhand in te nemen. Toen hij hem uiteindelijk met behulp van mijnen dreigde te laten instorten, gaven de kruisridders zich over na een vrijgeleide gekregen te hebben. Daarna raakte het complex in verval.

Er zijn twee wegen naar Montfort. Van Nahariya rijdt u over Route 89 ongeveer 33 km naar het oosten tot Mi'ilya, vanwaar u de resterende 2 km te voet gaat. Het alternatief is de zijweg vlak voor Rosh HaNikra (zie blz. 277) in oostelijke richting naar Goren en Sasa. Ongeveer 1 km na kibboets Eilon (zie blz. 277) rijdt u in het Keziv National Park naar het uitkijkpunt Montfort. Daar begint een wandelpad dat u in 45 minuten bij de burcht brengt.

Naar Rosh HaNikra

► 1, A 2/3

Akhziv National Park en Republiek Akhzivland

Ca. 4 km ten noorden van Nahariya ligt op de plaats van een verwoest Arabisch dorp het **Akhziv National Park** (apr.–sept. 8–19, okt.–mrt. 8–16 uur, NIS14). Aan het mooie strand kunt u zwemmen en picknicken. In het park vindt u ook de halte van de Small Train, die in ca. 45 min. naar Rosh HaNikra tuft (zie blz. 277, park: zo.–do. 9–18, 's winters zo.–do. 9–16, vr. en feestdagen 9–16, za. 9–18 uur, NIS43; trein: za. en feestdagen 11–17 uur om het halfuur, NIS56 incl. toegang tot Rosh HaNikra). Verder op de weg naar het noorden passeert u niet lang na het nationaal park maar nog voor het wat verscholen liggen **Banana Beach** (strand, camping, restaurant) een in de richting van de kust wijzend verkeersbord met daarop de tekst 'Eli Avivi'. Als u deze richting volgt komt u uit in de autonome **republiek Akhzivland**.

In de kleinste republiek ter wereld kan de bezoeker eventueel met het staatshoofd persoonlijk spreken, de door hem verzamelde objecten bewonderen en overnachten in een tent (tel. 04 982 32 50, dag. 10–15 uur, bezichtiging NIS20, strand NIS35, zie blz. 276).

De actieradius van de Katjoesjaraketten die vroeger vaak door Hezbollah uit Zuid-Libanon werden afgevuurd reikt vrij precies tot Akhzivland, en dus ook niet zelden verder zuidelijk tot het rustige badplaatsje Nahariya. Ook de Israëli's provoceren met grensschendingen. De met grote regelmaat uitbrekende grensschermutselingen hebben de toeristische ontwikkeling van deze regio tot nu toe behoorlijk in de weg gezeten.

Autonome republiek Akhzivland

Thema

Het is de kleinste vrijstaat ter wereld – het landje kan zich geen diplomatieke vertegenwoordiging in het buitenland veroorloven, is geen lid van de VN en zijn leger, als je daar al van kunt spreken, bestaat uit twee blaffende honden. Bezoek aan een microstaatje.

Op de weg van Nahariya naar Rosh HaNikra zou u waarschijnlijk zo voorbijrijden aan Akhzivland, als er geen verkeersbord stond dat naar Eli Avivi, het 'staatshoofd' verwijst. Vlak na het Akhziv National Park voert een smalle steenslagweg omhoog naar een heuvel aan zee, waar een villa van een paar verdiepingen verrijst. De begane grond is in natuursteen opgetrokken, de opbouw in hout. En in de deuropening van het enige huis in Akhzivland staat Eli Avivi al te wachten, een man die eruitziet als Petrus op een tekening in een kinderbijbel. Avivi's bruinverbrande gezicht wordt omlijst door een volle witte baard, hij draagt een witte kaftan met een zwarte, loshangende gordel en lichte leren sandalen. Echt een man uit Galilea. Nu hij ouder wordt, laat hij zich om gezondheidsredenen niet meer zo vaak zien en stuurt graag zijn vrouw, een geboren, kordate Duitse, op de gasten af

Het gebouw is woonhuis, archeologisch museum en rommelzolder vol snuisterijen tegelijk, een soort Villa Kakelbont voor volwassenen. Er is geen kamer waarin geen ankers, boegbeelden, dorsvlegels, wijnpersen, lampen of potscherven uit vroegchristelijke tijd, vazen, kannen, fragmenten van zuilen en kapitelen of andere curiosa zijn uitgestald. Wanneer de bezoeker zich ten slotte, uitgeput door de overvloed aan voorwerpen, op bed laat neerzakken, bevindt hij zich in de slaapkamer van president en museumdirecteur Eli Avivi en zijn vrouw Rina. En het kantoor waar douanebeambte Eli Avivi later de drie in- en uitreisstempels van Akhzivland in het paspoort van de bezoeker zet, is niets anders dan de woonkeuken van het echtpaar.

Eli Avivi, jaargang 1930, sloot zich op zijn 13e aan bij de Palmach, een Joodse militie die evenzeer tegen de Britten als de Arabieren streed. 'In 1951 heb ik dit huis ontdekt, waarna ik meteen een pachtcontract voor 99 jaar voor het land en het huis heb afgesloten. Maar een jaar later kwam het Israëlische leger en wilde alles verwoesten, omdat het huis vroeger van een moslim was.' Avivi begon daarop een zitstaking en week niet van zijn erf, deed een beroep op alle mogelijke gerechtelijke instanties en werd wegens zijn verzet zelfs korte tijd gevangengezet. 'Uit protest tegen de verdrijving door mijn eigen volk heb ik deze republiek gesticht.' De verschillende rechtbanken verklaarden zich allemaal niet bevoegd. Eli Avivi hield voet bij stuk, maar de republiek Akhzivland is nog altijd een doorn in het oog van de autoriteiten.

Als geen andere staat leeft Akhzivland van het toerisme, dat hier in de buurt van de Libanese grens echter veel te lijden heeft onder de regelmatige beschietingen door Hezbollah. 'Jammer genoeg eindigt de actieradius van de raketten ongeveer 100 m voorbij mijn huis. Om de andere aanval barsten alle ruiten in Akhzivland, maar zolang ze over me heen schieten mag ik niet klagen.'

In 2051 wordt de republiek Akhzivland opgeheven. 'Dan zal ik allang dood zijn,' glimlacht Avivi,'mijn graf zal in Akhzivland liggen. Ik hoop alleen dat ze Akhzivland op zijn minst als museum zullen laten bestaan.'

Rosh HaNikra

Route 4 loopt vlak langs zee door een bosachtige omgeving licht bergopwaarts. Het Bijbelboek Jozua (11:8) noemt al het even ten zuiden van Rosh HaNikra gelegen Misrefot Maïm als grensplaats van de Israëlitische stammen. Alexander de Grote liet er in 323 v.Chr. een tunnel graven voor zijn troepen, die na de inname van het noordelijker gelegen Tyrus een snelle doorgangsroute nodig hadden en zo de weg over het gebergte konden mijden.

In de Eerste Wereldoorlog legden de Britten hier de eerste autoweg aan en in de Tweede Wereldoorlog boorden ze een 250 m lange tunnel door de rotsen: de nog altijd deels toegankelijk spoortunnel op het traject Beiroet-Haifa-Caïro, nodig voor bevoorrading vanuit Egypte van de geallieerde troepen. Tijdens de Onafhankelijkheidsoorlog van 1948 werden delen van de tunnel opgeblazen om een invasie uit Libanon te bemoeilijken.

In **Rosh HaNikra** eindigt de rit op een parkeerplaats met uitzicht op zee. Hier vindt u enkele souvenirwinkels en het kleine Tourist Center. Het op een klip gelegen grensplaatsje met Libanon biedt een fantastisch uitzicht over de afwisselend zandige en rotsige noordkust. Op de weinige heldere dagen kunt u zelfs Haifa zien liggen. Voor de kust liggen een paar kleine eilandjes, waaronder **Akhziv Island**, die door snelboten worden aangedaan.

De kalksteenrotsen lopen 70 m steil naar beneden. Hard en zacht gesteente ligt hier in lagen over elkaar heen en in de loop van duizenden jaren heeft de zee de **grotten** van Rosh HaNikra uitgeslepen. Interessant is het 15 minuten durende klank-en-lichtspel in een van de grotten, dat het leven aan de grens uit vroeger tijden doet herleven (in het Engels en andere talen).

Vanaf het uitkijkpunt kunt u te voet of met de steeds op en neer pendelende en, naar wordt beweerd, steilste kabelbaan ter wereld, de **cable car**, het 9 m boven de zeespiegel liggende plateau ter hoogte van de grotten bereiken, vanwaar u door de ca. 400 m lange uitgeslepen gangen kunt lopen. 's Avonds met olielampen is dat heel sfeervol (tel. 04 985 71 90, www.rosh-hanikra.com, 's zomers zo.-do. 9-18, 's winters zo.-do. 9-16, vr. en feestdagen 9-16, za. 9-18 uur, NIS43, incl. kaartje voor de Small Train (zie Vervoer) NIS56, combikaartjes met bezienswaardigheden in Akko.

Kibboets Eilon

De **kibboets Eilon**, ca. 12 km ten oosten van Rosh HaNikra richting Montfort (zie blz. 274), huisvest het in 1980 gestichte Keshet Eilon Music Center and Mastercourse, een wereldberoemd muziekcentrum. De masterclasses voor strijkinstrumenten die er worden gegeven, trekken gerenommeerde docenten en leerlingen uit de hele wereld. Half augustus krijgt u concerten te horen die u in deze streek niet zou verwachten. Er wordt het hele jaar door goede accommodatie aangeboden (tel. 04 985 81 91, 04 985 81 31, www.keshetei.org.il; accommodatie zie onder).

Accommodatie

Ruime bungalows ▶ Kibboets Eilon: Zie boven, tel. 052 373 88 51, zipivillas@012.net.il, eind juli-half aug. gesl. Verblijf in smaakvol ingerichte, ruime bungalows. Meteen bij het betreden van het terras staat u midden in de natuur. Zeer verkwikkend. 2 pk vanaf NIS450.

Overnachten in een vrijstaat ▶ Republiek Akhzivland: Tel. 04 982 32 50. Hiervandaan laat het nationaal park zich goed verkennen. 2 pk vanaf NIS150, camping NIS90.

Eten en drinken

Behalve van een snackbar is er in Rosh HaNikra een koosjer restaurant met terras.

Uitzicht op zee ▶ Diners Bar Brew House: Tel. 073 271 01 00, 050 833 10 87, zo. 11.30-18, ma.-do. 11.30-22, vr. 11.30-16 uur. Koosjere Israëlische keuken. Vanaf NIS60.

Vervoer

Trein: Voor het Tourist Center vertrekt de Small Train, die za. en feestdagen 11-17 uur elke 30 min. naar het Akhziv National Park rijdt (zie blz. 275, ca. 45 min., NIS56).

Bus: Van het Tourist Center 4 x per dag naar Nahariya (om 12, 14.30, 17 en 18 uur).

Sheruttaxi: Van het Tourist Center rijden deeltaxi's naar Nahariya.

In het oosten wordt Galilea begrensd door het vruchtbare Jordaandal

Galilea en de Golan

Nazareth is het spirituele centrum van Galilea, dat zich uitstrekt van de berg Hermon en de staatsgrens in het noorden tot de Vlakte van Jizreël in het zuiden. In het oosten grenst de streek aan het Jordaandal of beter gezegd de Golan, in het westen voor de kust aan het Karmelgebergte. Contemplatie is de leidraad voor het leven in Galilea (Hebreeuws: HaGalil) en de mensen hechten aan hun tradities. Heuvels, bergen, beken, watervallen, pijn- en cederbossen geven het landschap met zijn vruchtbare akkerland een lieflijke aanblik.

In het sterk gelede noordelijke bergland liggen Safed, de hoofdstad van Galilea, en het op een hoogte van 1208 m gelegen Meron. Het zuiden van Galilea is heuvelachtig met een hoogste punt van 598 m. Hier spelen zich vele taferelen af uit het door de evangelisten opgetekende levensverhaal van Jezus. De aantrekkingskracht van Galilea is om in het overweldigende decor van de natuur en in het spoor van Jezus de oorsprong en geschiedenis van het christendom en het Avondland te ontdekken. Tiberias aan het gelijknamige meer is een toeristische badplaats en het belangrijkste kuuroord. Aan de zuidpunt van het Meer van Tiberias ligt Degania, de oudste kibboets van Israël.

In het noorden van Galilea en de Golan liggen natuurparken als het Huladal en Banias. De berg Hermon is het enige skigebied van Israël en in de sneeuwvrije periode is het er prettig wandelen. De goede wijnen van de lokale wijnboeren zijn het proeven waard.

In een oogopslag
Galilea en de Golan

Hoogtepunten

7 **Nazareth:** De geboortestad van Jezus is de bestemming van veel bedevaartgangers, die bidden in de Annunciatiebasiliek. Nazareth zelf betovert door zijn Arabische sfeer (zie blz. 282).

8 **Tiberias:** Door zijn meer is Tiberias een populaire vakantiebestemming geworden. In de avond verzamelt iedereen zich op de oeverpromenade, overdag verkennen bezoekers de streek Galilea (zie blz. 291).

9 **Beth Shean:** Deze geweldige archeologische vindplaats omvat overblijfselen van zo'n twintig steden en vertelt een geschiedenis van 5000 jaar bewoning (zie blz. 302).

10 **Berg Hermon (Neve Ativ):** Deze top vlak bij de grens met Syrië trekt veel natuurliefhebbers en is met 2814 m hoog genoeg om in de winter te skiën (zie blz. 318).

Fraaie routes

Vanuit Tiberias rond het gelijknamige meer: Deze tocht leidt naar de oudste kibboets van Israël, Gan HaShlosha National Park en de archeologische plaats Beth Shean. Van Hammat Gader, een stadje met thermen bij de grens met Jordanië, voert de rit langs de uitlopers van de Golanhoogten naar het franciscaner klooster en de witte synagoge van Kapernaüm. Bezoek het Huis van Petrus, de Berg van de Zaligsprekingen bij Tabgha en de Kerk van de Wonderbare Spijziging (zie blz. 291).

Over de Golanhoogten: De tocht leidt via Banias National Park naar de berg Hermon en het druzendorp Majdal Shams. Een afrastering vormt de grens met het Syrische zusterdorp. Vervolgens loopt de route bergaf naar de uitkijkplaats Kuneitra en verder naar Katsrin met de Golan Heights Winery en de Dvorahwatervallen (zie blz. 316).

Tips

Restaurant Diana: De fantasierijke koks zetten naast vis en vlees ook authentieke gerechten als schapentestikels op het menu (zie blz. 287).

Vered HaGalil Guest Farm: Manege Vered HaGalil Guest Farm, ten noorden van Tiberias, biedt logies en paardrijden (zie blz. 297).

Hamat Gader: De warmwaterbronnen met een temperatuur van 51 °C en een alligatorfarm aan het Meer van Tiberias zijn gewilde toeristische attracties (zie blz. 306).

Attractiepark Ma'ayan Baruch: Dit park hoort bij de kibboets Ma'ayan ten noorden van Qiryat Shemona. De rivier Hatzbani leent zich voor kajakken of schaatsen (zie blz. 314).

Golan Heights Winery: Deze wijnkelder in Qatzrin kan worden bezichtigd, de wijn kan worden geproefd en gekocht (zie blz. 320).

actief

Over de Jesus Trail door Galilea: Het ca. 65 km lange traject is ook voor niet-christelijke natuurliefhebbers een heidens genoegen (zie blz. 284).

Op de berg Tabor: Bij het dorp Kefar Tavor ligt boven de Vlakte van Jizreël de 588 m hoge berg van de Transfiguratie van Jezus. Het uitzicht boven is adembenemend en beslaat heel Galilea (zie blz. 290).

Per fiets om het Meer van Tiberias: De tocht door een schitterend landschap is ruim 50 km lang en met een verfrissend bad heel goed te doen in één dag (zie blz. 292).

Trekking op de Israel National Trail: Het pad van ca. 965 km lengte langs de grens met Libanon in het noorden tot Eilat aan de Rode Zee is ook heel goed in delen te bewandelen (zie blz. 317).

Nazareth en omgeving

Het hoogtepunt van deze tocht is ongetwijfeld de sympathieke stad Nazareth. Op de berg Tabor en in Kana volgt u het spoor van Jezus. Een fascinerende plek voor mensen met archeologische belangstelling zijn de opgravingen van Beth She'arim.

7 Nazareth ▶ 4, D 2

Kaart: blz. 289

Voor veel bezoekers is **Nazareth** (122.000 inwoners met zusterstad Nazareth-Illit) op het eerste gezicht een teleurstelling. In een dal ontwikkelde zich een moderne, door de Arabische bevolking gedomineerde stad (Arabisch: El Nasra), die beslist niet de gewijde sfeer ademt die van een dergelijke plaats verwacht zou kunnen worden. Het Midden-Oostenconflict is hier meteen zichtbaar op de City Square, de entree van de Annunciatiebasiliek. Het islamitische heiligdom van Shabab el-Din gedenkt een neef van Saladin die in de 12e eeuw hielp met het verdrijven van kruisvaarders uit het Morgenland. Boven het graf van Shabab wappert de blauwe – geen gebruikelijke groene – vlag van de islam met een zwaard erop. In het Arabisch staat er: 'Er is geen god dan God en Mohammed is zijn profeet.' Naast de koepel van het heiligdom heb-

Ondenkbaar: op bedevaart naar Israël zonder Nazareth en de Annunciatiebasiliek

ben leden van de Jama'at Ansar Allah, de Steunpilaar van Allah, een luidspreker op een mast gezet. De dreunende oproep tot gebed van de muezzin klinkt zo ook op naar de Annunciatiebasiliek. Op een bordje maant soera 3:85: 'En wie een andere religie wenst dan de islam, dat zal van hem niet aanvaard worden, en in het hiernamaals zal hij onder de verliezers zijn.' In Nazareth interpreteert men dat als uitdrukking van vreedzaam samenleven: ook moslims, twee derde van de lokale bevolking, mogen vrij hun mening uiten.

In Nazareth kondigde de aartsengel Gabriël de geboorte van Jezus aan en naar Nazareth keerde de Heilige Familie terug na de vlucht naar Egypte. Een bezoek aan Nazareth is voor veel mensen een spirituele ervaring, maar die wordt niet iedereen ongestoord gegund. Veel priesters en monniken, hoeders van heilige plaatsen, slaan tegenover bezoekers een barse toon aan. In wezen is de stad tegenwoordig een snelle afhandelingsmachine voor groepen op bedevaart: de kerk in, bidden, de zegen krijgen, amen en tot ziens.

Geschiedenis

Voorafgaand aan de Annunciatie aan Maria speelde Nazareth geen noemenswaardige rol in de geschiedenis, ook al staat vast dat het sinds de bronstijd een agrarische nederzetting was. Na de Bar Kochbaopstand zochten joodse hogepriesters en andere uit Jeruzalem verdrevenen er hun toevlucht en onderdrukten het christelijk geloof in Nazareth, totdat zij werden verjaagd door de Byzantijnen.

Vanaf de 5e eeuw konden christelijke kerken en gedenkplaatsen worden gebouwd. Niet lang daarna kwam de stroom pelgrims op gang, doordat over Nazareth het verhaal ging dat er wonderen plaatsvonden en dat de plaatselijke synagoge in het bezit zou zijn van de schoolbank en het boek waarin Jezus als kind zijn eerste schrijfoefeningen had gedaan.

De Arabieren verwoestten de stad in de 7e eeuw. In 1099 verhieven de kruisvaarders het dan allang herbouwde Nazareth tot hoofdstad van Galilea en bouwden er kerken – het begin van het pelgrimstoerisme. In 1263 werd de stad door Mammelukken veroverd, in 1620 stichtten de franciscanen onder de tolerante heerschappij van de druze Fakhr el Din er een klooster. In de Onafhankelijkheidsoorlog veroverde Israël de stad, waar nu de grootste gemeenschap van Arabische Israëli's woont.

De straatnamen en -nummers zijn verwarrend. De Tourist Information (zie blz. 286) kan een verhelderende stadsplattegrond leveren.

Annunciatiebasiliek

De **Annunciatiebasiliek** aan de Casa Nova Street is het religieuze middelpunt voor alle groepen pelgrims. Het in architectonisch opzicht opmerkelijk modern geconcipieerde kalkstenen gebouw werd in 1969 gewijd. Een kerk uit de 18e eeuw moest ervoor wijken. De basiliek bestaat uit twee op elkaar gelegen kerken, waarin oudere elementen uit de tijd van de Byzantijnen en de kruisvaarders zijn opgenomen. Op deze plek zou ooit het huis van Maria hebben gestaan, waarin Gabriël de geboorte van de Heiland aankondigde. Een ommuurde voorhof omgeeft het sacrale bouwwerk. De kruisgang is rijk versierd met wandmozaïeken met bijzonder fraaie volkskunst van over de hele wereld. Boven in de façade zijn reliëfs te zien van de Annunciatie, evenals afbeeldingen van de evangelisten Matteus, Marcus, Lucas en Johannes (van links naar rechts). Op de bronzen portalen zijn sleutelscènes uit het christendom en het leven van Jezus te zien: de Zondeval, de Doop, de Bergrede, de Kruisiging en de Wederopstanding (tel. 04 656 00 01, www.basilicanazareth.org, dag. 8–18, Annunciatiegrot 5.45–21, Jozefskerk 7–18 uur, toegang gratis).

Het middelpunt van het binnenste van de kerk is de 1,5 m lager gelegen, achthoekige voorhal met altaar, waar groepen pelgrims kerkdiensten houden voor de Annunciatiegrot. In de grote grot met de door de kruisvaarders gebouwde Engelenkapel markeren twee zuilen de posities van Maria en Gabriël op het moment van de Annunciatie.

Voor de grafkerk, een bijgrot met daarin een prachtig mozaïek, schijnt het huis van Maria gestaan te hebben. In de vloer van het middenschip is het monogram van Christus verwerkt, dat bestaat uit de twee in Griekse

actief

Over de Jesus Trail door Galilea

Informatie

Traject: Nazareth-Kapernaüm
Lengte: Ca. 65 km
Duur: 4-5 dagen
Seizoen: Febr.-mei en eind sept.-nov.
Planning: Op www.jesustrail.com vindt u onder andere kaarten, GPS-materiaal, lijsten van met accommodatie en hoogteverschillen. Boekentip: *A village to village guide to hiking the Jesus Trail.*
Georganiseerde reis: Wie liever niet op eigen houtje op pad gaat, wendt zich tot info@jesustrail.com of info@jesustrailtours.com (geen telefoonnummer). Arrangementen (6 dagen/5 overnachtingen, incl. bagagevervoer) vanaf ca. €750.

'Jezus heeft nooit per bus gereisd, maar ging te voet,' aldus David Landis, die samen met een Israëli de Jesus Trail door Galilea heeft uitgedacht en opgezet. Uit bestaande wandelpaden en landweggetjes stelden ze een trail samen die verschillende verhalen in het evangelie met elkaar verbindt.

De overnachting in de sfeervolle **Fauzi Azar Inn** in Nazareth (zie blz. 286) is niet alleen ideaal vanwege de nabijheid van het vertrekpunt van de trail. Vele wandelaars verblijven hier voordat ze bijna letterlijk over heg en steg gaan, heuvel op, heuvel af, wadend door beekjes, dwars door weilanden, vaak met de blik op het Meer van Tiberias, dat ogenschijnlijk heel dichtbij is.

Het ongeveer 65 km lange traject gaat van Nazareth over Kana naar Kapernaüm richting Tiberias. Met 11-21 km per dag zijn de etappes geschikt voor wandelaars met een gewone conditie. Het lijkt niet ver, maar de middaghitte beneemt u vaak de lust tot wandelen en noopt tot pauzeren. Waar u ook overnacht, hetzij op een boerderij, kibboets of bij particulieren, vertrek altijd vroeg, met ruim voldoende water: 5 l per persoon per dag. Eetgelegenheden onderweg zijn er voldoende.

Van **Nazareth** loopt u op de eerste dag 13,5 km – eerst omlaag door het dal naar **Zippori** met interessante opgravingen van het antieke Sepphoris. Naast een Romeins theater en het toegankelijke aquaduct, zijn een synagoge uit de 5e eeuw en fraaie mozaïeken van bijvoorbeeld de tekens van de dierenriem, Helios, Pan, Prometheus en Dionysos bewaard gebleven. In de dorpen is men gewend aan pelgrims, met name aan groepen Amerikanen. De eerste dag eindigt daar waar de Bruiloft te Kana plaatsvond.

Met een afstand van ruim 15 km is dag twee er een van een mars door de bossen. Bij **Ilanya** bezoekt **geitenboerderij Yarok**, een biologisch bedrijf met gastenhuis. U overnacht echter in de kibboets Lavi 4 km verder, waar de regels van de sabbat, zoals niet autorijden, streng in acht worden genomen

hoofdletters geschreven beginletters van de naam Christus, namelijk een ster in de vorm van een chi (x) en een rho (p).

De bovenkerk met een zeer groot hoofdaltaar en twee kleinere zijaltaren is gedecoreerd met mozaïeken en schilderingen, die door christenen van over de hele wereld zijn geschonken. Vanuit de bovenkerk kunt u de noordelijker gelegen Jozefskerk bereiken, die in 1914 werd gebouwd maar lang niet zo indrukwekkend is als de enorme Annunciatiebasiliek. De kerk staat op de plek waar zich ooit het huis en de werkplaats van Jozef bevonden. Hier leerde Jezus het timmermansambacht. Een smalle trap bij de doopvont leidt naar de getraliede Jozefsgrot, die eerst als offerplaats en daarna voor de graanopslag diende.

Onder de kerk ligt het Internationaal Centrum Maria van Nazareth. Het houdt zich be-

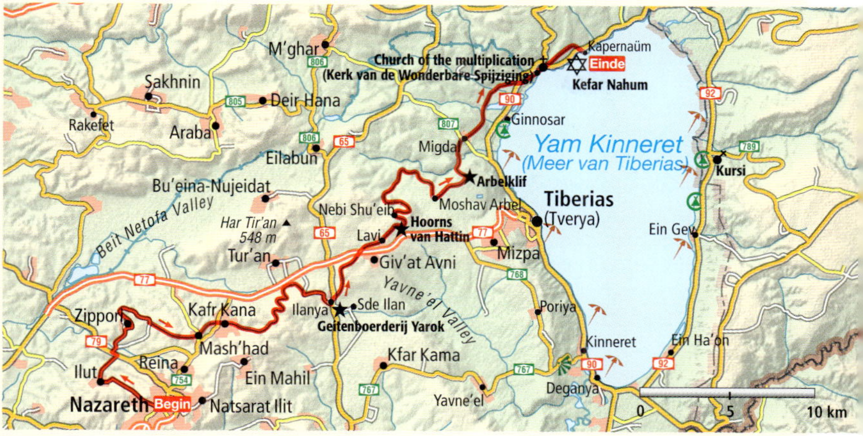

Van **Lavi** loopt u de derde dag naar het **Arbeldal**, met 19 km de langste etappe. Hoogtepunten van de dag zijn de resten van een Romeinse straatweg en de weg omhoog naar de **Hoorns van Hattin**, een weinig spectaculaire dubbele bergtop, die echter beroemd is vanwege de – verloren – slag die de kruisvaarders hier in 1187 tegen Saladin leverden. U kunt overnachten in een gastenhuis in **Moshav Arbel**, zoals bij de familie Shavit in hun Arbel Guest House met een- en tweepersoonskamers en slaapzalen.

De vierde en laatste dag is rijk aan bezienswaardigheden. Dat begint al met het uitzicht van de **Arbelklif**, dat bij helder weer van de Golanhoogten tot het Jordaandal reikt. Beklim **Tabor** (zie blz. 290), de berg met de Verheerlijkingsbasiliek, en beleef de gebeden in **Tabgha** (zie blz. 308), de plaats van de Wonderbare Spijziging, en op de Berg der Zaligsprekingen (zie blz. 308), de plaats van de Bergrede, nu een tuin met een kerkje van franciscanen. In het vissersdorp **Kapernaüm** (zie blz. 307), waar Jezus woonde, eindigt het pad.

Een shuttlebus brengt u terug naar Nazareth of verder naar Tiberias. Wie er nog niet genoeg van heeft, kan het 128 km lange pad via Tiberias langs het Meer van Tiberias terug naar Nazareth aflopen.

zig met onderzoek naar het mysterie van de Moeder Gods (www.cidmn.com) en is opgericht en wordt geleid door de christelijke kerken van het Heilige Land en door internationale Mariakenners. Bij het voorbereidend bodemonderzoek voor de bouw van het centrum troffen archeologen een huis aan uit de tijd van Jezus, waarmee voor het eerst een gebouw uit het Joodse Nazareth werd ontdekt. Naast een interactieve expositie over de rol van de Mariafiguur in de Kerk is er een multimediashow in verschillende talen te zien (tel. 04 646 12 66, ma.-za. 9.30-12, 14.30-17 uur, toegang gratis).

Synagogekerk en Mensa Christikerk

Van de Annunciatiebasiliek leidt een steil voetpad omhoog naar de Bazaarwijk met de Grieks-katholieke **Synagogekerk**. De volksmond zegt dat hier de synagoge stond waar Jezus als kind lezen en schrijven leerde en zich later aan de Joodse inwoners als de Messias kenbaar maakte (ma.–za. 8–12, 14–17 uur, toegang gratis).

De in 1861 door franciscanen gebouwde **Mensa Christikerk** ligt in een van de steile stegen ten westen van de Annunciatiebasiliek en is te herkennen aan zijn rode koepel. Hij staat op de plaats waar Jezus na de wederopstanding met zijn discipelen de maaltijd zou hebben gebruikt. Als tafel diende een rotsblok, waarvan pelgrims nu nog steeds stukjes afbreken om als souvenir mee te nemen. In de kerk staat een marmeren altaar en zijn subtiele schilderingen van Italiaanse kunstenaars uit de 19e eeuw te zien. De zogeheten Jezusbron buiten de kerk was in 1921 al opgedroogd. Omdat tegenwoordig geen missen meer worden opgedragen in de kerk, moet de sleutel bij de buren worden gehaald; in ruil daarvoor wordt een donatie op prijs gesteld.

Gabriëlskerk

De **Gabriëlskerk** uit 1776 ligt met de Mariabron aan de noordrand van de stad. Grieks-orthodoxe christenen beschouwen niet de Annunciatiebasiliek, maar deze kerk als de ware Kerk van de Annunciatie. Met zijn hal en twee vleugels doet hij denken aan een vesting. Het oude brongat ligt in de crypte onder het altaar. De bron uit de 19de eeuw geeft geen water meer. Boven de bron in de crypte staat in het Arabisch op de muur geschreven: 'Annunciatie aan de Maagd en waterbron'. Een bezienswaardigheid is de sinds de bouw van de kerk bewaard gebleven, met inlegwerk versierde en vergulde houten iconostase, die verhindert dat bezoekers van de kerk de ruimte achter het altaar kunnen betreden (ma.–za 8–17, zo. 12–14 uur, toegang gratis).

Mary's Well and the Ancient Bath House

Wereldser is het oude badhuis bij de Gabriëlskerk en de moderne Mariabron. Naar men zegt heeft het water hier sinds de verschijning van de aartsengel Gabriël een geneeskrachtige werking. Het maakt tegenwoordig deel uit van de souvenirwinkel Cactus. **Mary's Well and the Ancient Bath House** is de trots van het Israëlisch-Belgische stel Elias en Martina Shama, die bij renovatiewerkzaamheden in 1993 op dit badhuis uit de Romeinse tijd stuitten. Zij legden het bloot en geven nu rondleidingen op deze interessante archeologische plaats (Mary's Well Square, tel. 04 657 85 39, www.nazarethbathhouse.org, ma.–za. 9–18 uur, rondleiding voor max. 4 pers. all-in NIS120, vanaf 5 pers. NIS28 p.p.).

Nazareth Village

Dit openluchtmuseum toont het leven in de tijd van Jezus. De mensen dragen kleding zoals destijds in Galilea gebruikelijk was, meubelmakers en wevers tonen producten zoals die 2000 jaar geleden werden gemaakt, in het juiste jaargetijde oogsten kinderen olijven en 's avonds is er een rondleiding in het schijnsel van olielampen. Op aanvraag krijgen groepen een maaltijd als in Bijbelse tijden (tel. 04 645 60 42, www.nazarethvillage.com, ma.–za. 9–17 uur, NIS50).

Informatie

Tourist Information: Khan Al-Bashra Building, Casa Nova St., tel. 04 657 30 03, www.nazarethinfo.org, ma.–vr. 8.30–17, za. 9–13 uur.

Accommodatie

Sfeervol ▶ **Villa Nazareth:** Mary's Well Square, tel. 600 05 69, www.villa-nazareth.co.il. De villa in het centrum van de stad is met 18 ruime, stijlvol gemeubileerde kamers, een restaurant en een bar, een heerlijke plek om u thuis te voelen. 2 pk vanaf NIS500.

Fantastisch ▶ **Fauzi Azar Inn:** In de soek, tel. 04 602 04 69, www.fauziazarinn.com. Marmeren vloeren, fresco's op de plafonds – u verblijft hier in een gezellige, 200 jaar oude Arabische villa, die behalve de gebruikelijke een- en tweepersoonskamers ook een slaapzaal biedt. Het personeel is extreem vriendelijk en hulpvaardig. 2 pk vanaf NS440.

Indrukwekkend panorama ▶ **Golden Crown Hotel:** 2015 Mt. of Precipice., tel 04 650 80 00, www.goldencrown.co.il. Het eerste vijfsterrenhotel van de stad ligt met zwembad hoog

In Nazareth vormt de Arabische bevolking de meerderheid – iets dat zich ook weerspiegelt in de inrichting van de etalages

op de heuvel boven Nazareth en is alleen al een bezoek waard vanwege het unieke uitzicht, ook als u niet van plan bent er te overnachten. 2 pk vanaf NIS400.

Eten en drinken

De restaurants in het toeristencentrum zijn bedoeld om grote massa's te bedienen en bieden tegen voordelige prijzen gewoon, maar goed Arabisch eten, waaronder **Al Salam**, Paul VI St., en **Astoria**, Casa Nova St.

Met bar ▶ Sudfeh: Mayin Square, tel 04 656 66 11, www.sudfeh.com, dag. 12–24 uur. Oude muren en gewelven, tafels van licht hout, prettige binnenplaats. In de Sudfeh, gezegend met een leuke bar, krijgt u Arabische voor- en mediterrane hoofdgerechten. Do.-avond livemuziek. Vanaf NIS90.

Traditioneel ▶ Al Reda: 21 Casa Nova St., tel. 04 608 44 08, ma.–za. 13–2, zo. 19–2 uur. Café-restaurant in een oud Osmaans gebouw met een leuk uitzicht vanaf het terras. In deze sprookjesachtig nostalgische omgeving krijgt u verfijnde Arabische voorafjes en hoofdgerechten voorgezet. Tevens een gastenappartement te huur. Vanaf NIS90.

Grote keuze aan voorgerechten ▶ Diana: 51 Paul VI St., tel. 04 657 29 19, dag. 11–24 uur. Voor liefhebbers van *mezze* gaat achter de onooglijke pui van dit eethuis een paradijsje schuil – met een ongelooflijke creativiteit worden hier de gangbare *mezze* verfijnd. Een van hun beste hoofdgerechten is de vleesspies met pijnboompitten en ook hun lamsorgaanvlees smaakt heel goed. Wie durft, probeert de schapenballen. Vis, calamari en steaks completeren het menu. Vanaf NIS80.

Winkelen

Het aanbod bestaat hoofdzakelijk uit religieuze voorwerpen. Prettig is de **Arabische soek,** Casa Nova St., waar behalve levensmiddelen, wasknijpers, specerijen, rozenkransen en waterpijpen ook souvenirs te koop zijn. Altijd afdingen!

Agenda

Programmainformatie is te vinden op www.nazarethinfo.org.

Feesten met sacrale muziek (Pasen, Kerstmis). Interessante concerten. Het hoeft niet altijd orgel te zijn, ook op instrumenten als de *oud* en de Arabische trommel kan sacrale muziek gemaakt worden.

Nazareth Festival van Arabische folklore (nazomer): Muziek verbroedert ondanks politieke en religieuze grenzen. In het Israeli-Arab Orchestra of Nazareth musiceren Arabische en Joodse Israëli's met elkaar, bijgestaan door buikdanseressen. Er zijn voorstellingen in de openlucht in het kader van het Nazareth Festival van Arabische folklore.

Nazareth International Film Festival (nov.–dec.): El Wroud St., tel. 04 646 71 38. Internationale en Israëlische films. Het thematische accent ligt op mensenrechten, religie en tolerantie.

Vervoer

Bus: Meermalen per dag vanaf de bushalte bij de Annunciatiebasiliek naar Tiberias, Afula, Haifa, Tel Aviv en Jeruzalem. Informatie: Egged, snelkeuzenummer *2800, tel. 03 694 88 88, www.egged.co.il.

Sheruttaxi: Vertrek vanuit de Paul VI St. naar Haifa, daar overstappen naar Tel Aviv, Jeruzalem enzovoort.

Beth She'arim ▸ 3, C 2

Kaart: rechts

De bochtige Route 75 leidt van Nazareth naar het westen richting Haifa. Na het plaatsje Migdal HaEmeq loopt de weg steil bergafwaarts naar het dal, waar de **kibboets Jifat** **1** met een klein museum over het boerenbedrijf en de landbouw uit de pionierstijd een bezoek waard is. Na ongeveer 13 km arriveert u dan in **Beth She'arim** **2**.

Deze plaats, een van de heiligste van het jodendom, maar onvermeld in de Bijbel, trekt elk jaar honderdduizenden bezoekers. Hier tekende de beroemde rabbi Jehuda HaNasi de Misjna op, de voor die tijd slechts mondeling overgeleverde commentaren en aanvullingen op de Thora. Archeologen hebben sinds 1936 in de dodenstad 31 catacomben gevonden, waarvan de kleinste 40 en de grootste ruim 400 graven telt. Vele daarvan zijn labyrintisch aangelegd, bevatten sarcofagen en merkwaardig genoeg tekeningen van heidense goden.

Geschiedenis

Tijdens de 2e eeuw verzamelde zich in Beth She'arim het Sanhedrin, de Joodse Hoge Raad. Deze was door keizer Hadrianus verdreven uit zijn volledig verwoeste zetel Javne, ten noorden van Jeruzalem, omdat hij de Bar Kochba-opstand had gesteund. Door de verdrijving uit Jeruzalem konden de doden niet meer op de Olijfberg worden bijgezet. Dat was de reden waarom Beth She'arim tot een grote en belangrijke begraafplaats uitgroeide.

In de 4e eeuw verwoestten de Romeinen de dodenstad, waarschijnlijk om een nieuwe Joodse opstand te voorkomen. Beth She'arim raakte in de loop der tijd in vergetelheid, de graven vervielen en verdwenen onder de grond. In 1936 stuitte de boswachter Alexander Zaïd, die op zoek was naar een schaap, op de catacomben. Een standbeeld houdt de herinnering aan de ontdekker levend.

Bezichtiging

De oude **synagoge**, waarvan alleen de fundamenten bewaard zijn gebleven, werd rond 350 door de Romeinen verwoest. Tussen het puin van het twee verdiepingen tellende gebouw werden ruim 1200 munten gevonden, de nieuwste dateerden uit het jaar 350. Ook van de **basiliek** uit de 2e eeuw rest nog slechts een ruïne.

Een façade met drie bogen geeft toegang tot de **catacomben** en staat aan het begin van een labyrint van corridors, grafkamers en zijwaartse vertakkingen met duizenden stenen sarcofagen. Deze zijn versierd met patronen zoals plantaardige vormen, afbeeldingen van dieren (onder andere vogels, leeuwen en adelaars), menora's en geometrische figuren. Op de sarcofagen staan de namen en de herkomst van de doden meestal in het Hebreeuws en het Grieks. Vaak waarschuwt ook een in het steen gehouwen vloek dat het met degene die de dode in zijn rust zou storen 'slecht afloopt.' Dat heeft niet veel geholpen, want de graven werden al eeuwen geleden geplunderd. De meest bijzondere stukken die de rovers lieten

Omgeving van Nazareth

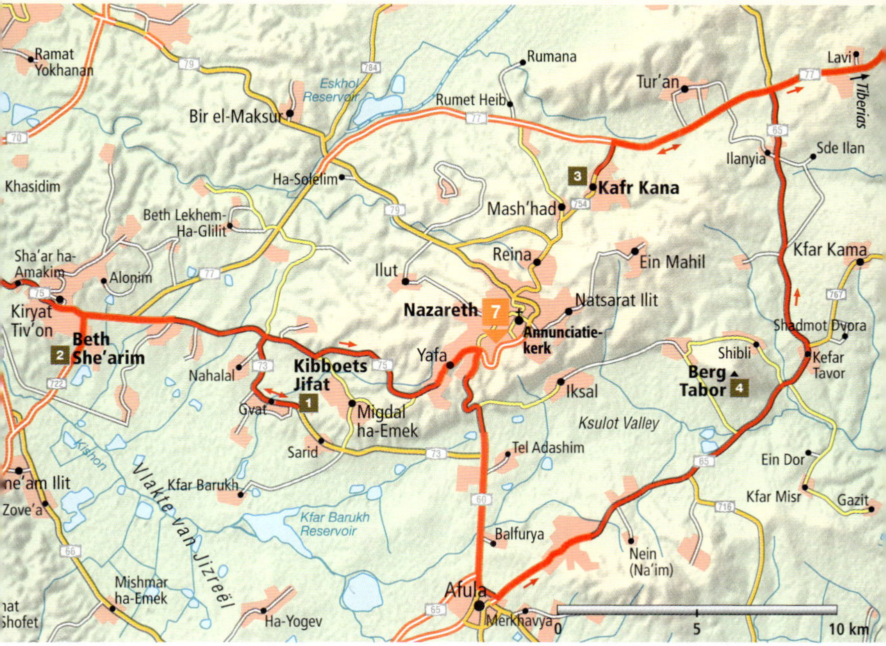

liggen, worden nu tentoongesteld in het Rockefeller Museum in Jeruzalem (zie blz. 171) en in het kleine museum van Beth She'arim bij het parkeerterrein.

Van de ongeveer dertig interessante catacomben zijn er maar enkele toegankelijk, waaronder catacombe 14, waarschijnlijk het familiegraf van rabbi Jehuda HaNasi. Zijn naam wordt weliswaar nergens vermeld, maar wel konden op sarcofagen de namen van zijn zonen worden geïdentificeerd, die volgens de toenmalige traditie in geen ander graf dan dat van hun vader konden worden bijgezet.

Indrukwekkend is ook de naastgelegen catacombe 20, de Grot van de Rabbijnen. Archeologen ontdekten in het doolhofachtige graf met 26 kamers in totaal 130 marmeren en kalkstenen sarcofagen met inscripties in onder meer het Hebreeuws, het Grieks en het Aramees. Bovendien troffen zij op de muren de namen aan van degenen die er begraven waren, evenals tekeningen van heidense godinnen als Aphrodite en Nikè. Deze tekeningen werden kennelijk op waarde geschat als esthetische decoratie (tel. 04 983 16 43, www.parks.org.il, apr.–sept. 8–17, okt.–mrt. 8–16, NIS23, voor rondleidingen van tevoren telefonisch aanmelden).

Kafr Kana ▶ 4, D 2

Kaart: boven

Ca. 10 km ten noorden van Nazareth ligt het Arabische dorp **Kafr Kana** 3, waar ooit de Bruiloft te Kana plaatsvond. Hier verrichtte Jezus zijn eerste wonder door water in wijn te veranderen, zoals het door de Bijbel is overgeleverd (Johannes 2:1–11).

Een bezienswaardigheid is de **franciscaner kerk** die op de plaats waar de bruiloft plaatsvond op Byzantijnse ruïnes werd gebouwd. De crypte, die bezichtigd kan worden, werd rond een inmiddels opgedroogde waterbron opgetrokken. Voor het altaar staan kopieën van aardewerken kruiken zoals ze in de tijd van Jezus werden gebruikt (8–12, 14–17 uur).

actief

Op de berg Tabor

Informatie

Begin: Nazareth
Duur: 2–3 uur
Reis: Van Nazareth per auto via Afula (Route 60 en 65)
Kaart: blz. 289

Vlak bij het in 1902 gestichte dorp Kefar Tavor rijst boven de Vlakte van Jizreël de 588 m hoge **berg Tabor** 4 (Har Tavor) op, de berg van de Transfiguratie van Jezus. De smalle slingerweg Route 7266 leidt naar de top. Het uitzicht is adembenemend en reikt bij helder weer tot Nazareth, over heel Galilea, soms zelfs tot de berg Hermon.

De berg Tabor wordt voor het eerst vermeld in het Oude Testament. Rechter en profetes Debora, die meevocht in de Deboraveldslag, en de veldheer Barak overwonnen hier de troepen van de Kanaäniet Sisera. Debora liet Barak, de zoon van Abinoam, afkomstig uit Kedes in Naftali, bij zich komen en zei tegen hem: 'De HEER, de God van Israël, gebiedt u: 'Trek met tienduizend man uit de stammen Naftali en Zebulon op naar de Tabor"' (Rechters, 4:6).

Voor de top vertakt zich de weg. Linksaf leidt hij naar de Grieks-orthodoxe **Eliakerk**. In Genesis 14:17–24 wordt Melchizedek genoemd, de koning van Salem, die volgens het volksgeloof op deze plaats Abraham ontmoette. De kerk werd in 1911 opgebouwd uit restanten van Byzantijnse en uit de tijd van de kruisvaarders stammende ruïnes, waarvan een mozaïekvloer bewaard is gebleven. Een ijzeren poort naast de kerk wijst de weg naar de grot van Melchizedek. Een portaal van een islamitische vesting uit de 13e eeuw geeft toegang tot het franciscaner klooster, waartoe ook een benedictijner abdij uit de 12e eeuw behoort. Rechtsaf voert de weg naar de in 1924 uit lichtkleurig kalksteen opgetrokken kerk van Tabor, de **Verheerlijkingsbasiliek** (dag. 8–12, 14–17 uur). De torens in de façade zijn aan Mozes (links) en Petrus gewijd. Het meesterstuk van deze kerk is het mozaïek in de apsis met een voorstelling van de Transfiguratie. Na het bezoek aan de kerk is het naastgelegen uitkijkpunt een bezoek waard.

De Verheerlijkingsbasiliek memoreert Jezus' Transfiguratie voor zijn volgelingen

Meer van Tiberias en omgeving

De regio rond het Meer van Tiberias is bijzonder veelzijdig. De stad Tiberias is een populaire badplaats en een goed bezocht kuuroord, Degania was de eerste kibboets in Israël. Veel plekken, zoals Kapernaüm en de Berg van de Zaligsprekingen, herinneren aan Jezus, die volgens de Bijbelse overlevering op dit meer over het water liep.

8 Tiberias ▶ 4, E 1

Kaart: blz. 301

Tiberias (40.000 inwoners) is het sieraad van het gelijknamige meer en een van de populairste bestemmingen voor Israëli's die graag goedkoop op vakantie gaan. Van de historische kern is na een aantal aardbevingen nauwelijks meer iets over, maar de stad heeft sfeer, als een soort klein Tel Aviv. Overdag gaat men er zonnen, zwemmen en watersporten en 's avonds wordt er genoten van het vibrerende uitgaansleven rond de 2 km lange Yigal Allonpromenade.

De stad op de westoever breidt zich steeds meer uit op de hellingen van de omliggende bergen. Tiberias is beroemd als kuuroord, door zijn geneeskrachtige warme bronnen die verlichting brengen bij reumatiek en aandoeningen van de wervelkolom en zenuwen. Door de ligging op 213 m onder de zeespiegel is het er 's zomers vaak ondraaglijk heet, maar de rest van het jaar is het lekker warm.

Geschiedenis

Tiberias is met Jeruzalem, Hebron en Safed een van de vier heilige steden van het jodendom, want hier werd tussen de 2e en 4e eeuw de Palestijnse of Jeruzalemse Talmoed geschreven, bestaande uit de Misjna en de Jeruzalemse Gemara. In Tiberias worden de graven van belangrijke rabbijnen vereerd.

In 20 n.Chr. bouwde Herodes Antipas, de zoon van Herodes de Grote, ter ere van keizer Tiberius op de ruïnes van de Kanaänitische stad Hammat-Rakkat de stad Tiberias. Na de verwoesting van de Tweede Tempel en de verdrijving van de Joden uit Judea zochten velen een goed heenkomen in Tiberias, onder wie geleerden van het Sanhedrin, het Joodse gerechtshof. Bij de inval van de Arabieren viel Tiberias zonder strijd. In 749 verwoestte een aardbeving een deel van de stad, even ten zuiden van het huidige Tiberias. De nieuwe stad werd in 1099 gesticht door de Normandische kruisridder Tancred, vorst van Galilea.

In 1187 veroverde Saladin Tiberias en loofde voor elke dode kruisvaarder een beloning uit. In de 16e eeuw probeerde de Spaans-Joodse koopman en diplomaat Josef Nasi, gesteund door zijn schatrijke schoonmoeder Doña Gracia Mendes de Luna, om van Tiberias een soort Joodse stadstaat te maken, waarvoor hij toestemming had van de Osmaanse sultan Süleyman. Maar latere heersers zetten deze plannen niet door, waarna vele Joden Tiberias verlieten. Voor de Onafhankelijkheidsoorlog van 1948 leefden er ongeveer 6000 Arabieren en 6000 Joden; de Arabieren vluchtten bij het uitbreken van de oorlog.

De dalende waterspiegel van het meer is een grote zorg. Het enige zoetwaterbekken van Israël voorziet in ruim de helft van de totale drinkwaterbehoefte. Door toenemende verdamping, uitblijvende neerslag en overmatige wateronttrekking dreigt er volgens wetenschappers een dramatisch kwaliteitsverlies van het drinkwater te ontstaan.

actief

Per fiets om het Meer van Tiberias

Informatie

Begin: Tiberias
Lengte: Ca. 50 km
Duur: Minstens 1 dag; met stops om te zwemmen, bezichtigingen en overnachting(en) 2–3 dagen
Traject: Route 90 (westoever), Route 87 (noordoever) en Route 92 (oostoever)
Beste reistijd: Okt.-mrt.
Fietsverhuur: Aviv Hostel, 66 Hagalil St., Tiberias, tel. 04 672 00 07, huurprijs NID70 per dag (incl. helm, hulp bij pech enz.)
Tip: Sabbat is de ideale fietsdag, de rest van de week gedragen automobilisten zich meedogenloos ten opzichte van fietsers.

Vertrek richting noorden vanaf het **Aviv Hostel** in het centrum van het aan het meer gelegen Tiberias en neem de afslag naar de promenade. Kijk over het meer op de oostoever en de bergketen erachter. Zo comfortabel als in Tiberias is het voor fietsers de rest van de weg maar zelden. De Society for Protection of Nature of Israel is al sinds jaren van plan een fietspad om het meer aan te leggen, maar daar is het nog altijd niet van gekomen.

Zo rijdt u buiten Tiberias verder op de brede vluchtstrook van de drukke snelweg. Bij de afslag **Kfar Naham Junction** gaat een ca. 6 km lange zijweg, die bij hitte de krachten sloopt, omhoog naar de **Berg van de Zaligsprekingen** (zie blz. 308). Om wel in de buurt van het meer te blijven, houdt u het oosten aan, nu over Route 87. Het autoverkeer neemt hier duidelijk af. In de heuvels langs het meer kamperen veel jongeren. Er zijn enkele strandcampings met namen als Nirvana en Hawaï, waar u in het meer mag zwemmen en kunt uitrusten bij een verfrissing.

De fietser die, 16 km van Tiberias, **Kapernaüm** (zie blz. 307) wil bezichtigen, moet een lange broek in zijn fietstas stoppen: shorts zijn niet toegestaan. Na het **Grieks-orthodoxe klooster**, waarvan de rode pannen op de koepel stralend afsteken tegen het blauw van het water, verwijdert de weg zich van het meer. Het uitzicht op dit hogergelegen deel is bij helder weer bepaald spectaculair.

Waar Route 87 overgaat in de brede oostelijke nationale Route 92, met links de tot 350 m hoge uitlopers van de Golan en rechts **Betsaïda** (zie blz. 306) komt er voorlopig een einde aan het harde trappen. De volgende 26 km tot de zuidpunt kunt u zich heel vaak laten uitrijden. Het bordje **Luna Gal Water Park** leidt naar een waterpretpark aan het meer met veel glijbanen en zwembaden (tel. 04 667 80 00, www.yourway.co.il/luna_gal_water_park, vanaf NIS30).

Verder naar het zuiden ligt een houten boot met een wervende vlag als zeil langs de kant van de weg – reclame voor **Ein Gev**, de eerste Israëlische nederzetting op de oostoe-

Bovendien bestaat het gevaar dat het meer – bij een ongecontroleerde ontwikkeling – voor lange tijd droogvalt, met onoverzienbare ecologische gevolgen. Winnaars bij deze crisis zijn de archeologen. De dalende waterspiegel onthult steeds nieuwe verrassingen: in 2008 werd ongeveer 30 m voor de oostoever een rij steenhopen ontdekt die zich kilometerslang uitstrekt. Het is nog niet bekend waarvoor ze dienden – waren het grensmarkeringen, funderingen voor wachttorens of werden er visnetten aan vastgemaakt?

Graf van Maimonides en graf van rabbi Akiba

In de Ben Zakai Street vindt u het **graf van Maimonides**. De arts, filosoof en godsdienstleraar rabbi Moshe Ben Maimon zag in 1135 in het Spaanse Córdoba het levenslicht, stierf in 1204 in Caïro en werd begraven in Tiberias.

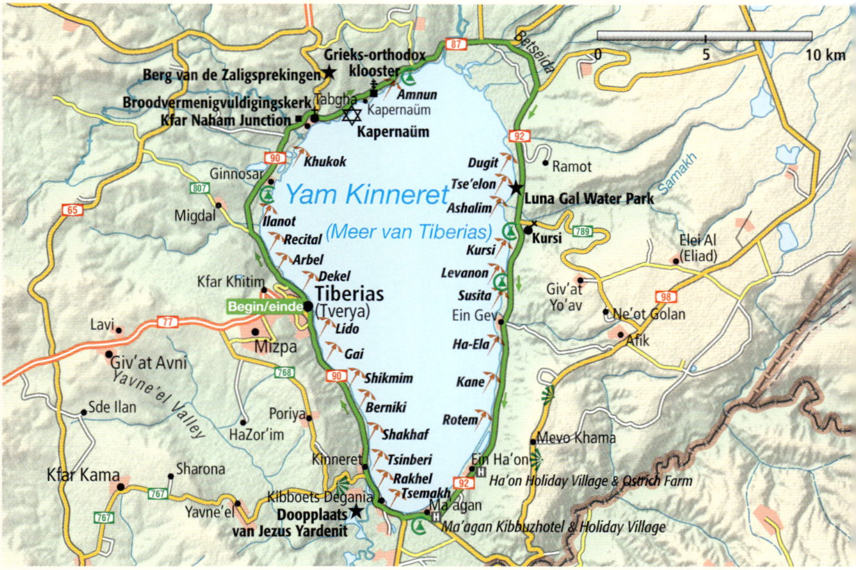

ver (1937). De kibboets bezit veel groente- en fruitplantages en een eigen Holiday Resort (tel. 04 665 98 00, www.eingev.com, 2 pk vanaf NIS620).

Bij de kibboets Ha'on horen het Ha'on Holiday Village en een **struisvogelboerderij** (Ostrich Farm, tel. 04 665 65 55, zo.–do. 9–15, vr. 9–13, za. 9–15 uur, NIS18).

In het **Ma'agan Kibbuzhotel & Holiday Village** (tel. 04 665 44 11, www.maagan.com) moet u kiezen tussen zwembad en meer, en waterfietsverhuur op het strand. Vanaf de zuidpunt van het meer neemt de verkeersdrukte helaas weer toe. Na zijwegen naar de allereerste, een eeuw oude **kibboets Degania** (zie blz. 298) en – direct na de brug links afslaan – naar de doopplaats van Jezus **Yardenit** (zie blz. 301) fietst u langs verschillende stranden ca. 12 km en **Hamat Tverya** (Tiberias, zie blz. 294) terug naar het vertrekpunt.

Hij had al een groot aantal werken geschreven toen hij zijn codificatie van het Joodse recht formuleerde. Dit werk, *Moreh nevukhim* (Gids van de verdoolden) moest een compromis vinden tussen de filosofie van Aristoteles en het joodse geloof. Maimonides had veel invloed op de christelijke scholastiek (Albertus Magnus, Thomas van Aquino).

Het graf van Maimonides ligt achter een door veertien pilaren geflankeerde opgang (in het Hebreeuws wordt 14 geschreven als *yad*, wat gelijkluidend is met het woord voor 'gedenkteken'). De met een zwarte doek bedekte sarcofaag staat in een open halfrond, waarboven een staalconstructie een tot koningskroon geabstraheerde davidster voorstelt.

Links van het halfronde bouwsel ziet u de sarcofaag van rabbi Jochanan Ben Zakkai, die op grond van zijn wijsheid van de Romeinse keizer Vespasianus toestemming kreeg om de academie van Javne te stichten. De andere drie hier begraven geleerden zijn rabbi Ami, rabbi Ashe (3e eeuw) en de kabbalist rabbi Isaiah Horowitz (17e eeuw).

In de Hagevura Street in het westen van Tiberias ligt het **graf van rabbi Akiba**, de spirituele wegbereider van de Bar-Kochbaopstand van 132–135 tegen de Romeinen (zie blz. 35). Het glanzend witte mausoleum, dat veel pelgrims trekt, is niet over het hoofd te zien.

Hamat Tiberias Hot Springs

Even voorbij de Holiday Inn aan de zuidkant van de stad vindt u vlak bij het meer de **Hamat Tiberias Hot Springs**, waaromheen tal van legenden zijn geweven. Zo zou koning Salomo door een aantal ziekelijke grijsaards zijn verzocht om een geneesmiddel voor hun kwalen te vinden. Salomo stuurde enige duivels die het water moesten verwarmen, en wel tot hij zou sterven, dan zou hun taak volbracht zijn. Maar zodra ze begonnen waren het water te verwarmen, maakte Salomo hen doof, opdat ze nooit zouden horen dat hij dood was – en blijkbaar heeft tot op heden geen van de talrijke kuurgasten hem verraden.

Het water komt van 2000 m diepte, is 39°C warm en zou helpen bij reumatiek, artritis en huidproblemen. Een van de badcomplexen, de Old Tiberias Hot Springs, is bestemd voor religieuze bezoekers en heeft gescheiden afdelingen voor vrouwen en mannen. Van de grotere hotels rijden pendelbussen naar de bronnen (Eliezer Kaplan Blvd., tel. 04 672 85 00, www.chameytveria.co.il, za.-do. 8–20, vr. 8–14.30 uur, NIS90).

Hamat Tverya National Park en synagoge

Ten zuiden van de warme bronnen ligt het **Hamat Tverya (Tiberias) National Park** met de ruïnes van een badhuis uit de 6e eeuw en de restanten van een mozaïek uit een 4e-eeuwse **synagoge**. Op het mozaïek zijn de twaalf tekens van de dierenriem uitgebeeld, met een Thoraschrijn geflankeerd door twee menora's. Onder de dierenriem ziet u teksten en twee leeuwen. Behalve het woord *shalom* is alles in het Grieks en Aramees geschreven. Vrouwenbusten in de hoeken symboliseren de jaargetijden. Opmerkelijk is de vermenging van heidense tekens van de dierenriem en joodse symbolen. Omdat dit mozaïek uit de bloeitijd van Tiberias stamt– toen de stad onderdak bood aan het Sanhedrin en belangrijke geleerden – kan men concluderen dat er destijds een liberaal klimaat heerste in Tiberias. De met stenen afgedekte barst door het mozaïek is veroorzaakt door een muur die hier vroeger liep (tel. 04 672 52 87, www.paarks.org.il, apr.-sept. 8–17, okt.-mrt. 8–16 uur, NIS14).

Langs de weg onder de synagoge liggen Joodse **baden** uit de Romeinse tijd (2e–3e eeuw). Het water in de beekjes die ernaartoe stromen is handwarm. Kaarten en grafieken belichten de geologische gesteldheid van het

Tiberias doet als vakantiebestemming niet onder voor de badplaatsen aan zee

oord en de chemische samenstelling van het water (Hamat Tiberias, zo.-do. 8-16, vr. 8-12 uur, toegang gratis). Het bij het park horende **Ernest Lehman/Haman Suleiman Museum** is gewijd aan de geschiedenis van de kuurbaden van Tiberias (zo.-do. 8-17, vr. 8-16 uur, NIS10).

Yigal Allonpromenade

Zodra de zon zakt is een wandeling over de oeverpromenade een must. Aan het noordeinde, bij het Shirat Hayam Boutique Hotel, ligt in een populair klein park het **Tiberias Open Air Museum**, een beeldentuin. Verder aan de promenade staan de franciscaner **Petruskloosterkerk**, die in de 19e eeuw op de resten van een kruisvaarderskerk is gebouwd (ma.-za. 8.30-12, 14-17.30 uur, zo. na aanmelding op tel. 077 308 82 96) . en de kleine **Al-Bahrimoskee** uit ca. 1880. Deze naam is te vertalen met 'moskee aan het meer'.

Galilee Experience

Voordat u aan een rondreis door Galilea begint, zou u een bezoek moeten brengen aan de werkelijk geslaagde multimediashow in het helaas nogal vervallen jachthavengebouw aan de oeverpromenade. Deze zogeheten **Galilee Experience** geeft in een kleine veertig minuten in verschillende talen een beeld van deze streek in de afgelopen 4000 jaar, maar natuurlijk wel vanuit een duidelijk christelijk standpunt (tel. 04 672 36 20, www.thegalileeexperience.com, zo.-do. 9-22, vr. 9-16 uur, NIS35).

Tiberium en peilmeter

Naar het zuiden volgen het **Tiberium**, een dagelijkse Musical Water Show met licht en geluid (tel. 04 672 56 66, ca. 19, 20 en 21 uur bij goed weer) en de **peilmeter**. Door dit beeld opent zich een vergezicht op de contouren van het Meer van Tiberias. Op een digitale display leest u de actuele waterstand af. De kritieke waarde ligt op 213 m onder zeeniveau.

Aan het zuideinde van de promenade ligt een **Grieks-orthodox klooster** (ma.-za. 8-16 uur). Het werd in 1837 gebouwd op de ruïnes van een synagoge uit de 17e eeuw. De **Leaning Tower**, of Scheve Toren van Tiberias, maakt deel uit van het klooster. Hij helt enigszins over naar het meer – althans dat is het optische effect. Nog verder zuidelijk staat een **Byzantijnse kerk** uit de 4e/5e eeuw, de oudste kerk in de stad. De mozaïekvloer met motieven van het Kruis toont ook teksten in het Oudgrieks. Een ervan luidt: 'Jezus, onze Heer, bescherm de zielen van Uw dienaren.'

Informatie

Tourist Office: 23 Habanim St., tel. 04 672 56 66, zo.-do. 8.30-15.45, vr. 9-13 uur.

Accommodatie

In Tiberias vindt u hotels in alle categorieën. In de vakantietijd moet u tijdig reserveren. Informatie bij de Tiberias Hotel Association, www.tiberias-hotels.com

Stijlvol hotel voor nostalgici ► **The Scots:** 1 Gdud Barak St., tel. 04 671 07 10, www.scotshotels.co.il. In het door een grote tuin omringde gebouw uit de 19e eeuw was vroeger een ziekenhuis van de Church of Scotland gehuisvest; tegenwoordig is er een modern hotel in gevestigd. In de gerenoveerde vertrekken met koepels en bogen hangt een nostalgische sfeer, die vooral tot uiting komt in de zogeheten *antique rooms*. Bij het zwembad hebt u uitzicht over het meer in de verte. U moet beslist een keer eten in het **Torrance Restaurant** in de gewelven van de voormalige

Lekkernij uit het Meer van Tiberias: gegrilde Sint-Petrusvis of *amnun*

kliniek, genoemd naar de arts die het ziekenhuis in 1894 stichtte. De visgerechten zijn perfect en de op de kaart aangeboden wijnen uit Galilea zijn groots. 2 pk vanaf NIS1200.

Hotel met geschiedenis ▶ Rimonim Galei Kinnereth: 1 Eliezer Kaplan St., tel. 672 88 88, www.rimonim.com. Ben Gurion was hier stamgast – een aanbeveling die het gerenoveerde en sympathiek gemoderniseerde hotel graag als reclame gebruikt. De spa is een van de beste in de stad. De luxe is echter niet goedkoop. 2 pk vanaf NIS1200.

Uitzicht vanaf grote hoogte ▶ Prima Galil: 1 Elhadif St., tel. 04 679 11 66, www.prima.co.il. Hotel op een heuvel; sommige kamers bieden een fantastisch uitzicht op het meer. 2 pk vanaf NIS700.

Mooie ligging ▶ Gai Beach: Derekh Hamerhazaot (Promenade), tel. 04 670 07 00, www.gaibeachhotel.com. Dag en nacht zeer levendig resorthotel uit de jaren 1980. Gelegen aan het meer, met zwembad en sportfaciliteiten, ideaal voor gezinnen. Bij het hotel hoort het ernaast gelegen Water Park (zie blz. 300). 2 pk vanaf NIS600.

Betoverend museumhotel ▶ Casa Dona Gracia: 3 Habrahim St., tel. 04 671 71 76, www.donagracia.com. Dit 'museumhotel', zoals het wordt aangeprezen, herinnert niet alleen in naam aan de rijke, voor de Inquisitie gevluchte 16e-eeuwse Spaans-Joodse vrouw (zie blz. 287), maar heeft – tenminste in de lobby – ook de sfeer uit die tijd. De kamers zijn tamelijk zielloos ingericht. 2 pk vanaf NIS480.

Met traditie ▶ Galilee Hotel: 13 Ohel Ya'acov St., tel. 04 672 23 51, www.astoria.co.il. Verzorgd middenklassenhotel, al generaties in dezelfde familie. Tien minuten rijden van het strand. Met zwembad. 2 pk vanaf NIS400.

Eten en drinken

Voor een aperitiefje en de maaltijd gaat men in Tiberias naar de Yigal Allonpromenade, waar het tiental restaurants pas in de avond volloopt.

Grillgerechten aan het water ▶ Decks: Gdud Barak St., tel. 04 672 15 38, dag. 19–1 uur. Voortreffelijk café-restaurant met houtskoolgrill – hier Biblical Grill genoemd. Heel mooi pal aan het meer gelegen, met een steiger voor plezierboten. Vanaf NIS90.

Aziatische keuken ▶ Pagoda: Lido Beach, Gdud Barak St., tel. 04 672 55 13. Chinese, Thaise en Japanse gerechten – met dit drietal Aziatische keukens heeft het restaurant naam verworven. Eten doet u naar keuze zwetend op het terras of binnen met veel airco. Vanaf NIS90.

Tip: Te paard door Galilea

U waant zich in het Wilde Westen als u hoog te paard gezeten een verkenningstocht maakt door Galilea. Stoeterij **Vered HaGalil Guest Farm** biedt naast traditionele rijlessen ook een hele reeks paardrijtochten aan door Galilea, rond het Meer van Tiberias en langs de Jordaan. Heel indrukwekkend zijn de Moonlight Rides bij vollemaan. Tijdig boeken is aan te raden. Tot het aanbod behoren ook langere cursussen of een overnachting in een van de 31 landelijk ingerichte kamers (18 km ten noorden van Tiberias aan Route 90 naar Rosh Pina, tel. 04 693 57 85, www.veredhagalil.com, vanaf NIS750).

Uitgaan

Het uitgaansleven in Tiberias speelt zich vooral af rond de promenade. Alle grotere hotels bieden een eigen amusementsprogramma, pubs en discotheken. Heel populair – en duidelijk hoorbaar – zijn de discorondvaarten op het meer.

Levendige sportbar ▶ Big Ben: 12–3 uur. Traditionele pub op de plek waar oeverpromenade en voetgangerszone samenkomen.

Dansen tot je erbij neervalt ▶ Pirate Bar: Bij Big Ben, 17–4 uur. Voor de jongere generatie die liever danst dan drinkt.

Actief

Een stuk of tien boten met elk plaats voor 100 tot 200 passagiers vaart over het meer – overdag in het spoor van Jezus, 's nachts om te dansen onder de sterrenhemel. De discocruises beginnen meestal rond 19 uur.

Degania en de kibboetsbeweging

Degania vormde in 1910 het begin van de kibboetsbeweging. Een kleine eeuw later moesten de kibboetsen zichzelf opnieuw uitvinden en hun egalitaire en socialistische idealen opgeven om te kunnen overleven. De meeste zijn daarin geslaagd.

Voor de dorpstoegang staat, sterk verroest, een Syrische tank uit de Onafhankelijkheidsoorlog van 1948. De kiboetsniks streden indertijd met geweren en molotovcocktails en waren erin geslaagd een hele pantserbrigade op de vlucht te drijven. Een kibboetsnik laat zich zijn land niet zomaar afpakken, zoals ook de Israëlische regering moest ontdekken tijdens de onderhandelingen over de teruggave van de Golanhoogten aan Syrië.

Em Haqevutsot, de 'Moeder van alle Collectieven', is de bijnaam van de kibboets Degania, vlak bij de zuidwestoever van het Meer van Tiberias, niet ver van Beth She`an. Het hele land telt tegenwoordig ongeveer 270 kibboetsen. Een houten huis en een lemen hut waren in 1910 de eerste twee gebouwen in Degania. Tegenwoordig leven en werken er 700 personen. Bij de kibboets horen een basisschool, een cultureel centrum, een rijk voorziene bibliotheek en gemeenschapszalen.

Rachel, in 1934 geboren en sinds 1964 woonachtig in Degania, heeft de kibboets nog in zijn pure vorm meegemaakt: 'We hebben ons landbouwcollectief in tegenstelling tot andere kibboetsen echter nooit tot ideologie verheven. We zijn altijd alleen maar een woon- en werkgemeenschap geweest. De initiatiefnemers van de kibboetsbeweging sloten zich om economische redenen aaneen en niet omdat ze, bijvoorbeeld uit een socialistisch gelijkheidsbeginsel, een bepaald opvoedingsideaal hadden.' (Tot voor kort werden in veel kibboetsen de kinderen gescheiden van hun ouders grootgebracht.)

Wie in de kibboets Degania wil worden opgenomen, moet er eerst een tot twee jaar op proef wonen. Pas daarna besluit het collectief of de kandidaat definitief wordt toegelaten; daarvoor is een twee derde meerderheid nodig. Vroeger bracht iedereen in de kibboets zijn arbeidskracht in, kreeg daar echter geen geld voor, maar een hele reeks tegenprestaties – wonen, eten, onderwijs en studie van de kinderen en medische zorg waren gratis. Eens per jaar betaalde de kibboets aan elk gemeenschapslid, afhankelijk van de duur dat hij of zij ertoe behoorde, een bedrag voor de individuele levensbehoeften, zoals kleding, sigaretten, vakantie en cadeaus; en de kibboetsniks in Degania mochten twee keer in hun leven op reis gaan naar het buitenland, betaald uit de gemeenschapskas. Dit idee functioneerde zonder meer uitstekend zolang de kibboetsen goed liepen, hun inkomsten verzekerd waren en de wereld daarbuiten nog niet geglobaliseerd was. Maar toen verminderden enerzijds de winstmarges voor groente en fruit en anderzijds raakte de sfeer in de kibboetsen uit de mode. Steeds minder jonge mensen wilden hermetisch afgesloten in een kibboetscocon leven. De goed opgeleide jonge generatie trok weg en zocht lucratieve banen in de industrie. Een groot deel van de jeugd voelde zich door het gemeenschapsgevoel, ooit de sterkste band in de kibboets, juist gekneveld en niet bevrijd. De vergrijzing in de kibboetsen nam dramatische vormen aan.

Tot een paar jaar geleden zat de hele kibboetsbeweging in zo'n diep dal dat velen het

Thema

einde ervan al zagen aankomen. Waarom zou het socialistische ideaal uitgerekend in de kibboetsen overleven, terwijl het in het groot elders mislukt was? Maar de pessimisten hielden geen rekening met de mogelijkheid van vernieuwing. Enkele kibboetsen schreven zichzelf een verjongingskuur voor en gaven daarmee het voorbeeld aan andere. De therapie? Privatisering, eigen initiatief, vraaggericht aanbod, ophouden met navelstaarderij, betalen naar prestatie. Sommige kibboetsen gingen failliet, maar de meeste kwamen versterkt tevoorschijn uit de identiteitscrisis en economische problemen. Als nieuwe bron van inkomsten werden het verhuren van accommodatie en het toerisme ontdekt, met moderne concepten. Voorbij is de tijd dat het voldoende was om een paar hutten tussen olijf- en sinaasappelbomen neer te zetten en de gast verder geen verstrooiing te bieden.

Tegenwoordig reikt het recreatieaanbod van wellness tot georganiseerde excursies. Sommige hebben eersteklas toneelworkshops en masterclasses voor musici in de aanbieding, andere hebben naam gemaakt als internationale ontmoetings- en congrescentra of produceren cosmetica. Kibboetsen die op sterven na dood waren, zijn moderne bedrijven geworden. Opzien baarde een kibboets waar net als bij Degania een tank bij de toegang staat – maar om een heel andere reden. De kibboets Sasa in het noorden van Galilea vervaardigt niet alleen reinigingsmiddelen, maar versterkt ook legervoertuigen en limousines met kevlar. Belangrijkste opdrachtgever: de VS-troepen in Irak. Een kibboets als militair producent – dat betekent niet alleen voor vele oud-kibboetsniks een volledig verraad aan het idee. En Degania? Daar produceert men bonbons en diamantwerkersgereedschap.

Niet alleen in Degania zijn de huizen van de kibboetsniks eenvoudig

Boottochten ▶ Kinneret Sailing Company: Meerpromenade, tel. 04 672 18 31, 04 665 80 07. De boten van dit bedrijf varen regelmatig op en neer tussen Tiberias, Kapernaüm en Ein Gev. **Lido Cruises:** Yigal Allonpromenade, tel. 04 672 15 38, decks@barak.net.il. Excursies met zeilboten.

Waterplezier ▶ Gai Beach Water Park: Gai Beach Hotel, tel. 04 670 07 00, 04 670 07 13, www.gaibeachhotel.com, apr.–okt. dag. 9.30–19 uur, NIS70, gasten van het hotel gratis. Zwemparadijs met waterglijbanen van verschillende gradaties.

Zwemmen ▶ De goed onderhouden stranden zijn voorzien van kleedhokjes en douches en kosten ca. NIS20 toegang. Heel mooi zijn **Lido Kinneret Beach** ten noorden van Hayarden Street en **Sironit Beach** ten zuiden van het Gai Beach Hotel. Minder drukke stranden zijn alleen buiten de stad te vinden.

Waterski- en bootverhuur ▶ Onder andere bij het **Gai Beach Hotel**, tel. 04 670 07 00; **Galei Kinneret Hotel**, tel. 04 672 88 88; **Quiet Beach Hotel**, tel. 04 679 01 25.

Fietsverhuur ▶ Aviv Hostel: 66 Hagalil St., tel. 04 672 00 07. Uitstekende fietsen te huur (NIS70 per dag) en georganiseerde fietstochten. Incl. hulp bij pech onderweg.

Kajakken ▶ Abukayak: Jordan River Park, tel. 04 692 10 78, 04 690 26 22, www.abukayak.co.il. Gezinsvriendelijk natuurpark met kajaktochten voor beginners en kinderen vanaf 5 jaar.

Raften ▶ Kfar Blum & Beit Hillel Kayaks: Kfar Blum, tel. 17 00 50 66 11, 04 690 26 16, www.kayaks.co.il. Tochten van verschillende zwaarte en lengte op de Jordaan en de Hatzbani (1–2,5 uur). Kinderen mogen pas vanaf de tienerleeftijd mee op de boten.

Agenda

Jacob's Ladder Festival (mei en dec., www.jlfestival.com): Sinds 1967 een instituut in Tiberias – in dat jaar kwam een hippiestel in Tiberias terecht, dat er een *folk club* begon. Daaruit ontwikkelde zich dit festival rond bluegrass, country, Ierse muziek, rock en blues. De concerten worden gehouden in het Kibbutz Ginosar Inn Hotel Sea of Galilee, 9 km ten noorden van Tiberias. Kaartjes via tel. 04 685 04 03 of via de website.

Vervoer

Bus: Van het Central Bus Station aan de Hayarden Street rijden elk uur bussen naar Haifa, Tel Aviv en Jeruzalem, en een aantal malen per dag zijn er verbindingen met de grotere plaatsen in Opper-Galilea en de Golan. Informatie Egged: tel. *2800 (snelkeuze), 04 672 92 22, www.egged.co.il.

Sheruttaxi: Vertrek in de buurt van het Central Bus Station, aan Habanim Street.

Huurauto: Avis, 2 Ha'amakim St., tel. 04 672 27 66, www.avis.co.il; Eldan, in het Jordan River Hotel, tel. 04 672 28 31, www.eldan.co.il; Hertz, El Hadif St., benzinestation, tel. 04 672 39 39, 04 672 18 04, www.hertz.co.il.

West- en zuidoever

Kaart: rechts

Degania ▶ 4, F 2

Verlaat Tiberias over Route 90 in zuidelijke richting. Aan de zuidpunt van het meer ligt **Degania** **1**, de eerste kibboets van Israël (zie blz. 298). Maar Degania is ook om andere zaken bekend. Ten eerste werd oorlogsheld en minister van Defensie Moshe Dayan hier geboren, de man met het ooglapje, ten tweede stroomt de Jordaan langs de kibboets. Bij de 'Moeder van alle Collectieven' (tel. 04 675 56 60,www.dganit.co.il) behoren een museum en cultureel centrum. Op het zuidelijke kibboetsterrein Degania Bet ligt een paar minuten van het meer een Country Lodging Hotel.

In 1187 stak Salah el-Din (Saladin) hier de rivier over, waarna hij met zijn enorme leger verder trok naar de Hoorns van Hattin, een dubbele heuvel. De slag die daar plaatsvond en door hem werd gewonnen (zie blz. 38) kostte duizenden mensen het leven en had grote gevolgen: Saladin veroverde stad na stad op de gedecimeerde en verzwakte kruisvaarders. Toen in 1291 ook Akko viel, kwam er een eind aan de heerschappij van het christelijke koninkrijk Jeruzalem.

Yardenit ▶ 1, H 5

Vlak voor Degania, bij de brug over de Jordaan, die hier uit het Meer van Tiberias stroomt, gaat een zijweg naar **Yardenit** 2, een soort perfect georganiseerde doopfabriek. Hoewel het onwaarschijnlijk is dat Jezus hier daadwerkelijk gedoopt is, komen er elk jaar ongeveer een miljoen mensen naar Yardenit. Ze vinden hier een complete Jezusindustrie, die cosmetica, dadeljam, Jordaanwater (verkrijgbaar in een setje waarin ook een flesje olijfolie en een crucifix zitten), een bakmix voor manna en de *Bethlehem Herald*, een zogenaamde krant uit de tijd van de Geboorte van Jezus, verkoopt.

Op een muur staat in tientallen talen de beschrijving van de doop volgens Marcus 1:9-11. U kunt een korte wandeling maken over een wandelpad, maar zwemmen en vissen zijn niet toegestaan. Gedoopt wordt er, inclusief certificaat, in grote doopbekkens in de Jordaan, vaak groepsgewijs. In het restaurant zijn drankjes en eenvoudige gerechten te krijgen (tel. 04 675 91 11, www.yardenit.com, mrt.-nov. dag. 8-18, dec.-feb. 8-17 uur).

Belvoir National Park ▶ 4, E 3

Na zo'n 13 km op Route 90 in zuidelijke richting wijst een bordje links van de weg naar het **Belvoir National Park** 3 (Kochav Hayarden National Park). In dit park ligt de machtigste kruisvaardersburcht van Israël, die u beslist moet bezoeken. Een bochtige, voor een deel heel steile weg voert 350 m naarboven. Op de top ontvouwt zich een geweldig uitzicht over het Meer van Tiberias, helemaal tot de Golanhoogten en Jordanië. Ook de ruïnes zelf zijn indrukwekkend. De burcht is in 1168 gebouwd door Franse ridders van de johannieter orde. Vanaf 1187 werd hij belegerd door Saladin, tot de kruisvaarders de burcht in 1189 opgaven. In de 13e eeuw werd Belvoir verwoest om een terugkeer van de kruisvaarders voor altijd onmogelijk te maken. De Arabieren noemden Belvoir Kawkab El Howa, Ster van de Wind, en in het Hebreeuws is de naam Kochav HaYarden, Ster van de Jordaan (tel. 04 658 17 66, www.parks.org.il, apr.-sept. 8-17, okt.-mrt. 8-16 uur, NIS21).

Beth Alphasynagoge ▶ 3, E 3

Vanaf Belvoir rijdt u opnieuw 13 km naar het zuiden, waarna u Route 71 naar het in westelijke richting liggende Afula neemt. Na 9 km bent u bij de zijweg naar de resten van de 6e-eeuwse **Beth Alphasynagoge** 4, die in 1928 werd ontdekt door kibboetsbewoners. Hij is

In Beth Shean is onder meer Israëls best bewaarde Romeinse theater te vinden

befaamd vanwege de voortreffelijk bewaard gebleven mozaïekvloer, die eeuwenlang onaangeroerd onder een dikke laag puin lag. U ziet naïef vormgegeven, maar met veel toewijding uitgebeelde religieuze motieven, zoals menora's, geometrische vormen en patronen en voorstellingen van dieren. Er staat te lezen dat het mozaïek is gemaakt door een zekere Marianos en zijn zoon Hanina.

Het grote, driedelige mozaïek vertelt met veel liefde voor detail hoe Abraham, het mes in de hand, zijn zoon Isaak wil offeren. Maar hij wordt tegengehouden door de hand van een engel, die uit een wolk tevoorschijn komt. In het middendeel zijn de twaalf dierenriemtekens uitgebeeld, met de zonnegod Helios in het midden. In het derde deel van het mozaiek ziet u een Thoraschrijn en een eeuwig brandende lamp, geflankeerd door twee menora's (kibboets Hefzibah, tel. 04 653 20 04, dag. 8–17, 's winters 8–16 uur, NIS21).

Gan HaShelosha ► 4, E 3

Ongeveer 1 km ten oosten van Beth Alpha ligt **Gan HaShelosha** 5. Het hele jaar door zakt de temperatuur van het bronwater hier niet onder 28 °C. Gan HaShelosha betekent 'Tuin van de Drie', ter herinnering aan drie Joodse kolonisten die hier in 1938 strijdend tegen Arabieren omkwamen. Het park, met een café-restaurant, is een populaire trekpleister. U vindt er waterglijbanen, ligweiden, een sportcentrum en zelfs een klein museum met archeologische vondsten (tel. 04 658 78 22, www.parks.org.il, apr.–sept. 8–17, okt.–mrt. 8–16 uur, NIS40).

9 Beth Shean ► 4, E 3/4

Kaart: blz. 301

Terug op hoofdweg Route 90 is het nog maar een paar kilometer naar **Tel Beth Shean**. Dit is een van de belangrijkste archeologische vindplaatsen in Israël, waar tot op heden de resten van meer dan twintig steden zijn gevonden. Dit is de plek waarvan een Joods spreekwoord zegt dat als het paradijs in Israël zou liggen, Beth Shean de toegangspoort zou zijn. Niet ver van de opgravingen ligt de stad Beth Shean (17.000 inwoners), die voor toeristen verder niet interessant is.

De ingang van de opgraving ligt vlak bij het Beth Shean Shopping Center. Koop uw kaartje in het Visitor Center en laat u dan met een shuttlebus afzetten op het archeologische terrein.

Geschiedenis

Aangetoond is een 5000 jaar teruggaande bewoningsgeschiedenis – van de steentijd en een bezetting door Egypte in de 19e eeuw v.Chr. tot de komst van de Joden en de hellenistische tijd, toen hier de plaats Skythopolis ('Stad van de Skythen') lag.

Na de Hasmoneeën maakten de Romeinen aanspraak op Skythopolis en Pompejus voegde de stad toe aan de door Rome geleide Dekapolis, de Tienstedenbond. Tot deze pro-Romeinse groep steden behoorden onder andere Gerasa (Jarash) en Pella, die beide in het tegenwoordige Jordanië liggen. De Byzantijnen omringden de stad met een ca. 4 km lange muur. De Arabieren veroverden in de 7e eeuw Beth Shean op de Byzantijnen, waarna de stad Beisan werd genoemd.

Er wordt hier al gegraven sinds 1921, toen Amerikaanse archeologen in de buurt van het enige niet bedolven monument, het theater, met opgravingen begonnen. Sinds 1993 zijn wetenschappers ook aan het werk in het beboste gebied ten noordwesten van het badhuis. Vlak bij de heuvels van Tel Iztabba, ten noorden van Tel Beth Shean, ontdekte men een onder de Omajjaden verwoeste kerk met goed bewaard gebleven mozaïeken, die geometrische patronen en plantenornamenten voorstellen. Naar schatting is in acht jaar ongeveer 5% van het complex blootgelegd, maar nu al is te zien dat het een grandioos aangelegde stad moet zijn geweest. Bepaalde delen van het terrein zijn soms gesloten (tel. 04 658 18 99, apr.-sept. zo.-do. 8-17, vr.-za. 8-16, okt.-mrt. 8-16 uur, NIS38).

Palladiusstraat

De slechts gedeeltelijk gereconstrueerde **Palladiusstraat**, een prachtige Romeinse weg geflankeerd door colonnades, waaraan talrijke winkels met marmeren gevels lagen, voerde van het centrum van de stad naar het iets oostelijk gelegen theater. Hij was geplaveid met basaltstenen, die in een visgraatpatroon waren gelegd. In een van de gebouwen is een kopie te zien van een mozaïek dat de Griekse noodlotsgodin Tyche voorstelt. Ze is uitgebeeld in een centraal medaillon en wordt omringd door een geometrisch patroon. Aan het noordelijke eind van de Palladiusstraat voerde een trap omhoog naar een halfronde Romeinse Dionysustempel, die gewijd was aan de cultus van de gelijknamige Grieks-Romeinse god. Op de gevel staat een inscriptie te lezen waaruit blijkt dat op deze plek een beeld van de Romeinse keizer Marcus Aurelius Antoninus stond. In de Byzantijnse tijd werd de tempel verwoest en verrees er op de ruïnes een handelswijk.

Romeins theater

Aan het zuidelijke einde van de Palladiusstraat verrees in de 1e eeuw v.Chr. het Romeinse theater, dat als visueel tegenwicht van de tempel diende. Van een met basaltstenen geplaveid plein voerde een brede trap naar het theater, dat over twee hoofd- en acht zijingangen beschikte. De onderste rij zetels omvatte ook de ereloge.

De perfecte akoestiek maakte dat ook op de bovenste rijen elk woord dat op het toneel werd gesproken duidelijk hoorbaar was. Oorspronkelijk bood het theater plaats aan 7000 bezoekers; in het overgebleven deel kunnen nog altijd 200 mensen terecht. Het 90 m brede toneel heeft tegenwoordig in plaats van de vroegere stenen platen een houten vloer.

Voor de bouw is zowel kalksteen als basalt gebruikt. Het uit twee verdiepingen bestaande toneelhuis met twee zijtorens maakte de deus-ex-machina-effecten mogelijk die in het antieke theater zo populair waren: als de mis-

Bijbels landschap: het Meer van Tiberias voor de uitlopers van de Golanhoogten

verstanden en complicaties op het toneel zo groot waren dat alleen nog een god de situatie kon redden, dan werd deze met behulp van een soort slim geconstrueerde hijskraan neergelaten boven het podium.

Romeins badhuis

Ten westen van het theater ligt het **Romeinse badhuis**. Het stamt uit de 2e eeuw v.Chr. Ook hier konden de bezoekers van de in totaal negen zalen beschikken over al het comfort dat die tijd maar te bieden had.

Er waren bijvoorbeeld verwarmde en gekoelde vertrekken, er was een vorm van vloerverwarming en de grond was gesierd met fijn marmer en fraaie mozaïeken. De warmwaterbassins werden verhit door eronder gelegen vuurkamers.

Het odeon, een klein Romeins theater ten noordoosten van het badhuis, is grotendeels verwoest. Bewaard bleven alleen enkele rijen zetels, marmeren vloeren en de orkestbak.

Dalstraat en amfitheater

Een tweede, tot op heden voor 50 m uitgegraven weg met colonnades, de **Dalstraat**, voerde van het centrum naar de noordoostelijke stadspoort. De zuilen waren inclusief kapitelen 6,5 m hoog. De straat had een breedte van 23,5 m, elke stoep was 6 m breed.

Aan de zuidrand van de Romeinse stad vochten gladiatoren in het **Romeinse amfitheater**. Het was omringd door muren, die de zitbanken droegen. De arena bood plaats aan 6000 toeschouwers, maar met de opkomst van het christendom verloor het complex aan betekenis.

In de 4e eeuw moet de stad uit zijn voegen zijn gebarsten, want in de buurt van het theater ontwikkelde zich een dichtbevolkte woonwijk, die nog in de eerste tijd na de verovering door de Arabieren bestond. Een met basaltstenen geplaveide straat liep door dit stadsdeel en verbond het met het centrum. Een Griekse inscriptie op een van de straatstenen gaat over een nieuwe waterinstallatie en de verplaatsing van de bestrating in 522. Van de heuvel, die bij hitte slechts moeizaam te beklimmen is, hebt u een fantastisch uitzicht.

Shean Nights

Een nachtelijke lichtshow op het opgravingsterrein wordt geboden door het multimediaspektakel Shean Nights, dat het leven in de Romeinse tijd door middel van computeranimaties doet herleven en de bezoeker er middenin plaatst (apr.-nov. za.-ma., wo.-do. na zonsondergang, informatie en reserveren tel. 1 222 36 39 of 04 648 11 22, NIS50).

Oost- en noordoever

Kaart: blz. 301

Hamat Gader ► 4, F 2

Van de zuidpunt van het Meer van Tiberias voert een bochtige weg langs veel prikkeldraad en versperringen naar de 9 km verder oostelijk gelegen **Hamat Gader** 6 aan de Jordaanse grens. Hier ontspringen in een schaduwrijk park warme, sterk mineraalhoudende bronnen, die al in de Romeinse tijd werden gebruikt voor zwavelkuren. Als u de intense geur, die doet denken aan de lucht van rotte eieren, kunt verdragen is dit een goede plek voor een bad. De koelste bron is 30 °C, de warmste 52 °C. Bij het park horen ook de ruïnes van een Romeins badhuis, vlak bij de Yarmuk, de grensrivier met Jordanië. Een andere attractie zijn de alligatorvijvers. In 1982 werden honderd alligators uit Florida geïmporteerd, die zich onder de Israëlische zon wonderbaarlijk vermenigvuldigen (tel. 04 665 99 55, www.hamat-gader.com, www.spavillage.co.il, ma.-wo. 10.30–19, do.- vr. 7-23, zo. 7-17, mei-aug. ma.-wo. 9.30-17, do.-vr. 8.30-22.30, za. 8.30-17 uur, NIS80, weekend NIS85).

Betsaïda ► 2, E 4

Vlak langs de stranden op de oostoever rijdt u over Route 92 in noordelijke richting naar **Ein Gev** 7, de eerste aan deze kant van het meer gestichte nederzetting (1937). Aan uw rechterhand verrijzen de tot 350 m hoge uitlopers van de Golanhoogten. Aan de oever ligt **Luna Gal**, een aantrekkelijk waterpark met zwembaden en glijbanen van verschillende gradaties (tel. 04 667 80 00, www.yourway.

co.il/luna_gal_water_park, vanaf NIS50). Ten noordoosten van het meer, ten oosten van de Jordaan, ligt **Betsaïda** **8**. Een groot terrein is hier afgebakend en enkele velden zijn speciaal gemarkeerd met stenen. Een Israëlisch-Amerikaans archeologisch team heeft grootse plannen: ze willen het al bijna 2000 jaar verdwenen Betsaïda helemaal opgraven. Betsaïda is de plaats waar Jezus volgens het Nieuwe Testament met vijf gerstebroden en twee vissen 5000 mensen spijzigde. Hier genas Jezus een blinde en hier kwamen vijf van zijn discipelen vandaan: Petrus, Andreas, Filippus, Jakobus en Johannes.

De vondsten van de archeologen, zoals munten en olielampen, laten zien dat er in Betsaïda voornamelijk Joden leefden. Het plaatsje werd in de loop van de 1e eeuw verlaten, vermoedelijk omdat het waterpeil van het meer daalde en de oever zich naar het zuiden verplaatste. Tegenwoordig ligt het vroegere vissersdorp 2 km van het water. Een aardbeving in het jaar 115 bezegelde het einde. 'We vinden dus een stad die vrijwel onveranderd is sinds de tijd van Jezus. We zien de straten waar Jezus overheen liep,' zegt de Italiaanse benedictijner monnik en archeoloog Bargil Pixner, die de stad na de Zesdaagse Oorlog ontdekte tussen mijnen en loopgraven, overwoekerd door doornstruiken en eucalyptusbomen. Maar pas twintig jaar later konden de archeologische opgravingen in dit militaire gebied beginnen.

Drie huizen van basalt zijn blootgelegd. In een ervan vond men ankers, vishaken en naalden om visnetten te boeten. In een ander huis werden een wijnkelder met vier kruiken, een oven en twee basaltplaten om graan te malen ontdekt. Toen een vrouwelijke archeoloog probeerde om de bovenste plaat te bewegen, schoten haar krachten tekort. Pas met behulp van een tweede vrouw lukte het – precies zoals Jezus zei: 'Twee vrouwen zullen samen aan de molen draaien.'

In Betsaïda wordt druk gegraven. De archeologen laten vrijwilligers na sollicitatie meedoen (informatie: www.unomaha.edu/bethsaida). In de kibboets Ginosar, waar de opgravingsteams in het Nof Ginosar Hotel verblijven, kunt u een bezichtiging regelen, tel. 04 670 03 20, www.ginosar.co.il.

Kapernaüm ► 2, D 4

Van de noordpunt van het meer voert Route 87 in westelijke richting naar **Kapernaüm** **9**. Dit dorp was duizend jaar lang vergeten, tot het in 1838 werd herontdekt door de Amerikaanse archeoloog en ontdekker van Masada Edward Robinson. Aanvankelijk vond hij het een 'droevig, desolaat oord', tot hij op de vervallen ruïnes van een gebouw stuitte 'dat aan arbeidsinspanning en decoratie alles overtreft wat we tot nu toe in Palestina hebben gezien'. Hij bedoelde de Witte Synagoge (zie blz. 308).

In Kapernaüm wonen tegenwoordig (in een klooster naast het kampeerterrein) alleen nog enkele leden van de franciscaner orde, die het terrein in 1894 kocht, en de broeders van een Grieks-orthodox klooster, waarvan de rode koepelkerk ten oosten van de synagoge in het oog springt (toegankelijk ten oosten van Route 87). De archeologische vondsten van Kapernaüm wijzen op een ononderbroken bewoning van ca. 2000 v.Chr. tot ongeveer 1000 n.Chr. In de tijd van Jezus was Kapernaüm een Romeins grensgarnizoen en een bedrijvig vissersplaatsje, waar Jezus, die Nazareth na de gevangenneming van Johannes had verlaten, een onderkomen vond. Terwijl Nazareth een afgelegen bergdorp was, lag Kapernaüm aan de verbindingsweg tussen Damascus en Beth Shean, maar niet te dicht bij Tiberias, de provinciehoofdstad waar Herodes Antipas resideerde. 'Als gevolg van deze omstandigheden,' schrijft Stanislao Loffreda, archeoloog in Kapernaüm, 'was het voor Jezus mogelijk om zijn messiaanse boodschap onder velen te verbreiden zonder direct in conflict te geraken met de politieke en religieuze autoriteiten.'

In Kapernaüm ontmoette Jezus Simon, bijgenaamd Petrus, en diens broer Andreas, twee vissers die hij, zoals in het Nieuwe Testament te lezen staat, tot 'vissers van mensen' maakte (Matteüs 4:19). Het huis van Petrus werd het huis van Jezus, waarover vaak gesproken wordt in de evangeliën. Voor de bewoners van het plaatsje, dat in de Bijbel Kafarnaüm heet, werd het huis tot een oord van troost en genezing. Op het Meer van Tiberias vond kort na de Wonderbare Spijziging het Kalmeren van de Storm plaats en hier liep Jezus over het water naar de discipelen, die in hun boot door een storm waren overvallen.

Van de **Witte Synagoge** zegt het volksgeloof dat Jezus er nog onderwezen zou hebben. Maar het monumentale gebouw werd pas, zo blijkt uit vondsten van laat-Romeinse munten en onderzoek van aardewerk, op zijn vroegst in de 2e eeuw en op zijn laatst in de 4e eeuw n.Chr. opgetrokken.

Bovendien stond de synagoge waar Jezus onderwees niet op deze plek, maar elders in het plaatsje. In tegenstelling tot de omliggende huizen, die in zwart basalt zijn opgetrokken, is voor de synagoge wit kalksteen gebruikt. Vier ton is het gewicht van het zwaarste blok steen. Het gebouw was ooit verfraaid met mooie stucornamenten en friezen. De synagoge, die vanaf 1929 in wezen is gerestaureerd door twee leden van de franciscaner orde, bestaat uit een gebedszaal, een binnenplaats aan de oostzijde, een terras aan de zuidzijde en een nevenvertrek van de gebedszaal, waarvan de functie onopgehelderd is. De gevel van de rechthoekige gebedszaal is naar Jeruzalem gekeerd – in die richting baden de gelovigen.

Insula Sacra, Heilig Woonblok, is de naam die wordt gegeven aan de plek waar het **Huis van Petrus** stond. Het complex is gemakkelijk te vinden, want sinds 1990 staat er een voorbeeld van moderne architectuur: een enigszins detonerende, door acht pilaren gedragen kerk. Hij lijkt boven het huis van de visser te zweven, belemmert het zicht op de opgravingen en heeft meer weg van een vliegende schotel dan van een vissersboot uit Galilea – wat eigenlijk de bedoeling was van de Italiaanse architect. Gestileerde golven, vissen en netten sieren de binnenmuren van dit Petrusmonument, dat hoofdzakelijk wordt gebruikt voor diensten voor pelgrims.

Zo'n 30 m ten zuiden van de synagoge zijn onder de zwevende kerk, verschillende bebouwingslagen blootgelegd: woonhuizen uit de 1e eeuw, waaronder het vermeende huis van Petrus, dat in de 4e eeuw als huiskerk in gebruik werd genomen. In de zuidwesthoek vond men op de basaltmuur inscripties van de naam Petrus, in Griekse letters, en een vissersboot. Met zijn buren deelde Petrus een binnenplaats, die aan de hoofdstraat grensde. De bepleisterde muren van de huiskerk waren rijk versierd met geometrische patronen en bloemmotieven in de kleuren rood, roze, terracotta, geel, donkerbruin, groen, blauw en wit. Op de fragmenten staan een paar keer de naam en het monogram van Jezus te lezen; andere aangetroffen woorden zijn Heer, Christus, God en liturgische begrippen als Amen en Kyrie eleison.

De inscripties, in vier verschillende talen, wijzen op een druk pelgrimsbezoek aan deze kerk. In de tweede helft van de 5e eeuw waren het huis van Petrus en de huiskerk onder het puin geraakt. Op deze hogere laag werd een achthoekige kerk gebouwd, die het huis van Petrus weliswaar bedekte, maar de spirituele nabijheid tot de plek herstelde.

Op het kleine plein bij de synagoge zijn archeologische vondsten uitgestald, waaronder mozaïeken, gevelfragmenten, zuilen, kapitelen en een mijlsteen van de Via Maris (Zeeweg) uit de 2e eeuw (dag. 8–16.30 uur, NIS6, geen toegang in korte broek).

Berg van de Zaligsprekingen

▶ 4, E 1

Op de terugweg naar Tiberias is het aan te raden om een omweg te maken naar de **Berg van de Zaligsprekingen** bij **Tabgha** **10**. De zeven hier ontspringende bronnen – in het Grieks Heptagon, waaruit de Arabische naam Tabgha is ontstaan – heten in het Hebreeuws Ein Sheva (Zeven Bronnen). Te bezichtigen zijn de Kerk van de Wonderbare Spijziging en de Petruskapel, die aan sleutelgebeurtenissen uit de Bijbelse geschiedenis herinneren.

Kort voor het pesachfeest voer Jezus met zijn discipelen naar de overkant van het Meer van Tiberias om daar ongestoord met hen samen te kunnen zijn. Maar ze werden gevolgd door een grote menigte. 's Avonds wilde Jezus de 5000 mensen te eten geven. Maar er waren slechts vijf gerstebroden en twee vissen. 'Jezus nam de broden, sprak het dankgebed uit en verdeelde het brood onder de mensen die er zaten. Hij gaf hun ook vis, zo veel als ze wilden. Toen iedereen volop gegeten had zei hij tegen zijn leerlingen: "Verzamel nu de overgebleven stukken brood, zodat er niets verloren gaat."' (Johannes 6:11–12). Dit gebeurde eigenlijk in Betsaïda op de noordoostoever (zie blz. 306), maar in de 3e eeuw werd de herdenkingsplaats door pelgrims naar de gemakkelijker toegankelijke en minder gevaarlijke noordwestoever verplaatst.

De **Kerk van de Wonderbare Spijziging**, die wordt beheerd door Duitse benedictijner monniken, stamt uit 1936, het klooster uit 1956. In de 5e eeuw stond hier al een Byzantijnse kerk, met de mooiste tot op heden bewaard gebleven mozaïeken van het Heilige Land. Ze zijn te zien in de moderne kerk. Het mozaïek voor het altaar toont de twee vissen en de mand met de gerstebroden. Op het bijna geheel bewaard gebleven mozaïek in het noorden van de kerk is een rietlandschap met kippen, aalscholvers, ooievaars, pauwen, wilde eenden en waterhoenders te herkennen. Het gedeeltelijk beschadigde mozaïek in het zuiden van de kerk beeldt onder meer een nilometer uit, een bouwsel om het waterpeil van de Nijl te meten. Deze voorstelling was heel populair in de hellenistisch-Romeinse kunst. Onder het altaar ligt een stuk natuursteen, dat van oudsher wordt vereerd als de rots waarop Jezus bij de spijziging van de vijfduizend aanwezigen de vijf broden en twee vissen legde.

Franciscanen bouwden in 1933 op de meeroever van basalt de **Petruskapel**, die herinnert aan de derde verschijning van Christus na de Opstanding. Vóór het altaar, dat op de plaats van vijf eerdere kerken staat, steekt uit de bodem een rots omhoog. Dit zou de tafel zijn waaraan Jezus na zijn verschijning met zijn discipelen gegeten zou hebben. Van Tabgha is het nog een paar kilometer naar Tiberias (zie blz. 291).

De Kerk van de Zaligsprekingen staat op de plaats waar Jezus de Bergrede hield

Het noorden van Galilea

De kabbala is in het Westen door popster Madonna en verschillende Hollywoodsterren een modieuze vorm van mystiek geworden. De wortels van de kabbala zijn te vinden in de plaats Safed. Natuurliefhebbers komen aan hun trekken in het Hurshatdal en Hula National Reserve.

Route 90 loopt van Tiberias aan het gelijknamige meer in het noorden tot aan de Libanese grens, die hoog in de bergen van Galilea ligt. Het centrum van deze landelijke streek is het in 1882 gestichte **Rosh Pina** **1**, dat zelfs een klein vliegveld heeft. Van Rosh Pina rijdt u via Route 89 in noordwestelijke richting naar Safed. De weg door de bergen biedt een geweldig uitzicht op de vlakte tussen het Meer van Tiberias en de Hulavallei, met op de achtergrond de bergen van de Golan.

Safed en omgeving

▶ 2, D 3

Kaart: blz. 315

Na 8 km komt u aan in **Safed** (Safet, Zfat, Tzfat, Tsfat) **2**. De hoofdstad van Galilea met 30.000 inwoners staat op de vierde plaats van de heiligste steden van het jodendom. Ruïnes van een kruisvaardersburcht, een kunstenaarswijk en tal van synagogen vormen de bezienswaardigheden van de op 800 m in de bergen van Kanaän gelegen stad, die voor het eerst op Egyptische veroveringslijsten uit de 15e eeuw v.Chr. werd vermeld. Een steeds waaiende, verkoelende wind maakt het bezoek tot een zeer aangename belevenis. De bossen rondom zijn nog jong, zij werden in het begin van de 20e eeuw opnieuw geplant.

Geschiedenis

Safed is een oud centrum van de kabbala. Kabbala betekent overlevering en staat voor de geheime leer, de mystiek en de esoterische beweging van het jodendom in het algemeen. Deze leer zoekt het heilige in elke handelwijze en probeert door duiding van de Thora de wil van God zo nauwkeurig mogelijk te bestuderen om in de individuele godsdienstige handeling volmaakt te zijn. Het hoofdwerk van de kabbala is het Aramese boek *Zohar* (Lichtglans), dat hoogstwaarschijnlijk door de Spaanse kabbalist Moshe Ben Shem Tov de León werd geschreven. Net als veel andere Joden uit Noord-Afrika en Spanje was hij naar Safed geëmigreerd. Zijn boek zou een canonieke tekst van de kabbala worden.

In 1100 namen kruisvaarders Safed in. Zij doodden alle Joden in 1168 en bouwden een grote vesting. In 1187 viel Safed in handen van Saladin, nadat de kruisvaarders zich zonder strijd hadden overgegeven en hij hun een vrijgeleide had verleend. Hij verwoestte de burcht volledig. Tempeliers bouwden hem weer op. In 1266 veroverde de Mammeluk Baibars Safed, breidde de vesting uit en riep de stad uit tot hoofdstad van Galilea.

Na de verdrijving van Joden en moslims uit Spanje kwamen in 1492 veel Joodse geleerden naar Safed en maakten er een centrum van spiritualiteit en theologie van. In een brief aan zijn familie uit 1535 prees ene David de Rossi de ruimhartigheid van de sultan: 'In deze stad zijn de geleerden van alle hoofdgeld aan de regering vrijgesteld.' In 1578 werd hier het eerste boek van het Midden-Oosten gedrukt. Veroveraars, aardbevingen en de pest decimeerden de stad in de 17e en 18e eeuw. Voor de Onafhankelijkheidsoorlog in 1948 leefden er 1700 Joden en 13.000 Arabieren.

De toestroom van kabbalisten uit vooral de VS bracht de laatste jaren merkwaardige veranderingen naar Safed. In de nette hoofdwinkelstraat heeft een makelaar een glazen kiosk volgeplakt met huurwoningen. De cafés in de Yerushalayim Street heten Maximilian's, Art Café en Café Bagdad. Jonge vrouwen in topjes flaneren naast orthodoxe joden in lichaamsbedekkend zwart. In de kunstenaarswijk schuifelen de toeristen door de smalle staatjes van de bonte bazaar met judaïca en souvenirs. De commercie vormt het kader voor de verdere ontwikkeling in spiritualiteit, zoals bijvoorbeeld geboden wordt door het International Center of Jewish Spirituality, waar geïnteresseerden zich zonder aanmelding kunnen inschrijven voor seminars en meditatie. Het eerste wat zij leren zijn de Noachitische Geboden, simpelweg gezegd de universele geboden waarnaar alle mensen als nazaten van Noach zouden moeten leven.

Oude binnenstad

In de oude binnenstad vindt iedereen moeiteloos zijn weg. In het centrum ligt de maar matig behouden **kruisvaardersburcht** in een fraai park op de heuvel Hametzuda (834 m). Vanaf deze citadel hebt u een prachtig uitzicht tot aan het Meer van Tiberias.

In de zuidwesthoek van de oude binnenstad in de **Artists' Colony** ligt een groot aantal galeries en bedrijfjes voor kunstnijverheid. De galerie van een beeldhouwer heeft buiten de stad zelfs een eigen tentoonstellingsterrein voor beeldhouwwerken. In de kunstenaarswijk, de voormalige Arabische wijk, wonen en werken weliswaar nog tal van kunstenaars, toch lijken de laatste jaren ambitieuze amateurs de overhand te hebben gekregen onder invloed van een stadsbestuur dat niet erg openstaat voor beeldende kunst. Hoe het ook zij, de kunstwerken zijn de moeite van het bekijken waard. Een belangrijke tentoonstelling is te vinden in de oude moskee in de kunstenaarswijk, het **Safed Artists House** (tel. 04 692 00 87, za.–do. 9–16, vr. 9–14, za. 10–14 uur, toegang gratis).

Het echte hoogtepunt van Safed zijn echter zonder twijfel de synagogen. Zij bevinden zich in de nauwe stegen in het noordwestelijk deel van de oude binnenstad, **Qiryat Batai Knesset**. Ze zijn vanbuiten onopvallend, maar binnen springen de bijzonder fraaie Thoraschrijnen en fresco's in het oog. Maar liefst twee synagogen dragen de naam van Ari ('leeuw') Adoni rabbi Itzhak Luria, geboren in 1543 te Jeruzalem en later geëmigreerd naar Caïro, waar hij twaalf jaar lang de kabbala bestudeerde. Hierna vertrok hij naar Safed om zijn studie voort te zetten bij Ramak, de leidende mysticus rabbi Moshe Cordeviero.

Na de dood van Ramak zette Ari het werk van zijn leermeester voort tot aan zijn overlijden in 1572. De uitzonderlijk fraaie Sefardische **Ha'arisynagoge**, de oudste van de stad, werd gebouwd op een destijds buitenaf gelegen veld, waar de kabbalisten zich bij aanvang van de sabbat verzamelden in een grot. Een jaar na de dood van Ari werd de Asjkenazische Ha'arisynagoge gebouwd, die in 1852 door een aardbeving verwoest en vervolgens herbouwd werd. De Thoraschrijn stamt uit de 19e eeuw.

De **Carosynagoge** is aan een andere kabbalist gewijd. Rabbi Joseph Caro kwam na zijn verdrijving uit Spanje in Safed terecht en werd beroemd door zijn geschrift *Shulchan Aruch* (De gedekte tafel), een handleiding voor een vroom joods leven. De titel van het boek werd een gevleugeld woord: het zou even gemakkelijk zijn om zich vroom aan de Thora en de Talmoed te houden als zich te bedienen aan een gedekte tafel. Op de muren van de blauwe voorhal ziet u onder andere de berg Sinaï afgebeeld staan.

Begraafplaatsen

Onder aan de binnenstad bevinden zich drie **begraafplaatsen**. Op de oudste liggen leidende kabbalisten: Ari, Ramak, Shlomo Alkevets (schrijver van de hymne *Lecha Dodi)*, Joseph Caro, Ja'cov Beirav (hij wilde de Joodse Hoge Raad van Jeruzalem naar Safed overplaatsen) en Moshe Alsheich. Hiervandaan zou volgens rabbi Ari de schone lucht de ziel van elke dode rechtstreeks naar de Hof van Eden dragen.

Over Safed gaan veel legendes. Een daarvan vertelt dat Arabische veroveraars gedreigd

In Safed wonen veel orthodoxe joden

hadden alle Joden te doden tenzij zij 200 witte kippen kwamen brengen. Wanhopig gingen de mensen naar het graf van rabbi Jossi Banai om te bidden. Toen zij terugkeerden, waren alle kippen ineens wit als sneeuw.

Informatie

Kappell Visitors Center: 17 Alkabetz St., tel. 04 692 44 27, laurie@livnot.com, zo.–do. 8.30–16 uur. Hier krijgt u niet alleen goede informatie, folders en een multimediale inleiding op Safed, maar ook de gelegenheid om de archeologische opgraving onder het Center te bekijken.

Op internet: www.safed.co.il.

Accommodatie

Voormalige karavanserai ▶ Ruth Rimonim: Artists' Quarter, tel. 04 699 46 66, www.rimonim.com. Het schilderachtige gebouw van een oude karavanserai, met uitzicht op de berg Meron en over Galilea – gewoon geweldig. Stijlvol, spa en zwembaden. 2pk vanaf NIS800.

Plezierige kamers ▶ Bar El Bed & Breakfast: 23 Yod Zagin, Artists' Quarter, tel. 04 692 36 61, 050 565 00 73, thebarels@yahoo.com. In een oud Arabisch huis in de kunstenaarswijk biedt deze B&B gerenoveerde en plezierig ingerichte kamers aan. De eigenaren zijn ook graag behulpzaam bij het organiseren van rondleidingen en ontmoetingen met plaatselijke kunstenaars. 2pk vanaf NIS650.

Dicht bij de natuur ▶ Safed Inn: Hagdud St./ Hashlishi St., tel. 04 697 10 07, www.safedinn.com. Zo'n 5 minuten rijden ten noorden van Safed ligt midden in de natuur op de berg Cana'an een rustig hotel met een-, twee- en vierpersoonskamers, een genot voor natuurliefhebbers en rustzoekers. 2 pk vanaf NIS400.

Eten en drinken

Eethuisjes met shoarma en schnitzels, cafés en restaurants vindt u rond de **Yerushalaim Street**. Ook in de kunstenaarswijk zijn veel leuke cafés te vinden.

Gezellig eethuis ▶ Pinati: 81 Yerushalaim St., tel. 04 625 45 40, za.–do. 8–20 uur. Eenvoudige maaltijden, ook visgerechten. Vanaf NIS60.

Snacks in het atelier ▶ Canaan Gallery Café: 47 Beit Josef St., tel. 04 687 44 47, dag. 10–18.30 uur, www.canaan-gallery.com. Koffie en sandwiches op een tamelijk ongebruikelijke locatie – de eigenaren maken weefkunst. Vanaf NIS40.

Koffiepauze ▶ Art Café: 71 Yerushalaim St., tel. 04 682 09 28. Kleine kaart en een grote keuze aan soorten koffie. Vanaf NIS40.

Winkelen

In het zuidwesten van de oude binnenstad ligt de overwegend op handel gerichte **kunstenaarswijk** (www. artists.co.il/safed).

Kaarsen ▶ Safed Candles Gallery: Vlak bij de Ha'arisynagoge, tel. 04 692 31 05, www.safedcandles.com, zo.-do. 9-19, vr. 9-12.30 uur. Kaarsen zijn bij wijze van uitzondering nu eens een niet per se een spiritueel product uit de stad van de kabbala.

Uitgaan

Allerlei events ▶ Khan Hachamor Halavan (Khan of the White Donkey): 5 Tet Zain St., Artists Quarter, tel. 077 234 57 19, www.thekhan.org. De 700 jaar oude, onlangs gerenoveerde Khan van de Witte Ezel is een schitterend cultureel en evenementencentrum voor voornamelijk regionale podiumkunstenaars, maar is ook *Halevav*, het gezonde leven, toegedaan. Op de bonte evenementenkalender staan dan ook yogaklassen en voordrachten over het thema gezondheid.

Cultureel centrum ▶ Yigal Allon Theatre & Cultural Centre: Hapalmach St., Artists Quarter, tel. 04 686 96 00. Toneel van Shakespeare tot modern theater, film – hier valt altijd wel iets te beleven.

Actief

Artistieke workshops ▶ Bar El B & B: 23 Yod Zagin, Artist's Quarter, tel. 04 692 36 61, 050 565 00 73, thebarels@yahoo.com. Veel galeries bieden cursussen aan. U kunt uw geluk beproeven als schilder, met stoffen werken of kaarsen maken. Informatie en bemiddeling krijgt u hier.

Kennismaken met de kabbala ▶ International Center for Tzfat Kabalah: Tel. 04 682 17 71, www.tzfat-kabbalah.org. Dit centrum in de oude binnenstad, te bereiken door bij de Arisynagoge de trap omlaag te nemen, is met tentoonstellingen en voordrachten geheel gewijd aan de kabbala. Geïnteresseerden kunnen deelnemen aan workshops en seminars, bijvoorbeeld over 'kunst en muziek in de kabbala'.

Agenda

Wolfson Community Centre/The Saraya: Hapalmach St., tel. 04 697 12 22. Concerten en matinees.

Klezmerfestival (aug.): Podium voor klezmermuziek. Informatie: safed.galilee@gmail.com.

Vervoer

Bus: Meermalen per dag van het busstation bij de toegang tot de stad, tel. 04 692 11 22, naar Akko, Haifa, Tel Aviv en Jeruzalem.

Meron ▶ 2, D 3

Meron 3 heet de plaats waarvoor het de moeite loont om van Safed 10 km naar het westen te rijden. Op de 33e dag na Pesach (Lag Ba'Omer), dus meestal in mei, gaan tienduizenden pelgrims op weg naar Meron om de graven van de kabbalisten rabbi Shimon bar Jochai en zijn zoon Eleazer te bezoeken. Rabbi bar Jochai deed de gelofte dat de Thora nooit in de vergetelheid zou raken. Ter vervulling van deze gelofte worden de Thorarollen tijdens een plechtige processie van Safed naar Meron gedragen, waar een reusachtig tentenkamp onderdak aan de pelgrims biedt. Na de processie wordt een groot feestmaal aangericht met vers geslachte en boven open vuur geroosterde lammeren.

Hula National Reserve

▶ 2, E 2

Kaart: blz. 315

Via Rosh Pina leidt de route terug naar de almaar oplopende doorgaande weg naar het noorden. Na 15 km bereikt u een bijzonder mooi natuurbeschermingsgebied, het **Hula National Reserve** 4. Het gelijknamige meer, dat mede water krijgt uit de Jordaan, ontstond 20.000 jaar geleden, toen van de Golan neerstromende lava de loop van de rivier onderbrak en een moerasgebied vormde. Er groeien witte en gele lelies. Dit reservaat is de noordelijkste plek op aarde waar wilde papyrus gedijt. De vallei is een pleisterplaats voor trekvogels en een leefgebied voor pelikanen, adelaars en moeraskatten. In de jaren 1950 wilde men de vallei droogleggen en de turf winnen. Daartegen protesteerden natuurbeschermers, die zo deze unieke vallei redden en tevens de nog steeds invloedrijke en actieve SPNI oprichtten, de Society for the Protection of Nature in Israel. De rondweg neemt ca. 1,5 uur in beslag. Het multimediale Oforia Visitors Center introduceert de flora en fauna (tel. 04 693 70 69, www.parks.org.il, za.-do. 8-16, vr. 8-15 uur, NIS33).

Metulla ▶ 2, D 1

Kaart: rechts

Route 90 eindigt in **Metulla** **5**, een door baron Edmond de Rothschild in 1896 gesticht dorp bij de Libanese grens. Zijn faam dankt Metulla aan de *good fence*, een grensovergang via welke ooit tienduizenden Libanezen naar Israël mochten reizen om een medische behandeling te ondergaan. In 2000 sloot de regering van Israël de doorgang voor de vijandige buurman af. In 2012 werd het hek vervangen door een 5 m hoge muur, die scherpschutters in het Libanese dorp Kfar Kila het zicht op Metulla moet benemen. Vanaf het uitkijkpunt van Metulla, dat verstopt ligt achter souvenirwinkels en snackbars, reikt de blik tot heel ver Libanon in. Daar wappert de Libanese vlag, aan deze kant de Israëlische, en in het Hebreeuws, Arabisch en Engels wordt op een bord Jesaja 2:4 geciteerd: 'Zij zullen hun zwaarden omsmeden tot ploegijzers en hun speren tot snoeimessen. Geen volk zal nog het zwaard trekken tegen een ander volk, geen mens zal meer weten wat oorlog is.'

Informatie

Op internet: www.metulla.muni.il.

Accommodatie

Originele suites ▶ Mool ha Beaufort: 22 Hanarkis, Mount Zefia, tel. 04 953 02 32, 054 311 12 10, www.mula-bo-4.co.il. Deze B&B ligt idyllisch boven Metulla en telt drie met aandacht ingerichte suites. 2 pk vanaf NIS750.

Romantisch hotel met spa ▶ Beit Shalom: Ha-Rishonim St., tel. 04 694 07 67, 057 770 78 45, www.beitshalom.co.il. Boetiekhotel in twee ruim een eeuw oude huizen met stijlvolle suites. Het restaurant in de lieflijke tuin is een belevenis op zich. 2 pk vanaf NIS700.

Actief

Schaatsen, squash ▶ Canada Center: Tel. 04 695 03 70, www.canada-centre.co.il, ma.- za. 10-20, schaatsen 10-16 uur, na 16 uur en zo. na telefonische aanmelding, NIS95. Sportcentrum met olympische ijsbaan. Verder zwemmen, squashen, bowling enzovoort.

Kajak varen en schaatsen

Het **attractiepark Ma'ayan Baruch** van de **kibboets Ma'ayan** **6**, tel. 04 695 48 88, fax 04 690 20 06, ten noorden van Qiryat Shemona, is bereikbaar via een goed bewegwijzerde weg naar het oosten. Er zijn kajaks te huur en de rivier de Hatzbani leent zich voor wildwaterkanoën en, in de winter, schaatsen.

Hurshat Tal National Park ▶ 2, E 1

Kaart: rechts

Terug op de bergweg Route 99 rijdt u in oostelijke richting om na 5 km te arriveren bij het **Hurshat Tal National Park** **7** aan de rivier de Dan. Deze populaire bestemming met een meer, kampeerterrein en bungalows staat bekend om zijn tot wel 2000 jaar oude eiken. Volgens de overlevering sloegen hier ooit tien boden van de profeet Mohammed hun kamp op. Omdat er echter niet eens een struik om de paarden aan vast te binden stond, staken zij hun stokken in de grond. Toen zij de volgende ochtend wakker werden, was er een reusachtig eikenbos uit gegroeid, dat tegenwoordig een paradijselijk oord is met watervallen, vijvers en schaduwrijke wandelpaden zoals de Hidden Valley Trail (tel. 04 694 24 40, apr.-okt. 8-17, nov.-mrt. 8-16 uur, NIS38, kamperen

Het noorden van Galilea en de Golan

met eigen tent NIS90 per nacht, bungalow NIS350 per nacht).

Accommodatie, eten en drinken

Idyllisch hotel met spa ▶ Kibboets Hagoshrim: Bij het park, tel. 04 681 60 00, www.hagoshrim-hotel.co.il. Pittoresk hotel met mooie kamers, spa en zwembad. Ook voor gezinnen. Pub Gosh is een van de weinige gelegenheden in deze streek waar lekker gegeten kan worden (vegetarisch, ook vis, vanaf NIS80). 2pk vanaf NIS580.

Golan

De Golan heeft het niet verdiend, maar toch is het zo: zodra het gebied ter sprake komt, gaat het allereerst over oorlogen en – in termen van land voor vrede – de mogelijke teruggave van de streek aan Syrië. Pas daarna komen de overweldigende landschappen van de Golan aan de orde, zijn bergketens, dalen vol kloven en watervallen.

De bezetting van de Golanhoogten tijdens de Zesdaagse Oorlog in 1967 en de poging van Syrië om tijdens de Jom Kipoeroorlog in 1973 zijn zuidwestelijke gebied te heroveren – met als resultaat dat Israël zijn territorium opnieuw uitbreidde –, was samen met de inname van Jeruzalem de belangrijkste verovering door Israël.

Het basaltplateau, een vruchtbaar en sprookjesachtig berglandschap, was niet alleen van belang voor de landbouw, maar leverde Israël ook een nieuwe veiligheidsbuffer op. De betekenis daarvan onderstreepte de regering van Menachem Begin door de Golan in het staatsgebied op te nemen en een consequente kolonisatiepolitiek op te zetten – er wonen inmiddels tienduizenden kolonisten. Aan de vrede in het Midden-Oosten en de erkenning van Israël door de Arabische staten hangt een prijskaartje, waarover hevig en zonder uitzicht op een snelle oplossing wordt gevochten. Voor de burgeroorlog in Syrië had de teruggave van de Golan een bijna even hoge prioriteit als de kwestie-Jeruzalem. Syrië wilde eerst de hele Golan terug en daarna pas over vrede onderhandelen. Israël daarentegen stelde slechts een gedeeltelijke terugtrekking uit de Golan in het vooruitzicht in ruil voor gelijktijdige vrede en diplomatieke erkenning. Hiermee hadden beide partijen weer een reden om zich aan echte vredesonderhandelingen te onttrekken.

In 1995 leed oppositieleider Benjamin Netanyahu, die in 2013 voor de derde keer premier van Israël zou worden, in de Knesset een nipte nederlaag met een wet die de terugtrekking uit de Golan moest blokkeren – de stemmen staakten bij 59 tegen 59. Intussen protesteerden de kolonisten op de Golan, raakten zij slaags met de politie en wierpen barricaden op. Nooit, zo stellen zij, zullen zij hun land afstaan, ze sterven nog liever. Op Netanyahu kunnen zij rekenen.

De strook land die Israël veroverd heeft, is 25 km breed. Tussen Syrië en Israël werd op basis van Resolutie 338 van de VN een gedemilitariseerde zone ingesteld. Van zuid naar noord strekt de Golan zich uit van de Jarmukrivier bij de oostelijke oever van het Meer van Tiberias tot aan de berg Hermon.

De **Golanhoogten** beginnen bij het Hurshat Tal National Park (zie blz. 314). Vanaf hier kronkelt Route 99 omhoog. Tal van zijwegen leiden naar bunkers en gedenkstenen voor in de Jom Kipoeroorlog gesneuvelde soldaten.

Banias en omgeving

▶ 2, E 1

Kaart: blz. 315

Op 10 km rijden van het Hurshat Tal National Park ligt **Banias** 8. Aan Pan, de god van het bos en het vee, is een heiligdom gewijd naast de **Pangrot** aan de voet van de berg Hermon. Hier ontspringt de Banias (Hebreeuws: Hermon), een van de drie bronrivieren van de Jordaan. Herodes liet op deze plaats een tempel

actief

Trekking op de Israel National Trail (Shvil Jisra'el)

Informatie

Lengte: 965 km (deeltraject mogelijk)
Duur: Ca. 5–7 weken voor de hele trail
Beste reistijd: Half feb. en half mei
Voorbereiding: Ervaring, voor de Negev ook met bergbeklimmen, en een goede conditie. Op www.natureisrael.org/nature/Israel-National-Trail end www.israelnationaltrail.com staan momenteel weinig feiten en kaartgegevens in het Engels. Onontbeerlijk is *Hike the land of Israel – A Complete Guide to the Israel National Trail* van Jacob Saar, waarin 25 etappes van de trail als dagwandeling worden beschreven. Verkrijgbaar in de Israëlische boekhandel, online en bij Eshkol Publishing Ltd., tel. 08 690 90 70, info@eshkol-b.co.il.
Kaarten: Israel Trails Committee, 2 HaNegev St., Tel Aviv, shvil@spni.org.il, tel. 03 638-87 19, zo.–do. 9–15 uur; ook Israel National Trail Paspoort om etappes af te stempelen.
Tochten met gids: tourism@spni.org.il

Vertrek in Beit Ussishkin nabij de **kibboets Dan**. Vandaar, 4 km van de Libanese grens, loopt de trail door het noorden van de Golan, via het Meer van Tiberias, Galilea en de Middellandse Zeekust tot aan Eilat aan de Rode Zee. Het pad gaat door steden en kibboetsen, over mediterrane stranden en door talloze nationale parken (tegen betaling!). Op bepaalde stukken in de Negev hebt u bergbeklimervaring en uithoudingsvermogen nodig, zoals bij de Ramonkrater. Het wandelpad, dat ook van zuid naar noord te belopen is, geldt als inspannend. Jaarlijks komen er tienduizenden wandelaars af op het unieke, 965 km lange traject. National Geographic nam het pad in 2012 op in de top 20 van *most epic trails*.

In betrekkelijk weinig tijd is de trail internationaal bekend geworden buiten de verstokte trekkersscene. Dat komt ten eerste doordat de wandelaar over met veel wegwijzers gemarkeerde paden loopt en ten tweede doordat er een comfortabele mate van infrastructuur voorhanden is. Er zijn eenvoudige overnachtingsmogelijkheden, soms slechts een matje, vaak in een kibboets. Op de lange dorstige stukken, vooral in het warme zuiden met de Negevwoestijn, is er water te koop dat ook voor u naar bepaalde plaatsen kan worden gebracht. Het gemiddeld waterverbruik is 6–8 liter p.p.p.d.

Voor de complete trail, die uit veiligheidsoverwegingen op afstand blijft van de Westbank en niet in de buurt komt van de Gazastrook, moet u vijf tot zeven weken uittrekken, iets wat slechts weinig hikers doen. Op verschillende knooppunten kunt u de trail met een andere combineren, bijvoorbeeld naar de berg Hermon. In het voorjaar, de aanbevolen wandelperiode, ziet u het meest van de bloeiende natuur van Israël. Bij veel zogenaamde *trail angels*, 'wandelpadengelen', mag u gratis overnachten.

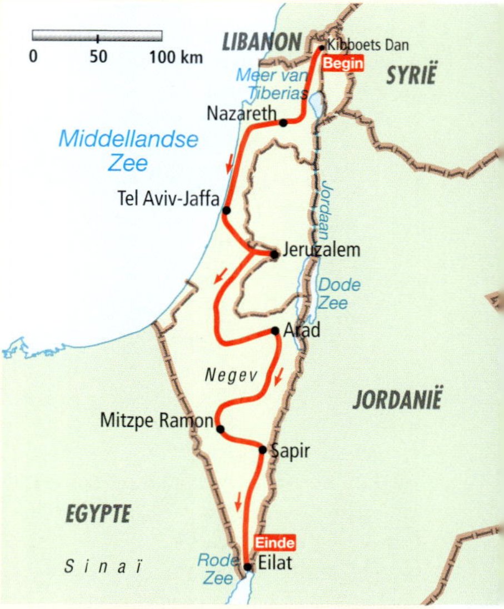

bouwen en zijn zoon stichtte er later een stad, Caesarea Philippi. Er zijn inscripties gevonden die hulde betonen aan de praatgrage bergnimf Echo. In het Nieuwe Testament wordt Caesarea Philippi op een prominente plaats genoemd, namelijk als de locatie waar Jezus tot Petrus zegt: 'En ik zeg je: jij bent Petrus, de rots waarop ik mijn kerk zal bouwen' (Matteus 16:18). Om deze reden wordt de Pangrot met de bron van de Banias door veel christelijke pelgrims bezocht.

Een wandeltocht van anderhalf uur in oostelijke richting leidt naar het **Nimrod Fortress National Park** 9 met de gelijknamige vesting. Zij werd door Arabieren gebouwd, door de kruisridders veroverd en in 1229 door de sultan van Damascus verwoest. Het uitzicht op het Jordaandal vanaf de ruïne van de vesting is schitterend (tel. 04 694 92 77, www.parks.org.il, apr.–sept. 8–17, okt.–mrt. 8–16 uur, NIS21).

Ongeveer 2 km naar het westen, aan de overkant van de weg, ligt de toegang tot het fantastische **Banias National Park** 10 (Nahal Hermon Reserve). Tussen citroenbomen, eucalyptussen, walnotenbomen, eiken en laurier wandelt u onder een verkoelend bladerdak langs de snelstromende rivier naar de waterval die 7 km van de bron ligt (tel. 04 690 25 77 (bron), 04 695 02 72 (waterval), www.parks.org.il, apr.–sept. 8–17, okt.–mrt. 8–16 uur, weg erheen: bron ca. 3 km ten oosten van de kibboets Snir aan Route 99 (Kiryat Shmona-Masadeh), waterval ca. 2 km ten oosten van de kibboets Snir aan Route 99, NIS27).

Informatie

Op internet: www.golan.org.il.

10 Berg Hermon (Neve Ativ) ▶ 2, E 1

Kaart: blz. 315

Het Israëlisch hooggebergte ligt bij de 2814 m hoge **berg Hermon**. In de lente, de zomer en de herfst kan er worden gewandeld, in de winter geskied en gesnowboard (dag. 8–16 uur).

Op de berg Hermon zelf wordt op een hoogte van 1600 tot 2040 m gerodeld en geskied in het **Mt. Hermon Ski and Snowboard Center**, een druk maar overzichtelijk skioord

Het Wilde Westen in het Midden-Oosten: bijna geen boer op de Golanhoogten rijdt rond zonder vuurwapen in zijn koppel

met meerdere liften. De sneeuw is wel degelijk echt, al geldt dat alleen voor de wintermaanden, van begin januari tot eind februari.

De uitrusting kan worden gehuurd, wat in het enige skigebied van Israël dan ook iedereen doet. Een skipas voor een dag kost NIS245, voor een halve dag NIS180. De ruim beschikbare accommodatie in het bijbehorende, op 12 km afstand gelegen skidorp **Neve Ativ**, beter gezegd een klein stadje, biedt een groot aantal all-inpakketten. De stoeltjeslift is natuurlijk ook in de zomer in bedrijf. Dan kan hier worden gewandeld.

Wandelaars kunnen na de tocht omhoog per kabelbaan op eigen houtje gaan lopen. Het uitzicht over de Golan is schitterend en reikt tot diep in het naburige zuiden van Libanon. Ook is er dagelijks een wandeling met een gids. Trefpunt is het bergstation van de kabelbaan om 10.30 uur. Om 11 uur start dan de ongeveer anderhalf uur durende tocht naar het dalstation (aanmelden op tel. 04 698 13 37, groepen reserveren via faxnummer 04 698 52 25). Genoeglijk is ook de 950 m lange zomerrodelbaan, waarop u met een vaart van 45 km per uur naar beneden suist (NIS30). Informatie via tel. 04 698 13 33 en 03 606 06 40, www.skihermon.co.il, toegang NIS49, kabelbaan NIS43; combiticket NIS30.

Accommodatie

Het grote aantal hotels, sommige met vakwerkgevel en in de stijl van het Zwarte Woud, bieden allerlei all-inpakketten voor vakantiegangers, met name voor skiërs. Informatie op tel. 1 599 550 560, 03 606 06 40, www.skihermon.co.il.

Uitzicht op de berg Hermon ▶ Kalfon Resort: Neve Ativ, tel. 04 698 15 32, fax 04 698 2 831. Er zijn maar 6 kamers, de mooiste liggen onder het dak en hebben een vrijstaand bad, een open haard en uitzicht op de berg Hermon. 2 pk vanaf NIS750.

Alpengevoel in het Midden-Oosten ▶ Etzel Stephanie: Neve Ativ, tel. 04 698 15 20, 052 781 00 46, tel. en fax 04 698 42 80. De eigenaren hebben hun knusse houten huis op 1000 m hoogte zelf ontworpen en gebouwd. De kamers zijn klein en op het kitscherige af rustiek gemeubileerd, maar op het terras is het goed toeven. 2 pk vanaf NIS550 incl. ontbijt.

Landelijk verblijf ▶ Mills Iruah: Neve Ativ, tel. 04 698 48 18, 054 462 68 14. Van buiten vakwerk, van binnen modern ingericht met een zweem van landelijkheid. De 11 kamers van dit gastenverblijf zijn zeer verzorgd. 2 pk vanaf NIS500.

Vervoer

Het gebied is het best te bereiken per auto. Erheen rijden is mogelijk tussen 8–15.30 uur. In Neve Ativ gaan elk uur bussen naar Kiryat Shmona, waar u kunt overstappen naar Tiberias, Tel Aviv, Jeruzalem en Haifa. Informatie: Egged, snelkeuzenummer *2800, tel. 03 694 88 88, www.egged.co.il.

Majdal Shams ▶ 2, F 1

Kaart: blz. 315

Na het bezoek aan Neve Ativ rijdt u verder naar de noordoostpunt van de Golan, naar **Majdal Shams** 11, een druzenstad met een trieste faam. De situatie heeft iets heel naargeestigs. Twee hoge hekken van prikkeldraad, het ene Syrisch, het andere Israëlisch, markeren de gedemilitariseerde zone. Bij de hekken staan aan weerszijden mannen, vrouwen en kinderen uit twee dorpen met elkaar te praten. Sinds de Zesdaagse Oorlog gaat dat niet meer zonder megafoon en luidspreker (of thuis via Skype). Terwijl ze voorheen naar het buurdorp liepen om bij familie op visite te gaan, is de grens nu hermetisch gesloten. Met zijn 10.000 inwoners is de 'stad van de zon', zoals de uit het Arabisch vertaalde naam Majdal Shams luidt, de grootste nederzetting in de Golan. De druzische inwoners, van wie velen een Syrisch paspoort hebben, willen in meerderheid eigenlijk niets met Israël te maken hebben. Zij weigeren een Israëlisch paspoort te accepteren en stuurden lange tijd hun kroost naar Damascus om te studeren. Sinds de Syrische burgeroorlog is daarvan geen sprake meer. De absurditeit van de situatie in Majdal Shams was het thema van de tragikomedie *De Syrische bruid* van de Israëlische filmregisseur Eran Riklis in 2004, een boeiende Israëlisch-Duits-Franse coproductie rond een gearrangeerd huwelijk over het prikkeldraad heen.

Een monument in de stad herinnert aan Sultan el Atrash, de leider van de opstand van 1925 tegen de Franse bezetters.

Eten en drinken

Er zijn veel simpele eethuisjes in de stad.

Afhalen aan het water ▶ Birkat Ram: Aan het Birkat Rammeer, tel. 04 698 16 38, dag. 8–18 uur. Druzische specialiteiten. Vanaf NIS50.

Kuneitra ▶ 2, F 2

Kaart: blz. 315

Vanaf hier neemt u weer Route 98 in zuidelijke richting. Na 18 km ligt links van u het **uitzichtpunt Kuneitra** 12, dat voorzien is van verschillende verrekijkers. Zij maken het mogelijk om tot diep in Syrië en de spookstad Kuneitra te kijken, die onder Syrische soevereiniteit destijds de hoofdstad van de streek was. Tot 1967 woonden er islamitische immigranten uit de Kaukasus. Sinds de Zesdaagse Oorlog is de op 40 km afstand van Damascus gelegen stad verlaten, want niemand wilde er terugkeren toen hij eenmaal in de gedemilitariseerde zone lag en aan Syrië was teruggegeven. Ten zuidoosten van de stad ligt op Israëlisch grondgebied een windkrachtcentrale, waarvan de rood-witte propellers de energie voor de Golan leveren.

Katsrin en omgeving ▶ 2, E 3

Kaart: blz. 309

De reis gaat verder naar **Katsrin** (Qatzrin) 13, een plaats 14 km ten noordoosten van het Meer van Tiberias aan Route 9088. Hier bouwde Israël vanaf 1977 de nieuwe hoofdstad van de Golan – 'vesting' is de vertaling van de naam Katsrin. De nederzetting met tegenwoordig zo'n 7000 inwoners, onder wie veel nieuwkomers, werd in de vorm van een vlinder ontworpen. Het centrum is het lichaam, de woonwijken vormen de vleugels. Het achter de tekentafel geplande Katsrin lijkt niet erg uitnodigend en is in eerste instantie bekend vanwege het mineraalwater dat er gebotteld wordt.

Een echte aanrader daarentegen is de moderne, in het industriegebied gelegen **Golan Heights Winery**. Na telefonische aanmelding kunt u het bedrijf, dat de beste wijn van Israël maakt, bezoeken. De proeverij in de wijnperserij is inbegrepen (Industrial Zone, tel. 04 696 84 35, www.golanwines.co.il, zo. 8.30–17.30, ma.–do. 8.30–18.30, vr. 8.30–13.30 uur, aanmelden 2–3 dagen van tevoren, het aangeboden programma varieert tijdens de oogsttijd, NIS30).

Opgefleurd door de wijnproeverij in het centrum brengt u vervolgens een bezoek aan het interessante kleine **Golan Archaeological Museum**, dat prehistorische vondsten uit de periode tussen 500.000 en 5000 v.Chr. toont. Bovendien zijn er fossiele dierenbotten te zien evenals een uit overblijfselen gereconstrueerd huis uit de 4e eeuw v.Chr., waarin graanmolens van basalt, aardewerken kruiken en potten en cultusobjecten gevonden zijn. Op de binnenplaats worden friezen, deurposten en andere vondsten uit synagogen en kerken gepresenteerd, waaronder het reliëf van een menora, dat werd uitgehouwen in het moeizaam te bewerken, vulkanische basalt (tel. 04 696 96 36, zo.–do. 8–17, vr 8–15 uur, NIS25).

Reizigers met veel tijd kunnen een uitstapje maken naar de **Dvorahwatervallen** 14, een idyllische plek om te pauzeren en om rustig te zitten. Eerst neemt u Route 9088 en Route 91 richting Kuneitra. Na de Benot Ja'acovbrug volgt het zijweggetje naar de watervallen.

Ten zuiden van Katsrin strekt zich tot bijna aan het Meer van Tiberias het **Yehudiya Forest Reserve** 15 uit met behaaglijke plekjes in eucalyptusbossen. Een van de vele wandelpaden (duur 2 uur–1 dag) leidt door een grillig rotslandschap langs de rivier de Zavitan en voorbij watervallen en vijvers. De ingang van het park is bij Yehudiya aan Route 87, ca. 2 km ten zuidwesten van Katsrin (tel. 04 696 28 17, apr.–sept. 8–17, okt.–mrt. 8–16 uur, NIS21).

Accommodatie

Bij Israëls natuurbeschermers ▶ Golan SPNI Field School: Katsrin, tel. 04 696 12 34, rafim@spni.org.il. Vlak bij de Golan Winery zijn bij de Israëlische natuurbescherming 34 kamers te huur en krijgt u hulp bij het plannen van tochten naar de natuurgebieden van de Golan. 2pk vanaf NIS350.

Eten en drinken

Authentieke biertapperij ▶ Golan Brewery: Katsrin, tel 04 695 36 25, 050 202 23 34, www.beergolan.co.il, dag. 11.30–24 uur. In Golan Magic is bij de zuidelijk kom lokaal gebrouwen bier en lekker eten te krijgen. De goede smaak van het bier zou te danken zijn aan het gebruikte Golanbronwater. Vanaf NIS60.

Actief

Golan in 3D ▶ Golan Magic: Industrial Zone, Katsrin, tel. 04 696 36 25, www.magic-golan.co.il, zo.–do. 9–17, vr 9–16 uur, NIS25. In imax-stijl vertoont de bioscoop van dit kleine multimediacentrum de 3D-film van een scheervlucht over de Golan en legt vervolgens aan de hand van een Golanmaquette met een klank-en-lichtspel vol effecten de geschiedenis van het gebied en zijn bewoners uit.

Olijfolie ▶ Golan Olive Oil Mill: Industrial Zone, Capernaum Vista Farms, Katsrin, tel. 04 685 00 23, 050 288 87 09, www.oleaessence.com, zo.–do. 9–17, vr 9–15 uur. Hier kan in een kopie van een oude synagoge van Katsrin een reusachtige olijfpers worden bezichtigd en de productie van de olie worden gevolgd. In de bijbehorende winkel zijn de oliën en de cosmetica van het eigen merk Olea te koop.

Vervoer

Bus: Meermalen per dag verbinding van Katsrin naar Tel Aviv, Jeruzalem, Tiberias (overstappen voor Haifa), Informatie: Egged, snelkeuzenummer *2800, tel. 03 694 88 88, www.egged.co.il.

Overstelpt met bekroningen: de mooie wijnen van de Golan Heights Winery

Duizelingwekkend panorama vanaf het platform van het Visitors Center boven de kraters van Mitzpe Ramon

Negev en Sinaï

Ruim de helft van Israël, 12.000 km², wordt ingenomen door de Negevwoestijn. De bergen rond Eilat zijn de natuurlijke voortzetting van de Negev in de Sinaï, een van de belangrijke Bijbelse gebieden. Wind en regen hebben in de loop van duizenden jaren een woestijn met duinen, hoogvlakten, droge rivierdalen (wadi's), laaggelegen kraterlandschappen en groene oases geschapen. Na een lange droge zomer valt er 's winters vaak veel regen, die in de wadi's in de vorm van gevaarlijke wilde beken naar het dal stroomt. Omdat het regenwater nauwelijks door de keiharde bodem kan dringen, ontstaan er reusachtige meren, die maar heel geleidelijk opdrogen. Daarna komt de woestijn tot bloei en schieten er tamariskscheuten en zelfs riet uit de grond omhoog.

Van de aanwezigheid van de mens in de Negevwoestijn getuigen slechts zo'n honderd steden, dorpen, gehuchten en kibboetsen. De reis gaat naar de groene hoofdstad van de woestijn, Be'er Sheva, met Abraham's Well (Bron van Abraham), het Nabatese Ein Avdat en dwars door het kraterlandschap van Mitzpe Ramon. In een geheel andere wereld komt u in Eilat, de chaotische badplaats aan de Rode Zee. Na het oversteken van de grens bereikt u in Egypte de fascinerende Sinaï, waar steden als Sharm-el-Sheikh, Dahab en Nuweiba badgasten, duikers, surfers en snorkelaars trekken. In het St.-Catharinaklooster kunt u op zoek gaan naar sporen uit het Oude Testament, om daarna bij zonsopkomst de berg Sinaï te beklimmen, waar God zijn Tien Geboden openbaarde.

In een oogopslag
Negev en Sinaï

Hoogtepunten

11 **Ein Avdat National Park:** Natuurlijke vijvers, bronnen en watervallen, steenbokken en gazelles in de vrije natuur zijn de topattracties rond de spectaculaire kloof van Ein Avdat, die al ten tijde van de Nabateeën aan een belangrijke handelsroute lag (zie blz. 333).

12 **Eilat:** Vakantieplezier met watersporten en een geweldig uitgaansleven vindt u alleen in Eilat, de enige Israëlische stad aan de Rode Zee, en de nabijgelegen woestijn biedt mogelijkheden tot avontuur (zie blz. 340).

Fraaie routes

Van Be'er Sheva naar Eilat: Op deze route kunt u woestijnexcursies maken, de grillige rotsformaties rond kraters bewonderen of op zoek gaan naar het verleden van de Nabateeën, om ten slotte in Eilat in de zee en het nachtleven te duiken (zie blz. 326).

Van Taba naar Sharm-el-Sheikh: U reist op dit ca. 230 km lange traject langs de oostkust van de Sinaï (Egypte) naar Sharm-el-Sheikh op de zuidpunt van het schiereiland. Onderweg komt u niet alleen fraaie duik- en surflocaties tegen, maar ook bekende badplaatsen als Dahab en Nuweiba, waarvan de meeste ooit bij Israël hoorden (zie blz. 352).

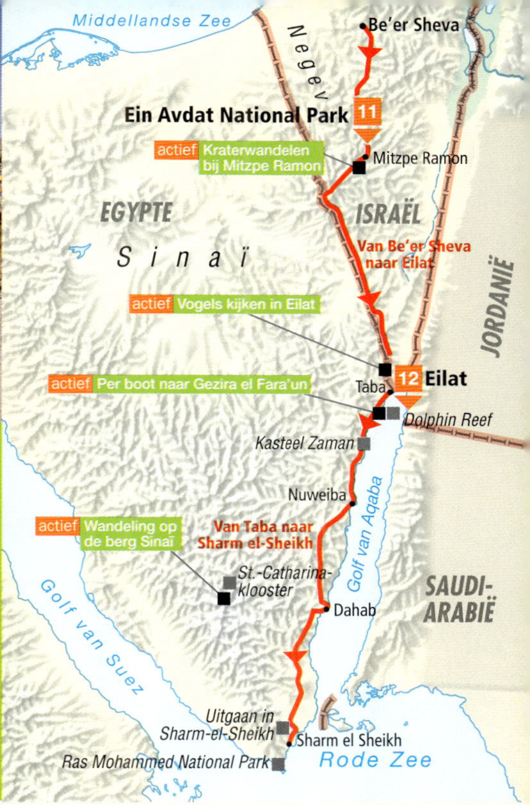

Tips

Dolphin Reef in Eilat: Bezoekers vanaf 8 jaar kunnen hier met een dolfijn zwemmen en duiken (zie blz. 342).

Kasteel Zaman: Een ecolodge als een kasteel – architect Hani Rushdie liet 35 m boven de zee een droom in vervulling gaan (zie blz. 356).

Codex Sinaiticus: Het belangrijk Bijbelmanuscript uit de 4e eeuw is nu in digitale vorm op internet te bekijken (zie blz. 363).

Uitgaan in Sharm-el-Sheikh: Rijkgeschakeerd aanbod voor nachtbrakers (zie blz. 370).

Ras Mohammed National Park: Duik in de wonderlijke wereld van riffen, koralen en vissen (zie blz. 371).

actief

Kraterwandelen bij Mitzpe Ramon: Door het kraterlandschap van de Negev (zie blz. 338).

Vogels kijken in Eilat: In Eilat zijn in het seizoen talloze trekvogels te spotten (zie blz. 344).

Per boot naar Gezira el Fara'un: Ten zuiden van Taba ligt in een baai Pharao's Island, waar ooit faraonisch bodemonderzoek werd verricht (zie blz. 355).

Wandeling op de berg Sinaï: In het voetspoor van Mozes wandelt u niet ver van het beroemde St.-Catharinaklooster naar de bergtop met fraai uitzicht op de zuidelijke Sinaï en de Golf van Aqaba (zie blz. 365).

Van Be'er Sheva naar Eilat

Be'er Sheva en omgeving staan voor de pioniersgeest waarmee in de woestijn groene gebieden met bloeiende planten worden geschapen. En ook verder op uw reis komt u niet alleen door monotone woestijngebieden. In Mitzpe Ramon stuit u op een uniek kraterlandschap en kunt u bij de bedoeïenen in de woestijn verblijven, wandelen en uw ogen de kost geven, voor u zich overgeeft aan de drukte van Eilat.

Be'er Sheva ▶ 12, E 3

Be'er Sheva, de ca. 200.000 inwoners tellende hoofdstad van de Negev, was al in Bijbelse tijden een nederzetting waar landbouw een belangrijke rol speelde. Bij opgravingen werden kunstig vervaardigd aardewerk en sieraden blootgelegd, die blijk geven van de vroegere welvaart van Be'er Sheva.

Geschiedenis

Uit de na-Bijbelse tijd is over Be'er Sheva weinig bekend, behalve dat zich hier na de Babylonische ballingschap Joden vestigden. Be'er Sheva zelf werd pas in 1900 door de Turken gesticht. Daarvoor waren op deze plaats alleen een paar bronnen en drinkplaatsen te vinden, die werden bezocht door bedoeïenen met hun schaapskuddes. In de Eerste Wereldoorlog werd door de Duitsers een spoorweg naar de Sinaï aangelegd en in 1917 werd de nederzetting (met destijds nog geen 3000 inwoners) ingenomen door de Britse generaal Allenby. In de Onafhankelijkheidsoorlog van 1948-1949 bezetten de Israëli's de stad en verdreven de Egyptenaren. Daarna werd een ingrijpend herbevolkings- en ontsluitingsprogramma gestart.

Mensen uit de hele wereld vestigden zich er, in de jaren 90 vooral immigranten uit de voormalige Sovjet-Unie. Tegenwoordig is Be'er Sheva de thuishaven van de Ben Gurion University en een opvallend moderne industrie- en landbouwstad. In de hele agglomeratie Be'er Sheva wonen, verdeeld over 120 gemeenten, ruim 500.000 mensen. Eind 2008 werd de stad voor het eerst getroffen door Hamasraketten: een nawee van Operatie Gegoten Lood (zie blz. 49).

Tip: Handige website

Uitvoerige informatie over de hele Negev is te vinden op de website van de **Negev Regional Council**, die verantwoordelijk is voor de toeristische ontsluiting van het woestijngebied: www.rng.org.il/en.

Bezienswaardigheden

Voor toeristen is Be'er Sheva weinig interessant. Redelijk boeiend is de **Oude Stad**, waarvan de geschiedenis teruggaat tot stichting van de stad door de Turken. Zeker een bezoek waard is de **Bedoeïenenmarkt**, die elke maandag en donderdag tussen 7 en 16 uur langs de weg naar Hebron wordt gehouden. Slechts enkele bedoeïenen uit de Negev verkopen handgemaakte producten; de meeste handelen in elektronica, kleding, schoenen, nepdesignartikelen enzovoort.

Aan de Derekh Khevron Street vindt u de gereconstrueerde **Abraham's Well** (Bron van Abraham). Naar verluidt sloten Abraham en koning Abimelech hier een verbond, waarbij

Abraham toestemming kreeg om het water te gebruiken. Interessant is het **Negev Museum of Art**, gehuisvest in een in 1906 opgetrokken Osmaans gouverneurspaleis, dat onder andere is gewijd aan de lokale geschiedenis sinds de Osmaanse tijd en vaak speciale exposities heeft. Vooral 's zomers worden in het gerestaureerde gebouw ook concerten gegeven (60 Ha'atzmaut St., tel. 08 699 35 35, www.negev-museum.org.il, ma., di. en do. 10–16, wo. 12–19, vr.–za. 10–14 uur, NIS12).

Informatie

Tourist Information: Menachem Begin Sq., tel. 08 646 99 00, zo.–do. 8–16 uur, momenteel gesloten.

Accommodatie

Luxueus zakenhotel ▶ **Leonardo Negev:** 4 Henrietta Szold St., tel. 08 640 54 44, www.fattal-hotels.co.il. Centraal gelegen en nabij enkele winkelcentra. Het personeel helpt graag bij de organisatie van excursies. De kamers van deze hotelkolos zijn degelijk ingericht. Tijdens uw verblijf zal in het hotel bijna altijd een Joodse bruiloft of ander uitgelaten feest plaatsvinden. 2 pk vanaf NIS520.

Keurig ▶ **Beit Yatziv:** 79 Ha'atzmaut St., tel. 08 627 74 44, www.beityatziv.co.il. Dat Be'er Sheva zich graag als academische stad ziet, is goed af te lezen aan dit gastenhuis. De kamers zijn goed; de meeste gasten bestaan uit groepen scholieren en studenten, die niet alleen waardering opbrengen voor het programma en de excursies, zoals sterrenkijken in de woestijn, maar ook voor het verfrissende zwembad. 2 pk vanaf NIS310.

Eten en drinken

Culinaire hoogstandjes zult u in Be'er Sheva niet snel krijgen voorgeschoteld. Er zijn wel restaurants van de landelijk pastaketen Spaghettim en veel eethuisjes met fastfood.

Populair en koosjer ▶ **Balkona:** 81 Herzl St., tel. 08 66 18 11, zo.–do. 12–15, 19–23, vr. 12–15, za. 20–23 uur. Het rabbinaat controleert of hier de kookvoorschriften worden gevolgd, daarom zijn de pasta's en panini koosjer. Het best zit u op de veranda. Vanaf NIS45.

Smakelijke foul ▶ **Beit Haful:** 15 Hahistradut St., tel. 08 623 42 53, zo.–do. 9–24, vr. 8–13, za. 20–23 uur. Liefhebbers van *foul*, een donkere bonenpap, zweren bij deze eenvoudige eetgelegenheid. Vanaf NIS20.

Winkelen

Populair is de **Kanyon Mall**, het winkelcentrum bij Hanesi'im Junction.

Joodse kunstnijverheid ▶ **Taubel Center for the Preservation of Ethiopian Jewish Handicrafts:** 50 Arlozov St., tel. 08 623 58 82, malka@kivunim7.co.il, ma.–do. 8.30–13, di. 18–20 uur. Bijzonder handwerk, met name van Joodse immigranten uit Ethiopië.

Uitgaan

Nachtvlinders zwermen uit rond Trumpeldor Street of Hasimita Street.

Theater, concerten ▶ **Be'er Sheva Cultural Center:** In dit cultureel centrum worden theatervoorstellingen en concerten gegeven.

The Center for the Performing Arts: 41 Rager Blvd., tel. 08 626 64 22, www.isb7.co.il. De thuishaven van het in 1973 opgerichte Israel Sinfonietta, een van de beste symfonieorkesten van het land en wereldberoemd. 's Zomers regelmatig openluchtconcerten, onder andere in het Negev Museum of Art.

Actief

Parachutespringen ▶ **Skykef:** Sde-Tieman Airport, tel. 1700 70 58 67, www.skykef.co.il. Hier wordt uw vliegdroom verwezenlijkt: tandemparachutesprongen (ca. NIS1000) en cursussen van variabele lengte.

Vervoer

Trein: Van het Central Station of de North University, tel. 02 577 40 00, www.rail.co.il, zo.–vr. rijden 2x per uur treinen naar Tel Aviv, waar u kunt overstappen op een trein naar Jeruzalem, Haifa, Akko of Nahariya.

Bus: Verschillende keren per uur rijden van het Central Bus Station aan Eilat St., tegenover de Kanyon Shopping Mall, bussen naar Jeruzalem, Tel Aviv en Eilat. Informatie: Egged, *2800 (snelkeuze), tel. 03 694 88 88, www.egged.co.il.

Als u bij deze foto aan kunstnijverheid denkt, hebt u het mis: op de Bedoeïenenmarkt in Be'er Sheva zijn levensmiddelen, elektronica en kleding te koop

Sheruttaxi: Vertrek bij het Central Bus Station. **Huurauto:** Avis, 8 Henrietta Szold St., tel. 08 627 17 77, www.avis.co.il; Sixt, 21 Sderot Shazar, tel. 08 628 25 89, www.sixt.co.il

Omgeving van Be'er Sheva

Tel Sheva ▶ 12, E 3

Tot de ruïnes van het Bijbelse Be'er Sheva in **Tel Sheva**, 6 km ten noordoosten van de universiteitsstad aan de weg naar Jeruzalem, behoren delen van de oude stadsmuren en enkele gebouwen. De sinds de 8e eeuw v.Chr. door een dubbele muur omgeven stad werd bewoond door ongeveer zeventig families – hogepriesters, belastingambtenaren en handelsvertegenwoordigers. Zij vormden het bestuur van het hele gebied. Op 3 ha lieten stadsplanners bestuursgebouwen en woonhuizen naast elkaar bouwen, verbonden door een netwerk van straten met een standaardbreedte van 2,5 m. De andere bouwwerken die u tijdens de rondleiding te zien krijgt, stammen uit de periode 12e eeuw v. Chr.–8e eeuw n.Chr. (tel. 08 646 72 86, apr.–sept. 8–17, okt.–mrt. 8–16 uur, NIS17).

Mamshit National Park ▶ 12, F 4

Van Be'er Sheva rijdt u nu over Route 25 naar Dimona. Deze 40 km lange autorit voert langs eindeloze duinenrijen. Hier en daar ziet u bedoeïenen die hun tenten hebben opgeslagen. In **Dimona** (35.000 inwoners) leeft men van de textielindustrie en de nabijgelegen atoomreactor. 3 km na het verlaten van de stad ziet u een bord met het ten zuiden van Dimona gelegen **Mamshit National Park**, dat sinds 2005 op de Werelderfgoedlijst van de UNESCO staat. Hier stuitte de Amerikaanse archeoloog Edward Robinson in 1838 op de ruïne van het 3000 jaar oude Mampsis, de oostelijkste stad van het verdwenen rijk der Nabateeën. Deze hadden in de Negev nog vijf andere plaatsen gesticht, maar geen daarvan bleef zo fraai bewaard als Petra in Jordanië. De Romeinen bouwden Mampsis uit tot vestingstad. Maar nadat de stad in de 7e eeuw door de Arabieren was veroverd, raakte hij in verval.

Tot de vondsten behoren twee verdiepingen tellende Nabatese woonhuizen met dikke muren en kleine ramen. Op de muren van een aantal openbare gebouwen zijn deels vergane fresco's te herkennen. De ruïnes van de twee kerkcomplexen, waarvan vroeger een klooster en een bisschopsresidentie deel uitmaakten, stammen uit de Byzantijnse tijd. Rond de begraafplaats werd Nabatees aardewerk aangetroffen, beschilderd met naald- en rasterpatronen en gestileerde planten. Vondsten uit de Romeinse tijd zijn olielampen en onbeschilderd aardewerk. Ook het bekijken waard is de deels gerestaureerde Nabatese cisterne in de aangrenzende wadi (tel. 08 655 64 78, www.parks.org.il, apr.-sept. 8-17, okt.-mrt. 8-16 uur, NIS23).

Arad ▶ 13, C 3

Van het nationaal park rijdt u eerst over Route 25 naar het oosten, waarna u Route 258 naar het noorden neemt. Na 43 km komt u bij het stadje **Arad** (26.000 inwoners). In 1962 vestigden zich hier de eerste families. Aanvankelijk moesten ze in tenten en hutten wonen, want destijds groeide hier zelfs geen grasspriet. Tegenwoordig symboliseert het op een 620 m hoog plateau gelegen stadje de inspanningen van Israëli's om van de Negevwoestijn een groeizaam gebied te maken. Arad is groen: overal ziet u parken, lanen en bloemperken. De plaatselijke economie is grotendeels afhankelijk van de inkomsten van de Dead Sea Works, waar mineralen als zout en broom worden verwerkt, en de gasvoorraden bij Rosh Sohar. Aan de oostrand van het plateau liggen hotels met fraai uitzicht over de Negev en de Dode Zee. Arad staat bovendien bekend als kuuroord voor astmapatiënten.

Een aanrader is het ambitieuze **Glass Art Museum** van de kunstenaarsfamilie Fridman, dat moderne glassculpturen toont (11 Sadan St., tel. 08 995 33 88, www.warmglassil.com, zo.-wo. 10-13, do. en za. 10-14 uur).

Tel Arad ▶ 13, C 2

Ca. 8 km ten westen van Arad ligt **Tel Arad**, ooit een belangrijk verversingsstation op de karavaanroute tussen Syrië en Egypte. Hier ontdekten archeologen niet alleen Kanaänitische tempelruïnes uit de 19e eeuw v.Chr. maar ook Israëlitische complexen uit het begin van het 1e millennium v.Chr., waaronder de ruïne van een Jahwehtempel, die duidelijk naar het voorbeeld van de Eerste Tempel van Jeruzalem was gebouwd. De nederzetting uit de bronstijd lag aan de voet van een heuvel maar de Israëlitische stad op de heuvel. Bij de bouw lieten de Kanaänieten zich meer door esthetiek dan door functionaliteit leiden. Brede straten met een rioolstelsel en omvangrijke pleinen, huizen en tempels bepaalden het stadsbeeld.

De inwoners, boeren en handelaars, bedreven ruilhandel met Egypte. Archeologen vonden Egyptisch aardewerk, koper uit de Sinaï en zelfs cartouches (ovale omcirkelingen) met de namen van farao's op potscherven. De Israëlitische bovenstad, die op een citadel leek, werd meermaals verwoest, bijvoorbeeld door de Assyriërs, Babyloniërs en Romeinen. In een tempel in het noordwestelijke deel van het complex ontdekte men potscherven met inscripties. Op enkele stonden brieven (70 v.Chr.) aan vestingscommandant Eliashiv Ben Ashiahu (tel. 057 776 21 70, www.parks.org.il, apr.-sept. 8-17, okt.-mrt. 8-16 uur, NIS16).

Kibboets Lahav ▶ 13, A 2

Op de terugweg naar Be'er Sheva kunt u een omweg maken naar de **kibboets Lahav**, 15 km ten noordoosten van de stad. Het museum van het hier gevestigde **Joe Alon Center** geeft een goede indruk van de bedoeïenencultuur. Te zien zijn bijvoorbeeld tenten met inrichting en karakteristieke muziekinstrumenten als de *rababa*, een snaarinstrument dat u met een beetje geluk kunt horen bespelen. U kunt toekijken bij het broodbakken en er is een kruidentuin met door de bedoeïenen gebruikte geneeskrachtige planten. Door de overgang naar een bestaan met een vaste verblijfplaats dreigt ook hier de oude nomadencultuur te verdwijnen (tel. 08 991 33 22, www.joealon.org.il, zo.-do. 8.30-17, vr. 8.30-14 uur, NIS16).

Via Route 31 en 60 kunt u de terugreis naar Be'er Sheva aanvaarden.

Informatie

Tourist Information: Arad Industrial Area, Paz-tankstation, tel. 08 995 41 60, www.arad.muni.il, za.-do. 9–17, vr. 9–13.30 uur.

Accommodatie

... in Arad:

Boetiekhotel ▶ **Yehelim:** 72 Moav St., tel. 077 202 81 26, 052 652 27 18, www.yehelim.com. Stijlvolle kamers met fantastisch uitzicht van de balkons en een mooie spa: de totale ontspanning. 2 pk vanaf NIS650.

Fantastische woestijnlodge ▶ **Kfar Hanokdim:** Tel. 08 995 00 97, www.hanokdim.com. Op de weg van Arad naar Masada komt u na 10 km in het Kan'amdal bij deze palmenoase, waar u kiest uit een overnachting in een bedoeïenentent of een hut. Excursies in de woestijn op kamelen of ezels; hoogtepunt zijn de muzikale Desert Sounds workshops, waarbij u zich met tromgeroffel en buikdansen kunt uitleven rond het kampvuur. 2 pk vanaf NIS550.

Uiterst vriendelijk personeel ▶ **Inbar:** 38 Yehuda St., tel. 08 997 33 03, www.inbar-hotel.co.il. Bij de toegang tot Arad gelegen hotel met ruime kamers. Verwarmde zwembaden, met zoetwater of water uit de Dode Zee. 2 pk vanaf NIS450.

Eten en drinken

In Arad is een groot aantal eetstalletjes en cafés met allerlei snacks gevestigd.

Aziatisch ▶ **Mr. Shai:** 32 Palmach St., Arad, tel. 08 997 19 56, ma.-za. 12–15, 18–23 uur. Chinese en Thaise gerechten zijn in de Negevwoestijn een welkom alternatief. De soepen en gebruikelijke Aziatische gerechten zijn goed. Vanaf NIS60.

Winkelen

Gevarieerd aanbod ▶ **Arad Mall:** Shimon St., tel. 08 995 55 95. Prima gesorteerd winkelcentrum in Arad.

Actief

Lichtshow ▶ **Sound & Light Massada:** Deze imposante show maakt de bewogen geschiedenis van de vesting inzichtelijk (zie blz. 199).

Agenda

Hebrew Song Festival (aug.): Festival voor Israëlische liedtekstschrijvers in Arad. Informatie bij het toeristenbureau (zie links).

Vervoer

Bus: Meermaals per dag rijden bussen van Arad naar Be'er Sheva en Tel Aviv en 1 x per dag naar Jeruzalem. Informatie: Egged, *2800, (snelkeuze) tel. 03 694 88 88, www.egged.co.il.

Shivta ▶ 16, D 1

Kaart: blz. 332

Via Route 40 en 211 bereikt u de indrukwekkende ruïnes van **Shivta** 1. De stad werd in de 1e of 2e eeuw v.Chr. door de Nabateeën gesticht als Sobota. De belangrijkste reden hiervoor was de gunstige ligging voor de handel tussen het Verre Oosten en de Arabische wereld. In Shivta is het best te zien hoe de Nabateeën hun steden en nederzettingen van cisternen voorzagen. Onder de binnenplaats van elk huis werd een cisterne gegraven, waarin het regenwater van het dak werd opgevangen. Voor de stad zelf werden twee van deze reservoirs aangelegd (een voor het overlopende water). Ten tijde van de Romeinen lag in Shivta het bevoorradingskamp voor de noordelijke Negev. Onder de Byzantijnen bloeide de stad nog een keer kort op, voor hij onder Arabisch bewind ten onder ging en in de 14e eeuw in de vergetelheid raakte. Shivta werd pas herontdekt in 1935 (apr.- sept. 8–17, okt.-mrt. 8–16 uur, www.parks.org.il, toegang gratis).

Sde Boqer en omgeving

▶ 16, E 1/2

Kaart: blz. 332

Kibboets Sde Boqer 2

Rijd nu over Route 211 eerst dezelfde weg terug en neem bij Telalim Route 40 naar het zuiden. U gaat nu heuvel op heuvel af, tot zich tegen de achtergrond van een prachtig berggebied de fruitgaarden van de in 1952 gestichte

De Nabateeën

Thema

De Nabateeën, die vermoedelijk in het 1e millennium v.Chr. van het Arabisch schiereiland naar de regio tussen de Rode Zee en de Dode Zee trokken, waren goed georganiseerde kooplieden en kameelhandelaars, die zich over streng beveiligde karavaanroutes verplaatsten. In de Negev liggen vele sporen van dit legendarische volk.

In 312 v.Chr. komen de Nabateeën voor het eerst voor in de geschiedenisboeken. In dat jaar moesten ze het na de dood van Alexander de Grote in de Diadochenstrijd om Alexanders troonopvolging tegen de Grieken opnemen. Over hun herkomst is weinig bekend. Ze gebruikten het Aramese schrift, maar de tegenwoordig bekende namen zijn Arabisch. 'Waarschijnlijk,' aldus de Duitse Nabateeënonderzoeker Manfred Lindner, 'zijn ze op zeker moment uit de zuidelijke of centraal-Arabische gebieden naar het noordwesten getrokken'. En in een vroege Joodse versie van het Oude Testament wordt Nebaioth als eerste zoon van Ismaël genoemd. Maar was hij wel de eerste Nabateeër?

Aan het begin van hun tijdperk, van de 5e/4e tot de 1e eeuw v.Chr., bezetten de Nabateeën vermoedelijk de Negevwoestijn, waarin ze een weldoordacht wegennetwerk aanlegden. In die tijd waren ze nog nomaden of halfnomaden met schaaps-, geiten- en kamelenkuddes. Dankzij de Griekse geschiedschrijver Diodoros van Sicilië (1e eeuw v.Chr.) weten we dat ze destijds dadelhoning (die de bedoeienen nog altijd maken) met water mengden om te drinken.

In de hoogtijdagen onder koning Aretas III (87–62 v.Chr.) strekte het Nabateeënrijk zich uit van de Sinaï tot Damascus. De Nabateeën verruilden de nomadencultuur voor een sedentair bestaan en namen elementen uit de Griekse en Romeinse cultuur over. Het politieke, economische en culturele middelpunt was de in de rotsen uitgehouwen stad Petra in het huidige Jordanië, die noch in omvang, noch in schoonheid wordt overtroffen door de bouwwerken die de Nabateeën in de Negev nalieten. Vanuit Petra had men de controle over alle handelsroutes tussen het Arabisch schiereiland, het huidige Gibraltar, Noord-Afrika, de Levant, het Verre Oosten en de belangrijke handelsplaatsen op de kruising van de Wierookroute en de Koningsroute in het huidige Jordanië.

De Nabateeën waren een goed georganiseerd volk van kooplieden en kameelhandelaars, aldus de Griekse geograaf en historicus Strabo. Ze dreven handel in goud, koper, ijzer, textiel, ivoor, slaven, graan, kruiden en specerijen, met name wierook, mirre en balsem, die deels voor cultische ceremonies in tempels werden gebruikt. Het vlechtwerk van Nabatese handelsroutes en afzetgebieden doet denken aan de tegenwoordige wereldhandel.

In de Negevwoestijn werden door de Nabateeën minimaal zes steden gesticht: Oboda (Avdat, Abde), Mampsis (Mamshit, Kurnub), Elusa (Halutza, Khalasa), Nissana (Nitzana, El Avdya), Sobota (Shivta, Isbeita) en Rehovot (Rehovot, Ruheibe). De karavaanroutes waren grotendeels geheim en werden militair bewaakt. Na de dood van Aretas IV in het jaar 40 n.Chr. brak een economische crisis uit. De Nabateeën werden vazallen van Rome en in 106 n.Chr. werd het ooit zo machtige Nabateeënrijk als provincie bij het Romeinse Rijk ingelijfd.

Sde Boqer, Mitzpe Ramon en omgeving

kibboets Sde Boqer aftekenen. Deze werd beroemd door de toenmalige premier David Ben Gurion, die in 1948 de onafhankelijkheid van Israël uitriep en in 1953 in Sde Boqer ging wonen om mee te werken aan het vruchtbaar maken van de woestijn. Zijn huis en zijn bibliotheek met 5000, deels zeldzame werken zijn te bezichtigen (tel. 08 656 04 69, www.bgh.org.il, zo.-do. 8.30–16, vr. 8.30–14, za. 10–16 uur, NIS12).

In de kibboets streeft men naar een goede verstandhouding tussen de volken. Met ca. 1 miljoen euro financierde de burgerij van Hamburg in 1994 de bouw van een ontmoetingscentrum en een gastenhuis, het Hamburg House (zie blz. 336).

Midreshet Ben Gurion 3

Twee minuten rijden van de kibboets ligt de Sde Boqer Campus met het instituut **Midreshet Ben Gurion** van de Ben Gurion University of the Negev in Be'er Sheva. Het onderzoek richt zich op de ecologische ontsluiting van de woestijn door middel van veldwerk in de Negev. Interessant voor bezoekers zijn de door het instituut aangeboden excursies en wandelingen over natuurleerpaden door de Negevwoestijn (tel. 08 653 28 01, 08 653 20 16, www.boker.org.il).

Tuingraf van Ben Gurion 4

Ben Gurion stierf in 1973 en werd naast zijn vijf jaar eerder overleden vrouw Paula bijgezet op een heuvel boven de noordelijke toegang tot Ein Avdat (zie onder). Van het **Tuingraf**, dat u bereikt door een park met steenbokken die bepaald niet schuw zijn, kijkt u fraai uit over de rivier de Zin, die Mozes met zijn volk overstak (toegang gratis).

11 Ein Avdat National Park

Van Sde Boqer moet u een afstand van ca. 3 km overbruggen naar **Ein Avdat National Park**, niet te verwarren met de Nabateeënstad Avdat. Het park ligt in een grillige kloof, een van de mooiste beschermde natuurgebieden van Israël, met watervallen, bronnen en natuurlijke poelen. Zwemmen is verboden, maar menigeen gaat toch het water in. Waar het bronwater tussen de horizontale steenlagen vandaan komt, is onduidelijk. Vermoedelijk is het deels afkomstig uit onderaardse reservoirs die in de regentijd vollopen.

De kans dat u in de vrije natuur steenbokken of gazellen tegenkomt, is 's ochtends of aan het eind van de middag het grootst. Zorg bij een bezoek aan het park voor zonnebrandcrème en voldoende drinkwater. Tijdens de rit naar het park komt u eerst langs de hogergelegen zuidingang, vanwaar u binnen een paar minuten kunt afdalen naar de noordingang.

Van het parkeerterrein (waar ook de weg naar het Tuingraf van Ben Gurion begint) voert een ruim 4 km lang pad, de **Zin Trail**, langs de gelijknamige rivier naar de kloof. De witte wanden van het ravijn bereiken een hoogte van 150 m. In veel grotten verscholen zich in de 6e eeuw kluizenaars. Aan het einde van de minder dan een uur durende wandeling ligt in de schaduw de natuurlijke poel **Ein Marof**, met tamelijk koud zoutig water.

Als u vanhier ruim 200 m terugloopt, ziet u aan uw linkerhand een trap die naar het hoogste punt van de watervallen leidt. Boven kunt u genieten van een prachtig uitzicht. De wandeltocht eindigt bij de hoogstgelegen ingang, aan de zuidkant van het park. Vanhier kunt u te voet of per bus (om de 90 min.) terug naar de 3 km verder gelegen noordingang. U kunt ook van het bassin onder aan de waterval direct naar het beginpunt terugwandelen of met de auto via de zuidingang naar de waterval rijden (tel. 08 655 56 84, apr.-sept. 8–17, okt.-mrt. 8–16 uur, NIS27).

Avdat 5

Ca. 6 km ten zuiden van het park ligt **Avdat**. Ten tijde van de Nabateeën heette de stad op 619 m hoog Oboda. Deze werd in de 4e eeuw v.Chr. gesticht en prijkt sinds 2005 op de Werelderfgoedlijst van de UNESCO. Het verversingsstation dankte zijn naam aan koning Obodas II. Bij opgravingen, die nog lang niet ten einde zijn, werd het tot op heden enige Nabatese legerkamp aangetroffen, dat op 1 ha plaatsbood aan 2000 soldaten en hun kamelen. Tot nu toe is echter alleen de zuidelijke stadsmuur blootgelegd. Ook een wijnpers uit

Bronwater midden in de woestijn – Ein Avdat National Park is een van de landschappelijke topattracties van Israël

de 3e eeuw v.Chr heeft de tand des tijds goed doorstaan.

Toen de Nabateeën hun karavanen omleidden via de route Eilat–Damascus en zich aansloten bij het Romeinse Rijk, begon de neergang van Avdat. Het zou tot het begin van de 4e eeuw duren tot de Byzantijnse heersers Diocletianus en Constantijn de Grote Avdat versterkten en op de heuvel een citadel bouwden.

Tot de belangrijke vondsten in Avdat behoren een mozaïek van kiezelstenen, waarop een kruis is te zien, en de klokkentoren van een kerk, die op de plaats van een oudere Nabatese tempel werd gebouwd. Bezienswaardig zijn de dertien onder de citadel door de Nabateeën in de rotsen uitgehouwen cisternen (tel. 08 655 15 11, www.parks.org.il, apr.–sept. 8–17, okt.–mrt. 8–16 uur, NIS27).

Accommodatie

Overnachten in de kibboets Sde Boqer kan in het **Hamburg House** (2 pk vanaf NIS350) of het iets eenvoudigere **Midreshet Sde Boker Guest House**, met kamers voor 6 pers. (NIS270 p.p.). Reserveren via tel. 08 653 28 01, 08 653 20 16, www.boker.org.il.

Familiebedrijf ▶ Krivine's Guest House: Ben Gurion Campus aan Route 40, ca. 3 km ten zuiden van Sde Boqer, tel. 052 271 23 04, www.krivine-guesthouse.com. Verzorgde accommodatie met ruime kamers. De familie die het hotel runt en het haar naam schonk, geeft veel tips voor excursies en staat u met raad en daad terzijde. 2 pk vanaf NIS450.

Mitzpe Ramon ▶ 16, E 3

Kaart: blz. 332

De hoofdbezienswaardigheden van **Mitzpe Ramon** 62 (4000 inwoners), 45 km ten zuiden van Avdat, zijn de 1042 m hoge **Rosh Ramon** en de **Machtesh Ramon**, de grootste krater van Israël: 8 km breed, 40 km lang en 380 m hoog. Van het uitkijkpunt ten zuiden van het Visitors Center (zie foto blz. 322) kunt u een duizelingwekkende blik in de Machtesh Ramon werpen. In het bezoekerscentrum worden de geologische verschijnselen verklaard.

Vervolgens kunt u zich op een van de gemarkeerde wandelroutes door de aardgeschiedenis begeven (zie blz. 338). Ten noordoosten van het Visitors Center heeft een Israëlische kunstenaar van natuurlijk gesteente sculpturen geschapen – zeer fotogeniek.

Met het kaartje voor het Visitors Center hebt u aan de andere kant van het parkeerterrein gratis toegang tot de **woestijndierentuin Bio Ramon**, waar slangen, schorpioenen en andere dieren uit de Negev zijn te bewonderen (tel. 08 658 87 55, 's zomers ma.–do. en za. 8–17, vr. 8–16 uur, 's winters 1 uur eerder gesl., NIS17).

Dieren zijn ook de grootste bezienswaardigheid op de **Alpaca Farm**, 3 km ten zuiden van Mitzpe Ramon bij de Ramonkrater. Hier werden ooit 300 lama's en alpaca's uit de Andes ondergebracht, en de kudde is inmiddels uitgegroeid tot 400 dieren. De combinatie van boerderij, kinderboerderij en dierentuin is niet alleen aantrekkelijk voor kinderen. U kunt hier korte buitenritten op een lama of een kameel maken, de wolproducten bekijken en de herdershonden observeren. Soms worden er duurraces gehouden (tel. 08 658 80 47, 08 658 81 04, www.alpaca.co.il, 's zomers dag. 8.30–18.30, 's winters en vr. 8.30–16.30 uur, NIS25).

Informatie

Visitors Center: Bij de krater, tel. 08 658 87 54, za.–do. 9–17, vr. 9–16, 's winters tot 15 uur, www.mitzpe-ramon.muni.il. Met wandelkaarten, route-informatie en een kleine tentoonstelling over de natuurverschijnselen van Mitzpe Ramon (NIS30).

Accommodatie

Kamers met eigen zwembad ▶ Beresheet: 1 Beresheet St., tel. 08 638 77 99, www.isrotelexclusivecollection.com. Het hotel ligt op de rand van de krater, zodat alle 112 suites uitzicht over de krater bieden. 42 suites beschikken daarbij over een eigen zwembad. Er zijn ook een spa en een zwembad voor alle gasten. Het hotel bemiddelt bij helikoptervluchten voor de heen- en terugreis of bezichtiging van de krater. 2 pk vanaf NIS1200.

Boetiekhotel ▶ Chez Eugène: 8/1 Har Ardon/ Har Kirton, tel. 08 653 95 95, www.mitzperamonhotel.co.il. Dit hotel maakt zijn gasten blij met luxekamers in modern design, een goed restaurant en de mogelijkheid u op uw kamer te laten masseren met oliën uit de Negev. 2 pk vanaf NIS790, 2 pk met eigen tuin en jacuzzi vanaf NIS1000.
Rustig ▶ Isrotel Ramon-Inn: 1 Ein Akev St., tel. 08 658 88 22, www.isrotel.co.il. Sensationele ligging: hoofdgebouw en zwembad van dit comfortabele hotel met de charme van de jaren 1980 liggen op de rand van de krater. Het uitzicht vanaf de lobby en het zwembad is grandioos. 2 pk vanaf NIS500.
Wildwestsfeer ▶ Alpaca Farm B&B: Tel. 08 658 80 47, 08 658 81 04, 052 897 70 11, www.alpaca.co.il. Van de zuidwestelijke stadsrand van Mitzpe Ramon rijdt u over een wegdek vol gaten 3 km door de woestijn tot de poort van de boerderij. Achter de hekken staan honderden alpaca's te staren, groeien cactussen, wervelt de wind stof rond, spelen herdershonden en mekkeren geiten – deze idyllische boerderij in de Negev doet denken aan een farm in een western. U ziet alles het best van Llama Hill, de heuvel waarop een handvol gezellige gastenhutten met fraaie veranda's staat. Als 's avonds de boerderij de poorten voor dagjesmensen sluit, is het hier heel stil. 2pk vanaf NIS500.
Te gast bij de bedoeïenen ▶ Beerot Camp: Bij de krater, tel. 08 658 67 13, www.parks.org.il. Hier verblijft u als gast van de bedoeïenen in tenten midden in het kraterlandschap. Er is geen stroom. Van brood tot vlees, alles wordt hier boven open vuur bereid. Veel kraterwandelingen beginnen hier in het kamp. Vanaf NIS50 p.p.; gastengebouw voor max. 7 pers. NIS500.

Eten en drinken

Snacks zijn te koop in een klein **winkelcentrum** bij de toegang tot het dorp. Wie iets degelijkers wil, gaat naar het café-restaurant van het **Isrotel**. In het dorp zijn er nog café-restaurant **Hahavit** (tel. 08 6 58 82 26, dag. 8–2 uur) met een goed gesorteerde drankkaart en een terras en **Cafeneto** (tel. 08 6 58 77 77, www.ert.co.il, zo.-do. 8–23, vr. 8–18, za. 9–23 uur). Deze zaken liggen direct naast elkaar aan de Nahal Tsia Street.
Verfijnd ▶ Chez Eugène: Zie Accommodatie, tel. 08 653 95 95. Met dagverse producten uit de Negev – en die zijn er heus ruim voldoende – creëert chef-kok Yair moderne gerechten zoals die in de wijde omtrek nergens te vinden zijn. Vanaf NIS120.

Uitgaan

Al bij het betreden van het dorp krijgt u het gevoel dat u zich hier zult moet amuseren met sterrenkijken (zie Actief) en het gehuil van de dieren in de woestijn – maar dat klopt niet helemaal.
Tegen de blues ▶ Mitzpe Ramon Jazz Club: 8 Har Boker St., tel. 050 526 56 28, www.jazzramon.wordpress.com. De opening was een sensatie in Mitzpe Ramon: bij de livemuziek kunt u uw drankje laten smaken en een praatje maken met de mensen van hier.

Actief

Per jeep de krater in ▶ Desert Land Tour Agency: Tel. 08 951 99 51, www.desertland.co.il. Trips in en om de krater of de Negevwoestijn in, per jeep, mountainbike, kameel of te voet. Tevens tochten met bergbeklimmen. **Karkom Tours:** Tel. 054 534 37 97, www.negevjeep.co.il.
Paardrijden ▶ Alpaca Farm: (zie blz. 336 en Accommodatie) Ritten in de woestijn. Graag 1–2 dagen van tevoren reserveren.
Sterrenkijken ▶ Boven de woestijn is de nachtelijke hemel inktzwart. Welke lichtpunten Cassiopeia of de Melkweg vormen, leert u tijdens een astronomische excursie na zonsondergang. Organisatoren zijn **SPNI Har HaNegev Field School** (aan de weg naar de Alpaca Farm, een kleine 3 km van het centrum, za.-do. 8–17, vr. 8–13 uur, verplichte aanmelding van tevoren via tel. 08 658 86 15, har@spni.org.il) en **Astronomy Israel** (tel. 052 544 97 89, www.astronomyisrael.com).
Boogschieten ▶ Desert Archery: Tel. 050 534 45 98, www.desertarchery.co.il. Schieten op gemakkelijk te raken ballonnen. NIS50 per 30 min.

actief

Kraterwandelen bij Mitzpe Ramon

Informatie

Begin: Mitzpe Ramon
Duur: Afhankelijk van de gekozen wandeltocht 1 uur–1 dag
Beste reistijd: Eind sept.–apr.
Belangrijk: Noodzakelijk zijn wandelkaarten van het Visitors Center, stevig schoeisel en voldoende water. Vertrek altijd vroeg in de ochtend.
Atlas: ▶ 16, E–F 3

Voor u aan de auto- of wandeltocht begint, is het de moeite waard ter inleiding even onder het Visitors Center een kijkje te nemen bij de kleine, eco-botanische woestijndierentuin **Bio Ramon** (Ramon Park, tel. 08 6 58 87 55, 's zomers za.–do. 8–17, vr. 8–16 uur, 's winters 1 uur vroeger gesl., NIS15). In de terraria leven slangen, schorpioenen en andere dieren uit de Negev; deskundigen geven toelichting op de natuur van de woestijn en goede tips voor excursies naar de krater, of u die nu lopend of met de auto onderneemt. Als het Visitors Center gesloten is, kunt u de benodigde kaarten ook hier krijgen.

Aan de rand van de Machtesh Ramon verheffen zich imposante heuvels, zoals de Mt. Ramon en de Mt. Ardon. Dit overweldigende landschap vraagt erom wandelend verkend te worden, en daarvoor zijn er gelukkig vele mogelijkheden.

Camel Hill en Albert Promenade: Bij het ronde Visitors Center, waar u van een fantastisch uitzicht kunt genieten, begint een korte wandeling naar de kraterrand langs bizarre rotsformaties en met een geweldig uitzicht. Halverwege komt u bij het zogeheten Vogelbalkon, een overhangende rots met mooie vergezichten, waaronder de vogels in de krater rondcirkelen. Vandaar gaat u naar een volgend uitkijkpunt *(lookout)*, dat doet denken aan bedoeïenen op een kameel en daarom **Camel Hill Lookout** heet. Terug bij het Visitors Center loopt u over de **Albert Promenade** naar de **Sculpture Garden**, die u bereikt via een brug over Route 40. Nog verder naar het oosten ligt het uitkijkpunt boven de **Givat Ga'ash**, een dode vulkaan waaromheen de lava is gestold tot grillige basaltformaties.

Saharonim Stronghold: Een andere, zeer fraaie wandeling begint bij de **Be'erot Campground** (Route 40, ca. 10 km ten zuiden van Mitzpe Ramon, volg de borden). U loopt vandaar een klein stukje naar het noorden, daarna oostwaarts door **Ein Saharonim** naar het spectaculaire gesteente. Vanaf het parkeerterrein is het een uur omhoog lopen naar de **Saharonim Stronghold** op de Saharonimbergkam, ooit een post op de Nabatese Wierookroute met een mooi uitzicht. Wie wil, loopt verder over het 4 uur durende pad dat deels over Route 40 naar de **Wadi Gavanim Campground** en weer terug naar het parkeerterrein voert. Vaak zijn hier steenbokken en wilde ezels te zien.

Carpenter's Workshop: Niet al te moeilijk is het pad naar de zogenaamde Timmermans-

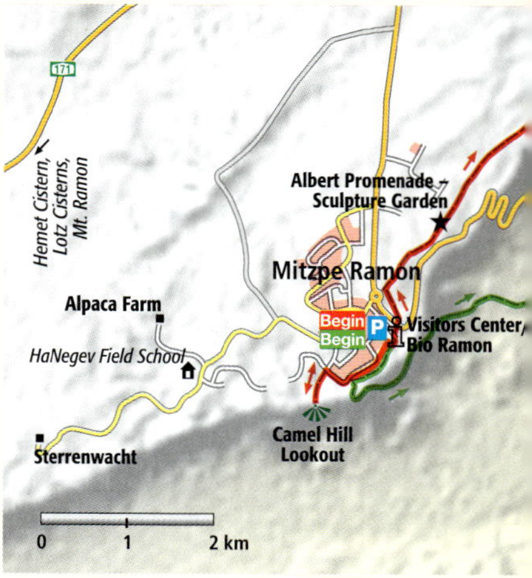

werkplaats (HaMinsara, ook wel The Prism genoemd), dat vanaf het Visitors Center in een wandeling van ca. 3 uur afdaalt in de krater en daar door een spectaculair woestijnlandschap loopt, onder andere naar een rotsformatie die vanwege de gelijkenis met hout **Carpenter's Workshop** (Timmermanswerkplaats) wordt genoemd. Wie de werkplaats wil zien maar daar met de auto naartoe wil, neemt route 40 en slaat in de krater rechts af. Na 800 m is er een parkeerterrein, vanwaar het niet ver naar de bezienswaardigheid is.

Lotz Cisterns: Voor een waterput die in de winter meestal vol water staat, rijdt u van Mitzpe Ramon/afslag Ruot Junction in ongeveer 30 minuten (ca. 30 km) over Route 171 naar de Mt. Harif. Halverwege ligt links de Hernet Cistern, die meestal vol water staat en de grootste cisterne van de Negev is. Vanaf het parkeerterrein in het Camp bij de Mt. Harif lopen een ca. 3 km lang, met rood gemarkeerd wandelpad in ca. 50 minuten en een 9 km lange, eerst met blauw, later met zwart gemarkeerde rondweg in ca. drie uur naar de **Lotz Cisterns** (Borot Lotz) en terug. In de lente

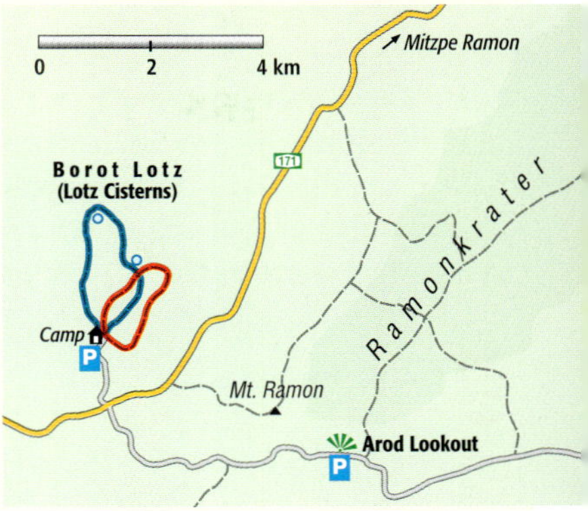

schieten hier grassen op en bloeien bloemen als het roze zonneroosje. Het woord *lotz* betekent bij de bedoeïenen 'troebel water'. Wie na dit tochtje nog op zoek is naar een bijzonder uitzicht, rijdt een halfuur door naar de zuidoostelijk gelegen **Arod Lookout**.

Wie geïnteresseerd is een **avondwandeling** met een sterrenkundige woestijnworkshop, wendt zich tot de SPNI Har HaNegev Field School (zie blz. 337).

Eilat en omgeving

Eilat, dat houdt in: ontspannen aan de Rode Zee, zwemmen en zonnen, en eindeloze pret in het drukke uitgaansleven. Wie niet alleen wil bakken, vindt hier echter ook genoeg afwisseling. U kunt de boeiende vogelwereld en het rijke onderwaterleven observeren, met dolfijnen zwemmen, waterskiën en, en, en – bijna alles is mogelijk.

12 Eilat ▶ 21, C 4

De onderwaterwereld van de Rode Zee en het badseizoen dat het hele jaar doorgaat – de watertemperatuur ligt zelden onder 20°C – hebben **Eilat** (72.000 inwoners) tot het internationale vakantie- en watersportcentrum van Israël gemaakt, ook beroemd om zijn bruisende nachtleven. De zeer mooie koraalriffen in de Golf van Aqaba (Golf van Eilat) zijn de noordelijkste ter wereld. Het Eilatrif kent 200 verschillende soorten hard en zacht koraal en er zijn wel duizend soorten vissen geteld.

Surfers waarderen de betrouwbare wind. Wie surft noch duikt, heeft in Eilat een aanzienlijke vloot aan kleine en grotere schepen en glasbodemboten tot zijn beschikking die tochten aanbieden. Eilat is ingesteld op gezinsvakanties. Voor kinderen zijn er speeltuinen, ondiepe zwembaden, een miniatuurtrein en zelfs een Camel Ranch. Om van de natuur te genieten moet u echter weggaan uit Eilat, bijvoorbeeld met de ornithologen van het International Birding and Research Centre naar de Wadi Araba (zie blz. 344) of het fascinerende Timna Park (zie blz. 348).

Het is eenvoudig om u in Eilat te oriënteren. Ten westen van de luchthaven ligt de niet bijzonder aantrekkelijke City van Eilat, die voor toeristen van steeds minder belang is. Ten oosten van de luchthaven ligt **North Beach** met diverse stranden, een shopping mall, cafés, restaurants, twee door hotels omzoomde lagunes en daartussen de jachthaven. In de richting van de Egyptische grens, aan **South Beach**, vindt u na 5 km het bijzonder mooie gebied van Coral Beach, dat minder drukbezocht is dan North Beach. In het zuiden grenst Eilat aan het Egyptische Taba, dat bekend geworden is als plaats van vele vredesonderhandelingen. Eilat ligt op een smalle kuststrook, waar Negev, Sinaï en de bergketens van Jordanië bijeenkomen. Tot de minder geslaagde omstandigheden van Eilat behoort de locatie van de luchthaven: de start- en landingsbaan ligt midden in de stad en splitst die in tweeën.

Eilat wil met het Jordaanse Aqaba in het oosten en het Egyptische Taba in het zuiden, zodra er in de verre toekomst sprake is van een duurzame vrede, een drielandenbadplaats aan de Rode Zee vormen. Aqaba en Taba hebben de brede stranden die Eilat mist, en Eilat bezit de gastronomie, de winkelcentra en het uitgaansleven. Nu al is het mogelijk om vanuit Eilat de buurstad Aqaba of Petra, de rotsstad van de Nabateeën, beide in Jordanië, te bezoeken of een excursie te maken naar de berg Sinaï (zie blz. 365) en het Catharinaklooster (zie blz. 361) in de Sinaï in Egypte.

Geschiedenis

In het Oude Testament wordt Eilat meermalen genoemd. Op hun terugtocht uit Egypte naar het Beloofde Land hielden de Israëlieten hier halt. De koningin van Sheba zou zich op weg naar Salomo in Jeruzalem in Eilat hebben ingescheept. De schepen werden gebouwd van hout uit het Edombos rond Aqaba. Eilat viel in de hieropvolgende tijd onder veel heersers: de Edomieten en de Nabateeën, die het Aila noemden, daarna Grieken, Romeinen, Byzantijnen en kruisvaarders, die het versterkten en uitbreidden. Onder de Turken verloor Eilat iedere betekenis.

In maart 1949 veroverden Israëlische soldaten de toen Jordaanse plaats tijdens een bliksemactie die beroemd is geworden. De soldaten waren vergeten de Israëlische vlag mee te nemen en schilderden de davidster daarom op een beddenlaken, dat vervolgens werd gehesen. In 1951 woonden een paar mannen en vijf vrouwen in de pioniersgemeenschap, in 1952 werd de eerste baby geboren en in 1956 werd Eilat tot stad uitgeroepen. De veteranen die deze opwindende beginjaren hebben meegemaakt, noemen dit graag de 'wildwesttijd van Eilat'.

Tijdens de Zesdaagse Oorlog veroverde Israël de Sinaï. Tussen Eilat en Sharm el Sheikh op de zuidpunt werd de grondslag gelegd voor het huidige Sinaïtoerisme, waarvan Egypte sinds de teruggave in 1982 rijkelijk profiteert. Eilat zelf had in 1968 nog maar 360 hotelkamers, nu zijn het er meer dan 12.000. In de afgelopen jaren heeft de stad zich vooral gericht op vakantiegangers uit Oost-Europa, wat inmiddels duidelijk aan de stad te merken is: overal hoort men Russisch en is cyrillisch schrift te lezen. De grote financiële crisis van 2009 heeft overigens wel een abrupt einde aan deze ontwikkeling gemaakt.

De enkele jaren geleden geopende universiteit, de Eilat Campus of Ben Gurion University of the Negev, is een filiaal van de universiteit van Be'er Sheva (zie blz. 326) en biedt sociale en natuurwetenschappen aan.

Coral Beach Nature Reserve

Ongeveer 6 km van het centrum in de richting van Taba ligt het **Coral Beach Nature Reserve**, waar u zonder duikbril en zuurstofflessen een blik in de diepte van de Rode Zee kunt werpen. De topattractie is het in 1975 geopende en sindsdien voortdurend uitgebreide **Coral World Underwater Observatory and Aquarium**, een rond gebouw in de vorm van een koraalrif. Het bestaat uit verschillende zeewaterbassins voor haaien en schildpadden, een aquarium met een zeemuseum en een observatorium, dat u 4,5 m onder de zeespiegel

Zo'n uitzicht heb je alleen in restaurant Red Sea Star

Eilat is één groot amusementspark – voor rust moet u aan de oostkust van de Sinaï zijn

een blik in het veelkleurige leven van een koraalrif gunt.

Een speciaal circulatiesysteem voorziet de aquaria continu van vers zeewater en het daarin voorkomende plankton. U kunt hier achter glas zeepaardjes, schaaldieren, barracuda's, clownvissen, trompetvissen en napoleonvissen en honderden andere zeedieren observeren, waaronder hoogst giftige exemplaren als de schorpioenvis, die ingegraven in de zeebodem op zijn prooi loert. U kunt de vissen in vrijheid zien ofwel in het observatorium of vanuit de onderzeeboot Yellow Submarine, die elke dag om 10 uur afvaart (Coral Beach, tel. 08 636 42 00, www.coralworld.com, za.–do. 8.30–17, vr. en feestdagen 8.30–16 uur, NIS94).

Dolphin Reef

Zo'n 2 km ten zuiden van het centrum aan de weg naar Taba moet u in geen geval een bezoek aan het **Dolphin Reef** aan u laten voorbijgaan. Dit bestaat uit slechts één bekken, waarin gedresseerde dolfijnen hun kunstjes uitvoeren. Bezoekers mogen met de dolfijnen zwemmen, toekijken of helpen bij zaken als voederen. Boeiend is een project van internationale wetenschappers waarbij dolfijnen met groot succes worden ingezet als therapeut om gedragsgestoorde kinderen te genezen. Door elke dag te zwemmen met de zeezoogdieren krijgen de kleine patiënten ook weer vertrouwen in de menselijke leefomgeving, waarbij het nog volstrekt onduidelijk is hoe de dolfijnen aan hun heilzame capaciteiten komen. Dierenbeschermers hebben evenwel kritiek op het dolfinarium en de experimenten met de gevangen dolfijnen. De voorheen gangbare verwildering van de dieren is opgegeven, omdat de dolfijnen vaak uit de hun vreemde vrije natuur terugkeerden (Coral Beach, tel. 08 630 01 00, www.dolphinreef.co.il, vr.–za. 9–16.30, zo.–do. 9–17 uur, NIS58; zwemmen met dolfijnen, vanaf 8 jaar, NIS339).

Art Gallery en Eilat City Museum

Een blauw-geel anker, dat als een van de eerste in de handelshaven Eilat werd gebruikt, omringd door bonte vissculpturen – **Art Gallery** is de naam van het openluchtmuseum in het Hamerkazi Park tegenover het luchthavengebouw. Het ligt rond het interessante **Eilat City Museum**, dat zich wijdt aan de oude en de nieuwe geschiedenis van Eilat en bijvoorbeeld het belang van de Timna-kopermijn toelicht. Een laken herinnert aan 10 maart 1949, de verovering van Eilat op Jordanië. De soldaten hadden destijds de Israëlische vlag vergeten en schilderden een davidster op het laken, dat daarna gehesen werd, Uit de jaren 1950 dateert een bus, zoals die in de Negev werd gebruikt en in 1954 bekend werd door een Jordaanse aanslag waarbij elf Israëli's omkwamen. Een nadeel van het museum is dat de toelichtingen aan de magere kant zijn (Hamerkazi Park, ten noorden van de Imax, tel. 08 634 07 54, ma.-do. 10–20, vr. 10–14, za. en feestdagen 12–20 uur, NIS12).

Camel Ranch

De **Camel Ranch**, oorspronkelijk gebouwd als filmdecor voor een western, is een populair doel van uitstapjes voor gezinnen met kinderen. Dit is ook het beginpunt voor kamelen- en paardentochten van ongeveer vier uur naar de Wadi Shlomo. In de buurt van de ranch begint de **Zefahot Trail**, een met groene borden gemarkeerd wandelpad, ideaal voor een lichte, ca. 3 uur durende wandeling door de Wadi Zefahot, die een fantastisch zicht op de Golf van Aqaba biedt (Shlomo River, tel. 08 637 00 22, www.camel-ranch.co.il, ma.-za. tours van een halve dag 9–13, 17–21, 's winters 15–19 uur, paarden-/kameelritten ca. NIS120 per uur).

Informatie

Tourist Information: North Beach, Bet Hagesher/Bridge House, tel. 08 630 91 11, www.eilat.muni.il, www.welcomeeilat.co.il, zo.-do. 8.30–17, vr. 8–13 uur. Informatiemateriaal in overvloed; de medewerkers beantwoorden al uw vragen over excursies naar Jordanië.

Accommodatie

Met forse tot exorbitante prijzen overbieden de hotels aan de stranden elkaar. Betaalbare accommodatie is zeldzaam. Een all-inboeking is beduidend voordeliger. De hotels zijn georganiseerd in de **Eilat Hotel Association** (tel. 08 633 80 34, www.eilathotels.org.il).

Let er bij het boeken in **North Beach** op of kamers in bijvoorbeeld het Dalia Hotel, het Dan Panorama en het Rimonim Hotel niet binnen een paar honderd meter van het vliegveld liggen; het lawaai van opstijgende en dalende vliegtuigen, waarvan er maar weinig fluisterjets zijn, is van 's morgens vroeg tot 's avonds laat aanzienlijk.

Overnachten als de farao's ▶ **Hilton Queen of Sheba:** 8 Antib, North Beach, tel. 08 630 66 66, www.placeshilton.com. Dit hotel is versierd met taferelen uit het oude Egypte. In één vleugel zijn ruime gezinskamers incl. keuken ondergebracht. Het is 200 m lopen naar het strand. 2 pk vanaf NIS1250.

Thais dorp ▶ **Orchid:** Almoq Beach, tel 08 636 03 60, www.orchidhotel.co.il. Tegenover het onderwaterobservatorium ligt het betoverendste hotelcomplex van Eilat, gebouwd in de stijl van een Thais dorp. De bungalows zijn ingericht op de wijze van het Verre Oosten en staan langs een berghelling met een adembenemend uitzicht op de zee en de bergen. In tegenstelling tot de meeste andere hotels hebt u overal in dit hotel gratis wifi. 2 pk vanaf NIS1250.

Prachtige spa ▶ **Herod's Palace:** North Beach, tel. 08 638 00 00, www.herodshotels.com. In het bijgebouw van het voormalige Sheraton Hotel kunt u heerlijk kuren, de kamers zijn ruim en stijlvol gemeubileerd. 2 pk vanaf NIS1200.

Pure luxe ▶ **Isrotel King Solomon:** North Beach, tel. 08 636 34 44, www.isrotel.com. Direct aan de lagune; u krijgt wel wat voor de prijs. Buitengewoon grote kamers; de restaurants, bars en disco behoren tot de beste in Eilat. 2 pk vanaf NIS1200.

Aangenaam overzichtelijk ▶ **The New Orchid Reef Hotel:** Coral Beach, tel. 08 636 44 44, www.reefhoteleilat.com. Het hotelstrand is niet zo groot, maar zeer mooi. Het hotel zelf

actief

Vogels kijken in Eilat

Informatie

Begin: 3 km ten noorden van Eilat
Duur: 2 uur tot een hele dag
Heereis: Neem Route 90 naar het noorden richting Jordaanse grens; vlak voor grensovergang Arava rechts afslaan.

Wie geïnteresseerd is in vogels, mag in geen geval de excursies van het **International Birding and Research Center** in Eilat (IBRCE) missen. Deze in 1984 opgerichte non-gouvernementele organisatie (ngo) is meermaals onderscheiden met internationale milieubeschermingsprijzen. Elk jaar doen ongeveer 60.000 mensen mee aan de ontdekkingstochten van het centrum. De inkomsten gaan onder andere naar onderzoek en naar het onderhoud van een uniek reservaat en rustplaats voor trekvogels. Volgens lokale ornithologen houdt van verschillende vogelsoorten praktisch de voltallige populatie zich in de regio rond Eilat op. Naar schatting zou het bij tijd en wijle om een miljard vogels gaan. Voor vogels die in de herfst vanuit Europa en Azië zuidwaarts naar Afrika trekken – en in het voorjaar via de Sahel, Sahara en Sinaï terug – dient de regio als rustplaats.

Gewapend met fototoestellen en veldkijkers rijdt u met de vogelkenners naar broed- en rustplaatsen in de woestijn, in de bergen of bij ontziltingsbassins. Op bepaalde locaties bij Eilat, bijvoorbeeld in de Wadi Araba, die zich over 200 km van de Rode naar de Dode Zee uitstrekt, kunt u rond 400 vogelsoorten observeren – arenden, ooievaars, flamingo's, kraanvogels, merels, lijsters, mussen, vinken en spreeuwen.

Tot het aanbod van het IBRCE behoren tochten per jeep en wandelingen. Eén excursie is gewijd aan vogels die 's nachts actief zijn, een andere voert naar een post waar vogels worden geringd. Ornithologen ringen daar trekvogels om door middel van langdurige observaties gegevens over de vogeltrek, levensduur en het sterftecijfer te vergaren. Grensovergang Arava, tel. 08 633 53 19, www.eilat-birds.org, toegang gratis).

is sinds de overname en renovatie door de Orchidgroep een luxueus onderkomen met kamers en suites die deels uitkijken op zwembad en zee. 2 pk vanaf NIS700.

Zicht op zee en bergen ▶ Youth Hostel: Haarava St., hoek Elot St., tel. 08 637 00 88, eilat@iyha.org.il. Een van de comfortabelste hostels van zijn soort in het land, met uitzicht op zee en het Edomgebergte, bij gebrek aan goedkope hotels en de nabijheid van het strand altijd goed bezet. Reken wel op rumoerige schoolklassen en groepen jongeren in vakantiestemming. 2 pk vanaf NIS130.

Eten en drinken

Restaurants zijn er in overvloed. In North Beach hoeft u maar van Zion Beach naar het oosten te lopen over de kleine Moshe Kol Memorial Bridge, een ophaalbrug naar de North Beach Promenade: de keuze varieert van eethuisjes voor shoarma uit de hand tot een bierbar met snacks en de duurdere Italiaan. Aan Neviot Beach ligt een filiaal van Aroma Café met airco en gratis wifi.

Oosters ▶ Wang's Grill: In het Royal Beach Hotel, North Beach, tel. 08 636 88 88, za.–do. 19–23 uur. Elegant restaurant met verfijnde specialiteiten uit heel Azië als geroosterde eend met wilde rijst; de sirloin steak op Pekingwijze valt onder de met veel fantasie samengestelde afdeling fusionkeuken. Vanaf NIS150.

Onder water eten ▶ Red Sea Star: Southern Sq., tegenover Le Meridien, tel. 08 634 77 77, www.redseastar.com, dag. 19–24 uur. Dit futuristisch aandoende onderwaterrestaurant heeft onder de concurrentie in Eilat de show gestolen. U eet 5 m onder het wateroppervlak, omgeven door een kunstmatig koraalrif en achter pantserglas aangestaard door echte vissen. De bijbehorende Underwater Bar and Obervatory is tot 3 uur 's ochtends geopend. Vanaf NIS150.

Waanzinnige Aziaat ▶ Ginger Asian Kitchen & Bar: North Beach Promenade, tel. 08 637 25 17, www.gingereilat.com, dag. 12–24 uur. U geniet hier van sushi, sashimi en nigiri of – beter nog – u bestelt iets à la carte: bijvoorbeeld tom yamsoep met Japanse deegballetjes als voorafje en heerlijke kip met mie als hoofdgerecht. Vanaf NIS130.

Zuidzeeflair ▶ Pago Pago: North Beach bij King Solomon Hotel, tel. 08 637 66 60, www.pagopagorest.com, dag. 13–3 uur. Dit in de lagune liggende café-restaurant is na een brand compleet nieuw opgetrokken. De schilderachtig gelegen zaak ademt de sfeer van de Stille Zuidzee en serveert onder andere geraffineerde vlees- en visspecialiteiten. Aanbevolen voorgerechten zijn mosselen en *White fish ceviche*. Vanaf NIS120.

Smakelijke zeevruchten ▶ The Last Refuge: Coral Beach, tel. 08 637 24 37, dag. 13–14.30, 18–23.30 uur. Specialiteit: zeevruchten. Aanbevolen: de vissoep en de zeebanketragout met paddenstoelen. Vanaf NIS110.

Voor smulpapen ▶ Eddie's Hideaway: 68 Almogim St., tel. 08 637 11 37, www.eddieshideaway.rest-e.co.il, ma.-vr. 18–23, za. 14–23 uur. 'Eten is geen overlevingsstrijd, maar een genoegen,' zegt eigenaar Eddie, die al meer dan dertig jaar in Eilat woont en enigszins afzijdig van alle drukte een van de oudste restaurants van de stad drijft. Op de kaart staan vlees- en een grote keus aan visgerechten, maar ook vegetarische specialiteiten. Vanaf NIS100.

Israëlische keuken ▶ Zion Beach: North Beach, tel. 08 637 17 60, dag. 20–2 uur. Israëlische specialiteiten, zeevruchten en vleesgerechten. Het strand is een uitstekende plek om met een drankje in de hand te bekijken hoe de ondergaande zon de naburige bergen in Jordanië in vurige rode tinten kleurt. Vanaf NIS50.

Uitgaan

Eilat is beroemd om zijn nachtleven. De meeste bars en disco's sluiten pas wanneer de laatste gast vertrekt. Centra voor nachtbrakers zijn **North Beach** en de **North Beach Promenade** (Royal Promenade) ten oosten daarvan. Wie afgaat op het gekrijs, komt hier uit bij **Yaniv Fireball**, een kermisattractie die de deelnemers met een waanzinnig versnelling in een kooi de lucht in schiet. De wildste party's tot in de vroege uurtjes worden gehouden in de **Tourist Center** (1 Yotal St., ten zuiden van de Imax). De Cotton Club, Vibe, Babugi, Bardak, Messi Bar en Bears Pub gaan pas om 22 uur open. Heel toepasselijk ligt hier **Nightmare – The Experience** (www.nightmare.co.il, 18–3 uur, NIS50), een klein horrormuseum met shockeffecten.

Themaparty's ▶ Platinum: In het Isrotel King Solomon, North Beach, tel. 08 636 34 44, dag. 23–4 uur, vanaf NIS70. Bijna elke avond heeft een apart thema – ma. Israëlische pop, vr. homodisco enz.

Coole bar ▶ Three Monkeys: Royal Beach Promenade, North Beach, tel. 08 636 88 77, 053 809 45 96, dag. vanaf 22 uur, vanaf NIS80. De grootste en populairste tent in Eilat om te drinken en dansen. Op veel avonden is er livemuziek, vanaf 22 uur zit ook het terras op de promenade vol. Bewaakt door drie grote houten apen.

Rocken ▶ Joya Club: New Tourist Center, tel. 08632 32 59, 050 252 23 44, 19–3 uur, vanaf NIS80. Hier zijn de allerluidste luidsprekers van Eilat ingeplugd. Er wordt muziek gedraaid van sixties tot hypermoderne sound, het publiek is wild, jong en danslustig.

Spectaculair ▶ Imax-3D-bioscoop & Israeli Wax Museum: 4 Yotam St., op de luchthaven, tel. 08 636 10 00, www.themax.co.il. Imaxbioscoop met films over het buitenaardse, het heelal en middeleeuwse burchten, maar ook documentaires over de onderwaterwereld. Onlangs werd de bioscoop – het gebouw is een onmiskenbare zwarte piramide – uitgebreid met een amusant wassenbeeldenmuseum, Onder de 150 beelden vindt u bijvoorbeeld David Ben Gurion, de Beatles, Shrek en zijn vrouw (11–23 uur, vanaf NIS60).

Excursie met kamelen, ook dat kan in de buurt van Eilat

Magische show ▶ WOW – The International Show: Dans, acrobatiek, illusie, magie, tovenarij – met klassieke en moderne acrobatische toeren zoals koorddansen en Chinese slangenvrouwen – deze in Las Vegasstijl geënsceneerde show in het Isrotel Royal Garden Hotel houdt het al jaren vol, North Beach, tel. 08 638 67 01, kaartjes vanaf NIS105, hotelgasten vanaf NIS70.

Winkelen

Eilat is een vrijhandelszone, dat wil zeggen dat u hier belastingvrij kunt winkelen, wat in Israël werkelijk de moeite waard is. De prijzen liggen tot ongeveer 20% onder die in de rest van het land, wat de vele juweliers en designwinkels ter plaatse verklaart. Langs de **strandpromenade** in North Beach (sfeervol na zonsondergang) verkopen rondtrekkende handelaars zilveren sieraden, souvenirs, dvd's en cd's, maken tekenaars portretten, lezen helderzienden uw hand, en wordt de toekomst duidelijk uit tarotkaarten en koffiedik, laten bezoekers tatoeages aanbrengen en dingen ze af op souvenirs. Op de chique **North Beach Promenade** liggen winkels die Cartier, Breitling en Bulgari verkopen, afgewisseld met cafés en restaurants.

Mode ▶ Hayam Shopping Mall: In het centrum, waar South Beach en North Beach bij elkaar komen. Dit is een populair winkelcentrum met winkels van bekende ketens, van Aldo, Castro en GAP tot Mango en Zara. Het aanbod wordt gecompleteerd door een foodcourt. **Hakenyon Hahadash Mall:** Ten noordwesten van de luchthaven. Dit is ook een groot winkelcentrum met winkels van de bekende internationale merken. Een ander winkelcentrum treft u aan op de brug bij de jachthaven van North Beach: de **Sheba Mall** met 4000 m² winkeloppervlakte. Een Parijse sfeer, inclusief bankjes en lantaarnpalen, wacht de bezoeker van de prijzige mall in het Royal Garden Hotel, **Le Boulevard**. Het voordeligst bent u uit in het **Big Center** aan de noordrand van Eilat, waar ook de lokale bevolking boodschappen doet. Ten slotte lijdt het **Shalom Center**, in de City ten westen van de luchthaven, met drie verdiepingen en talloze kledingoutlets, onder veel leegstand en heeft betere tijden gekend.

Actief

Aan het 5 km lange **North Beach**, dat aan de rand van de Wadi Araba met zicht op het Edomgebergte ligt en wordt geëxploiteerd door restaurants en hotels, liggen de zonaanbidders zij aan zij als sardines in een blik. Strandwachten patrouilleren er, hapjes en drankjes worden geserveerd onder begeleiding van luide muziek, een ligstoel kost minstens NIS30 als u geen hotelgast bent. Aan enige hotels is een duikschool verbonden, bijvoorbeeld het Isrotel Yam Suf, Coral Beach. Het Manta Diving Center (tel. 08 633 36 66, www.divemanta.com) geeft vijfdaagse duikcursussen (PADI Open Water) voor NIS3000. Veel duikscholen organiseren ook excursies naar Jordanië en door de Sinaï.

Rustiger gaat het eraan toe in het **Coral Beach Nature Reserve** ten zuiden van Eilat. Hier komen duikers en snorkelaars ook aan hun trekken (dag. 9–17 uur, vanaf NIS30). **South Beach**, met daarvoor het noordelijkste koraalrif ter wereld, is sowieso aan te bevelen voor reizigers die geïnteresseerd zijn in de wereld onder water.

Waterpret voor iedereen ▶ Flamingo Noa Beach: Royal Beach, tel. 08 631 59 19, www.flamingonoabeach.com. Waterfietsen, kajaks en motorboten, ritjes met de banaan, waterscooters, waterski's, paragliding enz. (prijzen vanaf NIS50).

De grootste watersportclub van Eilat ▶ Hananya Beach: Municipal Marina, tel. 08 631 63 48, www.h1h.co.il. Vele watersportmogelijkheden; regelmatig vertrekt ook een glasbodemboot, vanaf de namiddag rockt het op zee door de discocruises. Op het beschaduwde entertainmentstrand kunt u ook pingpongen of een massage krijgen.

Excursies per boot ▶ Paradise Cruises: Marina North Beach/Hananya Beach, tel. 08 631 63 48. Zeiltochten. Meermalen per dag vertrekken glasbodemboten vanaf North Beach, om nietduikers in contact te brengen met de onderwaterwereld; informatie in de hotels.

Zeilen ▶ Yacht's Eilat: Marina North Beach, tel. 08 631 66 61, fax 08 633 77 87. Zeiltochten naar de Golf van Aqaba, naar Coral Island en Taba (vanaf NIS125).

Kitesurfen ▶ KiteX Club: Club Med Beach, tel. 08 637 31 23, www.kitexeilat.co.il. Statistisch gezien waait het op het KiteX-Beach 50% van het jaar met snelheden van 10 tot 15 knopen, dat wil zeggen windkracht 4 tot 6. Regelmatig starten er beginnerscursussen.

Duiken en snorkelen ▶ Lucky Divers: North Beach, tel. 08 633 59 90, www.luckydivers.com. Eilat zelf heeft maar één koraalrif, het Coral Beach Nature Reserve (zie blz. 341). Qua prijs is er niet veel verschil tussen de diverse aanbieders. Een vijfdaagse cursus voor beginners kost ca. NIS1700 incl. uitrusting (SSI, PADI, CMAS, ANDI, IAHD).

Woestijntochten ▶ Desert Eco Tours: Zofit Center, tel. 08 632 64 77, 052 276 57 53, www.desertecotours.com. In de omgeving van Eilat zijn verscheidene spannende tochten te maken. De Red Canyon in de buurt van de Egyptische grens is een bizarre, zacht rood glanzende zandsteenkloof, ten zuiden daarvan ligt Ein Netafim, de Druppelende Bron, een waterval met natuurlijk zwembad. Desert Eco Tours organiseert dergelijke tochten, bijvoorbeeld 's nachts naar de woestijn (4 uur durende jeepexcursie, NIS275), een tocht van twee dagen naar de Wadi Araba en de Negev (NIS1000 p.p.), wandelingen rondom Eilat (NIS360 p.p.) en ook zijn er tochten met de mountainbike.

Computergesimuleerde avonturen ▶ Themapark Kings City: North Beach nabij Herod's Palace Hotel, tel. 08 630 44 44, www.kingscity.co.il. Farao's bij het wagenmennen, computersimulaties rond koning Salomo, Bijbelse grotten en wildwaterbanen – dat alles is onderdeel van het voor US$40 miljoen aangelegde thema- en avonturenpark (zo.–do. 9–1, vr. 9 uur tot 1 uur voor sabbat, za. 1 uur na einde sabbat tot 1 uur. NIS100).

Boemeltreintje ▶ Eilat-Express: Deze miniatuurtrein rijdt aan North Beach.

IJstijd in Eilat ▶ Ice Space: Spiral Center, tel. 633 22 25, www.ice-space.co.il, 10–23 uur, vanaf NIS50. Met dit complex komt Eilat tegemoet aan de door heimwee geplaagde gasten uit Rusland en dan vooral Siberië. De bars en tapkasten bestaan uit 150 ton ijs; de bezoekers dragen bij een temperatuur onder nul bontmutsen en donzen anoraks en drinken wodka. Overdag kunnen kinderen vanaf 3 jaar naar beneden sleeën en zich verbazen over de bizarre wereld van het ijs.

Agenda

Red Sea Classical Festival (jan./feb., www.redsea-classic.com): Klassiek voor iedereen, georganiseerd door maestro Valeri Gergiev. Muziek van onder anderen Rachmaninov, Moesorgski en Mahler. Kaartjes met/zonder hotel via tel. 08 637 00 04, 03 604 50 00 (Jeruzalem).
Red Sea Jazz Festival (juli/aug., www.redseajazzeilat.com): Voortreffelijk festival met dag. tot tien (openlucht)concerten, waaronder meeslepende jamsessies aan het zwembad van het Riviera Hotel. Kaartjes met/zonder overnachting via tel. 08 637 00 04.
Woestijnmarathon (nov., aanmelden/informatie www.znook.co.il of www.redseaeilat.com, zoek op 'marathon'): Loopwedstrijden over 42, 21, 10 of 5 km.

Vervoer

Vliegtuig: Bij Arkia, Red Canyon Mall, tel. 08 638 48 88, 03 690 37 12 (centrale reservering), www.arkia.co.il, kunt u binnenlandse vluchten boeken naar Haifa en Tel Aviv (Sde Dov Airport). Op hetzelfde traject wordt gevlogen door Israir, tel. 03 795 70 00, www.israirairlines.com. El Al vliegt meermalen per dag van/naar Ben Gurion Airport op Eilat. De KLM vliegt niet rechtstreeks op Eilat.
Bus: Van het Central Bus Station van 5-17 uur om de 90 min. en om 19 en 1 uur Eggedbussen naar Tel Aviv en dag. meermaals o. a. naar Be'er Sheva, Jeruzalem (via Dode Zee) en Haifa. Informatie: Egged, snelkeuze *2800, tel. 03 694 88 88, www.egged.co.il. Stadsbussen rijden regelmatig op South Beach, North Beach, de Egyptische en de Jordaanse grens.
Taxi: De taxichauffeurs van Eilat zijn berucht. Let er bij elke rit op dat de taximeter aan staat.

Tip: Naar Egypte

Wie vanuit Eilat naar de Sinaï wil reizen, moet te voet de grens over. Aan de Egyptische kant staan normaliter taxi's te wachten en direct bij de grensovergang staat het Hilton Resort Nelson Village met een afdeling autoverhuur. Voor het overschrijden van de grens hebt u alleen een paspoort nodig.

Huurauto: Avis, Harava Rd., Shalom Plaza Hotel, tel. 08 637 31 64, www.avis.co.il; Eldan, 140 Shalom Center, tel. 08 637 40 72, www.eldan.co.il; Hertz, Hatmarim Blvd., tel. 08 637 66 50/55, www.hertz.co.il; Sixt, Shalom Plaza Hotel, Store 1018, tel. 08 637 35 11, www.sixt.co.il.

Timna Park ▶ 22, D 2

Verlaat Eilat in noordelijke richting over Route 90, langs de kibboets Eilot (met dierentuin en gastenhuis, tel. 08 635 88 16, www.eilot.co.il), die al midden in een tropisch landschap ligt. Na ca. 30 km gaat een kleine zijweg naar het westen – het begin van een absoluut aanbevolen excursie. U bent hier in het 60 km² grote **Timna Park** aan de rand van de Wadi Araba. Lezers van de klassieker *Seven pillars of wisdom* van T.E. Lawrence zijn door de stormaanval op Aqaba al enigszins vertrouwd met deze wadi.

Rond 4000 v.Chr. werden hier de eerste mijngangen ter wereld voor de koperwinning uitgehakt. Tot 80.000 mensen hebben er gewerkt. Koning Salomo handelde druk in het metaal, net als later, in de 4e eeuw v.Chr., de Egyptische farao's, die in de Sinaï turkoois, maar hier in Timna koper wonnen. Timna telt ongeveer 10.000 tot 45 m diepe schachten. Feniciërs zorgden onder Salomo voor de koperbewerking: lelies en granaatappels sierden de fijn geciseleerde zuilen en andere zaken die Salomo liet vervaardigen voor de Tempel van Jeruzalem.

De blikvangers van het Timnadal zijn de twee 50 m hoge, uit de rots tevoorschijn komende zandsteenpilaren van koning Salomo, die zijn ontstaan door erosie. Dit surrealistische landschap is gevormd door wind en regen en hele massieven zijn geperforeerd met grote gaten en scheuren. Naast de pilaren zijn overblijfselen van een Egyptische Hathortempel te vinden, die vermoedelijk door farao Sethos I in de 14e eeuw v.Chr. is gebouwd, plus rotsinschriften en afbeeldingen van Egyptische krijgers uit die tijd. Het kleine meer, waaraan ook restaurant King Solomon's Khan

Een van de vele diersoorten in het natuurreservaat Hai-Bar Yotvata is de antilope

ligt, is door mensenhanden geschapen. Er zijn hier vijf rondwandelingen met gids beschikbaar (onder andere naar de Pink Canyon en The Great Dune), mountainbiketrails voor gevorderden (14,2 km) en gezinnen (1 uur, kinderen vanaf 8 jaar). Vooral indrukwekkend zijn de excursies bij zonsondergang en 's nachts. Ter inleiding krijgt u de multimediapresentatie *The Mines of Time* over de Egyptische goden en de koperwinning van de farao's te zien. Op het Timnameer zijn roeiboten te huur, aan de oever kunt u kamperen en in december kunt u als vrijwilliger deelnemen aan archeologische opgravingen (tel. 08 631 67 56, www.parktimna.co.il, sept.-juni za.-do. 8-16, vr. en feestdagen 8-15, juli-aug. dag. 8-13, di. daarnaast 17-20 uur, NIS44, avondtoeslag NIS25).

Hai-Bar Yotvata Reserve

▶ 22, D 2

Enkele kilometers ten noorden van de afslag naar het Timna Park, ca. 40 km ten noorden van Eilat, liggen aan de rechterkant bij Yotvata het **Hai-Bar Yotvata Reserve** en de kibboets Yotvata. 'Hai-Bar' betekent 'wild leven' – en dat komt u tegen zo gauw u een voet in dit steppeachtige park hebt gezet. De bezoeker wordt begroet door nieuwsgierige struisvogels en verder leven er wilde ezels, gazellen, wilde geiten, steenbokken en antilopen in de vrije natuur. Voor het observeren van vogels hebt u een veldkijker nodig. Spannend is de **Desert Night Life Exhibition Hall**, waarin de klokken voor de regeling van de lichtinstallatie anders lopen. Om de bezoekers dieren te laten waarnemen die 's nachts in de Negev actief zijn, zoals woestijnmuizen, wordt hier van de nacht een dag gemaakt (tel. 08 637 60 18, zo.-do. 8.30-17, vr.-za. 8.30-16 uur, NIS27).

Kibboets Lotan ▶ 22, D 1

Verder naar het noorden komt u kort na de kruising met Route 40 bij de **kibboets Lotan**, die een goede plaats voor vogelaars is: arenden, ooievaars, valken, flamingo's en veel andere vogelsoorten rusten of nestelen hier. Het hangt van het jaargetijde af wat u te zien krijgt. Al vanaf eind februari vliegen Europese trekvogels heel laag over Eilat en de kibboets. U kunt midden in de kibboets overnachten en onder leiding van ervaren ornithologen op

Net een schilderij – een dagtocht per jeep vanuit Eilat volstaat om deze woestijnschoonheid te ontdekken

excursie gaan naar de Wadi Araba. Een belangrijk thema daarbij is altijd ook de ecologie van de woestijn.

De in 1984 gestichte en vanwege zijn milieuengagement meermaals onderscheiden kibboets is ook om een andere reden interessant. De bewoners zijn verplicht 'van de wereld een beter oord te maken'. Dat begint bij de scheiding van het afval, een in Israël in hoge mate onbekend concept, en gaat door tot een het milieu sparende bouwwijze van leem en stro voor de huizen. De totale gedachte achter de kibboets komt tot uiting in het **Lotan Park**, dat na aanmelding kan worden bezichtigd en dat met een ark van Noach van oude banden en afval, en met de Captain Compoststuin speciaal ook op kinderen gericht is (tel. 08 635 68 88, www.kibbutzlotan.com en www.birdingisrael.com).

Accommodatie

Met zwembad ▶ Lotan Guesthouse: Daphna Abell, tel. 054 979 90 30, www.kibbutzlotan.com/tourism/accom. De ecologische kibboets

beschikt voor zijn gasten over 20 simpele, schone kamers met douche in bungalows met airco, verder een zwembad en diverse wellnessvoorzieningen. 2 pk vanaf NIS250.

Ein Netafim ▸ 21, C 4

Voor de weg terug naar Eilat is de volgende route aan te bevelen: van de kibboets rijdt u terug naar de kruising met Route 40, volgt deze ca. 12 km en slaat dan Route 12 in, die door een mooi landschap in zuidelijke richting gaat. Na **Checkpoint Netafim**, 12 km voor Eilat, neemt u de afslag naar links naar de bronnen van **Ein Netafim**. Ze liggen op de voormalige handels- en pelgrimsroute van en naar Mekka – in de rotswanden is 2000 jaar oude ingekraste graffiti in het Hebreeuws, Arabisch, Aramees en Grieks te zien! Op grotere hoogte leven steenbokken. Mensen die in ornithologie geïnteresseerd zijn, kunnen rond de berg Yoash (734 m) allerlei roofvogels waarnemen.

Sinaï-oostkust (Egypte)

De oostkust van de Sinaï is het zonnigste deel van Egypte. Het doel van deze excursie naar het buurland is Sharm el-Sheikh, de grootste vakantieplaats van het land. Aan de kust liggen de kleinere badplaatsen Dahab en Nuweiba, de woestijn lokt met canyons en oases en voor cultuur zorgt het St.-Catharinaklooster midden in de Sinaï. Op de berg Sinaï alhier openbaarde God de Tien Geboden aan Mozes.

U hoeft alleen tussen Eilat en Taba de grens over te steken en u bent al in de Sinaï, de mooiste kuststrook van Egypte. De Sinaï kan een aangename verlenging van uw al prachtige Israëlreis zijn. Tot nu toe, te beginnen in Jeruzalem, hebt u zich in de sporen van de drie grote openbaringsgodsdiensten begeven en grote plaatsen uit vooral de Joodse en christelijke geschiedenis gezien. In de Sinaï gaat u naar de wortels: hier ontving Mozes de Tien Geboden. U kunt de berg Sinaï te voet beklimmen en in het St.-Catharinaklooster leren over de geschiedenis van de vroege christenen, maar ook voor strandliefhebbers en watersporters zijn er voldoende goede redenen om Israël een paar dagen te verlaten.

Terwijl u in Eilat vaak zou willen dat er meer ruimte was, vindt u in de Sinaï een onbeschrijflijke uitgestrektheid. Helaas is de grensovergang met Egypte lang niet zo flexibel als men zich zou wensen. De overschrijding met de auto brengt een enorme admini-

Basata Village, een ecolodge aan een paradijselijke baai

stratieve rompslomp met zich mee en is nauwelijks aan te raden. Daar staat tegenover dat u zonder moeite te voet over de grens komt en u kunt uw reis dan door de Sinaï probleemloos met een huurauto, bus of deeltaxi voortzetten.

De Egyptische revolutie van 2011 en haar gevolgen zijn ook aan de Sinaï niet onopgemerkt voorbijgegaan, hoewel de vakantiemachine aanvankelijk ongestoord bleef.

In 2014 was de situatie op het schiereiland zodanig dat talloze, vooral kleinere hotels en zogeheten *camps* met huisjes, duik- en surfscholen wegens een teruglopend aantal toeristen hun deuren tijdelijk of voorgoed moesten sluiten. Met de verdrijving van de Moslimbroeders en de Egyptische president Mohammed Mursi door het leger in 2013 groeide de angst dat zich ook in het toeristische deel van de Sinaï – net als in het noordelijke, niet-toeristische deel – militante islamisten schuil konden houden die aanslagen voorbereidden. Bij een aanslag op een toeristenbus bij Taba kwamen in 2014 drie Zuid-Koreanen om het leven.

Van Taba naar Nuweiba

▶ 21, C 4

Kaart: rechts

Taba 1

Taba, de kleine grensplaats met Israël, bestaat eigenlijk vooral uit het casinohotel Hilton Taba Resort & Nelson Village en de grensovergang zelf. In de laatste jaren werd de plaats niet alleen consequent van groen voorzien, maar er werd ook op gelet dat er niet overal vuil rondslingert. Veel mensen wippen vanuit Taba even de grens over naar Eilat om te zwemmen of zich in het uitgaansleven te storten. Taba werd in 1989 als laatste plaats door Israël aan Egypte teruggegeven, zeven jaar na de rest van de Sinaï. De beide landen verschilden ernstig van mening of Taba al tot de Sinaï of nog tot de Negev behoorde. Bovendien waren de Israëli's al begonnen met de bouw van het Sonestahotel, het huidige Hilton Taba.

Sinaï-oostkust

Toen de prille vredesbetrekkingen door de Israëlische invasie in Libanon van 1982 naar een dieptepunt wegzakten, werd er tot 1985 niet één keer gesproken over teruggave. Daarna werden zelfs oude kaarten uit de Osmaanse tijd erbij gehaald om een oplossing te bewerkstelligen, die uiteindelijk op politiek niveau tot stand kwam. Egypte betaalde bijna US$40 miljoen schadeloosstelling en daarop werd in april 1989 de grens 100 m naar het noorden verlegd. Veel reisgezelschappen die bezig zijn met een drielandenreis naar Israël, Jordanië en Egypte, gebruiken het Hilton Taba als tussenstation.

The Fjord en Taba Heights

Op de rit naar het zuiden over de 63 km lange kustweg van Taba naar Nuweiba ziet u op een gegeven moment aan uw linkerhand **The Fjord** **3**. Als deze baai niet onder natuurbescherming stond, was hier allang een megahotel neergezet. Nu echter kunt u vanaf het hooggelegen wegrestaurant neerkijken op deze uniek gevormde baai, in een ongerept fjord zwemmen en genieten van een ongehinderd uitzicht op de bergen. De baai zelf is alleen per auto te bereiken.

Op uw doorreis langs de kust komt u langs talrijke nieuwe of nog in ontwikkeling verkerende hotel- en bungalowcomplexen. Midden in het Egyptische niemandsland hebben dappere investeerders besloten om luxueuze hotels te bouwen. Het begin van dit grote toeristische project aan de oostkust van de Sinaï werd gevormd door **Taba Heights** **4**, een modelstad voor toeristen. Een gewoon dagelijks leven is hier nauwelijks te vinden, want de plaats bestaat hoofdzakelijk uit hotels in diverse categorieën, internetcafés, spa's, fitnessstudio's, duik- en surfscholen, een golfbaan en een businesscenter.

Informatie

Op internet: www.tabaheights.com.

Accommodatie

... in Taba:

Stijlvol strandhotel ▶ Tobya Boutique Hotel: Km 2 Taba International Road, tel. 0020 (0)69 353 02 75, www.tobyaboutiquehotel.com. Natuurlijke bouwmaterialen, een sober design met eenduidige stijl, handgeweven tapijten, veel hout en grote kamers met zicht op zee – dat zijn maar een paar van de ingrediënten die Tobya zo bijzonder maken. Daar komen nog bij een groot strand, de mooie bar Saloume en een casino, waar buitenlandse gasten hun geluk kunnen beproeven. Het kunstenaarsechtpaar Sadek Abu el Dahab en Nadia Shalaby verwezenlijkte hier zijn droom van een oase van ontspanning; een tijdschrift noemde Tobya 'de parel van de Sinaï'. 2 pk vanaf US$120.

Een hotel als grenservaring ▶ Hilton Taba Resort & Nelson Village: Tel. 0020 (0)69 353 01 40, www.hilton.com. Hier is het goed toeven, al is het zwembad niet gigantisch en het strand niet uitgestrekt. Met casino en nachtclub Rocks. Het hotel ligt op een steenworp van de grensovergang naar Israël. 2 pk vanaf US$90.

Mooi gelegen ▶ Salah El Din: Tegenover Pharaoh's Island, tel./fax 0020 (0)69 922 00 03. Fantastisch uitzicht – maar de kamers en de keuken halen het daar echter niet bij. 2 pk vanaf US$55.

Ecolodge voor estheten ▶ Basata Village: 12 km ten zuiden van Taba, tel. 0020 (0)69 350 04 80, www.basata.com. Een ecolodge voor een alternatieve vakantie. Geen disco, wel gemeenschappelijk eten en slapen in strohutten of onder de blote hemel – dat is het succesrijke concept van de door kleinschalig ecotoerisme bezielde eigenaar Sherif Ghamrawy. Mooie baai om te snorkelen, duiken verboden. Op tijd reserveren. 2 pk vanaf LE360, kamperen kunt u vanaf LE110.

... in Taba Heights:

Luxueus strandhotel ▶ Sofitel Taba Heights: Tel. 0020 (0)69 358 08 00, www.sofitel.com. Alle kamers bieden uitzicht op de Golf van Aqaba, zeer vlak aflopend, mooi strand, groot aanbod aan sporten, waaronder kajakken en diepzeevissen. Schitterende hemelkoepel in de foyer. 2 pk vanaf US$160.

Uitgestrekt complex met eigen lagune ▶ Miramar Resort Taba Heights: Tel. 0020 (0)69 358 02 34, http://miramar.tabaheights.com. De mooiste accommodaties van dit resort zijn de chalets rond de kunstmatig aangelegde lagune; op het reusachtige terrein vol appartementen en kamers liggen ook verscheidene zwembaden. Het hotel wordt vooral met Joodse feestdagen in beslag genomen door Israëlische reisgezelschappen, vroeg reserveren is dan ook aan te bevelen. 's Avonds dansshows; de schitterende bar dient tevens als dansvloer. 2 pk vanaf US$90.

Aangename kamers en suites ▶ Marriott Taba Heights: Tel. 0020 (0)69 358 01 00, www.marriott.com. Dezelfde vijfsterrenklasse als het

actief

Met de boot naar Gezira el Fara'un

Informatie

Begin: Aanlegplaats bij Salah El Din Hotel
Ligging: Aan de zuidrand van Taba
Duur: 1,5–2 uur
Belangrijk: De aanlegplaats is alleen per auto te bereiken; hotels bieden georganiseerde tochten aan. De prijs voor de overtocht bedraagt ca. LE90 p.p.
Kaart: blz. 345

Voor de kust ligt in een blauwe lagune **Pharaoh's Island** **2** (Gezira el Fara'un). Het kleine, rotsachtige eiland heeft tamelijk weinig met een farao te maken, maar is daarom nog niet van minder historisch belang. Waar tegenwoordig toeristen met een schommelend excursiebootje naar het eiland overvaren, meerden vroeger de expedities van de farao aan die om het jaar naar de ontginningsgebieden in het midden van de Sinaï vertrokken.

Het eiland zou ook deel van de Bijbelse haven van Salomo Esjon-Geber geweest zijn. Het is zeker dat de islamitische veldheer Salah el Din (Saladin) in 1170 het eiland van de kruisridders heeft afgenomen, er een vesting bouwde en deze als rustplaats voor vrome pelgrims naar Mekka schonk. In 1900 zou een Engelse onderzoeker op het eiland muurinschriften in het Arabisch hebben gevonden, die hij niet kon lezen. Toen jaren later een expeditie de vondst wilde analyseren, bleken de rotsen echter ernstig aangetast door weersomstandigheden.

Moderne bezoekers kunnen de totaal gerenoveerde vesting verkennen, vaak wordt u op dit overzichtelijke eilandje daarbij volledig met rust gelaten. Binnen de oude muren zijn veel kleine ruimten te bezichtigen, die onder andere als slaapkamers, keuken en badkamers dienden. In de torens waren duiventillen ondergebracht – postduiven waren toen onderdeel van het communicatiesysteem van het Heilige Land.

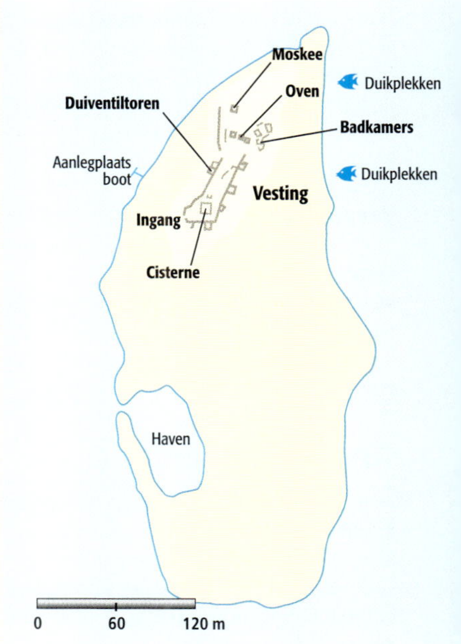

Miramar Resort, architectonisch minder innemend, wat comfort betreft nauwelijks verschil. 2 pk vanaf US$65.

Eten en drinken

... in Taba:

Er zijn vrijwel geen alternatieven: u kunt het best in uw hotel eten.

Pizza en pasta ▶ Casa Taba: Aan het strand van het Hilton Taba Resort, tel. 0020 (0)69 353 01 40, dag. 12–14, 18–24 uur. Dit voortreffelijke Italiaanse restaurant serveert voorgerechten, vis en vlees van de hoogste kwaliteit. Opmerkelijk is ook de grote keus aan niet bijzonder goedkope, zeer goede wijnen. Reserveren noodzakelijk. Vanaf LE200.

Actief

... in Taba Heights:

Watersport ▶ Waterworld: Tel. 0020 (0)69 358 00 99, www.redseawaterworld.com. Shuttlebussen verbinden de hotels met de watersportcentra (onder andere zeilen, duiken, surfen, parasailen).

Golf ▶ Taba Heights Golf Resort: Reserveren: 0020 (0)69 358 00 73, www.tabaheights.com/golf. Deze tussen de zee en de bergen aangelegde 18 holesbaan ligt 4–70 m boven de zeespiegel.

Quadrijden ▶ Alasdair Clarke: Tel. 0020 (0)12 368 43 79, www.tabaquads.com. Offroad met de quadbike door de woestijn (4 uur, US$120 p.p.).

Excursies en safari's ▶ Pro Tours: Tel. 0020 (0)69 358 00 76, www.protourstravel.com. Excursies naar Caïro, het St.-Catharinaklooster, Eilat (Israël) en de rotsstad Petra (Jordanië), ook jeepsafari's naar de Coloured Canyon, de Blue Hole en Ras Muhammad.

Vervoer

Toeristen kunnen de grens Eilat–Taba alleen te voet oversteken.

Vliegtuig: Vanaf Taba International Airport, tel. 0020 (0)69 650 04 32, gaan geen binnenlandse vluchten, enkel internationale chartervluchten (situatie 2014).

Bus: Meermaals per dag vanaf het busstation verbindingen tussen Taba en Nuweiba alsmede van beide steden naar Dahab, Sharm-el-Sheikh en in de richting van Caïro/Nijldelta. Informatie tel. 0020 (0)69 353 02 50.

Deeltaxi: Dezelfde bestemmingen als de bussen, vertrek van het busstation. U kunt een taxi ook op straat aanhouden en huren voor een rit door de Sinaï.

Huurauto: Lotus Rent a Car, Hilton Taba Resort, Taba, tel. 0020 (0)12 950 17 61; Orascom Limousines, Miramar Resort Taba Heights, tel. 0020 (0)12 297 72 26.

Nuweiba en omgeving

Kaart: blz. 345

Nuweiba 6

Nuweiba zelf is niet zo bijzonder, maar de stranden en watersportmogelijkheden zijn geweldig. Keien en zand, die door regenbuien en de daaropvolgende overstromingen door verscheidene wadi's uit de bergen naar het dal en de kust zijn gespoeld, hebben de vlakte gevormd waarin Nuweiba ligt.

Nuweiba is eigenlijk nauwelijks een stad te noemen, het heeft niet eens een centrum. Het leven is hier zeker niet bruisend. Nuweiba be-

Tip: Kasteel Zaman 5

Zo'n 35 m boven de zee heeft architect Hani Rushdie zijn droom van een op een vesting lijkend recreatief bouwwerk in vervulling doen gaan. Aangepast aan het landschap van de Sinaï is het opgetrokken uit basalt en graniet. Wie nu denkt aan een kruisvaardersburcht of een vesting van Saladin, zit er niet ver naast. De bouw nam vijf jaar in beslag. Alle stenen werden met de hand losgebeiteld uit de Sinaï, gesorteerd op kleur en bij de bouw verwerkt. Er is een natuurlijk zwembad met een grandioos uitzicht over de zee tot aan Saudi-Arabië. Onder het kasteel ligt een merkwaardige, fascinerende *treasure room* (schatkamer) waar u alleen kunt komen door een luik in de vloer. Via een trap komt u dan bij een tunnel met kleine handgemaakte ramen. Waarheen? Tot grote vreugde van Rushdie naar een – nog onvoltooide – doolhof.

Kasteel Zaman: Taba–Nuweiba Road, 18 km ten noorden van Taba Heights, Al-Borqa Mountain, tel. 012 214 05 91, www.castlezaman.com. Rushdie ontvangt zijn gasten alleen overdag, niet 's nachts. Zij ontspannen zich in het zwembad (mimimale consumptie LE150). Het overheerlijke diner moet u minstens 1 dag van tevoren reserveren: er wordt hier gekookt volgens het slowfoodconcept. Aan de bar zijn softdrinks en alcoholische dranken verkrijgbaar.

De Rode Zee is een van de beste duikgebieden ter wereld

staat uit drie stadsdelen: in het zuiden de **haven** en Hilton Coral, 8 km naar het noorden de **City** met de kleine bazaar, supermarkten, enkele cafés en restaurants. In het noorden liggen het stadsdeel **Tarabin** en de stranden met de strandhutten, die zich over een afstand van meer dan 50 km uitstrekken tot aan Taba Heights.

Het blijft een geheim van de stadsplanologen waarom ze zulke brede straten door Nuweida lieten aanleggen. De asfaltwegen benadrukken de sfeer van leegte en verlatenheid. Ook de soek doet eerder denken aan een paar garages die ook nog enkele occasions verkopen. Desondanks is Nuweiba zeer geschikt voor een ontspannen vakantie. Dat hebben ook veel jongeren ontdekt: het alternatieve toerisme naar Dahab is uiteindelijk verplaatst naar de talrijke huttenkampen, ecolodges en hotels die zich van Nuweiba in noordelijke richting aaneenrijgen. Wie de regio nog van vroeger kent, zal ervan schrikken hoe de ooit zo ongerepte mooie kust ten zuiden van Taba inmiddels vol staat met onaffe bouwwerken en hotelruïnes.

Accommodatie

Voor sportliefhebbers ▶ Sonesta Beach Resort Taba: 14 km ten noorden van Nuweiba, tel. 0020 (0) 69 356 02 00, www.sonestataba.com. Aangenaam, groot sporthotel met vier sterren, comfortabele kamers. 2 pk vanaf US$95.

Breed strand ▶ Tropicana: Bij het Hilton, tel. 0020 (0)69 352 10 56/7/8, www.tropicanagroup egypt.com. Comfortabel hotel, groot zwembad, breed strand, ook all-inaanbiedingen. 2 pk vanaf US$85.

Kamelenmanege ▶ Habiba Camp: Nuweiba, tel. 0020 (0)69 350 07 00, www.sinai4you.com/habiba. Klein huttenhotel, uitstekend strandrestaurant, sept.–mei eigen kamelenmanege. 2 pk vanaf US$45.

Oase van rust ▶ Hilton Nuweiba Coral Resort: Tel. 0020 (0)69 352 03 20, www.hilton.com. Een hotelcomplex dat zo groen is als een oase, met een voortreffelijk strand, uitstekende buffetten en aantrekkelijke all-inaanbiedingen. 2 pk vanaf US$40.

Mooi strand ▶ El Waha Tourism Village: Tel. 0020 (0)69 350 04 20, www.elwahavillage.com.

Mooi zandstrand, ruime chalets, maar ook eenvoudiger bungalows en kampeerplaatsen voor 20 tenten aan zee. 2 pk vanaf US$40.

Eten en drinken

Voedzame maaltijden ▶ Dr. Shishkebab: Soek, tel. 0020 (0)69 350 02 73, dag. 9–24 uur. Geslaagde Egyptische voor- en grillgerechten. Vanaf LE25.

Eenvoudig ▶ Mataamak: Habiba Camp, tel. 0020 (0)69 350 07 00, dag. 10–23 uur. Ontbijt, middag- en avondeten – en allemaal goed. Vanaf LE25.

Actief

Nuweiba is een ideaal uitgangspunt voor één- of meerdaagse excursies naar de bergen en oases van de Sinaï, bijvoorbeeld naar de Coloured Canyon (zie onder), de oase Ain Umm Ahmed (zie blz. 359) en het St.-Catharinaklooster (zie blz. 361). Diverse bedrijven bieden in de hotellobby tochten per jeep en/of kameel aan voor een uitstapje van een dag (vanaf ca. US$40 p.p.).

Duiken ▶ La Sirène Hotel: Tel. 0020 (0)69 350 07 01, www.nuweiba-lasirene.com. De duikschool in het La Sirène Hotel wordt alom aanbevolen.

Kamelenmanege en safari's ▶ Habiba Camp: Tel. 0020 (0)69 350 07 00, www.sinai4you.com/habiba. Voordelige cursusprijs in combinatie met de reservering van een kamer.

Vervoer

Bus: Dag. meermalen naar Dahab, Sharm-el-Sheikh, Taba en in de richting van Caïro/Nijldelta. Informatie: tel. 0020 (0)69 352 03 71.

Deeltaxi: Meermaals per dag naar Taba, Dahab, Sharm-el-Sheikh, Caïro/Nijldelta.

Veerboot: 2 x per dag van Nuweiba naar Aqaba in Jordanië (11 en 18 uur). Kaartjes bij de haven. De veerboten varen vaak met een vertraging tot wel 10 uur uit. Het betrouwbaarst en schoonst is de veermaatschappij AB Maritime, tel. 0020 (0)69 352 04 72, www.abmaritime.com.jo (dag. behalve za.).

Huurauto: U kunt een auto huren via een hotel, bijvoorbeeld Europcar in het Hilton Coral, tel. 0020 (0)69 352 03 20.

Coloured Canyon 7

De naam **Coloured Canyon** geeft duidelijk aan waarom juist deze kloof zo beroemd en drukbezocht is: hier glanst het zandsteen, en dat op ieder tijdstip van de dag anders, in wit en geel en vele, niet goed met woorden te beschrijven tinten rood.

Rijd van Nuweiba naar het noordwesten. Na ca. 9 km bereikt u de oase **Ain Furtega 13** (palmen, bedoeïenenhutten, pauze voor thee). Rijd vandaar via de **Wadi Nekheil** (mooi uitzicht vanaf de bergkam) over een gemakkelijke steenslagweg naar de Coloured Canyon. De laatste 2 km moet u te voet afleggen, want de wadi wordt smaller en is op sommige plaat-

Op dit plateau zou Mozes de Tien Geboden hebben ontvangen; misschien heeft hij toen ook al genoten van het prachtige uitzicht over het Sinaïgebergte

sen maar 1 tot 2 m breed. De sterk geërodeerde zandsteenmassieven zijn 60 m hoog, maar lijken veel hoger door de nauwe doorgangen. U kunt de canyon met een bedoeïenengids via verschillende, deels lastige wandelpaden verkennen. Let op: mensen met veel overgewicht zullen op ten minste één plaats problemen ondervinden om zich tussen de rotsen heen te persen.

Ain Umm Ahmed 8

De mooie **Ain Umm Ahmed** is een van de weinige oases die door het toerisme met rust worden gelaten en is zeker een verblijf van twee dagen waard (zelf voor eten en drinken zorgen!). De 'bron van de moeder van Ahmed' is te bereiken via de weg naar Nakhl (richting Ahmed Hamditunnel, afslaan bij km 20). U gaat van een wadi over een pas naar de oase, die zich, zoals goed te zien is vanaf het uitkijkpunt, achter een in oker, blauw en rood glanzend maanlandschap met haar gordel van palmen tegen de rots neervlijt.

Er leven enkele bedoeïenen, die bezoekers van harte welkom heten. U kunt langs het water tot aan de 3 km ver gelegen **Wadi el Ain** wandelen, waar acacia's rond een bron staan. De nabijgelegen berg **Ras el Kelb** (999 m) kan alleen bedwongen worden door bergbeklimmers onder leiding van een bedoeïen.

Een raadsel: wie was Mozes?

Thema

Mozes voerde de Israëlieten uit Egypte en ontving op de berg Sinaï de Tien Geboden. Zo staat het in de Bijbel. Maar wie was hij? Het onderzoek heeft het er moeilijk mee om met een duidelijk antwoord op deze geloofsvraag te komen.

Een van de raadselachtigste figuren in de geschiedenis van de mensheid is Mozes, die zowel door het jodendom als de islam als profeet wordt vereerd. Op tientallen plaatsen in Israël, Jordanië en in de Sinaï zou hij met zijn staf water uit de rots hebben geslagen. Archeologen twijfelen, want de Bijbel staat vol overdrijvingen en onnauwkeurigheden. Dat de kleine Mozes vanwege de officieel bevolen moord op alle baby's in een mand op de Nijl was gezet, door de dochter van een farao werd gevonden en door haar opgevoed, is nogal onwaarschijnlijk. In Midden-Oosterse vertellingen, bijvoorbeeld in het Babylonische Gilgamesjepos, komt dit motief vaak voor. Mogelijk is Mozes een verzamelnaam voor verschillende vorsten van een stam. Het lijkt veel onderzoekers ook twijfelachtig of hij überhaupt Israëliet was. Zijn vrouw Sippora hield hem in het begin voor een Egyptenaar, zijn zoon was niet besneden.

Deze Bijbelvermeldingen vormden een uitgangspunt voor Sigmund Freuds bijdrage aan de geschiedenis van Mozes. Mozes, zei deze Joodse vader van de psychoanalyse, zou eventueel geen Jood geweest zijn, maar een Egyptische prins of hogepriester, die de Joden in Egypte van het monotheïsme overtuigde – daarvoor had hij de Israëlieten de vlucht uit de slavernij beloofd. Deze vroeger zwaaromstreden duiding zou in de context van een periode vol onrust staan, die Egypte aan het wankelen bracht. Het onderzoek gaat er met Freud vanuit dat het Oude Testament fictie is, wat Rolf Krauss van het Egyptisch Museum in Berlijn bewezen acht. Het boek zou vooral gediend hebben om met een afstand van vijf eeuwen het verleden te huldigen. Naar zijn – in vakkringen met brede instemming aanvaarde – opvatting is Mozes de farao Amenmesse, die in 1203 v.Chr. probeerde zijn vader Sethos II van de troon te stoten. De 'bouwstof voor zijn fictie', aldus Krauss, zou de schrijver van de Bijbel overgenomen kunnen hebben uit de driedelige geschiedenis van Egypte door de Alexandrijnse geleerde Manetho. De biografieën van Amenmesse en Mozes, voor zover verteld door de Bijbel en bronnen als Flavius Josephus, komen tot in detail overeen: beiden zijn een Egyptische prins, hun ouders zijn tante en neef, zowel Mozes als Amenmesse trouwen een Nubische en moeten Egypte verlaten vanwege een doodslag en een strijd om de troon, die ze verliezen.

De egyptoloog Jan Assmann onderzoekt in zijn boek *Moses der Ägypter* de vraag of Achnaton de Egyptische Mozes was. 'Rond halverwege de 14e eeuw v.Chr. veranderde koning Amenhotep zijn naam in Achnaton, beëindigde hij alle traditionele cultussen, (...) verplaatste de hoofdstad Amarna en vereerde daar nog maar de ene god Aton ('zonneschijf'): de eerste monotheïstische revolutie in de geschiedenis.' Heeft de Kopenhaagse oudtestamenticus Niels Lemche dan gelijk, die de schrijvers van het Oude Testament ziet als romanschrijvers, die bewust een andere uitleg gaven aan historische feiten en ze zo nodig verzonnen, zoals de Bijbelheld Mozes? Het blijft een geloofskwestie.

St.-Catharinaklooster

Kaart: blz. 353

Ongeveer 32 km ten zuiden van Nuweiba voert een goede verharde weg naar het **St.-Catharinaklooster** 9 in de centrale Sinaï. Het is een in landschappelijk opzicht indrukwekkende tocht naar een van de topbezienswaardigheden van Egypte. Als een bolwerk ligt het UNESCO-Werelderfgoed aan de voet van de berg Sinaï op een hoogvlakte in een fantastische bergwereld (waar het in de winter overigens behoorlijk koud kan worden). Het heeft al die eeuwen, omgeven door moslims, wonderbaarlijk standgehouden tegen verwoesting en aanvallen. Wanneer u het klooster hebt betreden, krijgt u het gevoel ondergedompeld te worden in een door de schrijver Umberto Eco ontworpen labyrint (www.sinaimonastery.com).

In het St.-Catharinaklooster zijn pelgrims niet echt welkom. De door het toerisme overbelaste monniken zien zich noch als zielzorger noch dragen zij missen op. Ze voelen zich door de massale toeristische belangstelling gestoord in hun kluizenaar-zijn. Dat veel reizigers ten minste één keer in hun leven aanwezig geweest willen zijn in deze plaats vol Bijbelse tradities, maakt in hun dagelijks leven niet veel indruk. Al onttrekken de monniken vele schatten uit hun bibliotheek en iconencollectie aan de openbaarheid – wat u te zien krijgt, is nog steeds heel bijzonder: de plaats van de brandende doornstruik, de met iconen versierde basiliek of het knekelhuis.

Van het parkeerterrein voert een licht stijgende grindweg in nog geen tien minuten naar het plateau waarop het klooster staat. Bij een kraam van de toeristenpolitie in de buurt verkoopt een bedoeïen Dr. Ahmeds kruidensappen, die onder meer verlichting van hoest, hoofdpijn en buikpijn beloven.

Legende en geschiedenis

De naamgeefster van het klooster is Catharina, een jonge vrouw uit Alexandrië die in het begin van de 4e eeuw tijdens de christenvervolgingen de martelaarsdood stierf. Catharina was intelligent, mooi, belezen en van zeer goeden huize. Zij tekende haar doodvonnis toen ze probeerde keizer Maximianus van zijn geloof te brengen. Bij de openbare onthoofding vloeide er melk in plaats van bloed uit haar lichaam, zeiden de mensen tegen elkaar. Daarna brachten engelen het lijk naar de top van de berg, waar het werd gevonden door monniken, die een kapel oprichtten. Een stuk van de marmeren zuil waaraan Catharina vermoedelijk was vastgebonden, bevindt zich in de kapel. Pas in de 10e eeuw werd het klooster, dat tot die tijd aan Maria gewijd was, omgedoopt tot St.-Catharinaklooster.

Deze geschiedenis (ze is niet historisch bewezen) hangt samen met de uitbreiding van het christendom, dat door Marcus naar Egypte was gebracht. De eerste kluizenaars kwamen in het jaar 300 bij de berg Sinaï om alleen voor God in ascese te leven, zoals Antonius. Keizer Constantijn en zijn moeder Helena maakten in 327 een bedevaart naar de plaats van de brandende doornstruik en Helena stichtte in 330 een aan Maria gewijde kapel op de berg Sinaï. Onder de aristocratie van het Byzantijnse rijk brak een pelgrimsgolf uit en een hele reeks geestelijken bleef zelfs permanent, om op de berg kou, honger en hitte te trotseren.

In de 6e eeuw liet keizer Justinianus een versterking bouwen, omdat monniken en pelgrims door dieven en struikrovers werden belaagd. Justinianus gaf eveneens het bevel tot de bouw van de Hagia Sofia in Constantinopel en de huidige basiliek (530). Nu lijkt dit heilige oord met zijn 15 m hoge granieten muur op een vesting, die van oudsher waardevolle collecties iconen en manuscripten herbergt.

Mohammeds document

Dat dit klooster midden in de islamitische wereld de eeuwen bijna onbeschadigd heeft doorstaan, heeft te maken met een document van de profeet Mohammed. Egypte werd in 640 vreedzaam geïslamiseerd, en hoewel het klooster plotseling een soort vooruitgeschoven post van het christendom was, kon het zich veilig voelen – vijftien jaar voor de islam zich in de hele Arabische wereld had verbreid, was de reizende profeet Mohammed in het klooster te gast geweest en uiterst vriendelijk behandeld door de monniken.

De vroege islam zag uitdrukkelijk af van zendingsdrang en dwangbekering, en zo reikte de profeet aan een afvaardiging van lekenbroeders die hem in Mekka bezocht een document voor het klooster uit. Bezegeld met zijn handafdruk stelde hij uitdrukkelijk het behoud van het geestelijke oord en de geloofsvrijheid van de monniken veilig (een kopie vindt u bij de ingang van het klooster rechts van de trap in het gewelf).

De monniken beroepen zich op de authenticiteit van het document, de wetenschap gaat eerder uit van een knappe vervalsing. Daar staat weer een verwijzing tegenover in soera 95 van de Koran, waarin de profeet inleidend zweert 'bij de vijgenboom en de olijfboom en de berg Sinaï en dit veilige gebied'.

Hoe dan ook – het document miste zijn uitwerking niet: de ene na de andere Egyptische heerser hernieuwde het beschermingsdocument voor het klooster, tot het wel honderd van dergelijke documenten bezat. In 1517 bezetten Osmaanse troepen de Sinaï en stalen het originele document. Ze schonken het aan de sultan in Istanbul en lieten het klooster achter met uitsluitend nog de tot op heden bewaarde kopie.

Het St.-Catharinaklooster nu

Het oudste door christelijke monniken bewoonde godshuis behoort niet tot de Egyptische koptische Kerk, maar tot de Grieks-orthodoxe Kerk. Vroeger woonden hier monniken uit vele landen, nu zijn dat voornamelijk Grieken, Syriërs en Armeniërs, die hun gezamenlijke dag om 4 uur beginnen en tegen 17 uur beëindigen. De orde geniet grote onafhankelijkheid, die zich manifesteert in de keus van de aartsbisschop van St.-Catharina, het kleinste bisdom ter wereld. De bisschop, tevens abt, wordt gewijd door de patriarch van Jeruzalem, een oecumenische patriarch

Tot de schatten van het St.-Catharinaklooster behoren ook meesterlijke iconen

van de Grieks-orthodoxe Kerk van Griekenland en de bisschoppen van Alexandrië, Constantinopel (Istanbul), Rome en Moskou.

Oriëntering

Slechts een klein deel van het totale kloostercomplex staat open voor bezoekers. Het klooster strekt zich uit over twee lagen en heeft een oppervlakte van 85 x 75 m. De 13 tot 15 m hoge, rossige granieten muren uit de 6e eeuw verkeren in een uitstekende staat. De ingang zit aan de noordoostzijde. Het document van Mohammed en een brief van de Leipziger theoloog Friedrich Konstantin von Tischendorf hangen in een donker gewelf, dat voorbij een boekwinkel naar het buitenste straatje van het klooster voert. Links gaat u naar de brandende doornstruik, rechts naar de basiliek van Justinianus.

Tip: Codex Sinaiticus

De complete Codex is zowel voor onderzoekers als leken toegankelijk – in digitale vorm. De bladen zijn stap voor stap met het interactieve grafische programma Silverlight bewerkt. Na kunt u op internet met een muisklik door de band bladeren, delen van de bladzijden als met een loep vergroten, de handgeschreven Oudgriekse tekst in netschrift afbeelden en zelfs een transcriptie van de betreffende passage oproepen. De 43 bladen uit Leipzig zijn te zien op **www.e-manuscripts.org**. De virtuele samenvoeging van de Codex begon in 2008 op **www.codex-sinaiticus.net**. Aan het project waren allerlei befaamde onderzoekers verbonden en instellingen als het St.-Catharinaklooster, de British Library, de Russische Nationale Bibliotheek en de Universität Leipzig.

Mozesbron en museum

Tegenover de noordwesthoek van de basiliek bevindt zich een **bron**, die niet meer in gebruik is en waaruit Mozes gedronken zou hebben. Daarboven ligt het **museum**. Het toont in negen zalen, die als heilige sacristie worden aangeduid, schitterende iconen, waaronder Byzantijnse meesterwerken uit de 6e eeuw.

Ook te zien: manuscripten in het Aramees, zeldzame wetboeken, waardevolle bijbels, kruisen, liturgische voorwerpen van zilver, goud, ivoor en edelsteen. De trots van het klooster zijn de in een vitrine getoonde bladzijden uit de Codex Sinaiticus (zie Tip), die voor het grootste deel – 694 pagina's –in het British Museum in Londen wordt bewaard (ma.-do., za. 9–12 uur, feestdagen gesl., LE10).

Vroeg-Byzantijnse basiliek

U betreedt de 40 x 20 m grote vroeg-Byzantijnse basiliek aan de zijkant door het **voorportaal**, een met iconen versierde galerij en de belangrijkste afzonderlijke collectie christelijke kunst ter wereld. Het klooster herbergt 2000 iconen, de oudste uit de 6e eeuw. Het klooster raakte nooit betrokken bij de beeldenstrijd van de 8e en 9e eeuw, die met een verbod op de vervaardiging en verering van heiligenbeelden eindigde en zelfs het vernietigen en zwartmaken ervan eiste. Aan het eind van het voorportaal worden in vitrines kopieën van waardevolle bijbels uit Ethiopië, Perzië, Georgië en Griekenland tentoongesteld. Mooi zijn ook de naar buiten leidende houten portalen. De afbeeldingen van Christus met verscheidene dieren zijn origineel.

Op het niveau van de brandende doornstruik (zie blz. 364) ligt het brede **middenschip** van de basiliek, gedragen door twee rijen van ieder zes zuilen en omzoomd door twee smalle zijschepen. Het interieur komt met zijn iconen, kandelaars en kroonluchters op ons nu zeer overladen over.

De **apsis** toont een origineel bewaard vroegchristelijk mozaïek: de Verheerlijking van Christus op de berg Tabor (Matteüs 7:2–5). Om Jezus heen staan Mozes en Elia, aan Zijn voeten ligt Petrus, opzij knielen Jakobus en Johannes. Het centrale tafereel wordt geëncadreerd door 32 medaillons. Ze tonen afbeeldingen van de twaalf apostelen, zestien profeten, de twee schenkers van het mozaïek (links en rechts in de hoek) en koning David (in het medaillon onder Jezus) en een afbeelding van het Kruis (in het medaillon boven het hoofd van Christus). Mozes staat bij de brandende doornstruik en neemt de Tien Geboden in ontvangst (boven het dubbelvenster).

Het met marmer bedekte **altaar** biedt links en rechts plaats aan twee schrijnen van Catharina (met gouden kroon versierd hoofd, met gouden ringen versierde hand van Catharina), schenkingen van de Russische tsaren Peter de Grote (1680) en Alexander II (1860). In de niet toegankelijke **zijschepen** rijgen de kapellen zich aaneen. Een verdere bezichtiging van de basiliek is, behalve voor geprivilegieerde reisgezelschappen, niet mogelijk.

Brandende doornstruik

Terug door de basiliek, voorbij de Mozesbron en de kloosteringang, komt u aan het eind van het straatje bij de door een muur beschermde brandende doornstruik. De zeldzame plant komt alleen in de Sinaï voor en leeft extreem lang.

Klokkentoren en moskee

De **klokkentoren**, een 19e-eeuws geschenk van de toenmalige tsaar, bezit tien metalen klokken en een van hout. Deze laatste wordt elke ochtend geluid, terwijl de metalen alleen op zon- en feestdagen te horen zijn.

Naast de toren staat de **moskee**, die volgens archeologen in de grondstructuur een verbouwd gastenhuis is en in de 11e eeuw werd gebouwd om de verschrikkelijke kalief en christenvijand Al Hakim te kalmeren.

Bibliotheek

De bibliotheek ten zuiden van de basiliek is voornamelijk toegankelijk voor onderzoekers. Ze bevat rond 2000 boeken en manuscripten van de 3e tot de 19e eeuw in twaalf talen, onder andere Grieks, Syrisch, Armeens, Arabisch en Pools, en is daarmee de grootste handschriftenverzameling (3500 banden) na die van het Vaticaan. Ertoe behoren de oudste Bijbelteksten, waaronder de **Codex Syriaticus** uit de 2e eeuw en delen van de zeker niet minder belangrijke **Codex Sinaiticus** uit de 4e eeuw, die op zijn beurt nauw verbonden is met de geschiedenis van de theoloog **Friedrich Konstantin von Tischendorf** (1815–1874) uit Leipzig.

Deze theoloog bezocht vanaf 1844, later in opdracht van tsaar Alexander II, de beschermheer van de christenheid in de Oriënt, meermaals om studieredenen het St.-Catharinaklooster en stuitte daar met hulp van een monnik op de Codex, die hij zich uiteindelijk toe-eigende. 'Ik beloof,' besluit de als facsimile in de kloosteringang tentoongestelde brief van Tischendorf, 'dit manuscript onbeschadigd en in goede staat terug te geven aan het klooster.' Het gaat hier over de Codex Sinaiticus, die echter nooit in het St.-Catharinaklooster zou terugkeren, maar – na veel omzwervingen – sinds 1933 voor het grootste deel in het British Museum in Londen ligt, dat 347 van de Bijbelperkamenten kocht voor 100.000 pond. De Sinaïmonniken hebben het nog steeds over diefstal, hoewel ze de bruikleen later zelf in een schenking veranderden, waarvoor ze van de tsaar 27.000 goudmark kregen. Een ander deel van de vondst van Tischendorf, 53 perkamenten met de naam Codex Friderico Augustanus, bevindt zich tegenwoordig in Leipzig: Tischendorfs geschenk aan koning Friedrich August I, de royale financier van zijn onderzoeksreizen.

Naar men beweert ontdekte Tischendorf de Codex, een in hoofdletters en de Griekse taal gesteld geschrift, in een afvalmand met perkamenten die verbrand moesten worden. De theoloog vermoedde al snel het belang voor de Bijbelvorsing, want de Sinaïvondst was nog omvangrijker dan bijvoorbeeld de tot dan toe bekende Codex Vaticanus. Bovendien omvatte hij zowel het Oude (ten dele) als het Nieuwe Testament (volledig). Misschien is het verhaal over de vondst in de afvalmand niet meer dan een rechtvaardiging achteraf van Tischendorf, want het is in strijd met alle beschrijvingen volgens welke de monniken (en dat is nog steeds zo) heel precies wisten welke schatten ze bezaten.

Tischendorf had op zoek naar onontdekte Bijbelhandschriften al vele jaren in de Oriënt doorgebracht en hoopte met de oudste kopie een stuk dichter bij de inhoud en letterlijke tekst van de echte Bijbel te komen. In werkelijkheid bleek bij de vertaling, die Tischendorf in recordtijd vervaardigde, dat de vier schrij-

actief

Wandeling op de berg Sinaï

Informatie

Begin: Parkeerterrein van het St.-Catharinaklooster, 's morgens vroeg om 2-3 uur; nov.-mrt. kunt u ook vertrekken bij het eerste daglicht zonder bang te hoeven zijn voor de middaghitte, maar dan mist u natuurlijk wel de indrukwekkende zonsopkomst.
Duur: Halve dag
Planning: De wandeling is goed te doen op eigen gelegenheid; hoewel u officieel gebruik dient te maken van een bedoeïenengids (LE100).
Belangrijk: Sommige wandelaars vertrekken in de namiddag en overnachten op de berg. Let op: daar kan het vooral in de wintermaanden 's nachts ijzig koud zijn.
Kaart: blz. 353

De 2285 m hoge **berg Sinaï** 10, de heilige berg van het christendom, biedt een grandioos uitzicht over de Sinaï. Uw beloning voor de moeilijke beklimming is het verheffende gevoel op dezelfde plaats te staan als ooit Mozes. Aan de voet van de berg wachten kameeldrijvers met hun dieren op klanten. Het kost ten minste LE100 om u ongeveer twee derde van de weg tot aan het middenplateau te laten dragen. De dieren volgen de meest gangbare weg, de Sikket el Basha.

De berg die Mozes, ver boven de 80 jaar oud, zou hebben bedwongen, wordt beklommen door jonge rugzakreizigers en all-intoeristen, maar ook door oudere mensen, vaak gelovigen, voor wie daarbij een lang gekoesterde wens in vervulling gaat. Vaak genoeg gaan ze daartoe gevaarlijk dicht tot het randje van hun lichamelijke vermogens, wat elke dag weer tot problemen leidt.

Op het middenplateau met een grote cipres kunt u even rusten voor het laatste steile stuk. Hier zou de Heer aan Elia verschenen zijn en er moeten twee grotten geweest zijn. In de ene verborg Elia zich voor de Israëlieten, die hem wilden doden. De tweede grot was zijn schuilplaats nadat hij de priesters van de god Baäl had vermoord. Een verlaten kapel herinnert aan de profeet. Volgens een andere overlevering zou de heilige Stefanus pelgrims voor de beklimming van de berg de biecht hebben afgenomen voor hij hun absolutie verleende en hen door de poort des geloofs liet gaan: blootsvoets, zoals Mozes voor de Heer trad. Vanaf het middenplateau leiden trapvormige rotsblokken naar de top. Kort daarvoor ligt een ander klein plateau. Op één steen is een afdruk te zien die volgens een bedoeïenenlegende de voetafdruk van een kameel van Mohammed is en in verband staat met Mohammeds nachtreis naar de hemel (volgens officiële islamitische interpretatie vond deze wonderbare reis met het paard Al Buraq echter in Jeruzalem plaats, dat daarom na Mekka en Medina de op twee na heiligste plaats is van de moslims, zie blz. 65).

Boven aangekomen, diverse malen ingehaald door een kameel, bent u alle vermoeidheid vergeten. De een geniet van het panorama wanneer het morgenrood de schemering verdrijft en het zicht ver over de Sinaï vrijgeeft. De ander kijkt ontroerd naar de hemel en bidt zachtjes, terwijl groepen pelgrims graag kerkgezang aanheffen. In plaats van een door keizer Justinianus in de 4e eeuw gebouwde kapel staat op de top een nieuw gebouw uit de jaren 1930. Daarnaast herinnert een moskee aan de als heilig vereerde Nebi Saleh, die hier opsteeg naar de hemel.

Wie een goede conditie heeft, neemt op de afdaling de inspannende, steile en niet ongevaarlijke Sikket Sayedna Musa, die van het middenplateau naar het klooster voert. De 3700 granieten treden zijn door een monnik aangelegd ter vervulling van een gelofte. Het uitzicht van dit pad, dat een aanslag op uw gewrichten is, is fantastisch.

Voor het St.-Catharinaklooster wachten kameeldrijvers op klanten

vers van de Codex het nageslacht de enige bekende kopie van het Nieuwe Testament hadden nagelaten.

Het is niet zeker waar de Codex is geschreven. Wellicht was dat in de omgeving van Caesarea (zie blz. 243), nadat Constantijn de Grote het christendom als religie in zijn rijk had erkend en in 331 zelfs had bevolen de nieuwe religie in woord en geschrift te verbreiden. Door nauwgezet speurwerk heeft Tischendorf met zijn vertaling, vergelijking en analyse van de Codex Sinaiticus het Bijbelonderzoek gerevolutionaliseerd. Sindsdien is onder meer duidelijk dat het evangelie van Marcus ouder is dan de evangeliën van Matteüs en Lucas.

In 1975 deden de monniken na een brand achter een muur een nieuwe sensationele ontdekking: zij vonden onder andere Syrische manuscriptrollen en een tiental perkamenten die onderdeel van de Codex Sinaiticus uitmaken.

De in Texas geboren Father Justin is nu in zijn computerwerkruimte begonnen na de Codex (voor zover hier voorhanden) de rest van de bibliotheek (verluchte oude handschriften en dikke folianten) met een speciale camera te scannen en digitaal te catalogiseren. Ooit zal alles, net als de over de wereld verspreide Codex, bij elkaar gebracht worden – eerst op internet, daarna in boeken.

Iconengalerij

Net zo weinig toegankelijk als de bibliotheek is de belendende iconengalerij, de grootste schat van het St.-Catharinaklooster. De onmetelijke rijkdom aan kostbare unieke stukken kan men slechts vermoeden wanneer men de in verhouding weinig spectaculaire keus aan iconen in de basiliek en het museum heeft gezien.

Tuin en knekelhuis

De **tuin** van het klooster wordt door een bergbron met voldoende water onderhouden. Hier groeien olijven, abrikozen, sinaasappels en groenten. Interessant is een bezoek aan de **kapel van St.-Triphonius**, waarin de skeletten van gestorven monniken worden bewaard. De rotsige stenen bodem rond het klooster maakt het aanleggen van graven onmogelijk, en daarom worden pasgestorvenen ruim een jaar in een doorgangskerkhof naast de kapel begraven tot hun lichamen skelet zijn geworden.

Dan komt u bij het **knekelhuis**, waar een bij het klooster passende hiërarchie heerst: als het eenvoudige monniken betreft, worden de botten op één hoop gegooid en de schedels op een andere; martelaren en bisschoppen daarentegen worden opgeborgen in houten kasten in speciale nissen in de kapel.

Katrien

Het St.-Catharinaklooster ligt bijna 4 km van de plaats **Katrien** 11, ook wel Migla, Katreen, Katrin, St. Katherine of St.-Catherine genoemd en geschreven. Het voordeel als u hier overnacht is dat u de volgende ochtend al bij het klooster bent voor de toeristenbussen komen. Dat dit afgelegen plaatsje relatief veel accommodatie telt, heeft er ook mee te maken dat de omgeving het uitgangspunt is voor wandelingen, trektochten en soortgelijke activiteiten.

Informatie

De monniken van het St.-Catharinaklooster houden zich precies aan de vastgestelde **openingstijden:** ma.–do. en za. 9–12 uur, gesl. op bepaalde feestdagen. Deze data kunt u navragen in Caïro op tel. 0020 (02) 24 82 85 13 of fax 0020 (02) 24 82 58 06, 0020 (0)69 347 03 48. Ook aanmelden voor bezoek aan de bibliotheek en de kapel van de brandende doornstruik (vooral voor onderzoekers) loopt via deze nummers.

Op internet: www.st-katherine.net.

Accommodatie

Sportieve mogelijkheden ▶ Catherine Plaza: Tel. 0020 (0)69 347 02 88, www.cit-eg.com. Comfortabel hotel met zwembad, diverse restaurants, biljart, mogelijkheid om te mountainbiken en te trekken (een- en meerdaags). 2 pk vanaf US$70.

Keurig in orde ▶ St. Catherine Tourist Village: Wadi El Raha, tel. 0020 (0)69 347 03 24, fax 0020 (0)69 347 03 74. Fatsoenlijk hotel dat populair is bij reisgezelschappen. 2 pk vanaf US$65.

Overnachten als een monnik ▶ Monastery Guesthouse St. Catherine: Bij het St.-Catharinaklooster, tel. 0020 (0)69 347 03 53. Gemoderniseerd, aangenaam kloosterhostel. 2 pk vanaf US$45.

Slapen bij bedoeïenen ▶ Al Karm Ecolodge Sheikh Awad: Tel. 0020 (0)69 347 00 32, www.sheikhsina.com. Door bedoeïenen geleid, afgelegen kamp. In deze schrale omgeving beperkt men zich tot het wezen der dingen – in de bergen wandelen om energie op te doen. Andere gasten zijn hier om te vasten. 2 pk vanaf LE80.

Eten en drinken

Eenvoudige gelegenheid ▶ Ikhlas: Bij de bakkerij, tel. 0020 (0)69 347 04 55. Simpel, maar aanbevolen eten. Vanaf LE25.

Egyptische kost ▶ Katreen Resthouse: Naast Ikhlas. Eenvoudige, smakelijke gerechten. Vanaf LE25.

Vervoer

Bussen en **deeltaxi's** rijden meermaals per dag van Katrien naar Nuweiba, Dahab en Sharm-el-Sheikh.

Dahab

Kaart: blz. 353

Dahab 12 betekent 'goud', naar de kleur van het strand bij een bepaalde lichtval. De plaats is beroemd om drie speciale pluspunten: bij duikers om de legendarische Blue Hole, bij surfers om de plaatsen waar het veel waait en bij reizigers met een beperkt budget om het enigszins freaky leven, dat de plaats de reputatie van hippiekolonie en een enclave voor alternatievelingen heeft gegeven. Het ontbreekt Dahab echter aan brede zandstranden.

Dahab bestaat uit verschillende delen. Oninteressant voor bezoekers is **Dahab City**, de locatie van het busstation, bestuursgebouwen en veel woningen. **Mashraba** en **Masbat** vormen het deel van Dahab waar het toeristische leven zich afspeelt. Langs de geherprofileerde oeverpromenade rijgen de restaurants, minisupermarkten, souvenirwinkels, huttenkampen, hotels, internetcafés en duikscholen zich aaneen. In het aan de noordkant grenzende **Assalah**, waar onder anderen bedoeïenen wonen, zijn kleine winkels en een paar restaurants te vinden.

Dahab – dat is vooral de schitterende **Assalah Bay**, die met zijn palmen een van de mooiste baaien van de Sinaï is. Aan de baai verdringen tientallen koffiehuizen, goedkope restaurants en enkele disco's elkaar. Luxe vindt men hier niet zo belangrijk. Dahab is een internationale hang-out, een plaats waar de mensen ontspannen vakantie vieren. De tijden dat men hier op bedoeïenenkussens een joint lag te roken zijn echter voorbij. Dat publiek is meer naar het noorden getrokken, naar de kampeerterreinen rond Nuweiba, terwijl Dahab nu het toevluchtsoord is voor die vakantiegangers die geen zin meer hebben in het luidruchtige, schelle Sharm-el-Sheikh.

Informatie

Op internet: www.dahab.net (verzorgde portal in het Engels met veel actuele informatie over alles wat de mensen moeten weten, zoals info over vakantieappartementen).

Accommodatie

Op de weinige luxehotels na is de accommodatie in Dahab simpel en goedkoop. Verschillende *camps* bieden eenvoudige kamers met matrassen of bamboehutten met gemeenschappelijke badkamers en meestal ook dito keukens.

Ontspannen publiek ▶ Swiss Inn Golden Beach: Hotelstrook ten zuiden van Dahab, tel. 0020 (0)69 364 04 71, www.swissinn.net. Populair hotel aan een mooie baai met zandstrand, met surfcentrum. 2 pk vanaf US$80.

Met surfcentrum ▶ Ganet Sinai: Hotelstrook ten zuiden van Dahab, tel. 0020 (0)69 364 04 40. Hotel met ruime kamers, mooi strand en surfcentrum. 2 pk vanaf US$70.

Sprookjesachtige ligging ▶ Mercure Dahab Bay View: Qunai Valley, tel. 069 364 25 80, www.mercure.com. Dit hotel heeft bepaald uitstraling. Het ligt verafgelegen, maar wel midden in een geweldig mooie baai met de bergen op de achtergrond, zeer sfeervol. 2 pk vanaf US$70.

Weids uitzicht over de zee en Dahab ▶ Le Meridien Resort: Tel. 0020 (0)69 364 04 25, www.starwoodhotels.com. In het zuiden van Dahab ligt het nieuwste luxehotel, met modern ingerichte kamers, verscheidene zwembaden en zeer goede restaurants, op een lage heuvel aan een van de mooiste stukken strand. 2 pk vanaf US$65.

Sympathiek en ruime kamers ▶ Ali Baba: Assalah, tel. 0020 (0)69 364 05 04, www.alibaba hotel.net. Gezellig nieuw hotel met ruime kamers. 2 pk vanaf LE300.

Hotelletje met charme ▶ Bamboo House: Masbat, tel. 0020 (0)69 364 02 63, fax 0020 (0)69 364 04 66. Leuk klein hotel met slechts 7 kamers en een mooi uitzicht van het dakterras. 2 pk vanaf LE150.

Eten en drinken

Aan Assalah Bay staan tal van cafés en restaurants. Ze bieden gewoonlijk eenvoudige, voordelige gerechten. Bijna overal wordt bier geschonken. Pas op voor de Egyptische sterkedrank – die levert een kater op waar geen honderd aspirines tegen zijn opgewassen!

Wonderlijk ▶ Lakhbatita: Mashraba, tel. 0020 (0)69 364 13 06, dag. 12–24 uur. Eigenaar Ramez stond lokaal bekend als een liefhebber van mooie vrouwen en stevige drankjes. Toen, zo vertelt hij, hoorde hij de stem van God, die hem op het rechte pad bracht. Ramez gaf het losbollige leven op, verzamelde overal in Egypte oudheden en meubileerde met deze warboel (Arabisch: *lakhbatita*) zijn – uiteraard alcoholvrije – restaurant. Aan het plafond hangen kilo's uien en knoflook. Aan de overkant van de promenade serveren Ramez en zijn Italiaanse vrouw Paola uitstekende Italiaanse gerechten, waaronder voortreffelijke pizza uit de houtoven en schotels met verse vis. Aanbevolen: de Pizza Shrimps, met garnalen in olie en knoflook. Vanaf LE70.

Aziatisch ▶ Neptune: Masbat, tel. 0020 (0)69 364 02 62, dag. 12–15, 17–24 uur. Dahabs enige en zowaar heel goede Chinese restaurant. Schrik niet: de twee als samoerai verklede mannen bij de ingang zijn de obers maar. Vanaf LE60.

Trendy tent ▶ Jay's Restaurant: Masbat, tel. 0020 (0)12 335 33 77, dag. 12–24 uur. Wekelijks wisselende kaart met Egyptische, Europese en Aziatische gerechten, trendy publiek. Vanaf LE50.

Aan de promenade in de badplaats Dahab liggen een rij uitnodigende cafés

Veggie & Reggae ▶ Shark Restaurant: Masbat, tel. 0020 (0)10 561 00 23, dag. 12–24 uur. Alleen avondeten, zeer uitgebreide kaart, ook vegetarische gerechten, geen alcohol. Vanaf LE50.

Uitgaan

Niemand gaat naar Dahab vanwege het vrolijke uitgaansleven – dan kunt u beter verder trekken naar het zeer toeristische Sharm-el-Sheikh (zie blz. 361).

Dansbar ▶ Tree: Masbat, Promenade, tel. 010 244 47 81, dag. vanaf 21 uur. Duurste café afgezien van de bars in de hotels; de zaak zit vooral vol op dinsdag, de stemming is dan uitgelaten.

Bomvol ▶ Rush: Assalah, dag. vanaf 21 uur. De poolbar zit met name op vrijdag stampvol. Af en toe worden er modeshows gehouden.

Leuk ▶ Blue Beach Bar: Blue Beach Club, Assalah, tel. 069 364 04 13, dag. vanaf 17 uur. Prettig muziekcafé met ontspannen sfeer.

Rooftop Bar ▶ Nesima Roof Lounge: Nesima Hotel & Restaurant, Mashraba, tel. 0020 (0)69 364 03 20, www.nesima-resort.com. Zorgeloos dakterras met bar die koele drankjes serveert en een mooi zicht op zee biedt. Drankjes vanaf LE25.

Actief

De Masbat Bay is vanwege de lastige instap alleen geschikt voor ervaren surfers. Langs de kust ligt er bij vloed 50–70 cm water op het dak van het rif, daar kunt u beter beginnen. Ras Abu Galum is heel geschikt om te kitesurfen.

Duiken ▶ Inmo Divers Home: Tel. 0020 (0)69 364 03 70, www.inmodivers.de (openwatercursus €280). Dahab heeft zich van een plek voor insiders tot een professionele duikbestemming ontwikkeld. In de omgeving liggen ca. 40 duikbases. Het kilometerslange franjerif voor de kust met 30 duikplaatsen biedt interessante doelen voor duikers in alle ervaringsklassen. Inmo Divers Home (met hotel) geldt als het meest ervaren duikcentrum.

Paardrijden ▶ Blue Beach Club: Assalah, tel. 0020 (0)69 364 04 13. Stal voor rijpaarden.

Vervoer

Bus: Dag. meermaals naar Sharm-el-Sheikh, Nuweiba, Taba, Caïro, St.-Catharinaklooster. De bussen vertrekken van het hoofdstation in het zuidwesten van Dahab City, vraag naar de vertrektijden in het hotel.

Deeltaxi: Dag. meermaals naar Sharm-el-Sheikh, Dahab, Taba en richting Caïro.

Sharm-el-Sheikh en omgeving

Kaart: blz. 353
Bijna op de zuidpunt van de Sinaï ligt 'Charme el Sheikh' of 'Charme el Chic', volgens de wervende woordspelingen van de toeristenindustrie. Heel goedkoop is een vakantie in **Sharm-el-Sheikh** 13 niet, de reis wellicht uitgezonderd. De rechtvaardiging van Sharm is: 'Het kost wel wat, maar dan heb je ook iets.' Geen gebouw mag meer dan drie verdiepingen tellen. Overal heeft de vakantieganger dus uitzicht op de schitterende bergen. En overigens, luidt hier de retorische vraag, ziet Sharm er met zijn overwegend witgekalkte huizen en hotels niet net zo uitnodigend uit als een Grieks stadje op de Cycladen? Zoiets heeft zijn prijs. Het grootste deel van de vakantiegangers bestaat intussen niet meer uit duikers en surfers, maar uit heel normale strandtoeristen.

De stad telde in 2014 ruim 27.000 hotelbedden, in 2021 moeten dat er meer dan 65.000 zijn. De hoofdstad van het Sinaïtoerisme strekt zich uit over 26 km, te beginnen in het zuiden met het dorp **Sharm-el-Sheikh** aan de **Sharm-el-Sheikh Bay** en de **Sharm el-Maya Bay** met de **Sharm Old Market**, het oude centrum. Het belangrijke en levendige toeristische centrum ligt vijf minuten rijden naar het noorden aan de Naama Bay. Nog in de jaren 1980 sloegen kampeerders hier hun tent op te midden van vrij rondlopende kamelen. Alles was min of meer zoals de Israëlische bezetter het hier na de terugtrekking uit de Sinaï had achtergelaten. Nu staan er wit-, blauw- en geelgeverfde vijfsterrenhotels aan de ovale baai. Een promenade scheidt de vakantiecomplexen van het strand, waar de ene parasol na de andere in het witte zand staat.

Naama Bay 14

Sharms toeristenbazaar ligt aan de **Naama Bay**. In de levendige voetgangerszone zijn juweliers- en souvenirzaken, apotheken, banken en supermarkten gevestigd. Grote hotels die buiten het centrum liggen, stellen 's ochtends en aan het eind van de middag shuttlebussen ter beschikking. Taxi's rijden 24 uur per dag. Straatverkopers slijten langs de promenade en aan de toegangen tot het strand vooral Duitse en Italiaanse kranten. Men spreekt Duits, Russisch, Engels en Italiaans – ook de Egyptenaren die met het uitzicht op relatief goede verdiensten en grote fooien vanuit Caïro, Alexandrië, Luxor en Port Said naar de enclave aan zee zijn getrokken.

In het uitgaansleven van Sharm zorgen danstroepen, met shows die nu eens modern, dan weer folkloristisch zijn, voor het amusement. 's Avonds flaneren vrouwen in minirok met topje en mannen in witte broek en vrolijk gekleurd overhemd over de promenade of door de voetgangerszone. In de cafés rookt men een waterpijp met appelsmaak, *shisha tufah*, en drinkt muntthee. Pas om middernacht ontwaakt het echte uitgaansleven in de D.M., de Pacha/Bus Stop (zaterdag met Ministry of Sound-dj's) of de Camel Rooftop Bar.

Ras Muhammad National Park 15

Ca. 20 km ten zuiden van Sharm el-Sheik is het **Ras Muhammad National Park** een must voor iedere Sinaïbezoeker, of hij/zij nu een zonaanbidder, duiker, snorkelaar of gewoon een natuurliefhebber is. Ras Muhammad, een van de grootste maritieme parken ter wereld, is een deels door losse stenen beschermd rif, dat door vulkanische krachten is uitgetild boven het wateroppervlak, zodat de randen vaak tot bijna 80 m loodrecht naar beneden lopen.

Vanaf het hoogste punt van het schiereiland, dat 65 m boven de zeespiegel ligt, biedt het **Shark Observatory** met drie terrassen uitzicht op de baai en de zee, waarin duikers beter dan waar ter wereld ook kunnen kennismaken met het wonderbaarlijke onderwaterleven. U kunt hier barracuda's, trompetvissen, napoleonvissen en zelfs kleine haaien en dolfijnen zien (www.rasmohamed.com, dag. 8–17 uur, LE 30).

Informatie

Sharm heeft geen eigen toeristenbureau. Eenvoudig te verstrekken informatie krijgt u in het **Government Building**, tel. 0020 (0)69 376

27 04, za.-do. 8–13 uur, www.sharmelsheikh.com.

Accommodatie

Sharm-el-Sheikh is met afstand de duurste badplaats van heel Egypte, aanbevelenswaardige voordelige hotels zijn er nauwelijks te vinden. Op tijd reserveren is in ieder geval noodzakelijk. Ook wie zich al in Egypte bevindt, kan beter geen kamer direct bij het hotel boeken. Iets regelen via een reisbureau is goedkoper.

Tophotel ▶ Four Seasons: Four Seasons Blvd., tel. 0020 (0)69 360 35 55, www.fourseasons.com/sharmelsheikh. Dit is beslist een van de beste hotels van Egypte. Vanuit de luxueus gemeubileerde kamers hebt u een spectaculair uitzicht over de Straat van Tiran. 2 pk vanaf US$340.

Pure luxe ▶ Hyatt Regency: The Garden's Bay, tel. 0020 (0)69 360 12 34, www.sharm.hyatt.com. Een van de mooiste en modernste hotels van Sharm, uitgestrekt complex, grote, comfortabele kamers, reusachtig golfslagbad. Enige minpunt: strand en toegang tot de zee zijn nogal klein. 2 pk vanaf US$140.

Op terrassen ▶ Renaissance Golden View Beach Resort: Om el Sid, tel. 069 3 66 46 94, www.marriott.com. Als een bergdorp kruipt dit hotel via allerlei terrassen naar zee. Met vier zwembaden; de kamers met *sea view* zijn ronduit fantastisch; voor het privéstrand ligt een klein 'huisrif', de zee is alleen te bereiken over een drijvende steiger *(jetty)*. 2 pk vanaf US$85.

Goed duikershotel ▶ Camel: Naama Bay, tel. 0020 (0)69 360 07 00, www.cameldive.com. Dankzij de 38 kamers een bijna knusse sfeer, centraal gelegen, rustig, kamers voor gehandicapten, de leraren van het Camel Dive Center zijn ook geoefend in duiken voor gehandicapten. 2 pk vanaf US$50.

Met klein privéstrand ▶ Cataract Layalina: Naama Bay, in de voetgangerszone, tel. 0020 (0)69 360 02 80, fax 0020 (0)69 360 02 82. Mooi ingerichte kamers, zwembad bij het hotel. 2 pk vanaf US$40.

Huttendorp ▶ Shark's Bay Umbi Diving Village: Shark's Bay, tel. 0020 (0)69 360 09 41, www.sharksbay.com. Voor mensen die een echt alternatief voor de dure vijfsterrenhotels zoeken; met eigen duikschool. 2 pk vanaf LE140.

Eten en drinken

Sharm-el-Sheikh bestaat bijna helemaal uit hotels met uitgebreide eetmogelijkheden. Ook McDonald's en Kentucky Fried Chicken zijn vertegenwoordigd. Zelfs tijdens een verblijf van drie weken kunt u niet alle restaurants bezoeken. Hieronder enkele aanbevelingen (dag. 12–15, 18–24 uur).

Japans-Polynesisch ▶ Kokai: In het Ghazala Hotel, tel. 0020 (0)69 360 01 50. Aan de promenade van de Naama Bay ligt dit Japans-Polynesische restaurant met heerlijke vlees- en visgerechten; vis op Japanse wijze wordt aan uw tafel bereid. Reserveren aanbevolen. Vanaf LE300.

Eersteklas ▶ Fares: Hadaba, Horus Mall, tel. 0100 929 00 90, dag. 11–23 uur. Fares zit ook op de Old Market (tel. 010 965 05 07), maar het eten hier in de Horus Mall is aanmerkelijk beter. Neem een tafeltje op het terras, binnen is het erg lawaaierig. Uw vis moet u zelf uitzoeken, waarna u hem geheel naar eigen wens kunt laten bereiden. Geen alcohol. Vanaf LE200.

Gewone kost met eigen muziek ▶ Tam-Tam Oriental Café: In het Ghazala Hotel, tel. 0020 (0)69 360 01 50. Aan de promenade van de Naama Bay hebt u de zeldzame mogelijkheid om dagelijkse Egyptische kost te proeven, met daarbij Egyptische muziek. Vanaf LE120.

Egyptische keuken ▶ Andrea: Naama Bay, tegenover het Hard Rock Café, tel. 0020 (0)69 360 09 72. Rustiek filiaal van een toeristisch restaurant uit Caïro, dat gespecialiseerd is in grillschotels en Egyptische voorgerechten. Vanaf LE55.

Uitgaan

Bijna elk groot hotel heeft een bar, disco en/of nachtclub. Dansshows met vaak uiterst professionele folkloregroepen dienen als attractie. Bij sommige disco's staan portiers als controleur – of ze doen alsof, want in Sharm zal eigenlijk niemand worden geweigerd, met uitzondering wellicht van het soort mannen die alleen op pad zijn en nergens ter wereld graag gezien zijn.

Lounge met mega-Boeddhabeeld ▶ Little Buddha: Naama Bay Hotel, tel. 0020 (0)69 360 10 30, www.littlebuddha-sharm.com, dag. 21-3 uur. De grote publiekstrekker van Parijs en Las Vegas kan nu ook in Sharm worden bezocht – lounge, sushibar, hippe tent. Boeddha waakt in een mystiek licht over de dansende meute. Dit is het stijlvolle en chique Little Buddha, de nieuwe maatstaf in het uitgaansleven van Sharm. Snacks en drankjes vanaf LE100.

Cool ▶ Soho Square: White Knights Bay, tussen Savoy Hotel & Resort en Sierra Hotel, tel. 0020 (10) 00 10 91 09, www.soho-sharm.com. Beelden, schaats- en bowlingbaan, restaurants, nachtclubs en cafés, waaronder een ijsbar waar het vriest.

Chillen bij gedempte muziek ▶ Mojo Lounge: Iberotel Lido, tel. 0020 (0)69 360 26 03 16. Rustige Thaise lounge met witte banken, groot terras, gedempte muziek en voortreffelijk eten. Drankjes vanaf LE50.

De Sharmklassieker ▶ Pacha/Bus Stop: Sanafir Hotel, Naama Bay, tel. 0020 (0)69 360 01 97, www.pachasharm.com, dag. vanaf 21 uur, toegang LE125. De topclub van Sharm – de naam Pacha herinnert aan een van de eerste megadisco's van Ibiza, het gebodene is ook gebaseerd op de party's in Ibizastijl. Legendarisch zijn de donderdagse House Nationparty's. Vanaf LE120.

Winkelen

Alle belangrijke en mooie winkels zijn te vinden rond de **voetgangerszone van de Naama Bay**. In het **Naama Center** kunt u op drie verdiepingen souvenirs, handwerk van bedoeienen, handgeknoopte tapijten, houtsnijwerk, beelden en kruiden kopen. In de winkels rond de voetgangerszone zijn merkkleding, sieraden en sportspullen te koop. In het stadsdeel Hadaba/Om el Sid ligt de geslaagde, groots opgezette **Mercato Mall** met cafés en restaurants en speciaalzaken voor elektronica, mode en sport. Koopjesjagers kunnen gerust zijn: er zijn hier behoorlijk vaak *sales*.

Actief

De lokale watersportindustrie lokt met video's en affiches mensen voor een tochtje met een glasbodemboot, om te water- en jetskiën, voor een wilde groepsrit met de banaan of om te paragliden. Was Sharm in de jaren 1980 een vakantieoase waar men niet graag wegging, nu maken reisagentschappen en autoverhuurbedrijven het mogelijk om georganiseerd of op eigen houtje vanhier de Sinaï te verkennen, en dan vooral de prachtige oostkust. De mogelijkheden zijn schier onuitputtelijk – duiken, snorkelen, surfen en elke andere vorm van waterpret (tochtje met de banaan, jetskiën, varen met een glasbodemboot, kitesurfen en dergelijke) worden overal aangeboden. Uitrusting en cursussen worden georganiseerd door de hotels en talrijke aanbieders aan de stranden.

Partystrand ▶ Terrazina Beach: Terrazina Beach, Sharm el Moya, tel. 0020 (11) 18 92 99 99, 0020 (10) 05 00 66 21, www.terrazzina.com, dag. vanaf 12 uur. Dreunende technobeats als soundtapijt over het strand, feesten onder de

brandende zon, dansen op de *jetty*, karaoke-avonden en beach party's – voor continu voortdurend entertainment moet u in Terrazina zijn.

Waterpret ▶ Aqua Blu Sharm: Om El Sid, bij Alf Leilawa Leila, tel. 0020 (0)69 366 59 93, www.aquablusharm.co.uk, dag. 10 uur–zonsondergang. Reusachtige waterglijbanen met namen als Twister en Kamikaze, maar ook lage glijbanen en peuterbaden voor de kleintjes: pret voor tien.

Onderduiken ▶ Glasbodemboten: Wie de onderwaterwereld met droge voeten wil bekijken, struikelt over de aanbieders van geschikte rondvaarten. Vanaf €20 p.p.

Gas geven ▶ Karten: Er zijn hier twee aanbieders. De beste (want veiligste) is **Ghibli Raceway:** Naama Bay, ten noorden van het Hyatt Hotel, tel. 0020 (0)69 360 39 39, www.ghibliraceway.com, dag. 11–24 uur. Gehelmd in kartwagens door de bochten van een asfaltbaan scheuren. Vanaf LE190.

Zenuwslopend ▶ Sinai X-treme Park: Naama Bay, bij het Hyatt Hotel, tel. 0020 (0)69 669 69 68, dag. 14–2 uur. Trampolinespringen, zandsurfen, paintball, Bungee Rocket (van 0 naar 165 km/u in 1,3 sec.).

Woestijnsafari ▶ Voor tochten door de woestijn per **jeep**, **Arabische volbloed** of **kameel** worden overal in Sharm el Sheikh folders met alle details verspreid; excursies zijn te boeken in alle hotels.

Golfen ▶ Jolie Ville Golf & Resort: Om Marikha Bay, tel. 0020 (0)69 360 32 00, www.jolieville-golf.com. 18 holeskampioensbaan met Bermudagras.

Vervoer

Vanuit Sharm kunt u – indien uw visum voor heel Egypte geldig is – per bus of vliegtuig alle delen van Egypte bereiken. Voor het traject tot de Israëlische grens bent u op de auto, bus of taxi aangewezen.

Huurauto: Verhuurders zijn onder andere: Avis, Morgana Trade Center, tel. 0020 (0)69 360 24 00; Budget, Coral Bay Hotel, tel. 0020 (0)69 360 16 10; Sixt, Hilton Fayrouz, tel. 0020 (0)69 360 01 36.

Maritiem park Ras Muhammad is zowel boven als onder water heel mooi

Dagelijks leven in de Gazastrook en op de Westelijke Jordaanoever: gezinnen eisen de vrijlating van hun in Israël gevangen zittende mannen, vaders en zonen

Palestijnse gebieden

Voor de Palestijnen en alle Arabische staten waren de in 1967 door Israël veroverde Westelijke Jordaanoever (West Bank) en de Gazastrook van begin af aan bezet gebied: *occupied territories* – zo staat het ook op alle Arabische kaarten. Terwijl de door de militant-radicale Hamas geregeerde Gazastrook momenteel voor toeristen zo goed als onmogelijk te bereiken is, zijn reizigers van harte welkom op de door de gematigde Fatah geleide Westelijke Jordaanoever. De situatie daar is de afgelopen jaren duidelijk minder gespannen geraakt. Toch moet u voor uw bezoek inlichtingen inwinnen over de actuele situatie, bijvoorbeeld bij het ministerie van Buitenlandse Zaken. Aangezien Israëlische autoverhuurders ritten naar de Palestijnse Autoriteit meestal verbieden, bent u aangewezen op het openbaar vervoer, Arabische taxichauffeurs of lokale gidsen.

Twee in hoge mate gescheiden netwerken van wegen verbinden Arabische plaatsen en Joodse nederzettingen. De door Israel opgetrokken muur doorsnijdt op willekeurige wijze landschappen, steden en dorpen. Toch is een nacht in Bethlehem, Jericho of Ramallah met hun brede culturele aanbod en drukke uitgaansleven in het algemeen een winstpunt, waarbij u een induk krijgt van het dagelijks leven van de Palestijnen.

Het is ook interessant een gesprek aan te knopen met een medewerker van een van de vele hier opererende internationale hulporganisaties, die u in vrijwel elke plaats kunt aantreffen.

In een oogopslag
Palestijnse gebieden

Hoogtepunten

13 **Bethlehem:** Met Kerstmis, maar ook daarbuiten, gaan christenen op bedevaart naar de Geboortekerk van Jezus, om er te bidden en in de Melkgrot de grond aan te raken, die volgens de overlevering wit werd door een druppel melk van de zogende Maria (zie blz. 385).

14 **Jericho:** Deze plaats is de laagstgelegen en oudste nederzetting ter wereld. Op een berg ligt het Klooster van de Verzoeking, waarin onder het altaar de steen ligt waarop Jezus zat toen de duivel hem in verzoeking bracht (zie blz. 391).

15 **St.-Jorisklooster:** Dit Grieks-orthodoxe klooster, dat schitterend in de Wadi Qelt ligt, heeft stralend blauwe koepels die al van verre te zien zijn (zie blz. 394).

Fraaie route

Naar Jericho en de Wadi Qelt: Sterk hellende en drukke snelwegen zijn meestal niet erg interessant, maar de weg omlaag naar Jericho is een belevenis. Nadat u Jericho hebt verkend, treedt u op de Berg van de Verzoeking in Jezus' voetsporen, voordat u in de Wadi Qelt uw weg naar het St.-Jorisklooster (zie blz. 391) zoekt.

Tips

Duits-Frans cultureel centrum: Wie betrouwbare informatie over de politieke situatie en de cultuur van Palestina zoekt, kan hier in Ramallah terecht (zie blz. 382).

Grotten van Machpela: De grotten in Hebron herbergen de graven van de drie patriarchen Abraham, Isaäk en Jakob – voor joden, moslims en christenen een heilige plaats (zie blz. 391).

Qasr al Yehud/El Maghtas: Aan de Jordaan ligt vlak bij Jericho de plaats waar Johannes Jezus doopte. Van Israëlische zijde was deze plek tot nu toe bijna nooit toegankelijk, maar sinds het bezoek van de paus in 2009 is dat veranderd (zie blz. 394).

actief

Op de Berg van de Verzoeking: Bij deze berg, die oprijst bij Jericho, ontmoette Jezus de duivel. Sindsdien stromen hier pelgrims toe. Monniken hebben een klooster gesticht met een kapel waarin de steen ligt waarop Jezus zat en het kwaad weerstond (zie blz. 392).

Westelijke Jordaanoever (Westbank)

Heden en verleden botsen op de Westelijke Jordaanoever. Vooral de stad Hebron heeft veel te stellen met de daarmee verbonden problemen. Bethlehem en Jericho daarentegen vormen als belangrijke plaatsen in de geschiedenis van Jezus en de mensheid een toekomstige toeristengoudmijn van een wellicht ooit soeverein Palestina.

Onderweg van Jeruzalem naar het land aan deze kant van de Jordaan wordt u er vaak mee geconfronteerd: de door Israël 'verdedigingsmuur' genoemde afscheiding. Hij loopt evenwijdig aan de straat, is kolossaal en op veel plaatsen volgespoten met graffiti. Iemand heeft Ctrl+Alt+Delete gespoten, een afkorting uit de computerwereld die het commando is voor een gedwongen, maar gecontroleerd afbreken van het systeem, als dat de enige mogelijkheid is voor een nieuwe start.

Ramallah ▶ 9, B 2

Kaart blz. 383

Bij **Ramallah** **1** (390.000 inwoners) begint de noordelijke Westelijke Jordaanoever. De vroeger welvarende stad, vanwege zijn ligging ooit een luchtkuuroord, is in vredestijd een bruisende Arabische stad. Ramallah, waar in de buurt ook de Palestijnse brouwerij Taybeh is gevestigd, heeft zich als zogenoemde Big Olive met waterpijpcafés, talrijke verschillende res-

De Westelijke Jordaanoever is door muren ingesloten

taurants en een trendy nachtleven tot dé uitgaans- en partystad van Palestina omgetoverd. Daarmee is de stad de voor onbekrompenheid staande tegenstelling van de door Hamas geknechte Gazastrook. In Ramallah zijn ministeries en instanties van de Palestijnse overheid neergestreken.

Rond **Manara Square** ligt het centrum. Het **mausoleum van Jasser Arafat** 1 km verderop, continu bewaakt door twee mannen van de erewacht, vindt u in Al Ithaa Street (dag. 9–21 uur). Vanaf de **Mukataa**, Arafats vroegere ambtszetel, hebt u er goed zicht op. In het **Khalil Sakakini Center** wordt moderne Palestijnse kunst tentoongesteld. Vaak worden hier ook evenementen en vernissages gehouden. Daarbij is de rode draad het conflict met Israël (4 Raja St., tel. 02 298 73 75, www.sakakini.org).

Informatie

Op internet: www.ramallah.ps (informatie over de stad); www.ramallahonline.com (actuele politieke informatie).

Accommodatie

Tophotel ▶ **Mövenpick Ramallah:** Emil Habibi St., tel. 02 298 58 88, www.moevenpick-hotels.com. Een dergelijk hotel zou u hier niet verwachten. Het beste, centraal gelegen hotel van Ramallah, de lobby natuurlijk niet zonder portret van Arafat, heeft conferentiemogelijkheden, restaurants, bars en een zwembad. De kamers voor een zakelijk publiek zijn dienovereenkomstig modern en functioneel ingericht. 2 pk vanaf NIS690.

Veel comfort ▶ **Grand Park:** Al Masyoun Hights, tel. 02 298 61 94, www.grandpark.com. Nieuw hotel gericht op de zakenwereld. 2 pk vanaf NIS450.

Voor een langdurig verblijf ▶ **Gemzo Suites:** 11 Al-Moba'deen St., Al-Bireh City, tel. 02 240 97 29, www.gemzosuites.net. Klassiek zakenhotel. 2 pk vanaf US$170.

Eten en drinken

Het aantal restaurants is beperkt – veel gebouwen zijn verwoest en veel restaurants zijn failliet gegaan.

Tip: Checkpoints

Bij een bezoek aan de Westelijke Jordaanoever zullen toeristen bij ten minste één checkpoint moeten stoppen. De vroegere Route 60 van Jeruzalem via Ramallah naar Nablus is vanwege de bouw van de Israëlische muur naar het oosten verlegd. Ramallah bereikt u nu uit het zuiden komend via checkpoint Qalandia, een van de grootste controlepunten van Israël. Het ligt tussen Ramallah, het vluchtelingenkamp Qalandia en het eveneens Palestijnse Ar-Ram. Aan deze grensovergang worden paspoorten en legitimatiebewijzen gecontroleerd, u moet jasjes, overjassen en tassen openen. U kunt de controles het best rustig ondergaan. Wie zich verzet, wordt teruggestuurd of vastgezet, gefouilleerd, ondervraagd – vervelend. Pesterijen van Israëlische grenssoldaten zijn aan de orde van de dag.

Italiaans ▶ **Pronto Resto-Café:** Montazah, tel. 02 298 73 12, dag. 7–24 uur. De eerste gasten komen voor het ontbijt of een espresso, later voor de lunch of het diner: pasta en andere Italiaanse specialiteiten. In de wijnrekken boven de bar liggen ook goede Palestijnse wijnen. Vanaf NIS80.

Trendy ▶ **Snowbar Garden Pool & Bar:** Ein Musbah, tel. 02 296 55 71, 059 926 46 63, www.al-snowbar.com, mei–okt. 8–2 uur. 'Al Snobar', zoals de zaak ook wel wordt genoemd, is met zijn zwembad, idyllische tuinrestaurant en uiterst populaire bar 's zomers dag en nacht de hippe *place to be*. Het Arabische eten is haast een bijzaak. Zwembad vanaf NIS40, eten vanaf NIS80.

Groot verleden ▶ **Darna:** Restaurant Darna in de oude stad heeft een bar en diverse modern ingerichte eetzalen. Dat het hier om een bijzonder restaurant gaat, kunt u zien aan de 'Wall of Fame' met foto's van prominente gasten. In de zomer kunt u op het terras zitten, in de winter binnen bij de open haard. Eigenaar Osama Khalaf serveert, bondig samengevat, *nouvelle cuisine à la Palestine*. Vanaf NIS70.

De Palestijnse universiteit Bir Zeit

Onderwijs is een wapen. Israël heeft de Palestijnen vaak bestraft met het wegnemen van onderwijs. Maar een onopgeleid volk luistert al snel naar de verkeerde mensen. Daartegen strijdt de Palestijnse universiteit Bir Zeit, die in het verleden ettelijke malen de lesbevoegdheid werd ontnomen. De universiteit leidt Palestina's elite van morgen op.

Rond 9000 studenten, van wie bijna twee derde vrouw, zijn ingeschreven aan de grootste Palestijnse universiteit op de Westelijke Jordaanoever in Bir Zeit, 9 km ten noorden van Ramallah. Bir Zeit, met onder andere faculteiten filosofie, natuurwetenschappen en economie, is ontstaan uit een in 1924 gestichte meisjesschool. De naam van de universiteit was altijd synoniem met het voornamelijk intellectuele Palestijnse verzet, waarvan de wantrouwige Israëli's meenden dat het samenwerkte met het militante verzet, maar die verdenking verhulden ze meestal in het verwijt dat het wetenschappelijk niveau te laag zou zijn.

In 1988 werd het onderwijs door Israël voor de vijftiende en vooralsnog laatste keer – destijds vanwege de intifada – opgeschort. Indertijd werkten er 280 docenten, die allen voor meer dan vier jaar naar huis gestuurd werden. Uiteraard mochten de studenten niet verder studeren of examens afleggen aan Israëlische universiteiten. Het onderwijs ging door in privéwoningen. Een van de dagelijkse terugkerende problemen is ook tegenwoordig nog dat studenten bij checkpoints teruggestuurd of opgehouden worden en zo colleges en examens missen.

Tegenwoordig wordt Bir Zeit met zijn inmiddels 400 docenten niet meer alleen gezien als de plaats waar de toekomstige leiders van een soevereine staat worden opgeleid, maar ook van een voorheen bijna niet-bestaande opgeleide middenklasse. Het gebrek aan een elite die in het land blijft, en niet emigreert, is heel ernstig. 'Wij leiden jonge mensen niet alleen op tot een professionele carrière,' zegt de vroegere rector van de universiteit Hanna Nassir, 'maar ook om na decennia van afhankelijkheid een productieve economie op te bouwen. Onze universiteiten hebben een taak om in heel brede zin verantwoordelijke, actieve en democratische burgers op te leiden.'

Tot de verplichte basisvakken voor allen, of ze nu medicijnen of archeologie studeren, behoren Arabische en Europese filosofie en de geschiedenis van de industriële revolutie en de Palestijnse Vrijheidsbeweging (PLO). Onder de Arabische universiteiten van het Midden-Oosten is Bir Zeit een van de academisch liberaalste onderwijsinstellingen. Naast jonge mensen uit de Gazastrook studeren hier ook zonen en dochters van rijke Arabieren die hun kinderen niet willen blootstellen aan de verlokkingen van Europese universiteitssteden, maar wel willen dat ze minder betuttelend en grondiger opgeleid worden dan op de universiteiten van Caïro of Amman. Daar is het uit je hoofd leren, naar oude Arabische (Koranleer-)tradities, vaak nog belangrijker dan oplossingsgericht denken. De voertalen op Bir Zeit zijn Arabisch en Engels. In 2006 werd er als zevende een technische faculteit geopend.

Jarenlang werd de universiteit gefinancierd door de PLO, met steun van de Golfstaten. In 1994 werd het Palestijnse aandeel van 45%

Thema

overgenomen door de Europese Unie. De rest wordt opgebracht door sponsors en schenkingen. De studenten betalen zelf 35% van de kosten; er wordt een van vak tot vak verschillend minimumbedrag per lesmodule afgerekend. Frankrijk richtte in 1995 een faculteit voor rechtsgeleerdheid op, Duitsland sponsort de sportopleiding en Japan schonk enkele honderden computers.

Bir Zeits grote voordeel is dat het dicht bij de realiteit staat. Mensen werken hier niet alleen omwille van de wetenschap – de kennis wordt ook doorgegeven. Dankzij Bir Zeit leren analfabete Palestijnse volwassenen nog lezen en schrijven. Anderen krijgen bij de opbouw van hun onderneming steun van economen en hulp bij het leren omgaan met computers en het voeren van een correcte boekhouding. En Bir Zeit zou Bir Zeit niet zijn als het niet een heel bijzondere studierichting had, die door iedereen PAS genoemd wordt: Palestijns-Arabische Studies. De focus ligt op Midden-Oostenpolitiek en het Palestijnse vraagstuk. Daarvoor zijn hooggeplaatste politici aangetrokken als docent. Voor veel studenten is Bir Zeit een academische ontsnapping aan hun kindertijd, jeugd en het leven van alledag (www.birzeit.edu).

Bijna twee derde van de studenten aan Bir Zeit is vrouw

Uitgaan

Rustieke ambiance ▶ Ziryab: Rokab St., tel. 02 295 90 93, dag. 12–24 uur. In een omgeving die wat weg heeft van een alpenhut, krijgt u vlees, vis en zeebanket voorgeschoteld. Vanaf NIS60.

Cool trefpunt ▶ Stones: Old Main St., tel. 02 296 60 38, dag. 7–24 uur. Overdag komt men hier voor een kop koffie, 's avonds voor een drankje.

Trendy café ▶ Zam'n Premium Coffee House: Al Tireh, dag. 7–23 uur, tel. 02 295 06 00. In de wat chiquere wijk Al Tireh, tegenover Ramallah First Group, surft u op uw laptop, eet u een croissantje, drinkt u zoals dat tegenwoordig hoort in de hippe koffiecultuur een latte en geniet u van de oude filmposters aan de muren. Vanaf NIS20.

In het park ▶ Sangria's: 22 Jaffa St., tel. 02 295 68 08, dag. 12–1 uur. 's Zomers zit in het weekend de hele stad in het parkrestaurant voor een drankje aan de bar en een hapje – en om gezien te worden. Vanaf NIS60.

Theater en bioscoop ▶ Al-Kasaba Theatre & Cinematheque: Hospital St., tel. 02 296 52 92, www.alkasaba.org. Film en theater.

Actief

Cultureel trefpunt ▶ Deutsch-Französisches Kulturzentrum/Centre Culturel Franco-Allemand: Al-Salam St., tel. 02 298 19 22, www.ccf-goethe-ramallah.org. Dit instituut, dat de Palestijnse gebieden bedient, organiseert taalcursussen, kunst- en cultuurseries en tentoonstellingen.

Agenda

Ramallah Contemporary Dance Festival (apr./mei): Er wordt gedanst in Sarayet Ramallah, het cultuurcentrum, en in de Al Kasaba Theatre & Cinematheque. Hamas en conservatieve moslims reageren regelmatig met protesten, omdat dans het werk van de duivel zou zijn. De internationale deelname aan het festival is aanzienlijk. Informatie via tel. 02 295 26 90, www.sareyyet.ps.

Tip: Op stap met Khaled

Met Khaled Abumohimeed en zijn Mercedestaxi kunt u elke mogelijke excursie op de Westbank (Bethlehem, Ramallah, Jericho enzovoorts) maken (tel. 052 224 42 25, 059 745 83 88, www.nativitytour.blogspot.com).

Vervoer

Sheruttaxi: Regelmatig naar Jeruzalem (Damascuspoort) en Nablus.

Nablus en omgeving

▶ 6, D 2–3

Kaart: rechts

Nablus 2

Via de Palestijnse universiteitsstad Bir Zeit (zie blz. 380) bereikt u **Nablus** (Shechem), met 140.000 inwoners de grootste stad van de Westelijke Jordaanoever, waar vooral Arabieren wonen. Net als Hebron komt Nablus sinds 1967 vanwege het geweld tussen de Israëli's en Palestijnen vaak in het nieuws. Een bezoek kunt u het beste laten afhangen van de actuele veiligheidssituatie.

Flavia Neapolis, zoals Nablus ooit heette, werd in 72 n.Chr. door de Romeinse keizer Vespasianus gesticht nabij de antieke stad Sichem (zie onder). Hier kreeg Abraham van God het Beloofde Land, kocht Jakob voor 100 goudstukken land en werd Jozef begraven. In de Byzantijnse tijd werden hier kerken gebouwd. De kruisridders versterkten de stad en maakten hem de tweede hoofdstad na Jeruzalem. In 1927 werd Nablus bijna volledig verwoest door een aardbeving. Tegenwoordig is Nablus een agrarisch en industrieel centrum. Alleen al veertig bedrijven maken zeepproducten, het oudste al ruim 250 jaar.

Ten zuiden van het **Midan Hussein** in het centrum ligt de oude stad met een schilderachtige markt en een wirwar van steegjes. Ten oosten lag het Bijbelse **Sichem** (Tel Balata), dat archeologieliefhebbers zal interesseren. In het zuidoosten vindt u de **Grieks-orthodoxe kerk**, die in 1914 werd gebouwd op de fundamenten van een kruisvaarderskerk, en de **Jakobs-**

Westelijke Jordaanoever

bron, waar Jezus – poging tot verzoening met de vervolgde Samaritanen – een Samaritaanse om water vroeg, wat ze weigerde. In de 4e eeuw werd de eerste kerk boven de bron gebouwd. Naar het noorden ligt het overkoepelde **graf van Jozef**, zoon van Jakob en Rachel, die aan Egypte verkocht werd.

Berg Gerizim 3

Zo'n 3 km ten zuiden van de oude stad ligt de 881 m hoge **berg Gerizim** (Jebel el Tor), de heilige berg van de Samaritanen. Hier zou Abraham zijn zoon Isaäk hebben willen offeren. De Samaritanen, een religieuze gemeenschap die sinds de Babylonische ballingschap is afgesplitst van het jodendom, en waarvan de 400 leden bijna allen in Nablus wonen, trekken voor hun veertig dagen durende pesachfeest naar de voet van de berg, beklimmen hem en in witte gewaden gehuld slachten en eten ze op de top een lam – precies zoals het in Exodus 12 staat. Voor de volgende dag aanbreekt moet alles opgegeten zijn, en moeten alle resten, botten en onreine vleesdelen (bijvoorbeeld vet) verbrand zijn. Bezoekers mogen als toeschouwer deelnemen aan het ritueel.

In de 4e eeuw v.Chr. bouwden de Samaritanen op de berg een tempel, die door de Hasmoneeën verwoest werd en door de Romeinse keizer Hadrianus in 140 n.Chr. door een Jupitertempel werd vervangen. Keizer Constantijn koos de berg in de 4e eeuw voor de bouw van een Mariakerk en weigerde de Samaritanen de toegang tot hun heilige plaats.

Sebastiya 4

In het Arabische dorp **Sebastiya** 12 km ten noordwesten van Nablus liggen de ruïnes van de hoofdstad van het Israëlitische noordrijk, Samaria (10e eeuw v.Chr.). Hier heersten de koningen Omri en Ahab na de afsplitsing van het zuidelijke rijk, tot de Assyriërs in 723 v.Chr. het gebied veroverden, Samaria verwoestten en de bewoners wegvoerden. Alexander de Grote bouwde de stad, waaraan ook de provincie haar naam ontleent, weer op, en Herodes doopte hem ter ere van keizer Augustus 300 jaar later om in Sebastos, de Griekse versie van Augustus.

Johannes de Doper werd hier begraven, in het dorp liggen crypten en ruïnes van de **Johanneskerk**. In de door joden, moslims en christenen in dezelfde mate als heilig beschouwde grot zouden ook de profeten Elia en Obadja, evenals de ouders van Johannes begraven zijn. Het huidige koepelgebouw is een moskee. Maar of hier werkelijk de botten van Johannes rusten, valt te betwijfelen.

Een korte weg te voet voert van het dorp naar de vrij toegankelijke **ruïnes van Samaria** met de Augustustempel van Herodes, waarvan alleen nog het fundament te zien is, en het koninklijk paleis van Omri, dat luxueus werd aangekleed en uitgebreid door koning Ahab. De Romeinen bouwden tussen de west- en oostpoort een zuilenweg. Een muur omsloot de stad.

Jenin ▶ 6, D 1

Kaart: blz. 383

Jenin 5 (45 000 inwoners, spreek uit: Dzjenin), de noordelijkste stad van de Westelijke Jordaanoever, trekt meer en meer bezoekers. Hier is de Tweede Intifada begonnen en de meeste plegers van zelfmoordaanslagen zouden hier vandaan komen. Na een aanslag in Netanya (30 doden, 150 gewonden) trok in 2002 het Israëlische leger in een wraakactie het vluchtelingenkamp Jenin binnen. Tientallen mensen kwamen om. Mensenrechtenorganisaties spraken van een bloedbad.

Sinds 2000 is Jenin de zetel van de **Arab American University**, de eerste particuliere universiteit in Palestina, waar onder andere taal- en geesteswetenschappen, informatica en techniek worden onderwezen (tel. 04 241 88 88, www.aauj.edu).

In het Westen is het door velden en olijfbomen omringde stadje vooral bekend geworden door de ontroerende documentaire *The heart of Jenin* van Marcus Vetter (zie blz. 81). Een tweede project, mede door Vetter geïnitieerd en door hem ook op film vastgelegd (*Cinema Jenin: The Story of a Dream*) handelde om de twee jaar durende wederopbouw van de plaatselijke bioscoop, **Cinema Jenin** (tel. 04 250 24 55, 1 Azzaytoon St., www.cinemajenin.org). Internationale sponsors, van de Duitse overheid tot Pink Floydvoorman Roger Waters, stimuleerden het project tegen het verzet van de lokale bevolking in. Velen stoorden zich aanvankelijk aan de samenwerking met Israëli's en de vredelievende opzet van het project. In 2010 werd de intussen buitengewoon populaire bioscoop geopend en inmiddels is het een cultureel centrum geworden. In de openluchtbioscoop in de heerlijke tuin flikkeren films op het doek. Vaak zijn er gastoptredens met concerten, toneelvoorstellingen en reizende exposities. In de toekomst wil de Cinema met een studio en productietechniek Palestijnse filmmakers ondersteunen.

Een ander project dat hoopvol stemt, is het **Freedom Theatre** in het **Jenin Refugee Camp**. Een van de grondleggers was – samen met een voormalige leider van de Al-Aqsa Martelarenbrigade en Israëlische kunstenaars en activisten – de Palestijnse filmmaker en acteur Juliano Mer Khamis. In 2011 werd hij neergeschoten bij een brandstichtingen door gemaskerde mannen , juist toen hij met zijn zoontje in het theater was. In de opvatting van Khamis fungeert theater als politiek cultureel centrum dat juist perspectiefloze kinderen en jongeren een visioen van vrede wil geven. Khamis zelf vatte zijn werk op als voortzetting van het engagement van zijn in 1995 gestorven moeder Arna, die al tijdens de Eerste Intifada een straattheater voor jongeren had opgericht. Khamis' film *Arna's children* is een verslag van haar werk. Wie het vluchtelingenkamp wil bezoeken, kan via het theater een gids regelen (Jenin Refugee Camp, School St., tel. 04 250 33 45, www.thefreedomtheatre.org, zo.–do. 9–18 uur).

Accommodatie

Comfortabel ▶ North Gate Hotel: Palestine St., tel. 04 243 57 00, www.northgate-hotel.com. De kamers zijn ruim; beter krijgt u het niet in Jenin. 2 pk vanaf NIS300.

Eenvoudig ▶ Cinema Jenin Guesthouse: Tel. 04 250 24 55, 1 Azzaytoon St., tegenover het busstation. Reizigers ontmoeten hier medewerkers van ngo's en journalisten. In de keuken wordt gezamenlijk gekookt en gegeten. 2 pk vanaf NIS250.

Let op! Welke zone?

Na de Oslo II-akkoorden van 1995 hebben het Israëlische leger en de Palestijnse Autoriteit verschillende bevoegdheden, naargelang een autonoom Palestijns gebied in zone A, B of C ligt. In zone A (17% van de autonome gebieden, waaronder de steden Ramallah, Bethlehem, Jericho en Hebron) heeft de Palestijnse Autoriteit het geheel voor het zeggen. In zone B (21%) is er een gedeelde verantwoordelijkheid: de burgerlijke macht is in handen van Palestina, de militaire macht ligt bij Israël. Zone C (62%) staat geheel onder Israëlisch bestuur.

Vervoer

Van Jeruzalem, Ramallah, Nablus, Haifa en Nazareth is Jenin goed te bereiken per **bus** of **sheruttaxi**. Vanwege de lange wachttijden bij de diverse checkpoints is het niet raadzaam om de reis met een eigen auto te maken.

13 Bethlehem

▶ 9, B/C 3

Kaart: blz. 383

Vanuit Jeruzalem is het over Route 60 maar een klein stukje naar het 8 km zuidwaarts gelegen **Bethlehem** (32.000 inwoners), waar de zuidelijk Westbank begint. De vruchtbare omgeving vol graanvelden, fruitplantages, wijn- en olijfgaarden – die nu door Israëls 8 m hoge scheidingsmuur gedomineerd worden – gaf de stad uit de Bijbel de naam Broodhuis (Hebreeuws: Beit Lehem) of Graanhuis (Arabisch: Beit Lahm). Als u komt aanrijden is goed te zien dat de Joodse nederzettingen, waaraan ijverig gebouwd wordt, steeds verder oprukken richting Bethlehem.

Sinds 24 december 1995 valt Bethlehem na de terugtrekking van de Israëlische bezetter onder de Palestijnse Autoriteit. Maar de Tweede Intifada heeft de opbloei van de stad stilgelegd en de monsterlijke muur in het noorden evenals de vermoeiende controles bij het checkpoint weerhouden veel toeristen van een bezoek. Talrijke gebouwen werden door het Israëlische leger verwoest of beschadigd.

Vanwege de Geboortekerk is Bethlehem, dat in 1967 door de Israëli's werd veroverd, een van de belangrijkste christelijke bedevaartsoorden in het Heilige Land. Maar ook hier geldt wat al van Nazareth te zeggen was: beleef uw bezoek als een spirituele ervaring. De stad zelf heeft niet de glanzende uitstraling die veel pelgrims verwachten – ook niet tijdens de kerstviering, die in de hele wereld wordt uitgezonden. En over de Geboortekerk van Christus en het moment waarop Kerstmis gevierd moet worden, ruziën de verschillende christelijke gezindten net zo heftig als in Jeruzalem gediscussieerd wordt over het poetsschema in de Heilig Grafkerk.

Ongeveer 3000 jaar geleden werd David hier geboren. Voor de ingang van de stad (Hebron Rd./Manger St.) ligt het graf van Rachel, de vrouw van Jakob, die bij de geboorte van haar zoon Benjamin stierf. Vooral vrouwen die geen kinderen krijgen, maken een bedevaart naar het lege, overkoepelde graf en vragen Rachel om kinderen. De plek is tegenwoordig nogal mistroostig. De huizen van de omwonende Palestijnse families zijn 'ter bescherming' van het Rachelheiligdom bijna helemaal omgeven door de Israëlische muur.

Volgens de jongste inzichten is Bethlehem ongeveer 2700 jaar oud. Het bewijs daarvoor werd in 2012 geleverd door een kleitablet dat op het terrein van de Stad van David in Jeruzalem werd gevonden. Het fragment stamt uit de tijd van de Eerste Tempel en vermeldt de naam van de stad – de eerste vermelding van Bethlehem buiten de Bijbel.

Geboortekerk

De centraal gelegen **Manger Square**, het plein waar vroeger tientallen souvenirwinkeltjes stonden, wordt gedomineerd door de **Geboortekerk**, die als een vesting werd gebouwd boven de grot waar Jezus ter wereld zou zijn gekomen. De datum van deze geboorte varieert

echter van gezindte tot gezindte: zo geloven de rooms-katholieken dat Jezus in de nacht van 25 december in 5 v.Chr. werd geboren, denken de Grieks-orthodoxen dat de gebeurtenis plaatsvond op 6 januari in 4 v.Chr. en houden de Armeniërs het op 18 januari in 4 v.Chr. De wetenschap gaat uit van 7 v.Chr. Geen van de geloofsgemeenschappen gaat uit van het jaar 0, waarop de westerse tijdrekening gebaseerd is.

De eerste Geboortekerk werd in de 4e eeuw gebouwd door keizer Constantijn. In de 6e eeuw liet keizer Justinianus deze uitbreiden tot een vijfbeukige basiliek. De kruisvaarders sierden het gebouw op met bronzen deuren, omlijst met marmer, en kroonden er hun koningen.

U betreedt het gebouw door de slechts 1,20 m hoge Deur der Nederigheid, die voor de inval van de Turken zo laag werd geplaatst om te voorkomen dat zij met hun paarden de kerk zouden binnenrijden en daarmee de hei-

Bethlehem is een van de belangrijkste bedevaartsoorden in het Heilige Land

lige plaats zouden ontwijden. De hoogte van het oorspronkelijke boogportaal is nog goed te herkennen. Een zilveren ster in de Geboortegrot markeert de plek waar Jezus werd geboren. Dag en nacht branden er olielampen. Deze grot mag alleen voor missen worden gebruikt door mensen met het Grieks-orthodoxe geloof. Katholieken mogen alleen de zilveren ster bewieroken – ze moeten hun vieringen houden in de Kribbegrot, op de plaats waar het pasgeboren kind volgens de overlevering in de voedertrog gelegd werd. Met Kerstmis wordt door de Latijnse patriarch een houten Christuskind uit de Catharinakerk naar de kribbe gedragen, waar het tot Driekoningen blijft. Omdat de rooms-katholieke, de Grieks-orthodoxe en de Armeense Kerken gemeenschappelijk eigenaar zijn, werd al tijdens het Britse mandaat tot een verordening besloten die ook nu nog regelt wie wanneer zijn missen mag houden en de grot mag bezoeken. Het is een breekbare vrede, elk jaar weer zijn er strubbelingen, bijvoorbeeld over wie welk deel van de kerk mag schoonmaken (dag. geopend, toegang gratis).

Franciscaner Kapel en Melkgrot

Via de Milk Grotto Street komt u in de **Franciscaner Kapel** uit 1872 met de erondergelegen **Melkgrot** (Arabisch: Magharet Sitti Mariam, 'Grot van mijn vrouwe Maria'), waarin Maria volgens de overlevering Jezus de borst gaf. Daarbij zou melk op de grond gedrupt zijn en de grot in wit kalksteen veranderd hebben. Vrome moeders en minnen dichten het gesteente een lactatie-bevorderende werking toe, daarom mengen ze kalkstof uit de grot door hun eten (tel. 02 274 24 25, dag. geopend, toegang gratis).

Informatie

Palestine Tourist Information: Manger St., Old Municipal Building, tel. 02 274 15 81 of

Machsom Watch – vrouwen van het checkpoint

Thema

Ze dragen zwarte T-shirts, met daarop buttons met een oog als pictogram en het opschrift 'Vrouwen tegen de bezetting en voor mensenrechten in Palestina'. De Israëlische activisten zetten zich er bij de checkpoints voor in dat Palestijnen daar niet meer mensonwaardig worden behandeld door Israëlische militairen.

Het begon op een ijskoude ochtend in februari 2001. Toen gingen Roni Hammerman, geboren in 1940, en Yehudit Keshet, geboren in 1943, dochters van Duitse Joden, met drie vriendinnen naar het Israëlisch-Palestijnse checkpoint nr. 300 tussen Jeruzalem en Bethlehem. Van de Israëlische journaliste Amira Haas, die in Gaza en op de Westelijke Jordaanoever woont, hadden de vrouwen gehoord over de vernederende controles en de mensenrechtenschendingen door Israëlische soldaten bij de checkpoints (Hebreeuws: *machsom*). Er waren berichten over hoogzwangere Palestijnse vrouwen die zo lang gecontroleerd werden en ongegrond vastgehouden dat ze bij het controlepunt hun kinderen baarden, soms doodgeboren. Meestal dachten de soldaten dat de weeën gespeeld waren of versperden bewapende kolonisten de weg. Zover bekend heeft dit nog nooit tot gerechtelijke consequenties geleid.

Het was in de begintijd van de Tweede Intifada. Konden de verhalen waar zijn? Dat wilden Yehudit Keshet en de andere vrouwen destijds weten – dat was het begin van Machsom Watch, een mensenrechtenorganisatie waar uitsluitend vrouwen bij aangesloten zijn; intussen zijn het al meer dan 500 activisten. Dagelijks staan de vrouwen, ten minste met zijn tweeën, bij een aantal van de 600 checkpoints in het land te observeren; ze schrijven gedetailleerde rapporten, die in Israël voor opschudding zorgen en die allemaal op de homepage van Machsom – gerangschikt per checkpoint – zijn na te lezen.

Bij de checkpoints helpen de activisten zieken, ouderen en vrouwen met kinderen, zodat ze snel de controles mogen passeren. Ze onderhandelen met de soldaten, zodat die levensmiddelentransporten sneller doorlaten. De Machsomvrouwen behoren tegenwoordig tot de scherpste critici van de Israëlische bezettingspolitiek. De checkpoints zouden de lange arm zijn van een systeem van willekeur en onderdrukking dat maar één doel heeft: 'land winnen en een etnische zuivering doorvoeren, die weliswaar niet leidt tot moord, maar mensen wel dwingt hun vaderland te verlaten', aldus Keshet.

Vanwege haar kritiek op 'etnische zuivering', Arabierenhaat en apartheidspolitiek met betrekking tot Palestijnen werd Keshet in Israël als nestbevuiler heftig aangevallen. Keshet neemt niets terug. Ze zei in een interview: 'Ik ben niet de enige die dat zegt. Die mensen worden als het ware uitgevaagd, cultureel, sociaal, economisch en politiek. Dat is een vorm van etnische zuivering. Er wordt tegen ze gezegd dat ze moeten gaan, hier wil niemand ze hebben. In Israël praten de mensen er steeds openlijker over dat het beste zou zijn als we helemaal van die Arabieren af zouden kunnen komen. Tien jaar geleden was het nog ondenkbaar geweest om dat te zeggen, ook al dachten veel mensen het misschien wel. Maar tegenwoordig is dat heel normaal.'

In 2008 werd aan Machsom Watch de Akense vredesprijs toegekend (tel. 054 530 03 85, www.machsowatch.org).

02 274 37 53, www.vicbethlehem.wordpress.com, www.travelpalestine.ps en www.thisweekinpalestine.com.

Accommodatie

De hotelsituatie is ten langen leste ten goede gekeerd. Veel toeristen zoeken vanwege de lage prijzen voor een overnachting in Bethlehem een hotel en bezichtigen vanhier het nabijgelegen Jeruzalem.

Arabische charme ▶ **Intercontinental Jacir Palace:** Hebron Rd., tel. 02 276 67 77, www.ichotelsgroup.com, info@icbethlehem.com. Dit luxehotel is in 2013 uitgebreid gerenoveerd. Het indrukwekkende gebouw in Arabische stijl stamt uit 1910 en ligt op maar een paar minuten lopen van de Geboortekerk. Elegante kamers, goede service, zwembad. Bijzonder mooi is het restaurant op de binnenplaats, dat Libanese en andere gerechten uit het Midden-Oosten serveert. 2 pk vanaf NIS530.

Mooi, centraal gelegen pelgrimshotel ▶ **Casa Nova Palace:** Manger Sq., tel. 02 274 39 80, www.casanovapalace.com. Aangename sfeer vlak bij de Geboortekerk. Het hotel organiseert diverse bezichtigingen: van 30 min. tot drie uur. 2 pk vanaf NIS250.

Eten en drinken

Gegrilde kip, falafel en shoarma zijn de standaardgerechten die u in de kleine restaurants rond de **Manger Square** tegenkomt. Een hele reeks nieuw geopende cafés heeft van deze omgeving een charmante buurt gemaakt.

Populair café-restaurant ▶ **The Square Restaurant & Coffee Shop:** Manger Square, tel. 274 98 44, dag. 9-24 uur. Franse uiensoep, T-bonesteak, cordon bleu: de menukaart van dit café-restaurant is ambitieus en afwisselend (heerlijke salades). En ter afsluiting van de maaltijd wacht een lekkere waterpijp. Vanaf NIS40.

De heerlijkste voorgerechten ▶ **Afteem:** Manger Square, tel. 274 79 40, dag. 9-24 uur. In 1948 werd Afteem opgericht en op het gebied van *foul medames* en andere kostelijke voorgerechten is het de onovertroffen grootmeester in Bethlehem. Vanaf NIS15.

Winkelen

Aan Manger Square en de erachtergelegen **soek** vindt u levensmiddelenzaken en enkele souvenirwinkeltjes. Deze verkopen allerlei religieuze voorwerpen maar zijn vooral gespecialiseerd in snijwerk van olijfhout.

Kunstnijverheid ▶ **Palestinian Heritage Center:** Manger St., ma.-za. 11-18 uur, tel. 02 274 23 81, www.phc.ps. Behoud van traditionele kunstnijverheid, Palestijnse vrouwen werk verschaffen en garanderen dat hun gezinnen kunnen rondkomen – dat zijn de doelen van het Heritage Center. U kunt er gewaden met fijn borduurwerk, sieraden, lampen, karaffen, tapijten en Palestinasjaals kopen; de winkel is onder andere ingericht als een betoverende bedoeïenentent. Maha Soca, die het Center in 1991 stichtte, werd daarvoor meermaals onderscheiden.

Actief

Op weg met de inwoners van Bethlehem ▶ **Stadswandelingen:** Op factfindingtochten laten betrokken burgers van Bethlehem zien hoe de Israëlische muur hun leven veranderde en hen gevangenen maakt. Een bezoek aan Jeruzalem is voor hen bijvoorbeeld alleen mogelijk met een – haast nooit verstrekte – vergunning. Informatie en reserveren op tel. 02 277 79 93, admin@openbethlehem.org.

Agenda

Kerstavond: De belangrijkste gebeurtenis van het jaar is de nachtmis van de Latijnse patriarch in de Geboortekerk. Rond middernacht schrijdt hij uit de sacristie van de naastgelegen kerk (waarin de Grieks-orthodoxen hun missen vieren) met het beeld van het Christuskind in de arm. Dat legt hij in het midden van het altaar. Het is traditie dat ook de islamitische president van de Palestijnen met zijn kabinet naar de drie uur durende nachtmis komt.

Vervoer

Sheruttaxi: Regelmatige verbindingen met Jeruzalem (Damascuspoort).

Bus: Vanaf Jeruzalem is Bethlehem het gemakkelijkst te bereiken met een van de blauw-witte busjes van lijn 21, die van 6–21.30 uur vertrekken bij de Damascuspoort, enkele reis ca. NIS10, duur 20 min.

Omgeving van Bethlehem

Kaart: blz. 383

Mar Sabaklooster ▶ 9, C 3

14 km ten oosten van Bethlehem ligt in de Kidronvallei midden in de woestijn van Judea het **Mar Sabaklooster** 6. In de 5e eeuw trokken veel monniken, onder anderen de geleerde Saba, zich terug in deze grotten. Het kloostercomplex is van verre te zien, vooral vanwege zijn koepel en de Vrouwentoren, van waaruit vrouwen kunnen uitkijken over het klooster dat ze niet mogen betreden. Het klooster, waar tegenwoordig nog maar een handvol monniken woont, werd gebouwd op de door veroveringen en aardbevingen deels verwoeste gebouwen die er voorheen stonden. In het klooster liggen in een glazen lijkkist de beenderen van Saba opgebaard. Geïnteresseerden moeten in Bethlehem navragen of het klooster op dat moment per taxi bereikbaar is (zo.-do. 8–16 uur, NIS15).

Herodion ▶ 9, C 3

Ten zuidoosten van Bethlehem ligt het **Herodion** 7, dat door de Israëlische National Parkorganisatie wordt beheerd. Tussen 24 en 15 v.Chr. liet Herodes de Grote dit als mausoleum bedoelde paleis bouwen, dat 100 m boven zijn omgeving uitrijst en op het eerste gezicht op een slapende vulkaan lijkt. Destijds voerde een marmeren trap naar de ringmuur van torens die de vertrekken, baden en tuinen omsloot. Of Herodes hier daadwerkelijk, zoals hij beschikt had, werd bijgezet, is onzeker. Archeologen zoeken nog naar zijn graf. Tijdens de Joodse Oorlog viel het Herodion ten prooi aan de opstandelingen. In de 5e eeuw bouwden monniken een klooster op de ruïnes. Vanaf de heuvel hebt u een mooi uitzicht (apr.-sept. 8–17, okt.-mrt. 8–16 uur, tel. 057 776 22 51, www.parks.org.il, NIS27).

Hebron ▶ 13, C 1

Kaart: blz. 383

Ongeveer 35 km ten zuiden van Jeruzalem ligt **Hebron** 8 (El Khalil), dat met 160.000 Palestijnen en 600 Joodse kolonisten de op een na grootste stad van de Westelijke Jordaanoever is. Conform de Oslo-akkoorden is de stad opgedeeld in het door Palestijnen gecontroleerde gebied H1 en het door Israëli's gecontroleerde gebied H2. In 2002 greep het Israëlische leger in antwoord op de Tweede Intifada en tegen de Oslo-akkoorden in weer de controle over de hele stad. Sinds 2005 laat Israël in sector H1 illegale wachttorens, omheiningen, muren en straatblokkades bouwen – zo bericht de Temporary International Presence in the City of Hebron (TIPH, www.tiph.org), een na Oslo opgerichte, onafhankelijke observatiemacht. Deze registreert schendingen van bestaande akkoorden en meldt deze aan Palestina, Israël en de TIPH-landen Zwitserland, Noorwegen, Zweden, Italië, Turkije en Denemarken. Bovendien zet de TIPH zich in voor voortzetting van de dialoog en oplossing van het conflict. Maar dat wordt steeds moeilijker. De kolonisten bouwen op Palestijns territorium steeds meer illegale nederzettingen met keurige huisjes van rood baksteen. Hun toegangswegen doorkruisen de velden, tuinen en olijfgaarden van de Palestijnse boeren, die de nederzettingswegen niet mogen oversteken. Overal staan wegwijzers. Groot en mooi, als ze wijzen naar de nieuwe Israëlische nederzettingen, omgevallen of in de greppel gegooid, als ze naar de oude Palestijnse dorpen wijzen.

Geschiedenis

In de 18e eeuw v.Chr. leefden in Hebron, zo schrijft de Bijbel, reusachtige mensen, de Enakieten. David werd hier tot koning gekroond en Abraham kocht hier de Grotten van Machpela (zie blz. 391), waar de Romeinse keizer Justinianus in de 6e eeuw een kapel overheen liet plaatsen. In de 7e eeuw werd de kerk in een moskee veranderd. Onder de kruisvaarders was Hebron een christelijke bisschopszetel. In de 16e eeuw vestigden zich hier

Sefardische joden, die uit Spanje gevlucht waren.

Na de onafhankelijkheidsoorlog in 1948 hoorde Hebron bij Jordanië en pas tijdens de bezetting van de Westelijke Jordaanoever in 1967 kwam het bij Israël. De bewoners capituleerden zonder strijd en uit alle huizen hingen witte lappen. Het conflict verscherpte toen een groep ultraorthodoxe joden zich in 1968 in een hotel verschanste en uiteindelijk in 1972 de oprichting van de met prikkeldraad beveiligde nederzetting Kiryat Arba wist te bereiken.

In 1979 bezette een moeder met haar elf kinderen het Hadassa Hospital in de voormalige Joodse wijk – ze mocht blijven, beschermd door Israëlische politie, ook al had de regering daarvoor besloten om Joden het woon- en verblijfsrecht in Hebron te ontzeggen. Het tegendeel gebeurde. Steeds meer grotendeels ultraorthodoxe joden trokken hierheen. Sinds in 1980 de Arabische burgemeester van de stad vermoord werd, regeert hier het geweld. Het trieste dieptepunt wordt gevormd door het bloedbad in de moskee van Hebron in 1994, waarbij 29 gelovigen door de Joodse extremist Baruch Goldstein werden vermoord. Dat Hebron een kruitvat is, werd eind 2008 opnieuw bevestigd. Joodse kolonisten moesten na een vonnis van het hoogste gerecht van Israël een door hen bezet huis in Hebron ontruimen. Toen het Israëlische leger de ruiming voltrok, begonnen kolonisten Palestijnse bewoners aan te vallen, hun graven te schenden, de profeet Mohammed voor varken uit te maken, een zware belediging, en op de Palestijnen te schieten. De Israëlische regering noemde het officieel een pogrom.

In 2014 gold de veiligheidssituatie op de Westelijke Jordaanoever weer als goed, de economie begint weer op te bloeien

Grotten van Machpela

Moslims, joden en christenen vereren allen Hebrons heilige oord, de **Grotten van Machpela** (Haram El Khalil). Abraham had ze als onbebouwd land 'met de grot en met alle bomen op dat stuk land' (Genesis 23:17) als graf aangeschaft. De Mammelukken breidden in de 13e eeuw de moskee over het graf uit en bouwden ter ere van de drie in de islam hoog vereerde patriarchen vier minaretten, waarvan er twee behouden zijn. Onder het mausoleum in de binnenhof van de moskee bevinden zich de lege graven van Abraham, zijn zoon Isaäk, zijn kleinzoon Jakob en hun vrouwen Sara, Rebekka en Lea. Sinds kruisridders de graven afbraken en moslims ze vervolgens weer verzegelden, heeft geen mens de grafkelder meer betreden. Volgens de overlevering zouden op deze plek ook Adam en Eva begraven liggen – vandaar dat veel mensen van de graven van de vier patriarchen spreken. Twee zalen van de moskee dienen als synagoges. Soldaten en legerrabbijnen waken erover dat geen enkele gelovige de ruimten van andere godsdiensten betreedt. Van bezoekers wordt terughoudendheid en uiterst decente kleding verwacht (tel. 02 222 82 13, zo.–do. 8–16 uur, toegang gratis).

Winkelen

In de **soek**, waar smeden en pottenbakkers hun handwerk beoefenen, heerst in rustige tijden een charmante Arabische atmosfeer. Maar de stemming kan omslaan als een groep orthodoxe joden zich onder zwaarbewapende militaire bescherming door de stad laat escorteren.

Vervoer

Sheruttaxi: De deeltaxi's rijden via Bethlehem naar Jeruzalem (Damascuspoort).

14 Jericho ▶ 10, D 2

Kaart: blz. 383

De weg naar **Jericho** (20.000 inwoners) is een van de indrukwekkendste van het land. Van meer dan 800 m hoog loopt hij uit de bergen van Judea naar beneden naar de stad, die 395 m onder de zeespiegel ligt. In een klein uurtje legt u een hoogteverschil van 1200 m af. U voelt de temperatuur steeds verder oplopen en de hitte ligt als een loden deken over de Jordaanvallei. Jericho, dat sinds mei 1994 onder het gezag van de Palestijnse Autoriteit

actief

Op de Berg van de Verzoeking

Informatie

Begin: Jericho
Duur: 3-4 uur
Belangrijk: Van de voet van de berg kunt u comfortabel en met een geweldig uitzicht met een kabelbaan naar het klooster, maar u kunt ook te voet gaan. Voor de klim (400 m hoogteverschil) moet u afhankelijk van uw conditie een goede 20 tot 40 minuten uittrekken. Voor een bezoek aan het klooster is decente kleding vereist.

Jericho's tweede grote bezienswaardigheid is de 348 m hoge Berg van de Verzoeking (Jebel Quarantal), waarop Jezus, nadat Johannes hem in de Jordaan had gedoopt, veertig dagen lang zou hebben gevast. Het klooster van Grieks-orthodoxe monniken is in 1905 gebouwd. Als u er binnengaat, waant u zich in een klein dorp. Door een nauw steegje loopt u langs het refectorium en andere ruimten en cellen naar een kleine kapel. Onder het verhoogde altaar ligt een steen die door pelgrims wordt gekust: volgens de overlevering zat Jezus hierop toen de duivel hem in verzoeking probeerde te krijgen. Zie bij het verlaten van de kapel vooral de offermand niet over het hoofd, zeker niet als u het klooster later met toestemming van de monniken via de achteruitgang wilt verlaten, om daarna in ongeveer 25 minuten naar het bergplateau te lopen. Helemaal boven kunt u genieten van een schitterend uitzicht.

Voor de wandeling omlaag of de terugkeer per kabelbaan kunt u even uitrusten in het **Sultan Restaurant** bij het bergstation. Het uitzicht vanaf het terras is adembenemend. Bij het dalstation ligt restaurant **Walls of Jericho**. Téléphérique & Sultan Tourist Center, dag. ca. 8-18/18.30 uur, tel. 02 232 15 90, www.jerichocablecar.com, retour NIS55.

valt, is de laagstgelegen en oudste nederzetting ter wereld.

Tot de Tweede Intifada was de plaats een geliefde bestemming voor uitstapjes voor mensen uit Jeruzalem, die op de markt hier hun wekelijkse boodschappen deden. Anderen speelden in het nu gesloten Casino Austria roulette of blackjack en overnachtten in het Interconti, waarin het speelhol gevestigd was. Maar dat is verleden tijd. Na het akkoord van Sharm-el-Sheikh in 2005, waarmee de Tweede Intifada eindigde, kwam Jericho als eerste stad weer onder Palestijns gezag. Maar Israël controleert bij de checkpoints al het inkomende verkeer.

Geschiedenis

Volgens Bijbelse overlevering was Jericho een van de eerste steden die door de Israëlieten in het Beloofde Land werden veroverd. Voor christenen is Jericho verbonden met de doop in de Jordaan en de Berg van de Verzoeking, waar Jezus veertig dagen doorbracht. Jericho's oorsprong ligt in het 8e millennium v.Chr. Tel el Sultan (zie onder) geldt als een van de oorden waarvan vaststaat dat de mensen het nomadenleven opgaven voor een vaste verblijfplaats. Alexander de Grote stelde Jericho in 336 v.Chr. onder zijn persoonlijke toezicht en Marcus Antonius schonk de stad en de oase aan zijn geliefde, de Egyptische koningin Cleopatra. In de Joodse Oorlog werd Jericho door de Romeinen verwoest en het speelt sindsdien geen rol meer in de geschiedenis.

Ten tijde van het Britse mandaat schonken de Britten Jericho aan de Arabieren, die het land weer verkochten aan Joden. In 1948 werd Jericho aan Jordanië toegewezen. In de Zesdaagse Oorlog veroverde Israël de stad terug. Tegenwoordig is Jericho een provinciestad die zich moet zien te bedruipen van de niet al te florissante toeristenindustrie en de landbouw.

Tel el Sultan

Bij de grafheuvel **Tel el Sultan**, het oude Jericho, stootten archeologen op resten van een stad uit het 8e millennium v.Chr. De opgraving is echter alleen interessant voor archeologiefans. De rondweg is goed bewegwijzerd. De meer dan 8 m hoge, ongeveer 7500 v.Chr. gebouwde en daarmee oudst bekende toren ter wereld is deels behouden gebleven. Aan de noordkant van de *tel* zijn resten van de ooit 6 m hoge Hyksosmuur te bewonderen ('s zomers dag. 8–18, 's winters 8–17 uur, tel. 02 232 15 90, NIS10).

Hishampaleis

Het 20.000 m² grote **Hisham's Palace** (Khirbet el Mafjar), de ruïne van een Omajjadenpaleis, betreedt u vanuit het zuiden door de vroegere hoofdpoort. Onder kalief Hisham Ibn Abdel Malik werd van 724 tot 734 aan het complex gebouwd, maar het werd nooit voltooid. Later gebruikte de inheemse bevolking het als steengroeve. Wat nu nog te zien is, vertoont een sterk Perzische invloed.

In de binnenhof valt een reusachtig gerestaureerd rond venster op, dat de dimensies van het geplande paleis aanschouwelijk maakt. Ooit werd dit woon- en regeringspaleis met moskee omgeven door prachtige tuinen, en in de kelder lag een badhuis. Veel architectonisch interessante brokstukken van het complex zijn ondergebracht in het Rockefeller Museum in Jeruzalem (zie blz. 171), maar het meesterwerk, de mozaïekvloer, kunt u in de rustruimte van het aan de noordkant gelegen bad vinden. Het beste zicht erop hebt u boven aan de kleine trap die achter het bad naar boven loopt. Het mozaïek stelt scènes uit de natuur voor: bomen en reeën, een leeuw, die een antilope verscheurt enzovoort (tel. 02 232 15 90, dag. 8–17 uur, NIS10).

Informatie

Sultan Tourist Center & Téléphérique: Tel. 02 232 15 90, www.jericho-cablecar.com, dag. 8–21 uur. Toeristische informatie is het vlotst te krijgen bij het dalstation van de kabelbaan naar de Berg van de Verzoeking (zie Actief blz. 392).

Accommodatie

Jericho's hotelwezen heeft merkbaar te lijden onder de politieke situatie. De meeste bezoekers blijven maar een paar uur in de stad.

Heerlijke tuin met zwembad ▶ Jericho Resort Village: Bisan St., tel. 02 232 12 55, www.jerichoresorts.com. Groot hotel in het noorden van de stad, elegante kamers, bungalows met keukenblok, zwembad in de tuin. Er worden excursies georganiseerd. 2 pk vanaf NIS490.

Eten en drinken

Eenvoudige grillgerechten zijn in Jericho overal te krijgen. Bij en op de Berg van de Verzoeking zijn ook restaurants te vinden.

Eten met een fenomenaal uitzicht ▶ Sultan Restaurant: Berg van de Verzoeking, Téléphérique bergstation, tel. 02 232 15 90, fax 02 232 15 98, dag. 9–18 uur. Het uitzicht is overweldigender dan het eten. Vanaf NIS60.

Voorgerechten en vlees ▶ Green Valley: Ain el Sultan St., tel. 02 232 23 49, dag. 11–22 uur. Er worden *mezze* en eenvoudige grillgerechten geserveerd. Vanaf NIS45.

Palestijnse specialiteiten ▶ Al Issawi/Abu Nabil: Aan het marktplein, 8–23 uur. Hier komen veel reisgezelschappen eten. De verstandigste keus is shoarma met een Arabisch voorgerecht. Vanaf NIS40.

Vervoer

Sheruttaxi: Regelmatig rijden deeltaxi's naar Jeruzalem (Damascuspoort), Bethlehem, Nablus en Ramallah. Bij de Berg van de Verzoeking komt u alleen per taxi of eigen vervoer.

Nabi Musa ▶ 10, D 3

Kaart: blz. 383

Ca. 11 km ten zuiden van Jericho is het schilderachtig gelegen islamitische pelgrimsoord **Nabi Musa** 8 (Profeet Mozes) een omweg waard. Hier zou een van de vele graven van de op zijn 120e gestorven Mozes liggen, net als bijvoorbeeld aan de andere kant van de Jordaan bij het Syaghaklooster op de berg Nebo, waar God Mozes het Beloofde Land had getoond. Toch willen veel moslims hier op deze plek, vlak bij de moskee met het lege eregraf van Mozes, bijgezet worden en jaarlijks komen er in vredestijd tienduizenden pelgrims samen op deze plek. In een van de graven zou Aïsja zijn bijgezet, de eerste vrouw van de profeet Mohammed.

Qasr al Yehud/El Maghtas

▶ 10, E 2

Kaart: blz. 383
In een kwartiertje rijden richting Jordaanse grens bereikt u bij El Maghtas aan de Jordaan **Qasr al Yehud** 10, de plaats waar, zo wordt al sinds het begin van het christendom beweerd, Johannes de Doper Jezus met water doopte. Dit was 44 jaar lang Israëlisch militair terrein, maar nadat aan Jordaanse zijde de Qasr al Yahud (Arabisch voor Vesting van de Joden) met investeringen van miljoenen tot toeristische attractie was omgevormd en de katholieke gemeenschap in het Heilige Land doordrong, volgde Israël aan zijn kant van de Jordaan het goede voorbeeld maar installeerde in de rivier gelijk een hek, opdat niemand de grens met Jordanië zou oversteken. Pelgrims plonzen nu behalve in Yardenit (zie blz. 301) aan het Meer van Tiberias ook hier in het troebele water en slaan daarna souvenirs in (apr.–okt. dag. 9–16, nov.–mrt. 9–15 uur).

Op de tegenoverliggende, Jordaanse zijde is de orthodoxe Johanneskerk te zien. In 1996 ontdekten archeologen daar de fundamenten van een Byzantijnse kerk, die gewijd was aan de doop van Jezus.

Theologen en historici zijn het er niet over eens waar Johannes de Doper Jezus daadwerkelijk heeft gedoopt. Het evangelie van Matteüs spreekt van de Judese oever van de Jordaan, het evangelie van Johannes over Betanië op de andere oever van de Jordaan. Sinds de ontdekking van de Byzantijnse sporen houden de meeste experts de doopplaats aan de overkant van de Jordaan voor de 'echtere'. Het Vaticaan heeft over de kwestie tot nu toe nog geen uitspraak gedaan. Ondertussen worden aan beide zijden van de rivier officiële bedevaarten gehouden.

15 St.-Joriskloster/ Wadi Qelt

▶ 10, D 2

Kaart: blz. 375
Het is nog niet zo eenvoudig om het **St.-Joris-klooster** in de Wadi Qelt te vinden. Van de steile Route 1 Jeruzalem–Jericho slaat u na 20 km links af naar het slecht aangegeven Wadi Qelt/St. George's Monastery. Verschillende keren kunt u op de tegenoverliggende wand het klooster zien liggen. Zet uw auto op het parkeerterrein en loop het laatste stuk. Er zijn ook twee, met groen en rood gemar-

Als een arendsnest kleeft het St.-Jorisklooster op een klif in de Wadi Qelt

keerde, wandelpaden van ca. 15 km naar Jericho (geen kaarten beschikbaar). De weg de Wadi Qelt in vanaf Jericho komend, kunt u bij regen beter mijden. Alleen al om veiligheidsredenen is een lokale gids raadzaam.

De intens blauwe koepels van het in 1871 gebouwde Grieks-orthodoxe klooster in het dal zijn niet over het hoofd te zien. Het kost ca. 20 minuten om het klooster op de tegenoverliggende rotswand te bereiken. Het werd opgetrokken op de locatie van een convent uit de 5e eeuw, waar joodse godsdienstfanaten in 614 alle monniken afgeslacht hebben. Het klooster is gewijd aan de monnik Gorgias van Coziba, niet aan Joris de Drakendoder. Op de plek van de abdij zou Elia op de weg naar de Sinaï gerust hebben, en Joachim kon niet meer van het leven genieten, omdat zijn vrouw Anna geen kinderen kon baren, tot een engel hem hier de geboorte van een dochter verkondigde, die Maria moest heten. In de kerk ligt een zeer mooie mozaïekvloer en in een grafgewelf liggen de beenderen van de in 614 vermoorde monniken (zo.-do. 8-12, 15-19, za. 9-12 uur). Vanaf het checkpoint kunt u door de geweldig mooie Wadi Qelt tot de kruising met Route 1 rijden, die u terugbrengt naar Jeruzalem.

Gazastrook

De natuur van de Gazastrook is ronduit prachtig: veel groen, vruchtbaar akkerland, lange Middellandse Zeestranden en schilderachtige vissershaventjes. Maar bij de politieke realiteit verdwijnen al die schoonheden in het niet – als u het gebied al binnen mag.

Op de 365 km² grote Gazastrook leven 1,6 miljoen mensen, meer dan de helft daarvan in vluchtelingenkampen. Sinds mei 1994 is de Gazastrook het autonome Palestina, met een eigen politie, een eigen regering – en een met prikkeldraad en ijzeren hekken versterkte grens met Israël. Zo was het tenminste gepland, tot de Tweede Intifada uitbrak en Hamas, dat weigert zich met Israël te verzoenen, de regio militariseerde, de gematigde Fatah op een zijspoor zette, de haat onder zijn aanhangers aanwakkerde en met raketaanvallen steeds weer de woede van buurland Israël wist te provoceren. In 2008/2009 marcheerde Israël in het kader van de Operatie Gegoten Lood (zie blz. 49) de Gazastrook binnen en verwoestte de resterende infrastructuur die bij eerdere aanvallen nog niet verwoest was. In 2014 volgden raketbeschietingen in het kader van de Operatie Beschermende Rand. Aan Palestijnse zijde vielen 2100 doden. Het doel van de oorlog, de vernietiging van Hamas, werd niet bereikt.

Het grootste slachtoffer van de rampzalige situatie is tot op heden de bevolking, die onder mensonwaardige omstandigheden in verschrikkelijke armoede leeft en hopeloos vastzit. Want verhuizen naar de Westelijke Jordaanoever staat Israël niet toe. Sinds Hamas in 2007 de facto de macht over de Gazastrook heeft gegrepen en de bevolking in zekere zin gegijzeld houdt, wordt er jacht gemaakt op christelijke Palestijnen en aanhangers van Fatah. Vaak worden ze onder het mom van collaboratie met Israël gefolterd en vermoord. Wie bezwaar maakt, of openlijk de voortdurende raketaanvallen op Israël afkeurt en begrip toont voor de reactie van het buurland, moet op zijn minst rekening houden met verbanning. De haat tegen de tirannie van Hamas-islamisten is gigantisch groot. Hamas houdt zijn gezag in de kuststrook met folteringen en snelrechtexecuties in stand, verklaarde de New Yorkse organisatie Human Rights Watch.

In economisch opzicht zag het er in 2014 al even slecht uit. Door de bijna complete afsluiting van de Gazastrook zijn de handwerk- en landbouwbedrijven, vaak kleine familiebedrijfjes, hun afnemers in Israël, op de Westbank en in Egypte kwijtgeraakt. Forenzen die niet meer naar hun banen in Israël kunnen, zijn veroordeeld tot werkloosheid. Zo leeft volgens gegevens van de VN zo'n 81% van de mensen in de Gazastrook onder de armoedegrens, ze moeten rondkomen van ca. US$1 per

Tip: De grens oversteken

Buitenlandse bezoekers kunnen alleen via **checkpoint Eretz** aan de noordgrens van de Gazastrook het land in. Auto's met Israëlische nummerplaten mogen niet de grens over. Met uitzondering van diplomaten en leden van de Palestijnse regering moeten alle bezoekers de grenscorridor te voet passeren. Aan de andere kant staan meestal taxi's te wachten. Pesterijen van Israëlische grenssoldaten zijn hier aan de orde van de dag. Recentelijk worden toeristen niet doorgelaten door Israël.

Ruim de helft van de inwoners van de Gazastrook woont in vluchtelingenkampen

dag. Zodoende is het altijd al schamele inkomen per hoofd van de bevolking sinds 1999 meer dan gehalveerd. Volgens een VN-rapport zal Gaza bij gelijkblijvende omstandigheden in 2020 naar beschavingsmaatstaven een niet meer bewoonbare regio zijn.

Gaza-Stad ▶ 11, B 1

De weg van checkpoint Eretz naar **Gaza-Stad** (525.000 inwoners) is een asfaltweg vol gaten, die regelmatig onder water staat omdat de riolen overstromen. De huizen in de stad zijn verwaarloosd en deels verwoest door Israëlische (vergeldings)aanvallen. Dat is vooral zichtbaar in de beide hoofdstraten van Gaza, de **Sharia Omar El Mukhtar** en de **Sharia El Wahida**.

Onder de arcaden, waarvan de bloeitijd in een donkergrijs verleden ligt, rijgen zich de winkels aaneen. Er zijn schoenen, kleding, prullaria en verouderde elektronica te koop, af en toe afgewisseld met een koffiehuis of kebabrestaurantje. De stad leeft alleen nog op als er bijvoorbeeld een bont versierde huwelijkskaravaan luid toeterend door de straten rijdt en talloze kinderen joelend meelopen.

De haven lijkt in rustige tijden bijna onwezenlijk schilderachtig. 's Avonds controleren de vissers aan het strand hun netten en maken hun boten vaarklaar voor de volgende dag, bij het licht van de zon die op zee ondergaat. Na de oorlog van 2008/2009 stelde een internationale donorconferentie US$5,2 miljard ter beschikking voor de wederopbouw van Gaza; 900 miljoen daarvan komt van de Europese Unie.

Geschiedenis

De Gazastrook is sinds 2000 v.Chr. bewoond. Hij lag aan de belangrijke handelsroute van Syrië naar Egypte en werd ook door de Nabateeën gebruikt – *ghazzah* betekent in het Arabisch zoveel als 'schat'.

In de Bijbel wordt Gaza voor het eerst genoemd als een Kanaänitische nederzetting. Simson werd hier vastgezet en stierf. Door zijn gunstige geografische ligging was Gaza altijd al rijk en een gewild veroveringsdoel. Achtereenvolgens werd de stad Gaza bezet door Grieken, Romeinen, Arabieren, kruisvaarders, Turken, Britten, Egyptenaren en Israëli's. Napoleon Bonaparte, uit wiens tijd een citadel stamt, noemde Gaza in 1799 de wachter van Afrika, de poort naar Azië.

Van hun huis in Jaffa heeft dit Palestijnse echtpaar na hun verdrijving alleen nog de sleutels

Vluchtelingenkampen

De vluchtelingenkampen zijn een broeinest, waarin naar schatting tot wel 800.000 mensen wonen. **Bureij**, **Nuseirat** en **Khan Younis** zijn de bekendere massakampen. Wie sterke zenuwen heeft, kan de kampen bezoeken – maar alleen onder Palestijnse begeleiding. De meesten hier kennen maar één ding: intifada. Van de vluchtelingen is 82% onder de 35 jaar. Een van de collectieve Israëlische methodes om deze generatie Palestijnen te straffen was door ze de toegang tot onderwijs te ontzeggen. Dat is de ideale geestelijke voedingsbodem waarop Hamas zijn haat kan zaaien.

Universiteiten

De **Islamitische Universiteit Gaza** (Dzjami'a al Islamiya bi Ghazzah, www.iugaza.edu.ps, naast het hoofdkwartier van UNRWA, tel. 08 264 44 00), is met toestemming van Israël in 1978 gesticht door de Moslimbroederschap. Het is de belangrijkste onderwijsinstelling in de Gazastrook en valt nu onder de invloedssfeer van de militante Hamas. De krap 21.000 studenten aan de elf faculteiten studeren gescheiden naar sekse. Sinds 2008 werd de universiteit ervan verdacht als fabriek en opslag van wapens voor Hamas te dienen. In augustus 2014 bombardeerde Israël de campus en verwoestte flinke delen van de universiteit. Zeven topstudenten zorgden voor veel media-aandacht, toen Israël in 2007 weigerde hen te laten uitreizen voor hun Fulbright-fellowshipstudiebeurzen van het Amerikaanse ministerie van Buitenlandse Zaken. Vier van hen mochten na tussenkomst van de Amerikaanse minister van Buitenlandse Zaken alsnog hun reis maken.

Informatie

De website www.visitpalestine.ps verstrekt ook actuele (toeristen)informatie over Gaza.

Accommodatie

Velen komen alleen als dagtoerist naar Gaza; wie wil blijven, vindt waarschijnlijk dicht bij het strand de netste accommodaties.

Oosters hotel ▸ Al Deira: Rashid St., tel. 08 283 81 00, www.aldeira.ps. Uitzicht op zee vanaf de balkons, ruime en liefdevol ingerichte kamers, fantastische hotelkeuken en een gezellig Arabisch interieur – en dat is wijd en zijd bekend. Vroegtijdig reserveren. 2 pk vanaf NIS42

Een zeldzaam vredig beeld van Gaza-Stad: de schilderachtige haven

Eten en drinken

Falafel en shoarma vindt u te kust en te keur bij alle snackbars. Het aanbod op de andere menukaarten weerspiegelt meestal rechtstreeks de politieke situatie. Als het Israëlische leger de vissers verbiedt om uit te varen naar zee, dan staat er in de visrestaurants uitsluitend kip op het menu in plaats van verse vangst uit de Middellandse Zee.

Buiten de werkelijkheid ▶ Roots Club: Cairo St., tel. 08 288 86 66, www.rootsclub.ps. De gesluierde en niet-gesluierde bovenlaag, de zakelijke elite en medewerkers van internationale organisaties hebben hier, als contrast tot de alomtegenwoordige dagelijkse kommer en kwel, een comfortabele oase van rust gevonden. In de Ambassador Banquet Hall zit de politieke elite te tafelen, op het terras van Green's eet u, omgeven door veel groen, Arabische specialiteiten en rookt een waterpijp. Alles chic, alles duur: een unieke plek in het arme Gaza. Vanaf NIS70.

Vis en zeevruchten ▶ Al-Salaam: Rashid St., tel. 08 286 59 57. Vlak bij het Al Deirahotel staat aan het strand een van de beste vistentjes van Gaza. U mag hier zelf de vis uitzoeken, hij wordt naar wens klaargemaakt. Vanaf NIS40.

Winkelen

Palestijnse kunstnijverheid ▶ Arts and Crafts Village: Jamal Abdel Naser St., tel. 08 284 64 05, fax 284 64 05. In de ateliers en werkplaatsen worden Palestijnse ambachten beoefend. In de werkplaatsen kunt u kleding, waaronder ook klederdracht, vloerkleden, kussens, handgemaakte lampen en souvenirs van koper, keramiek en hout kopen – de beste manier om dit belangrijke project dat Palestijnse tradities in stand wil houden te steunen.

Rafah en omgeving

▶ 11, A 2/3

De Palestijnen van **Rafah** (130.000 inwoners) betaalden met de splitsing van hun stad een hoge prijs voor de Camp Davidakkoorden van 1979: een deel van Rafah werd samen met de Sinaï Egyptisch soeverein gebied, het andere deel bleef bij de Gazastrook.

Vlak bij Rafah liggen de ruïnes van luchthaven Yasser Arafat International Airport, nog in 1998 in het bijzijn van de Amerikaanse president Bill Clinton feestelijk geopend. De bouw van het vliegveld werd mogelijk door de Oslo-akkoorden. Tijdens en na de Tweede Intifada werd de luchthaven door de Israëli's gesloten, later grotendeels verwoest. De luchtvaartmaatschappij van de Palestijnse Autoriteit, Palestinian Airlines, week uit naar het Egyptische El Arish, maar staakte de facto al haar activiteiten.

In 2013–2014 verwoestten Egypte en Israël in de grensstreek honderden tunnels, waardoorheen vooral tijdens het bewind van de Egyptische Moslimbroederspresident Mohammed Mursi (2012–2013) zware wapens, bouwmaterialen, brandstoffen en auto's in de Gazastrook waren binnengesmokkeld. Door de dramatische energietekorten als gevolg van de bombardementen ontstonden regelmatig stroomstoringen van wel 16 uur. Via die tunnels werden echter ook veel dagelijkse goederen geïmporteerd, waarvan de invoer in de Gazastrook door Israël geblokkeerd werd. Van een lijst waarop eerst 4000 goederen en levensmiddelen stonden, mochten er nu nog maar veertig ingevoerd worden. Verboden waren zaken als thee, koffie, bakwaren, conserven, boeken, kleding, muziekinstrumenten en beton, dringend noodzakelijk voor wederopbouw. Deegwaren werden na tussenkomst van een Amerikaanse senator weer toegelaten. Verdere verlichting beloofde de versoepeling van de Gazablokkade, een direct gevolg van internationale druk op Israël na de aanval op de Solidariteitsvloot voor Gaza in de Middellandse Zee. Egypte opende op humanitaire gronden deels zijn grenzen voor Palestijnen. In 2014 mochten op bepaalde dagen de allerziekste voor behandeling naar Egypte uitreizen. Bij Israëlische vergeldingsacties wordt Rafah vaak beschoten en slopen bulldozers huizen, bijvoorbeeld van de familie van terroristen. De onderscheiden journalist Mohamåmed Omer bericht regelmatig over Rafah op de sociale media.

Register

Register

Register

Citaat op blz. 66

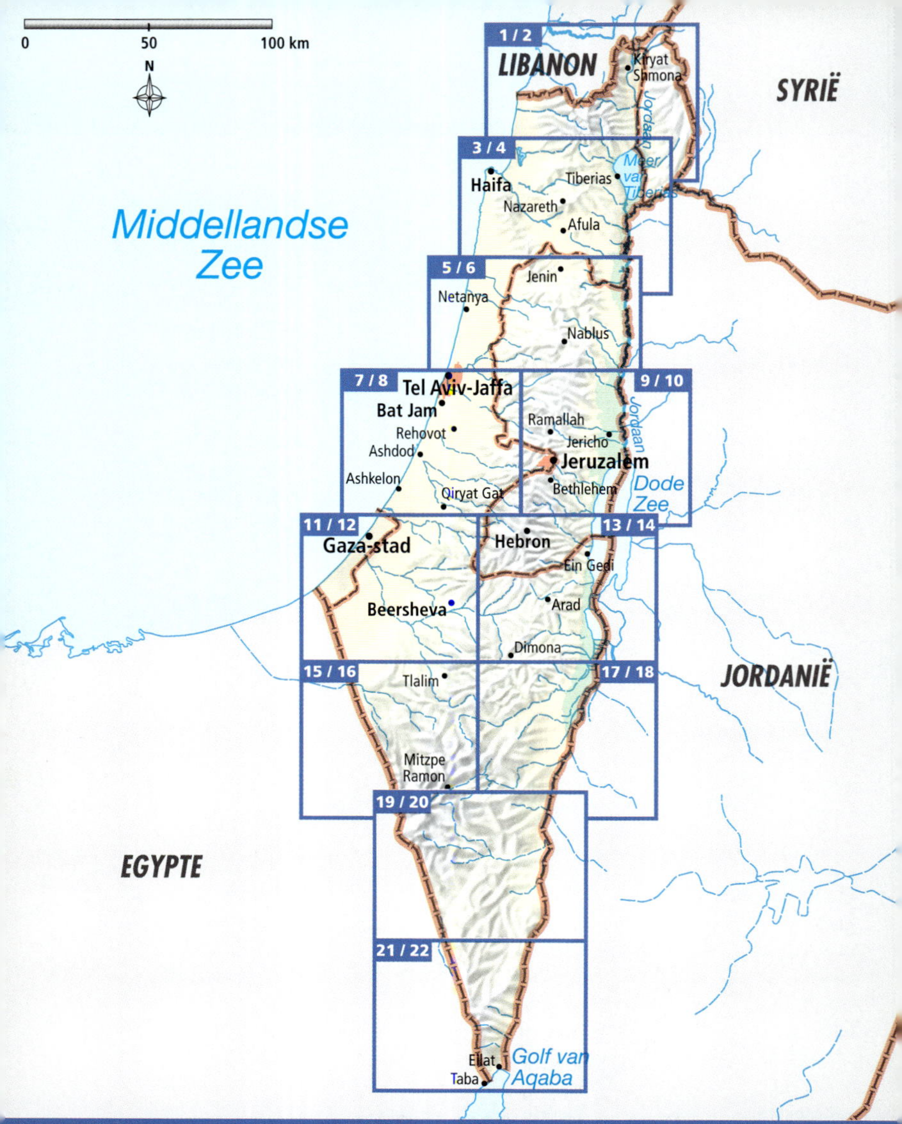

0
50
100 km
N
LIBANON
SYRIË
Middellandse Zee
JORDANIË
EGYPTE
1 / 2
3 / 4
5 / 6
7 / 8
9 / 10
11 / 12
13 / 14
15 / 16
17 / 18
19 / 20
21 / 22
Kiryat Shmona
Jordaan
Meer van Tiberias
Haifa
Tiberias
Nazareth
Afula
Jenin
Netanya
Nablus
Tel Aviv-Jaffa
Bat Jam
Rehovot
Ashdod
Ashkelon
Qiryat Gat
Ramallah
Jericho
Jeruzalem
Bethlehem
Dode Zee
Gaza-stad
Hebron
Ein Gedi
Beersheva
Arad
Dimona
Tlalim
Mitzpe Ramon
Eilat
Taba
Golf van Aqaba

Legenda

Autosnelweg met nummer en aansluiting
Tolweg met aansluiting
Snelweg
Nationale weg met nummer
Hoofdweg
Secundaire weg met nummer
Onverharde weg; zandweg
Weg in aanleg; geplande weg
Weg gesloten voor motorrijtuigen
Tunnel
Spoorweg
Goederenspoorweg
Spoorweg in aanleg
Veer; bootverbinding
Feitelijke landsgrens
Omstreden grens
Gebied onder VN-controle
Anti-Palestijnse barrière
Militaire zone
Militair vliegveld
Militair vliegveld (gesloten)
Internationale luchthaven
Intern. luchthaven (gesloten)
Nationale luchthaven
Nationale luchthaven (gesloten)
Vliegveld

Bezienswaardigheid
Archeologische opgraving
Synagoge
Moskee
Klooster; kerk
Kasteel; kasteelruïne
Gedenkteken
Vuurtoren
Waterval; grot
Bergtop; pas
Mijn
Skigebied
Busstation
Park, tuin
Nationaal park, natuurpark
Kampeerterrein
Oase
Uitkijkpunt
Badstrand
Haven
Zwembad
Surfstrand
Duiklocatie
Grensovergang
Grensovergang onder VN-controle (niet open voor toeristen)
Grensovergang (gesloten)
Checkpoint

Atlas Israël

A
B
C
1
2
3
4
Middellandse Zee
1000 m
500 m
200 m
Mazraat ej Joudiye
Kharayeb
Zrariye
Arzay
Nabi Qassem
Borj Rahhal
Tair Filsay
Bourghliye
Aabbassiye
Deir Qanoun-en Nahr
Hammadiye
Srifa
Sur (Tyre) (Tyrus)
Borj-ech-Chmali
Maarake
Bafliye
Bazouriye
Jouaiya
Tair Zebna
Rashidiya
Aitit
Deir Ntar
Qana
Tibnin
Rechkananey
Henniye
Siddiqine
Kafra
Haris
El Biyada
Mansuri
Zabqine
Ein el Aziya
Tiri
Rachaf
Shama'a
Beit Lit
Teir Harfa
Ramiye
Ain Ebel
Naqura
Aalma ech Chaab
Yarine
Zar'it
Kfar Rosh Hanikra
Rosh Hanikra
Khanita
Adamit
Shomera
Shtula
Even Menahem
Rumaish
Betset
Shlomi
Matsuva
Ya'ar Khanita
Eilon
Goren
Fasuta
Godrim Cave
Akhziv N.P.A.
Gesher HaZiv
Avdon
(Burcht Montfort)
Sa'ar
Sasa
Nahariya
Galei-Galil Beach
Kabri
Mi'ilya
Ma'alot-Tarshiha
Hurfesh
Ben Ammi
Ga'aton
Me'ona
Har Meron Reserve
Sheikh Danun
Yekhi'am Fortress N.P.A.
Yekhi'am
Khosen
Evron
Yanuh
Bukei'a (Pki'in)
Kziv
Shavei Tsiyon
Beit HaEmek
Kafr Sume'a
Regba
Lohamei HaGetaot
Abu Snan
Jat
Beit Jann
Bustan HaGalil
Shomrat
Kafr Yasif
Yirka
Kisra
Sajur
Rama
Julis
Deir el-Asad
Nakhef
Akko (Acre)
Makr
Tal-El
Bi'na
Shezor
Majd el-Krum
Beit Kerem Valley
Judeida
Karmi'el
Akhihud
Salama
M'ghar
Ein HaMifrats
Yas'ur
Yavor
Sha'ab
Shorashim
Kfar Masaryk
Ya'ad
Kabul
Sakhnin
Deir Hana
Zvulun Valley
Segev
Tamra
Rakefet
Araba
Kiryat Yam
Afeq
Shkhanya
Avtalyon
Eilabun
Kiryat Motskin
Kiryat Byalin
I'blin
Bu'eina-Nujeidat
HAIFA (HEFA)
Kiriyat Ata
Shfar'am
Kafr Manda
Har Tir'an
Beit Netofa Valley
548 m
Ramat Yokhanan
Eshkol Reservoir
Rumana
Tur'an
Kiryat
Bir el Maksur
Rumat Heib
4
70
79
85
89
672
75
784
805
806
864
899

1 cm = 3,5 km
1 : 350.000
0
5 km
10 km
D
E
F
SYRIË
Qlaiaa
Khiam
Kfar Chcuba
Khirbe
Man
Yohmor
Deir-Mimas
Aarab
Darjat
Har Kakhal
1411 m
Hermon Ridge
2224 m
Hermon Reserve
Hadar
Metulla
Ouazzani
Aamra
Qantara
Taibe
Neve Ativ
Majdal Shams
Banias
Nimrod Fortress National Park
Tel Dan Reserve
Dan
Senir
Qabrikha
Adessa
Kfar Gil'adi
Kibbuz Ma'ayan
Dafna
Banias-National Park
Mas'ada
Markaba
Majdel-Silim
Jubatal-Khashab
Ya'ar Odem Reserve
Kiryat Shmona
Ha Goshrim
Hurshat Tal National Park
gedemilitariseerde zone
Houila
Odem
Buq'ata
Shangra
Sde Nekhemya
Elrom
Khan Arnabah
Braachit
Kfar Blum
Shamir
Meiss-ej Jabal
Ne'ot Mordekhai
Hamidiyeh
Lehavot HaBashan
Quneitra (Uitzichtspunt Kuneitra)
Quneitra (Kuneitra)
Blida
Merom Golan
Gonen
Yiftakh
Har Avital
1204 m
UN
Golan Heights
(Golanhoogten)
Hulatal
Aitaroun
Ein Zivan
Malkiya
Ramot Naftali
Hulatal National Park (Hula National Reserve)
Hula Reserve
Avivim
Yir'on
Yesud HaMa'ala
Bir Ajam
Dvorah Waterfalls (Dvorah-watervallen)
Dishon
Alma
Rehaniya
Khulata
Alonei HaBashan
Kerem-ben Zimra
Ayelet HaShakhar
Jish
Gadot
Tel Khatsor N.P.A.
Kudr
Dalton
Sifsufa
Mishmar HaYarden
Bar Yokhai
Qatzrin (Katsrin)
Zavitan
Keshet
Khatsor HaGlilit
Makhana'im
Kfar HaNasi
Safed (Tsefat)
Rosh Pina
Tuba-Zangarya
Har Peres
929 m
Ani'am
Kefar-Shammay
Elifelet
Amirim
Yehudia
Yonatan
Ya'ar Yehudia National Park
Ami'ad
Khad Nes
Almagor
Korazim
Kadarim
Church of the multiplication (Broodvermenig-vuldigingskerk)
Betsaida
Ma'ale Gamla
Kapernaum (Kapernaüm)
Kefar Nahum
Khukok
Kalanit
Tabgha
Saida
Ramat Magshimim
Ramot
Khaspin
Ginnosar
Luna Gal Water Park
Samakh
Avnei Eitan Nov
Migdal
Yam Kinneret (Meer van Tiberias)
Kursi
Geshur
Avnei Eitan
Elei Al (Eliad)
Jesus Trail
Tiberias (Tverya)
Giv'at Yo'av
Jamaliya
Kfar Khitim
Ein Gev
Ne'ot Golan
Mizpa
Afik
Arda
Giv'at Avni
Meitsar
Ma'ariya
1
2
3
4
2

A
B
C
1
2
3
4
5
Middellandse Zee
Akko
(Acre)
Makr
Judeida
Majd el-Kru
Akhihud
Yas'ur
Yavor
Sha'ab
Ya'ad
Ein HaMifrats
Kfar Masaryk
Zvulun Valley
Kabul
Tamra
Shkhanya
Kiryat Yam
Kiryat Motskin
Kiryat Byalin
Afeq
I'blin
Shfar'am
HAIFA
(HEFA)
Kiriyat Ata
Ramat Yokhanan
Kiryat Binyamin
Bir el-Maksur
Mt Carmel (Har Karmel)
Nesher
Ibtin
Nofit
Ka'abiyye
HaSolelim
Kfar Galim
HaKhotrim
Tirat Karmel
Kfar Khasidim
Beit Lekhem-HaGlilit
Basmat Tab'un
Allone-Abba
Har Karmel Reserve
Megadim
Oren Junction
Sha'ar HaAmakim
Alonim
Zarzir
Isfiya
Kiryat Tiv'on
Bet She'arim
Ein Hod
Nir Etsyon
Daliyat el-Karmel
Beit She'arim
Nahalal
Atlit
Kefar Yehoshua
Gvat
Nakhal Me'arot Reserve
Neve Yam
Ein Karmel
Karmel Caves
Sarid
Geva Karmel
Yokne'am Ilit
Kfar Barukh
Tsrufa
Kerem Maharal
HaZove'a
HaBonim
EnAyyala
Elyakim
Kfar Baruch Reservoir
Jezreel (Izre'el) Valley
Kishon
Ofer
Ramat HaShofet
Nakhsholim
Dor
HaYogev
Bat Shlomo
Ramot Menashe
Mishmar HaEmek
Fureidis
Midrakh Oz
En HaShofet
Dalya
Megiddo National Park
Megiddo
Zikhron Ya'akov
Amikam
Gadi
Ma'agan Mikha'el
Even Yitskhak (Gal'ed)
Giv'at Oz
Giv'at Nili
Musmus
Zalafa
Jisr e-Zarqa
Bet Hananya
Avi'el
Rummanah
Regavim
Um el-Fahm
Binyamina
Qesaryya
Giv'at Ada
Or Akiva
Kal Qari'a
Ara
Anin
Caesarea N.P.A.
Ar'ara
Sdot Yam
Yamun
Pardes Khana-Karkur
Kefar-Pines
Barkai
Barta'a
Araqa
Rehan
Hadera
En Shemer
Zibde
Ya'bad
Gan Shmu'el
Ma'anit
Kufayrit
Sha'ar-Menashe
Metser
Talmei El'azar
Giv'at Olga
Qafin
Khadera
Baqa e-Sharqiya
Mevo-Dotan
Kefar-Brandeis
Bet Eli'ezer
Baqa el-Gharbiya
Nazla e-Sharqiya
Araba
Mikhmoret
Elyakhin
Levahot Khaviva
Fahmah
Kfar HaRo'e
Giv'at Khayim (Ikhud)
Ahituv
Sayda
Zeita
Kafr Ra'i
Beit Yanai
Kfar Vitkin
HaMa'pil
Atil
Ilar
Bitan Aharon
Mishmar HaSharon
Omets
Yama
Aja
Rame
3

1 cm = 3,5 km
1 : 350.000
0
5 km
10 km
D
E
F
2
1
2
3
4
6
Shezor
Beit Kerem Valley
Kefar-Hananya
Ami'ad
Kor
Almagor
Nes
Ya'ar Yehudia National Park
Salama
M'ghar
Kadarim
Church of the multiplication
Kapernaum
Kefar Nahum
Ma'ale Gamla
Khukok
Kalanit
Sakhnin
Deir Hana
Ramot
Araba
Avtalyon
Massad
Ginnosar
Migdal
Yam Kinneret
Luna Gal Water Park
Eilabun
Kursi
Geshur
Jesus Trail
Bu'eina-Nujeidat
Manda
Netofa Valley
Har Tir'an
548 m
Tiberias
(Tverya)
Kfar Khitim
Giv'at Yo'av
Ne'ot Golan
Ein Gev
Afik
Rumana
Lavi
Mizpa
Tur'an
Giv'at Avni
Yavne'el Valley
Ilanya
Sde Ilan
Poriya
HaZor'im
Poriya Ilit
Mevo Khama
Jesus Trail
Kafr Kana
Mash'had
Kinneret
Ein Ha'on
Ein Mahil
Reina
Bet-Qesher
Kfar Kama
Sharona
Deganya
Ma'agan
Tel Katsir
Natsarat Ilit
Yavne'el
Deganya B
Hamat Gader
Basilica of the Annunciation
Dabburiyah
Shibli
Shadmot Dvora
Sha'ar HaGolan
Beit Zera
Masada
Kefar Tavor
Afiqim
Iksal
Ksulot Valley
Ein Dor
Ashdot Ya'akov
Um Qeis
Gadara
Tel Adashim
Daverat
Kfar Misr
Gazit
Afula Illit
Balfurya
Nein (Na'im)
Gesher
Kofor-Asad
Sulam
Merkhavya
Taibe
Ramat Tsvi
Moledet
Belvoir National Park
Neve Ur
Manshiyya
Kharaj
Mukharba
Sama
Kfar Yekhezkel
Yizre'el
Avital
Addirim
Meitav
Ein Kharod
Yisakhar Plateau
Gid'ona
Bet HaShitta
Kharod Valley
Waqqas
Tayyiba
Gan Ner
Sandala
Beit Alfa
Sde Nakhum
Ge'on HaYarden Reserve
Merehba
Jalame
Gilbo'a Mountains
Arabuna
Gan HaShelosha
Sheikh Hussein Bridge Border Crossing
Arrana
Dayr Ghazzala
Faqu'a
Mesilot
Beit She'an
Ma'oz Khayim
Deir Abu Said
Jaffin
Reshafim
Beit Qad
Ma'ale Gilbo'a
Ein HaNatsiv
Jalbun
Jenin (Janin)
Kfar Ruppin
Ashrafiyyeh
Merav
Gannim
Deir Abu Da'if
Redvaya
Rekhov
Tabaqat-Fahl
Sdei Trumot
Sde Eliyahu
Bait Idis
Umm et Tut
Jalqamus
Tirat Tsvi
El-Mughayir
Kufr Abil
Jadita
Talfit
Marza
Jordan (Yarden)
Zababida
Halawa
Misilya
Raba
Bardala
Karkama
Kufeir
Har Bezek
713 m
Mekhola
Abu Habi
Hashimiyah
Sir
Meithalun
Aqaba
Shadmot-

Netanya, Nablus, Tel Aviv-Jaffa

1 cm = 3,5 km 1 : 350.000

0 5 km 10 km

A
B
C
1
2
3
4
200 m
TEL AVIV-YAFO
(TEL AVIV-JAFFA)
Bat Jam
20
4
Neta'im
Palmakhim
Palmakhim Beach
42
Ayanot
410
Yavne
Yavna Dunes
Ben Zakai
42
Shdema
41
40
Nir Galim
41
Kvutsat Yavne
Ashdod
Bitsaron
4
Gan Yavna
Bene Ayish
Kh. Ashdod Yam
Shtulim
Khatsor Ashdod
Tel Ashod
Sde Uziyahu
Talmei Yekhi'el
Ashdod Dunes
Kiryat Mal'akhi
Nitsanim
Masu'ot Yitskhak
3
Avigdor
4
232
Negba
40
Zrakhya
Nir Yisrael
3
Hodiyya
Nir-Banim
Ashkelon
Negba
Yad-Natan
Qomemiyynt
35
Zavdi'el
Revakha
232
Sede Yo'av
Beit Shikma
Holot Ashqelon
Otsem
35
Nogah
Ge'a
Nehora
Mavki'im
Kokhav Mikha'el
Shahar
Talmei Yafe
Qiryat Gat
Zikim
Karmiyya
252
Nir Hen
Yad Mordekhai
4
Gvar'am
Uza
Khelets
Sde David
Eitan
34
Shalva
Tlamim
11
Beit Lahiya
232
Bror Khayil
40

1 cm = 3,5 km 1 : 350.000

0 5 km 10 km

A
B
C
1
2
3
4
5
8
13
Qasem
Elkana
Mas'ha
Sarta
Barqan
Ari'el
Salfit
Sawiya
Talfit
Qusra
Jalud
Rosh HaAyin
Zawiya
Rafat
Bruqin
Ale Zahav
Buruqin
Farkha
Ammuriya
Lubban-Sarqiya
Eli
Qaryut
Deir Balut
Kafr e-Dik
Khirbat-Qeis
Nakhshonim
Rinatya
El'ad
Dayr-Ghassana
Bet Arye
Kafr Ein
Qarawat-Bani Zeid
West
Ma'ale-Levona
Sinjil
Turmus Aya
Arura
Abwein
Jiljilya
Bayt Rima
Giv'at Ko'akh
Atarot
Rantis
Nabi Saleh
Dayr es Sudan
Mughayir
Abud
Ofarim
Um Safa
Atara
Mazra'a e-Sharqiya
Tirat Yehuda
Shoham
Beit Arif
Beit Nekhemya
Shuqba
Dayr-Abu Mash'al
Jammala
Kaubar
Bank
Silwad
Kafr Malik
Qibya
Beitilu
Na'ala
Bir-Zeit
Ein Yabrud
Jifna
Dayr Jarir
Budrus
Khadid
Niilin
Al Mazra'a-Al Qibliya
Abu Qash
Jalazun
Ofra
Modi'in Illit
Kharbata
Bet El
Beitin
Rimmon
Ramun
Gimzo
Neot Kedumim
Kafr Ni'ma
Modi'in
Ramallah
(Ram Allah)
El-Bira
Deir Dibwan
Makkabbim-Reut
Saffa
Beit Ghur e-Tahta
Beitunya
Burqa
Kfar Rut
Beit Sira
Khirbat al Misbah
Beit Khoron
Tira
Kafr Aqab
Gezer
Ayalon
Valley
Beit Liqya
Giv'at Ze'ev
Atarot Airport
(closed)
Mukhmas
Rafat
Jaba
Karme-Yosef
Mevo Khoron
Qatane
Jib
Bir Nabala
Ar Ram
Hizma
Almon
Nakhson
Bko'a
Latrun
Abu Ghosh
Neve Ilan
Ramat-Allon
Anata
Kefar Adummim
Mevaseret Tsiyon
Har'el
Mesilat
Shoresh
Beit Me'ir
Giv'at-Ye'arim
Moza-Illit
Tsova
Mishor Adummim
Kefar-Uriyya
Tsiyon
Eshta'ol
Yad Vashem
Bet Zayit
Ma'ale Adumim
Sorek
Nakham
Ksalon
Ramat-Razi'el
Abu Dis
Beit Shemesh
Mahseya
Aminadav
Ramat Rakhel
Kedar
Zano'akh
Kidron
Sedot-Mikha
Bar-Giyyora
Mevo Beitar
Batir
Mata
Beit Jala
Bethlehem
(Bayt Lahm/Beit Lekhem)
Mar Saba
Zekharya
Husan
Agur
Netiv HaLamed He
Betar Illit
Beit Sahur
Nahalin
Newe Daniyyel
Artas
Avi'ezer
Nakhal Gva'ot
Za'tara
Li On
Newe Mikha'el
Rosh Tsurim
Herodion
Giv'at-Yesha'yahu
Efrata
(Efrat)
Tsafririm
Surif
Allon-Shevut
Teqoa
Tko'a
Bayt-Fajjar
Nehusha
El-Arub
Beit Umar
Ma'ale-Amos
Kharas
Beit Govrin and Maresha Caves
Beit Awla
Halhul
Si'ir
Tarqumiya
E-Shuyukh
Beit Kahil
Idna
Hebron
(Al-Khalil/Hevron)
Tafuh

D
E
F
6
14
1
2
3
4
Gitit
Fadel
Ma'ale-Efrayim
Fatsa'el (Petsa'el)
Tomer
Gilgal
Netiv HaGdud
Niran (Na'aran)
Yitav
Awja e-Tahta
No'omi (Na'ame)
Hisham's Palace
Tel Jericho (Yerikho)
Jericho Synagogue
Jericho
(Ariha/Yerikho)
Aqbat-Jabir
Mitspe Yerikho
Nabi Musa
Almog
Beit HaArava
Kalya
Qumran N.P.A.
Nakhal Ovnat
Mitzpe Shalem
Damiya
Muthallat al-Masri
Thahrat al-Raml
Karame
Sakana-al-Shunah
Shunat Nimrin
Jufat
Allenby Bridge Border Crossing
El Maghtas
Katrayn
Rawda
Abdallah Bridge
Lakhsas
Suweima
Hammamat Ma'in
Makawer
Judayda
Atruz
Bukaya
Zai
Sal'auf
Yazidiyah
Salt
Dayar
Fuheis
Abu Slayh
Mahis
Wadi e-Si
Basset
Iraq al-Amir
Rajajah
Mo'ab Mountains
Na'u
Siyagha
Madaba
Fayha'a
Shiyah
Ma'in
King's Highway
Hilaliyah
Lib
Malaha
Makuk
Kelt (Prat)
90
505
449
1
65
40
24
35

A
B
C
1
2
3
4
7
15
GAZA
Beit Lahiya
Jabaliya
Beit Hanun
Sdero
Erez
GAZA (GHAZZAH)
Mefalsim
Yak
Kfar Aza
Netsarim
Sa'ad
Tkuma
Alumim
Zimrat
Nuseirat
Bureij
Netivot
Be'eri
Shokeda
Mughazi
Deir el-Balah
Kefar Darom
Re'im
Nezer-Harzani
Kisufim
Ganne-Tal
Qatif
Grar
Ein HaShlosha
Khan Yunis
Bani Suheila
Nirim
Rannen
Gan Or
Abasan-e-Sa'ir
Patish
Maslul
Morag
Nir Oz
Urim
Khirbat-Ikhza'a
Magen
Rafah (Rafi'akh)
Bin HaBsor
Arafat International Airport
Rafah Border Crossing
Nir Yitskhak
Yesha
Ami'oz
Ohad
Mivtakhim
Bsor
Sadot
Kerem Shalom
Sede Nizzan
Talme-Eliyyahu
Peri Gan
Sede-Avraham
Gvulot
Yated
Tse'elim
Talme-Yosef
Nahal Reserv
Yevul
Deqel
Khalutsa Sands
Har Keren
334 m
34
232
25
242
234
241
221
222
10
30
304

1 cm = 3,5 km 1 : 350.000
0 5 km 10 km

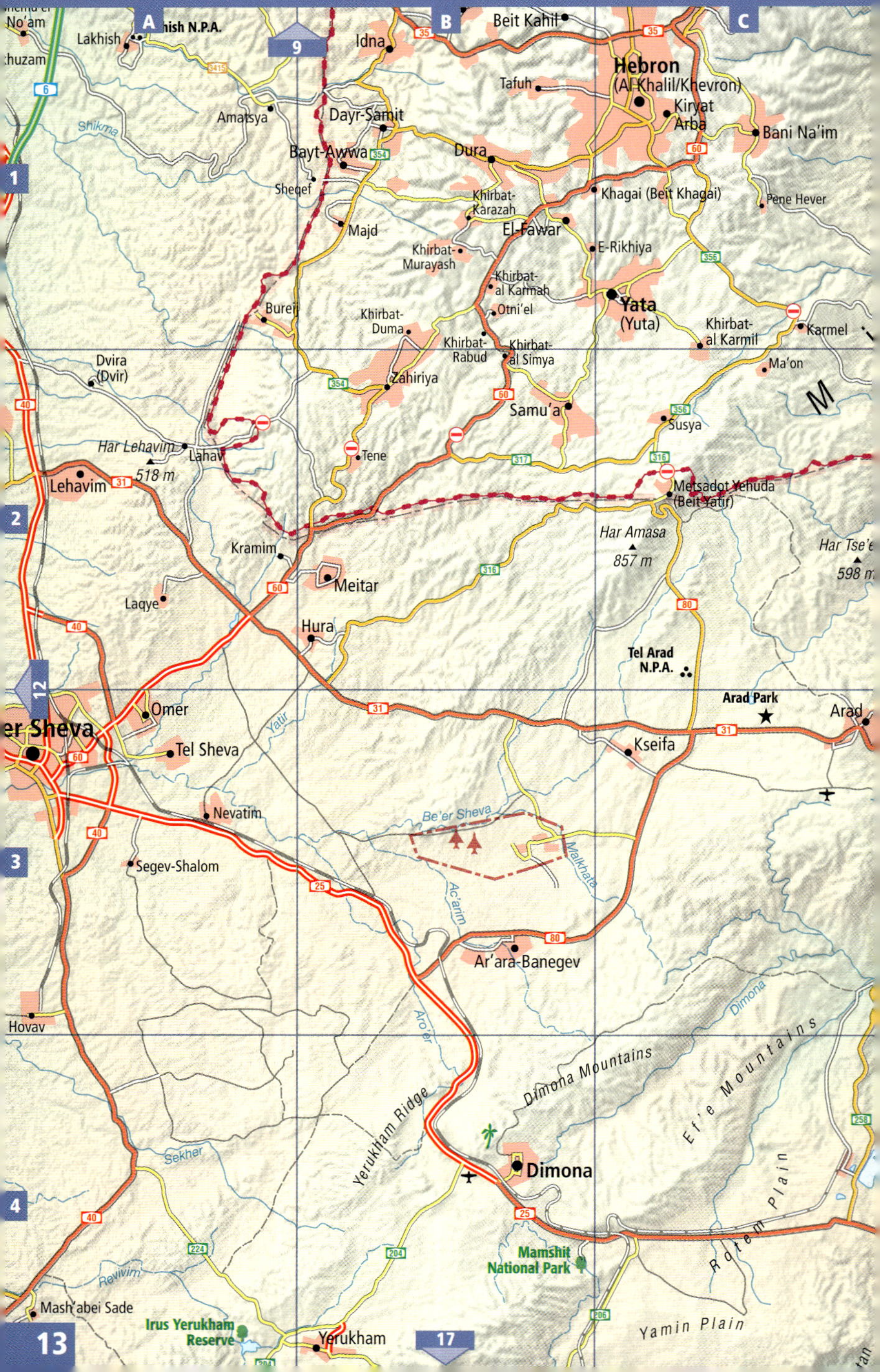
A
B
C
1
2
3
4
9
12
17
Lakhish
Lakhish N.P.A.
Amatsya
Idna
Beit Kahil
Hebron
(Al Khalil/Khevron)
Tafuh
Kiryat
Arba
Bani Na'im
Dayr-Samit
Bayt-Awwa
Dura
Sheqef
Majd
Khirbat-
Karazah
Khagai (Beit Khagai)
Pene Hever
El-Fawar
E-Rikhiya
Khirbat-
Murayash
Khirbat-
al Karmah
Otni'el
Yata
(Yuta)
Khirbat-
al Karmil
Karmel
Ma'on
Bureij
Khirbat-
Duma
Khirbat-
Rabud
Khirbat-
al Simya
Zahiriya
Samu'a
Susya
Dvira
(Dvir)
Har Lehavim
518 m
Lahav
Tene
Lehavim
Metsadot Yehuda
(Beit Yatir)
Har Amasa
857 m
Har Tse'e
598 m
Kramim
Meitar
Laqye
Hura
Tel Arad
N.P.A.
Arad Park
Arad
Omer
er Sheva
Tel Sheva
Kseifa
Yatir
Shikma
Nevatim
Be'er Sheva
Malkhata
Segev-Shalom
Ac'arim
Ar'ara-Banegev
Hovav
Aro'er
Dimona
Dimona Mountains
Efe Mountains
Yerukham Ridge
Dimona
Rotem Plain
Sekher
Mamshit
National Park
Revivim
Mash'abei Sade
Irus Yerukham
Reserve
Yerukham
Yamin Plain
M
6
35
60
354
356
316
317
31
40
80
25
224
204
206
258

D
E
F
10
18
1
2
3
4
Judayda
Moab
Wadi Mujib
Nature
Reserve
Wadi al-Mujib
Ein Gedi
National Reserve
HaBreikha Cave
Arugot
Ein Gedi
Tel Goren
Ein Gedi
Kheve
Ein Gedi
Har Kholed
510 m
HaMamon
Cave
Lisan
Sarfa
Massada N.P.A.
(Metsada)
Har Kana'im
477 m
Hadha
Mazra
Potash City
Sakka
Ye'elim
Bokek
Neve Zohar
Kheimar
Kuthriya
Ay
Wadi al-Numayra
Iraq
Ami'az
Ami'az Plain
Ashalim
Tayyiba
Buqa'
Sodom
Safi
Wadi al-Hasa
462 m
Tsafit
90
65
50
31
25
258

A
B
C
11
1
2
3
4
304
10
31
Har Keren
334 m
Agur Sands
Kmehin
Nitsanei Sinai
(Kadesh Barne'a)
211
Korkha
Ktsi'a Hills
Kvuda Hill
Rut Plateau
316
Ezuz
Barne'a
Plateau
El Quseima
Wadi el Gurûr
38
Har Kh
Bo
(Lotz C
Gebel el Aneiqa
802 m

1 cm = 3,5 km 1 : 350.000
0 5 km 10 km

A
B
C
1
2
3
4
13
16
20
Mash'abei Sade
Tlalim
Irus Yerukham Reserve
Yerukham
Yamin Plain
HaMakhtesh HaGadol ("The Large Crater")
HaMakhtesh HaKat ("The Small C
HaRoa
Khatira Mountains
Oron
Khatira
Sde Boker
Ben Gurion Burial Place N.P.A.
Tsin Valley
Tsin
Ein Avdat
Ein Avdat National Park
Avdat
Ein Yahav Makhteshim Reserve
egev (HaNegev)
Nafkha Plateau
Nafkha Ridge
Givat Ga'ash Lookout
Makhmal Valley
Tsalmon Ridge
Har Arikha
Givat Ga'ash
Ein Ardon
722 m
Ardon Valley
Albert Promenade – Sculpture Garden
pe Ramon
arm
HaMinsara (Carpenter's Workshop)
Saharonim Stronghold
Sapir
Camel Hill Lookout
htesh Ramon
Ramon Crater
Har Afor
Tsofar
Omer Hights
Omer Ridge
Khadav Plateau
Tsuqim
Tsofar Plateau
Meishar
204
206
225
227
40
90

D
E
F
14
1
2
3
4
25
Tsafit
90
Sodom Plain
65
Ein Tamar
Ne'ot HaKikar
Faifa
Bur
Jabal Malih
1148 m
Rihab
Afra
Dabba'ah
Ima
King's Highway
Snafhah
Tafila
35
60
Ruwaym
Namtah
27
Idan
Ein Khatseva
Khatseva
Ayn-al-Baydha
Sela
Sal'a
Ma'atar
Umm Sarab
Busayra
Gharnda
Lahthah
Dhana
Qadisiyya
Sheizaf Hills
Ein-Yahav
Shawbak
Tillal Umm Muthla
Muqadas Jabal al-Suhat
Bir Khidad

A
B
C
16
1
2
3
4
Har Khorsha
Borot Lotz
(Lotz Cisterns)
Har Ramon
1035 m
Arod Lookout
316
10
171
Khadav Plateau
Har Lots
Lots Cliffs
Keinan Ridge
Khisun Valley
Har Khisun
Har Sagi
996 m
10
Karkom Ridge
Paran Desert
Tsekı
Gebel el Aheigba
654 m
Tsnifim Valley
316
10
Paran Plain
Wadi Khadakhid
El Kuntilla
20
Uvda Cliffs

D
E
F
18
Omer Hights
Omer Ridge
Tsuqim
Tsofar Plateau
Tillal
Umm Muthla
Bir Madhkur
Barak Plateau
Paran
Khadud Cliffs
Menukha Plain
Menukha Ridge
Yafruk Plain
Risha
Khiyon Plain
Notsa Ridge
Jabal al-Martabala
1345 m
Yahel
Gharandal
Ne'ot Smadar
(Shizafon)
Neve Kharif
Shayarot Cliffs
Ktura
Reserve
Lotan
Ktura
Uvda
90
65
40
12
1
2
3
4
22

A
B
C
1
2
3
4
19
El Kuntilla
Wadi el Tamarani
W. el Qualt
Wadi Girafi
03
37
35
10
12
316
Sayarim Valley
Har Uziyahu
844 m
Har Uziya
837 m
King Solom
Red Cany
Ras
el Naqb
Checkpoin
Ein Netafir
Taba
Airport
Taba
Gebel Shaira
1030 m
Jazirat Far'u
Uvda C
Eilat-
Internat

1 cm = 3,5 km 1 : 350.000
0 5 km 10 km

Aantekeningen

Aantekeningen

Aantekeningen

Aantekeningen

Hulp gevraagd!
De informatie in deze reisgids is aan verandering onderhevig. Het kan dus wel eens gebeuren dat u ter plaatse een andere situatie aantreft dan de auteur. Is de tekst niet meer helemaal correct, laat ons dat dan even weten: anwbmedia@anwb.nl of ANWB Media, Uitgeverij Reisboeken, Postbus 93200, 2509 BA Den Haag

Omslagfoto's: Voorzijde omslag: Uitzicht op de Rotskoepel over de daken van Jeruzalem; voorflap: Markt in Bethlehem; achterflap: Tel Aviv, de Big Orange
Fotoverantwoording: Bildagentur Huber, Garmisch-Partenkirchen: 250 (Puku); voorflap, 1 m., 3 o., 5 m., 8 b., 10/11, 138 l., 159, 202/203, 245, 252 r., 269, 290, 302, 309, 325 l., 342, 346, 358/359, 372/373, achterzijde omslag (Schmid); 366 (Stadler). DuMont Bildarchiv, Ostfildern: 2 b., 4 b., 22, 140, 178/179, 194, 197, 198/199, 224, 249, 266, 272, 304/305, 328, 394/395 (Argus); 92/93, 197, 394/395 (Wrba). Getty Images, München: Titelbild (hemis.fr/RM). Manuel Hauptmannl, Frankfurt: 3 m., 156. laif, Keulen: 48, 397 (Amra/Polaris); 55 (Biskup); 376 l., 386/387 (de Bode); 134/135 (du Boisberranger/hemis.fr); 9 (Eitan/eyedea); 8 o., 357 (Frumm/hemis.fr); 5 o., 30, 117, 129, 318, 321 (Gerald); 74/75, 204 (Grassani/Invision); 92/93 (Hahn); 1 l., 1 r., 4 o., 5 b., 100, 125, 206 l., 206 r., 211, 215, 254, 278, 282, 287, 322, 350/351, 369, achterzijde omslag (Hilger); 97 (Hoa-qui/Eitan/eyedea); 3 b., 87, 296 (Jaenicke); 6 o., 374, 376 r., 398/399, 400 (Khatib/Redux); 152 (Kirchgessner); 113, 182, 274/275, 324 l., 341, 352 (Krause); 171 (Luider/Hollandse Hoogte); 280 r., 312 (Malherbe); 324 r., 362 (Manaud/Le Figaro Magazine); 6 b., 334/335 (Martin); 52/53 (Morandi/hemis.fr); 160 (Polaris); 235 (Public); 27, 69, 230/261, achterflap (Schliack); 17, 138 r., 188, 252 l., 265 (Shabi); 40/41, 259 (The New York Times/Redux); 123 (UPI); 106 (Visser/Hollandse Hoogte); 84/85, 378 (Vrijdag). Mauritius Images, Mittenwald: 280 l., 294/295 (AGE); 7 m., 148 (Macia); 349 (Warburton-Lee); 136 (Vidler). picture-alliance, Frankfurt: 34 (akg images); 47, 64/65, 79 (dpa); 299 (Fishman/ecomedia); 381 (epa/Safadi); 2 o., 103 (Godong); 60/61, 239 (Godong/Deliss); 7 b., 73 (Jazz Archiv); 7 o., 20/21 (KPA/Lessing); 37 (KPA/Top Foto). Pri-Or Photo House, Tel Aviv: 73 (Rudi Weissenstein). Visum, Hamburg: 120 (Attal); 82/83 (Steche)

Productie: ANWB Media
Uitgever: Caroline Wetselaar
Coördinatie: Els Andriesse
Tekst: Michel Rauch
Vertaling: *de Redactie*, Amsterdam: Johan de Bakker, Jaap Deinema, Annette Förster, Michiel Gussen, Mariëlle Lam en Dominique van der Lingen
Bewerking: Gerard M.L. Harmans
Grafisch concept: Groschwitz, Hamburg
Nederlandse bewerking grafisch concept en omslag: Studio Jan Brand, Amsterdam
Cartografie: Dumont Reisekartografie, Fürstenfeldbruck

Tweede, herziene druk
ISBN 978 90 18 03835 9

www.anwb.nl